Story ● Goro Taniguchi Artwork ● Akihiko Higuch

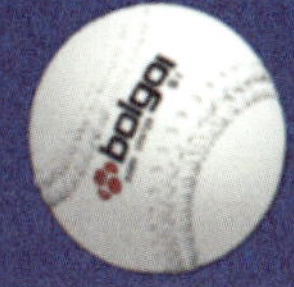

ATRAIL

Mein normales Leben in einer abnormalen Welt

Inhalt

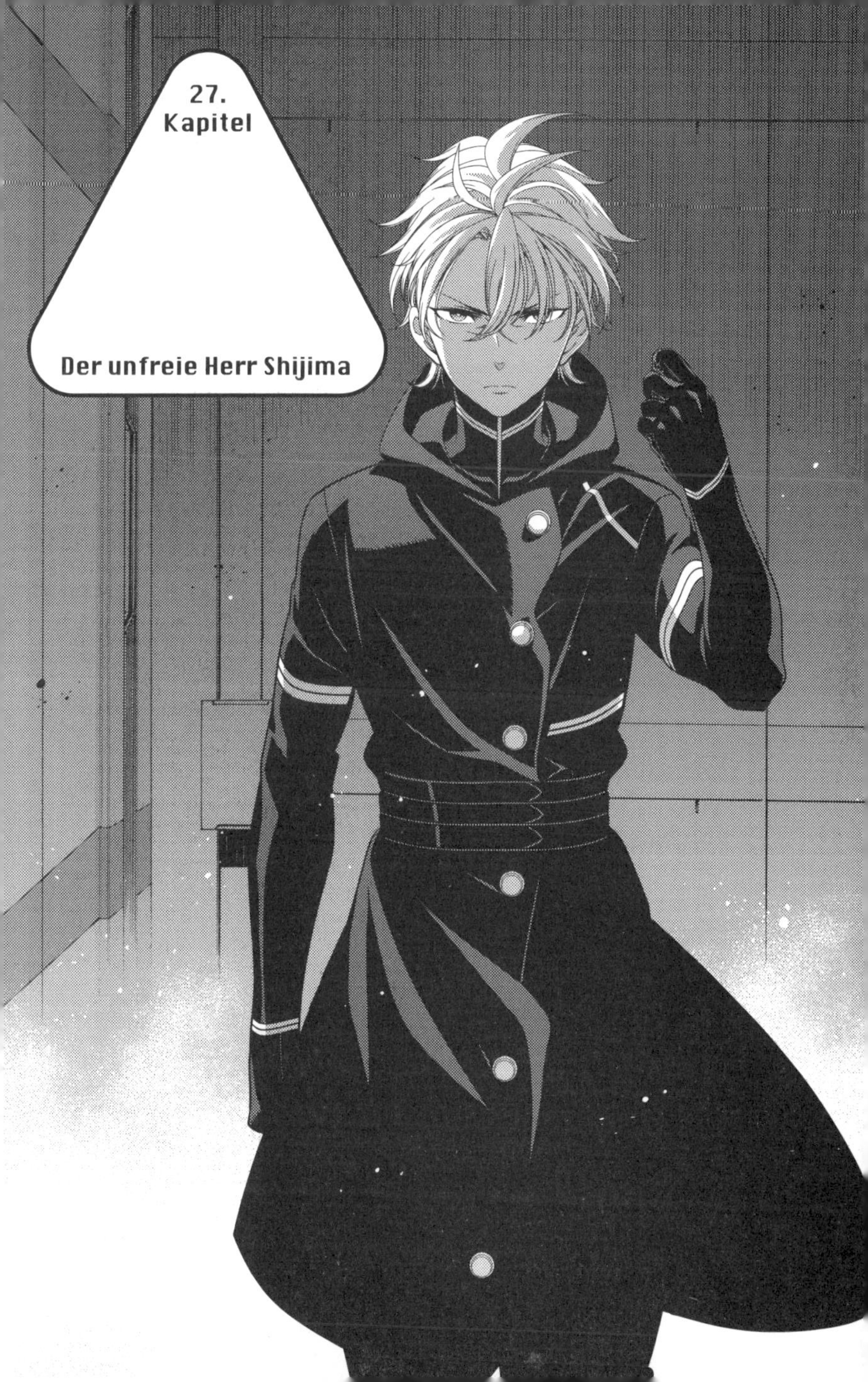
27.
Kapitel
Der unfreie Herr Shijima

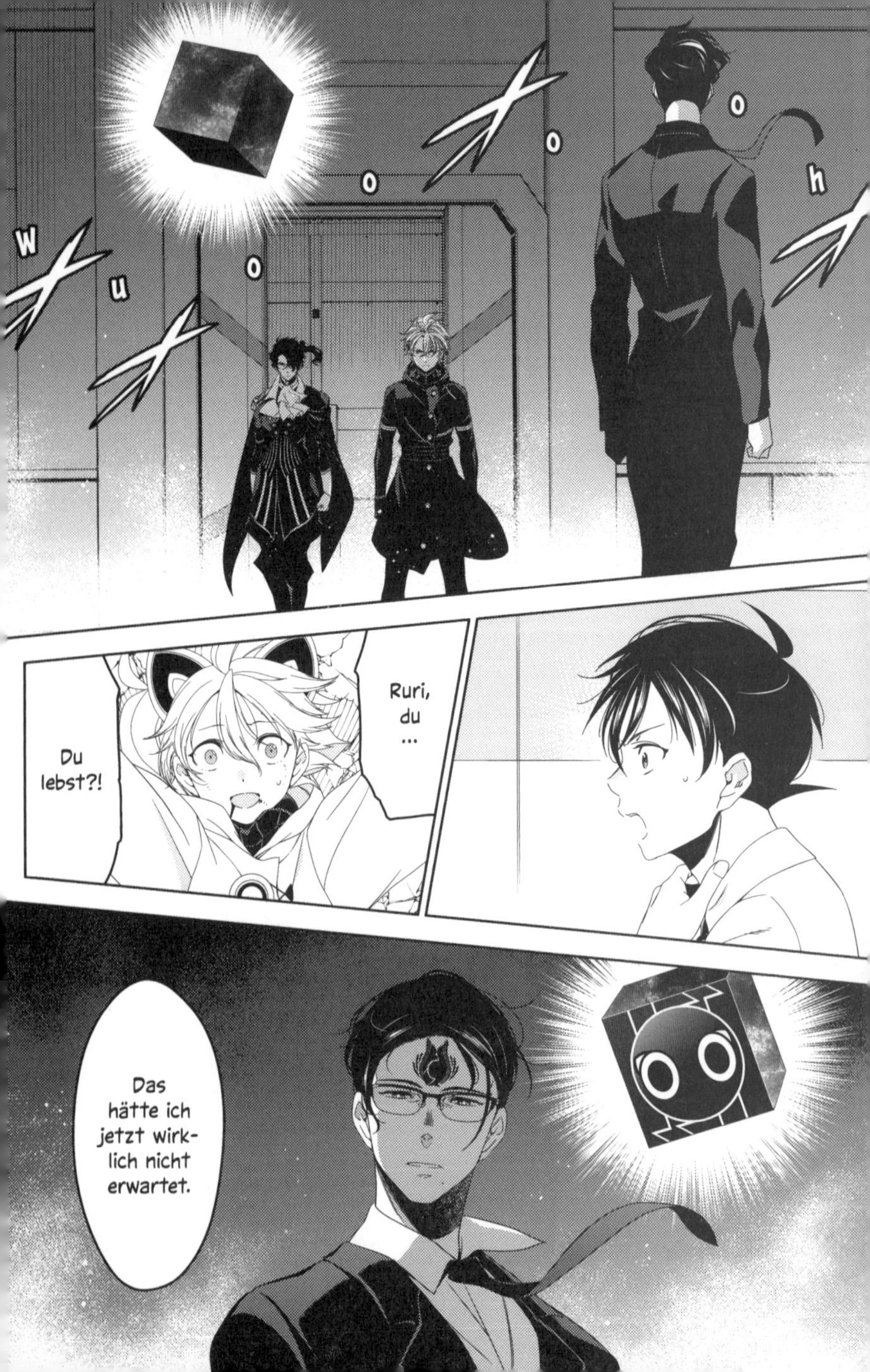

Wuooooh
Ruri, du ...
Du lebst?!
Das hätte ich jetzt wirklich nicht erwartet.

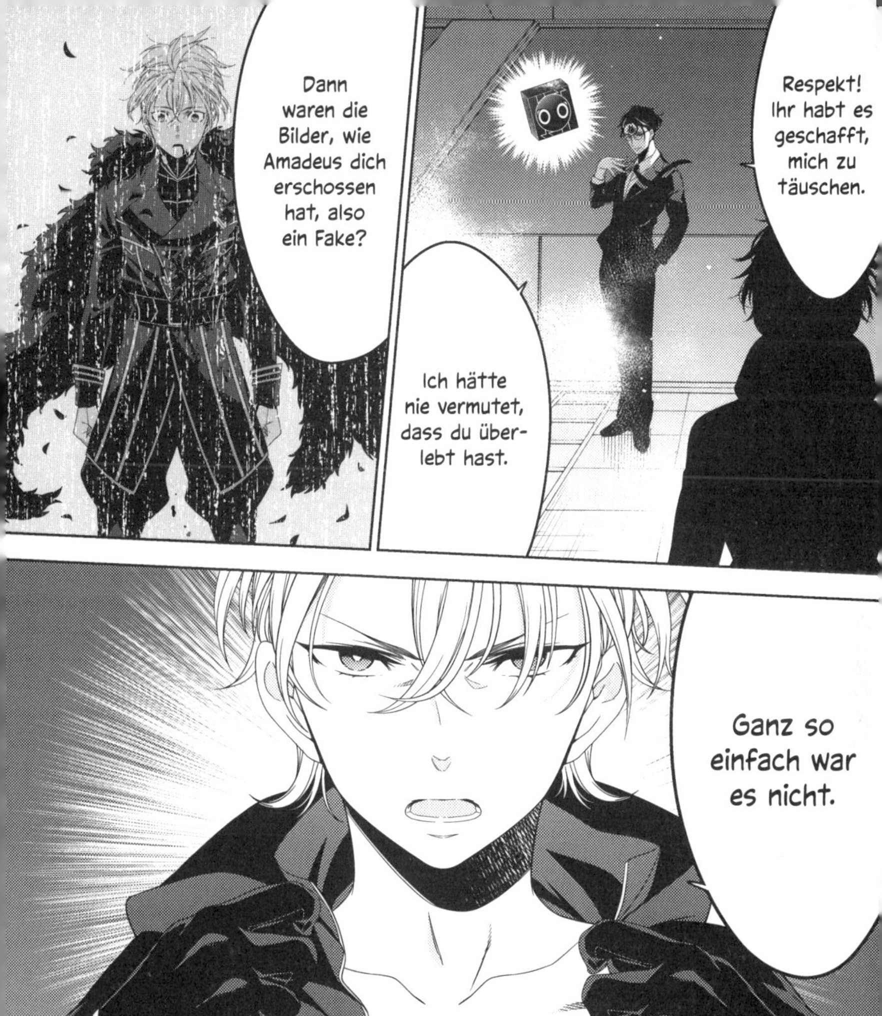
Respekt! Ihr habt es geschafft, mich zu täuschen.
Ich hätte nie vermutet, dass du über-lebt hast.
Dann waren die Bilder, wie Amadeus dich erschossen hat, also ein Fake?
Ganz so einfach war es nicht.

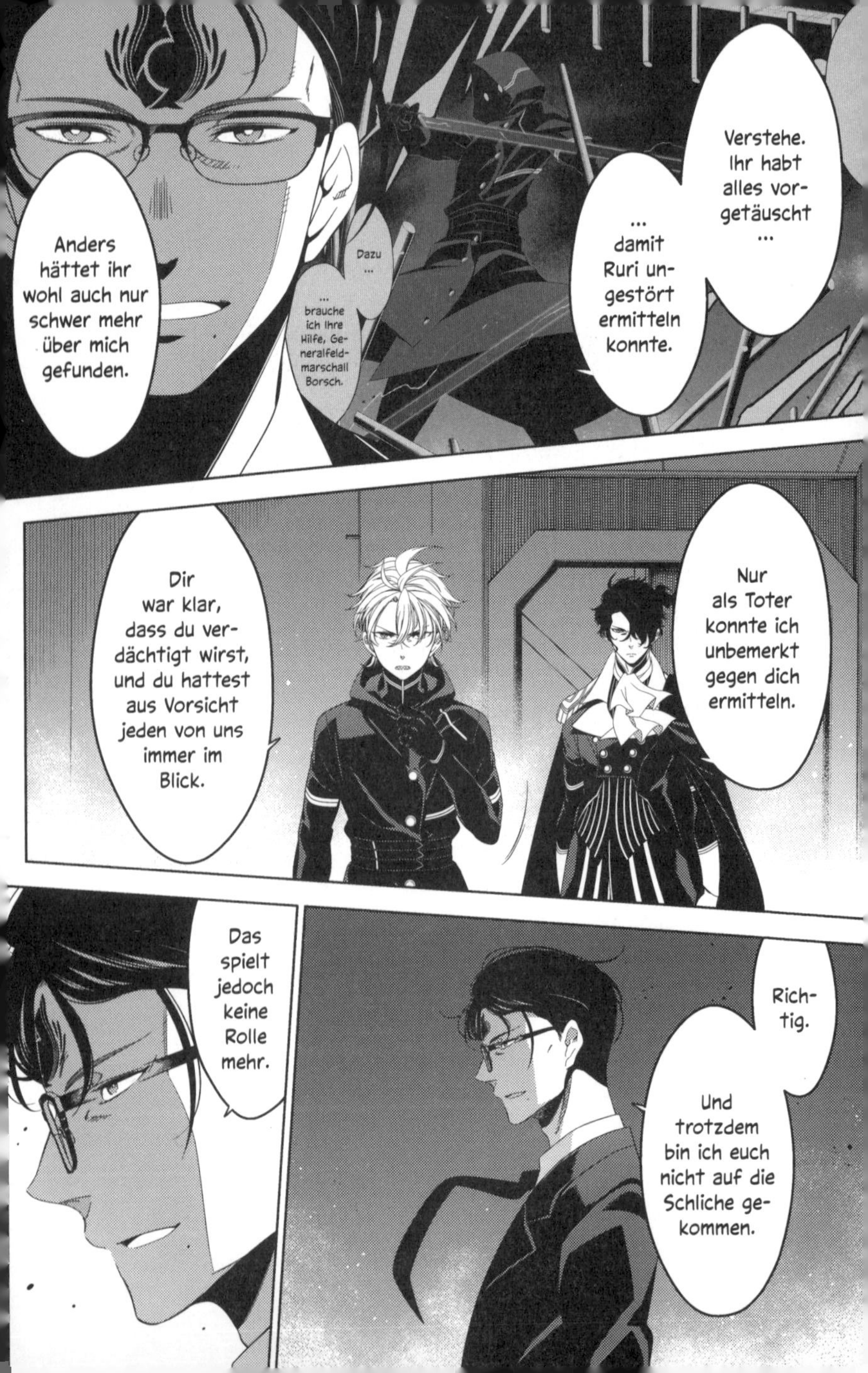

Verstehe. Ihr habt alles vorgetäuscht ...
... damit Ruri ungestört ermitteln konnte.
Dazu ...
... brauche ich Ihre Hilfe, Generalfeldmarschall Borsch.
Anders hättet ihr wohl auch nur schwer mehr über mich gefunden.
Nur als Toter konnte ich unbemerkt gegen dich ermitteln.
Dir war klar, dass du verdächtigt wirst, und du hattest aus Vorsicht jeden von uns immer im Blick.

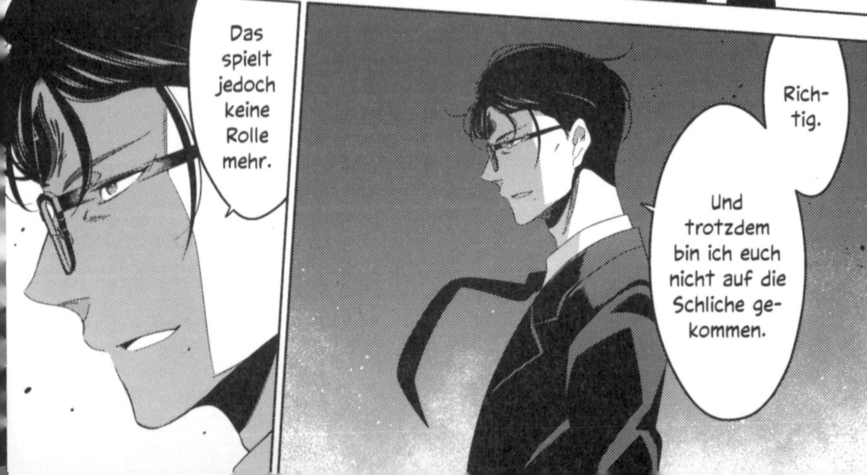

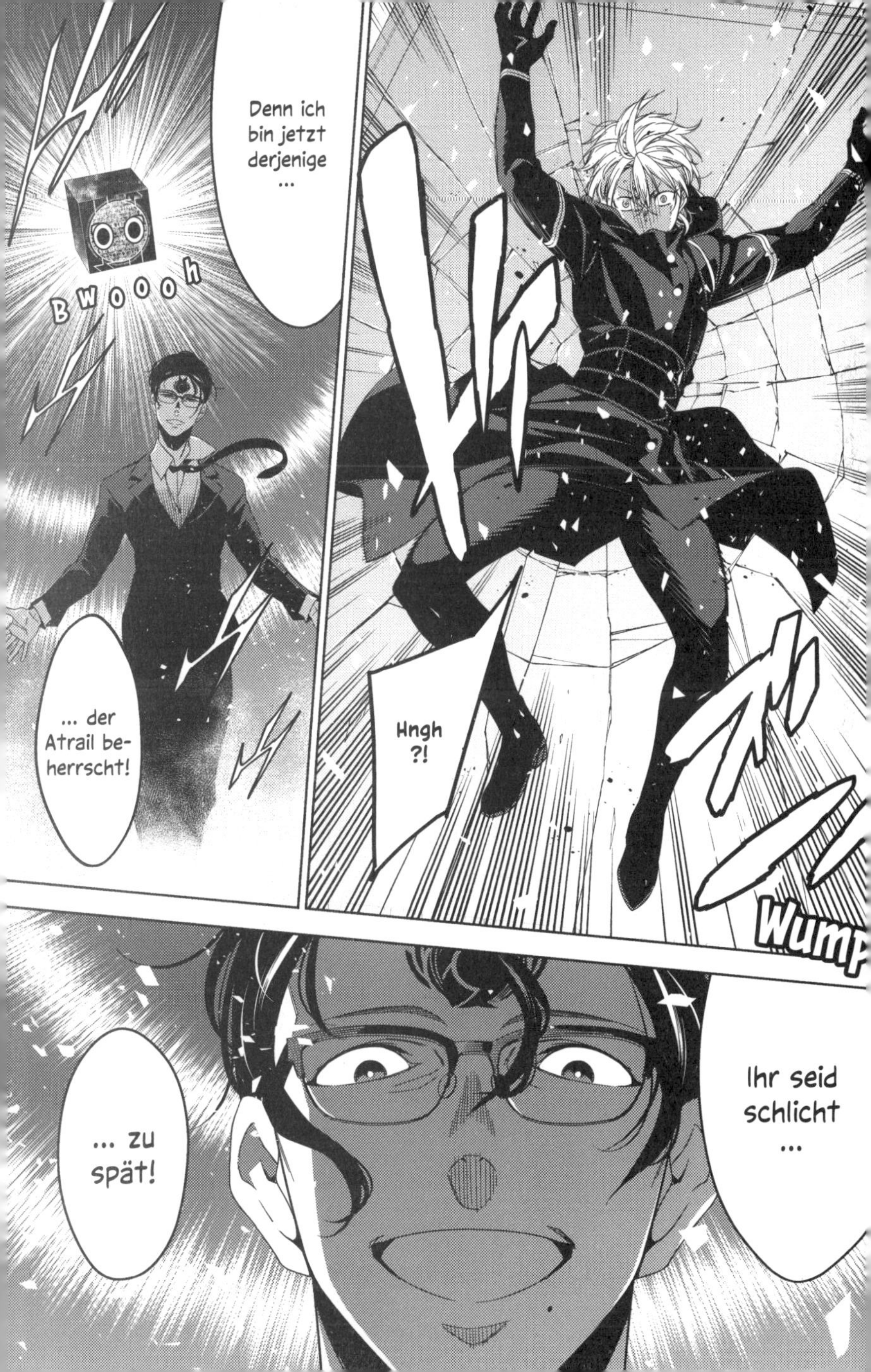
Hngh ?!
Wump
Denn ich bin jetzt derjenige ...
BWOOOh
... der Atrail beherrscht!
Ihr seid schlicht ...
... zu spät!

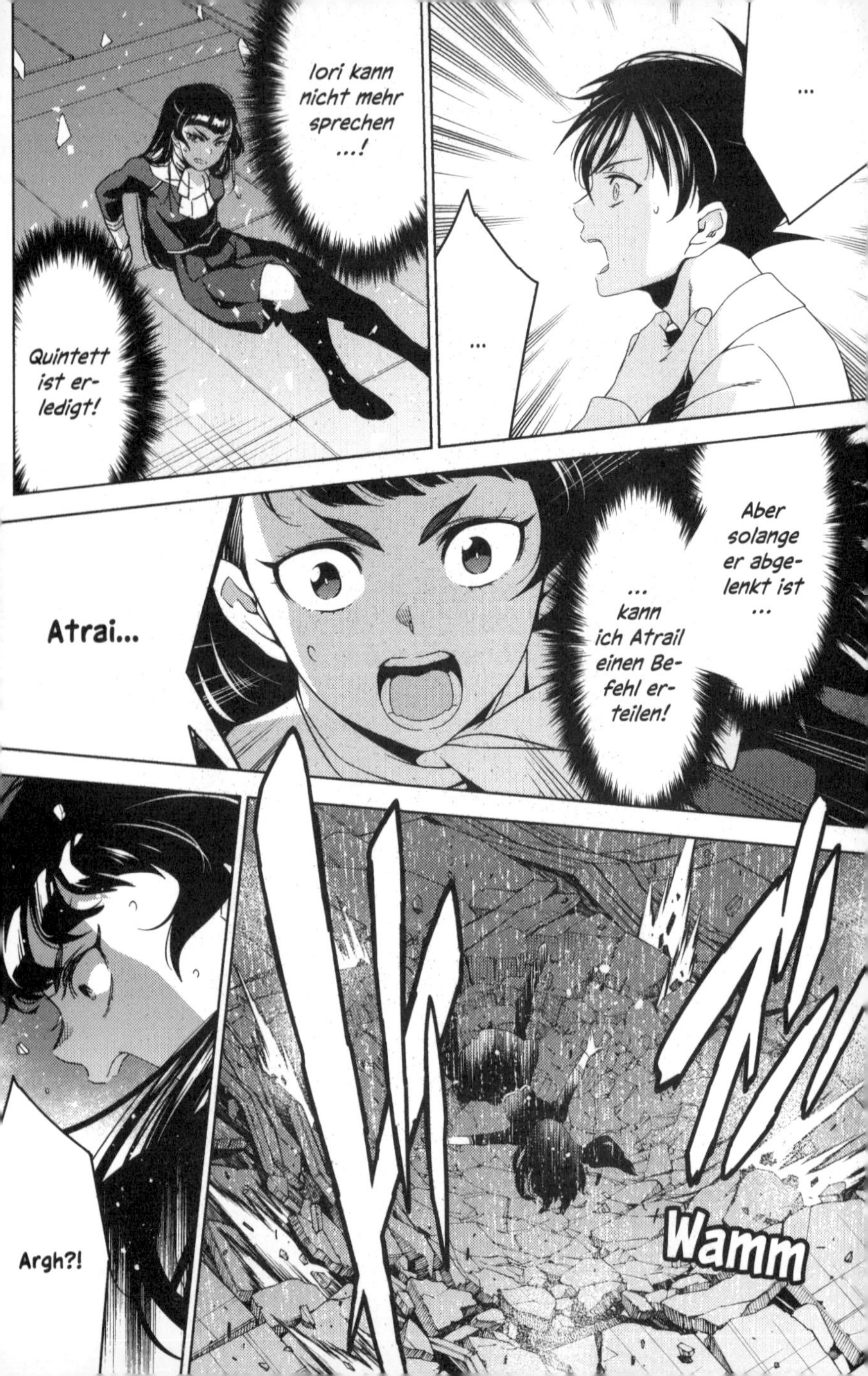
...
Iori kann nicht mehr sprechen ...!
...
Quintett ist erledigt!
Aber solange er abgelenkt ist ...
... kann ich Atrail einen Befehl erteilen!
Atrai...
Wamm
Argh?!

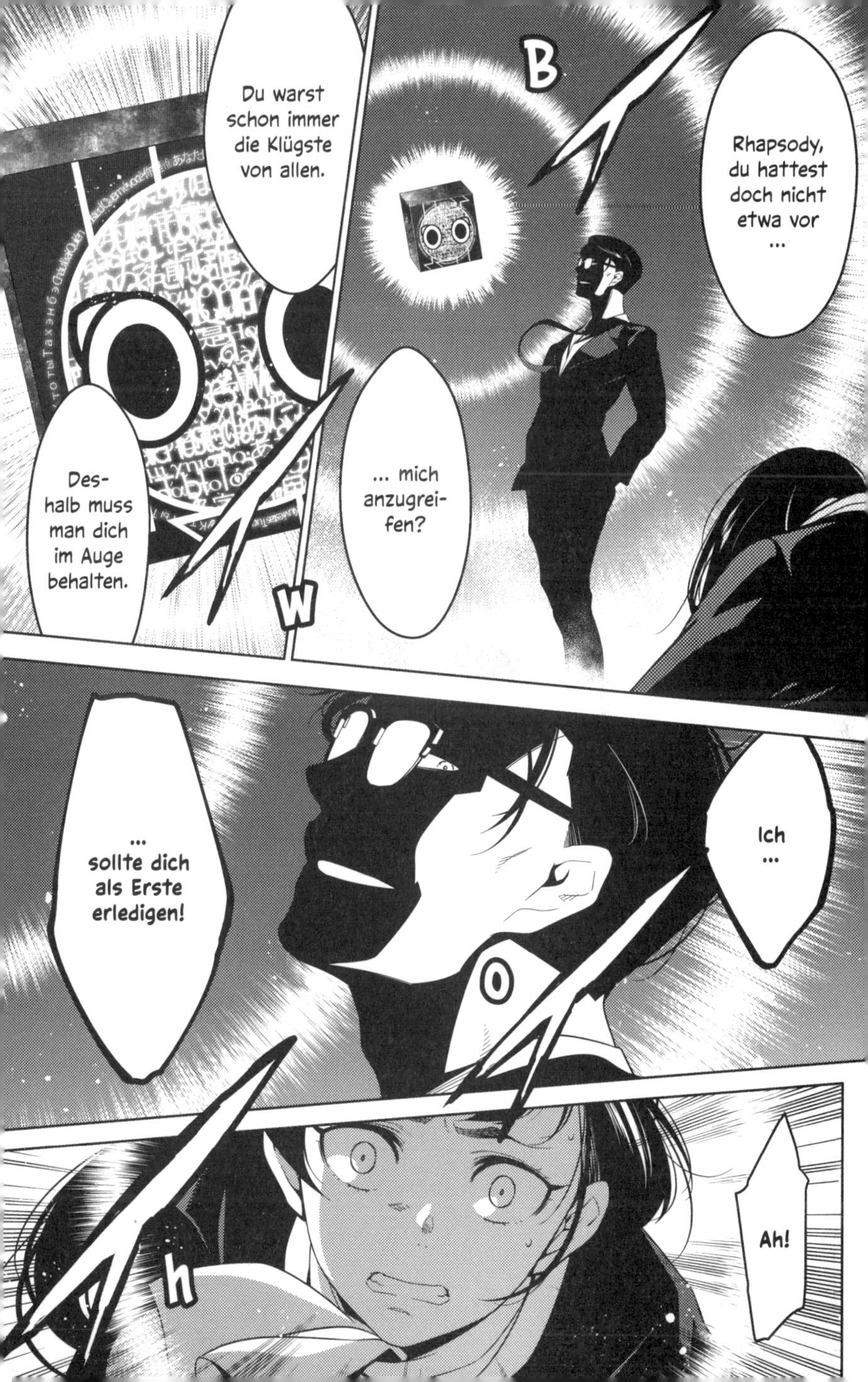
B
Rhapsody, du hattest doch nicht etwa vor ...
... mich anzugreifen?
Du warst schon immer die Klügste von allen.
Deshalb muss man dich im Auge behalten.
W
Ich ...
... sollte dich als Erste erledigen!
O
Ah!
h

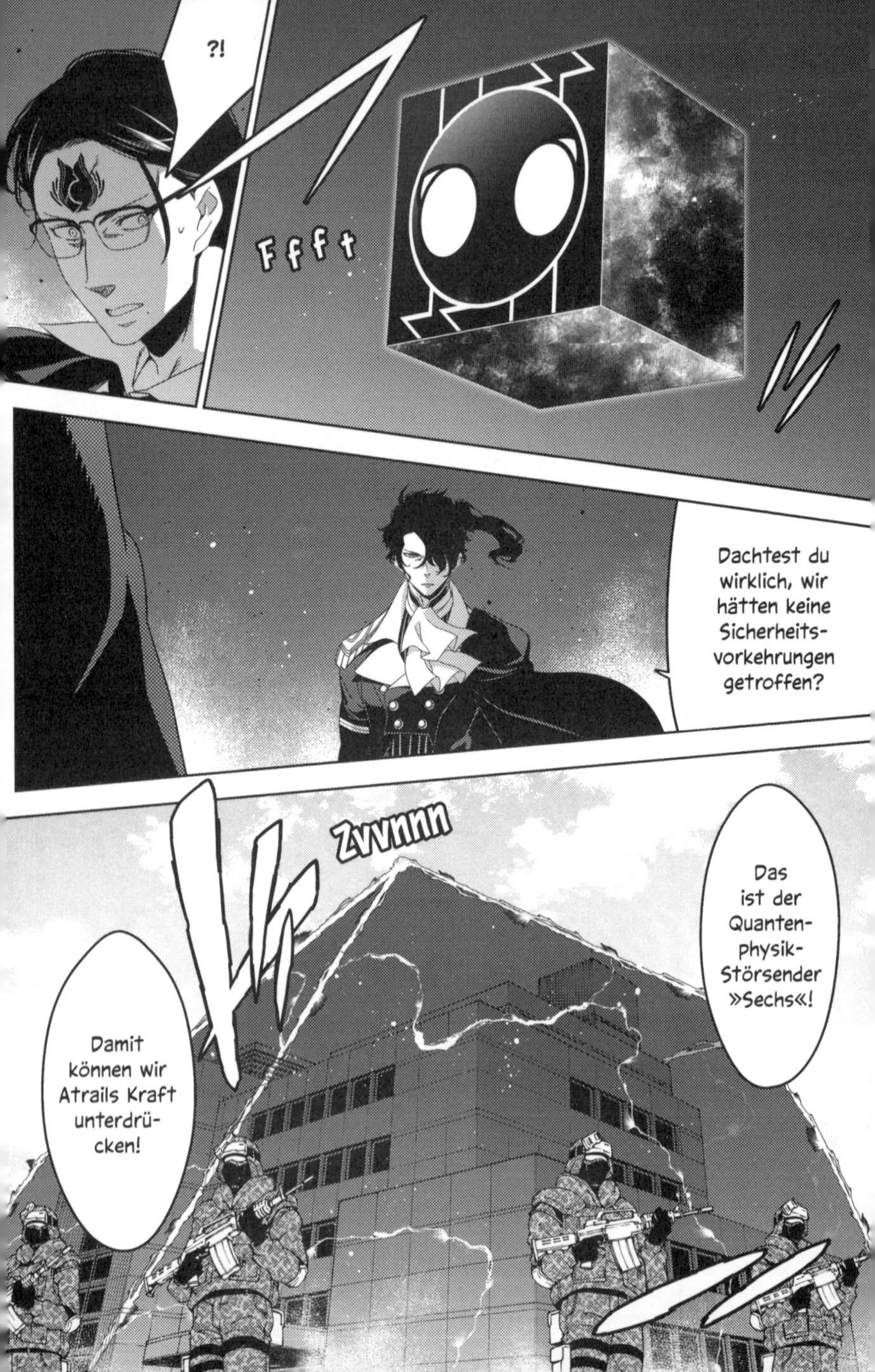
?!
Ffft
Dachtest du wirklich, wir hätten keine Sicherheits-vorkehrungen getroffen?
Zvvnnn
Das ist der Quanten-physik-Störsender »Sechs«!
Damit können wir Atrails Kraft unterdrü-cken!

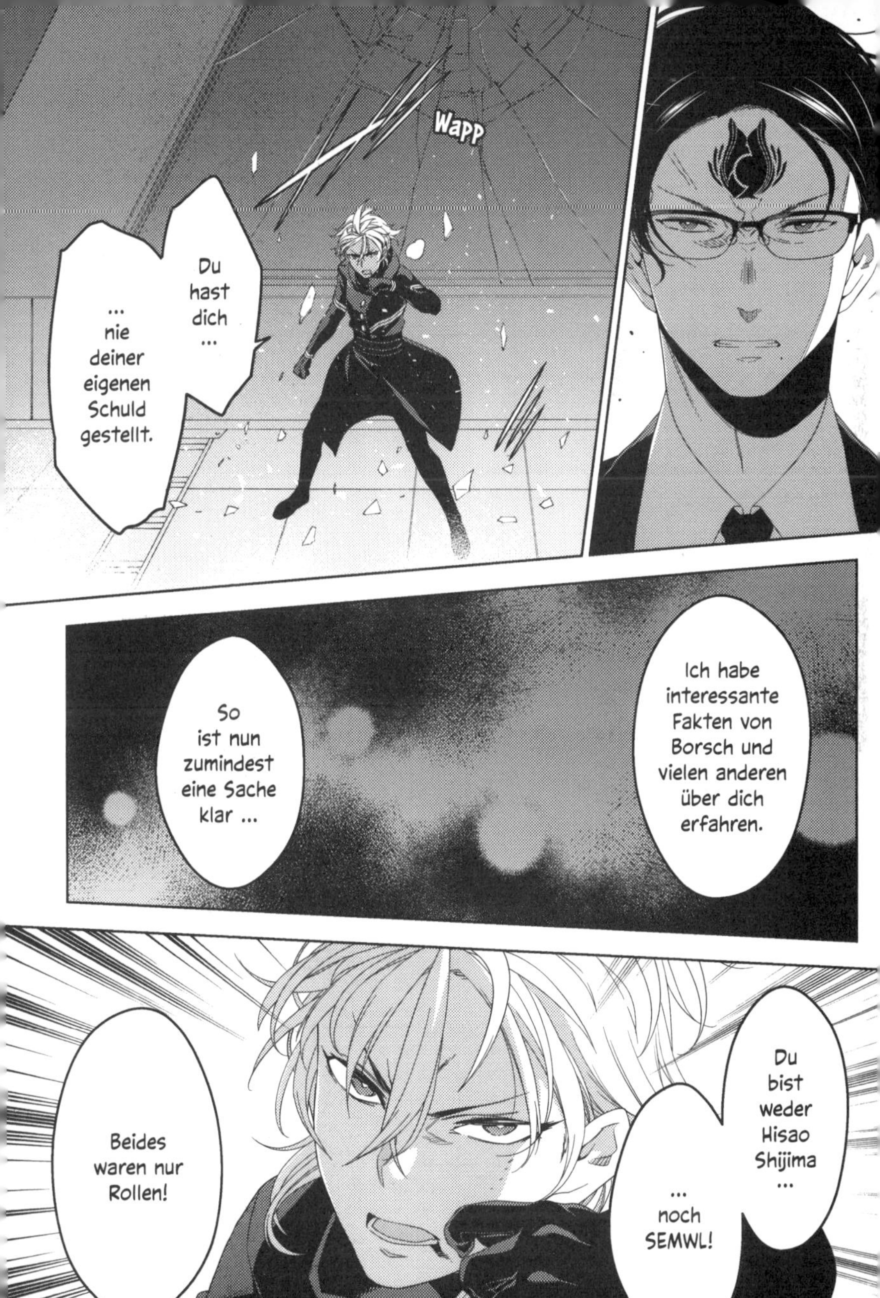
Wapp
Du hast dich …
… nie deiner eigenen Schuld gestellt.
Ich habe interessante Fakten von Borsch und vielen anderen über dich erfahren.
So ist nun zumindest eine Sache klar …
Du bist weder Hisao Shijima …
… noch SEMWL!
Beides waren nur Rollen!

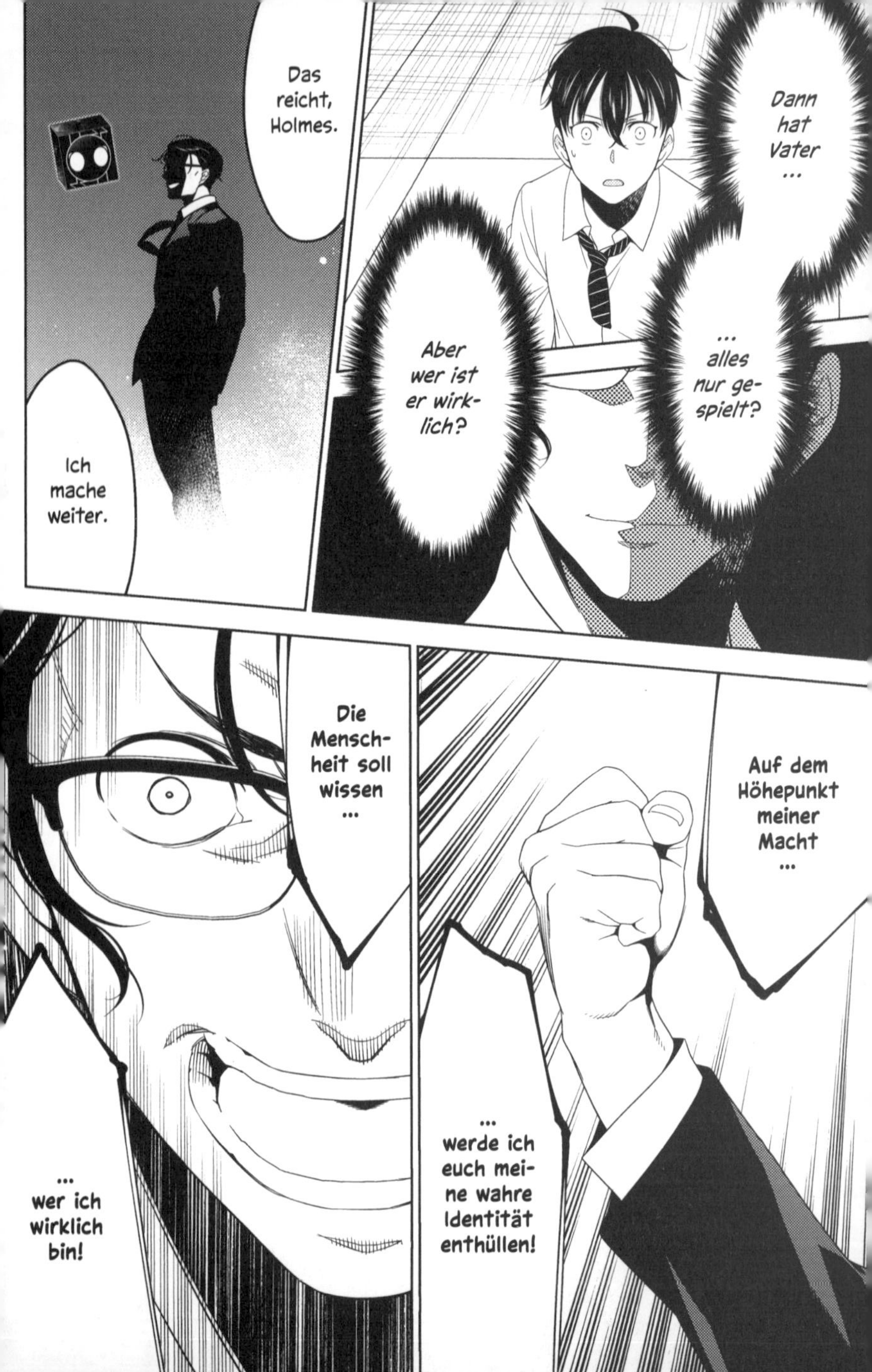
Dann hat Vater ...
... alles nur gespielt?
Aber wer ist er wirklich?
Das reicht, Holmes.
Ich mache weiter.
Auf dem Höhepunkt meiner Macht ...
... werde ich euch meine wahre Identität enthüllen!
Die Menschheit soll wissen ...
... wer ich wirklich bin!

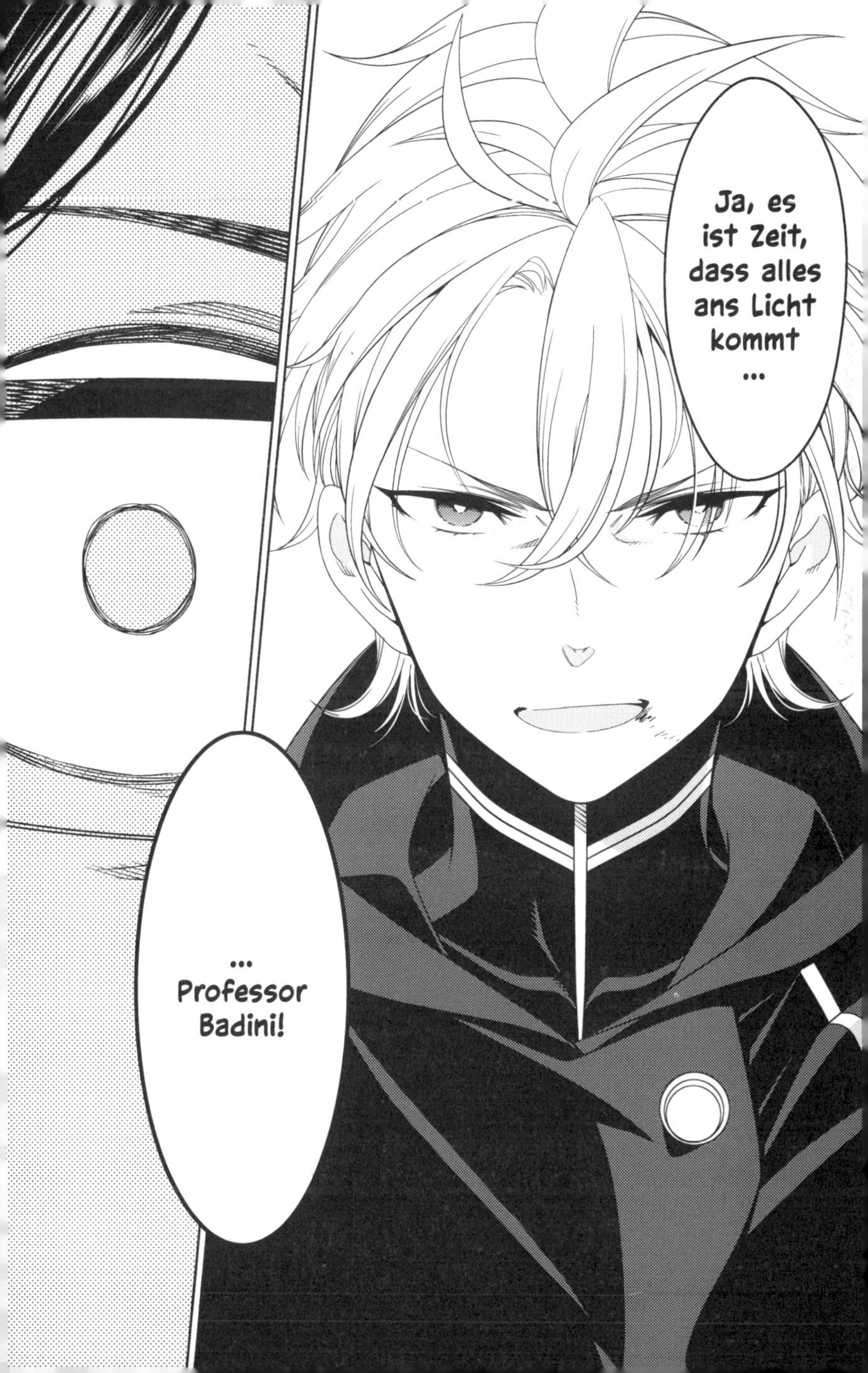
Ja, es ist Zeit, dass alles ans Licht kommt ...
... Professor Badini!

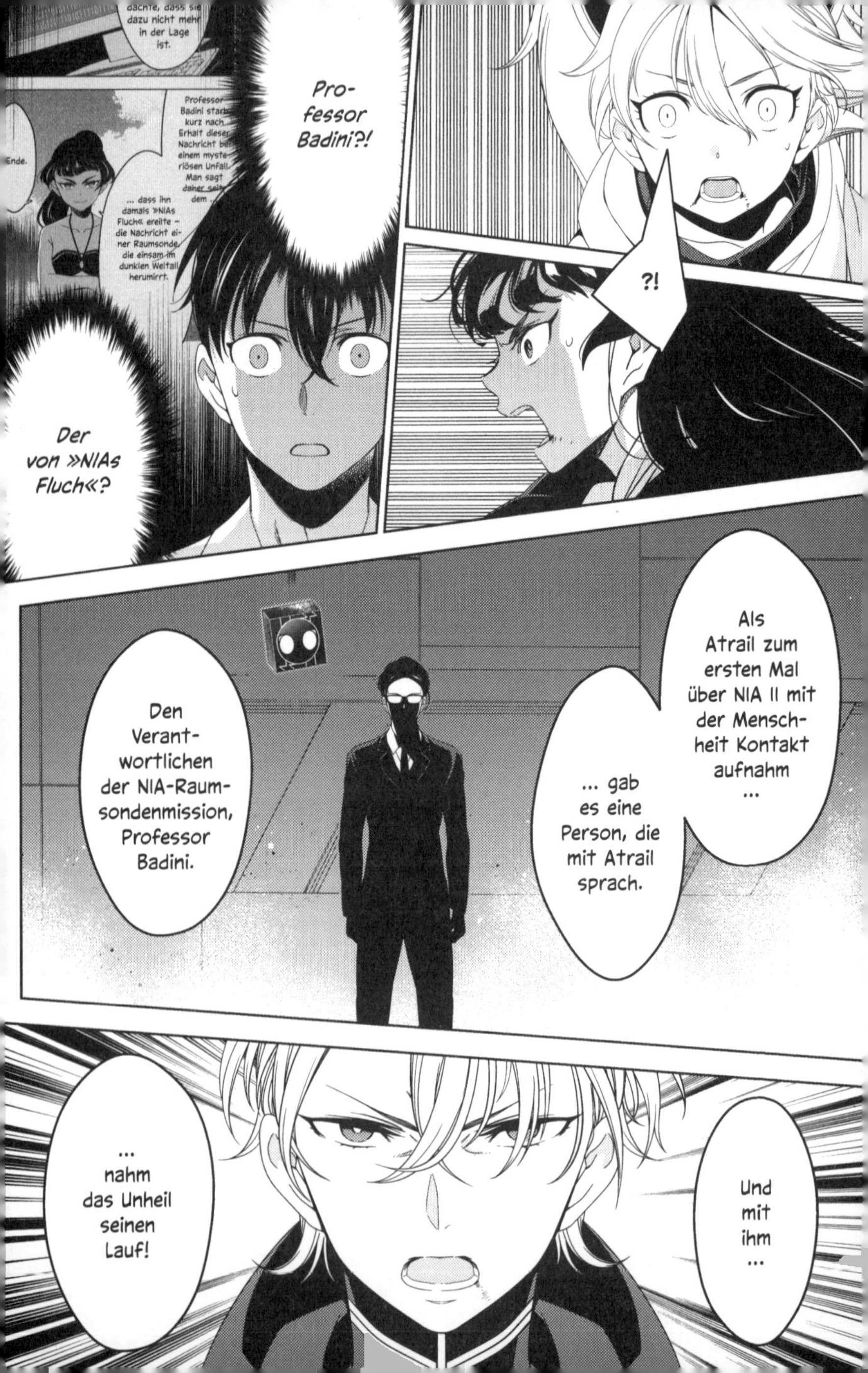
dachte, dass sie dazu nicht mehr in der Lage ist.
Professor Badini starb kurz nach Erhalt dieser Nachricht bei einem mysteriösen Unfall. Man sagt daher seitdem ...
... dass ihn damals »NIAs Fluch« ereilte – die Nachricht einer Raumsonde, die einsam im dunklen Weltall herumirrt.
Ende.
Professor Badini?!
?!
Der von »NIAs Fluch«?
Als Atrail zum ersten Mal über NIA II mit der Menschheit Kontakt aufnahm ...
... gab es eine Person, die mit Atrail sprach.
Den Verantwortlichen der NIA-Raumsondenmission, Professor Badini.
Und mit ihm ...
... nahm das Unheil seinen Lauf!

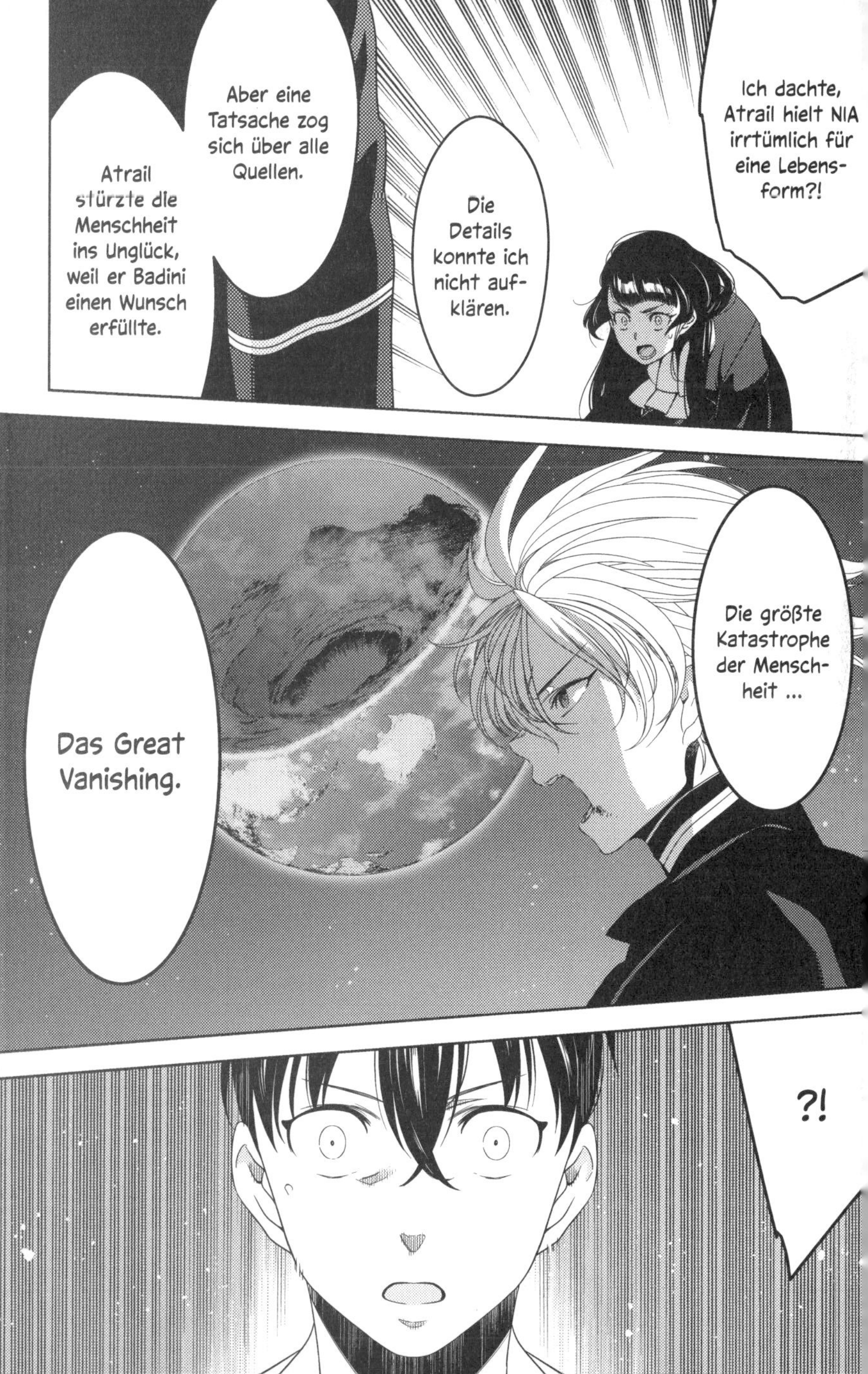
Ich dachte, Atrail hielt NIA irrtümlich für eine Lebensform?!
Die Details konnte ich nicht aufklären.
Aber eine Tatsache zog sich über alle Quellen.
Atrail stürzte die Menschheit ins Unglück, weil er Badini einen Wunsch erfüllte.
Die größte Katastrophe der Menschheit ...
Das Great Vanishing.
?!

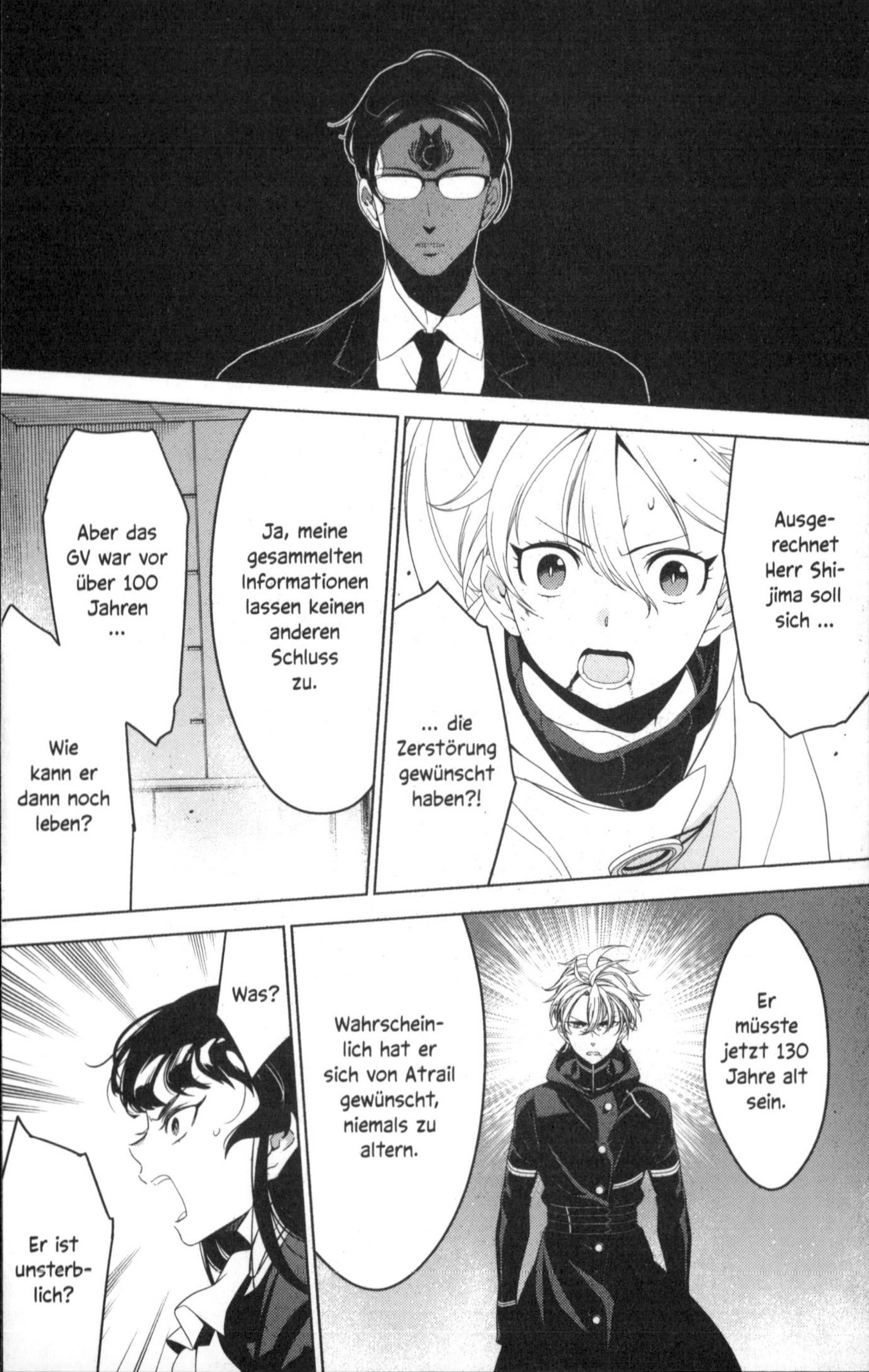

Ausgerechnet Herr Shijima soll sich ...
... die Zerstörung gewünscht haben?!
Ja, meine gesammelten Informationen lassen keinen anderen Schluss zu.
Aber das GV war vor über 100 Jahren ...
Wie kann er dann noch leben?

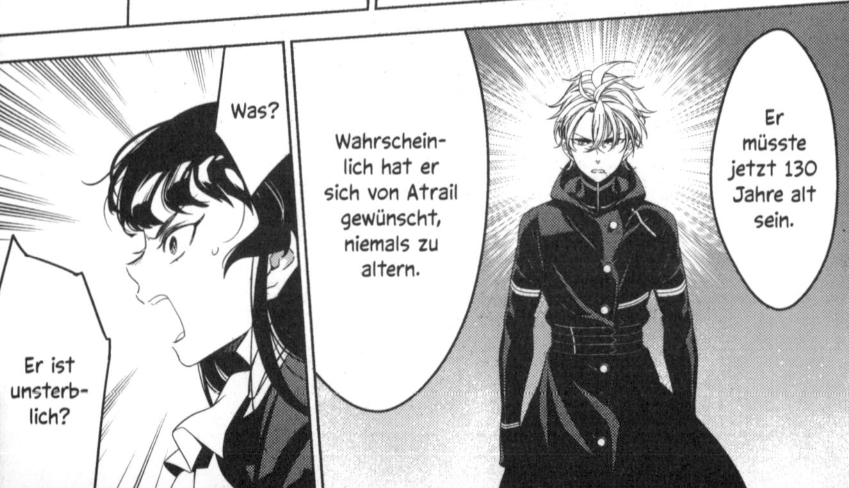

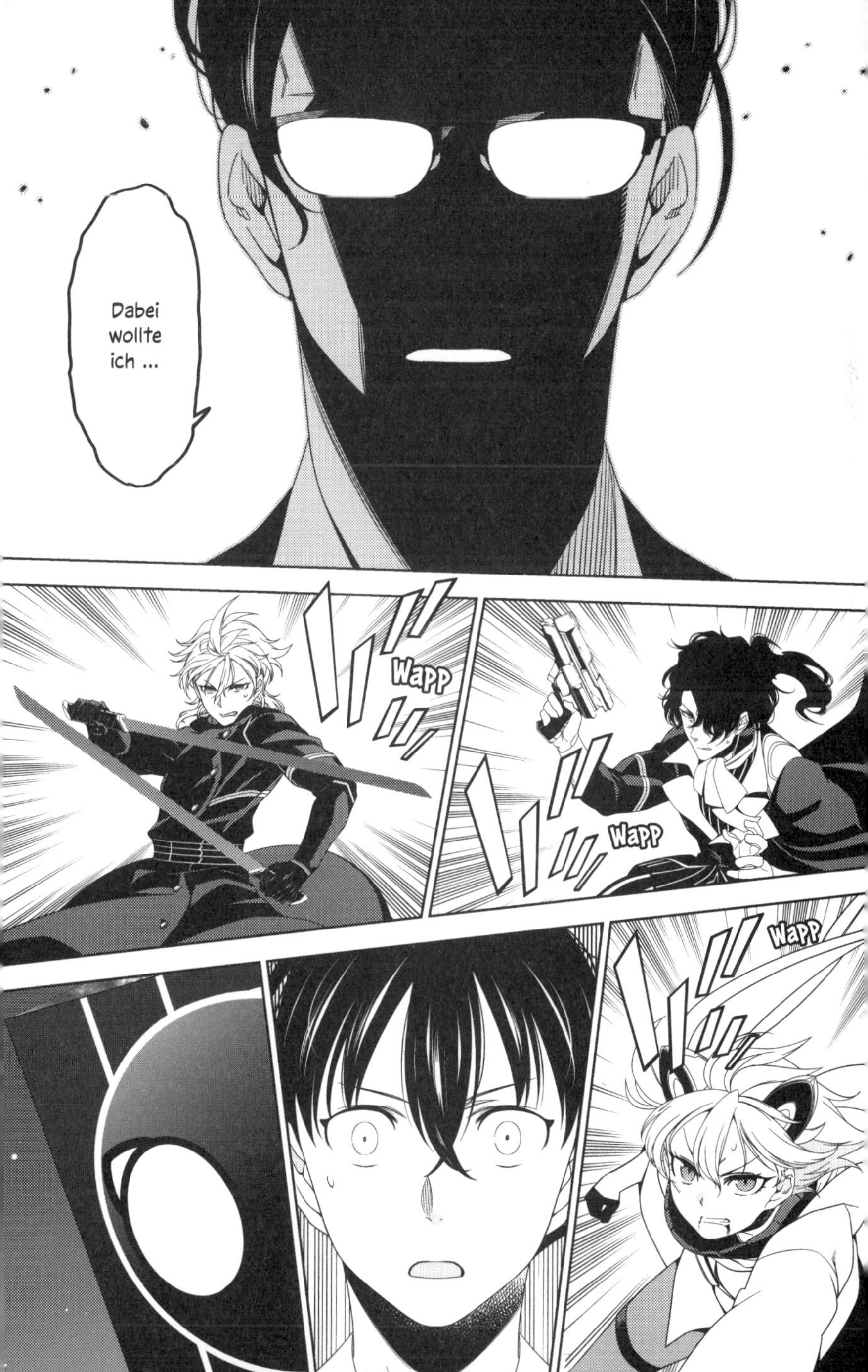

Dabei wollte ich ...
Wapp
Wapp
Wapp

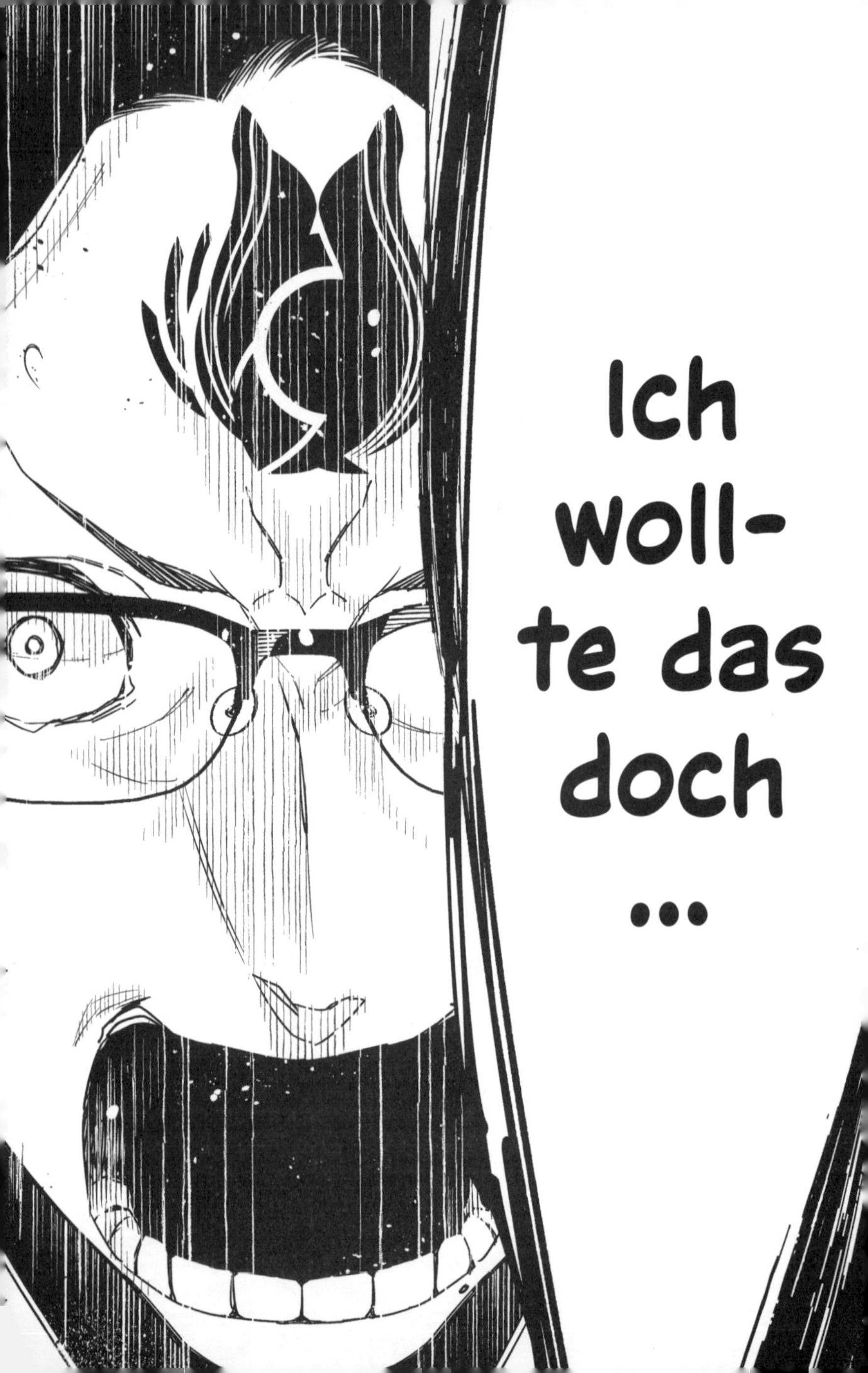
Ich woll- te das doch ...

… alles selbst erzählen!

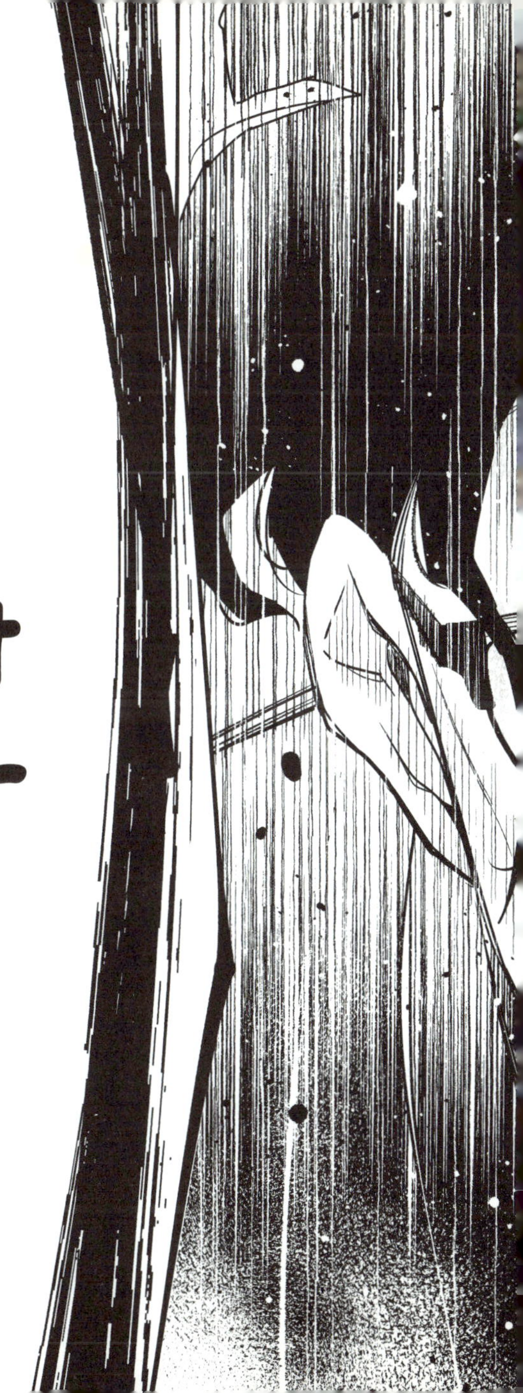

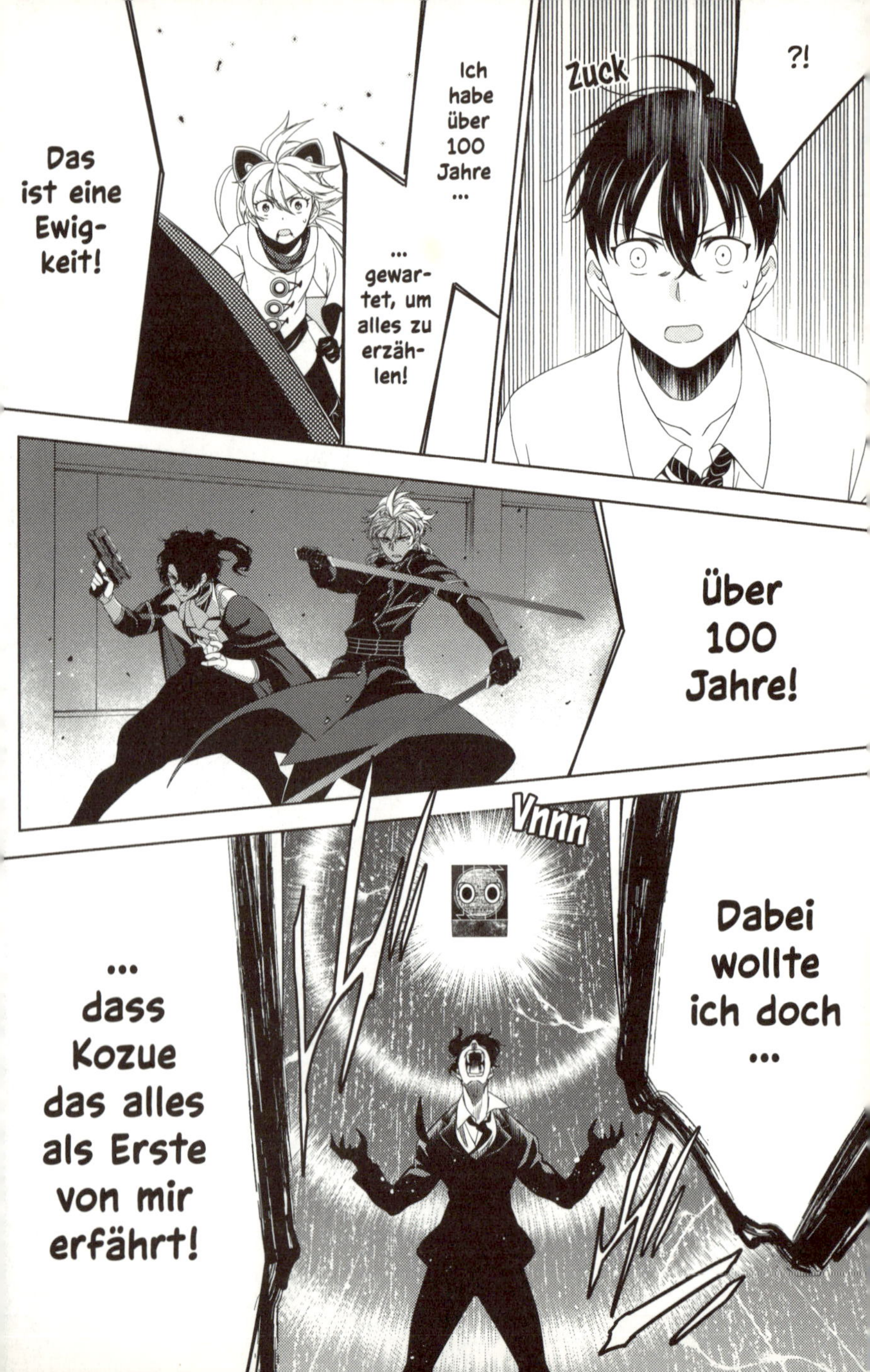
?!
Zuck
Ich habe über 100 Jahre ...
... gewartet, um alles zu erzählen!
Das ist eine Ewigkeit!
Über 100 Jahre!
Vnnn
Dabei wollte ich doch ...
... dass Kozue das alles als Erste von mir erfährt!

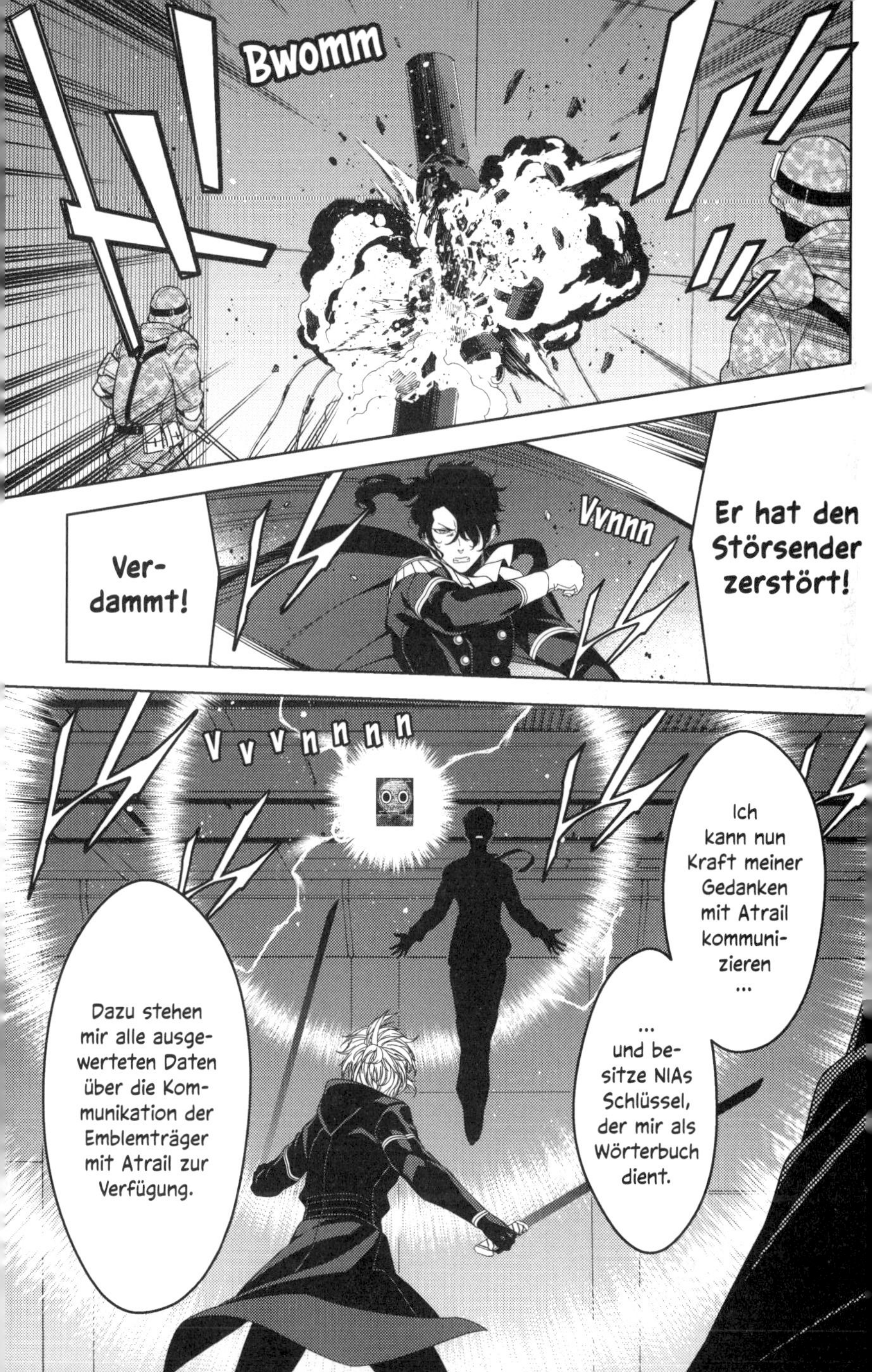
Bwomm
Er hat den Störsender zerstört!
Vvnnn
Ver-dammt!
Vvvnnnn
Ich kann nun Kraft meiner Gedanken mit Atrail kommunizieren …
… und besitze NIAs Schlüssel, der mir als Wörterbuch dient.
Dazu stehen mir alle ausgewerteten Daten über die Kommunikation der Emblemträger mit Atrail zur Verfügung.

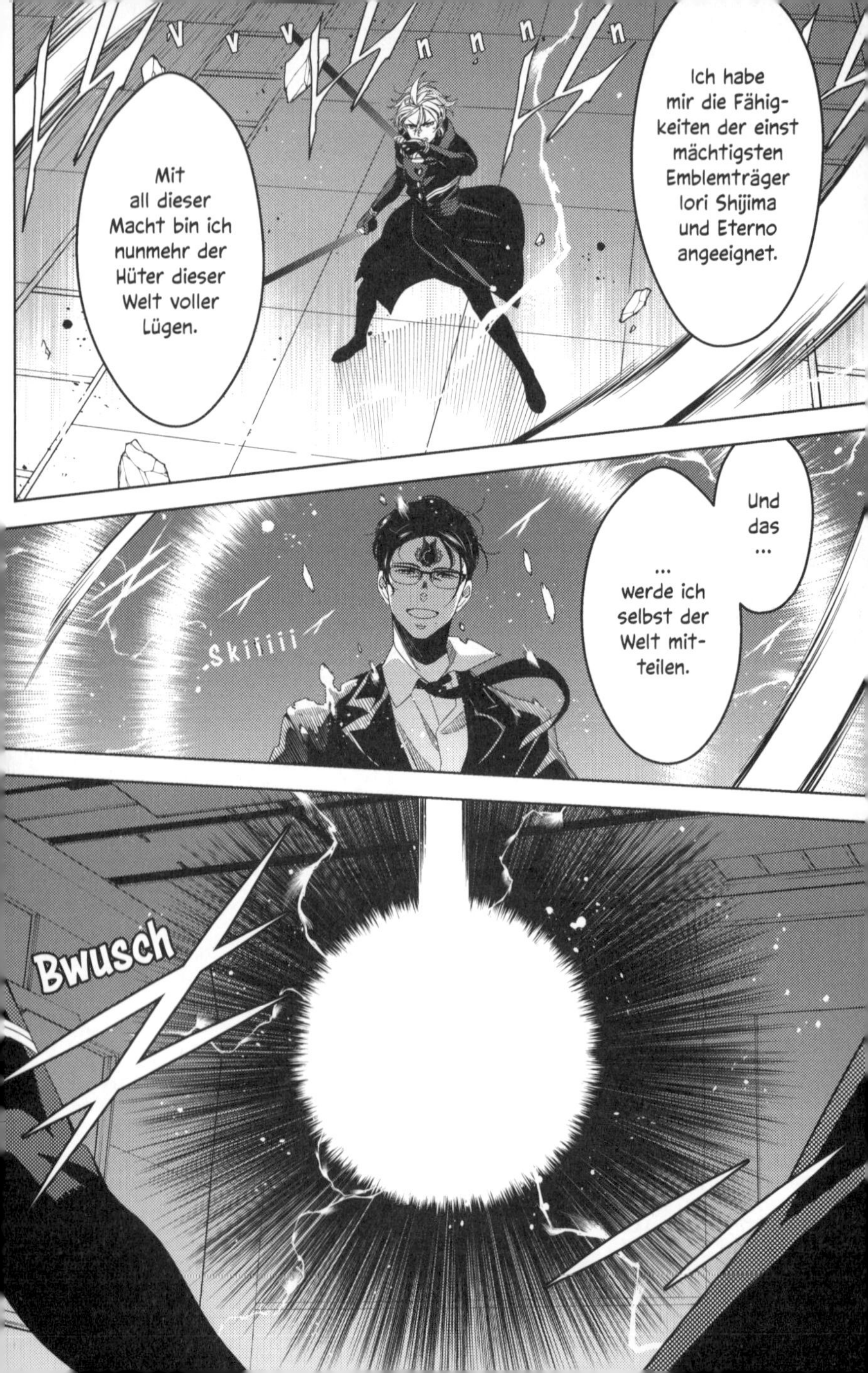
vvvnnnn
Ich habe mir die Fähigkeiten der einst mächtigsten Emblemträger Iori Shijima und Eterno angeeignet.
Mit all dieser Macht bin ich nunmehr der Hüter dieser Welt voller Lügen.
Und das ...
... werde ich selbst der Welt mitteilen.
Skiiiii
Bwusch

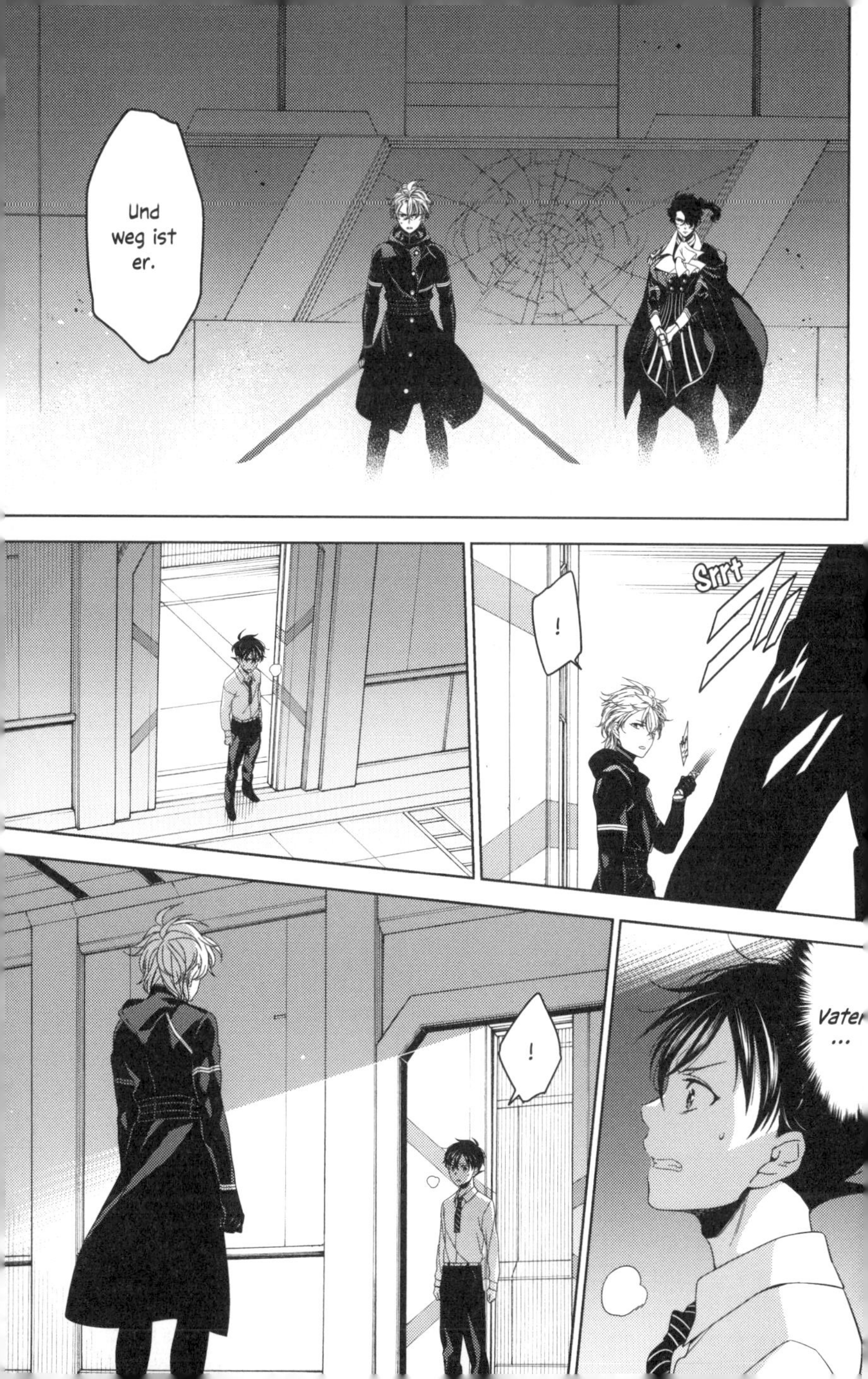

Und weg ist er.

Srrt

!

Vater ...

!

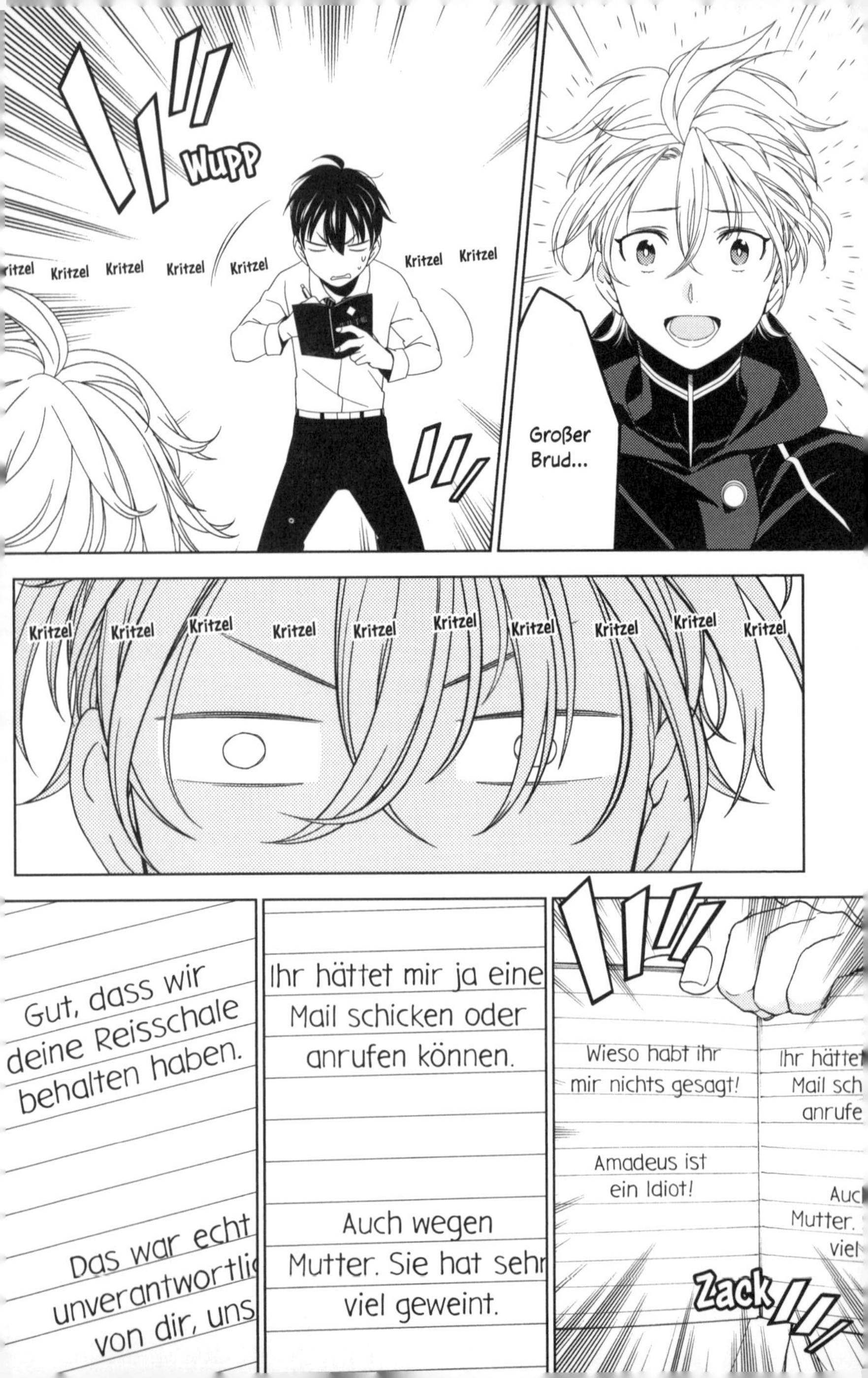

Großer Brud...

Wupp

Kritzel Kritzel Kritzel Kritzel Kritzel Kritzel Kritzel

Kritzel Kritzel Kritzel Kritzel Kritzel Kritzel Kritzel Kritzel Kritzel Kritzel

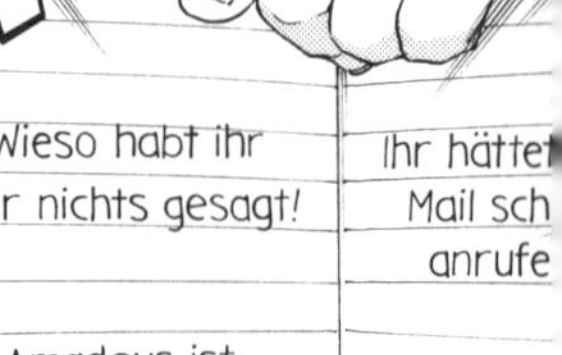

Ihr hättet mir ja eine Mail schicken oder anrufen können.

Auch wegen Mutter. Sie hat sehr viel geweint.

Gut, dass wir deine Reisschale behalten haben.

Das war echt unverantwortli von dir, uns

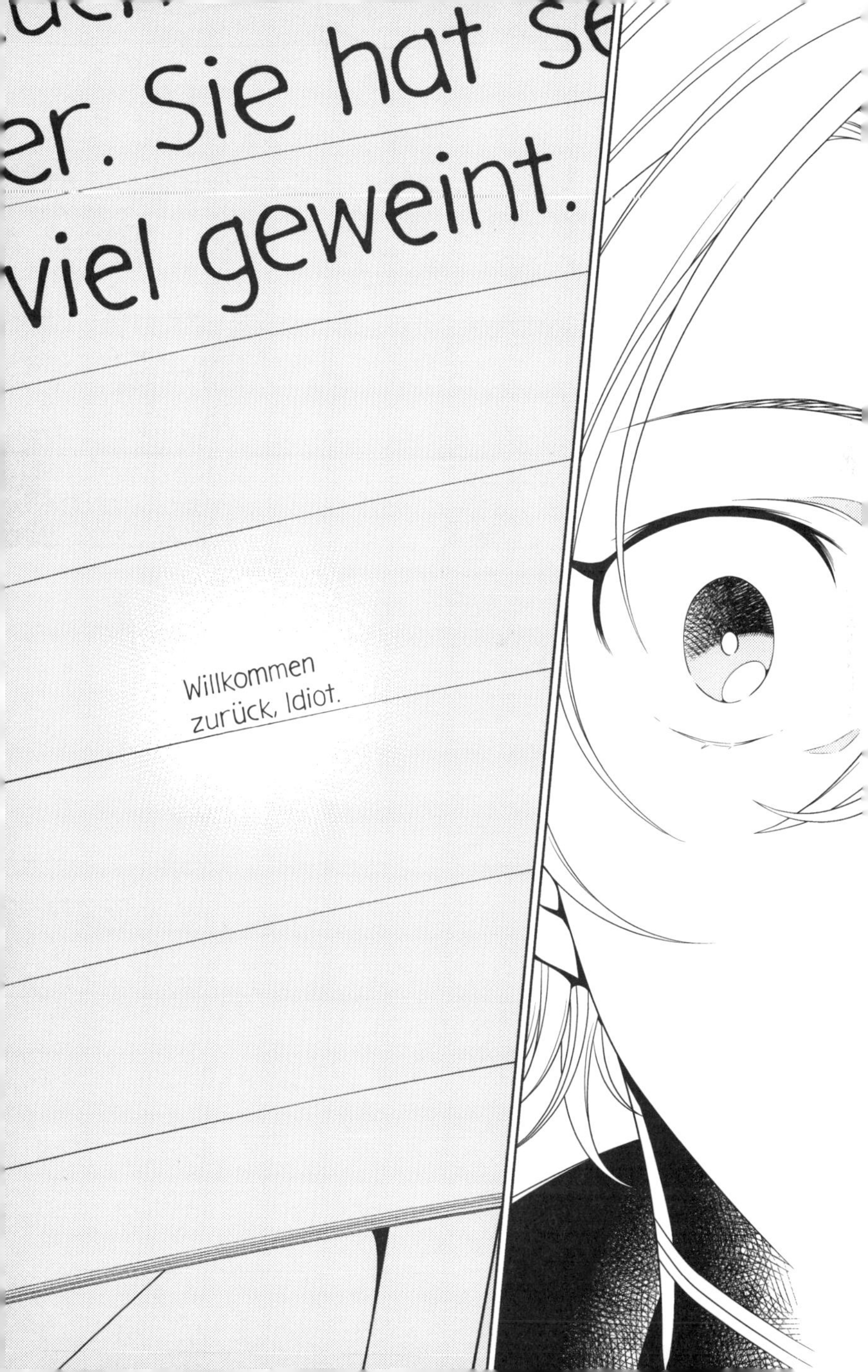
er. Sie hat se
viel geweint.
Willkommen
zurück, Idiot.

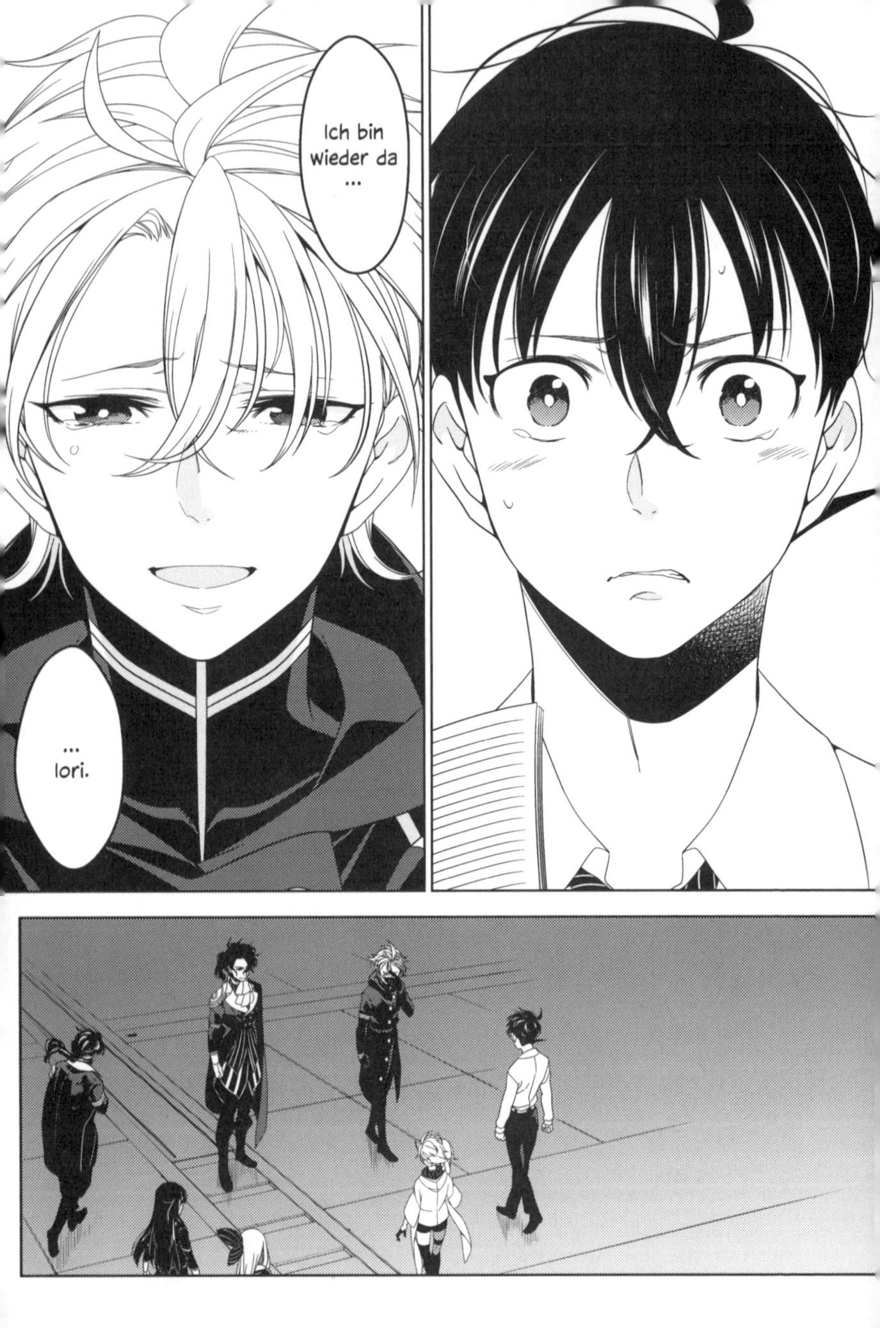

Ich bin wieder da ...

... Iori.

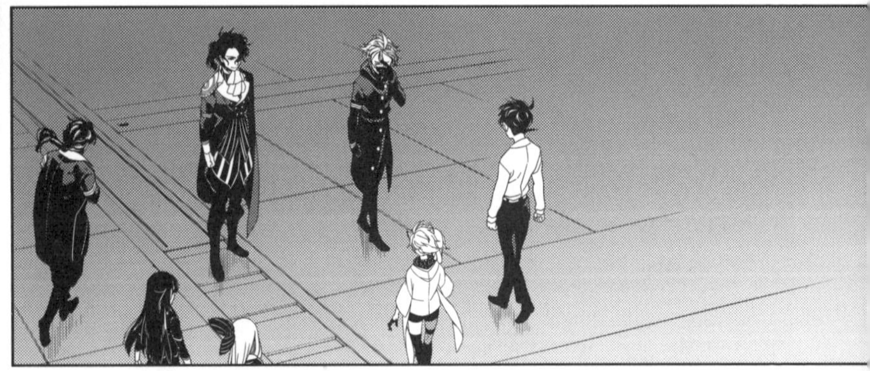

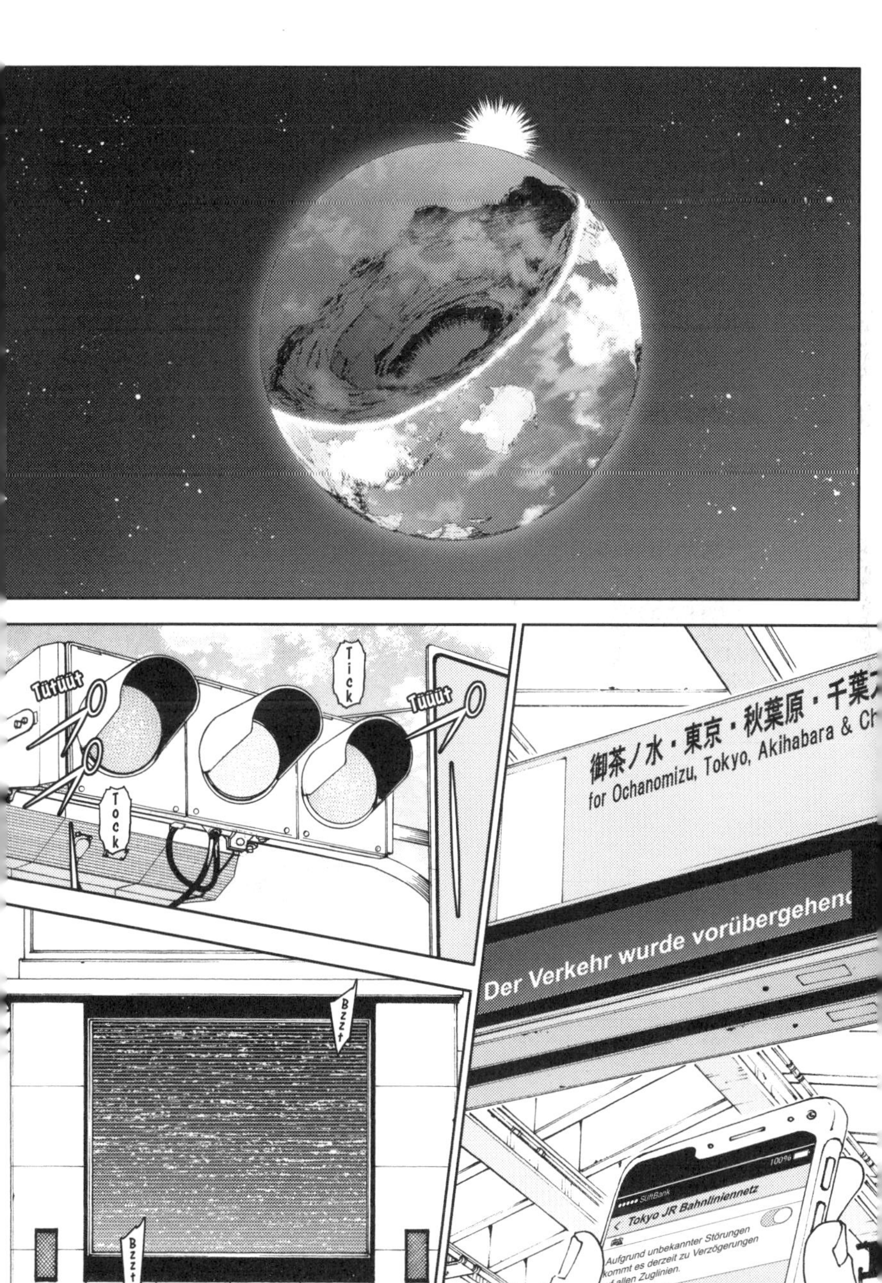

御茶ノ水・東京・秋葉原・千葉
for Ochanomizu, Tokyo, Akihabara & Ch
Der Verkehr wurde vorübergehend
100%
SoftBank
Tokyo JR Bahnliniennetz
Aufgrund unbekannter Störungen kommt es derzeit zu Verzögerungen auf allen Zuglinien.
Tüüüt
Tick
Tütüüt
Tock
Bzzt
Bzzt

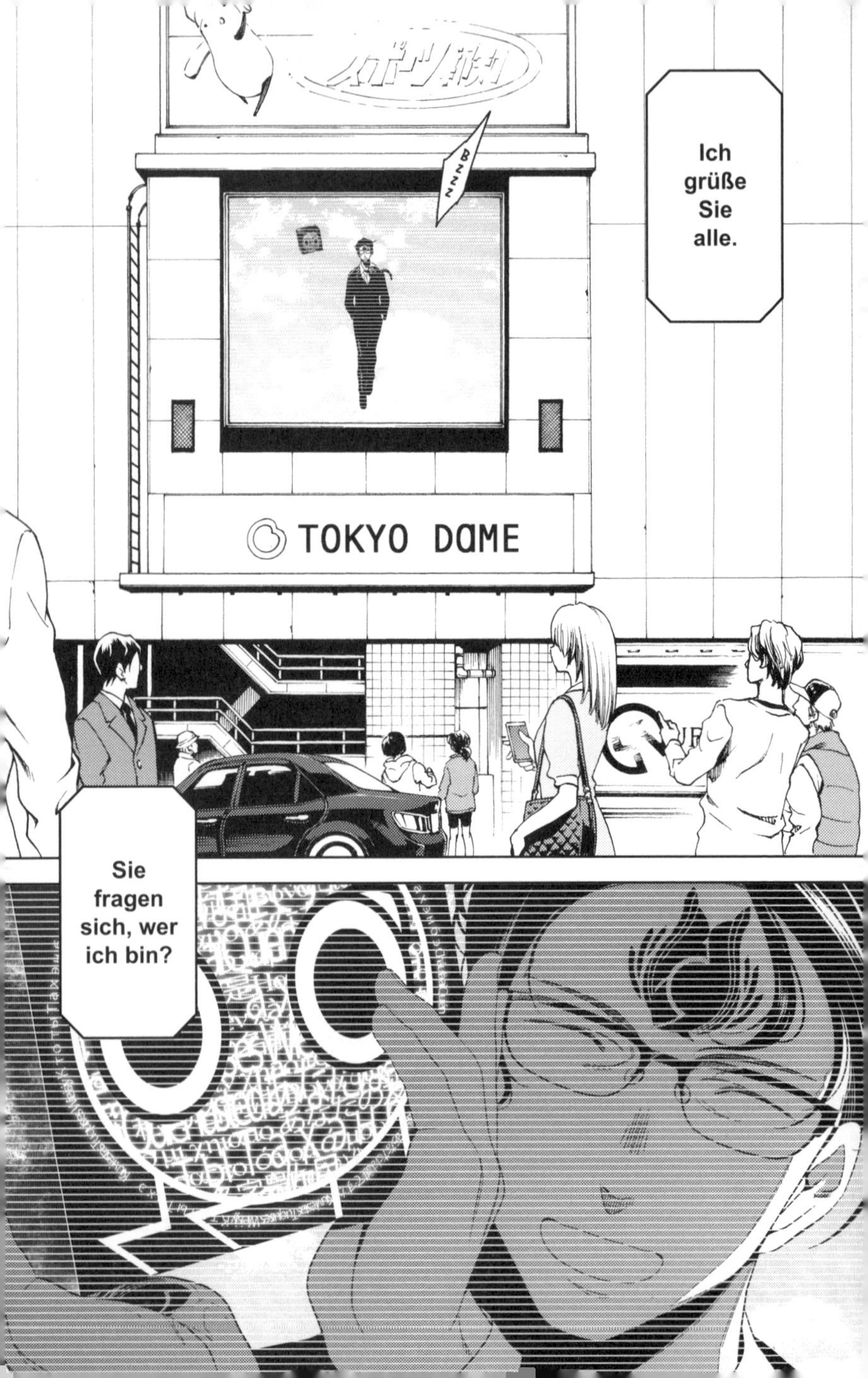
BZZZ
Ich grüße Sie alle.
TOKYO DAME
Sie fragen sich, wer ich bin?

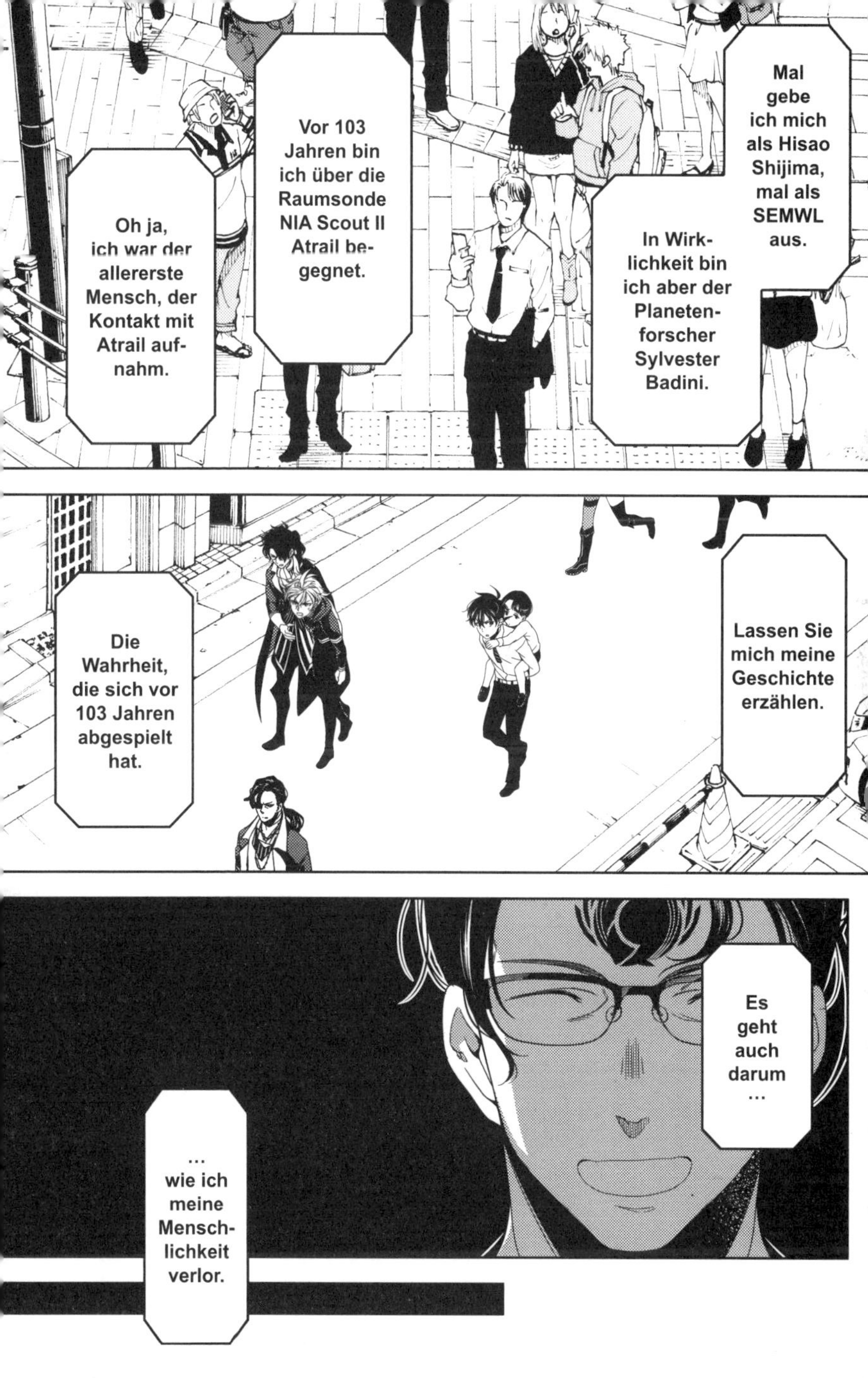
Mal gebe ich mich als Hisao Shijima, mal als SEMWL aus.
In Wirklichkeit bin ich aber der Planetenforscher Sylvester Badini.
Vor 103 Jahren bin ich über die Raumsonde NIA Scout II Atrail begegnet.
Oh ja, ich war der allererste Mensch, der Kontakt mit Atrail aufnahm.
Lassen Sie mich meine Geschichte erzählen.
Die Wahrheit, die sich vor 103 Jahren abgespielt hat.
Es geht auch darum …
… wie ich meine Menschlichkeit verlor.

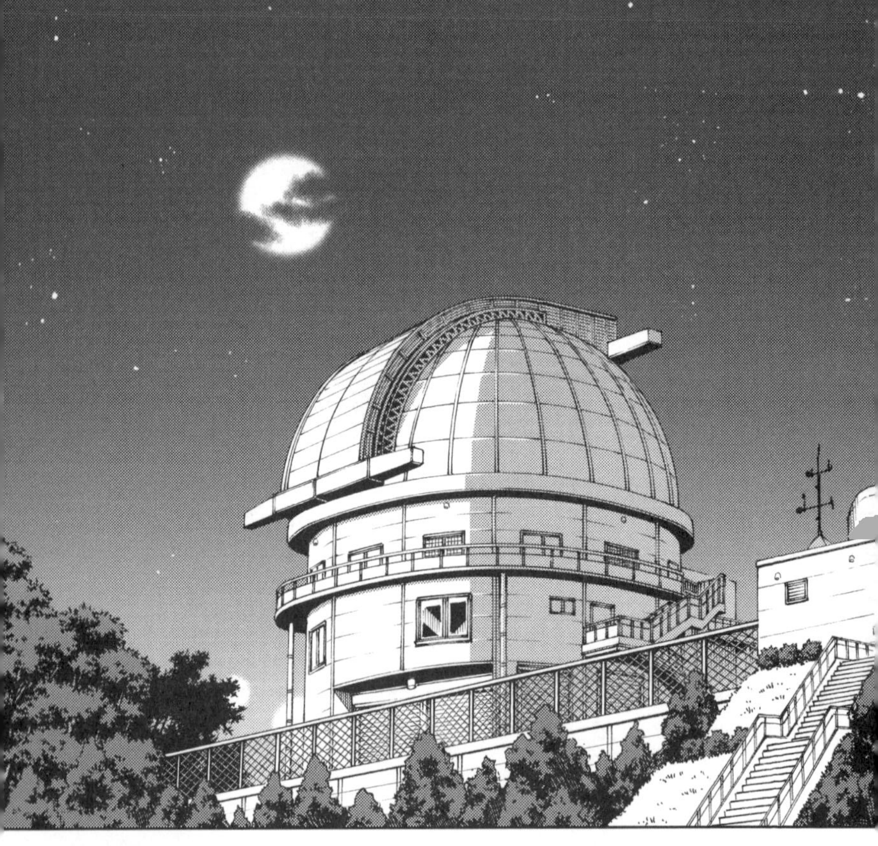

Vor 103 Jahren

Das letzte Jahr nach christlicher Zeitrechnung

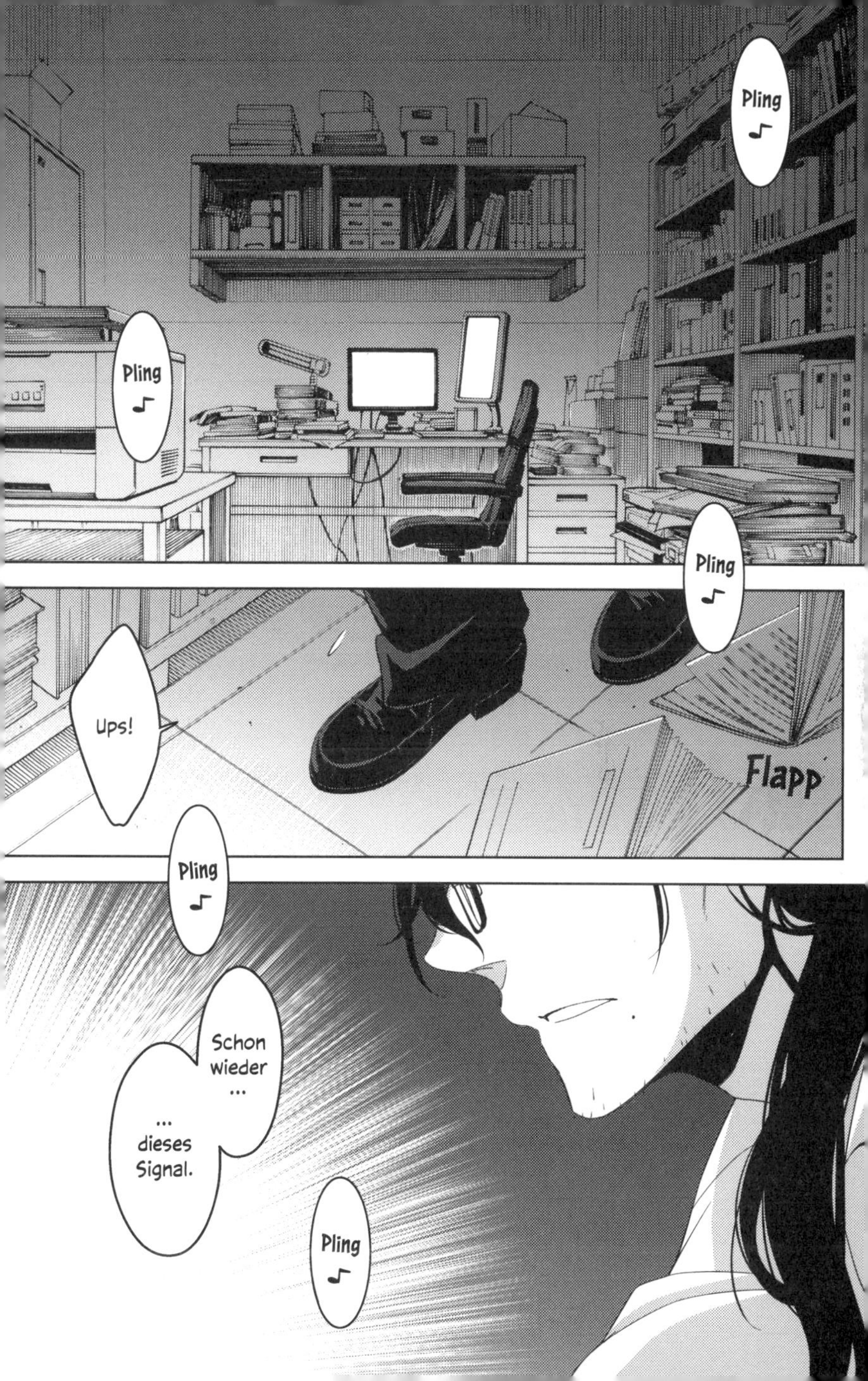
Pling ♪
Pling ♪
Pling ♪
Flapp
Ups!
Pling ♪
Schon wieder ...
... dieses Signal.
Pling ♪

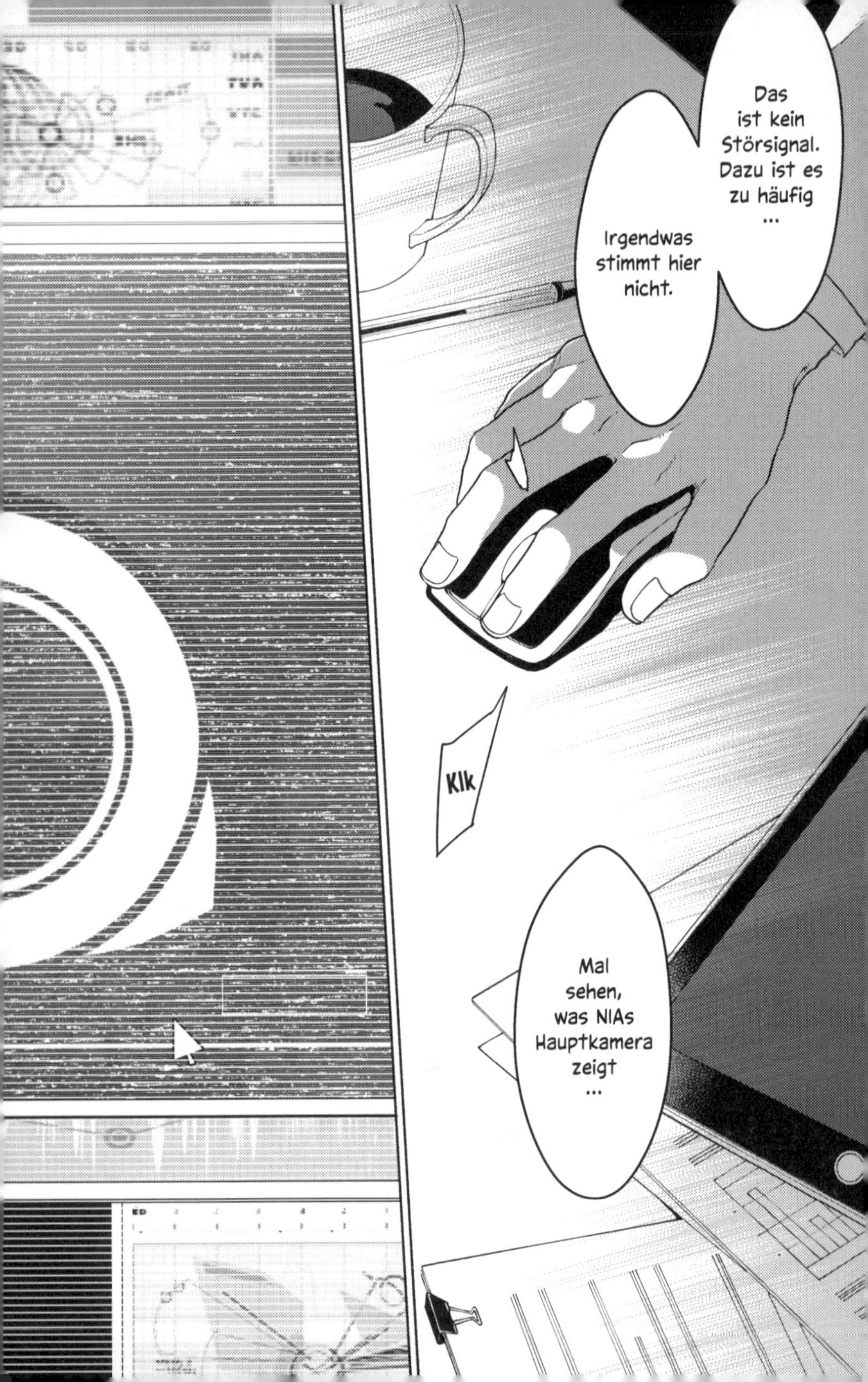
Das ist kein Störsignal. Dazu ist es zu häufig ...
Irgendwas stimmt hier nicht.
Klk
Mal sehen, was NIAs Hauptkamera zeigt ...

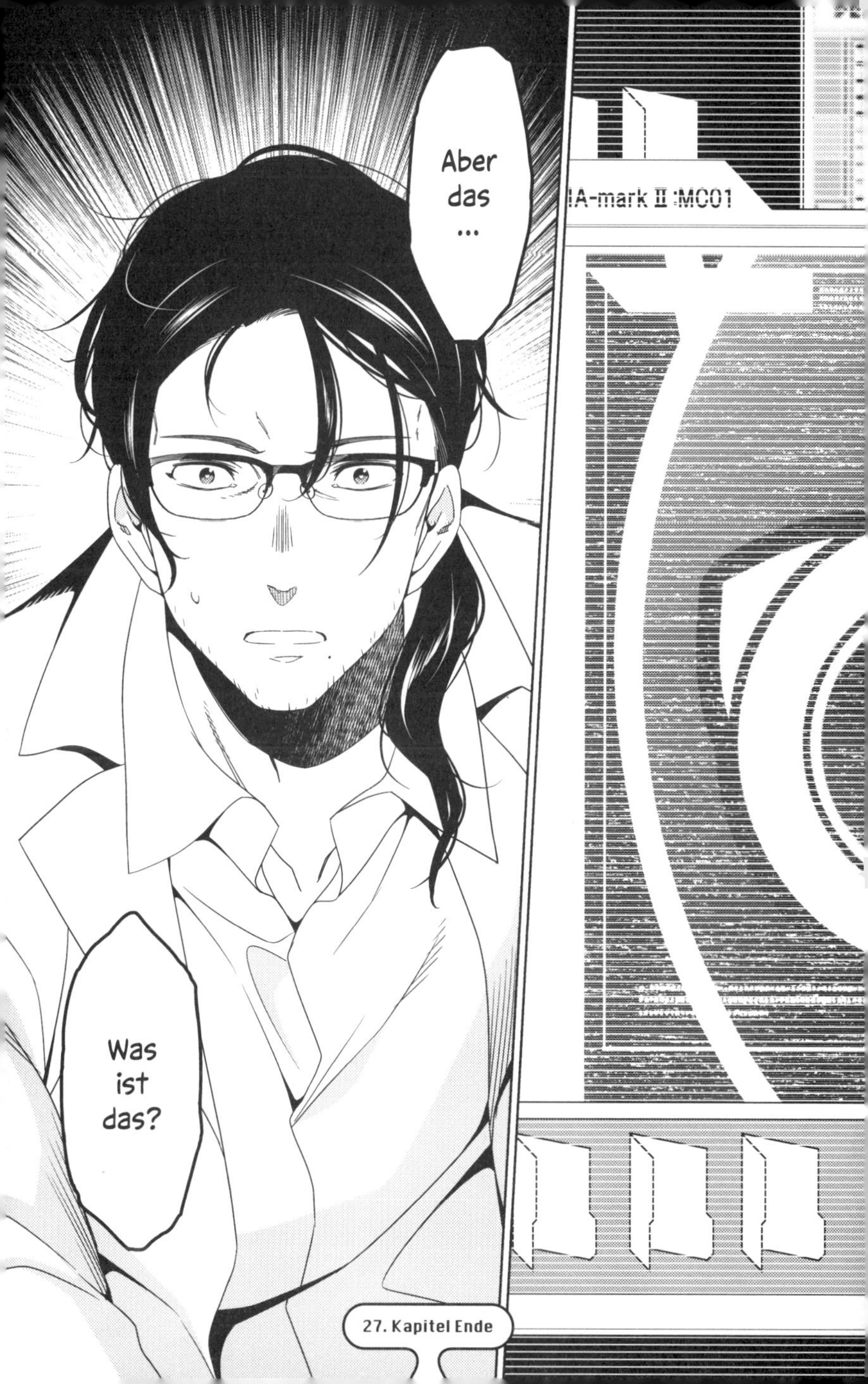
IA-mark Ⅱ :MC01
Aber das ...
Was ist das?
27. Kapitel Ende

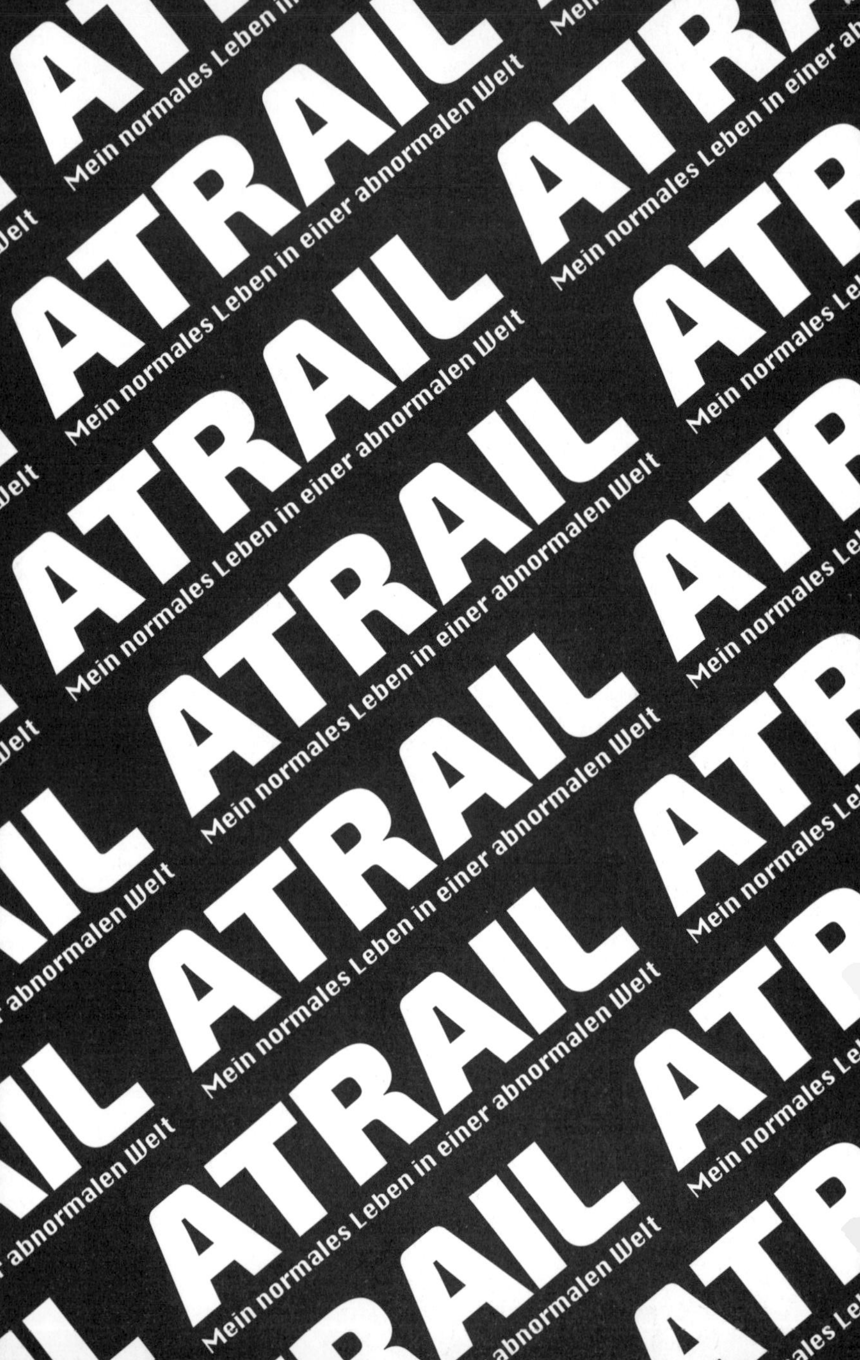
ATRAIL
Mein normales Leben in einer abnormalen Welt

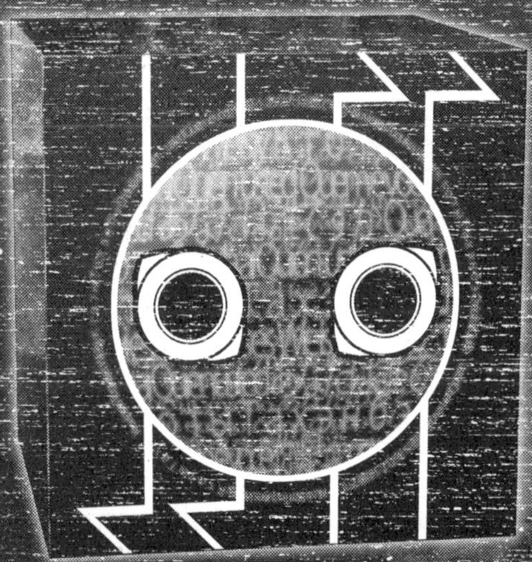

28.
Kapitel

Der unfreie Professor Badini

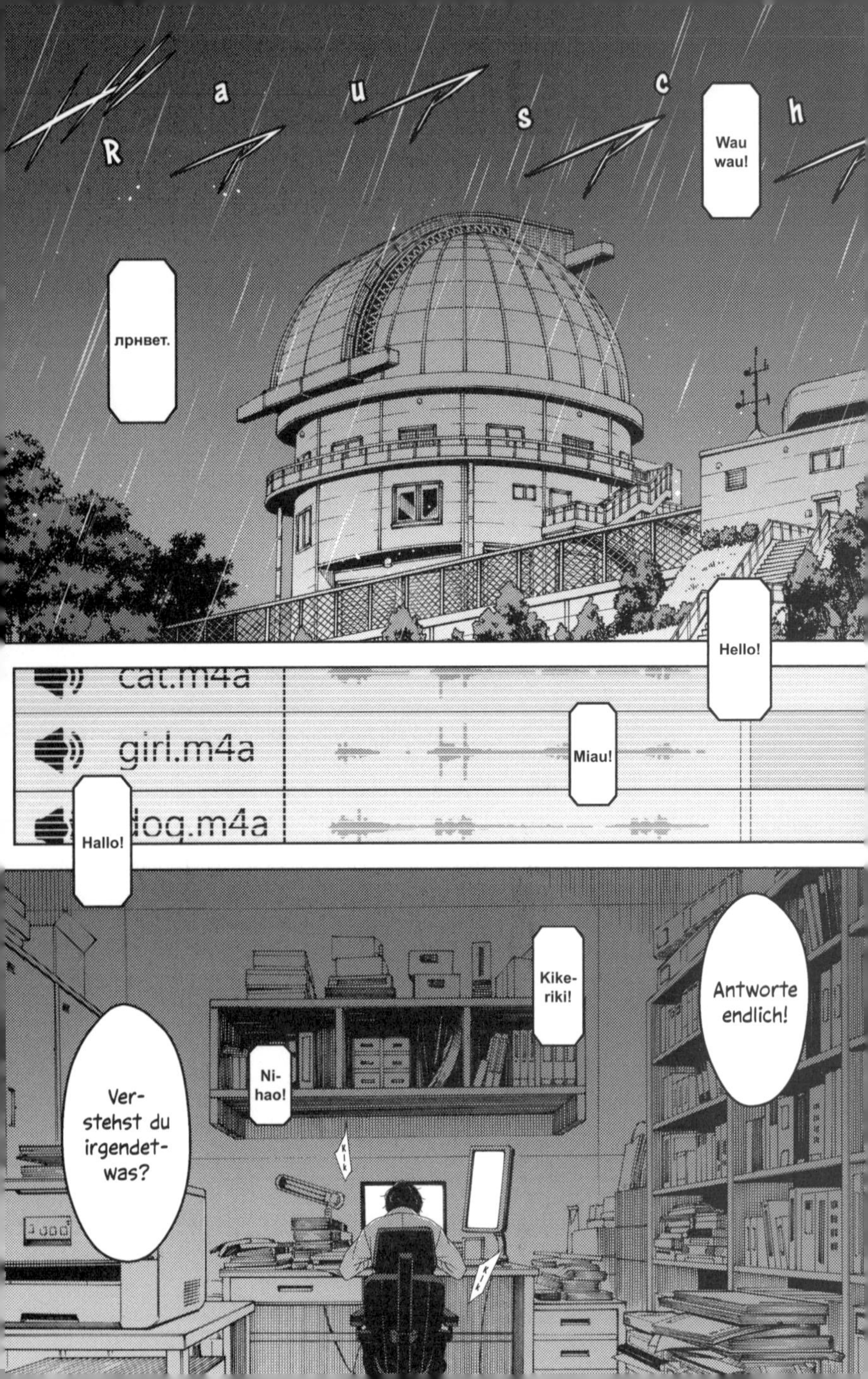
Rausch
Wau wau!
лрнвет.
Hello!
Miau!
cat.m4a
girl.m4a
dog.m4a
Hallo!
Antworte endlich!
Kike-riki!
Ni-hao!
Ver-stehst du irgendet-was?
Klik
Klik

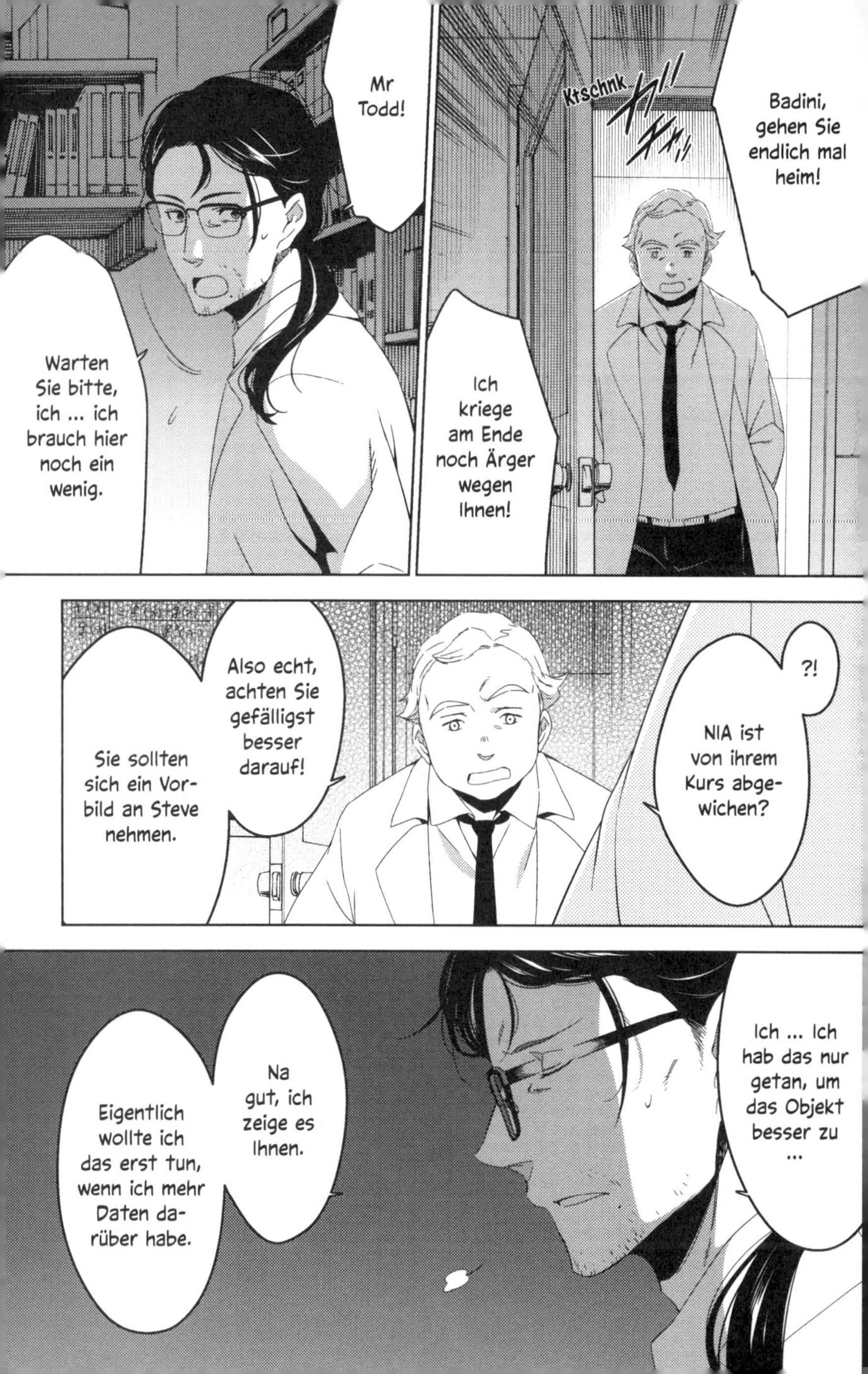

Badini, gehen Sie endlich mal heim!

Ktschnk

Ich kriege am Ende noch Ärger wegen Ihnen!

Mr Todd!

Warten Sie bitte, ich ... ich brauch hier noch ein wenig.

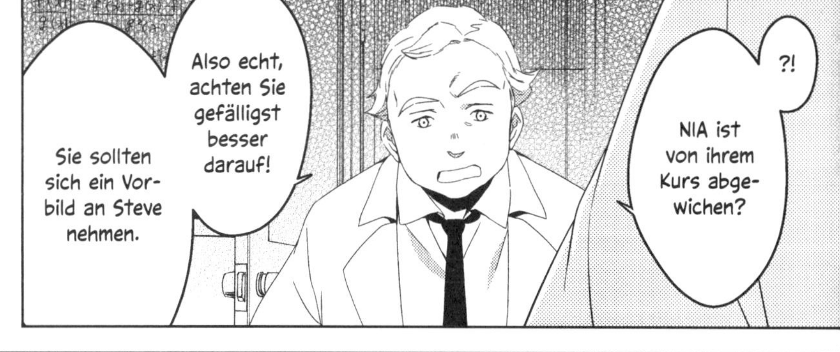

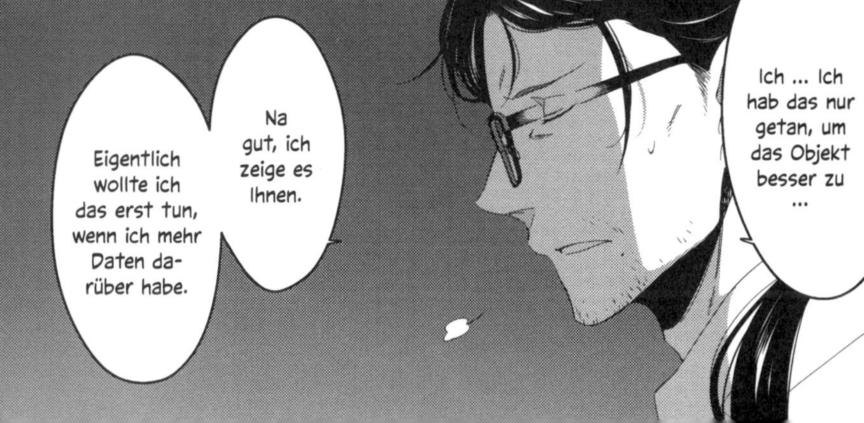

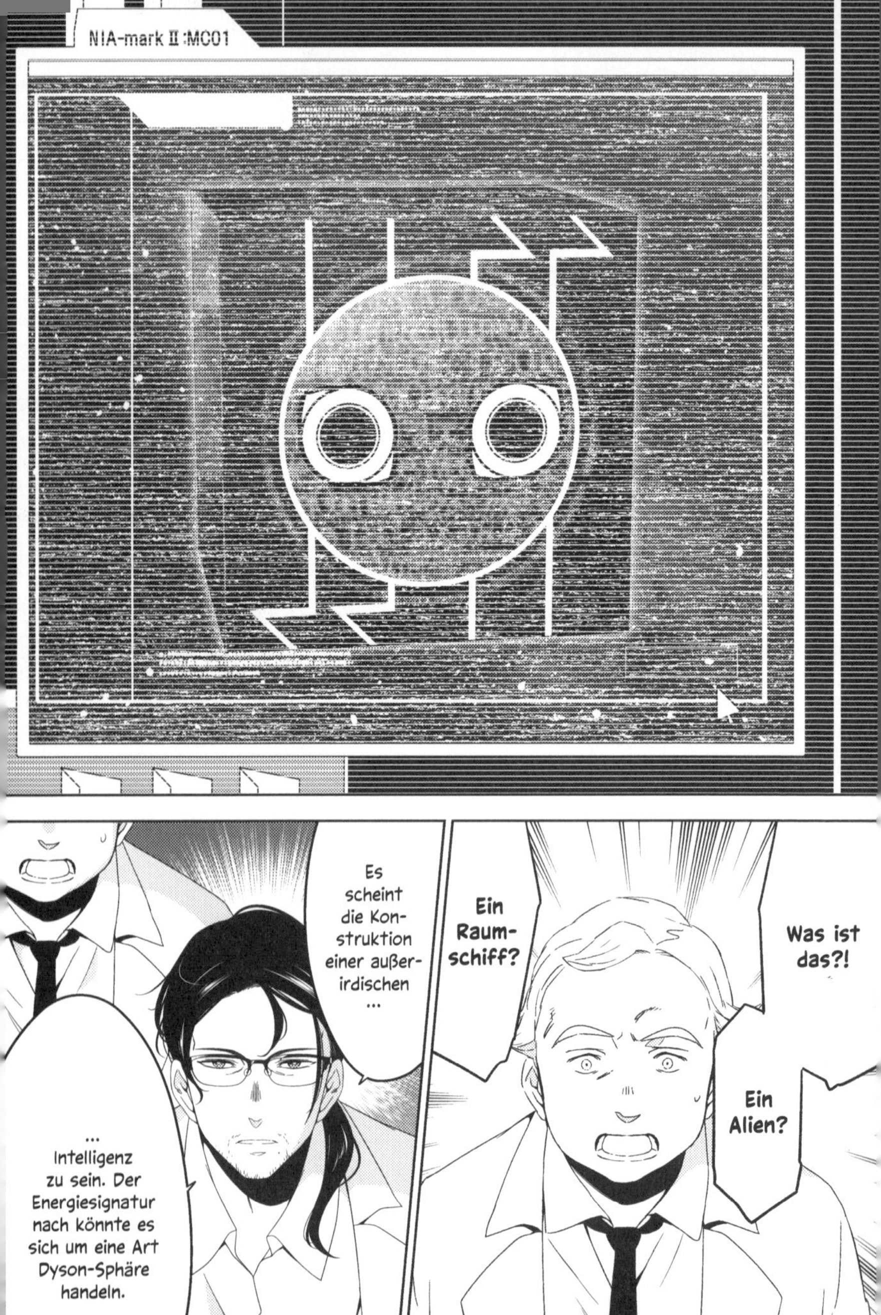
NIA-mark II :MC01
Was ist das?!
Ein Raumschiff?
Ein Alien?
Es scheint die Konstruktion einer außerirdischen …
… Intelligenz zu sein. Der Energiesignatur nach könnte es sich um eine Art Dyson-Sphäre handeln.

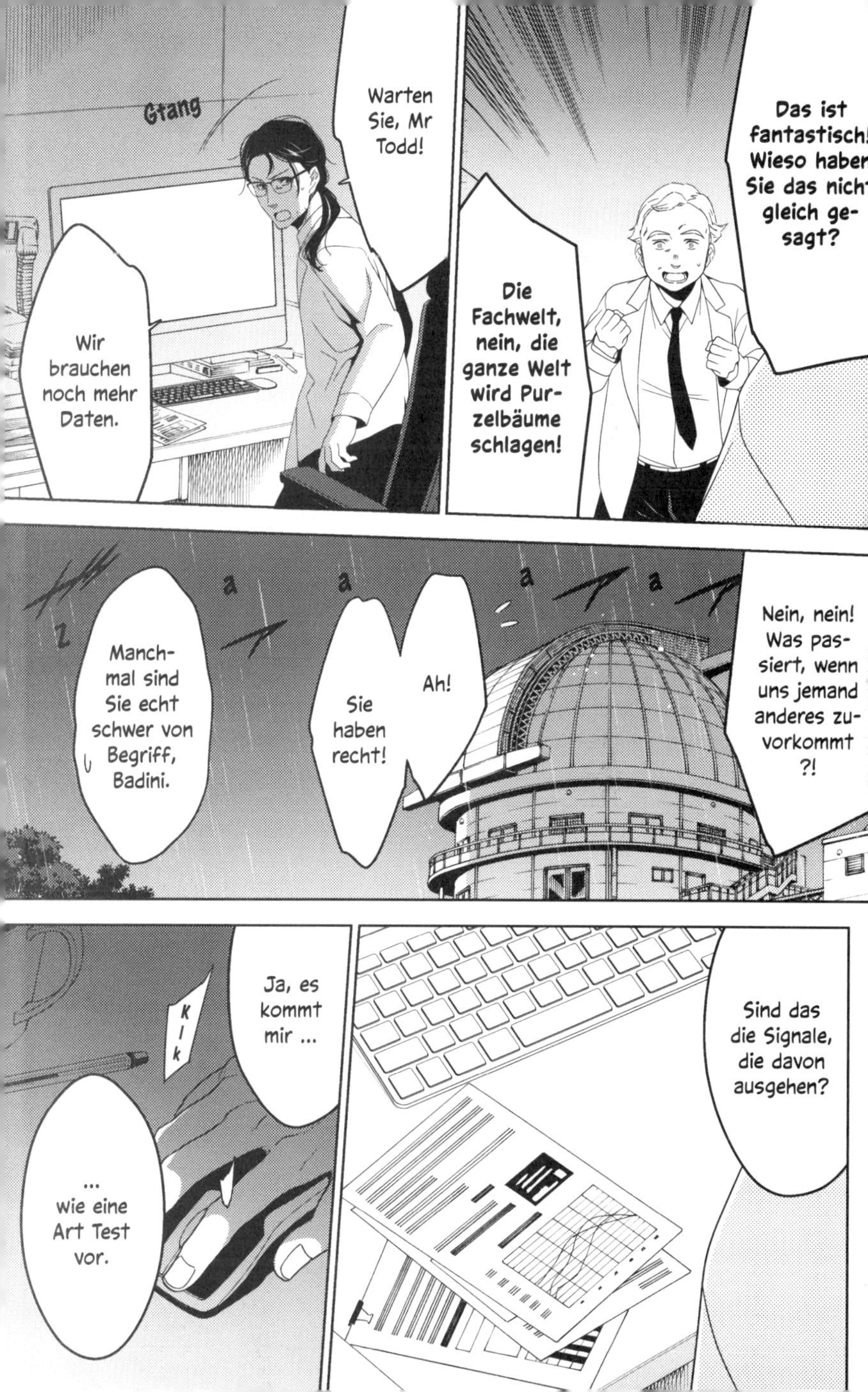
Das ist fantastisch! Wieso haben Sie das nicht gleich gesagt?
Die Fachwelt, nein, die ganze Welt wird Purzelbäume schlagen!
Warten Sie, Mr Todd!
Gtang
Wir brauchen noch mehr Daten.
Nein, nein! Was passiert, wenn uns jemand anderes zuvorkommt?!
Ah!
Sie haben recht!
Manchmal sind Sie echt schwer von Begriff, Badini.
Sind das die Signale, die davon ausgehen?
Ja, es kommt mir ...
Klk
... wie eine Art Test vor.

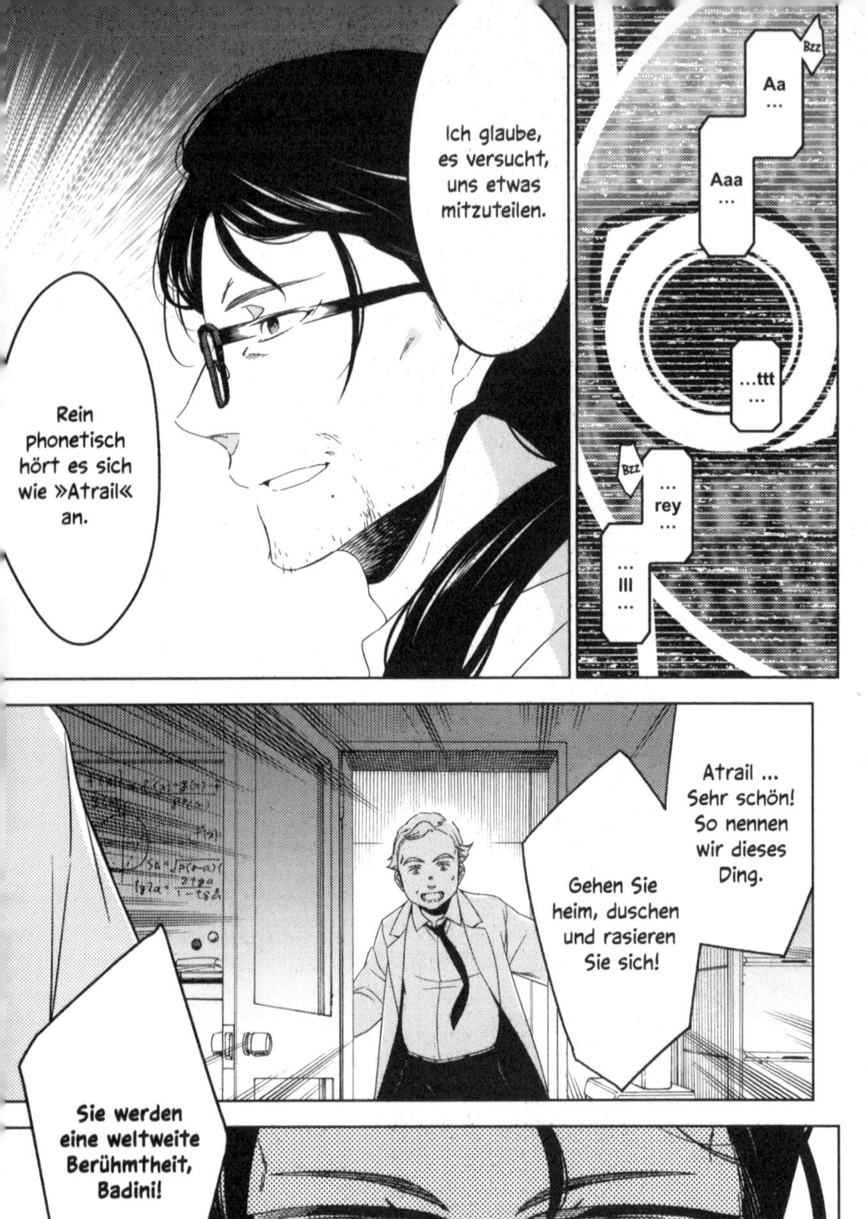
Bzz
Aa …
Aaa …
…ttt …
Bzz
… rey …
… lll …
Ich glaube, es versucht, uns etwas mitzuteilen.
Rein phonetisch hört es sich wie »Atrail« an.
Atrail … Sehr schön! So nennen wir dieses Ding.
Gehen Sie heim, duschen und rasieren Sie sich!
Sie werden eine weltweite Berühmtheit, Badini!

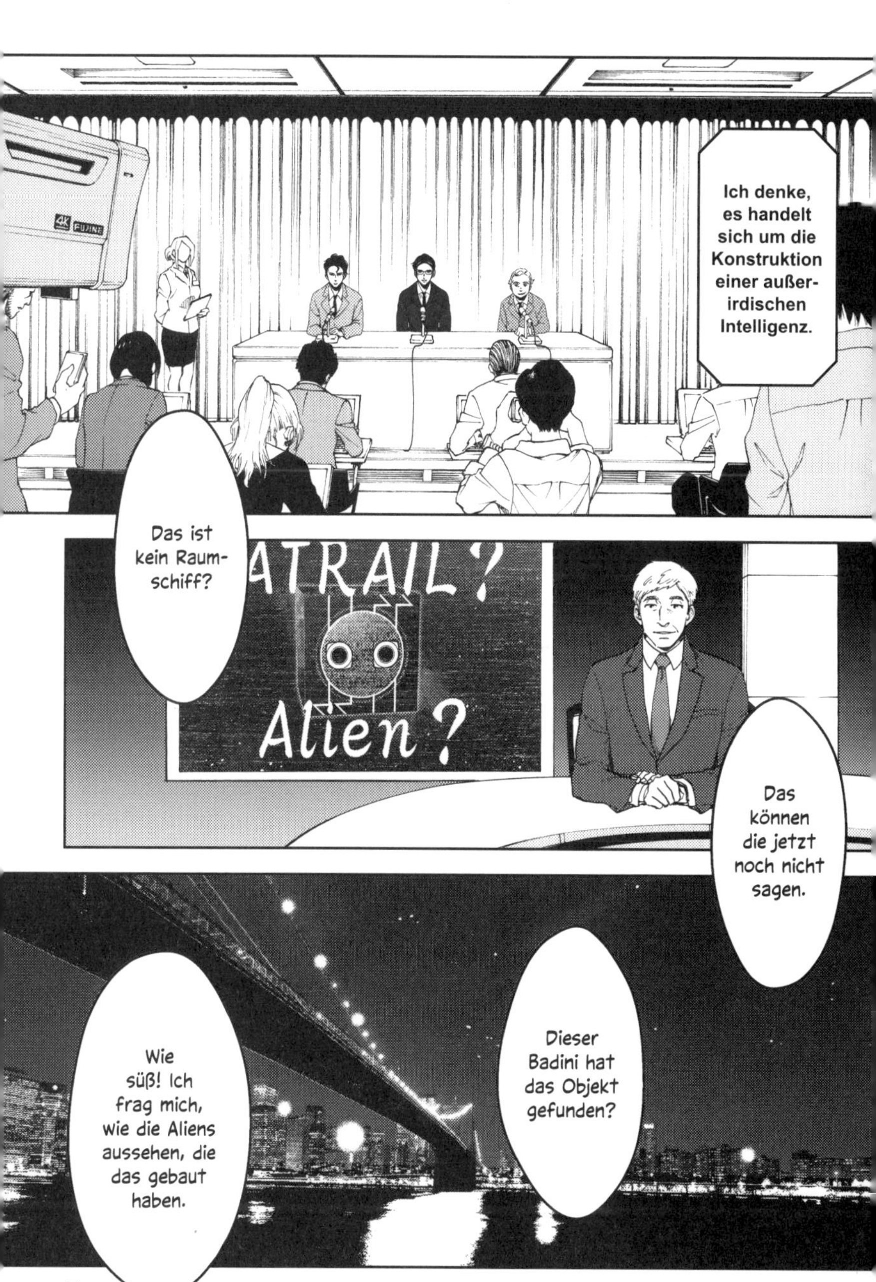
4K
FUJINE
Ich denke, es handelt sich um die Konstruktion einer außerirdischen Intelligenz.
Das ist kein Raumschiff?
ATRAIL?
Alien?
Das können die jetzt noch nicht sagen.
Dieser Badini hat das Objekt gefunden?
Wie süß! Ich frag mich, wie die Aliens aussehen, die das gebaut haben.

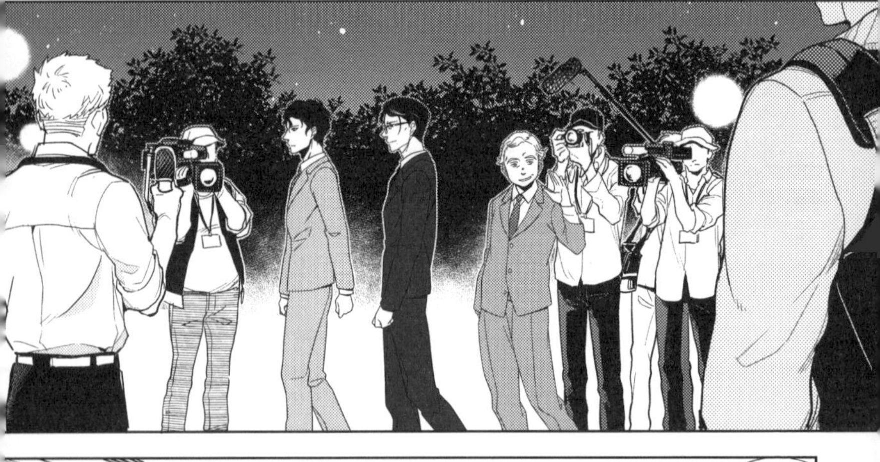

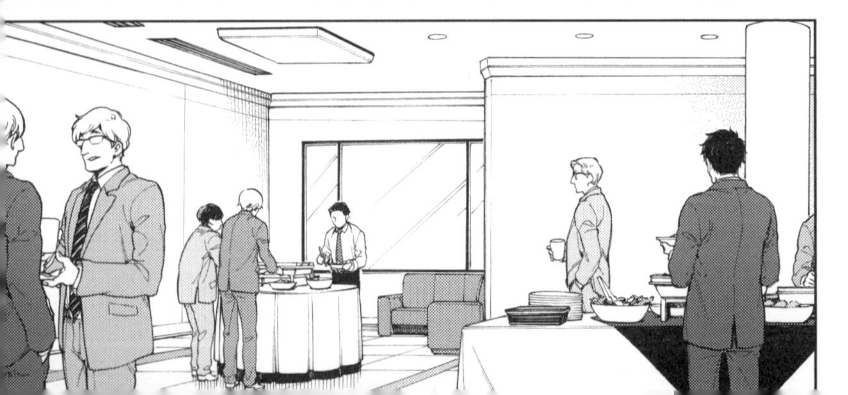

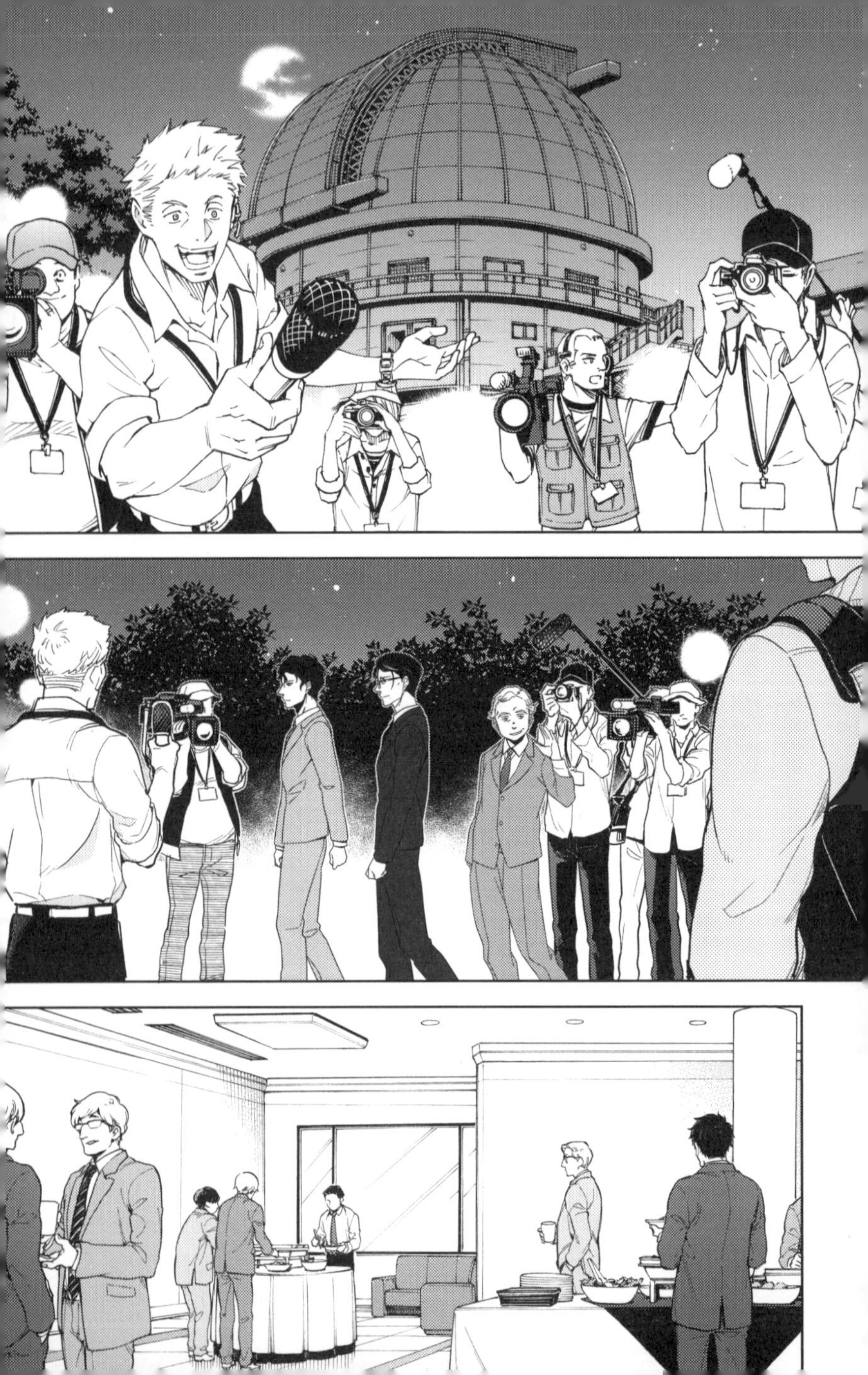

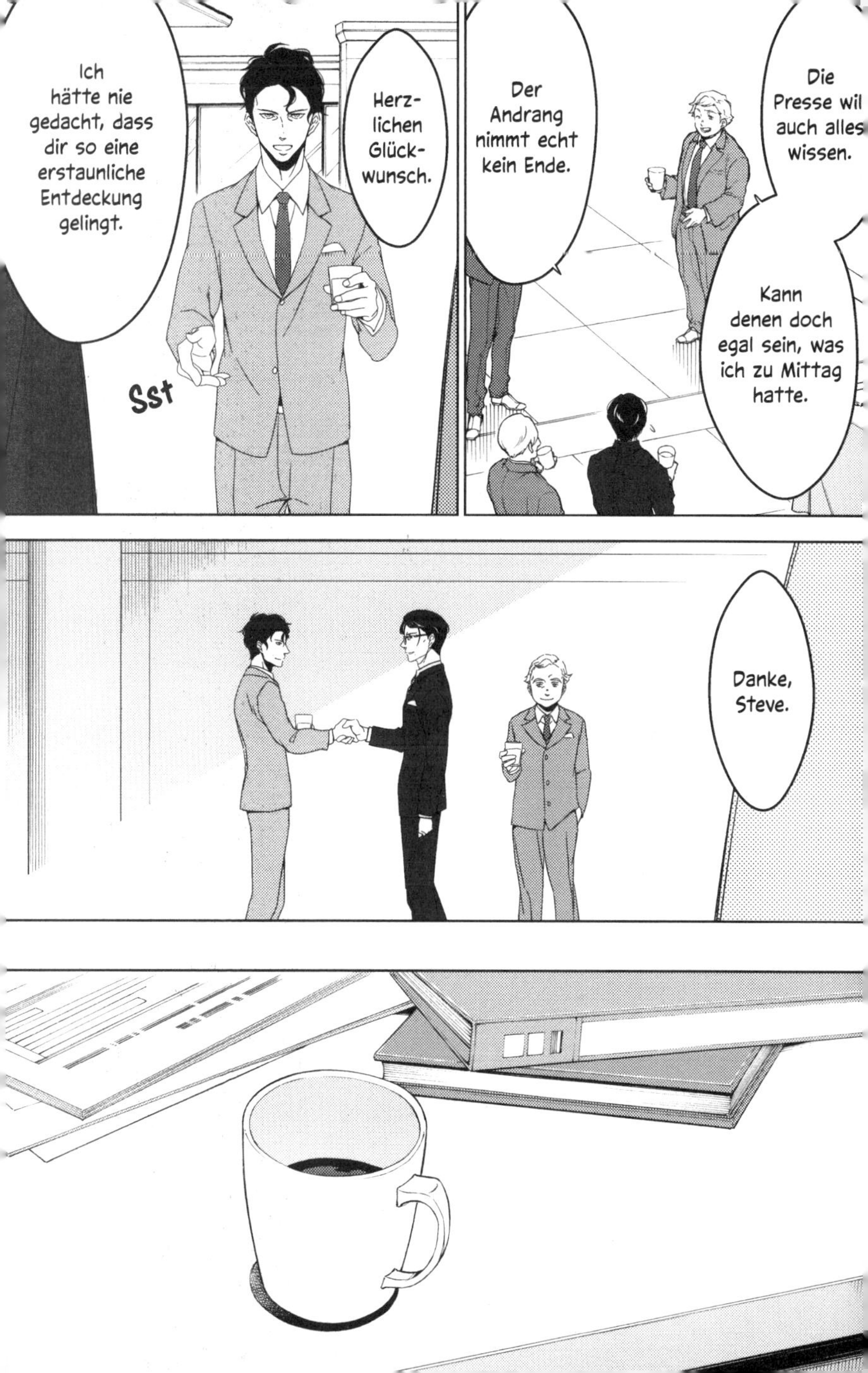
Die Presse wil auch alles wissen.
Kann denen doch egal sein, was ich zu Mittag hatte.
Der Andrang nimmt echt kein Ende.
Herz-lichen Glück-wunsch.
Ich hätte nie gedacht, dass dir so eine erstaunliche Entdeckung gelingt.
Sst
Danke, Steve.

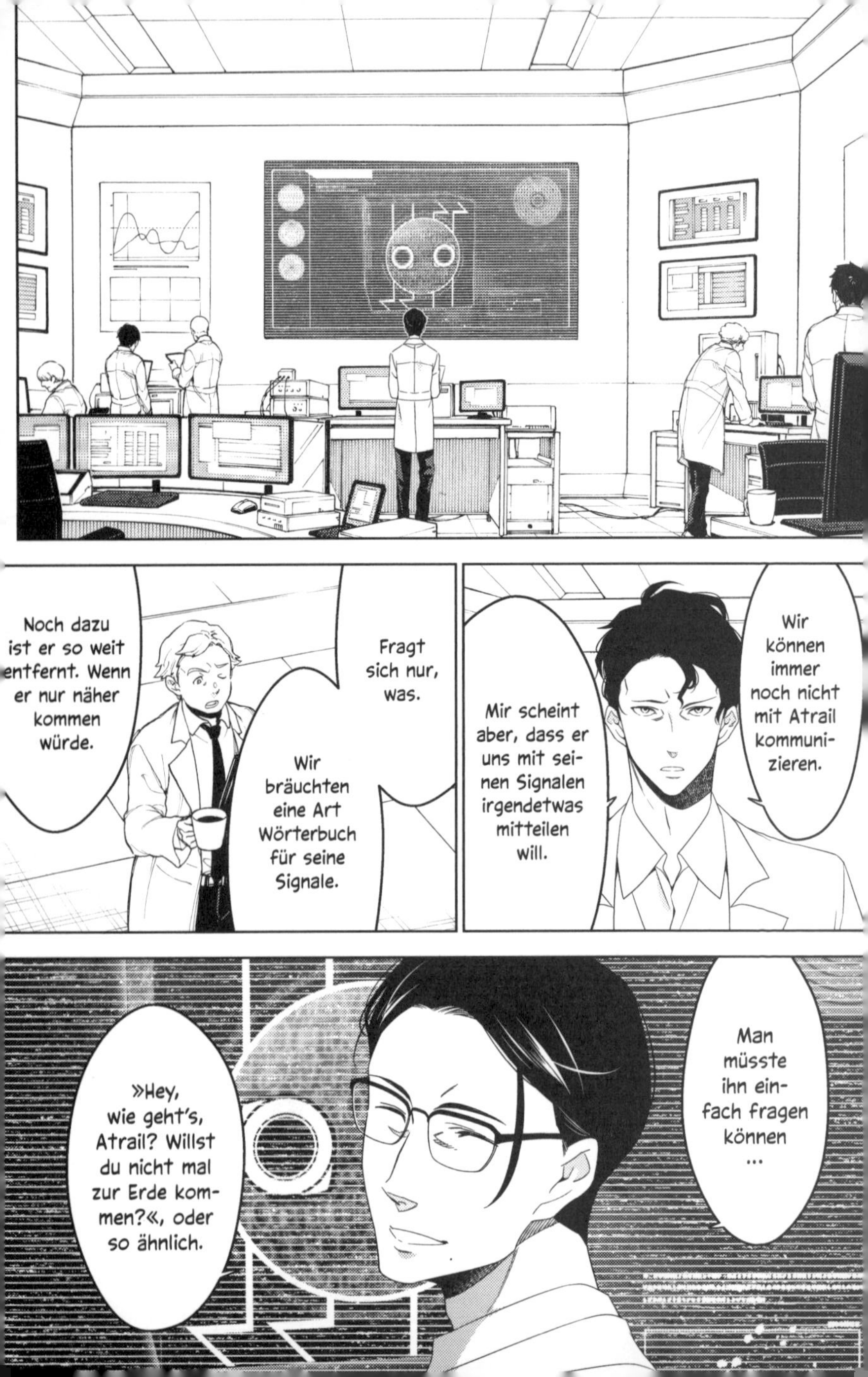

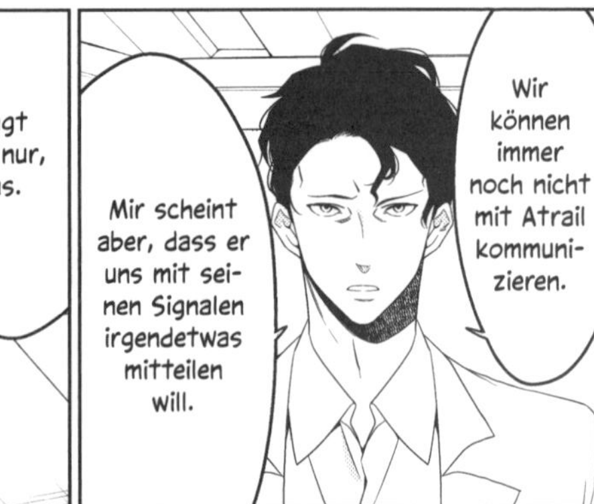
Wir können immer noch nicht mit Atrail kommunizieren.
Mir scheint aber, dass er uns mit seinen Signalen irgendetwas mitteilen will.

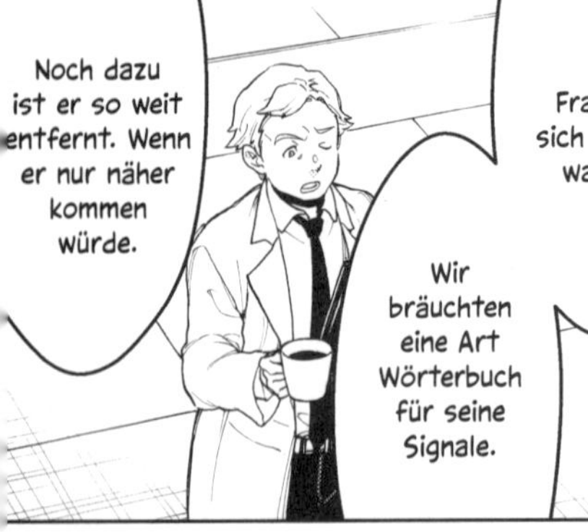
Fragt sich nur, was.
Wir bräuchten eine Art Wörterbuch für seine Signale.
Noch dazu ist er so weit entfernt. Wenn er nur näher kommen würde.

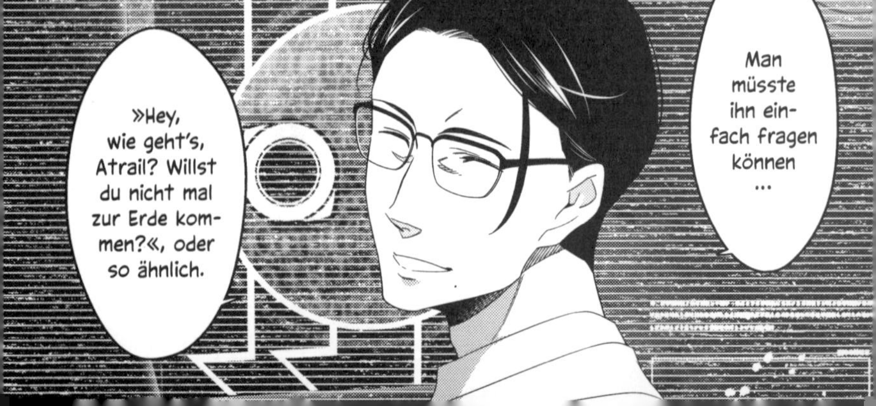
Man müsste ihn einfach fragen können ...
»Hey, wie geht's, Atrail? Willst du nicht mal zur Erde kommen?«, oder so ähnlich.

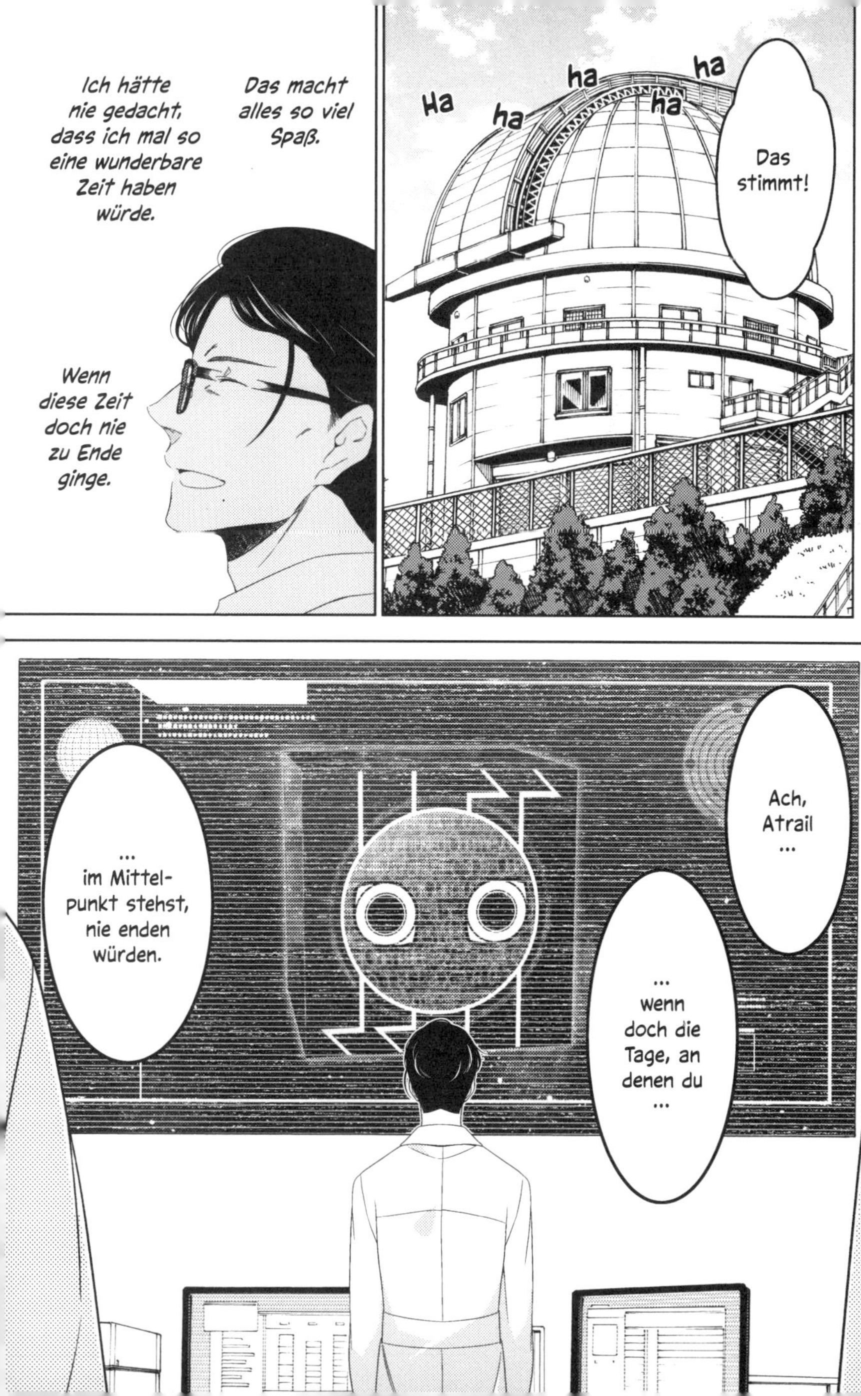

Ha ha ha ha ha

Das stimmt!

Das macht alles so viel Spaß.

Ich hätte nie gedacht, dass ich mal so eine wunderbare Zeit haben würde.

Wenn diese Zeit doch nie zu Ende ginge.

Ach, Atrail ...

... wenn doch die Tage, an denen du ...

... im Mittelpunkt stehst, nie enden würden.

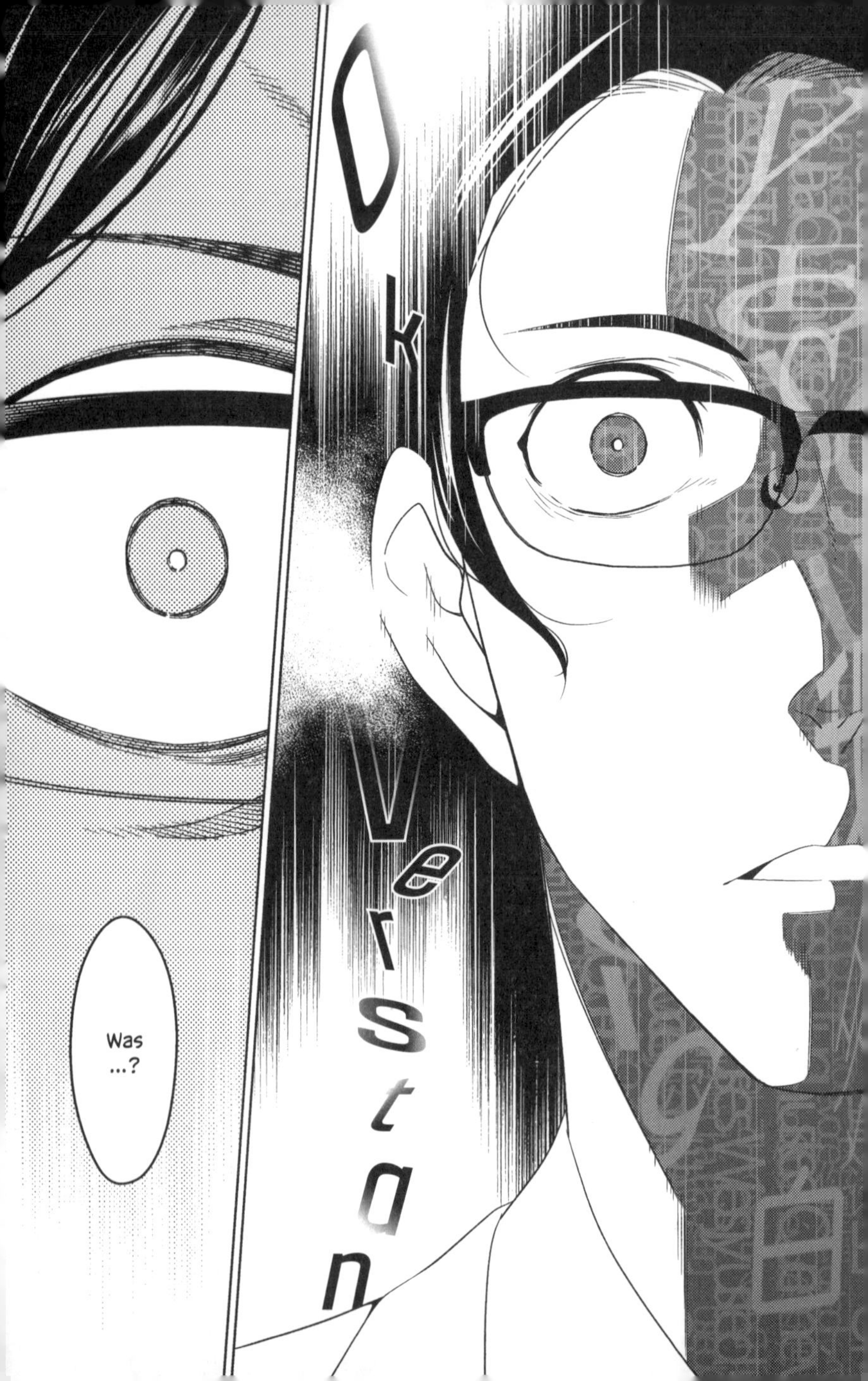
Ok
Verstan
Was ...?

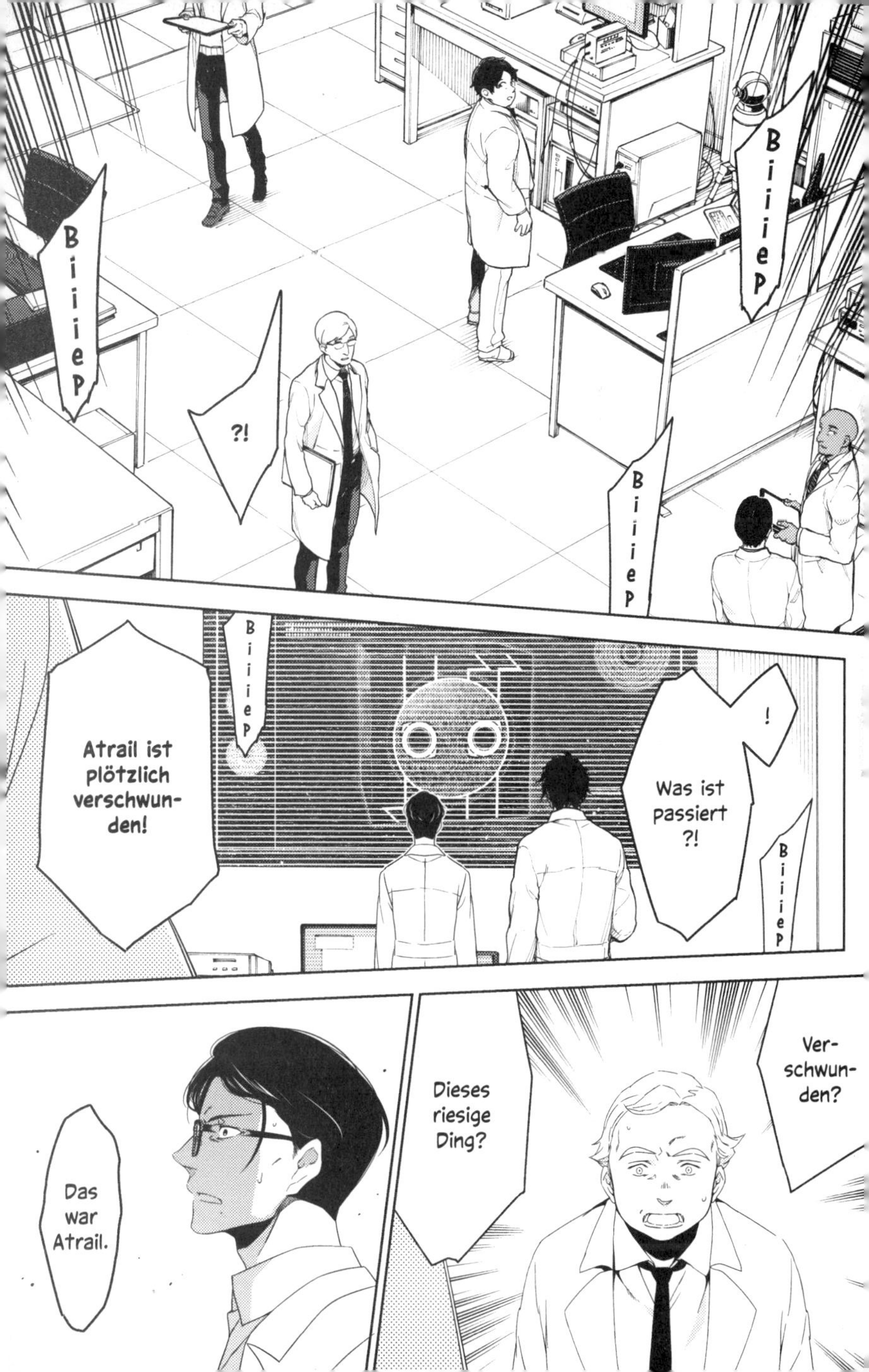

BiiieP
BiiieP
?!
BiiieP
BiiieP
!
Was ist passiert ?!
BiiieP
Atrail ist plötzlich verschwunden!
Verschwunden?
Dieses riesige Ding?
Das war Atrail.

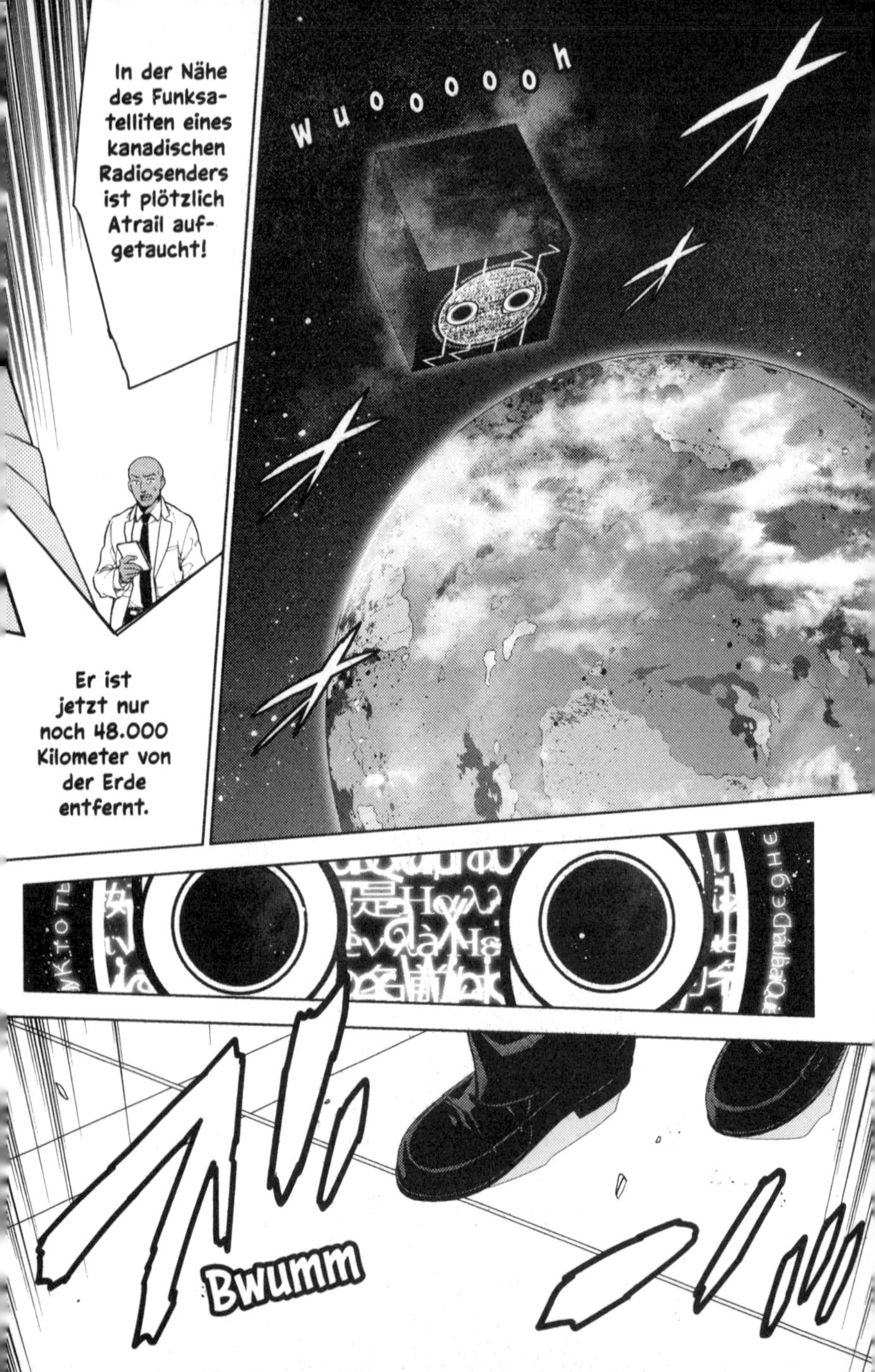

Wuooooh
In der Nähe des Funksatelliten eines kanadischen Radiosenders ist plötzlich Atrail aufgetaucht!
Er ist jetzt nur noch 48.000 Kilometer von der Erde entfernt.
Bwumm

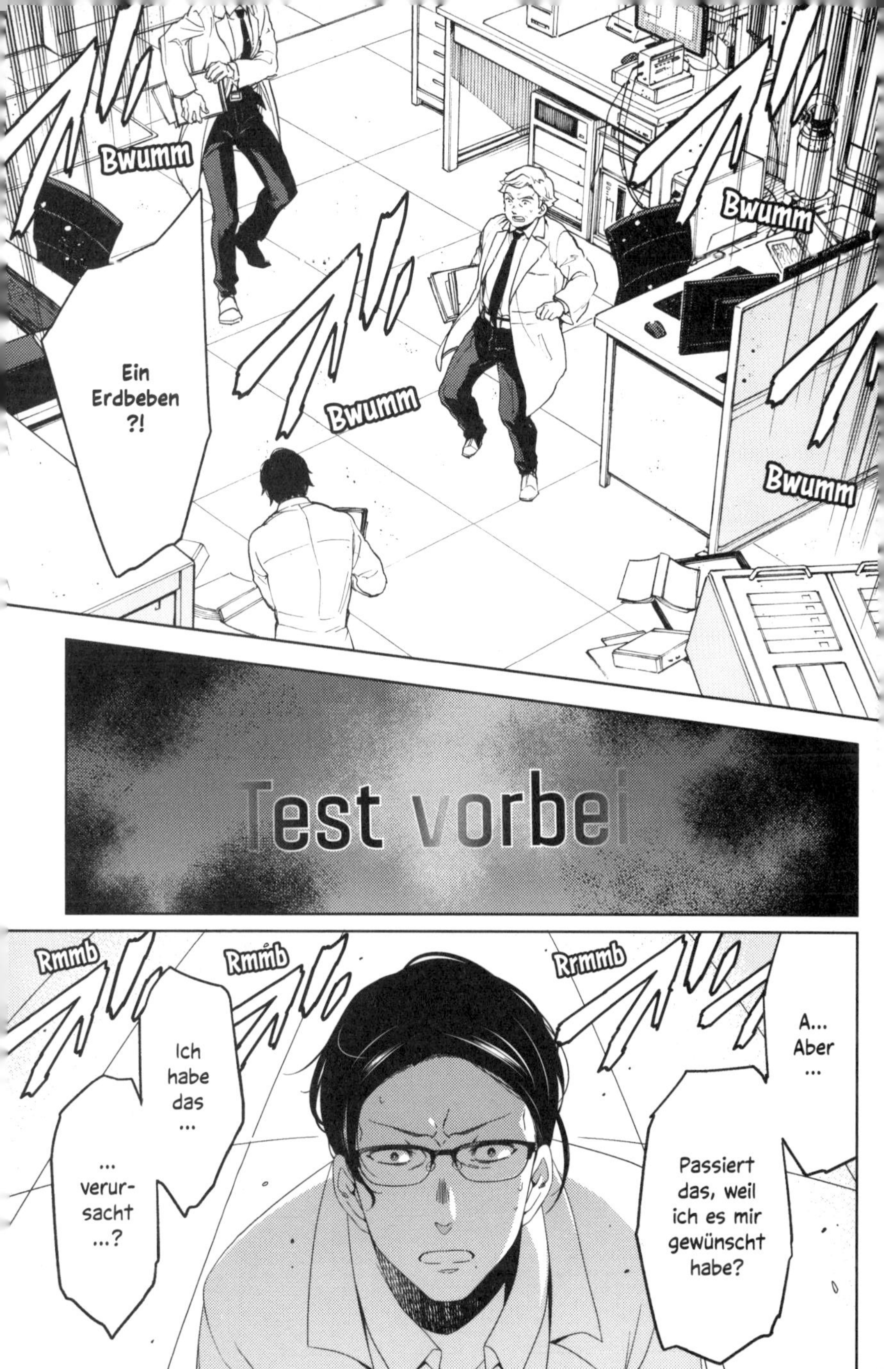
Bwumm
Bwumm
Bwumm
Bwumm
Ein Erdbeben ?!
Test vorbei
Rrmmb
Rmmb
Rmmb
A... Aber ...
Passiert das, weil ich es mir gewünscht habe?
Ich habe das ...
... verur-sacht ...?

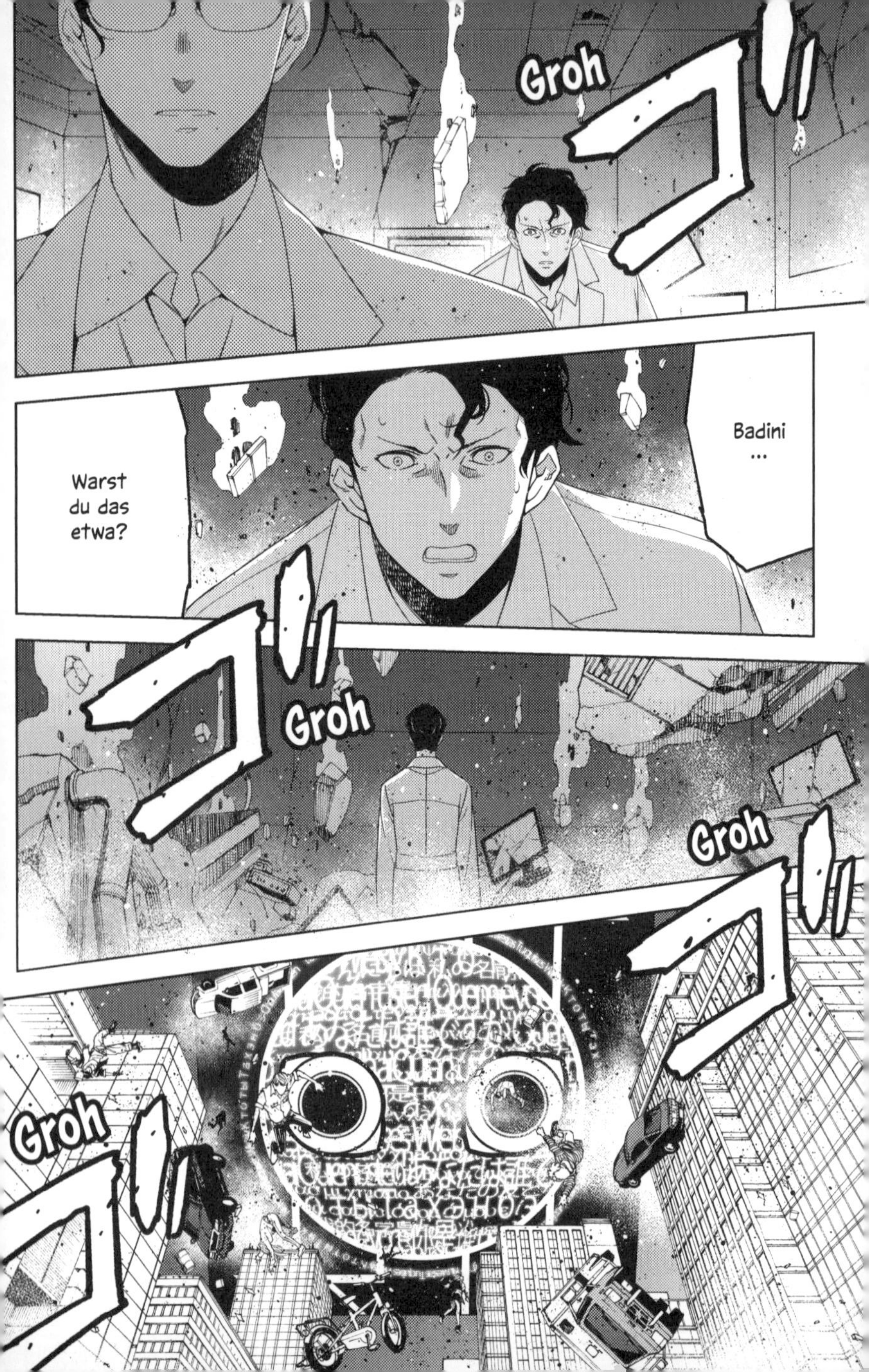
Groh
Badini
...
Warst
du das
etwa?
Groh
Groh
Groh

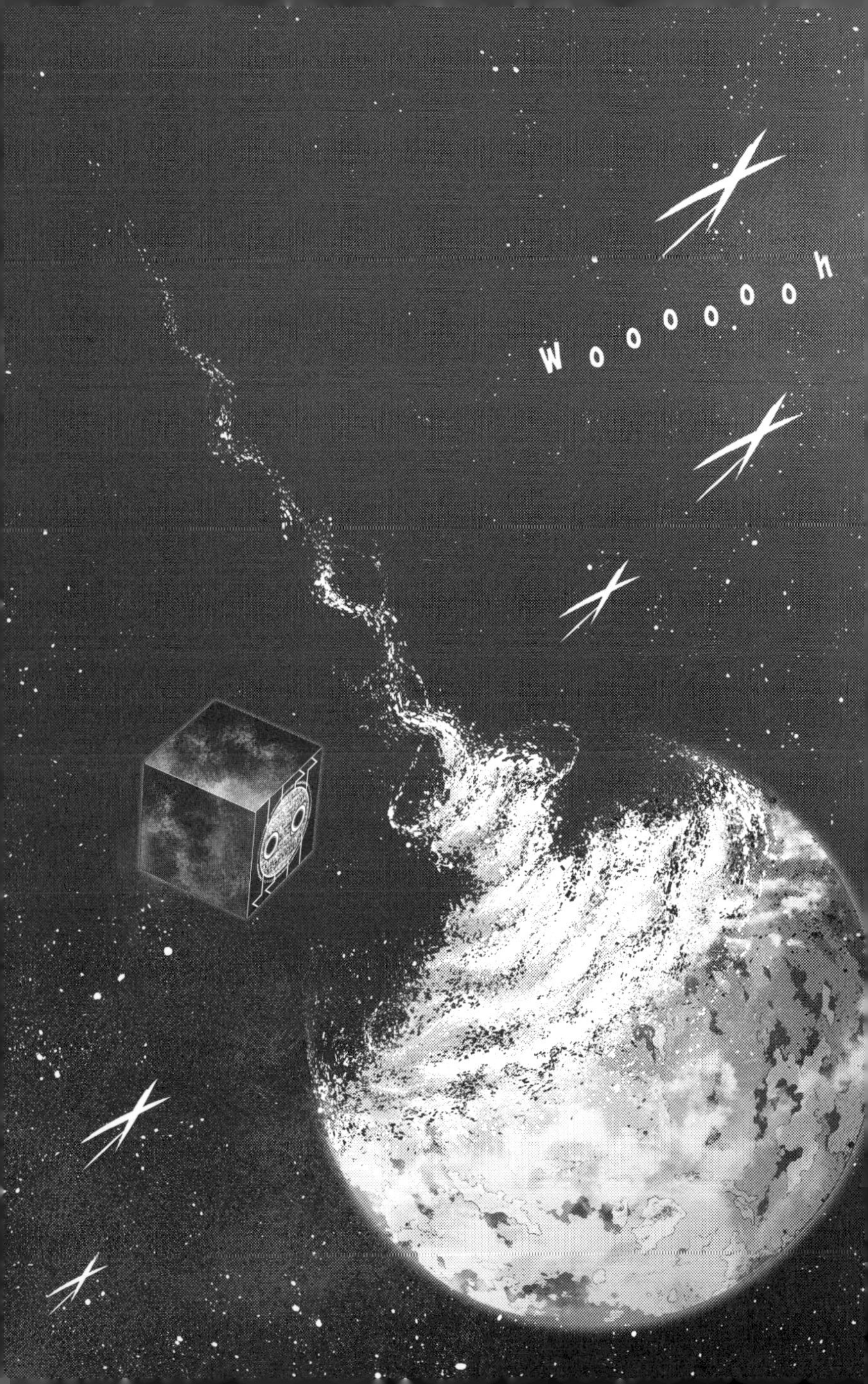
Woooooh

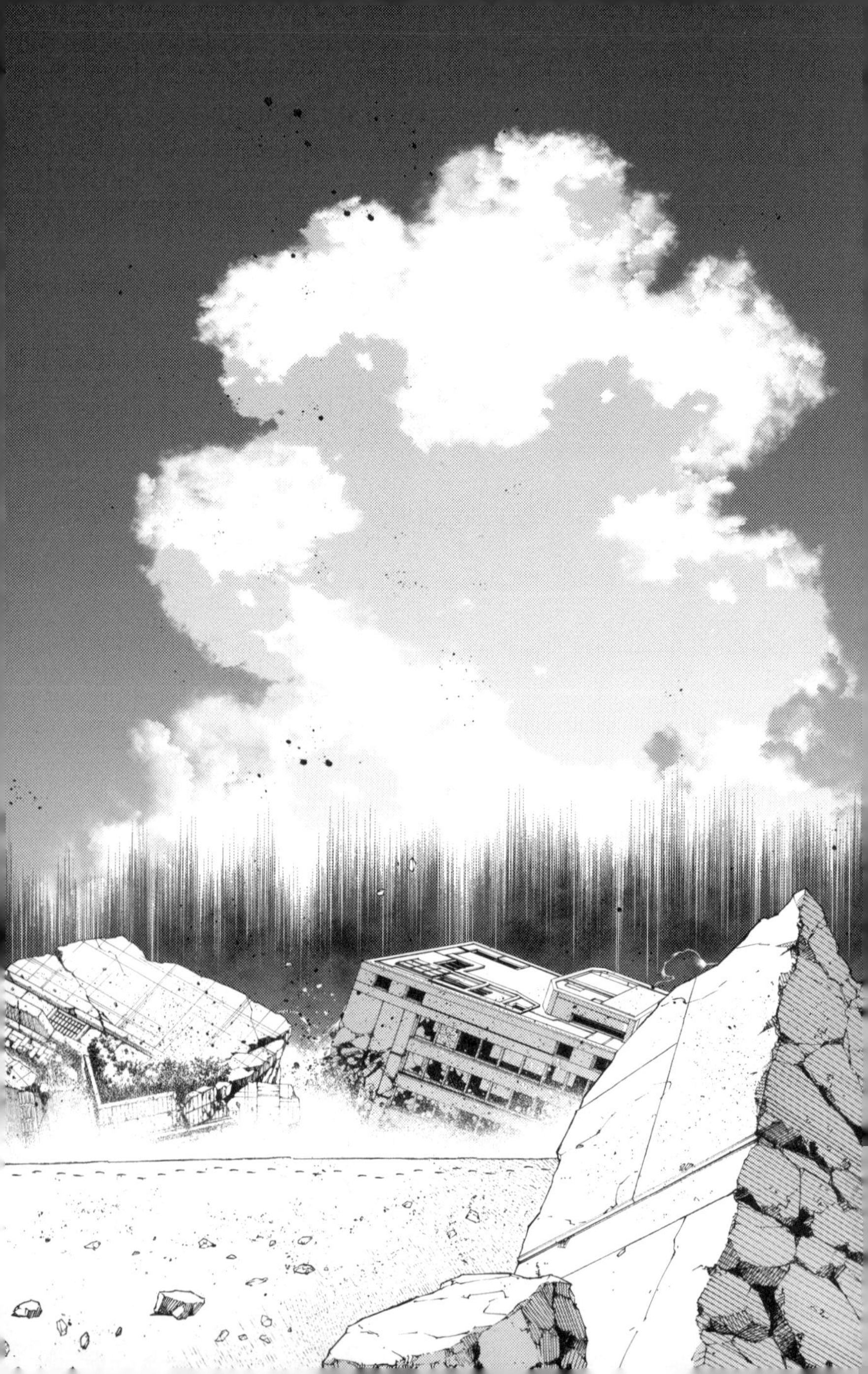

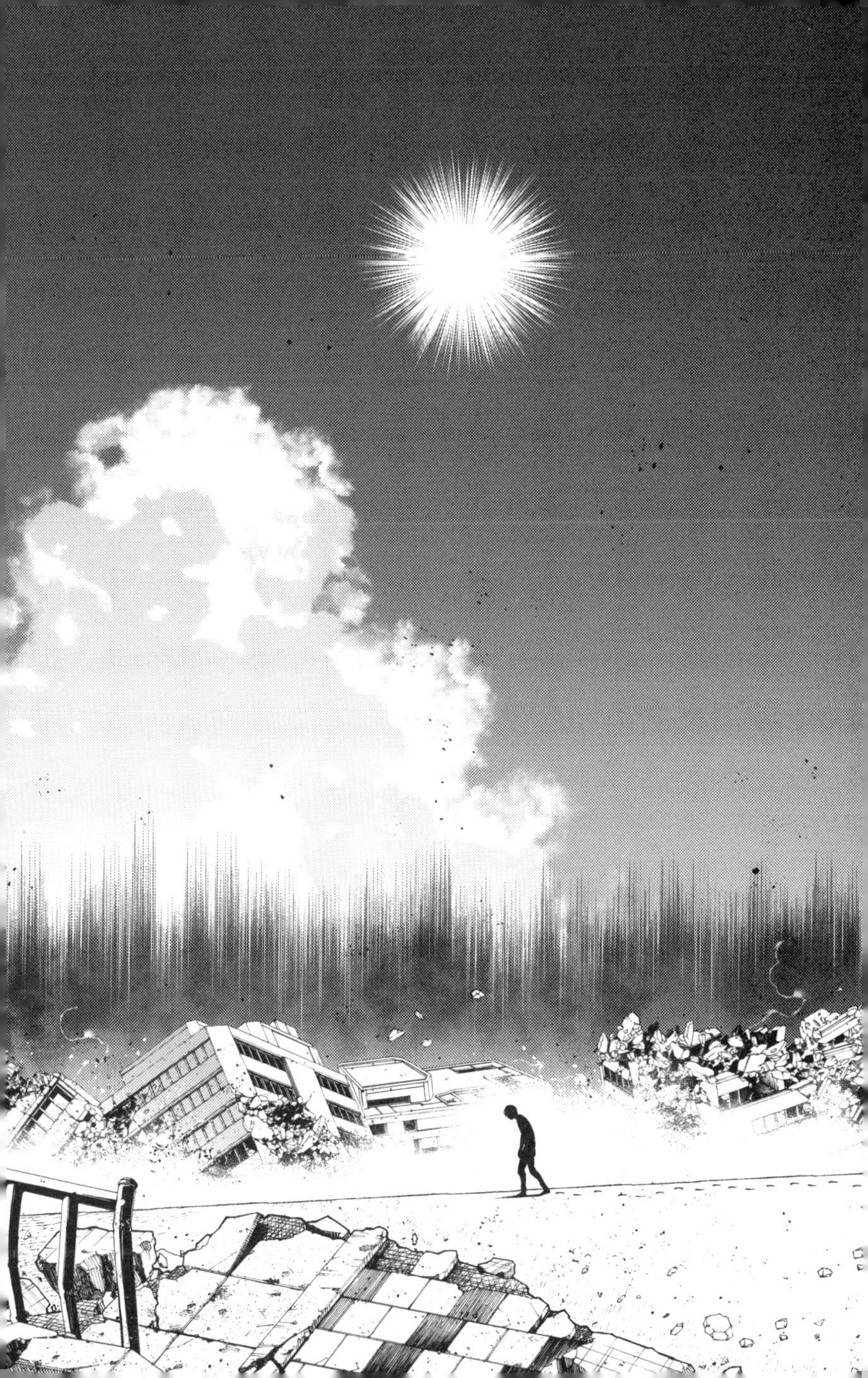

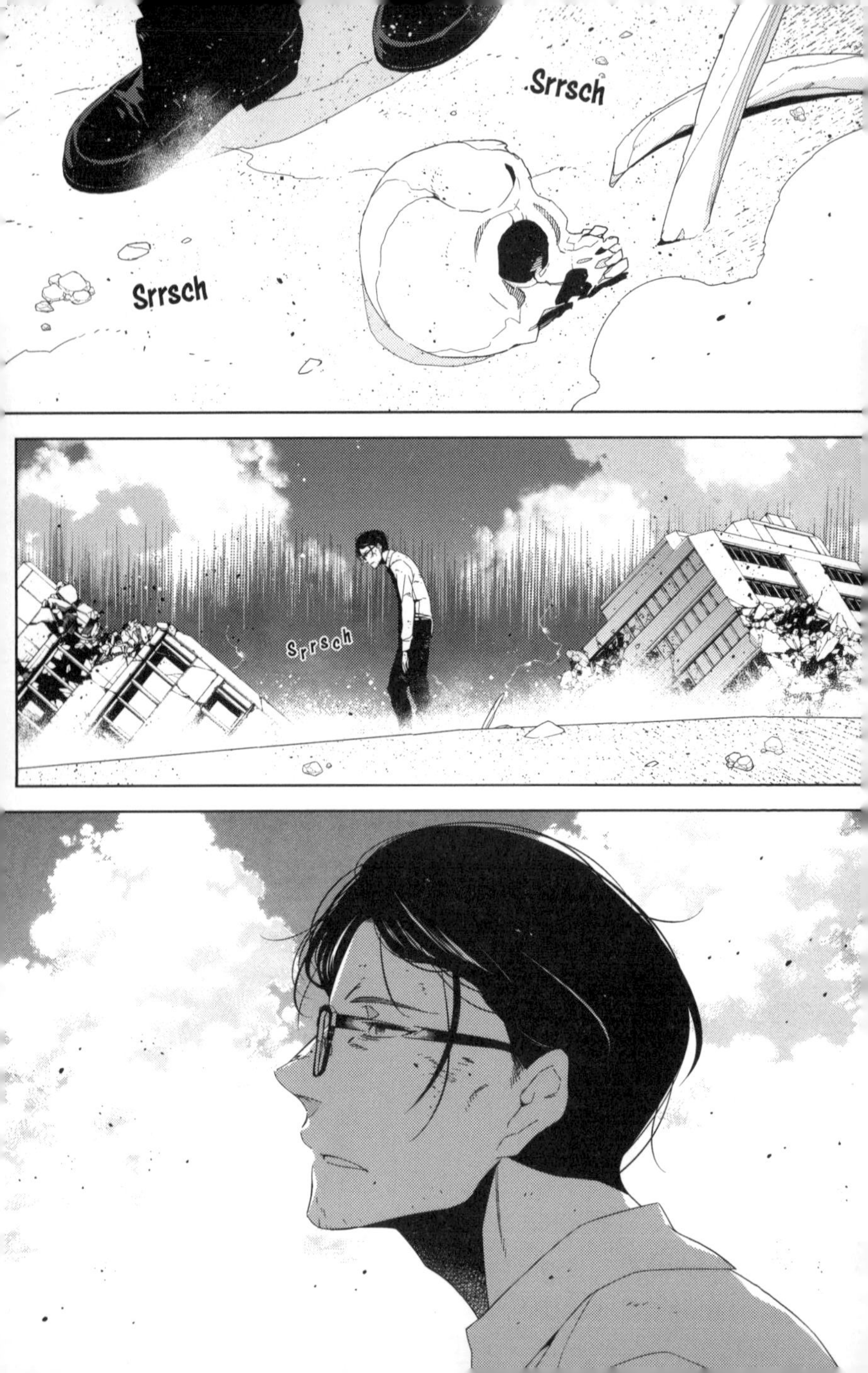

Srrsch

Srrsch

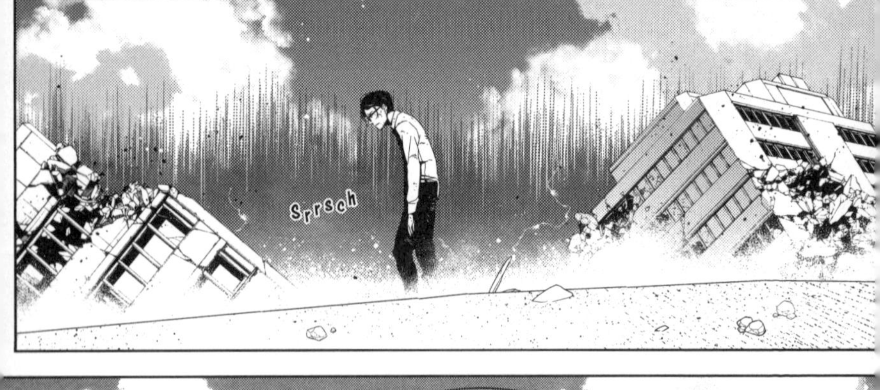

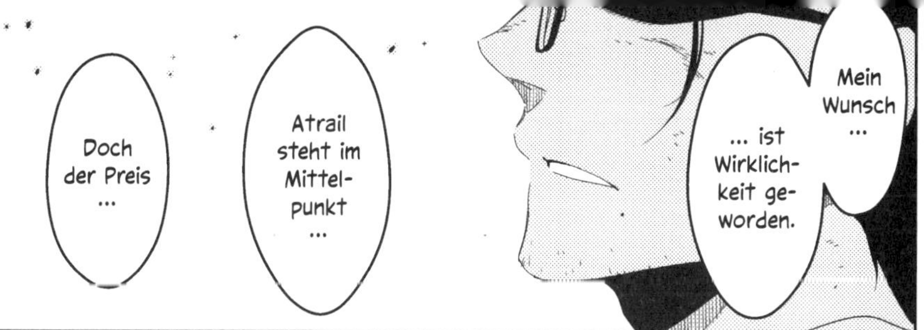

Sst
Sst
Sst
Sst
Sst

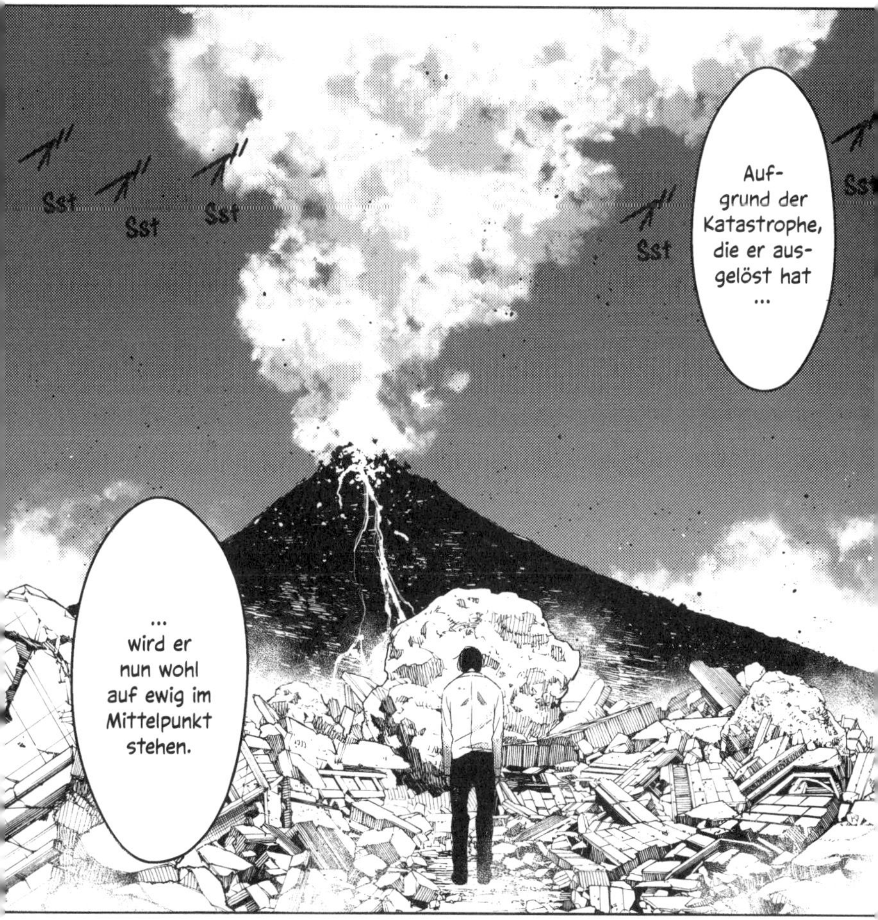

Aufgrund der Katastrophe, die er ausgelöst hat ...

... wird er nun wohl auf ewig im Mittelpunkt stehen.

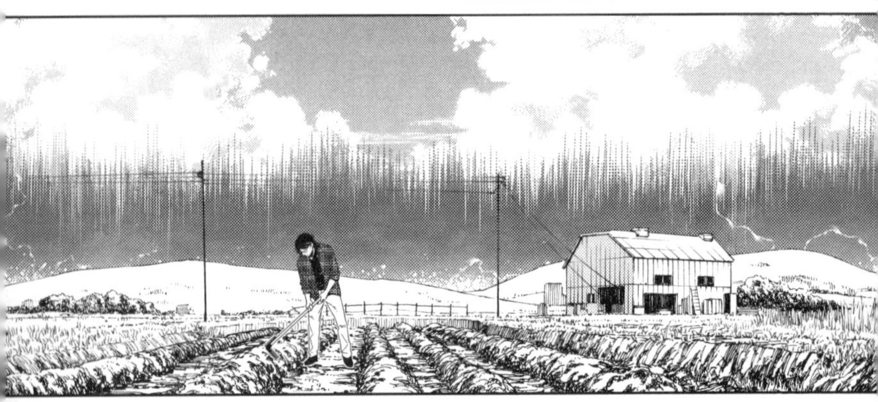

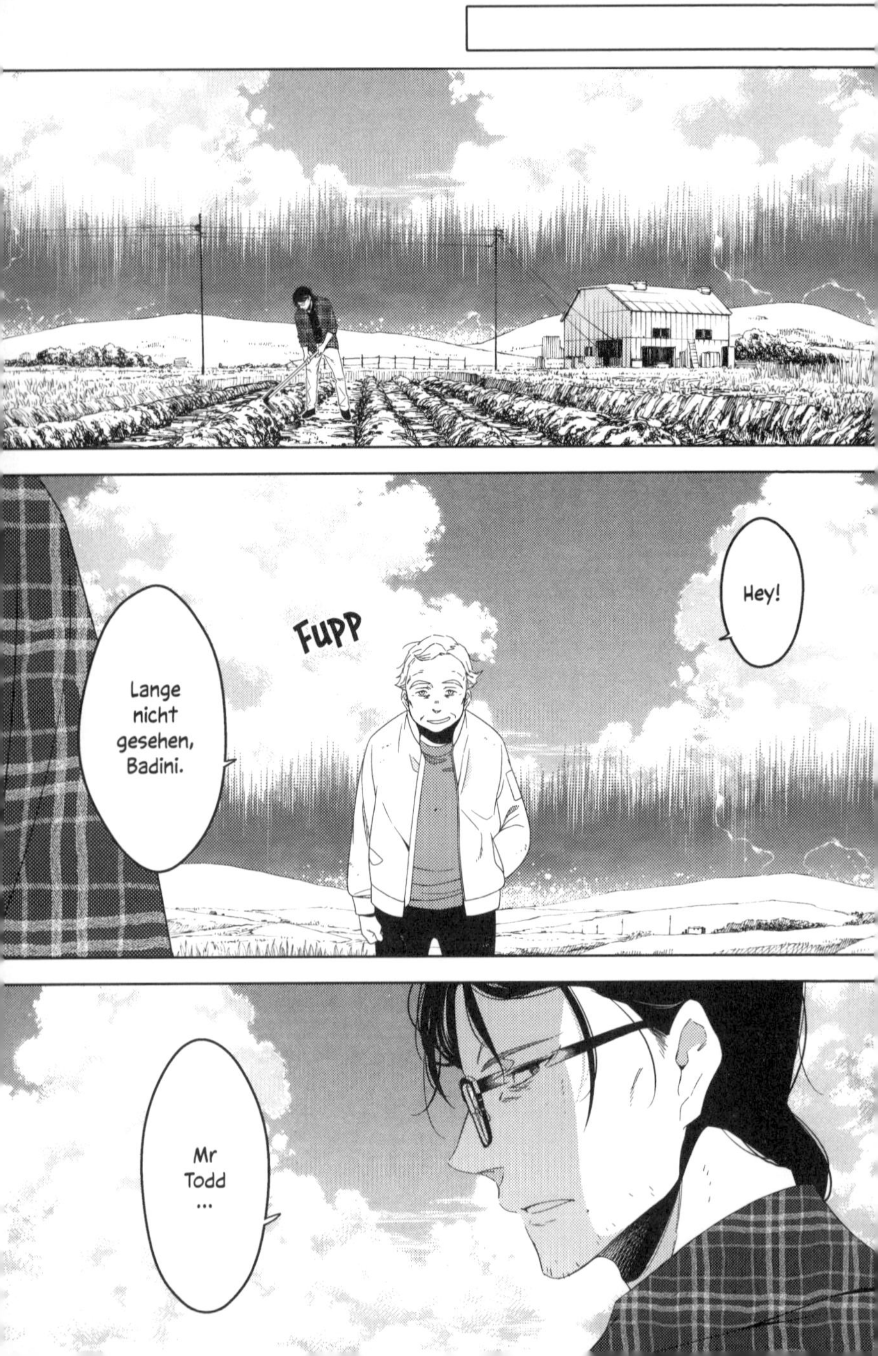

Hey!
FUPP
Lange nicht gesehen, Badini.

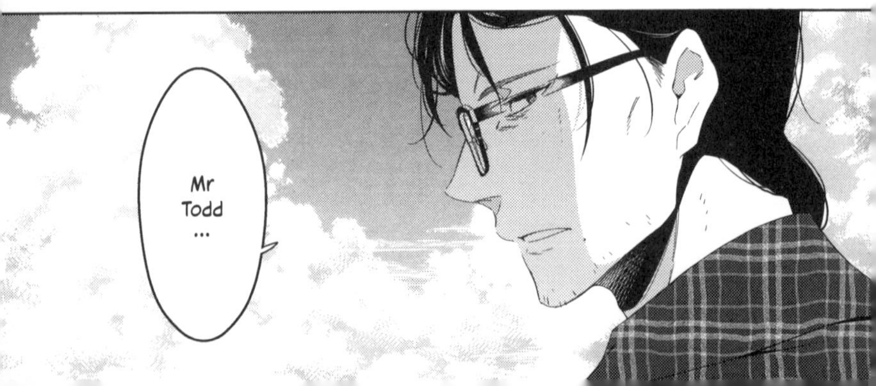
Mr Todd ...

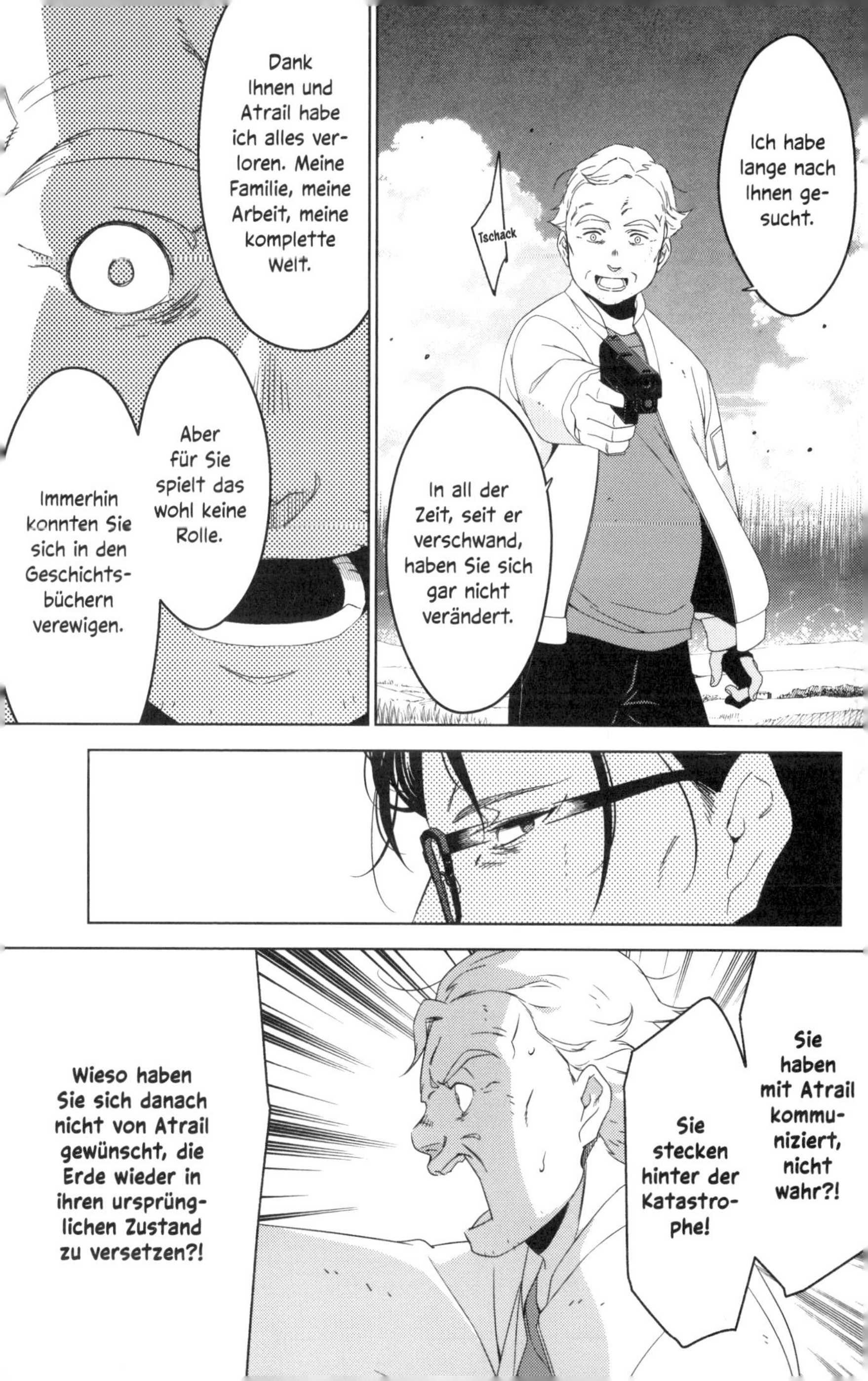

Ich habe lange nach Ihnen gesucht.

Tschack

In all der Zeit, seit er verschwand, haben Sie sich gar nicht verändert.

Dank Ihnen und Atrail habe ich alles verloren. Meine Familie, meine Arbeit, meine komplette Welt.

Aber für Sie spielt das wohl keine Rolle.

Immerhin konnten Sie sich in den Geschichtsbüchern verewigen.

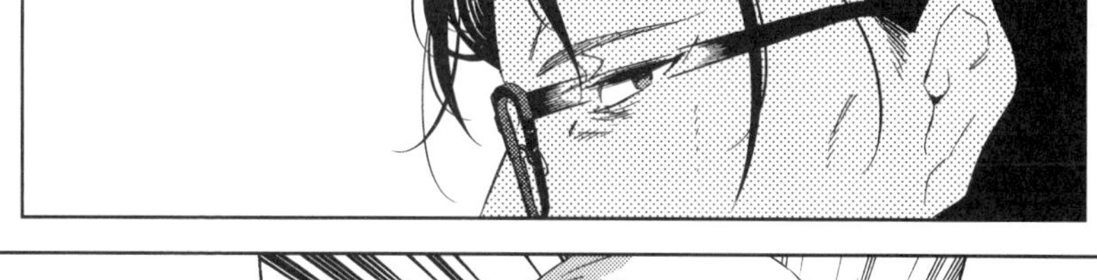

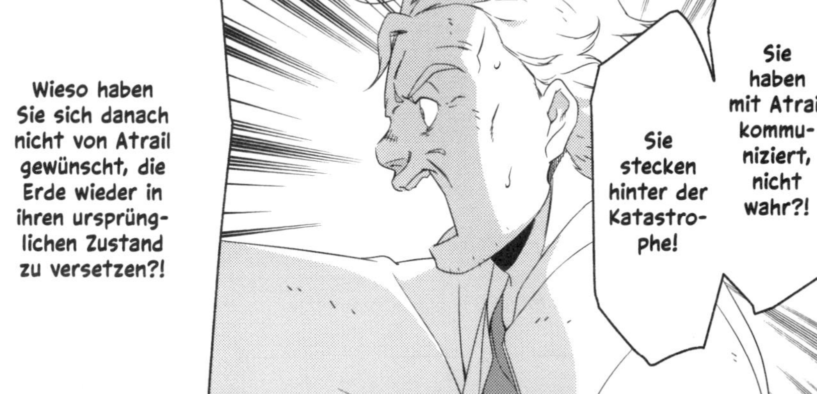

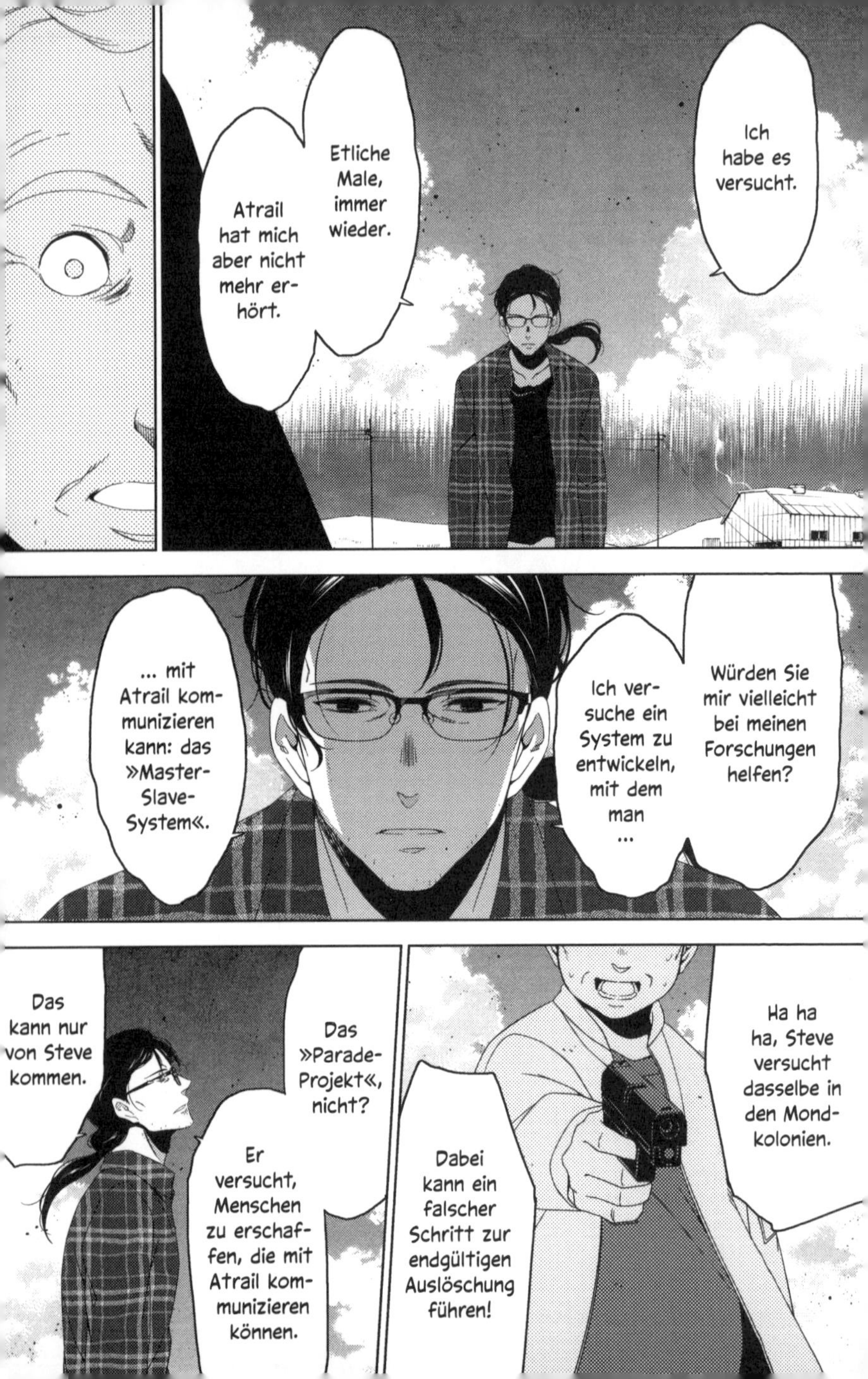

Ich habe es versucht.
Etliche Male, immer wieder.
Atrail hat mich aber nicht mehr erhört.

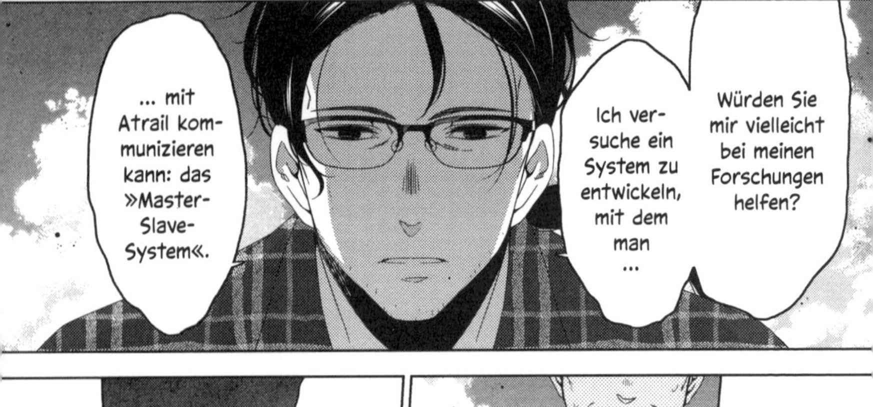

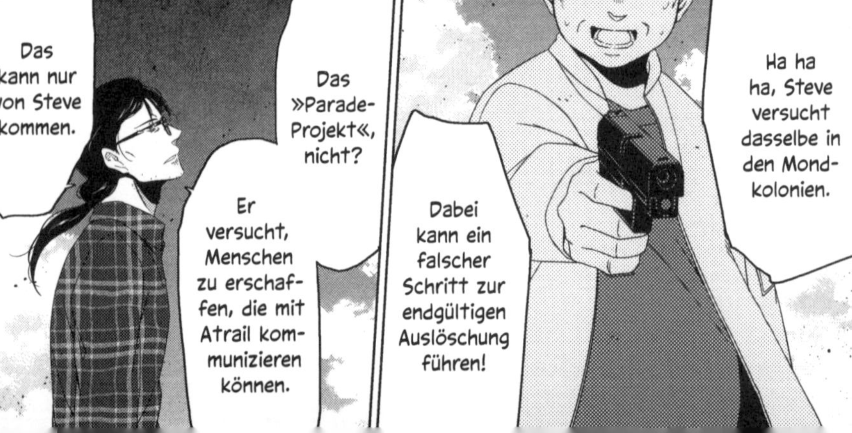

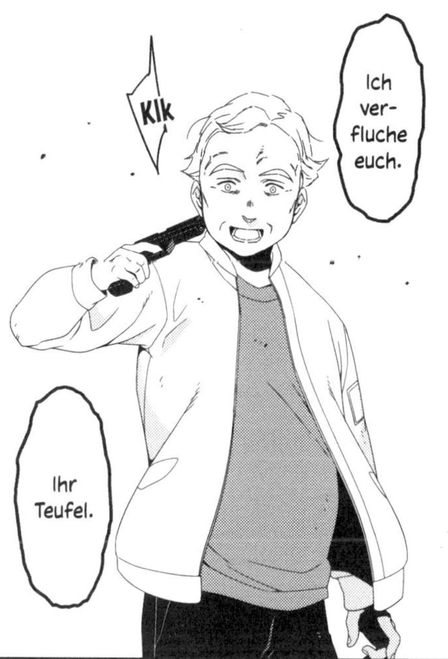
KIK
Ich verfluche euch.
Ihr Teufel.

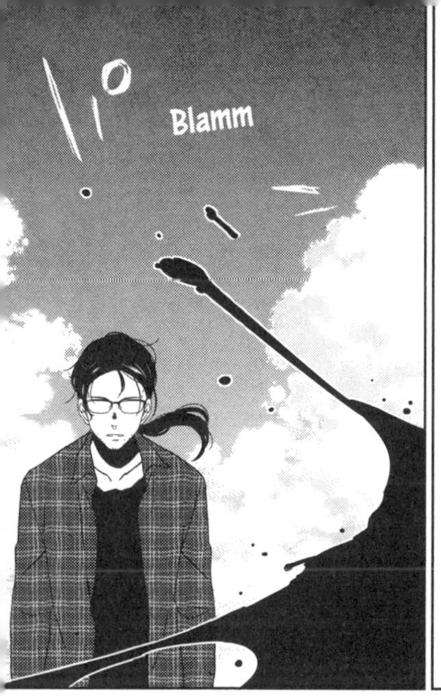
Blamm

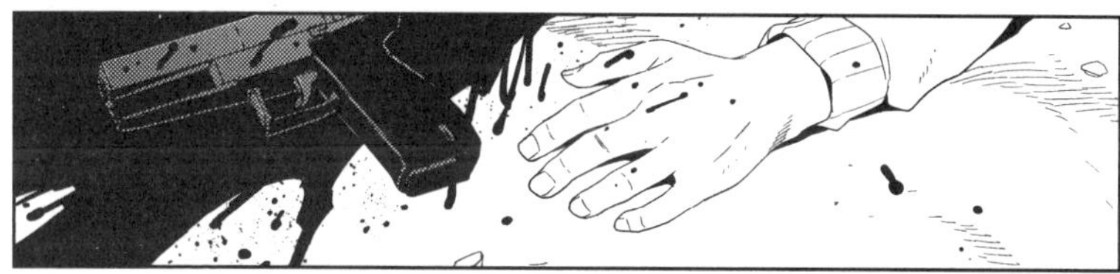

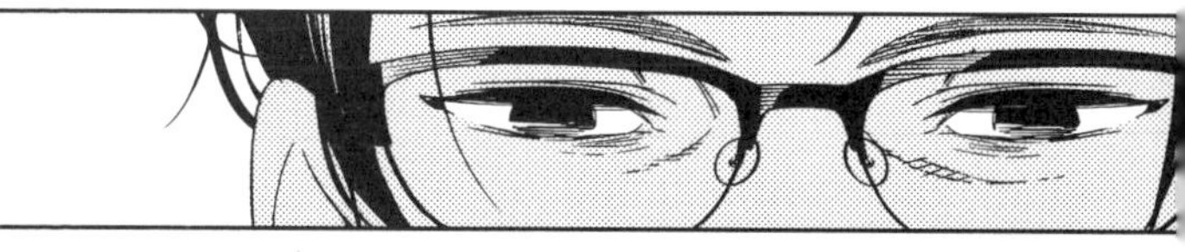

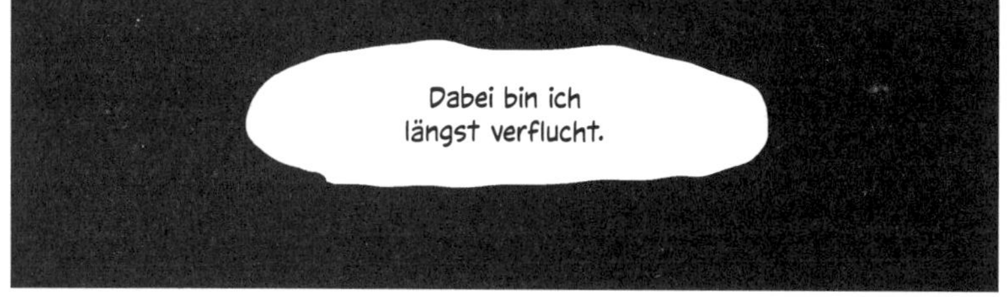
Dabei bin ich längst verflucht.

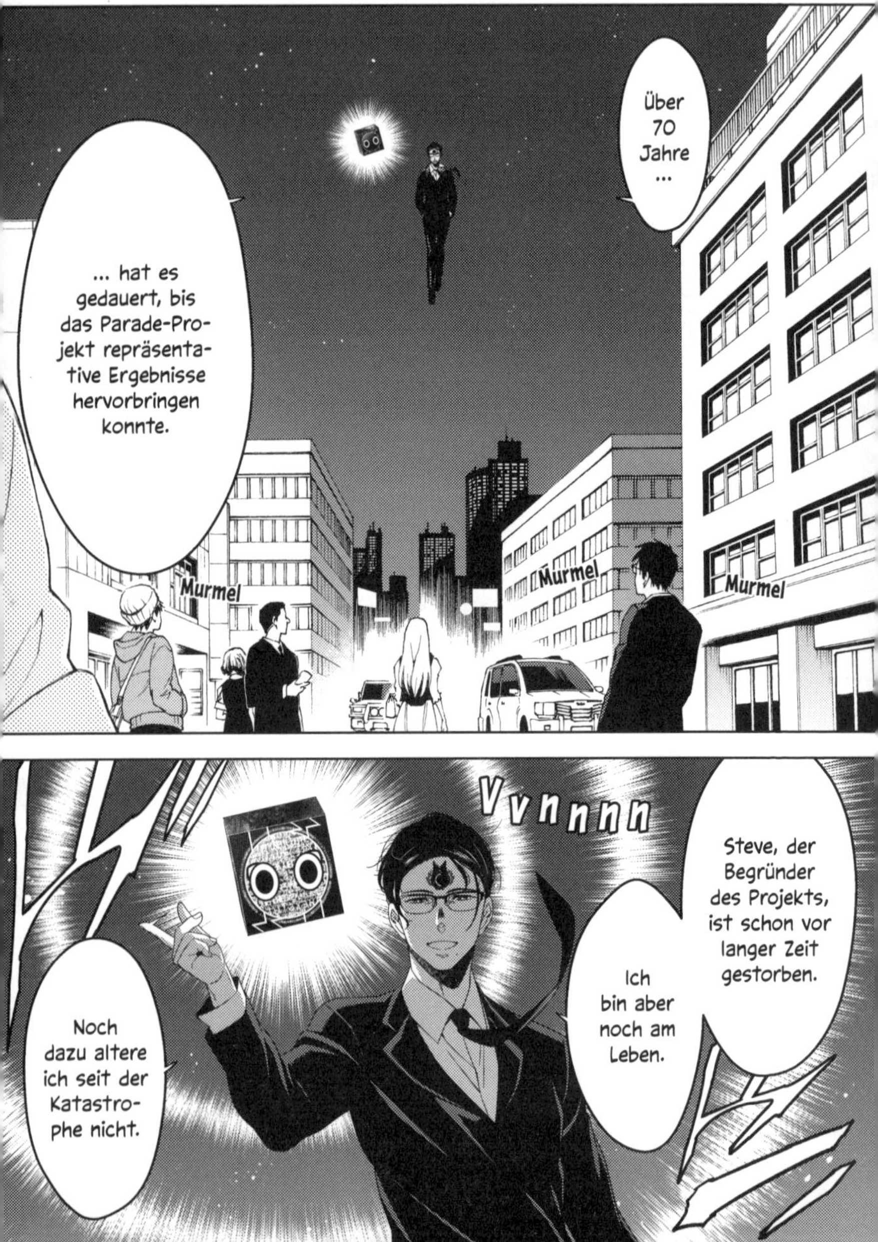

Über 70 Jahre ...

... hat es gedauert, bis das Parade-Projekt repräsentative Ergebnisse hervorbringen konnte.

Murmel

Murmel

Murmel

Vvnnnn

Steve, der Begründer des Projekts, ist schon vor langer Zeit gestorben.

Ich bin aber noch am Leben.

Noch dazu altere ich seit der Katastrophe nicht.

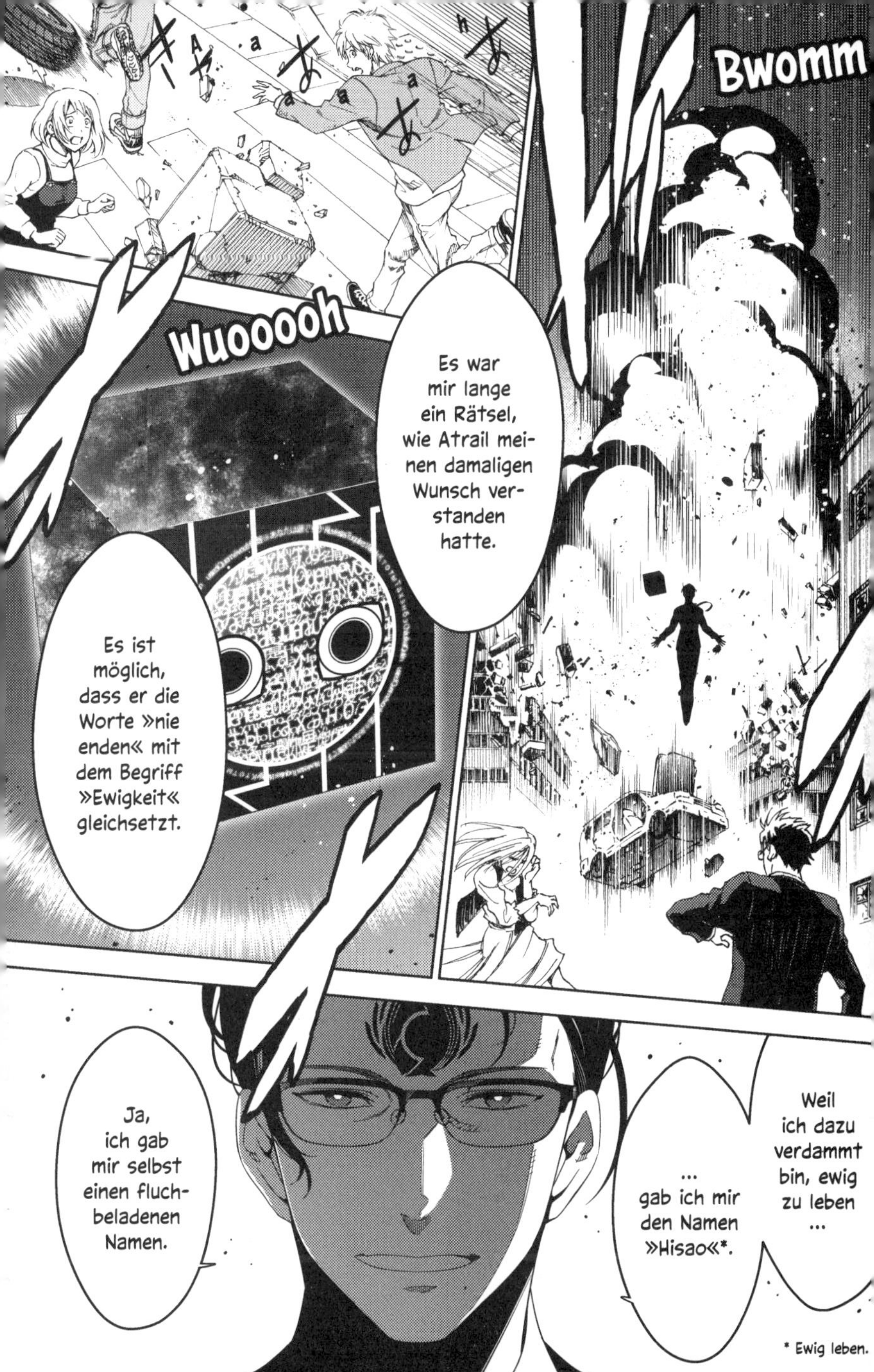
Bwomm
Wuooooh
Es war mir lange ein Rätsel, wie Atrail meinen damaligen Wunsch verstanden hatte.
Es ist möglich, dass er die Worte »nie enden« mit dem Begriff »Ewigkeit« gleichsetzt.
Weil ich dazu verdammt bin, ewig zu leben ...
... gab ich mir den Namen »Hisao«*.
Ja, ich gab mir selbst einen fluchbeladenen Namen.

* Ewig leben.

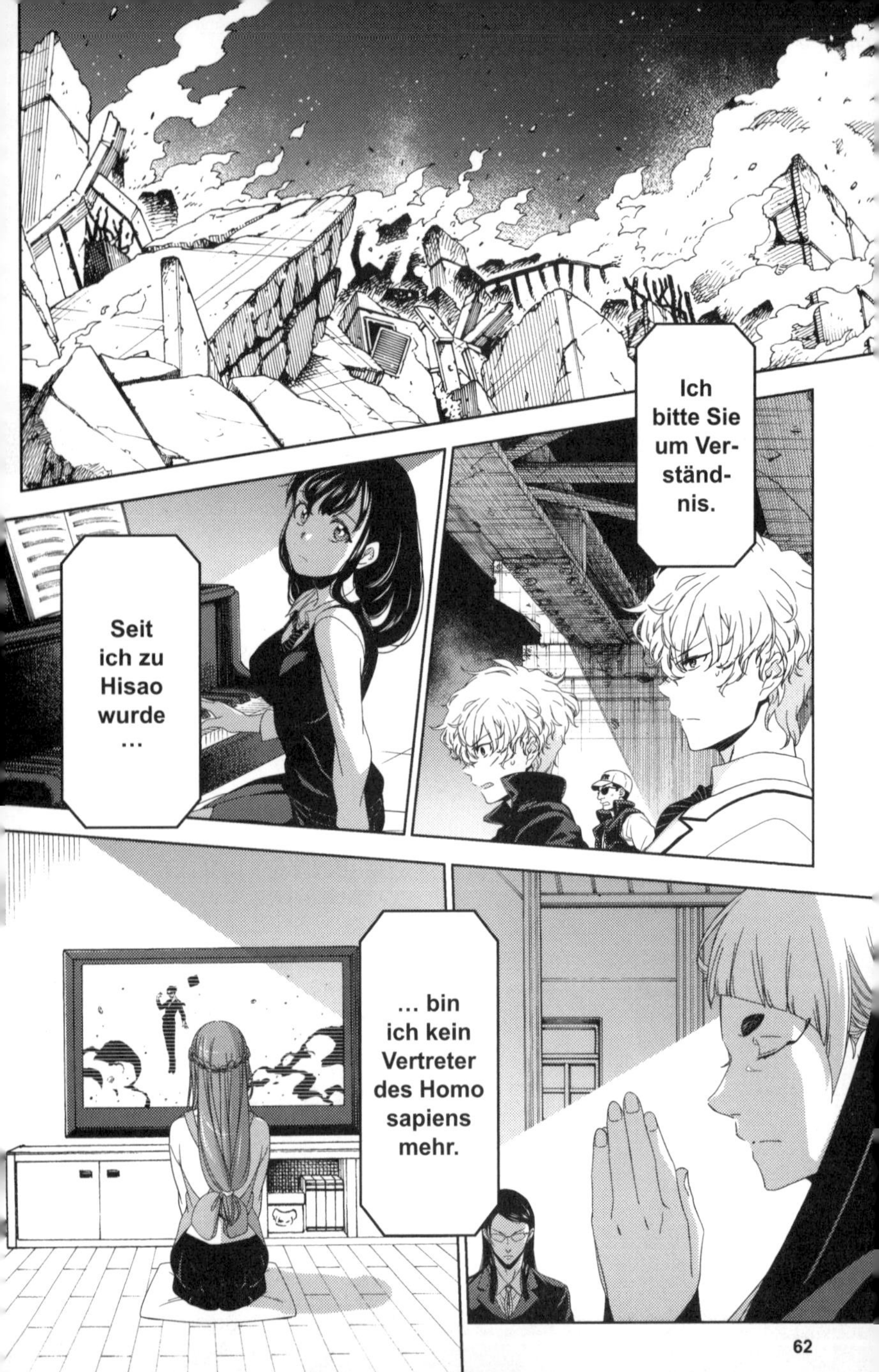
Ich bitte Sie um Ver- ständ- nis.
Seit ich zu Hisao wurde …
… bin ich kein Vertreter des Homo sapiens mehr.

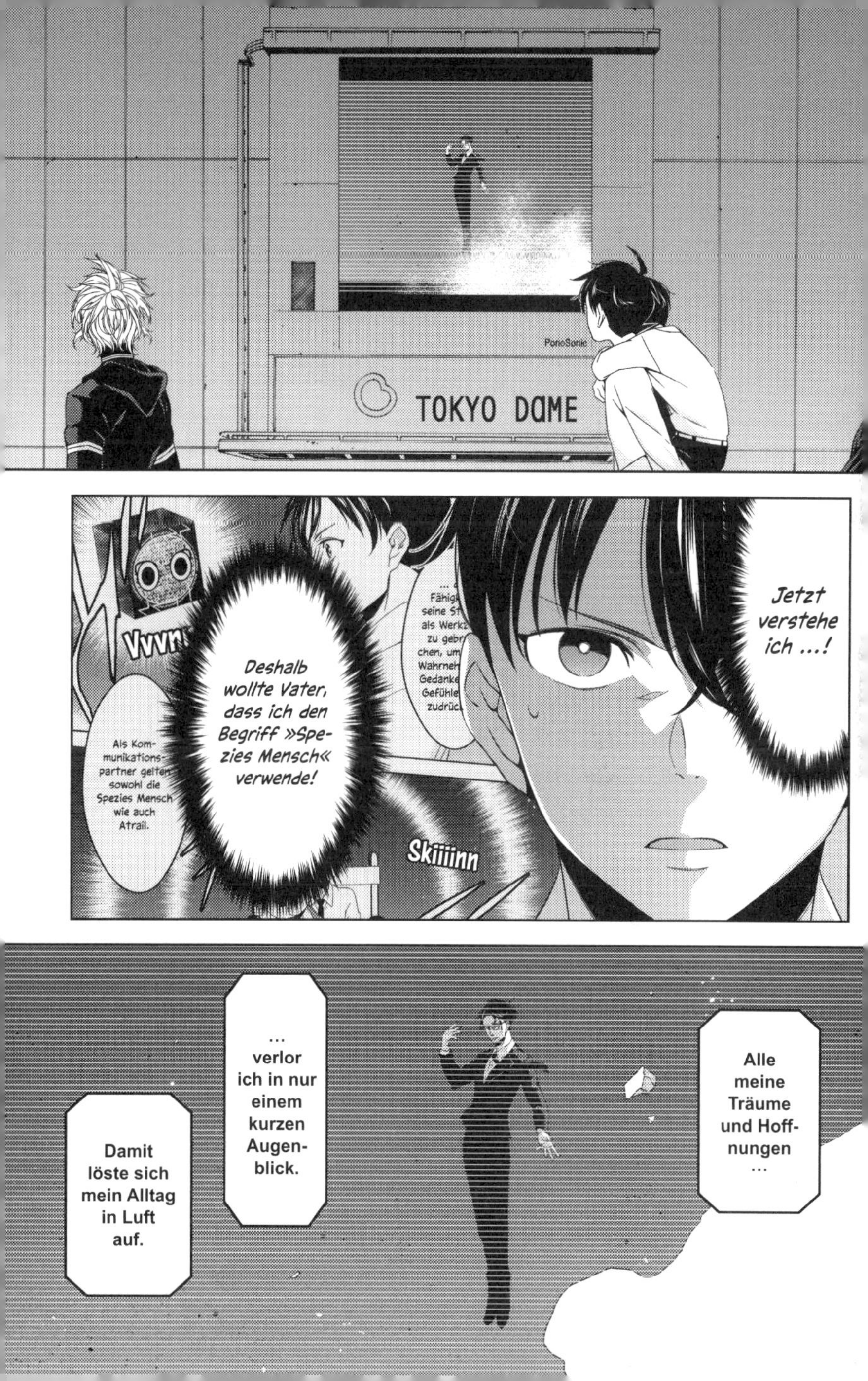

PonoSonic

TOKYO DAME

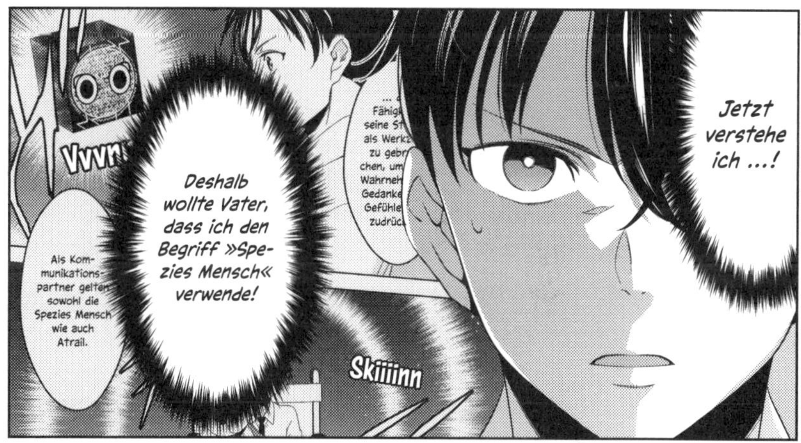

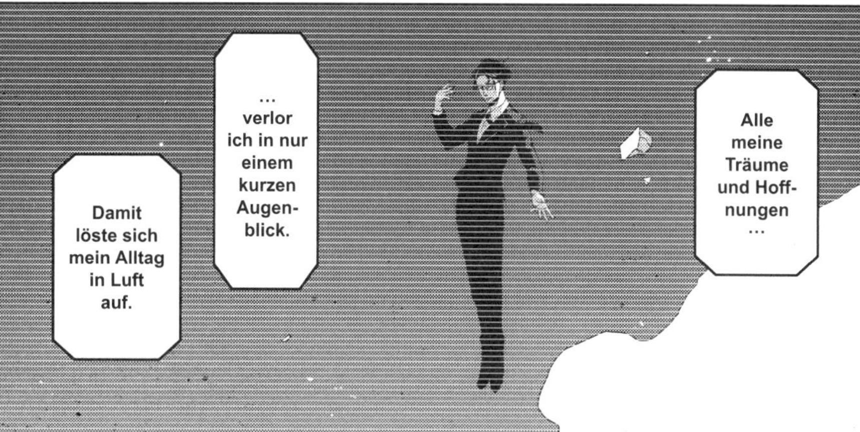

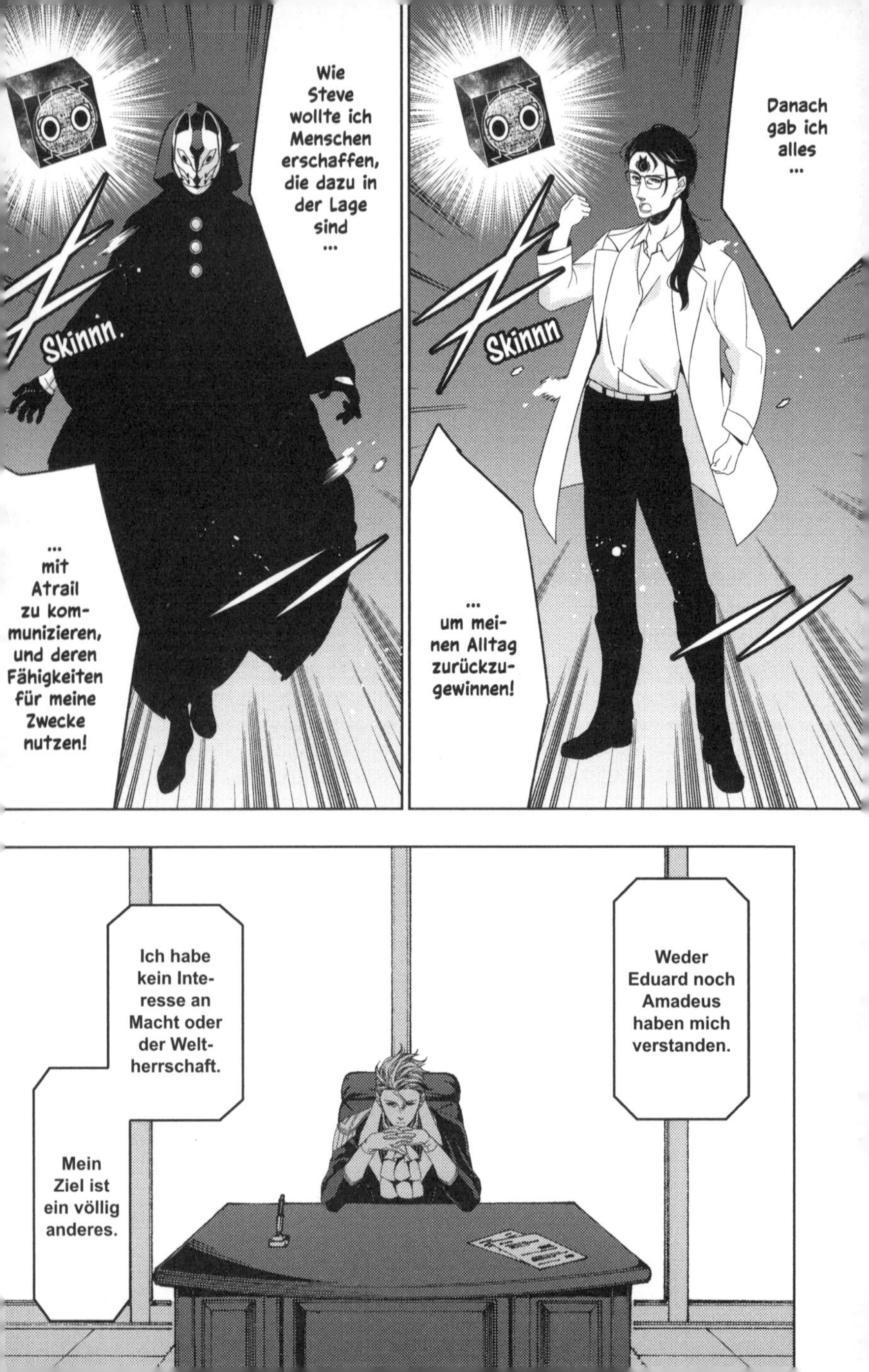

Danach gab ich alles ...
Skinnn
... um meinen Alltag zurückzugewinnen!
Wie Steve wollte ich Menschen erschaffen, die dazu in der Lage sind ...
Skinnn
... mit Atrail zu kommunizieren, und deren Fähigkeiten für meine Zwecke nutzen!
Weder Eduard noch Amadeus haben mich verstanden.
Ich habe kein Interesse an Macht oder der Weltherrschaft.
Mein Ziel ist ein völlig anderes.

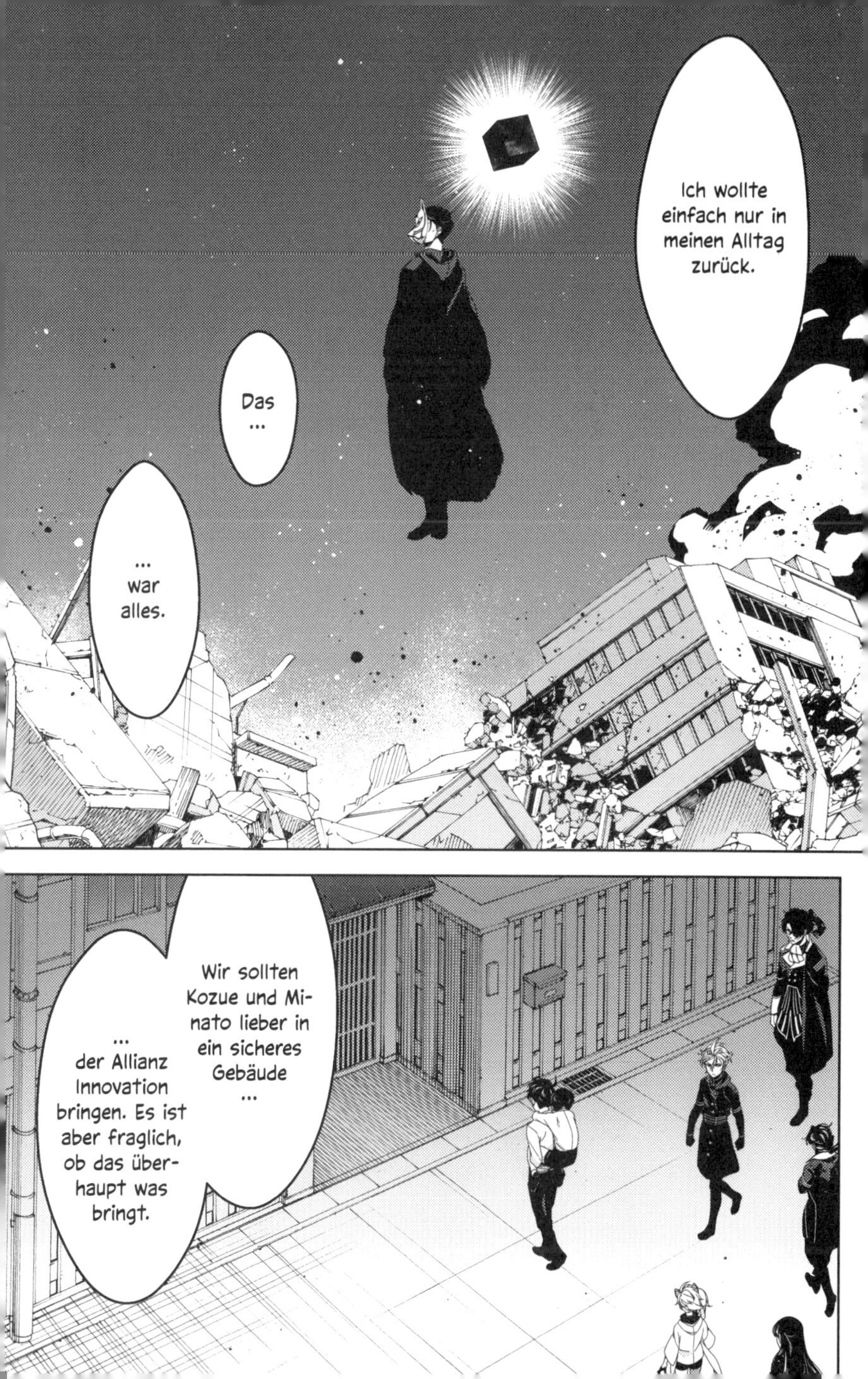

Ich wollte einfach nur in meinen Alltag zurück.

Das ...

... war alles.

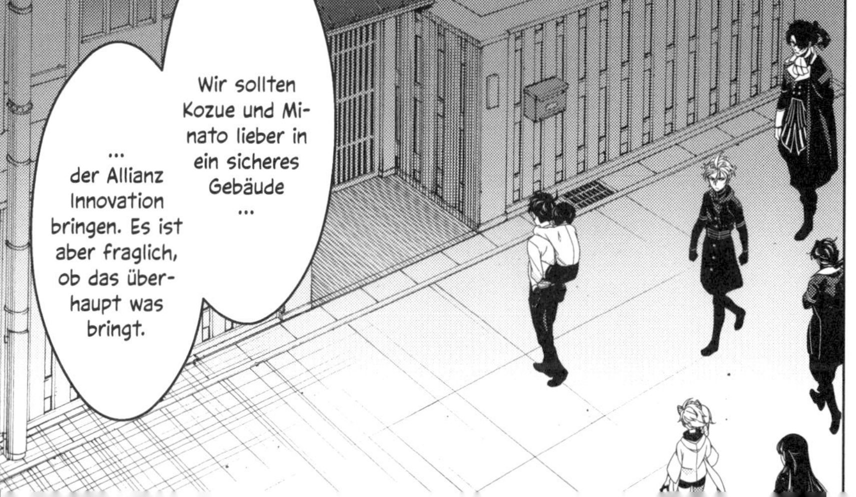

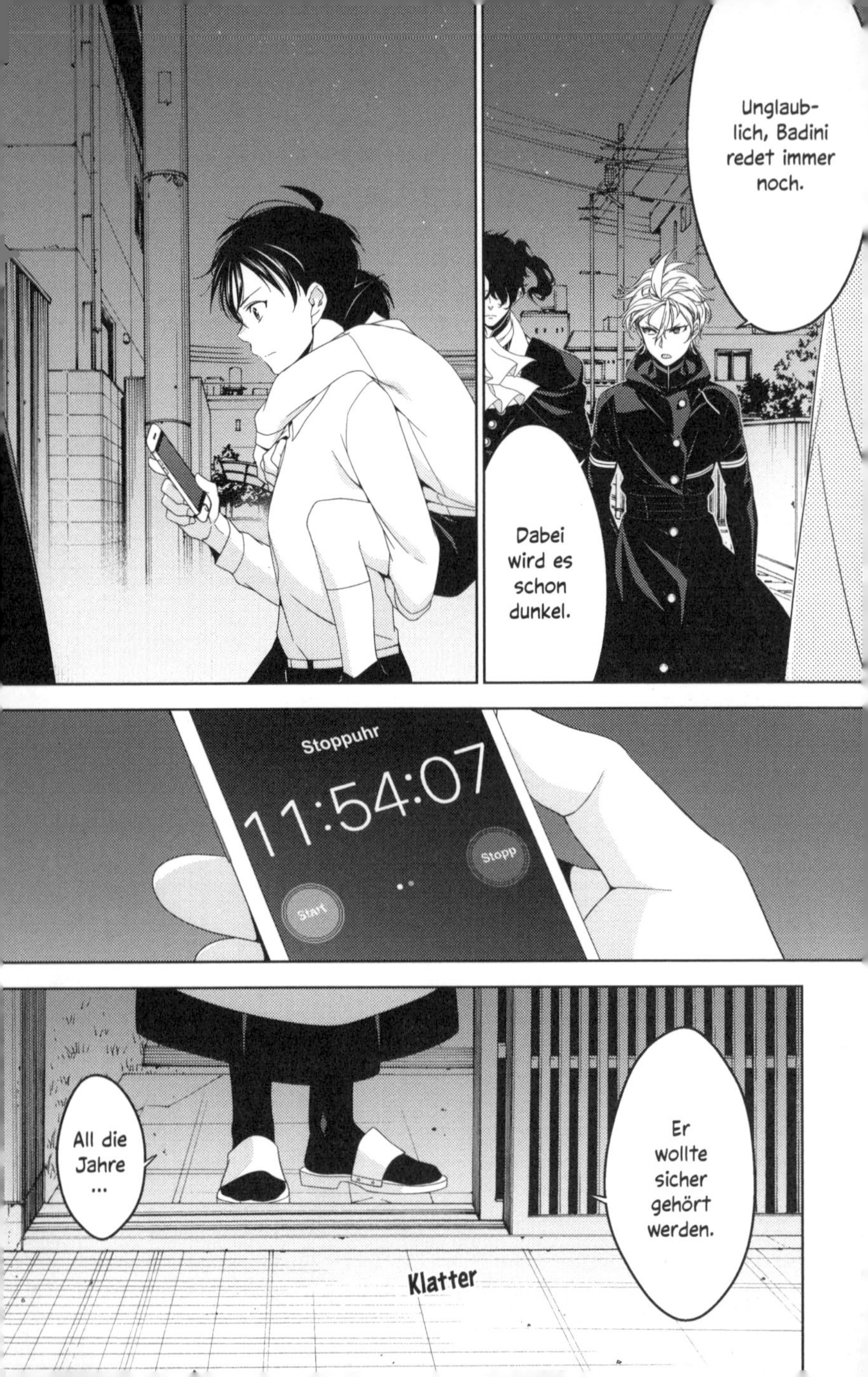

Unglaublich, Badini redet immer noch.

Dabei wird es schon dunkel.

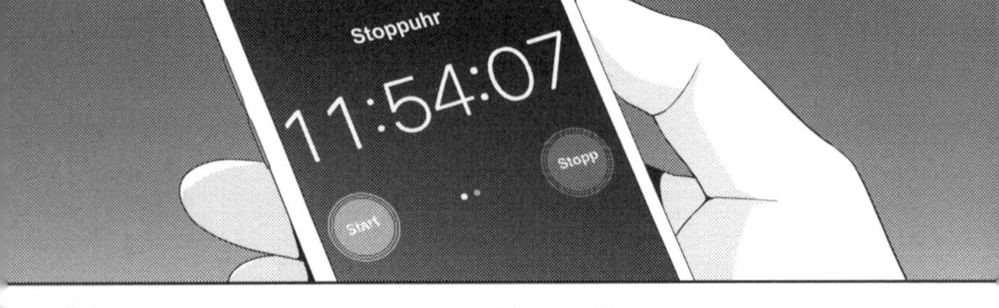

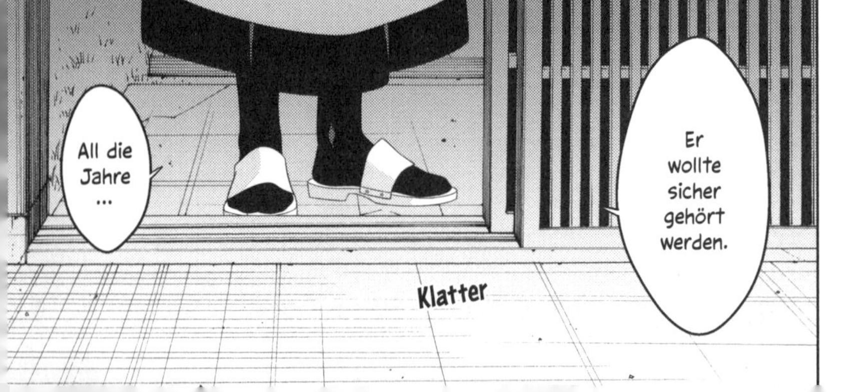

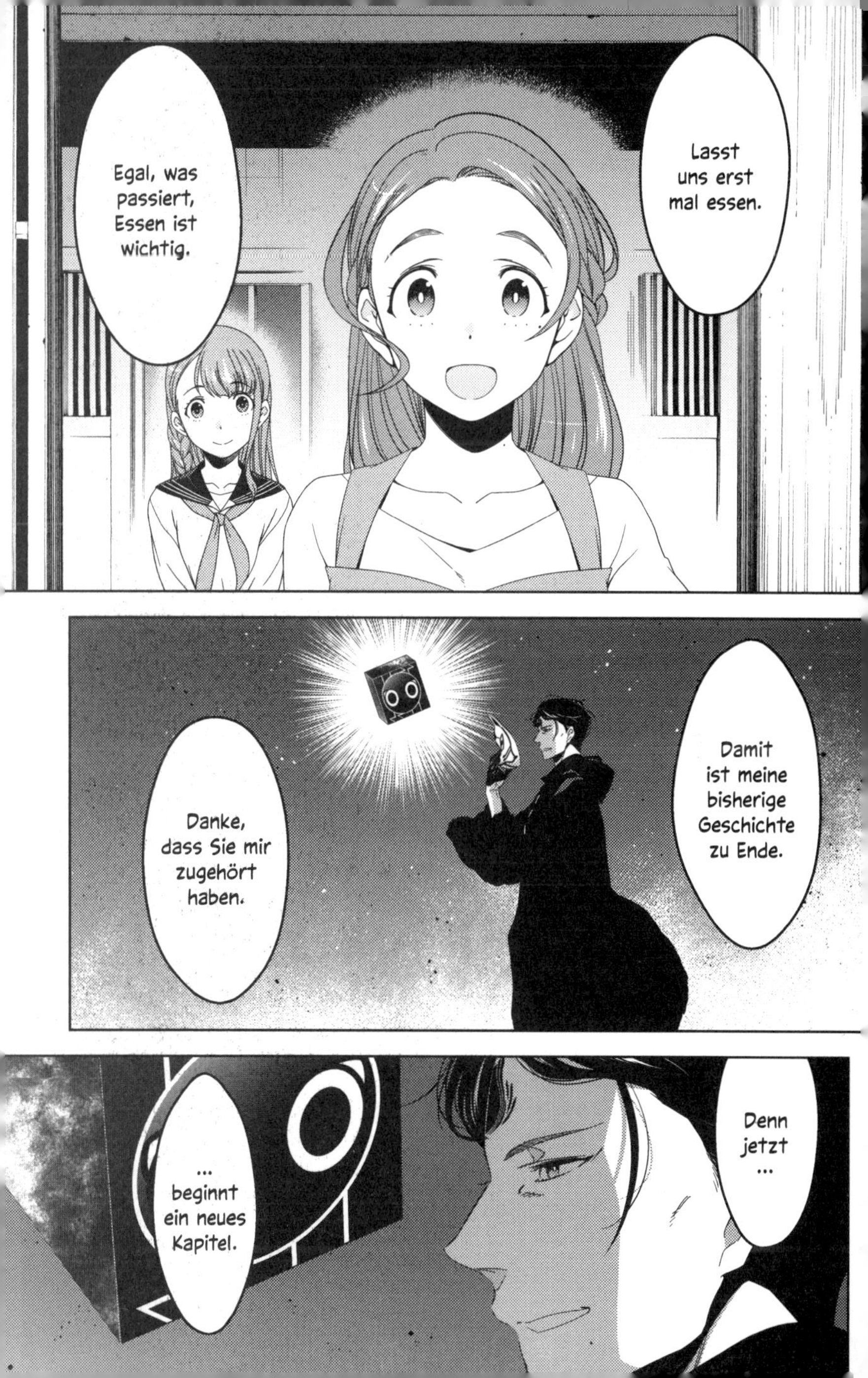

Lasst uns erst mal essen.
Egal, was passiert, Essen ist wichtig.

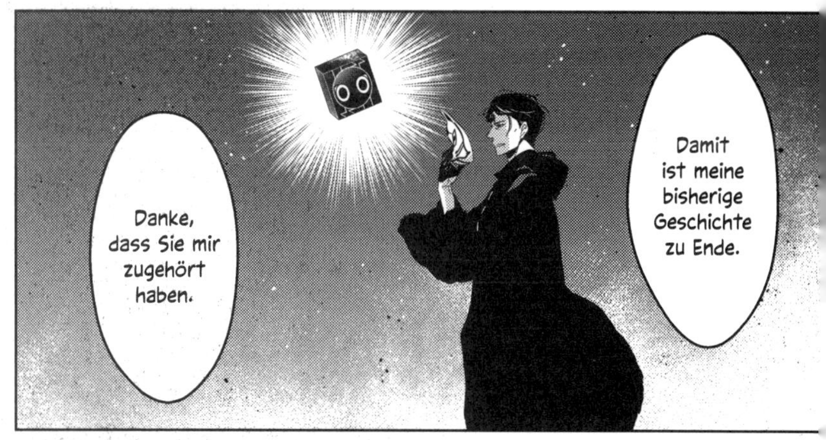

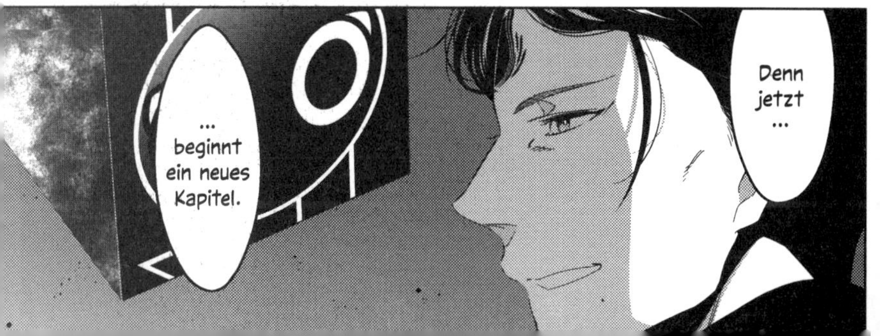

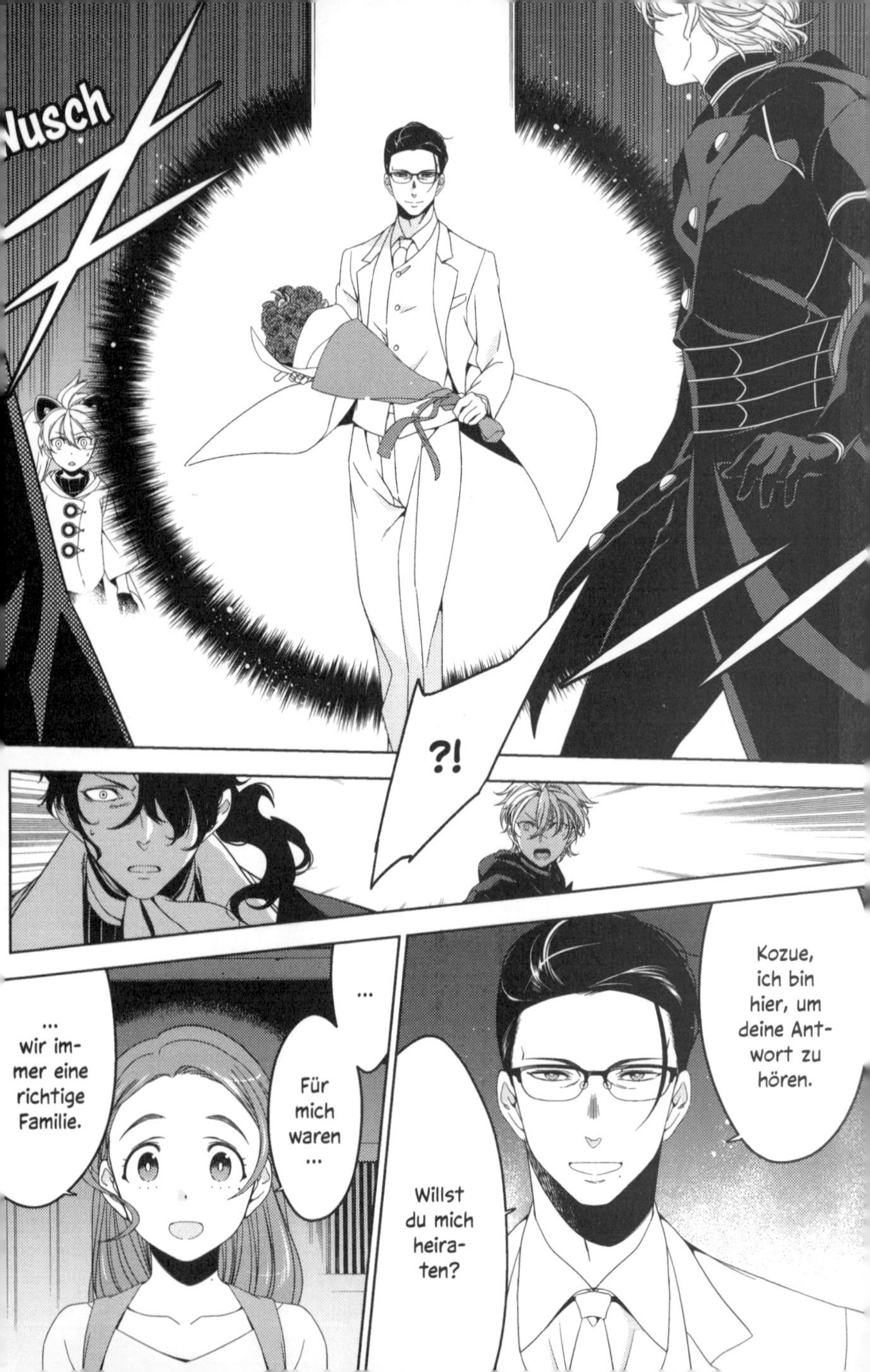
Wusch
?!
Kozue, ich bin hier, um deine Antwort zu hören.
Willst du mich heiraten?
...
Für mich waren ...
... wir immer eine richtige Familie.

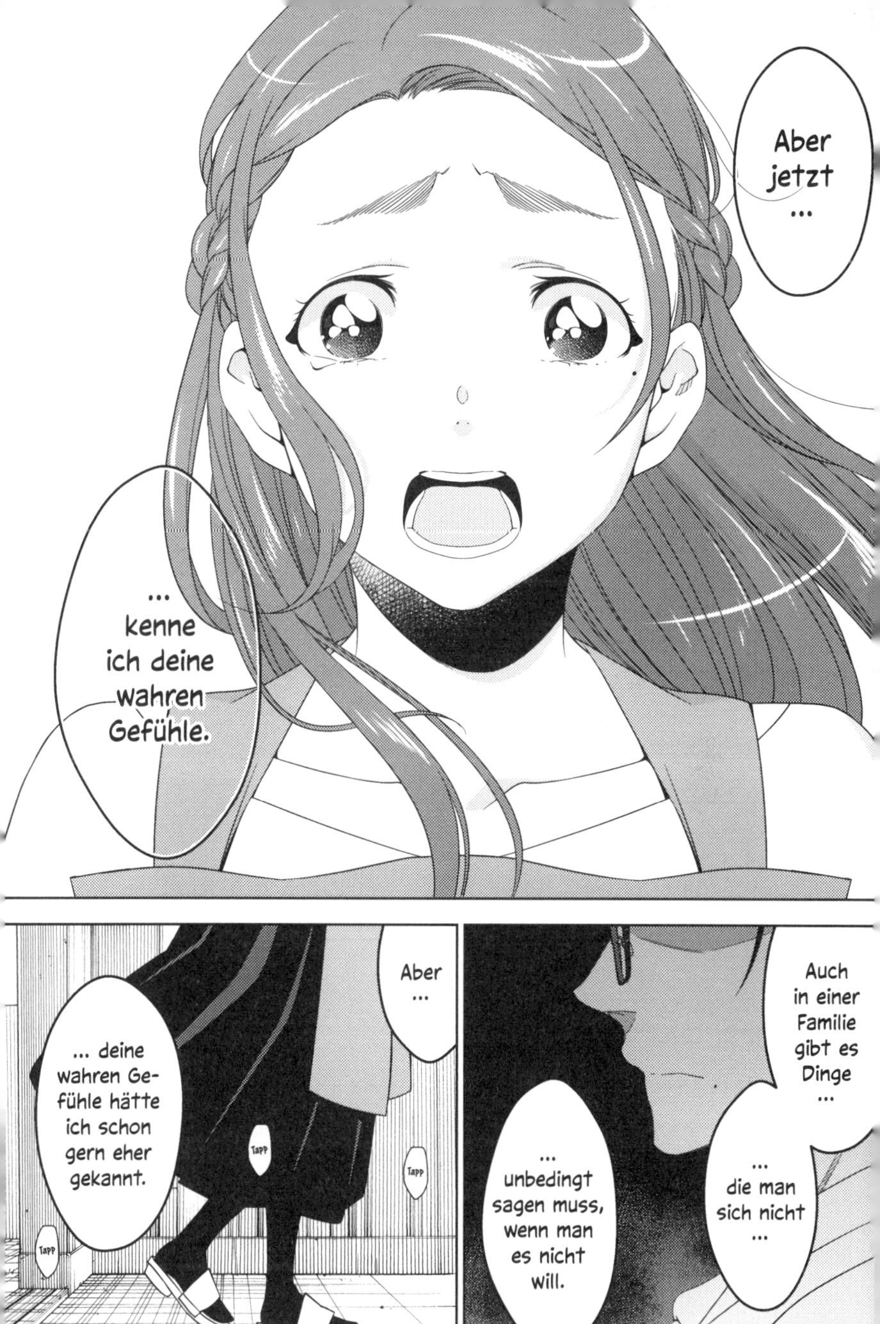
Aber jetzt ...
... kenne ich deine wahren Gefühle.
Aber ...
... deine wahren Gefühle hätte ich schon gern eher gekannt.
Tapp
Tapp
Tapp
Auch in einer Familie gibt es Dinge ...
... die man sich nicht ...
... unbedingt sagen muss, wenn man es nicht will.

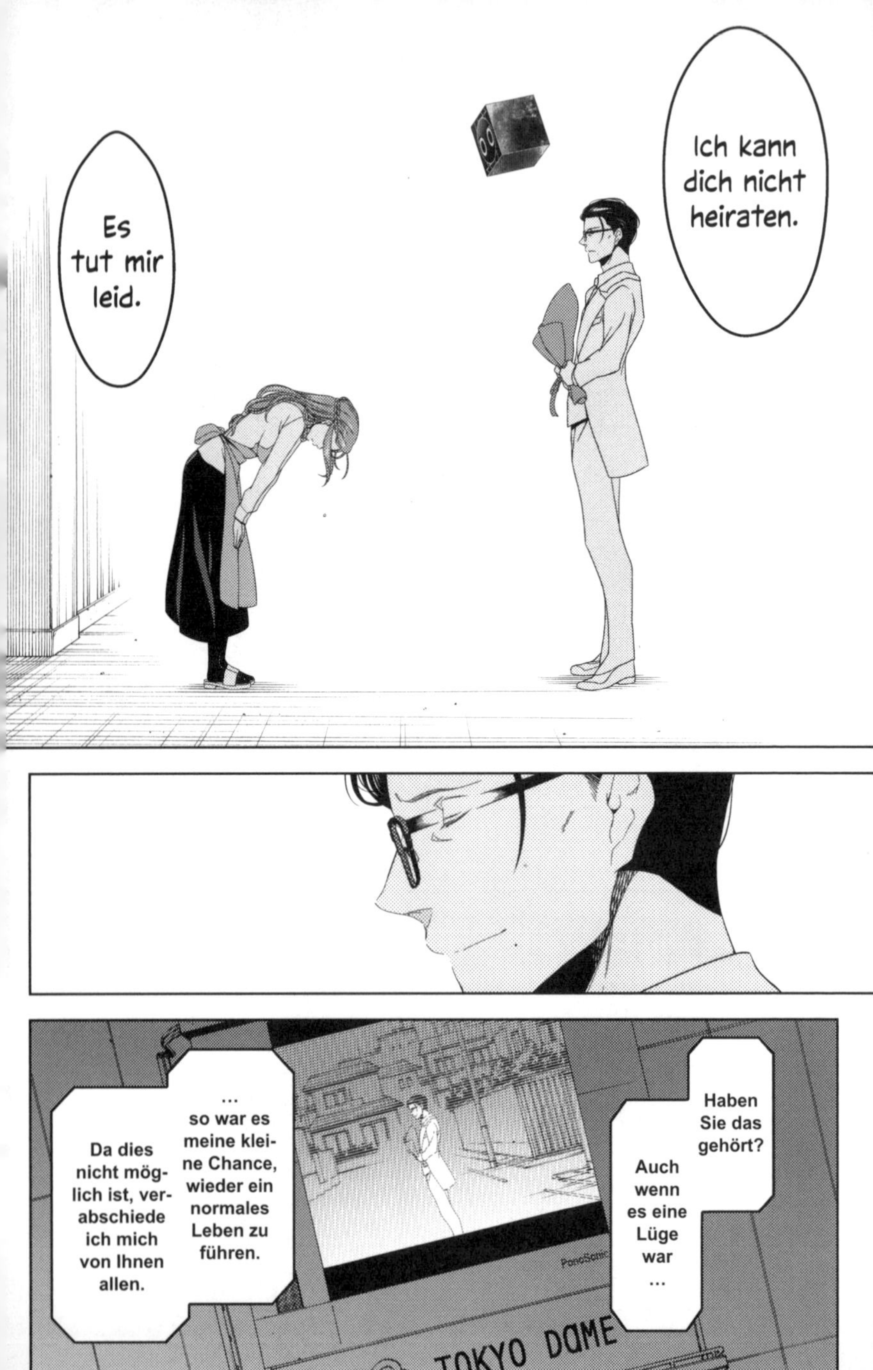
Ich kann dich nicht heiraten.
Es tut mir leid.
Haben Sie das gehört?
Auch wenn es eine Lüge war …
… so war es meine kleine Chance, wieder ein normales Leben zu führen.
Da dies nicht möglich ist, verabschiede ich mich von Ihnen allen.
TOKYO DOME

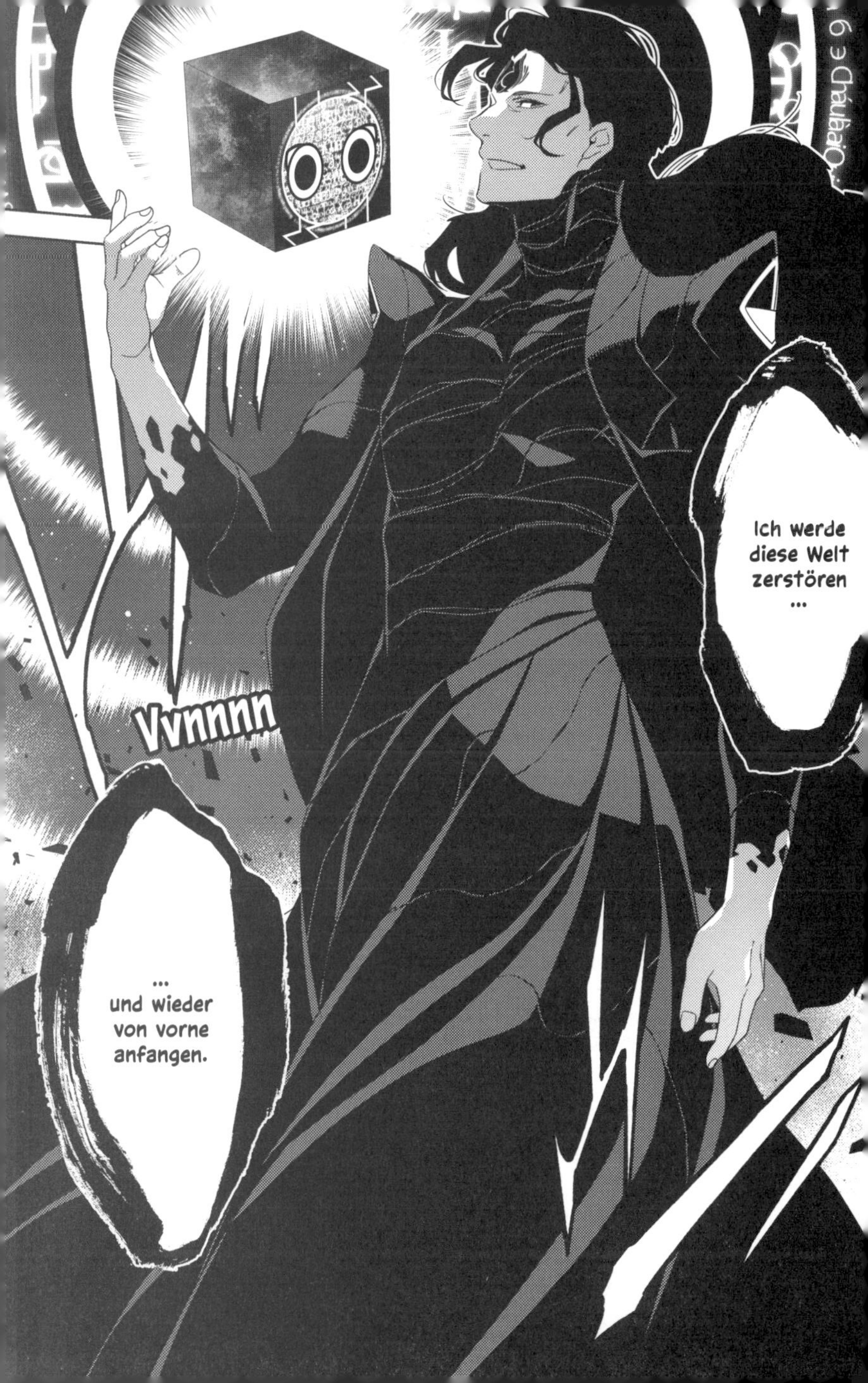
Ich werde diese Welt zerstören ...
Vvnnnn
... und wieder von vorne anfangen.

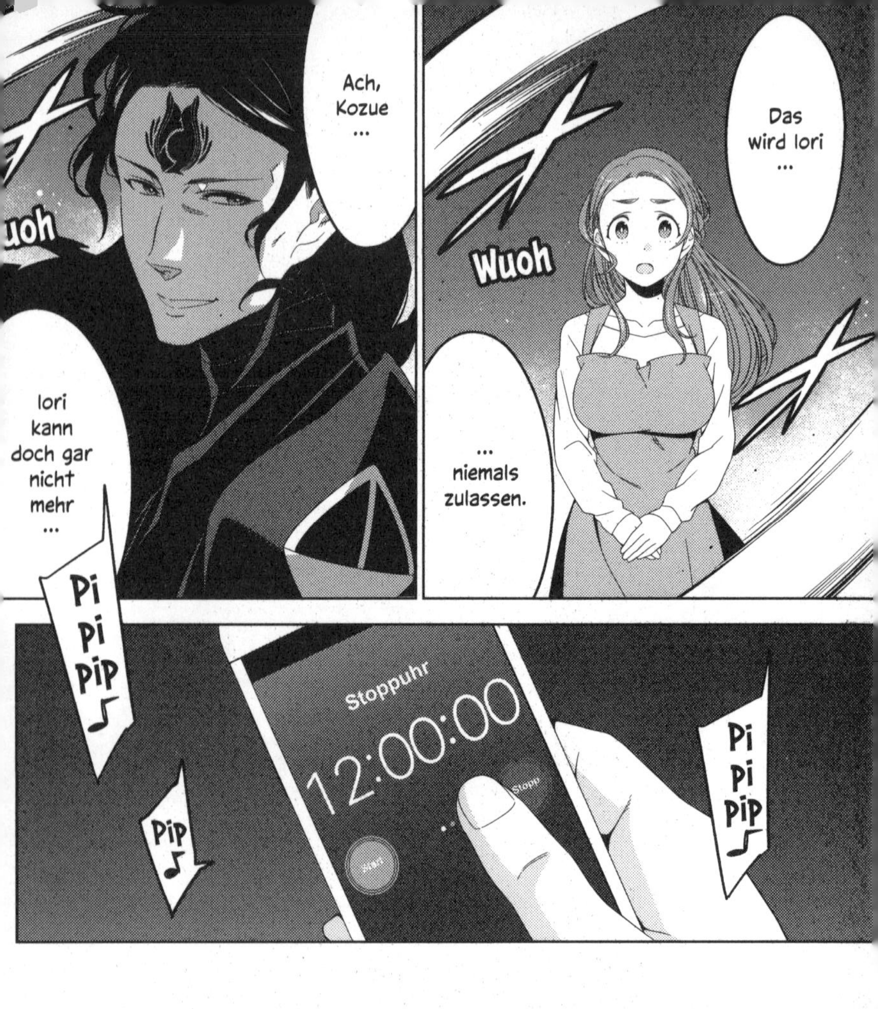

Sie hat recht, Vater.

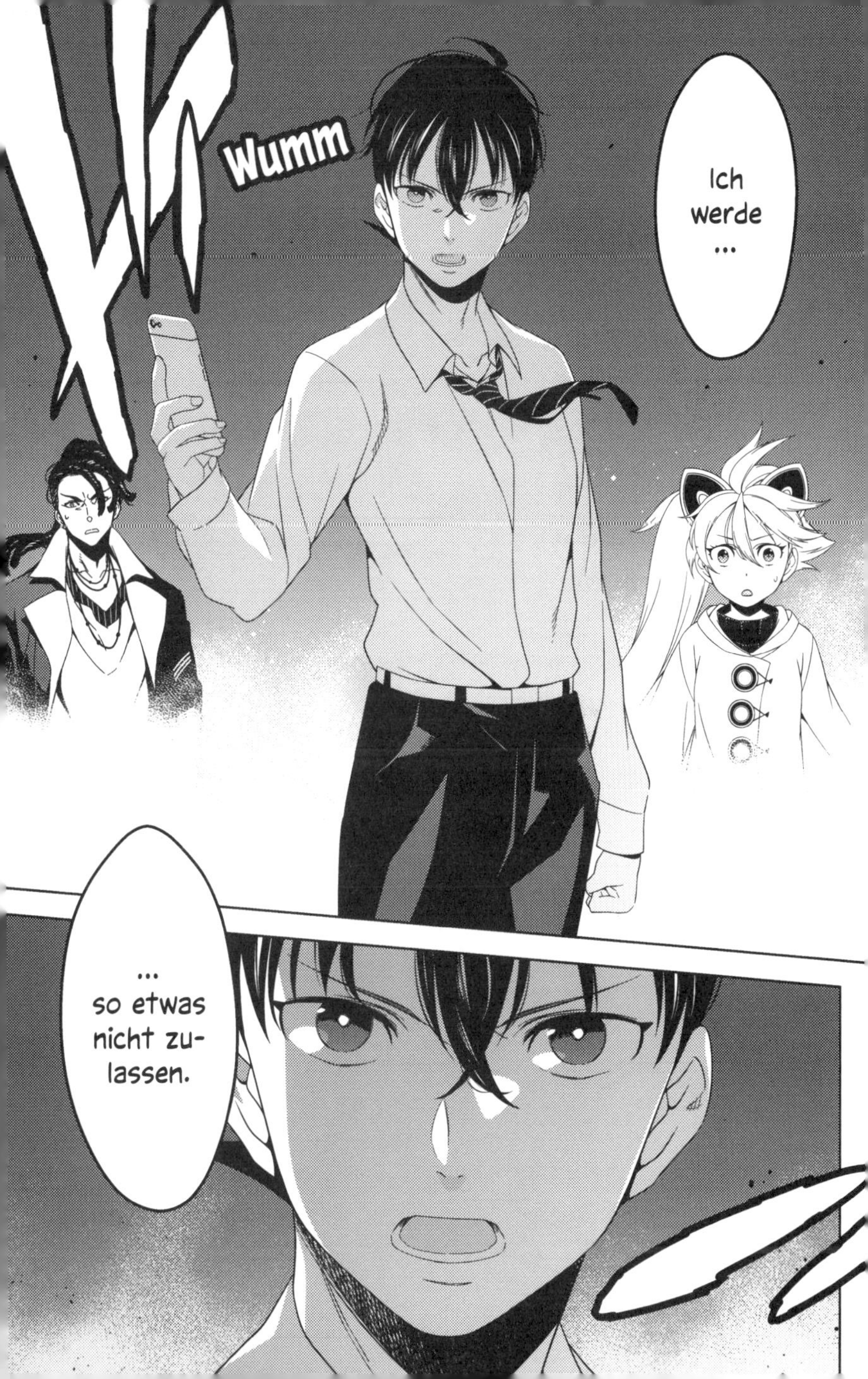
Wumm
Ich werde ...
... so etwas nicht zu- lassen.

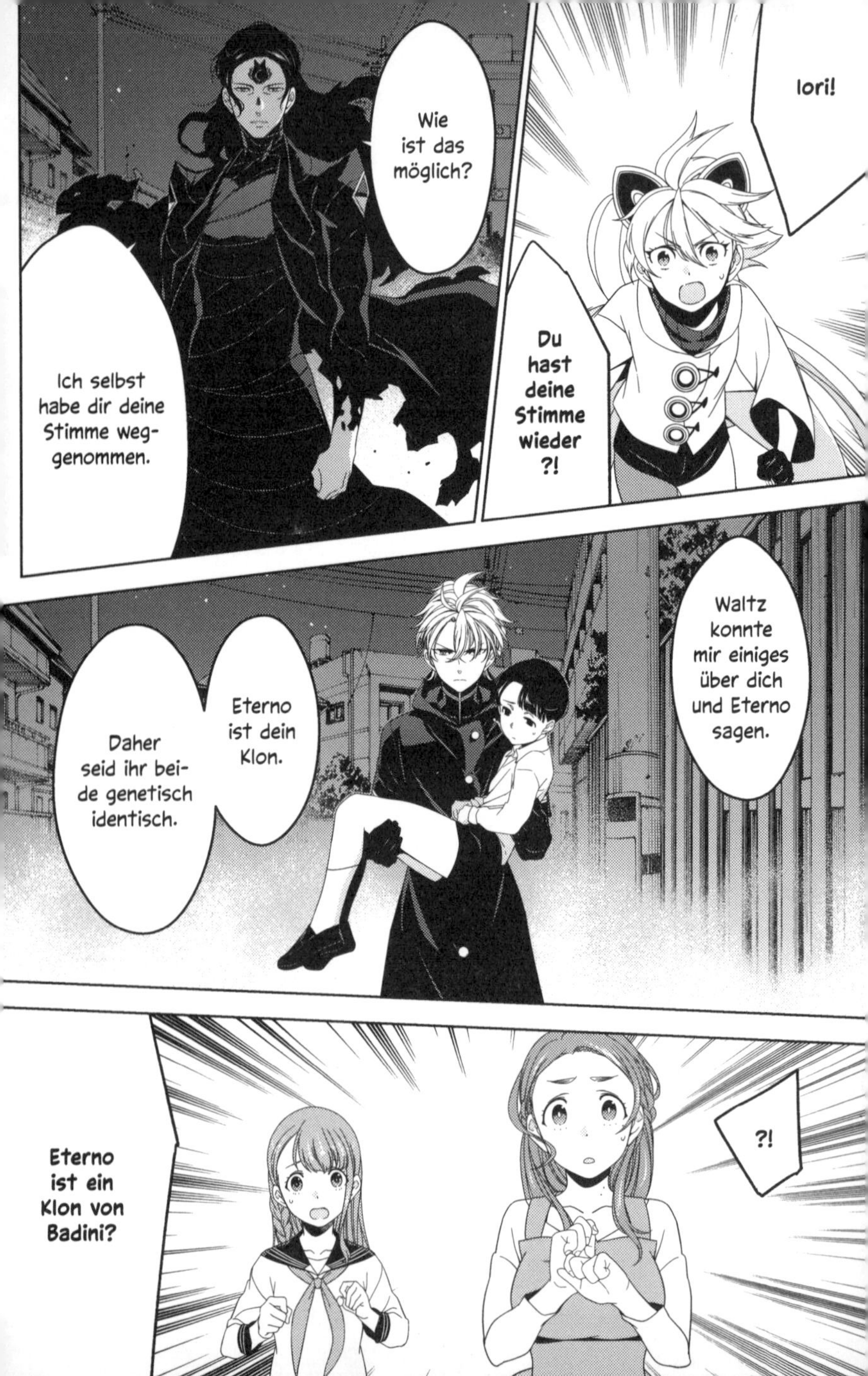
Iori!
Du hast deine Stimme wieder?!
Wie ist das möglich?
Ich selbst habe dir deine Stimme weggenommen.
Waltz konnte mir einiges über dich und Eterno sagen.
Eterno ist dein Klon.
Daher seid ihr beide genetisch identisch.
?!
Eterno ist ein Klon von Badini?

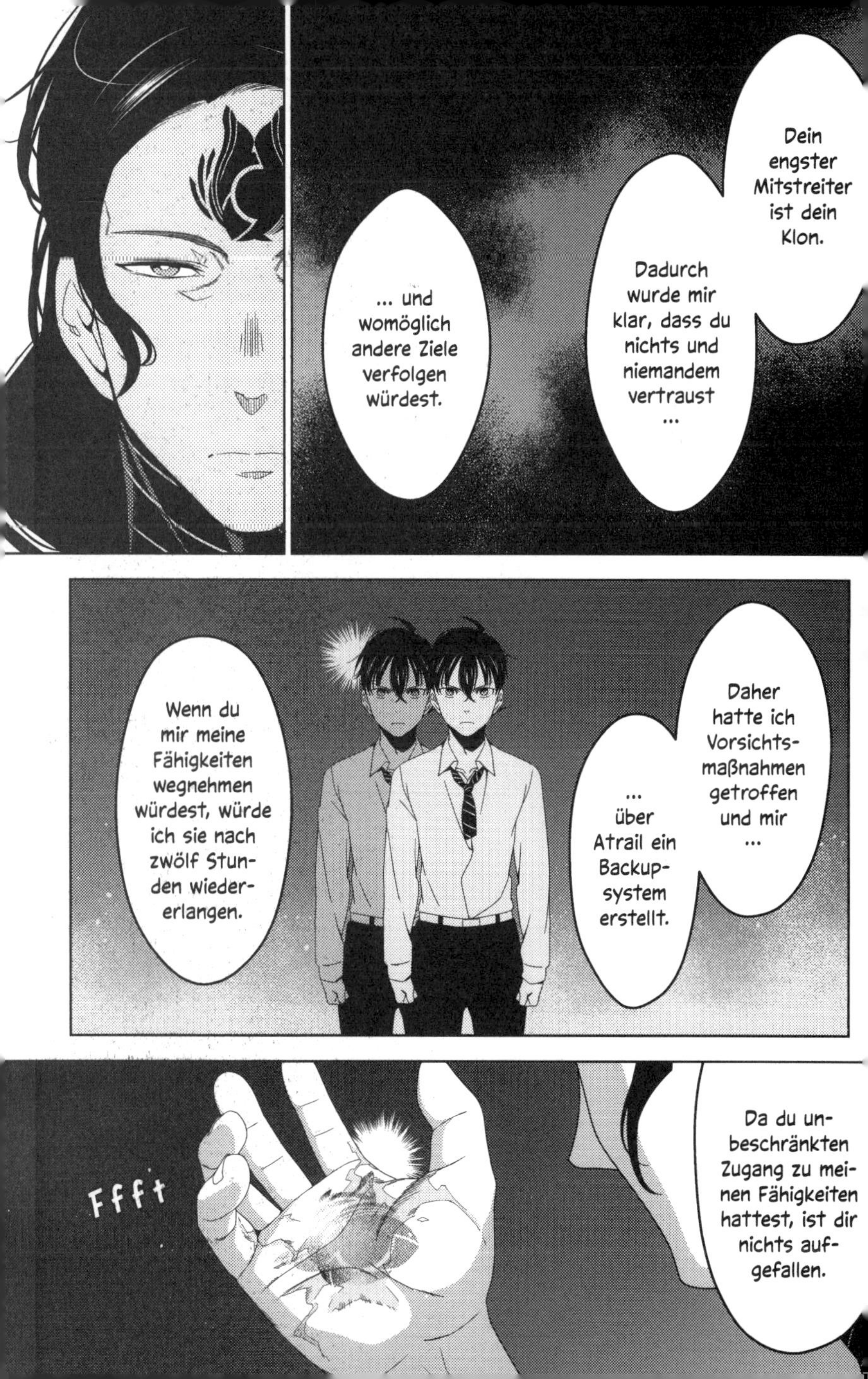

Dein engster Mitstreiter ist dein Klon.

Dadurch wurde mir klar, dass du nichts und niemandem vertraust ...

... und womöglich andere Ziele verfolgen würdest.

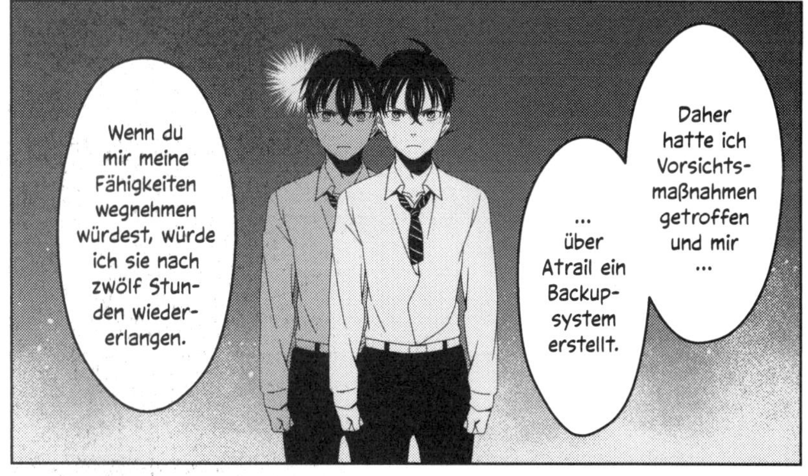

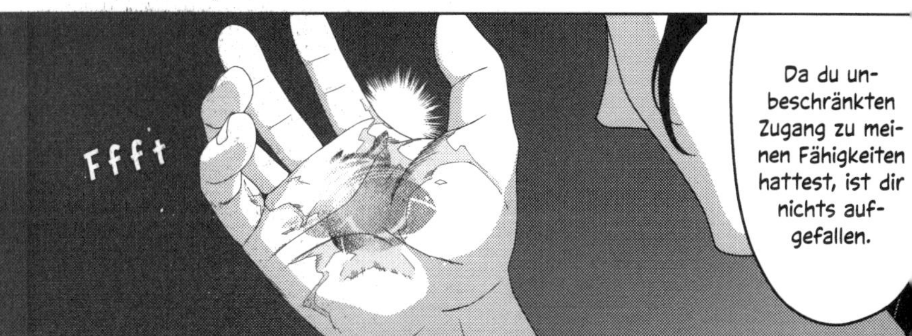

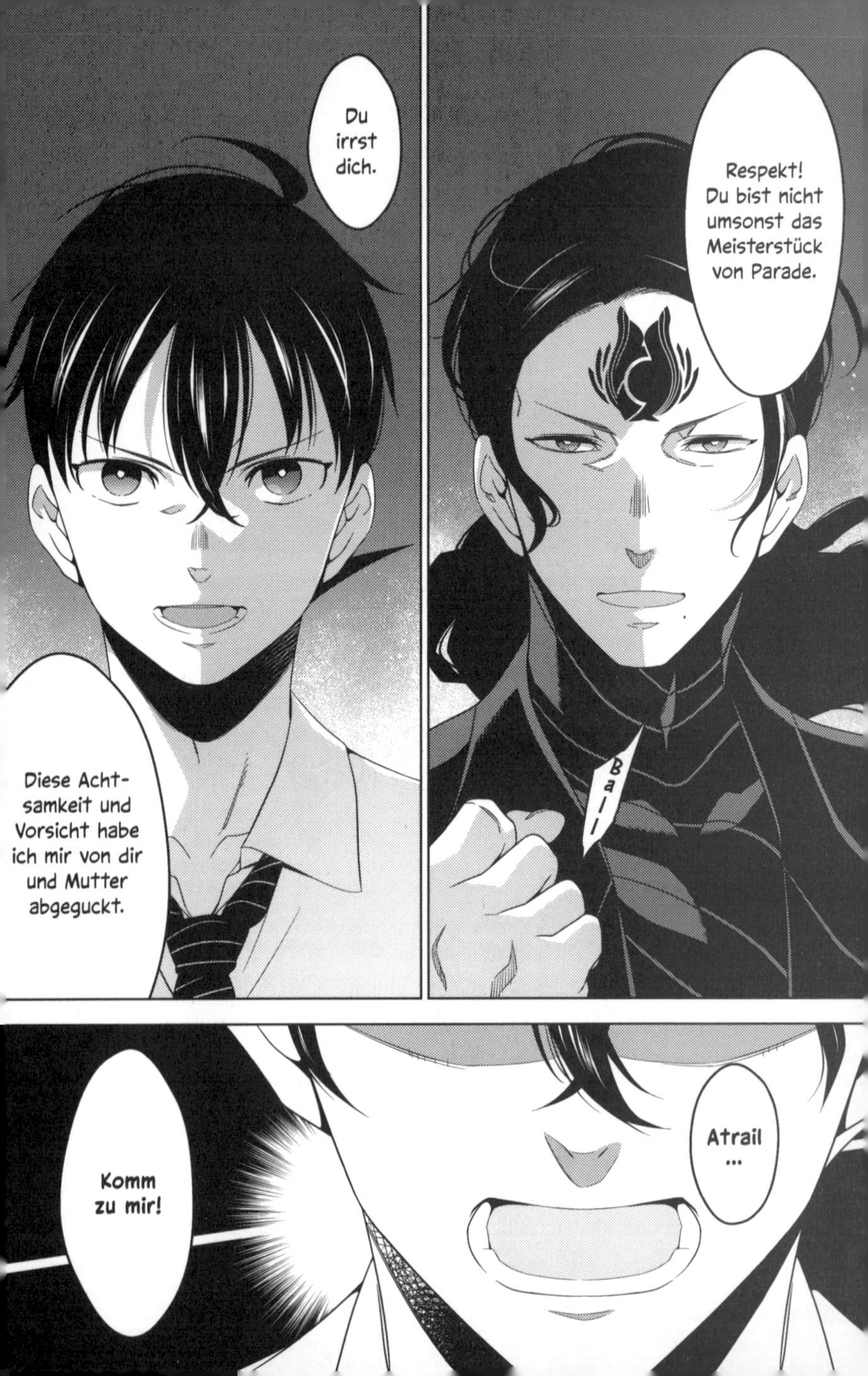

Respekt! Du bist nicht umsonst das Meisterstück von Parade.

Ball

Du irrst dich.

Diese Acht-samkeit und Vorsicht habe ich mir von dir und Mutter abgeguckt.

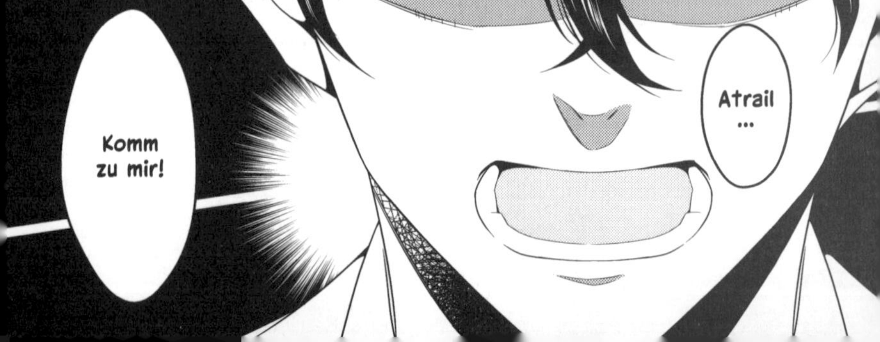

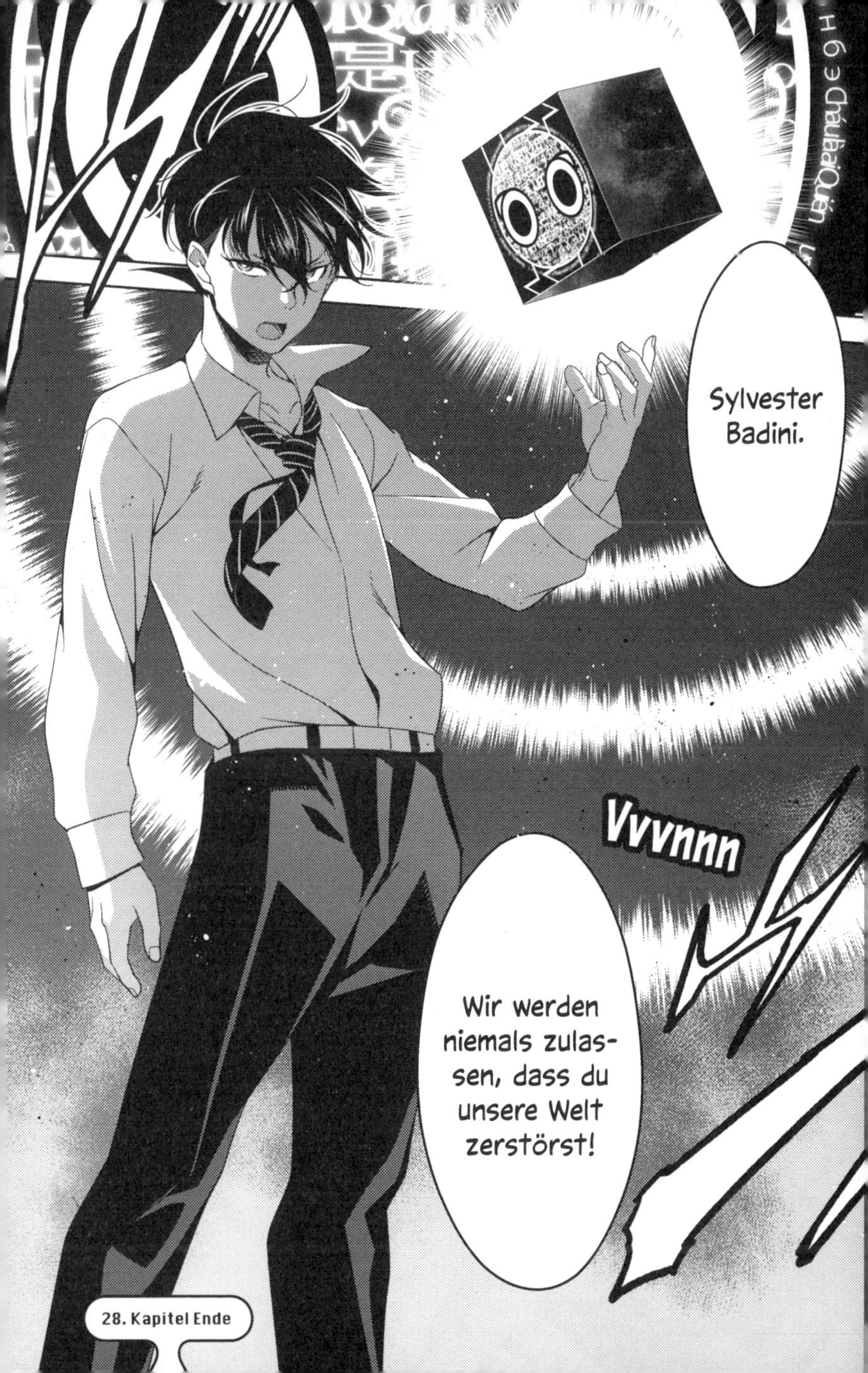
Sylvester Badini.
Vvvnnn
Wir werden niemals zulassen, dass du unsere Welt zerstörst!
28. Kapitel Ende

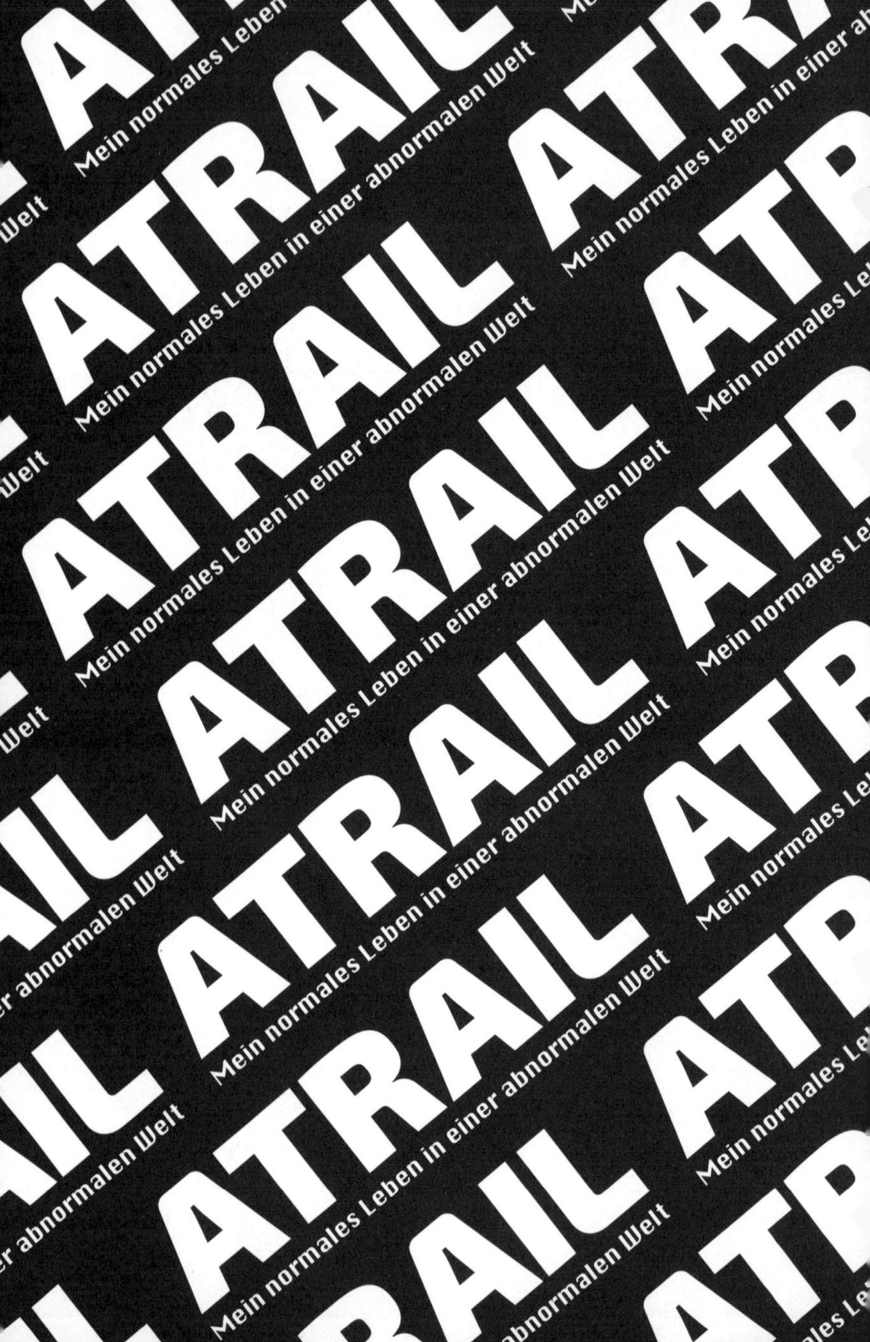
ATRAIL
Mein normales Leben in einer abnormalen Welt

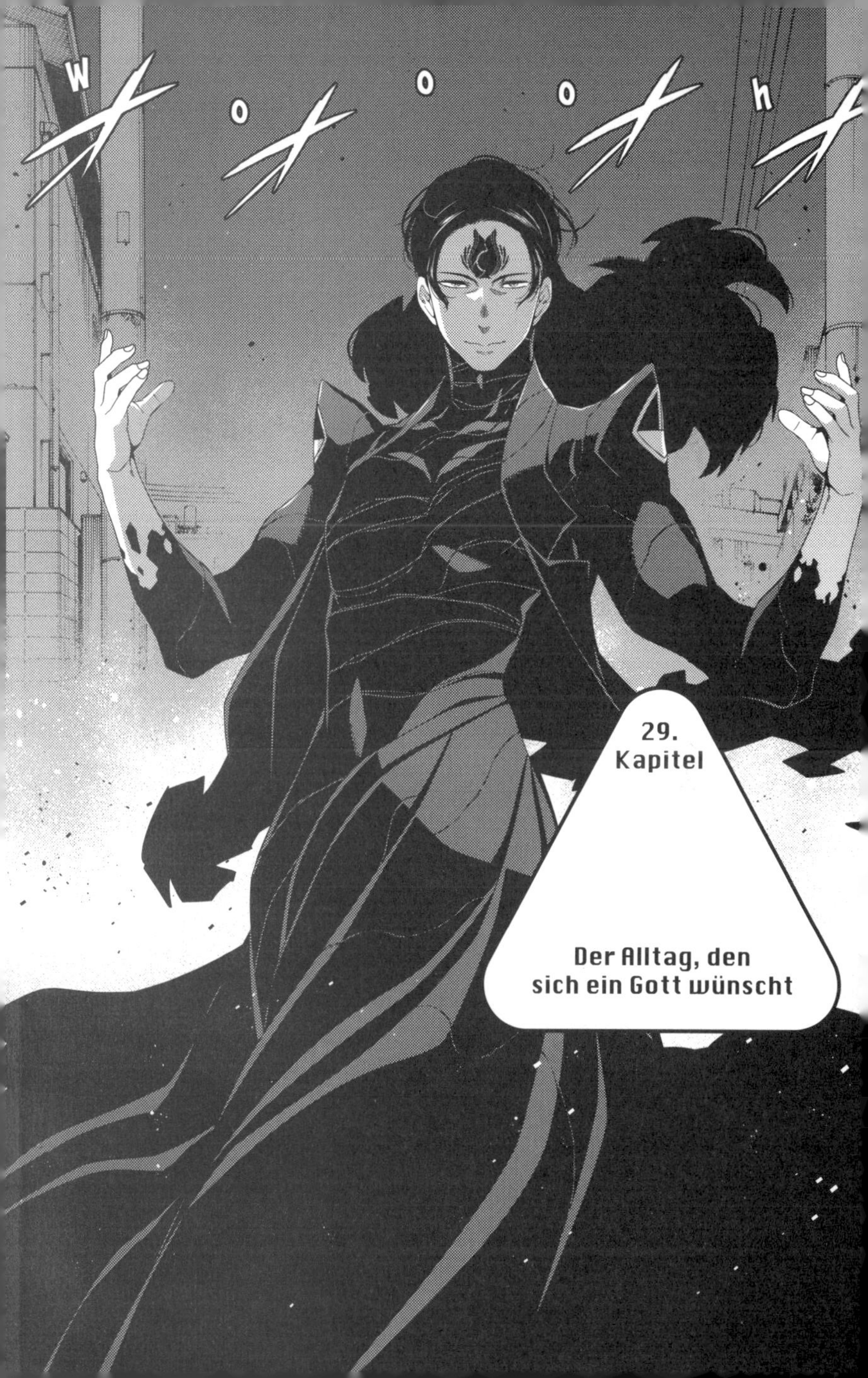
W o o o h
29. Kapitel
Der Alltag, den sich ein Gott wünscht

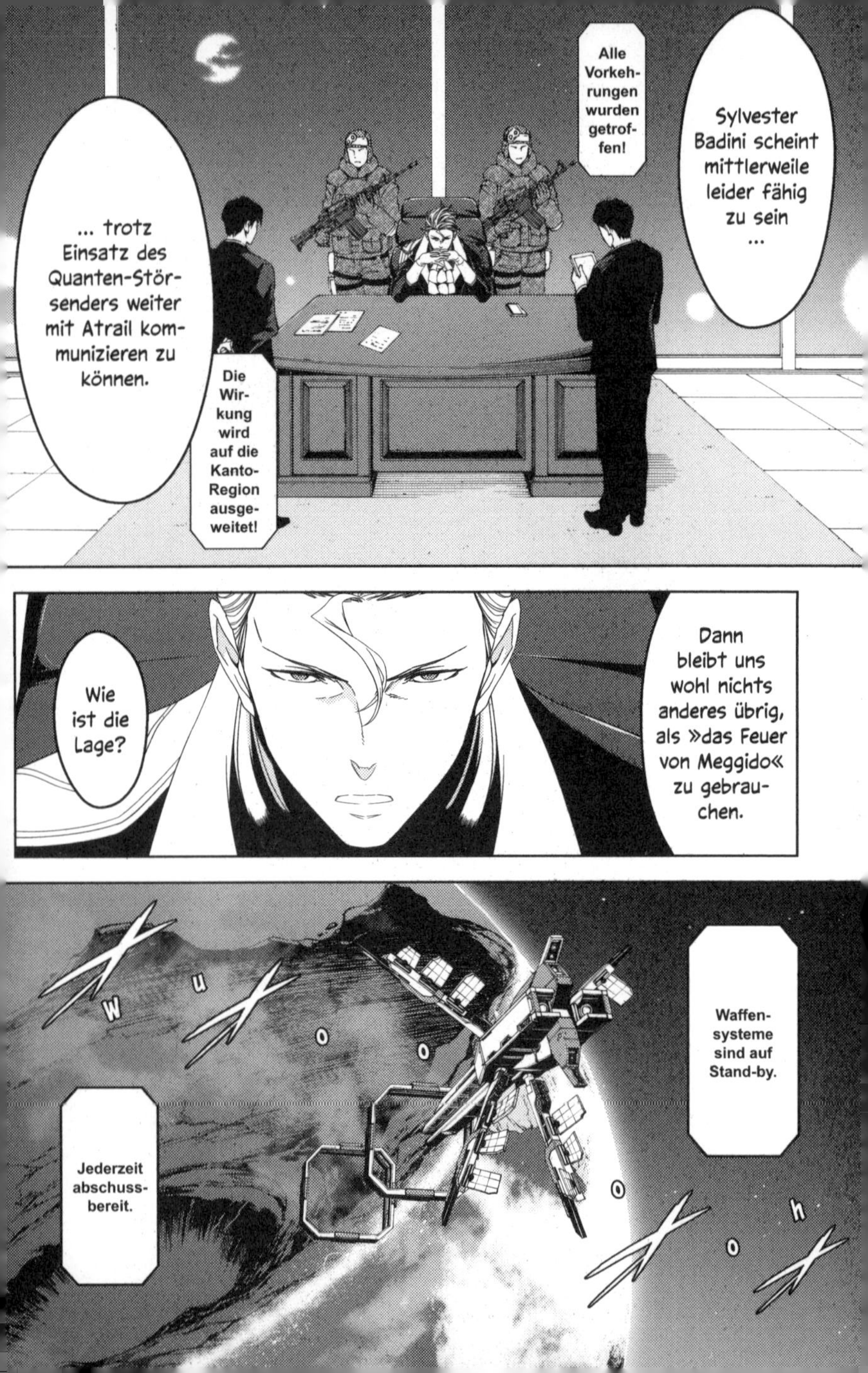

Sylvester Badini scheint mittlerweile leider fähig zu sein …
… trotz Einsatz des Quanten-Störsenders weiter mit Atrail kommunizieren zu können.
Alle Vorkehrungen wurden getroffen!
Die Wirkung wird auf die Kanto-Region ausgeweitet!

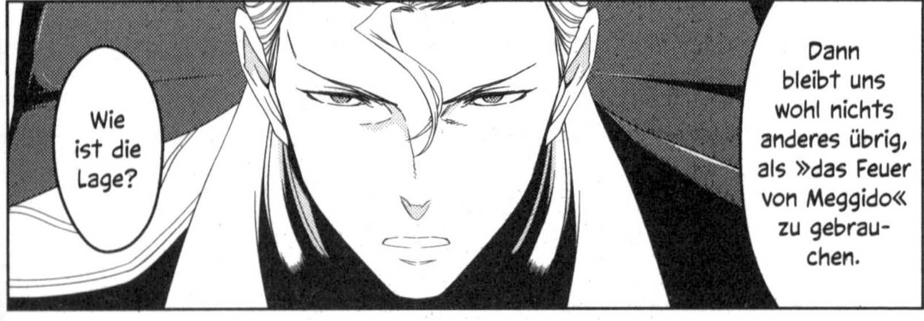

Waffensysteme sind auf Stand-by.
Jederzeit abschussbereit.
Wuoooooh

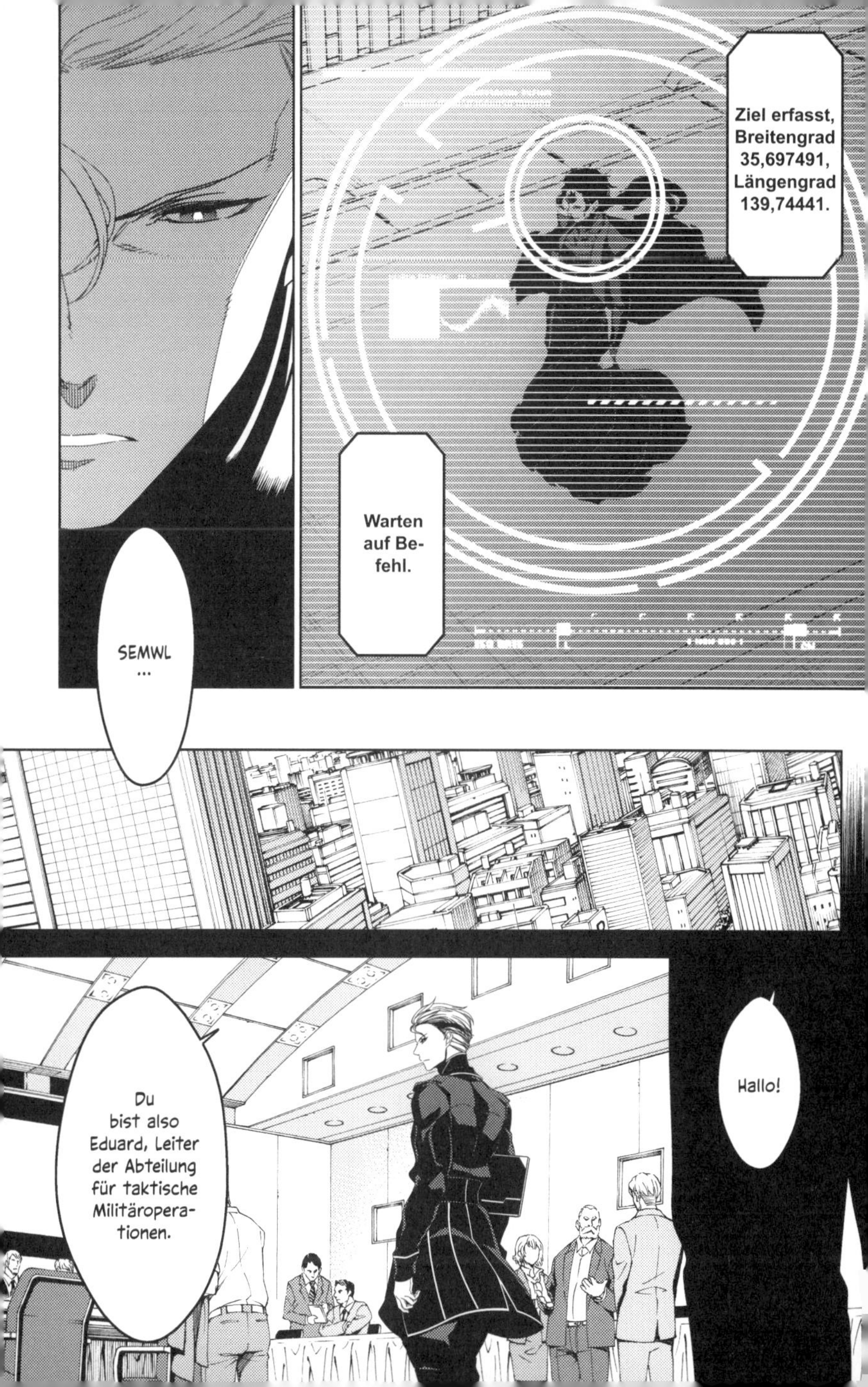
Ziel erfasst, Breitengrad 35,697491, Längengrad 139,74441.
Warten auf Befehl.
SEMWL ...
Hallo!
Du bist also Eduard, Leiter der Abteilung für taktische Militäroperationen.

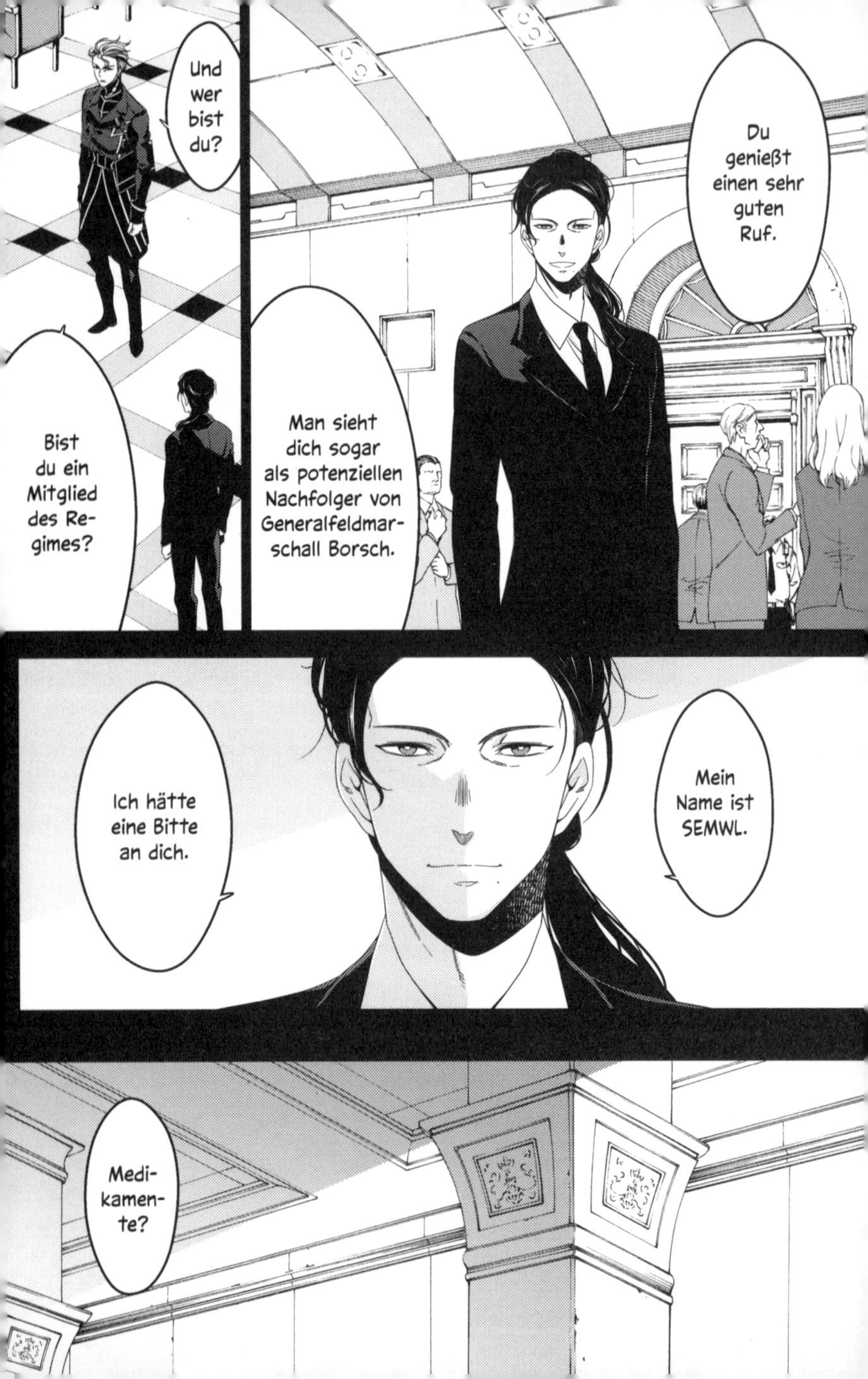
Du genießt einen sehr guten Ruf.
Man sieht dich sogar als potenziellen Nachfolger von Generalfeldmarschall Borsch.
Und wer bist du?
Bist du ein Mitglied des Regimes?
Mein Name ist SEMWL.
Ich hätte eine Bitte an dich.
Medikamente?

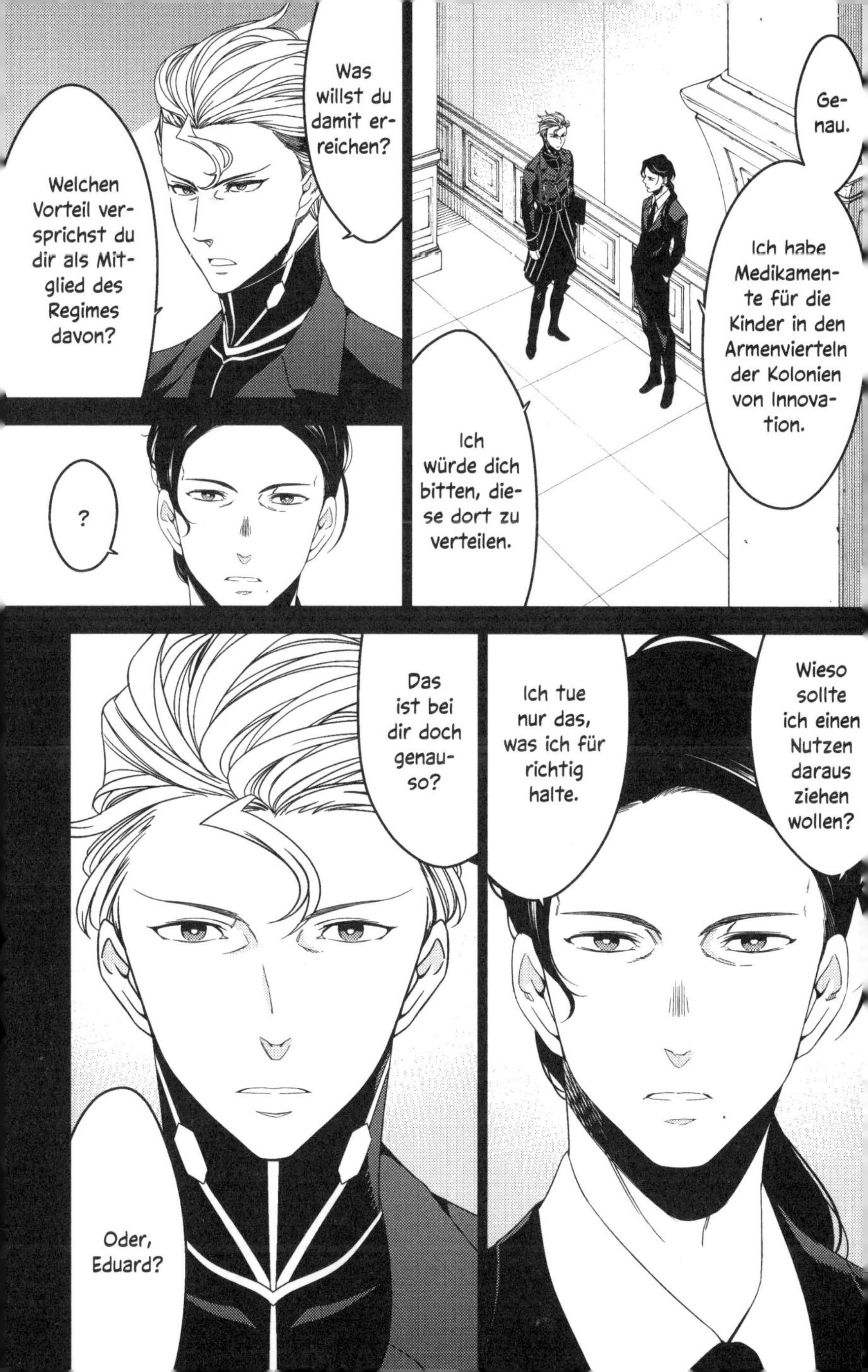
Genau.
Ich habe Medikamente für die Kinder in den Armenvierteln der Kolonien von Innovation.
Ich würde dich bitten, diese dort zu verteilen.
Was willst du damit erreichen?
Welchen Vorteil versprichst du dir als Mitglied des Regimes davon?
?
Wieso sollte ich einen Nutzen daraus ziehen wollen?
Ich tue nur das, was ich für richtig halte.
Das ist bei dir doch genauso?
Oder, Eduard?

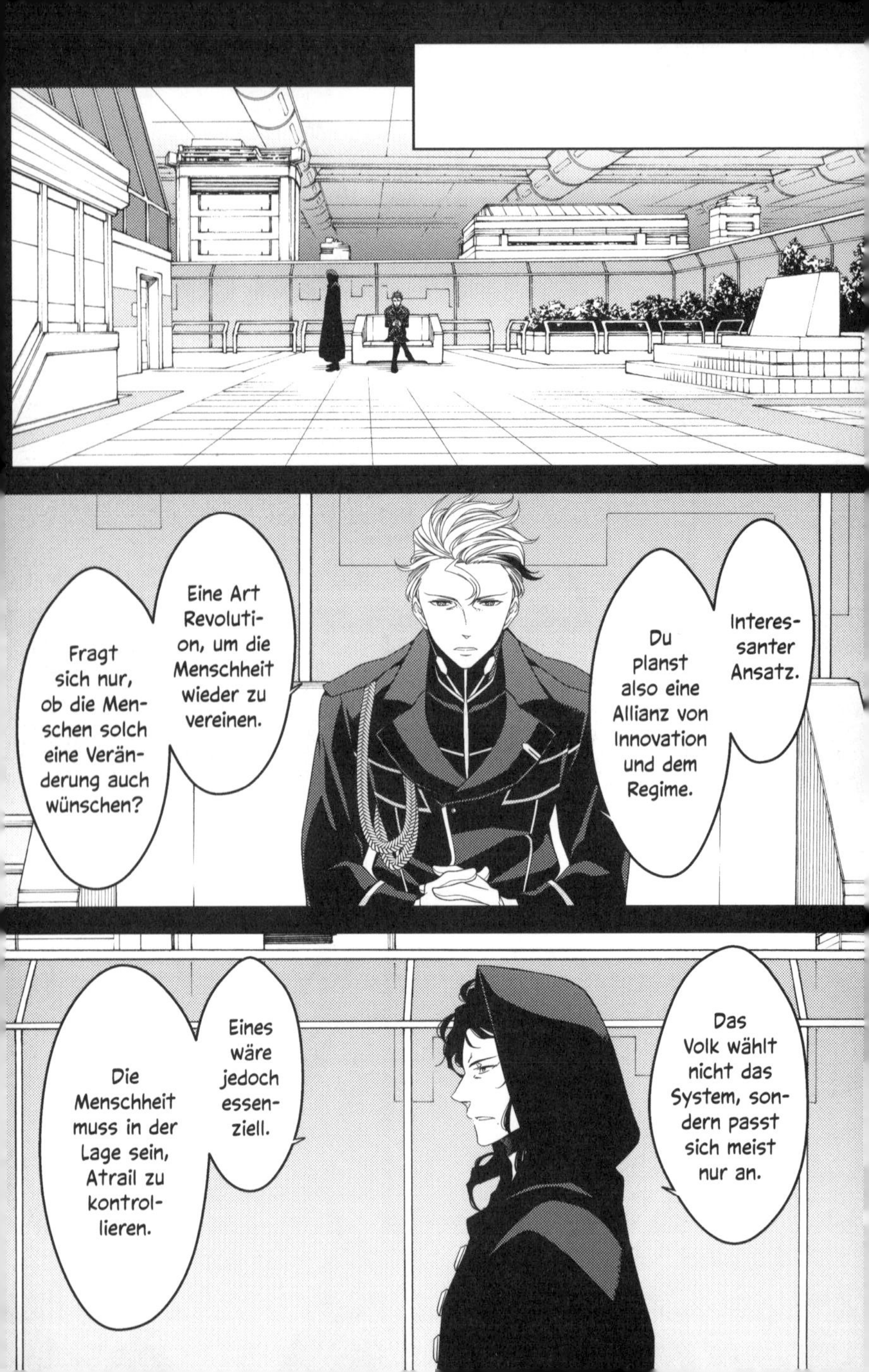

Interessanter Ansatz.
Du planst also eine Allianz von Innovation und dem Regime.
Eine Art Revolution, um die Menschheit wieder zu vereinen.
Fragt sich nur, ob die Menschen solch eine Veränderung auch wünschen?
Das Volk wählt nicht das System, sondern passt sich meist nur an.
Eines wäre jedoch essenziell.
Die Menschheit muss in der Lage sein, Atrail zu kontrollieren.

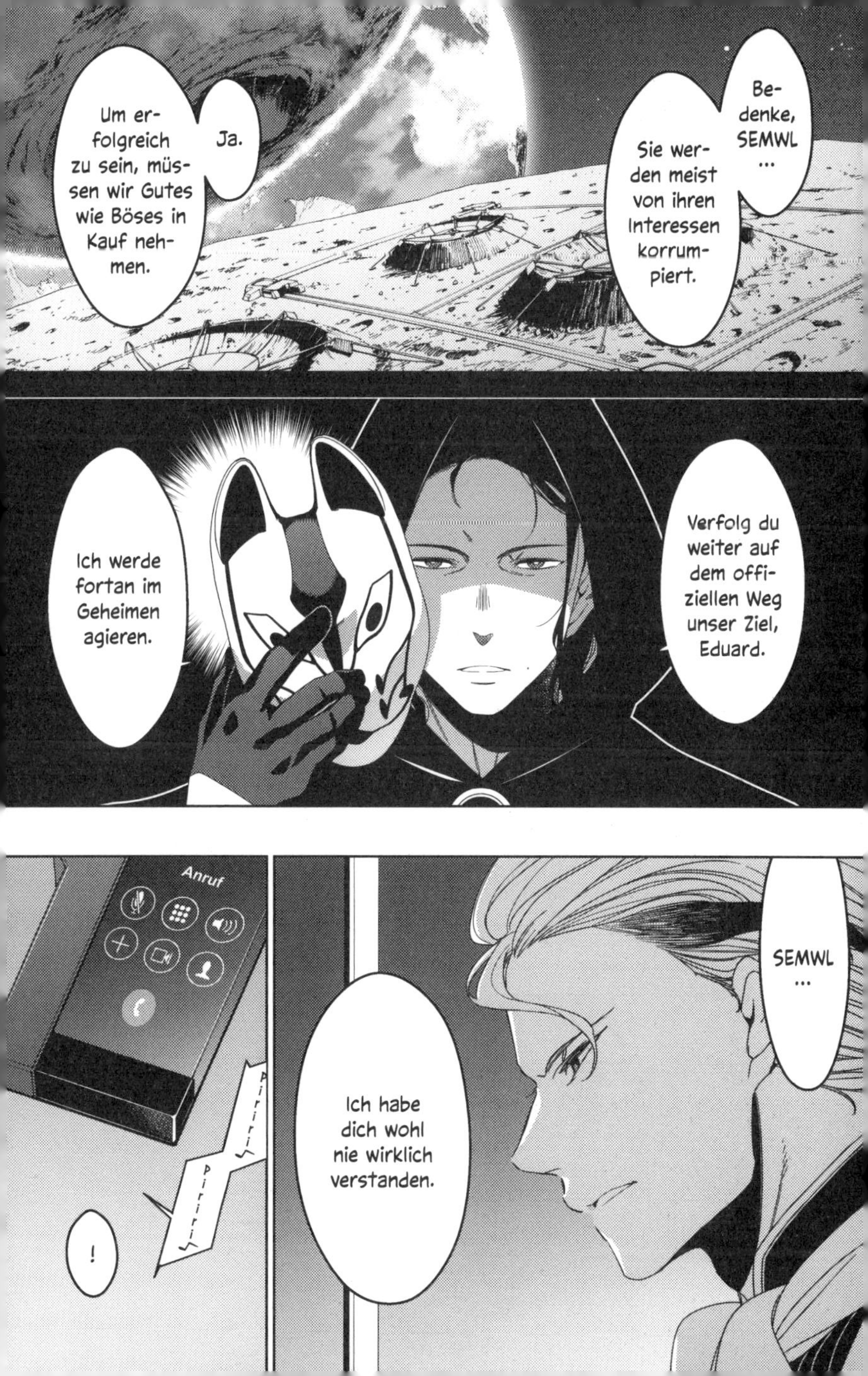

Bedenke, SEMWL ...

Sie werden meist von ihren Interessen korrumpiert.

Ja.

Um erfolgreich zu sein, müssen wir Gutes wie Böses in Kauf nehmen.

Verfolg du weiter auf dem offiziellen Weg unser Ziel, Eduard.

Ich werde fortan im Geheimen agieren.

SEMWL ...

Ich habe dich wohl nie wirklich verstanden.

Anruf

Piriri

Piriri

!

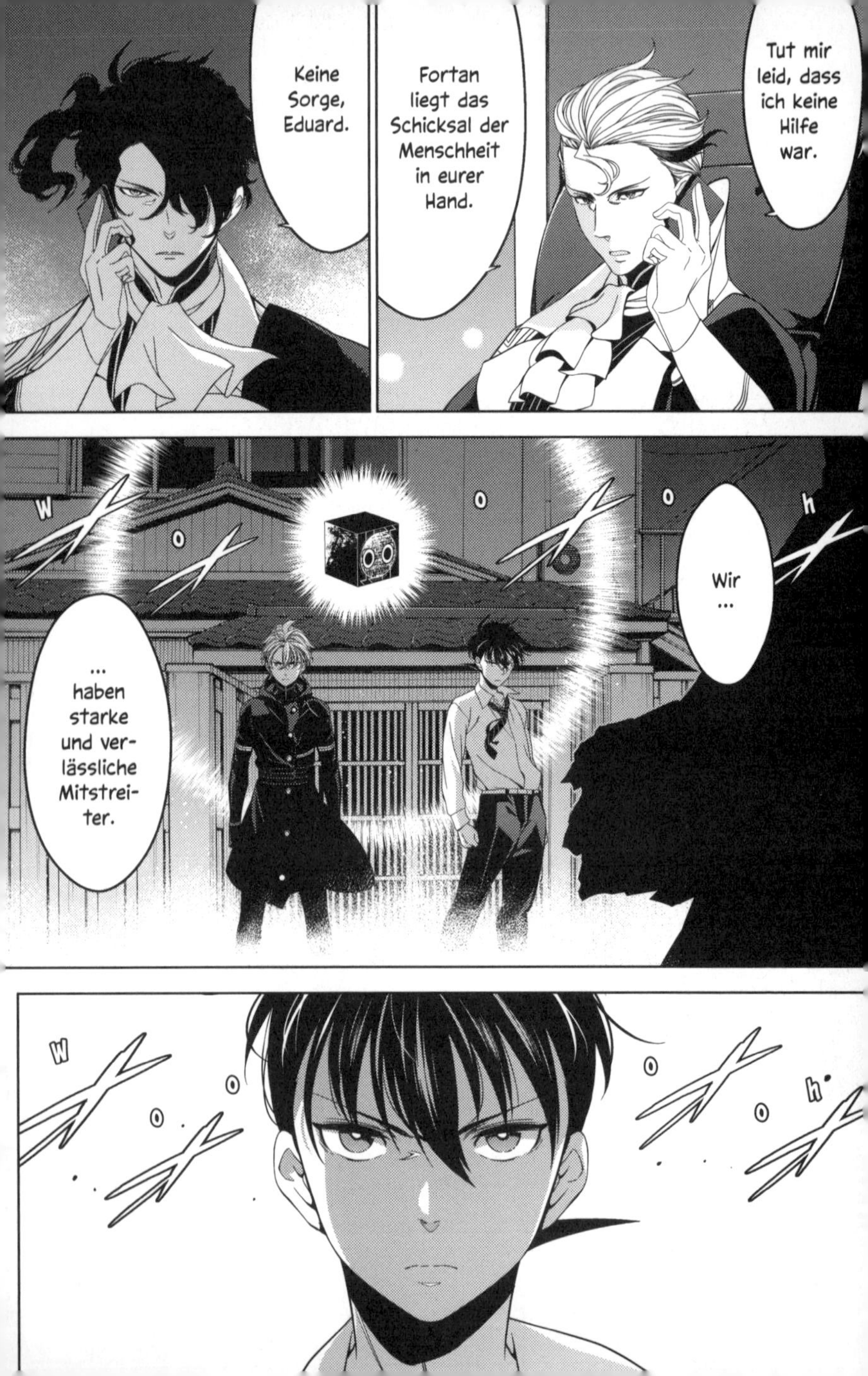

Tut mir leid, dass ich keine Hilfe war.

Fortan liegt das Schicksal der Menschheit in eurer Hand.

Keine Sorge, Eduard.

Wooooh

Wir ...

... haben starke und verlässliche Mitstreiter.

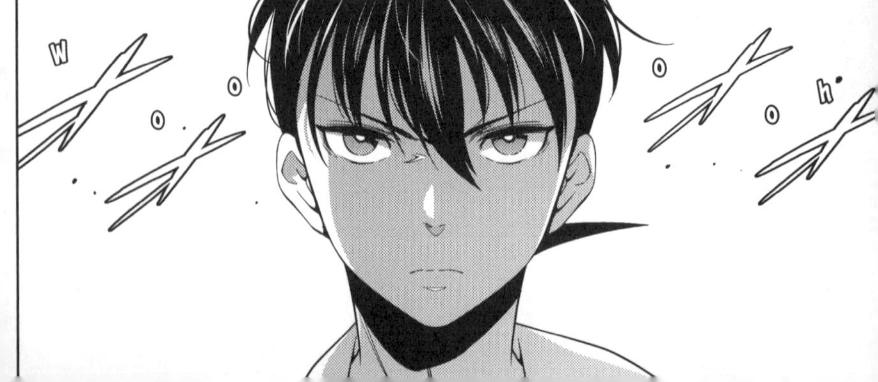

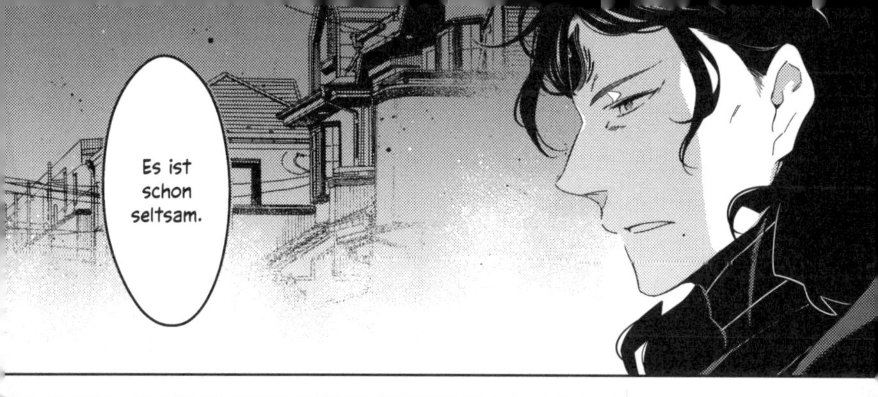

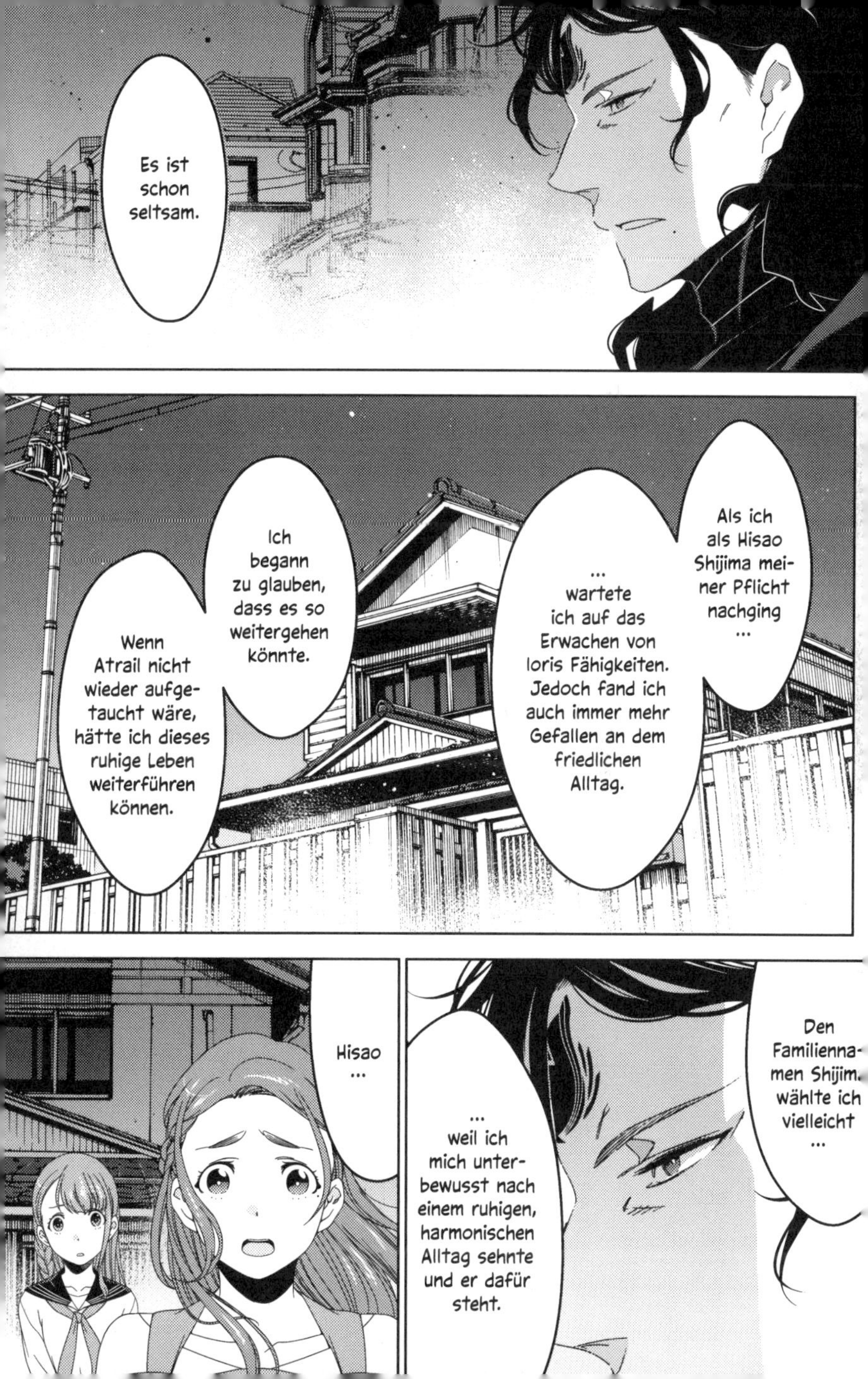

Als ich als Hisao Shijima meiner Pflicht nachging ...

... wartete ich auf das Erwachen von Ioris Fähigkeiten. Jedoch fand ich auch immer mehr Gefallen an dem friedlichen Alltag.

Ich begann zu glauben, dass es so weitergehen könnte.

Wenn Atrail nicht wieder aufgetaucht wäre, hätte ich dieses ruhige Leben weiterführen können.

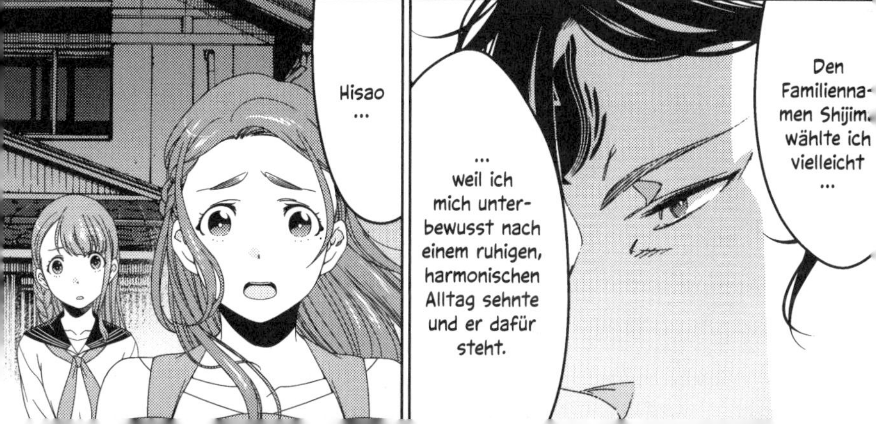

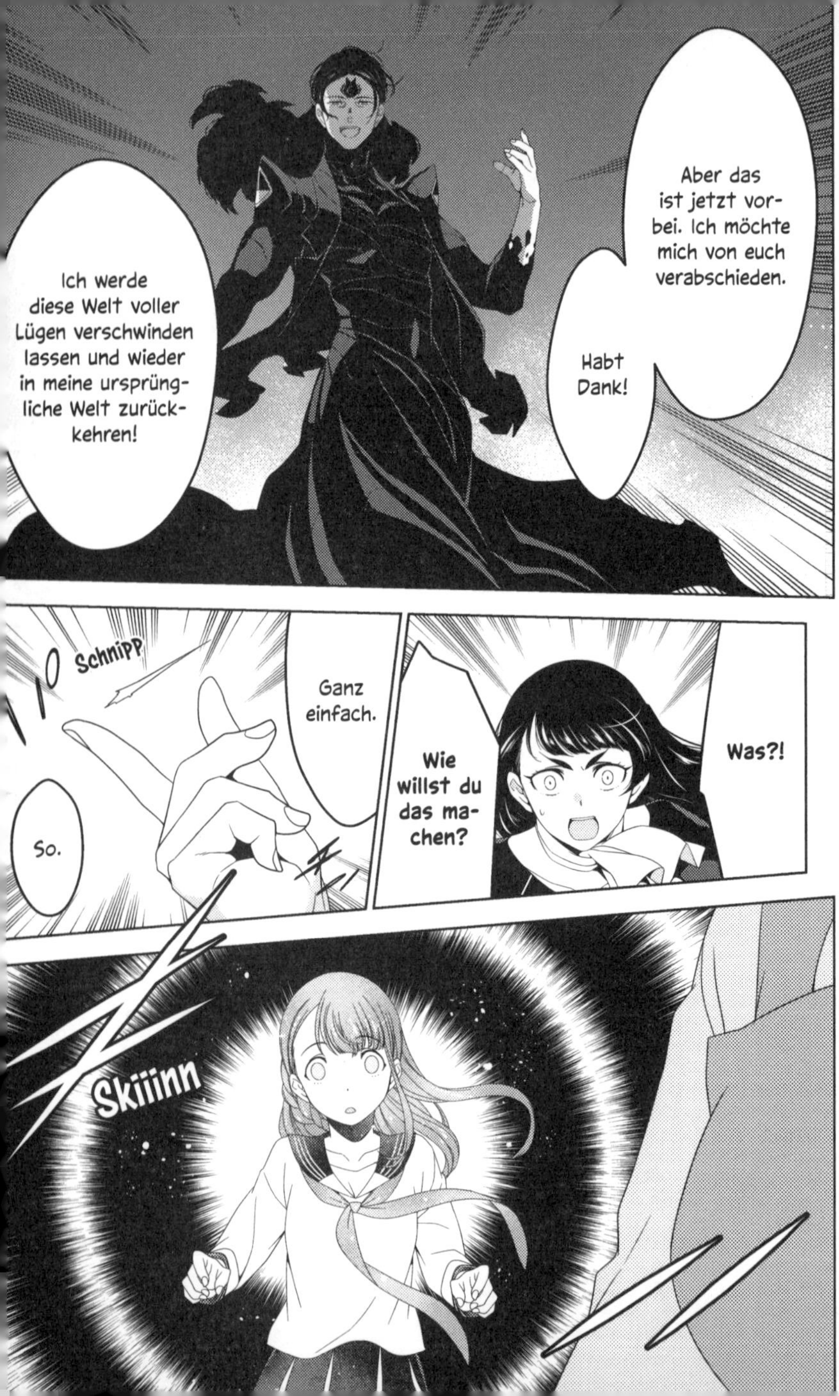

Aber das ist jetzt vorbei. Ich möchte mich von euch verabschieden.

Habt Dank!

Ich werde diese Welt voller Lügen verschwinden lassen und wieder in meine ursprüngliche Welt zurückkehren!

Was?!

Wie willst du das machen?

Ganz einfach.

Schnipp

So.

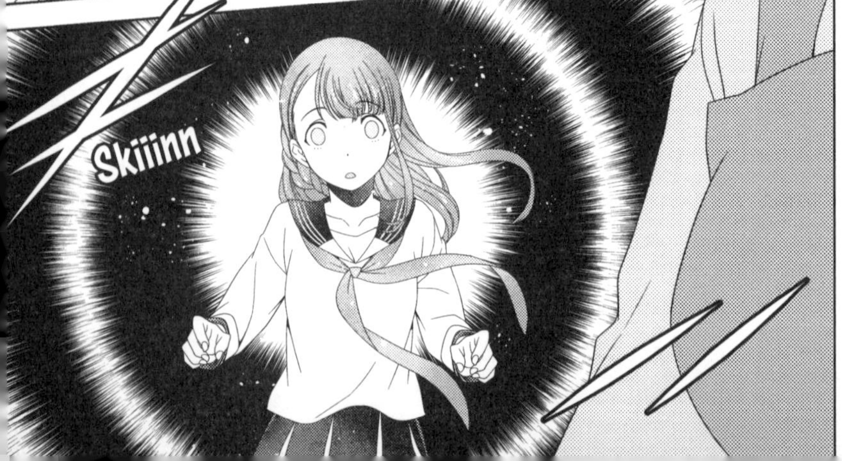

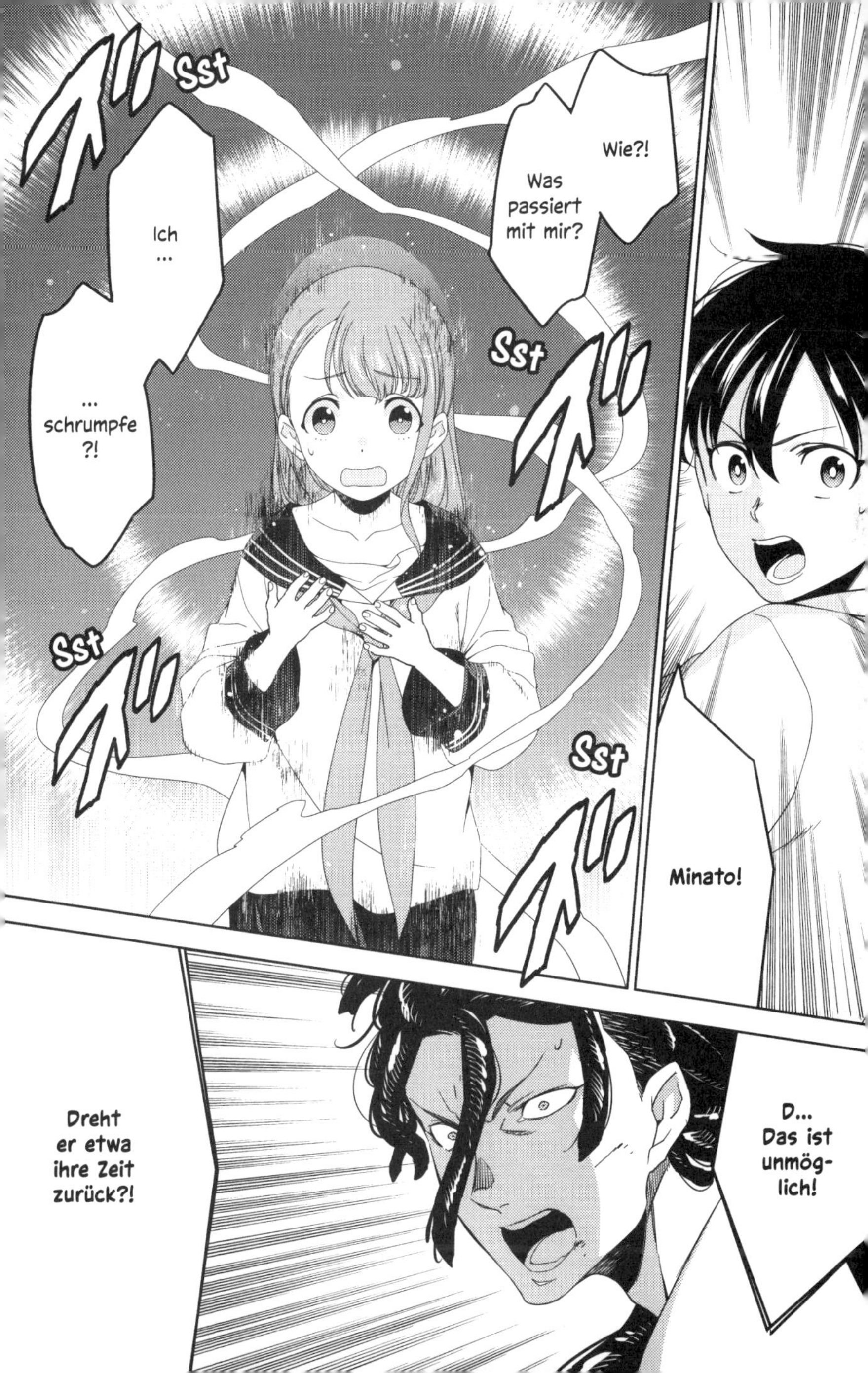
Minato!
Wie?!
Was passiert mit mir?
Sst
Ich ...
... schrumpfe ?!
Sst
Sst
Sst
D... Das ist unmög-lich!
Dreht er etwa ihre Zeit zurück?!

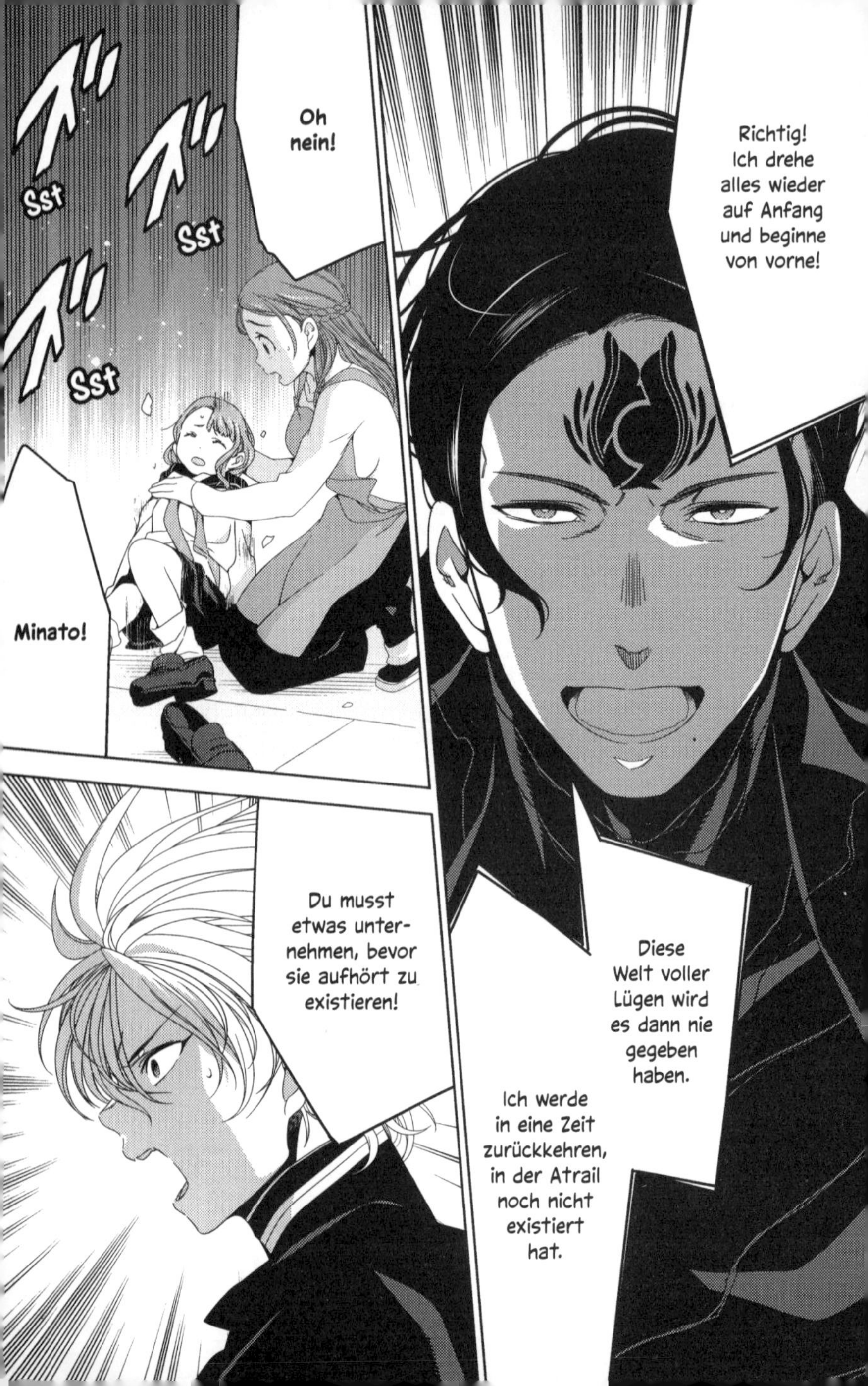
Richtig! Ich drehe alles wieder auf Anfang und beginne von vorne!
Oh nein!
Sst
Sst
Sst
Minato!
Diese Welt voller Lügen wird es dann nie gegeben haben.
Ich werde in eine Zeit zurückkehren, in der Atrail noch nicht existiert hat.
Du musst etwas unter-nehmen, bevor sie aufhört zu existieren!

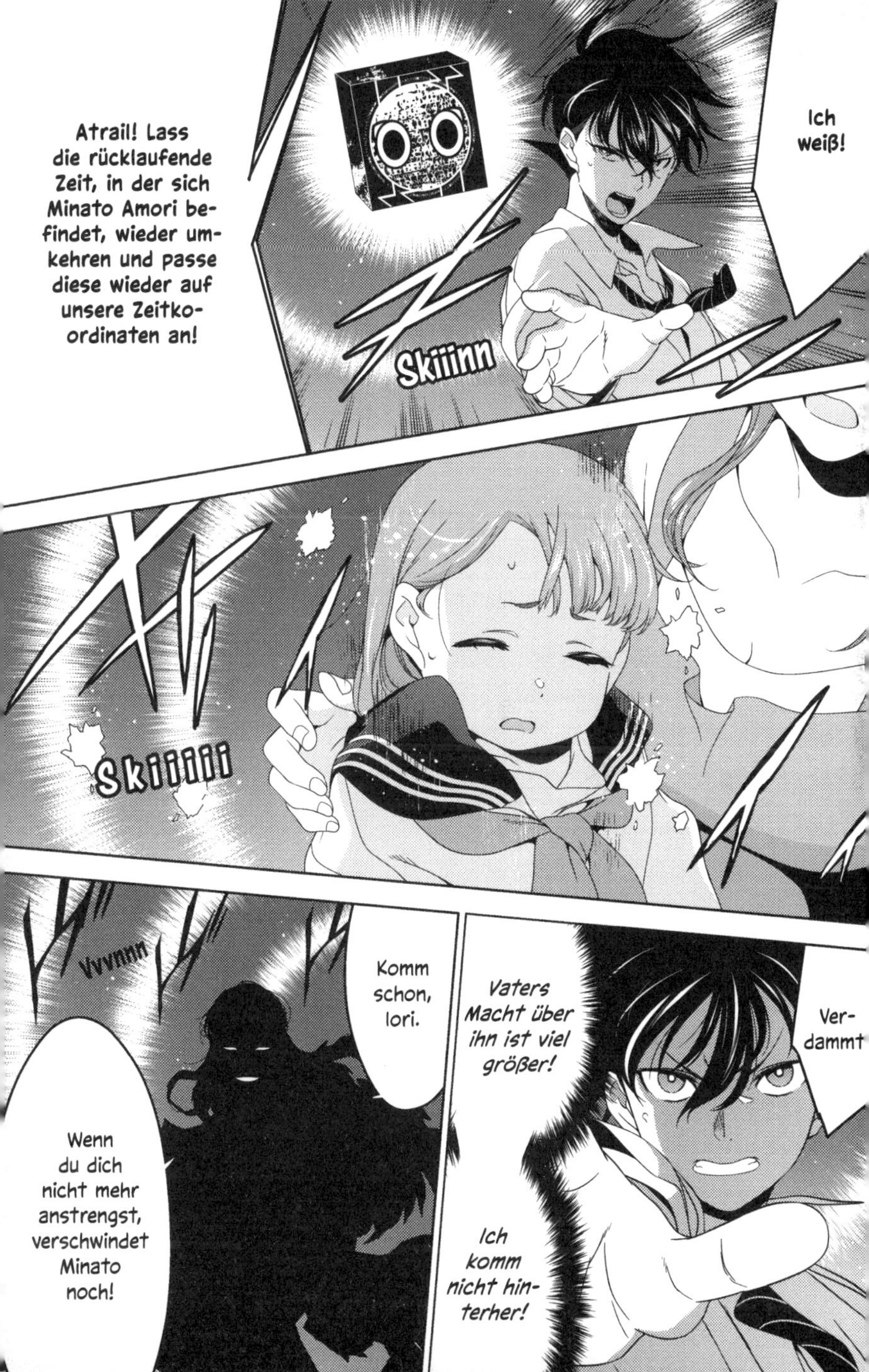
Ich weiß!
Atrail! Lass die rücklaufende Zeit, in der sich Minato Amori befindet, wieder umkehren und passe diese wieder auf unsere Zeitkoordinaten an!
Skiiinn
Skiiiiii
Verdammt
Vaters Macht über ihn ist viel größer!
Ich komm nicht hinterher!
Komm schon, Iori.
Wenn du dich nicht mehr anstrengst, verschwindet Minato noch!
Vvvnnn

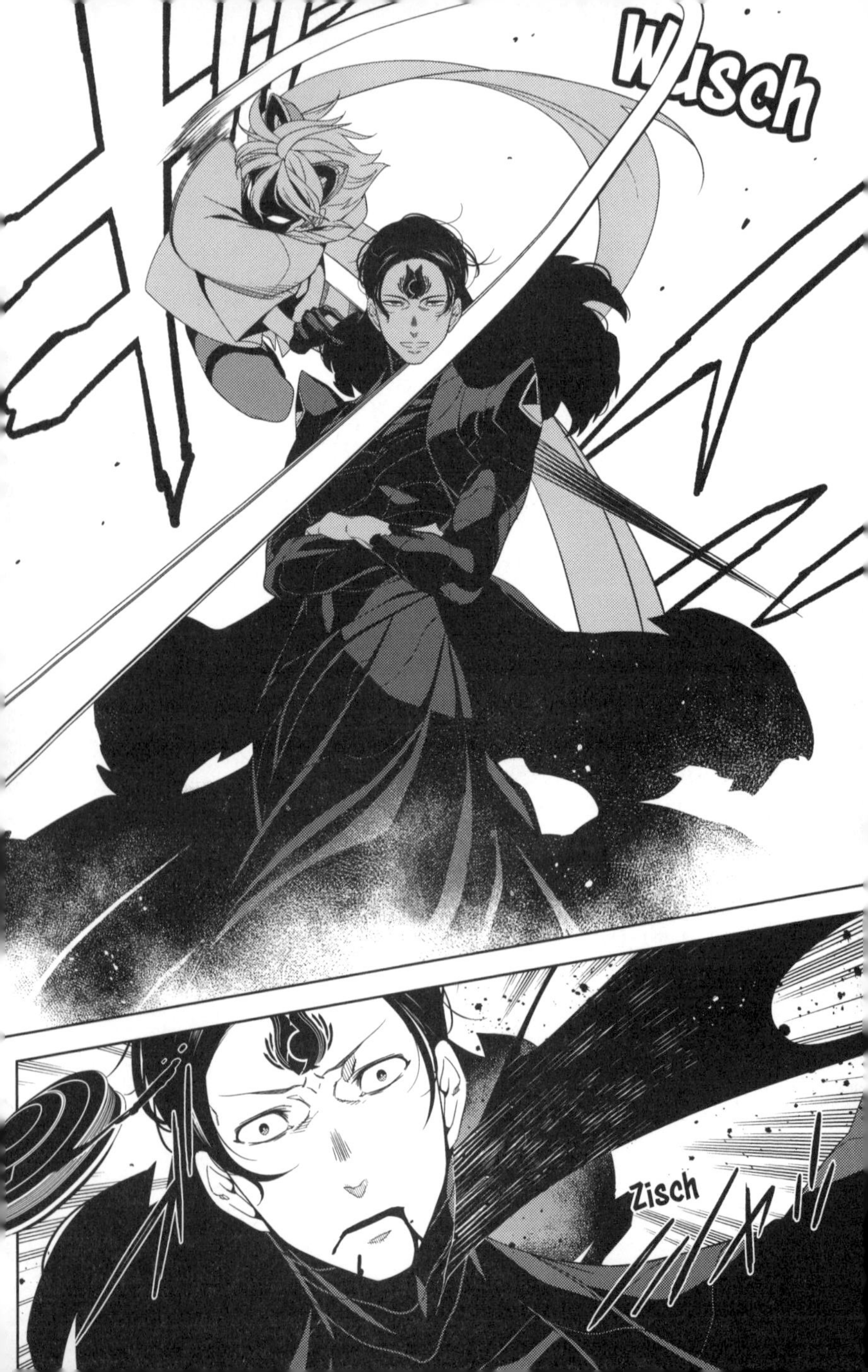
Wusch
Zisch

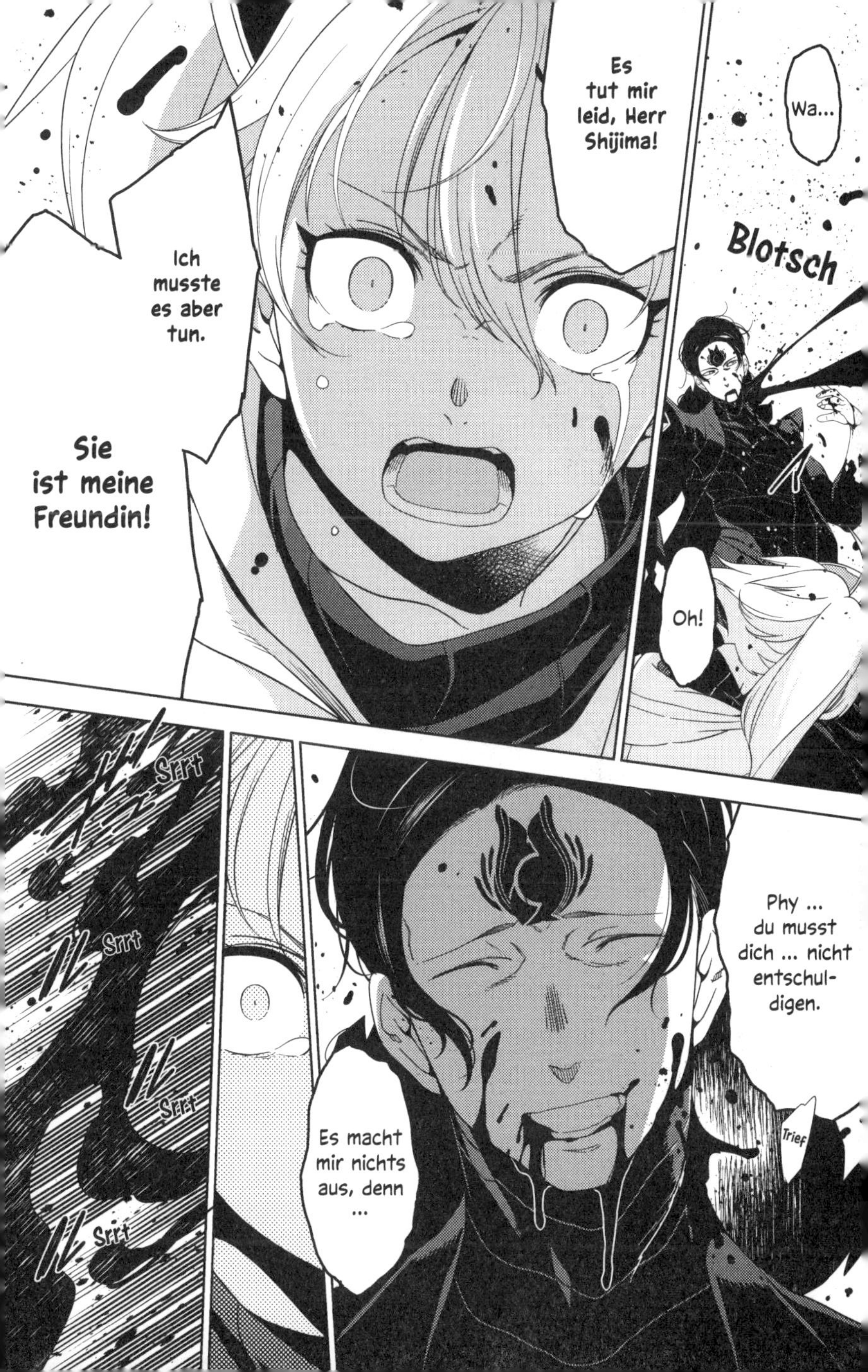
Wa...
Es tut mir leid, Herr Shijima!
Ich musste es aber tun.
Sie ist meine Freundin!
Blotsch
Oh!
Srrt
Srrt
Srrt
Srrt
Phy ... du musst dich ... nicht entschuldigen.
Trief
Es macht mir nichts aus, denn ...

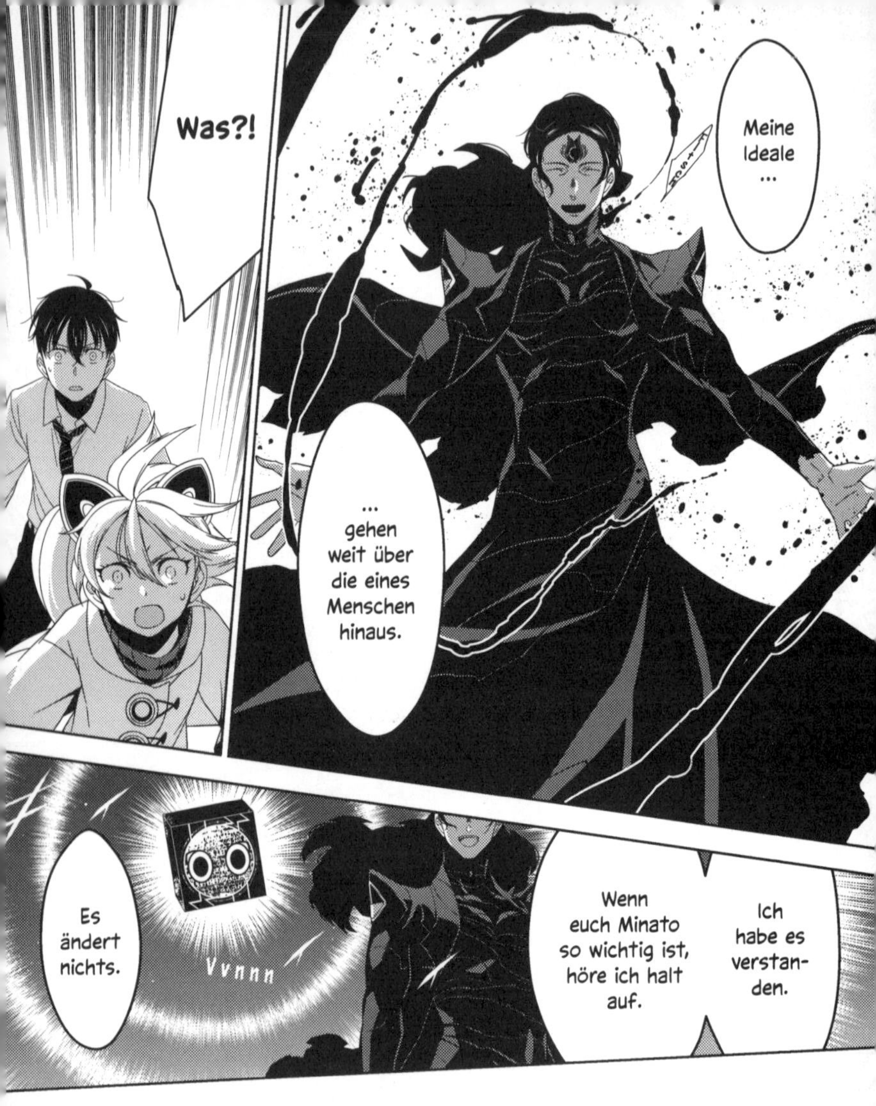

Denn ich werde jetzt euren Alltag zerstören.

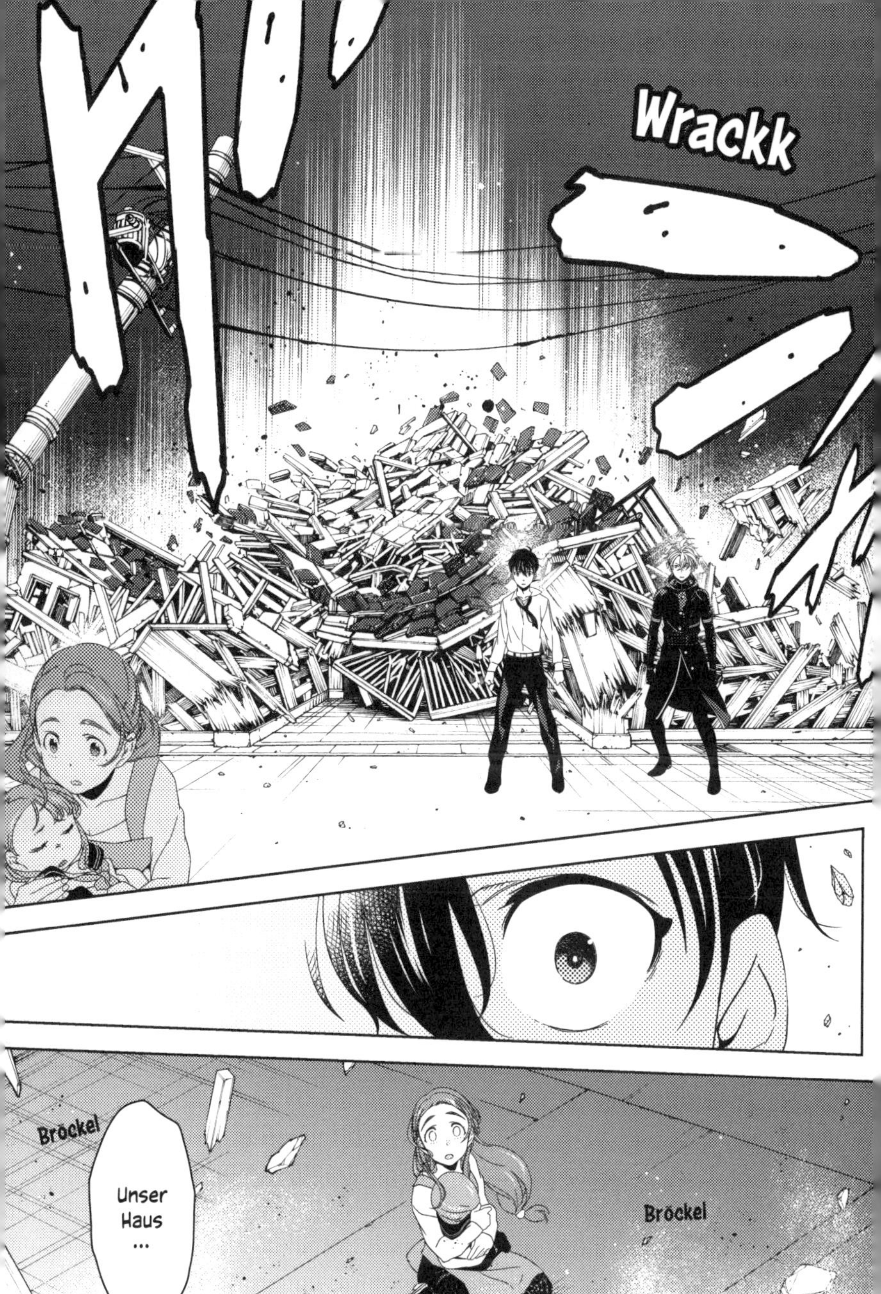
Wrackk
Bröckel
Unser Haus ...
Bröckel

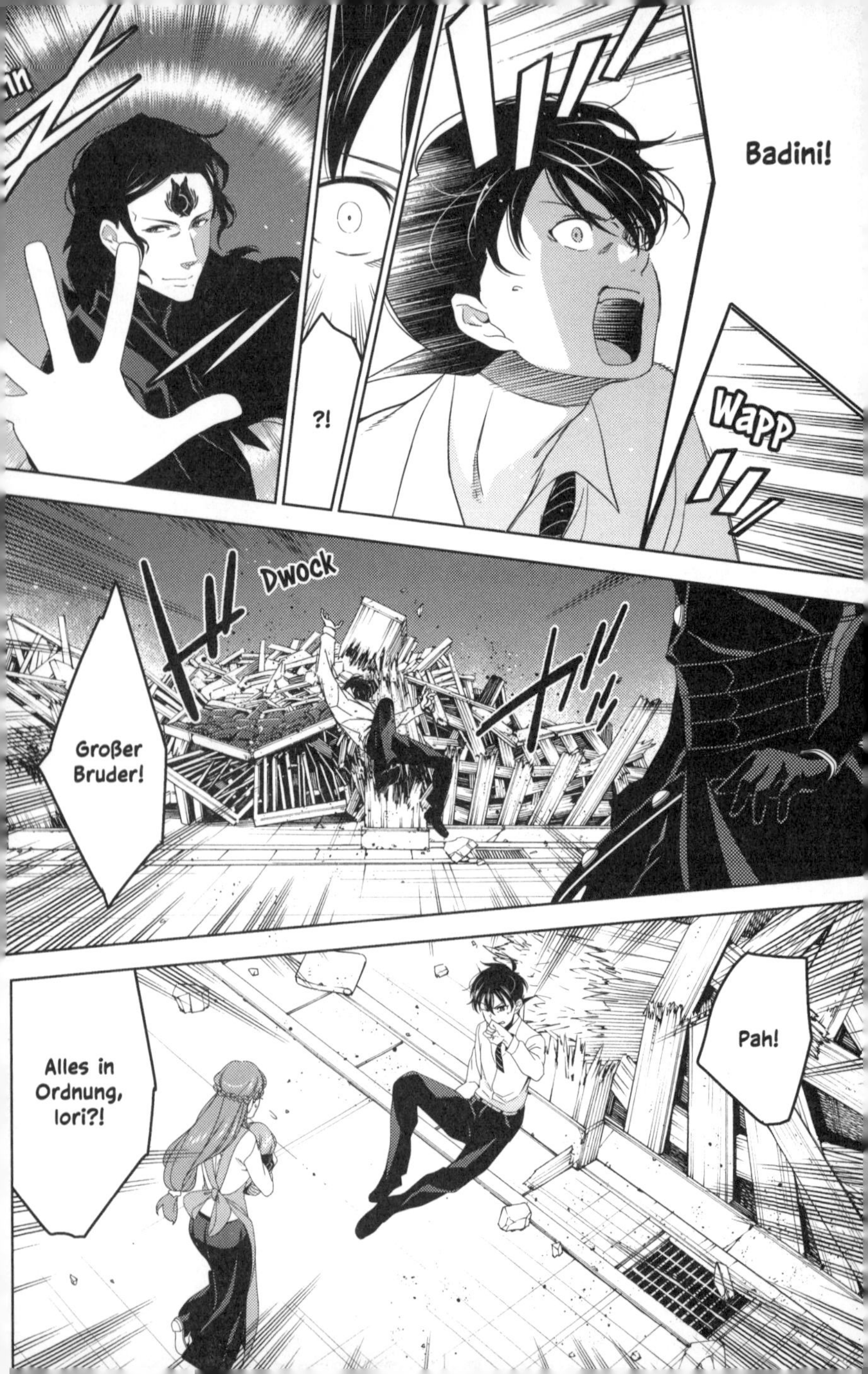
Badini!
Wapp
?!
Dwock
Großer Bruder!
Pah!
Alles in Ordnung, Iori?!

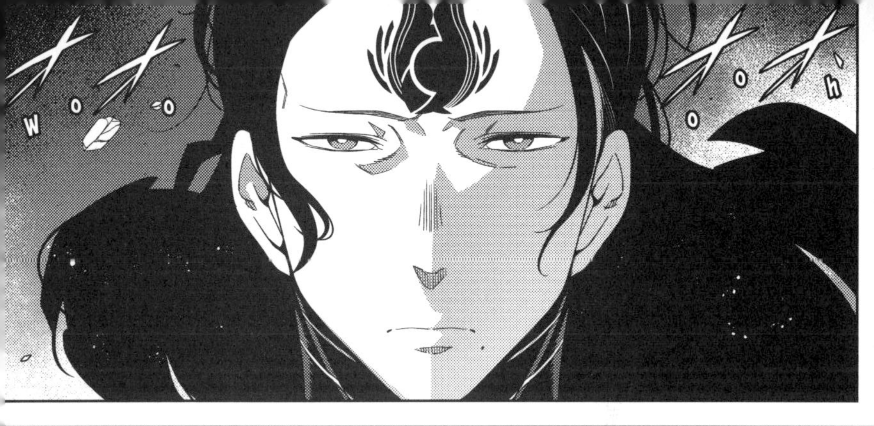

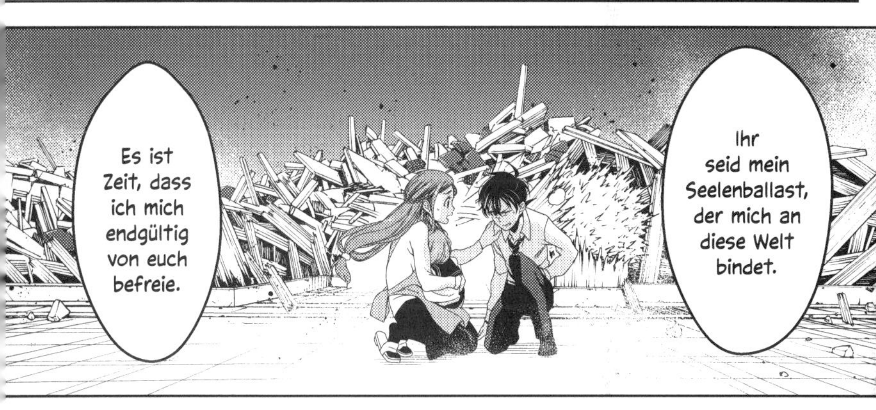

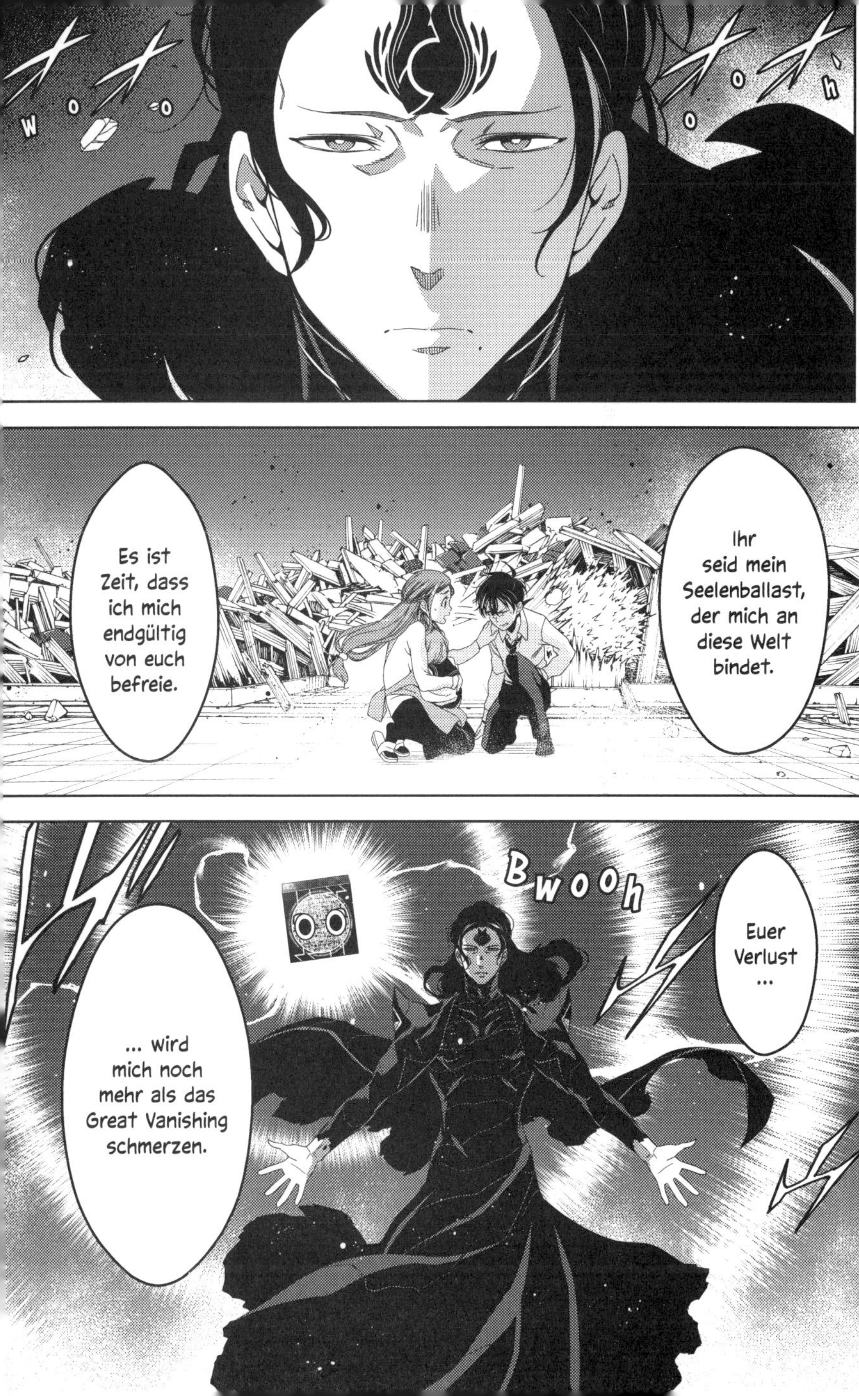

Bwooh

Euer Verlust ...

... wird mich noch mehr als das Great Vanishing schmerzen.

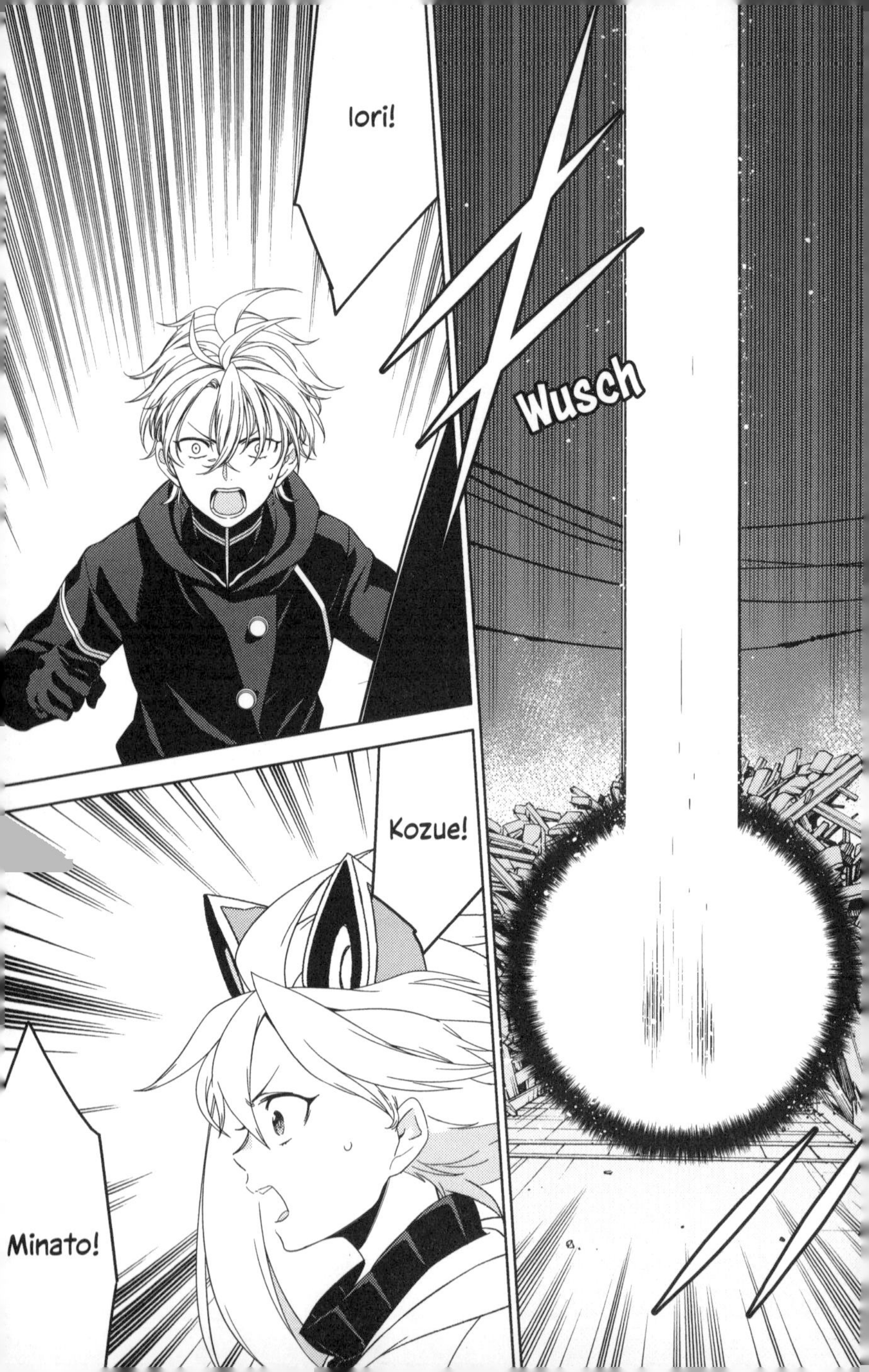

Iori!
Wusch
Kozue!
Minato!

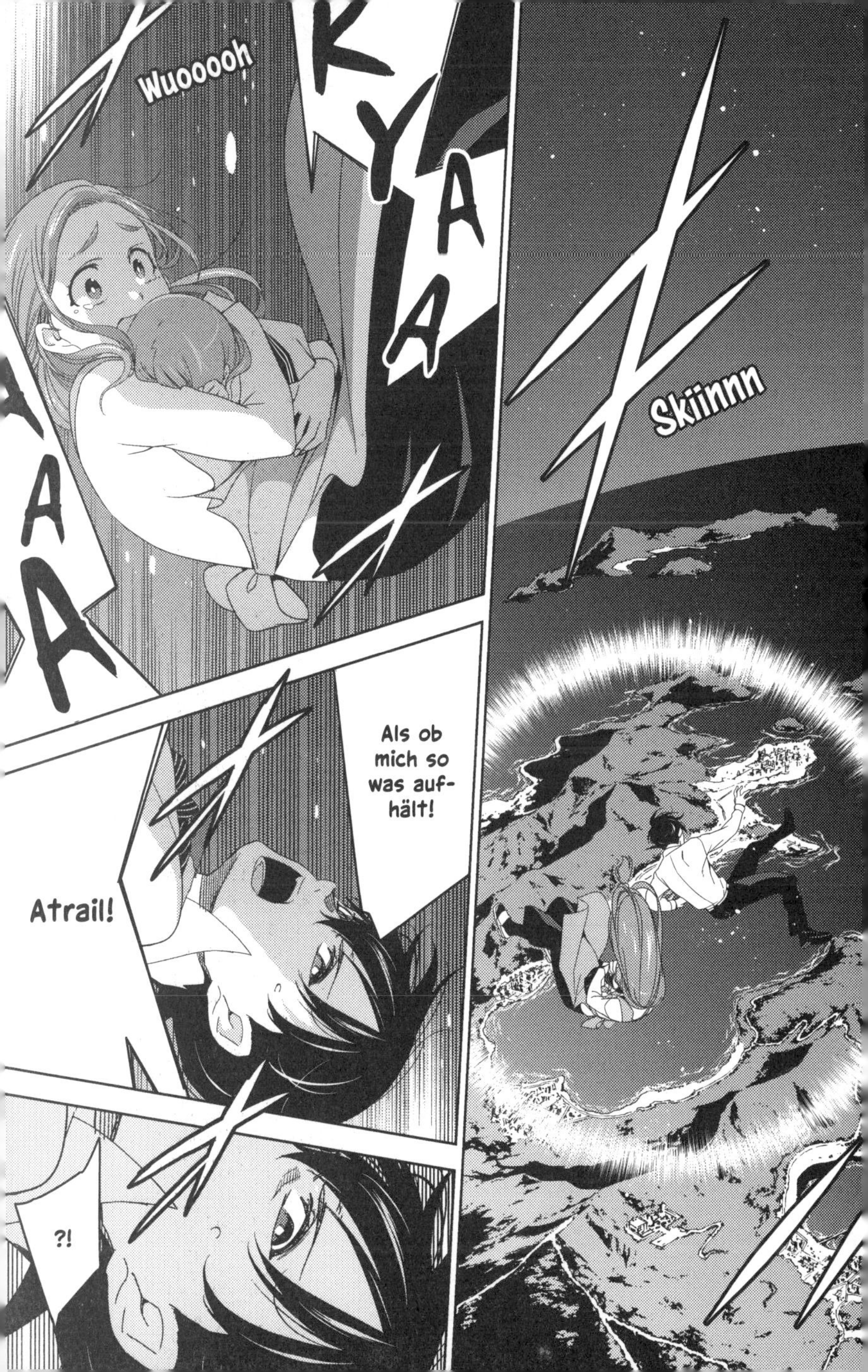
Skiinnn
KYAAA
Wuooooh
Als ob mich so was auf-hält!
Atrail!
?!

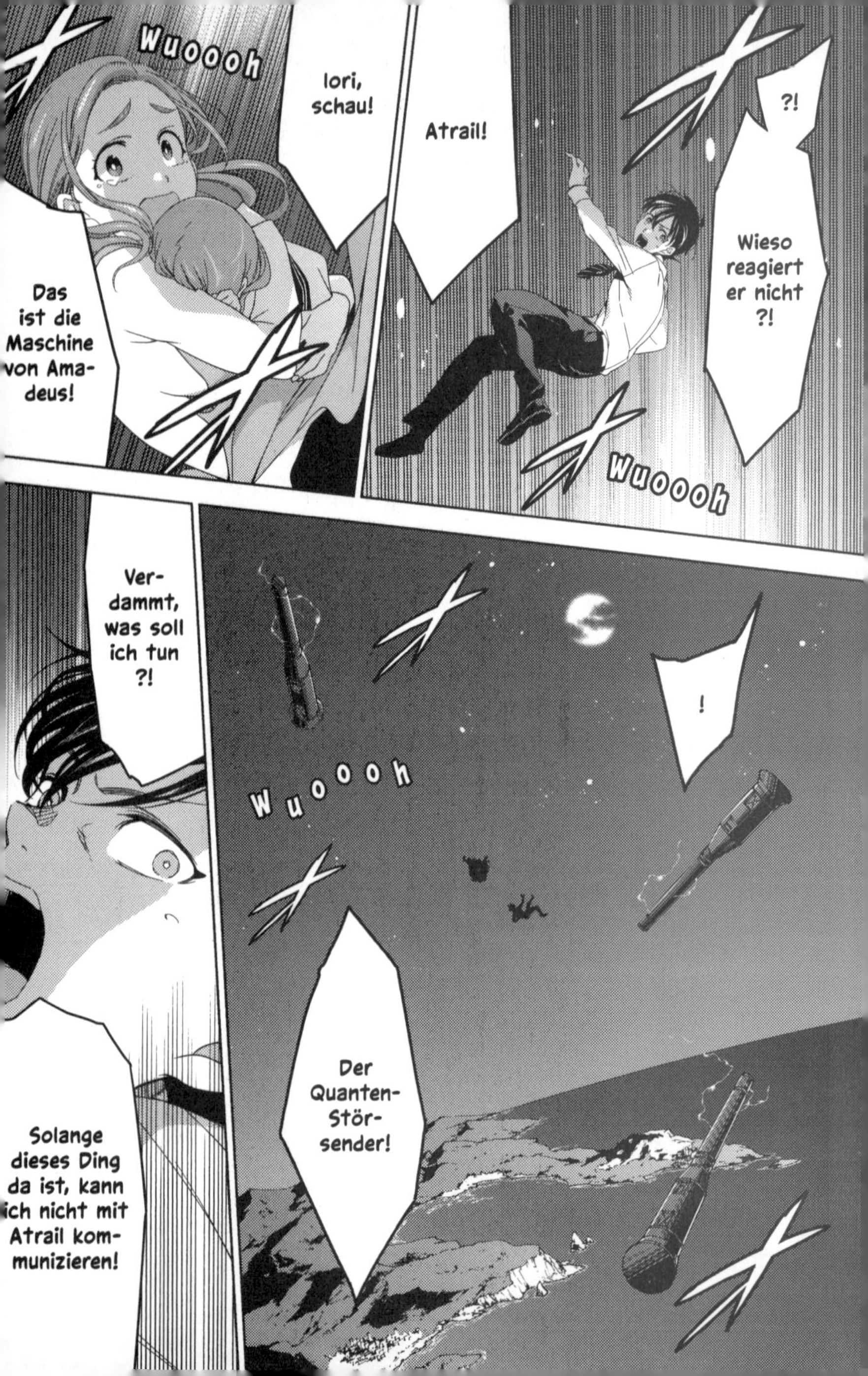

?!
Wieso reagiert er nicht ?!
Wuoooh
Atrail!
Iori, schau!
Wuoooh
Das ist die Maschine von Amadeus!
!
Wuoooh
Der Quanten-Störsender!
Verdammt, was soll ich tun ?!
Solange dieses Ding da ist, kann ich nicht mit Atrail kommunizieren!

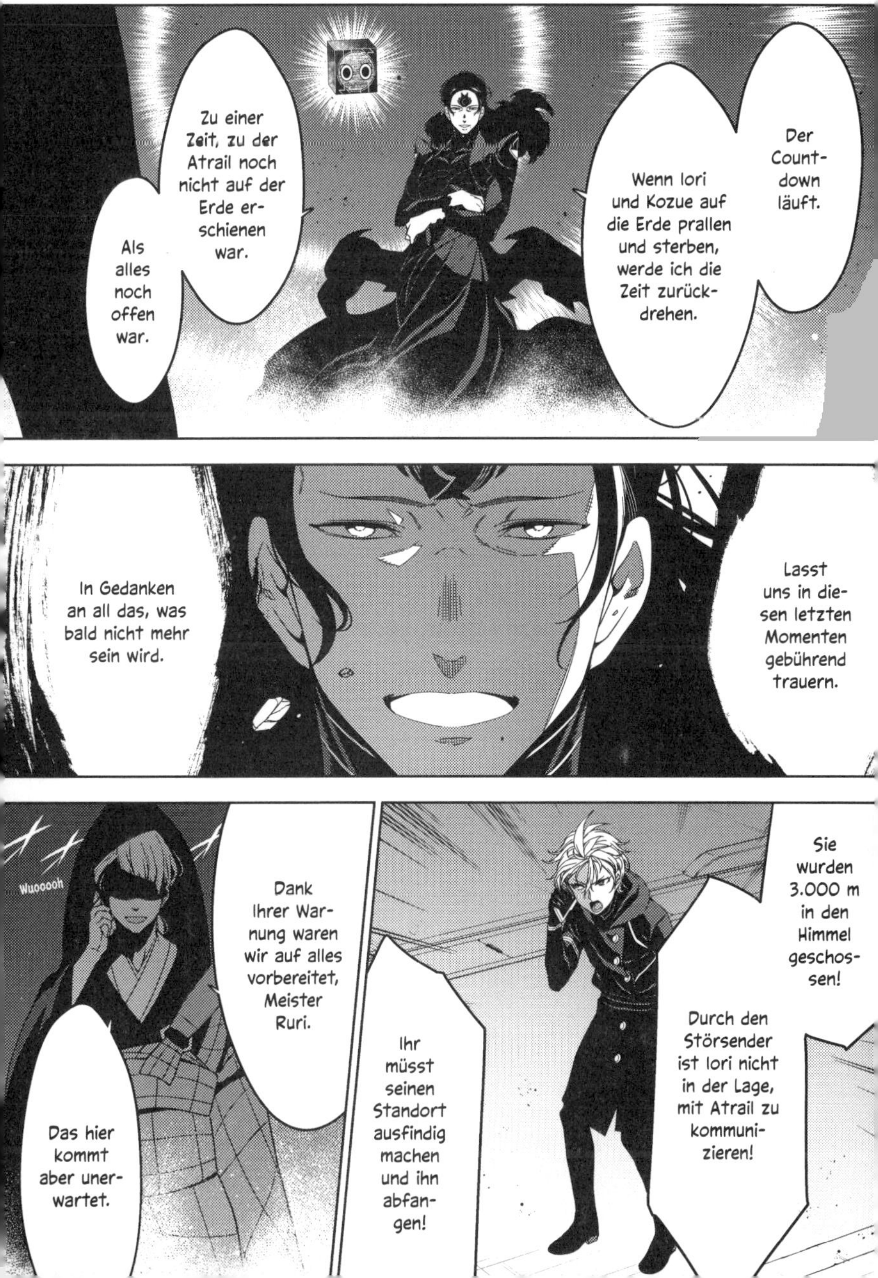

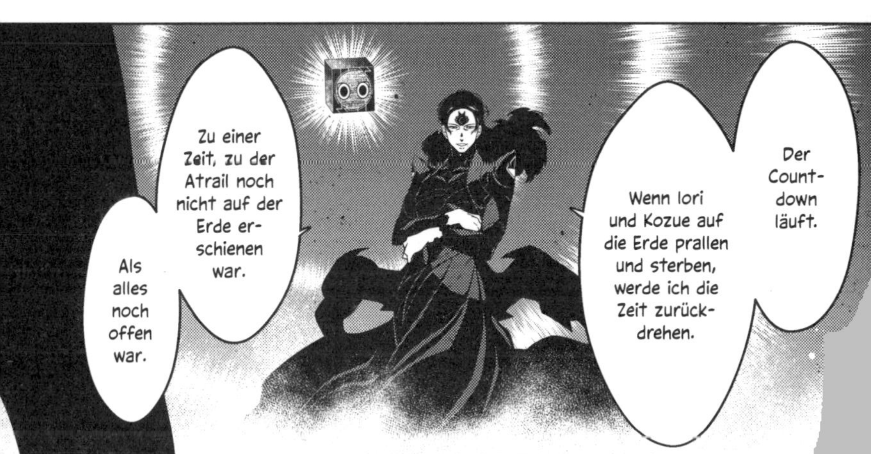

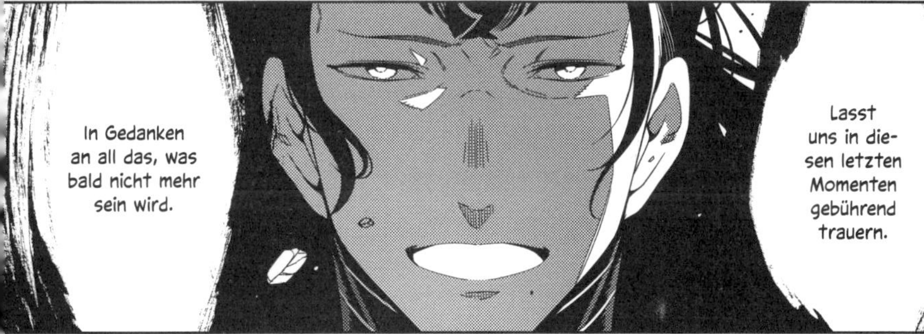

Sie wurden 3.000 m in den Himmel geschossen!

Durch den Störsender ist Iori nicht in der Lage, mit Atrail zu kommunizieren!

Ihr müsst seinen Standort ausfindig machen und ihn abfangen!

Wuoooh

Dank Ihrer Warnung waren wir auf alles vorbereitet, Meister Ruri.

Das hier kommt aber unerwartet.

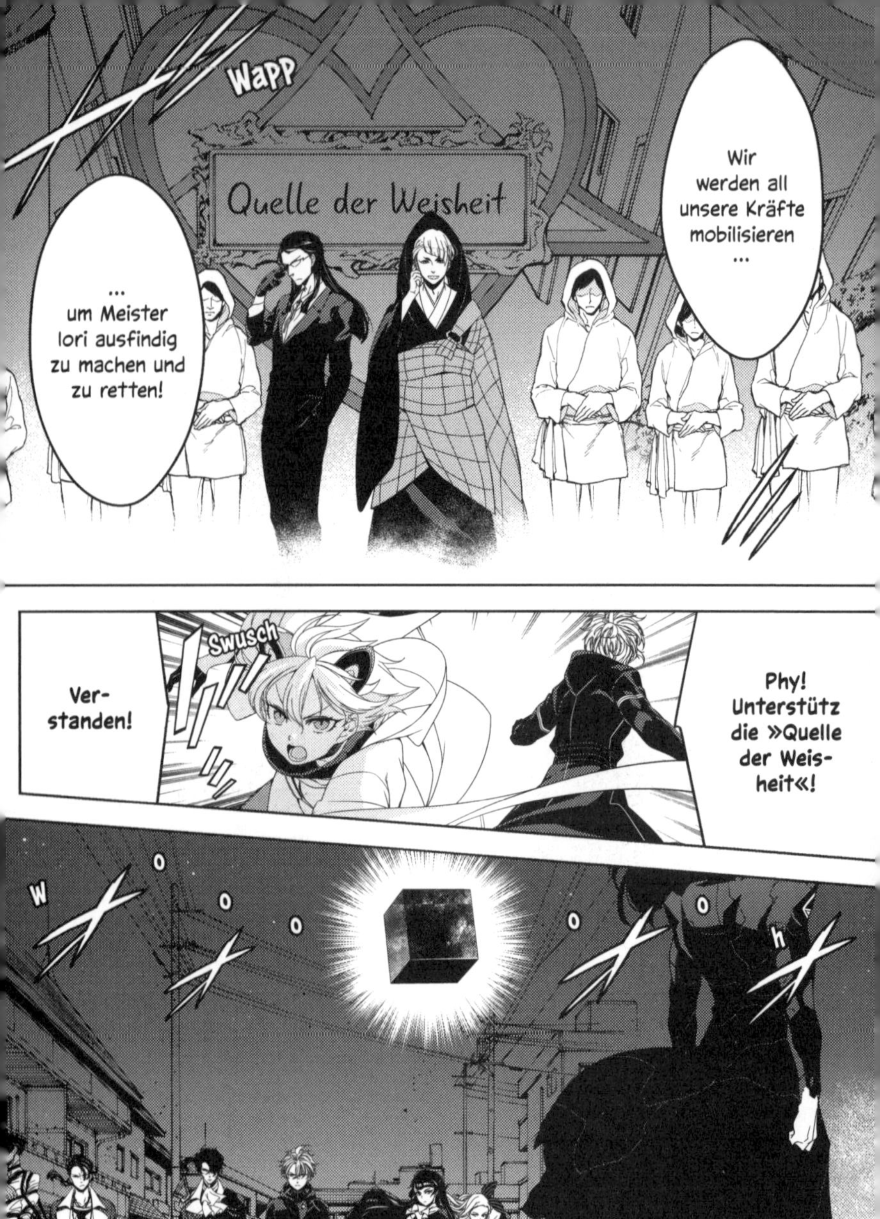
Wapp
Wir werden all unsere Kräfte mobilisieren ...
... um Meister Iori ausfindig zu machen und zu retten!
Quelle der Weisheit
Phy! Unterstütz die »Quelle der Weisheit«!
Swusch
Verstanden!
Wooooooh

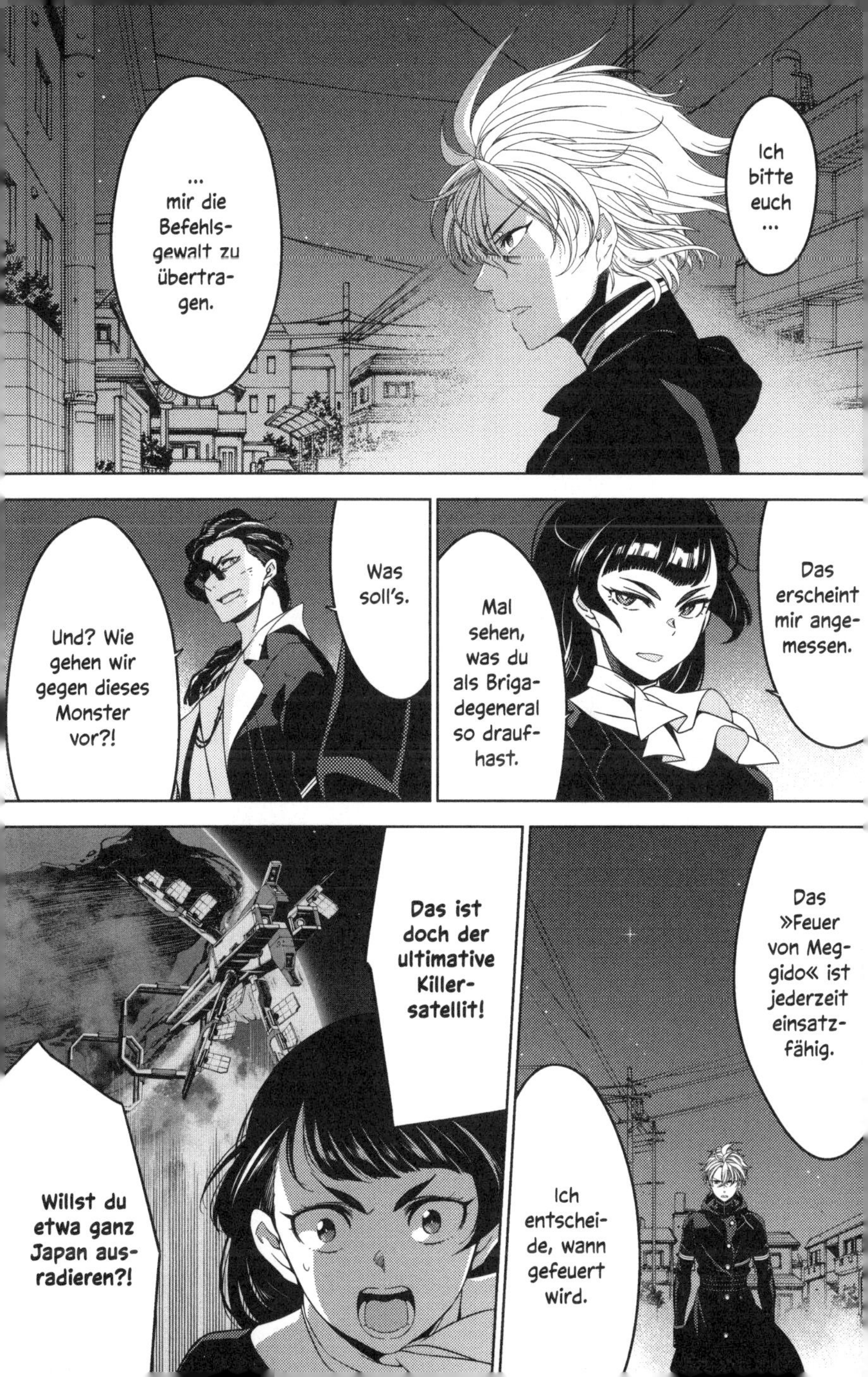

Ich bitte euch ...

... mir die Befehlsgewalt zu übertragen.

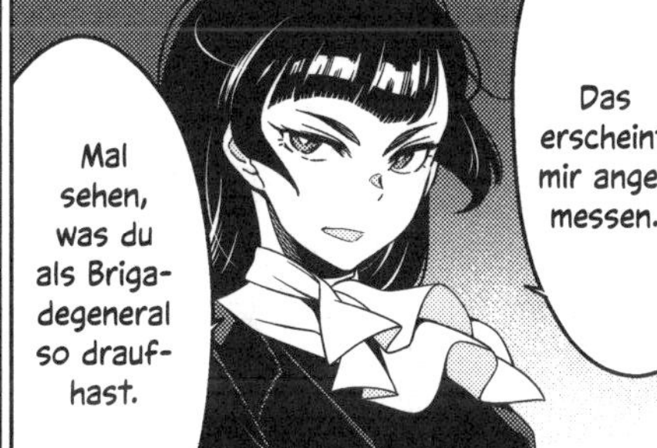

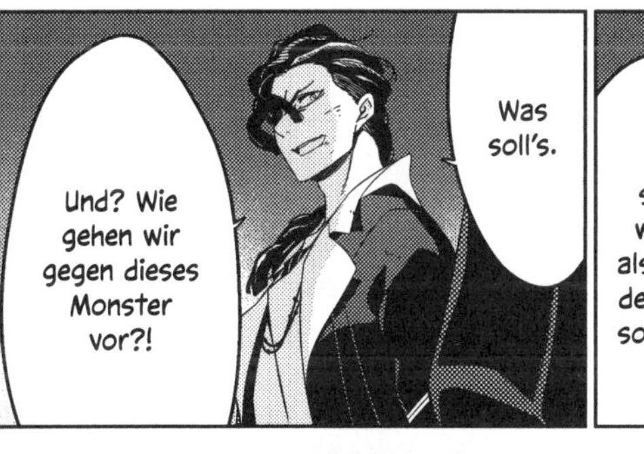

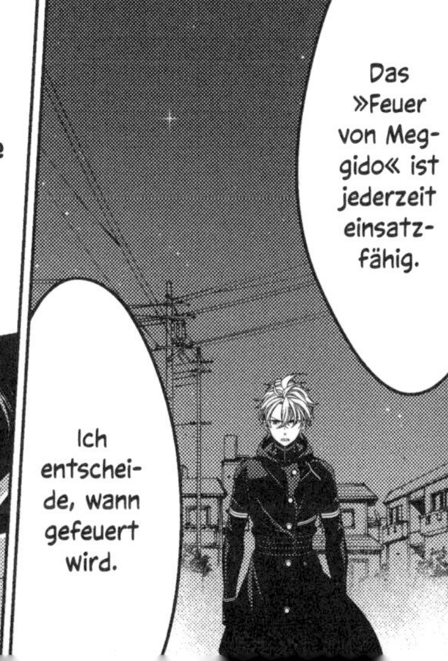

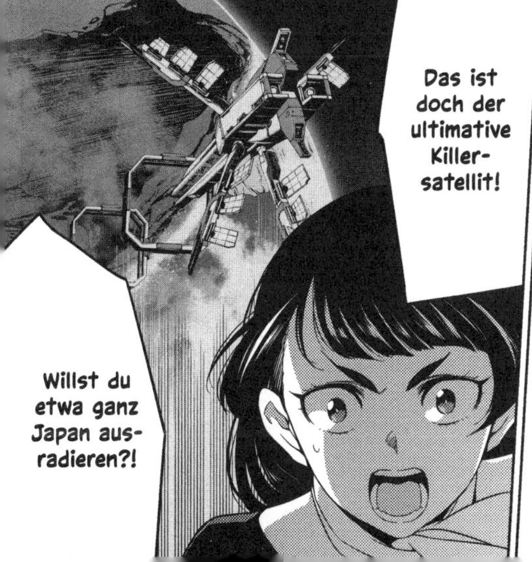

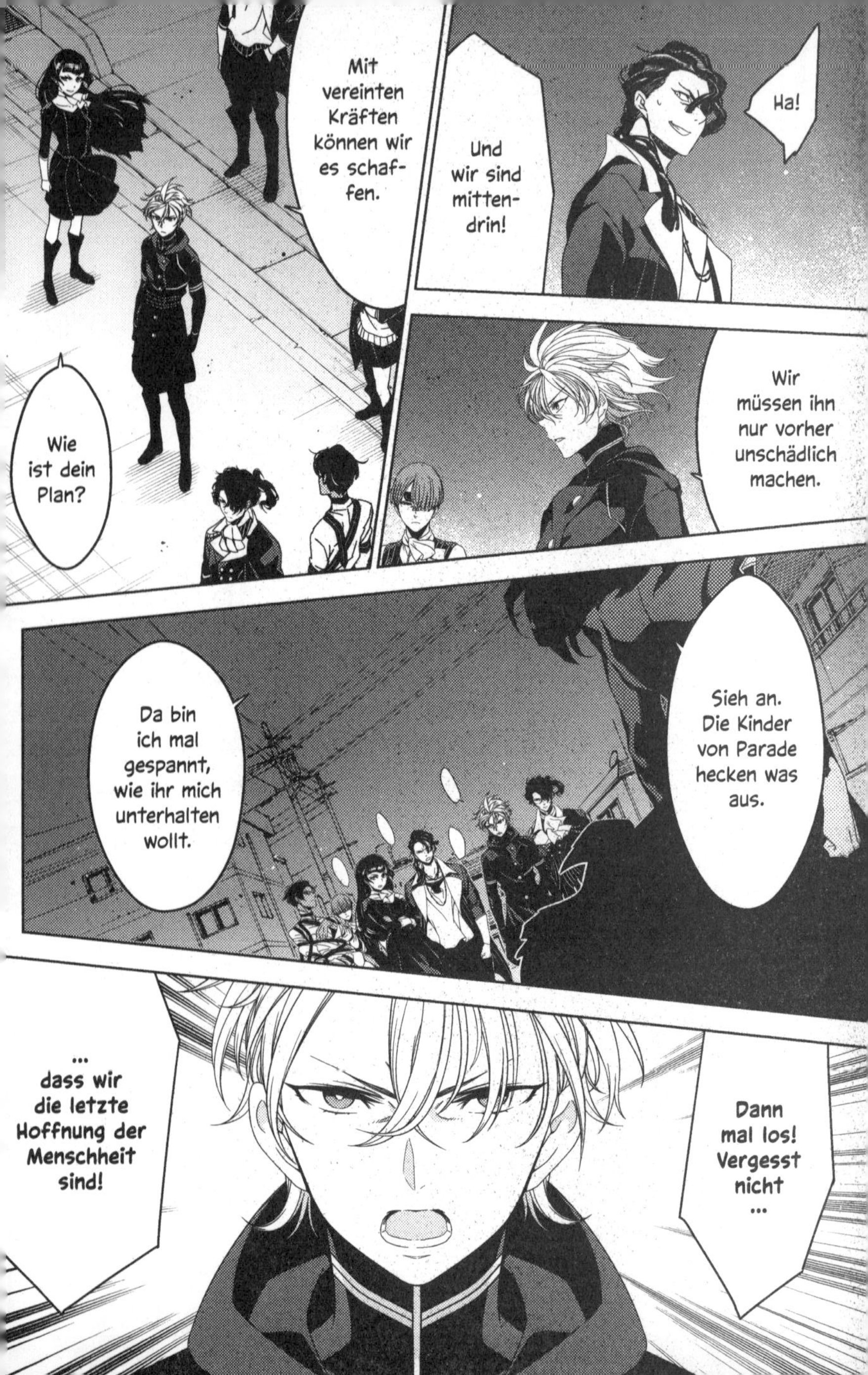
Ha!
Und wir sind mitten-drin!
Mit vereinten Kräften können wir es schaf-fen.
Wie ist dein Plan?
Wir müssen ihn nur vorher unschädlich machen.
Sieh an. Die Kinder von Parade hecken was aus.
Da bin ich mal gespannt, wie ihr mich unterhalten wollt.
Dann mal los! Vergesst nicht ...
... dass wir die letzte Hoffnung der Menschheit sind!

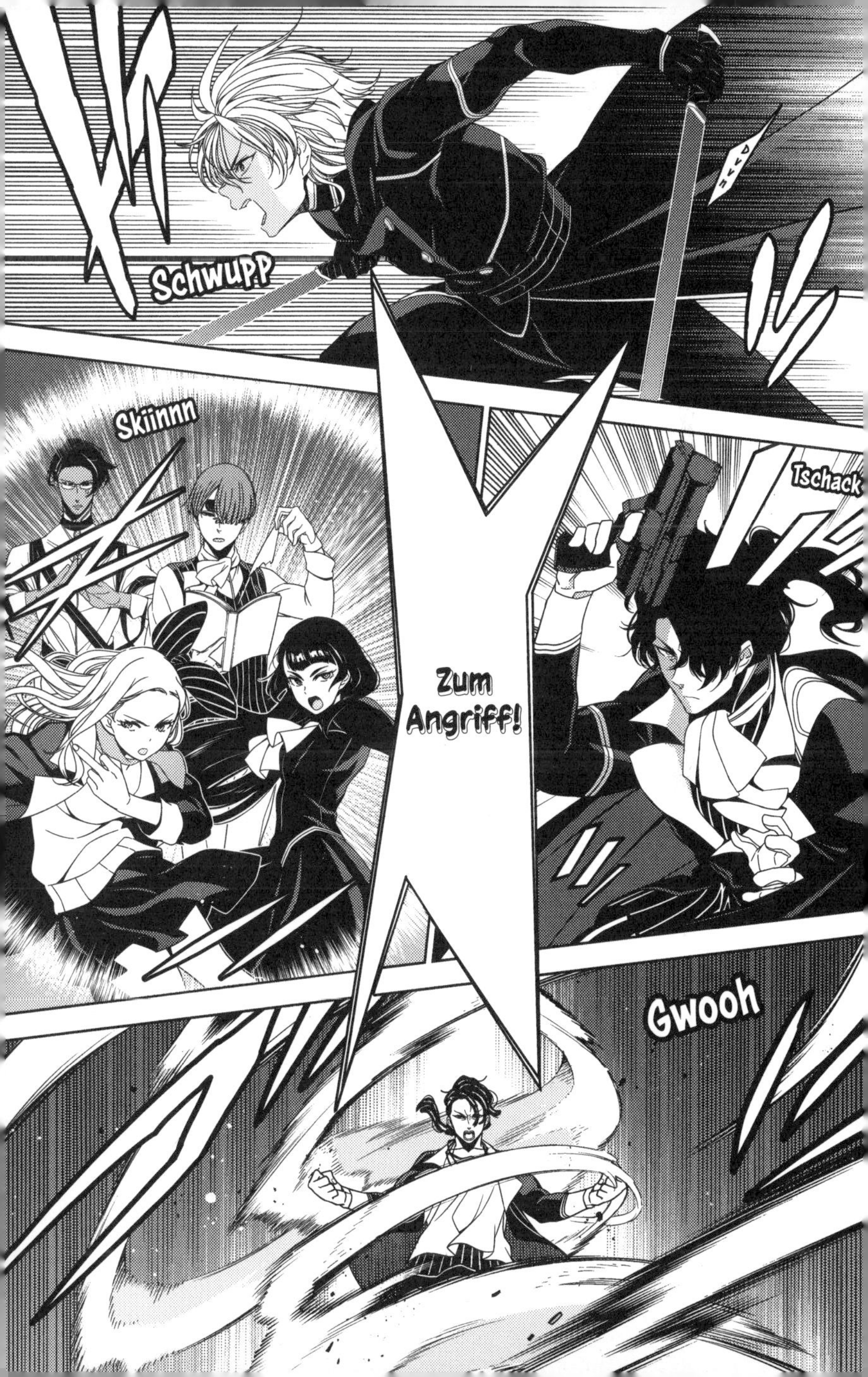
Schwupp
Tschack
Skiinnn
Zum Angriff!
Gwooh

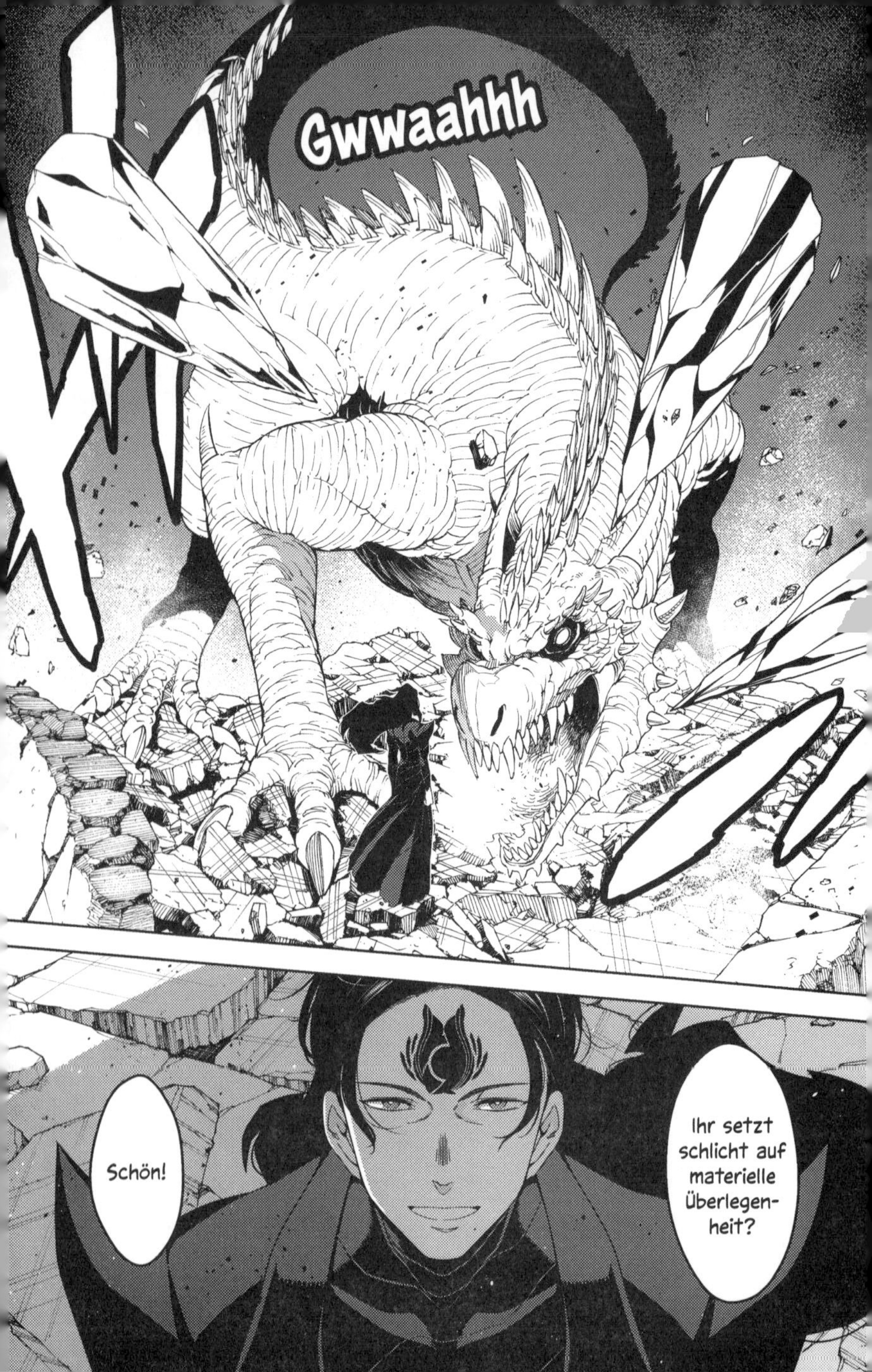
Gwwaahhh
Ihr setzt schlicht auf materielle Überlegenheit?
Schön!

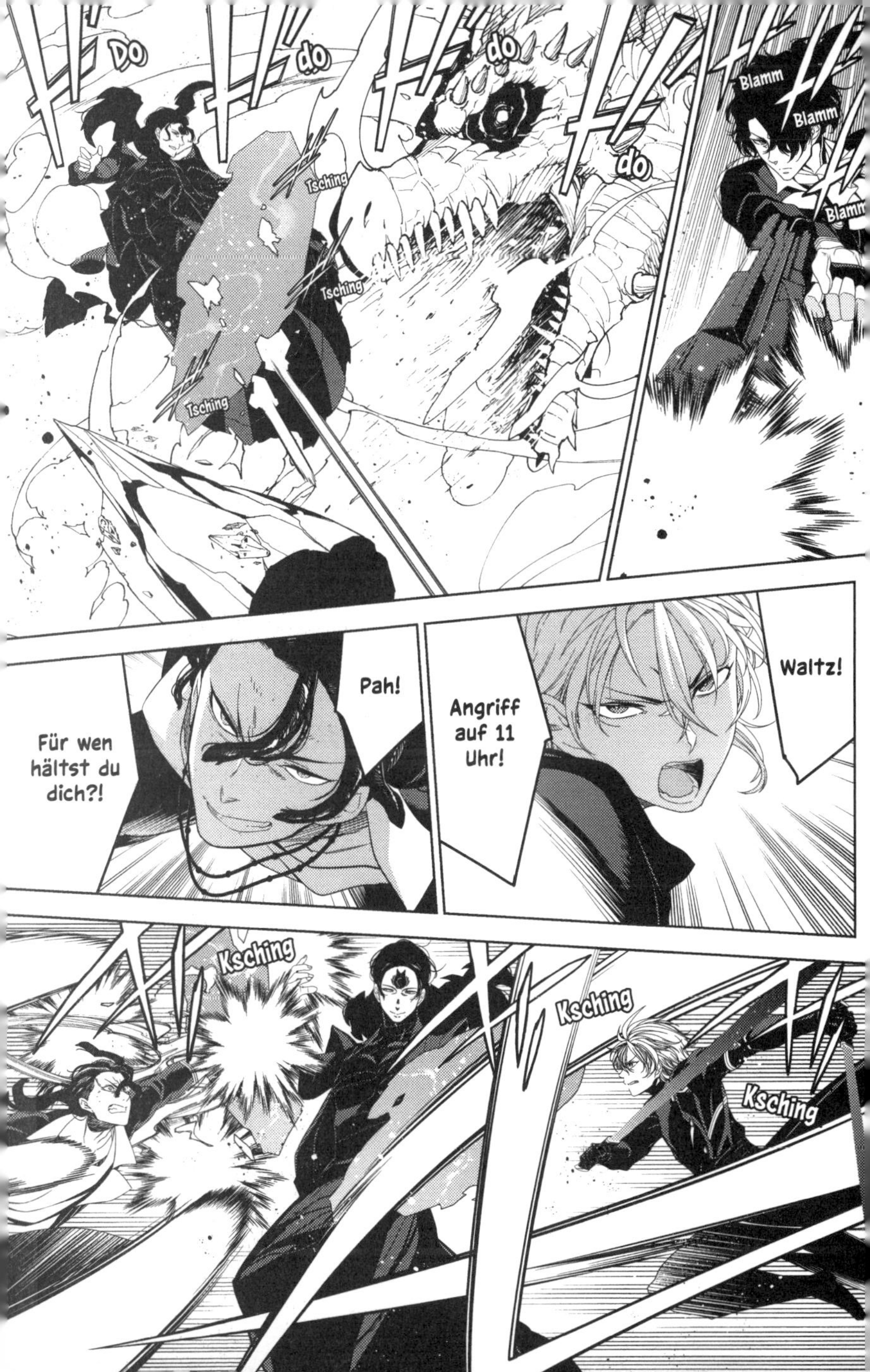
Blamm
Blamm
Blamm
Do
do
do
do
Tsching
Tsching
Tsching
Waltz!
Angriff auf 11 Uhr!
Pah!
Für wen hältst du dich?!
Ksching
Ksching
Ksching

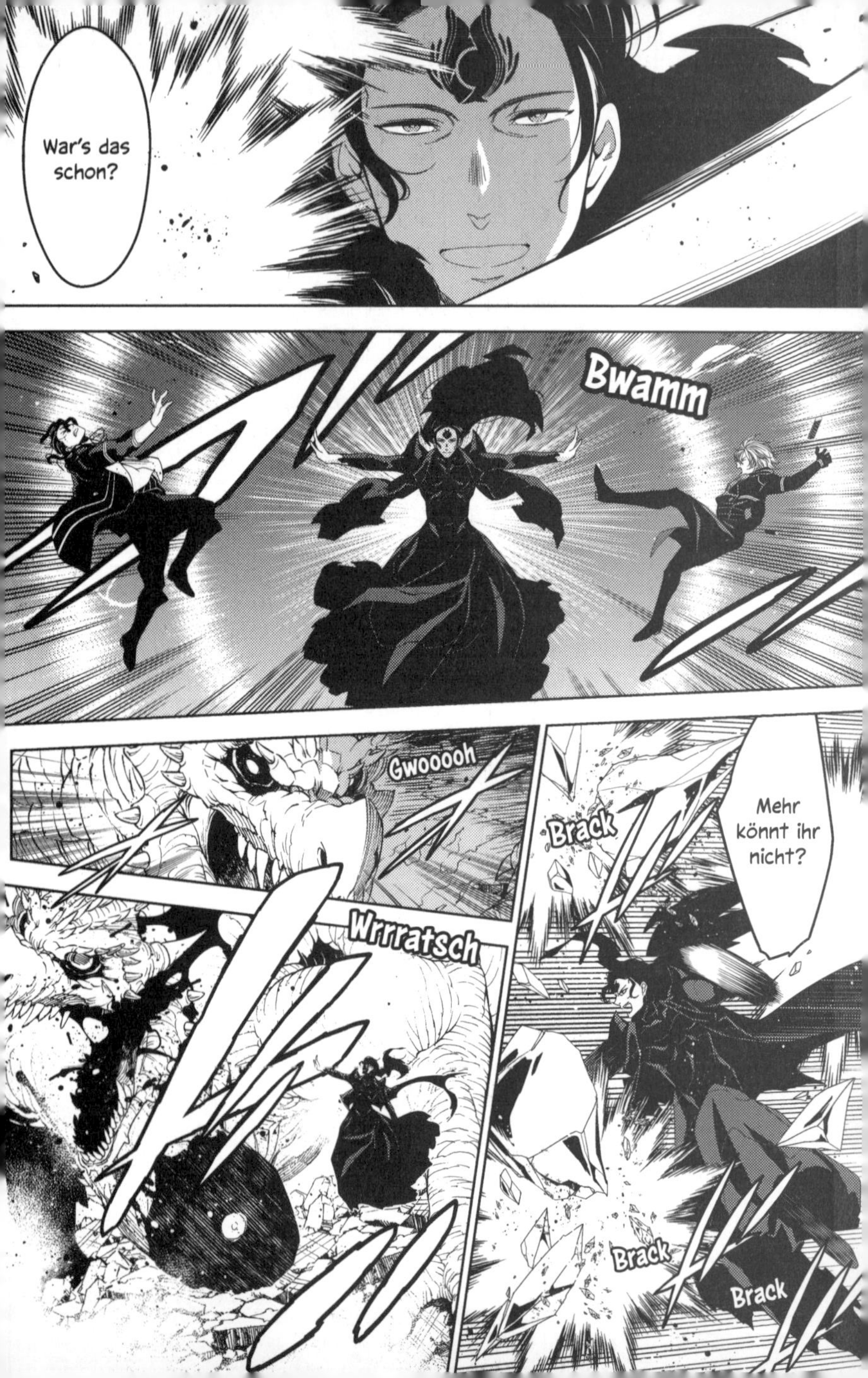

War's das schon?

Bwamm

Mehr könnt ihr nicht?

Brack

Brack

Brack

Gwooooh

Wrrratsch

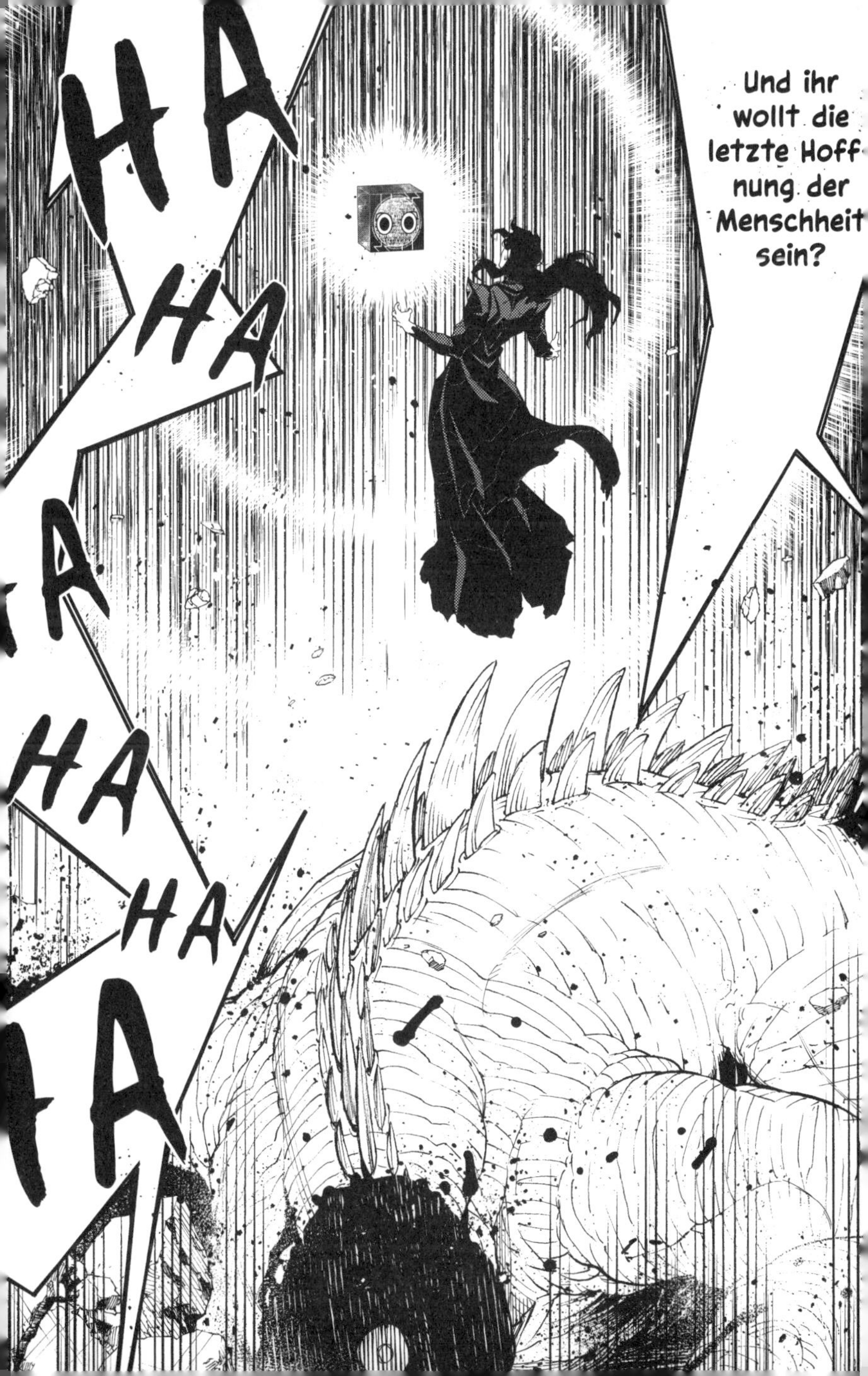
Und ihr wollt die letzte Hoff nung der Menschheit sein?
HA
HA
HA
HA
HA
HA

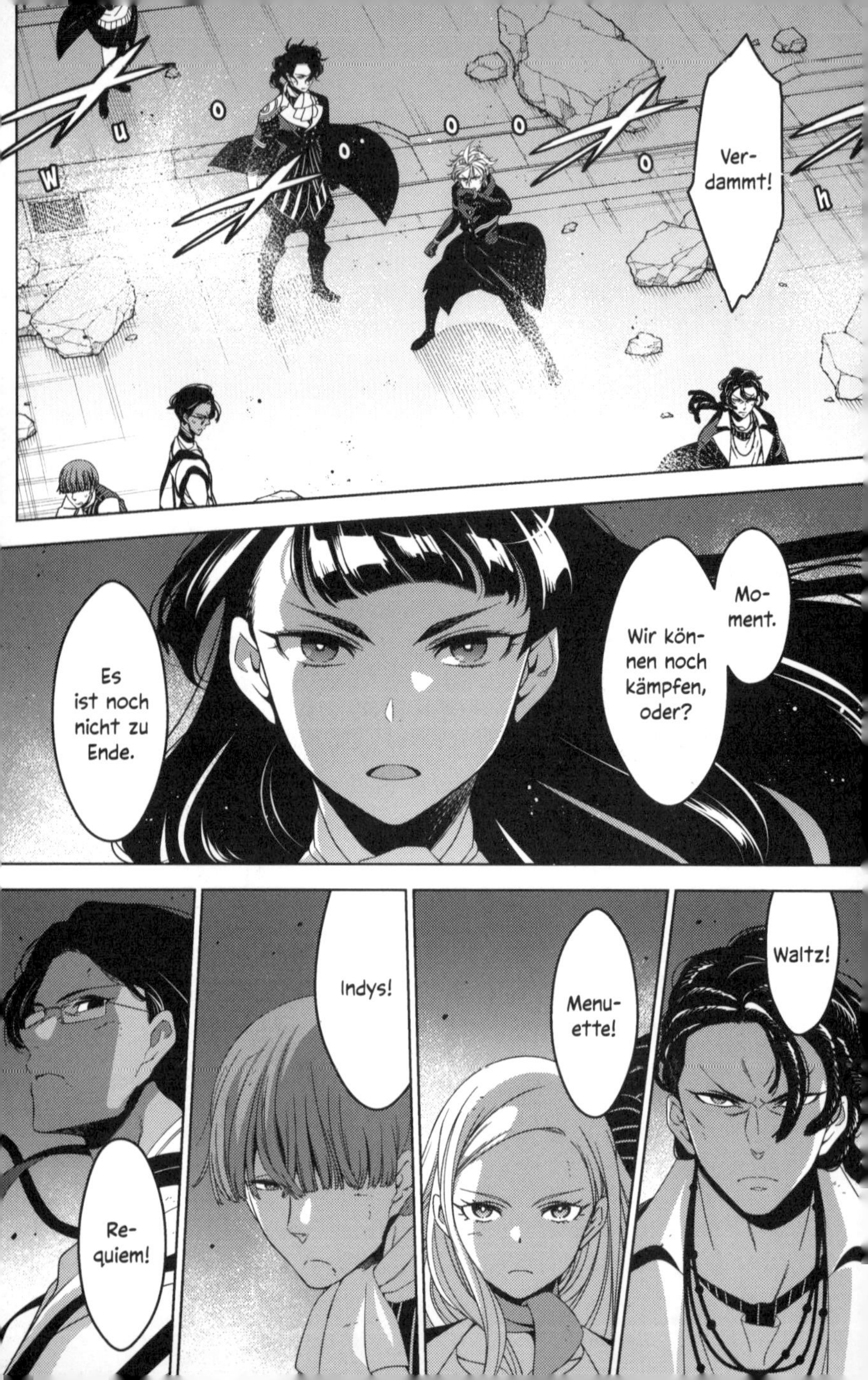

Verdammt!

Wuoooooh

Moment.

Wir können noch kämpfen, oder?

Es ist noch nicht zu Ende.

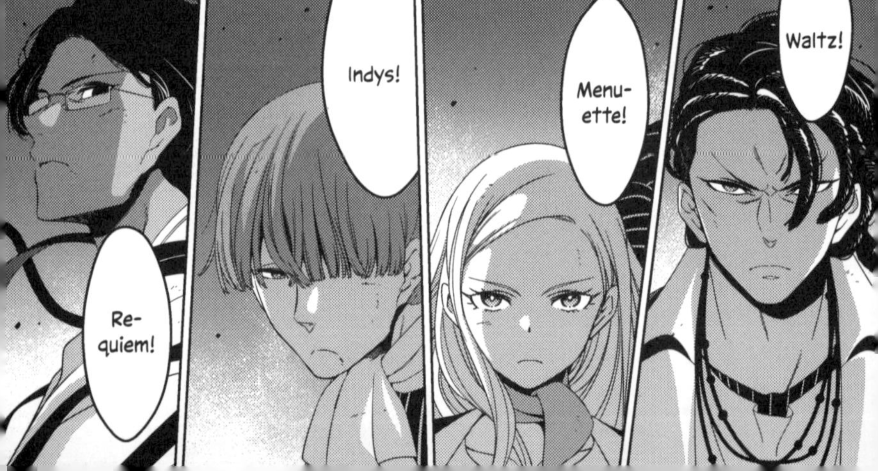

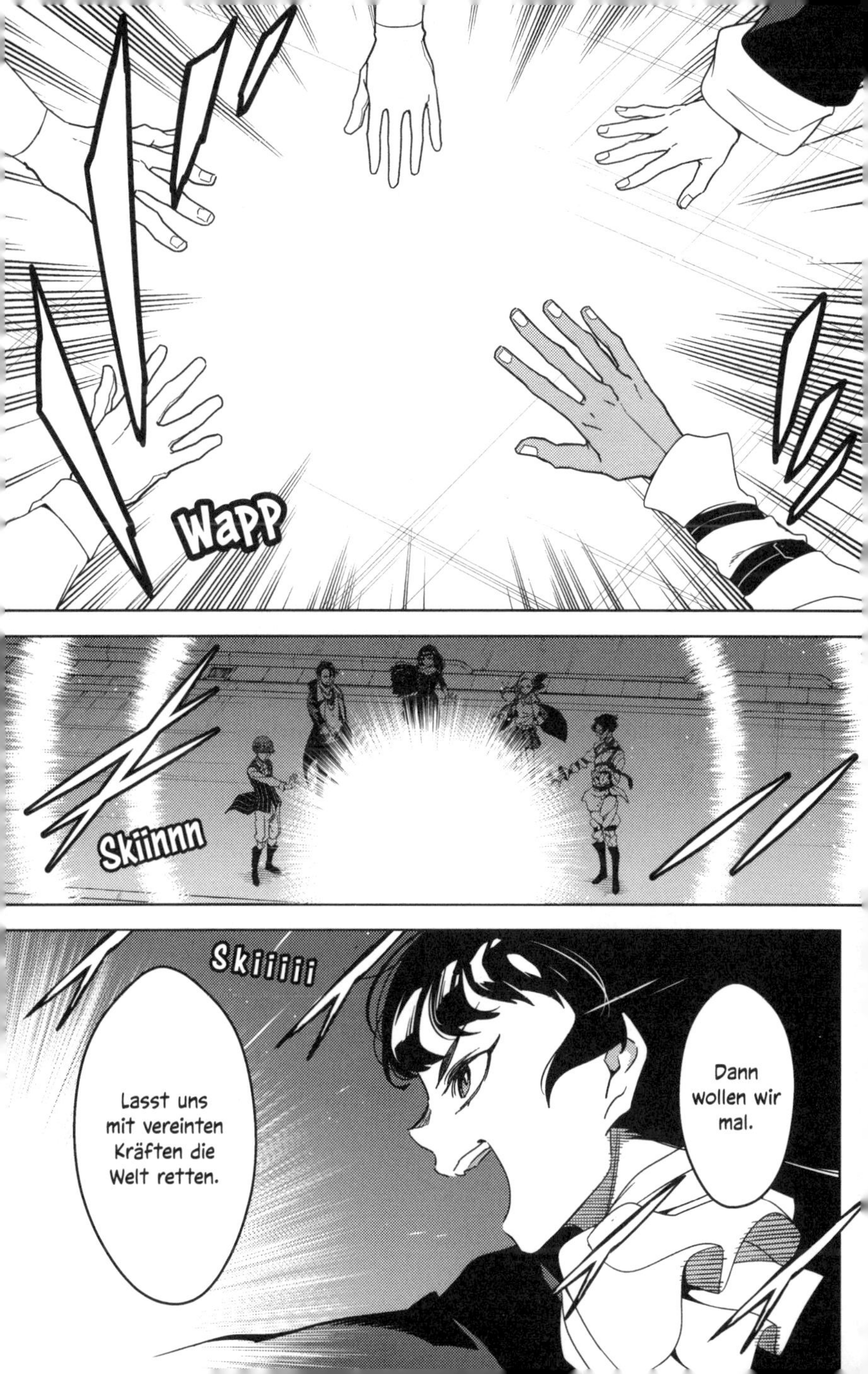

Wapp
Skiinnn

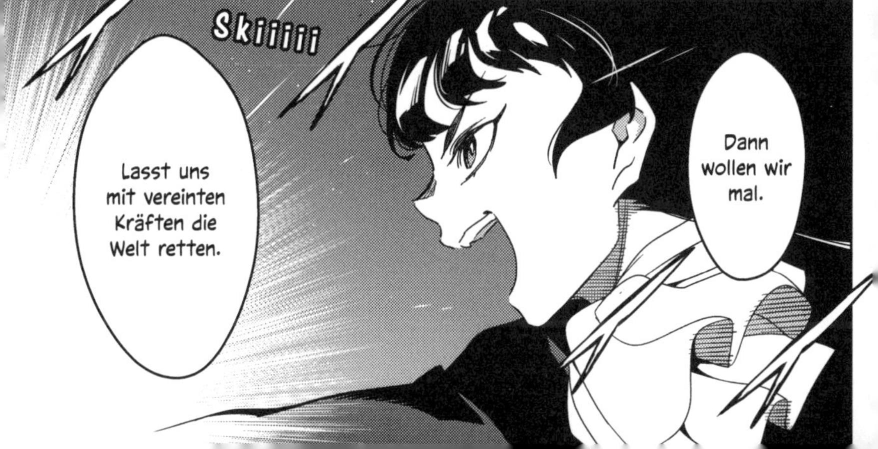
Skiiiii
Dann wollen wir mal.
Lasst uns mit vereinten Kräften die Welt retten.

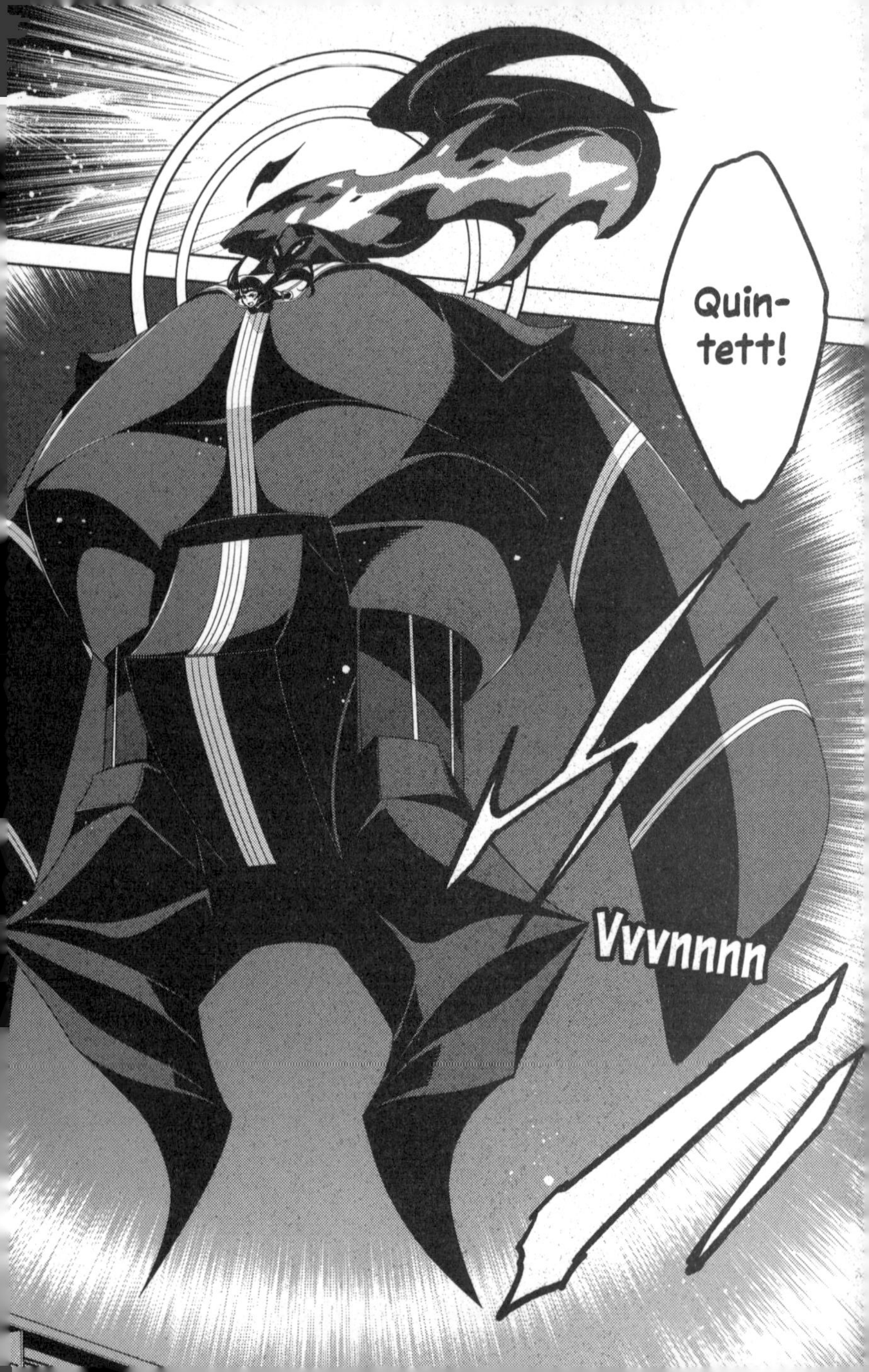
Quin-
tett!
Vvvnnnn

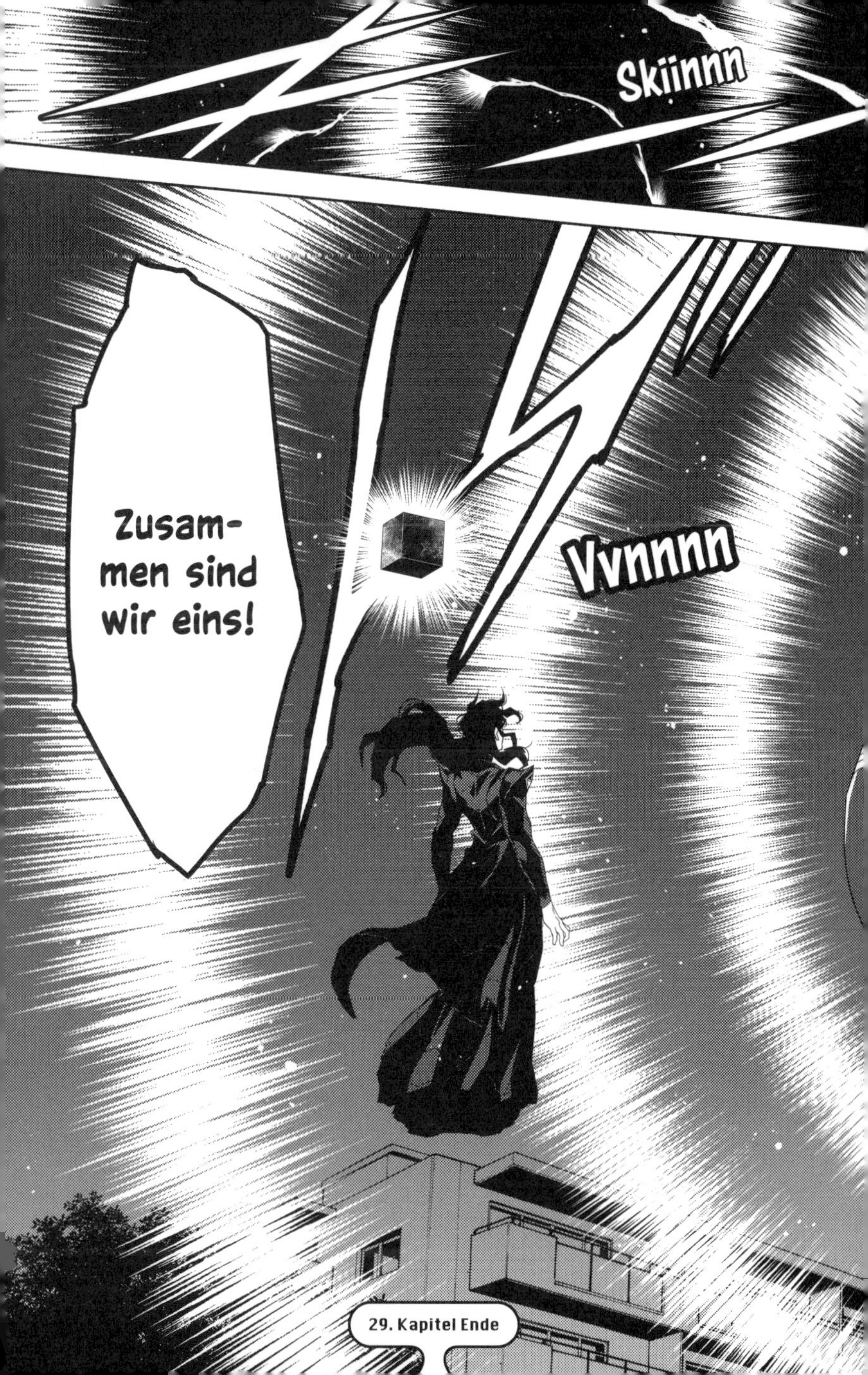
Skiinnn
Zusammen sind wir eins!
Vvnnnn
29. Kapitel Ende

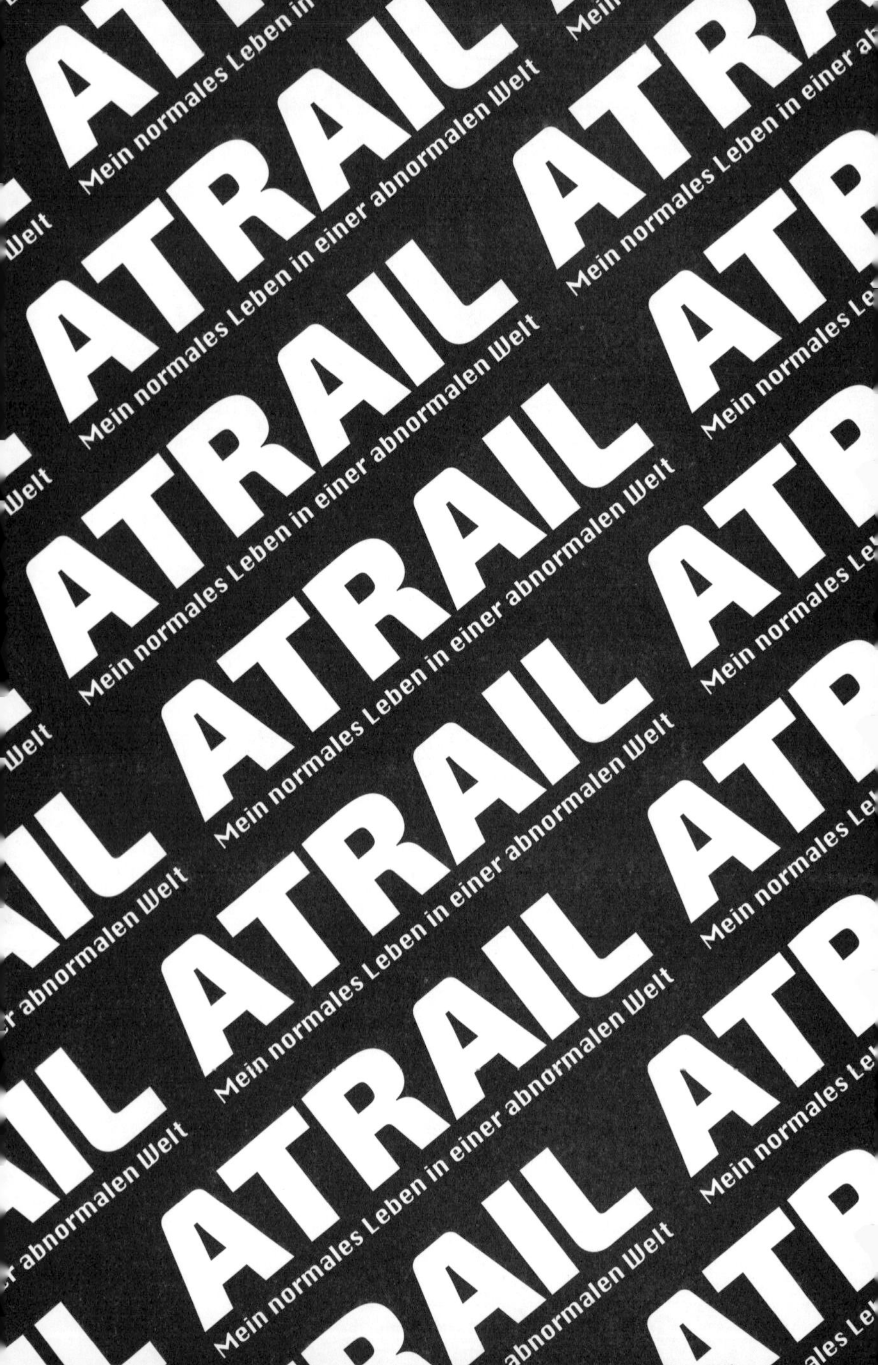
ATRAIL
Mein normales Leben in einer abnormalen Welt

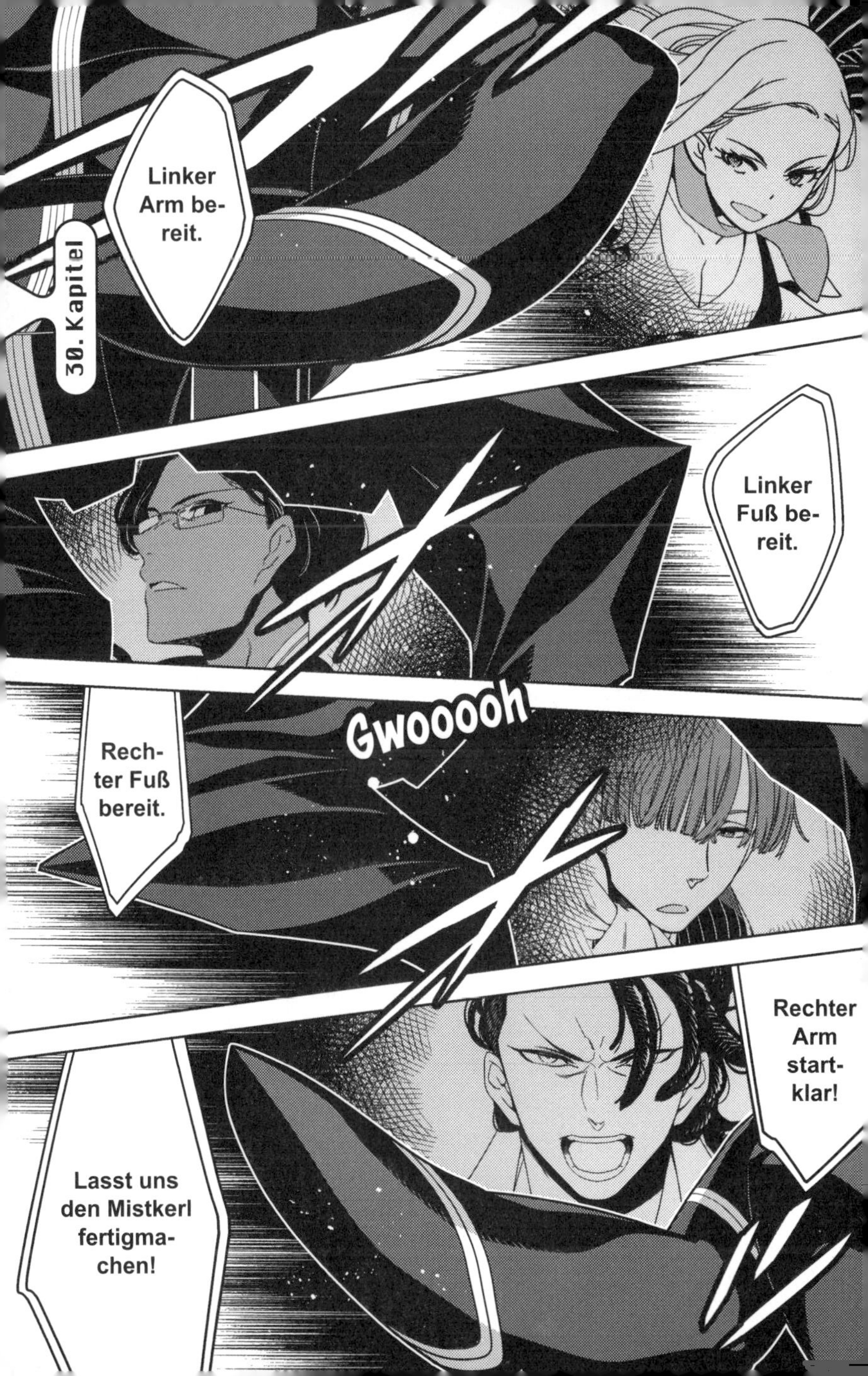
30. Kapitel
Linker Arm bereit.
Linker Fuß bereit.
Gwooooh
Rechter Fuß bereit.
Rechter Arm startklar!
Lasst uns den Mistkerl fertigmachen!

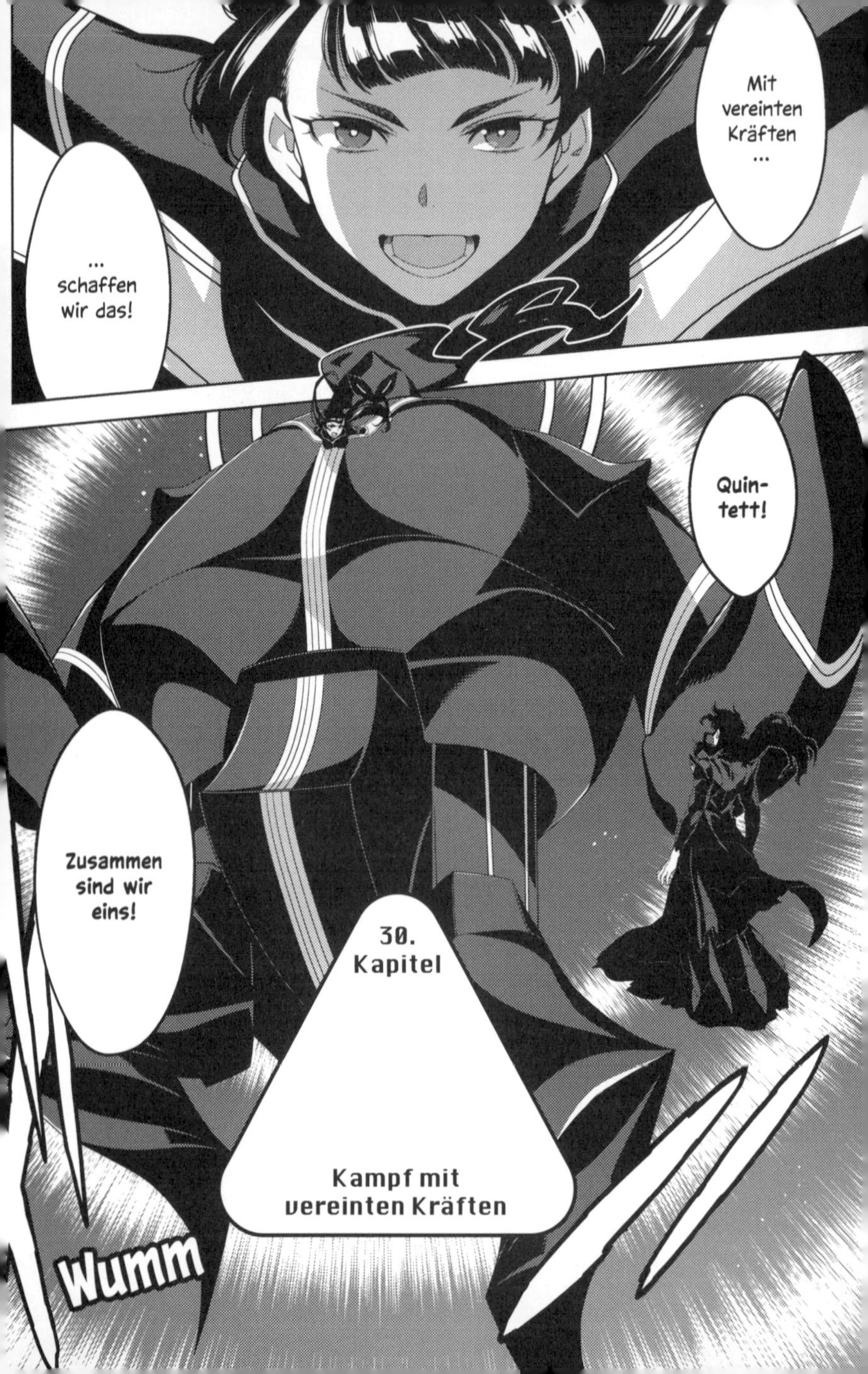
Mit vereinten Kräften ...
... schaffen wir das!
Quin-tett!
Zusammen sind wir eins!
30. Kapitel
Kampf mit vereinten Kräften
Wumm

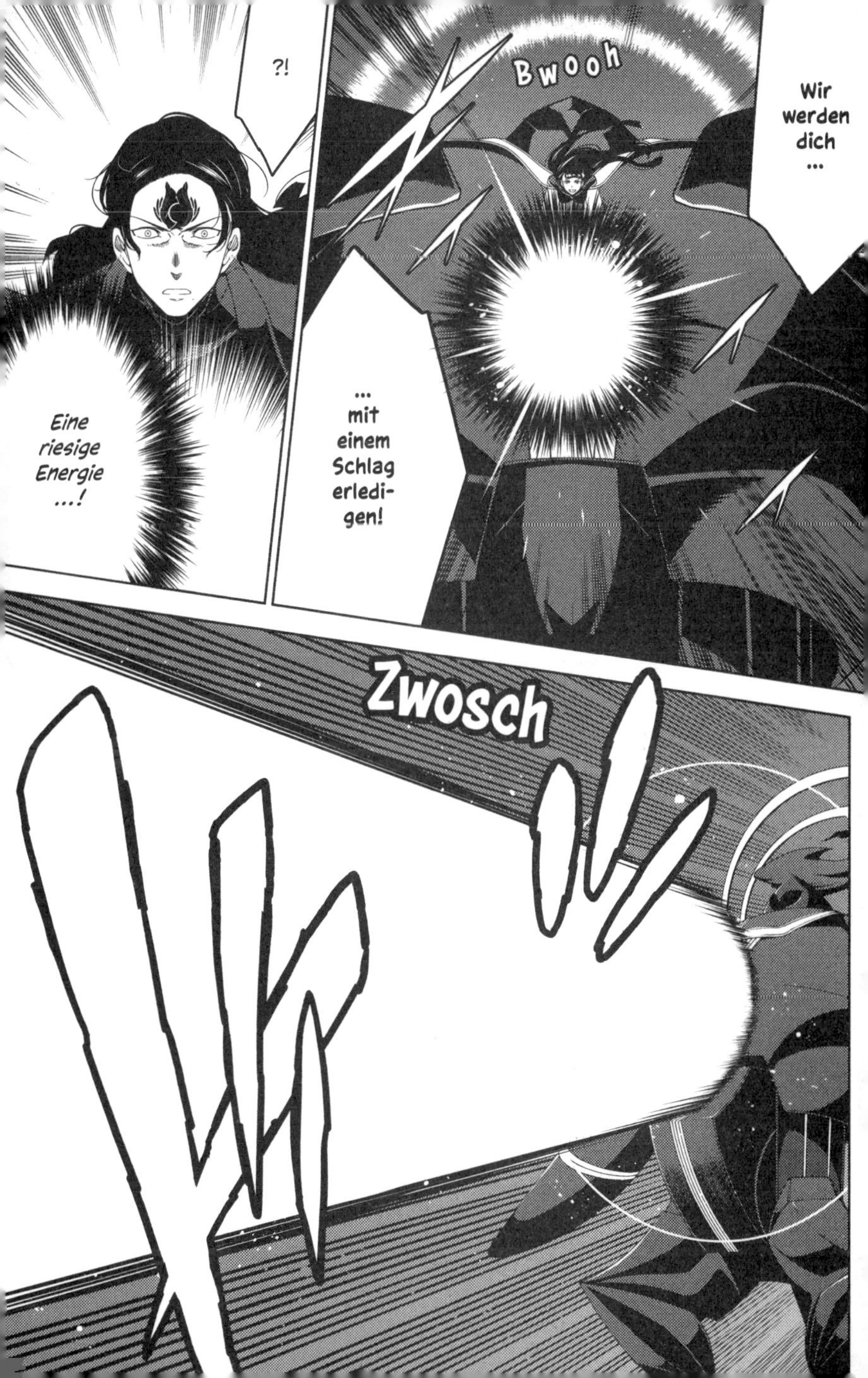
Bwooh
Wir werden dich ...
... mit einem Schlag erledigen!
?!
Eine riesige Energie ...!
Zwosch

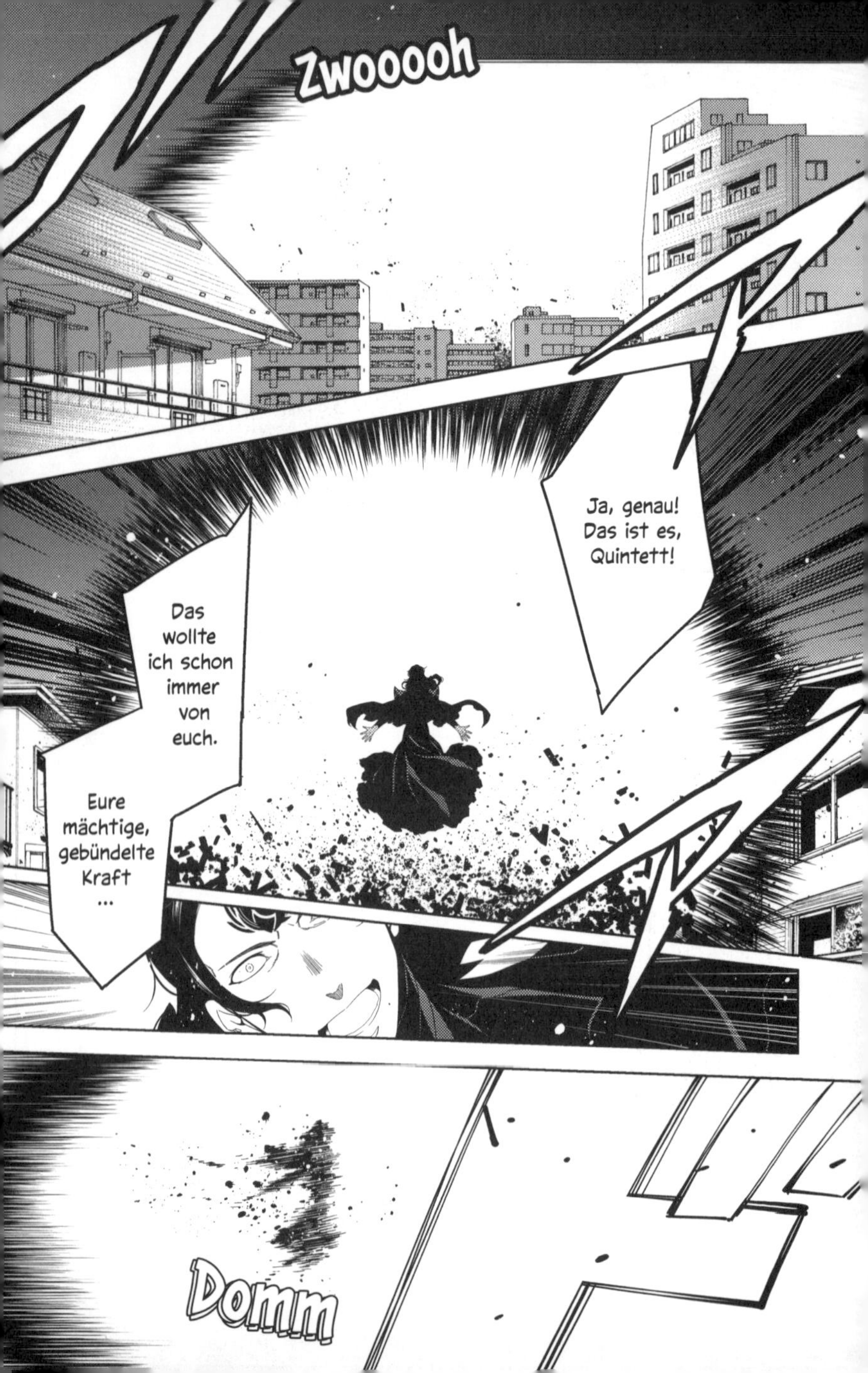
Zwooooh
Ja, genau! Das ist es, Quintett!
Das wollte ich schon immer von euch.
Eure mächtige, gebündelte Kraft ...
Domm

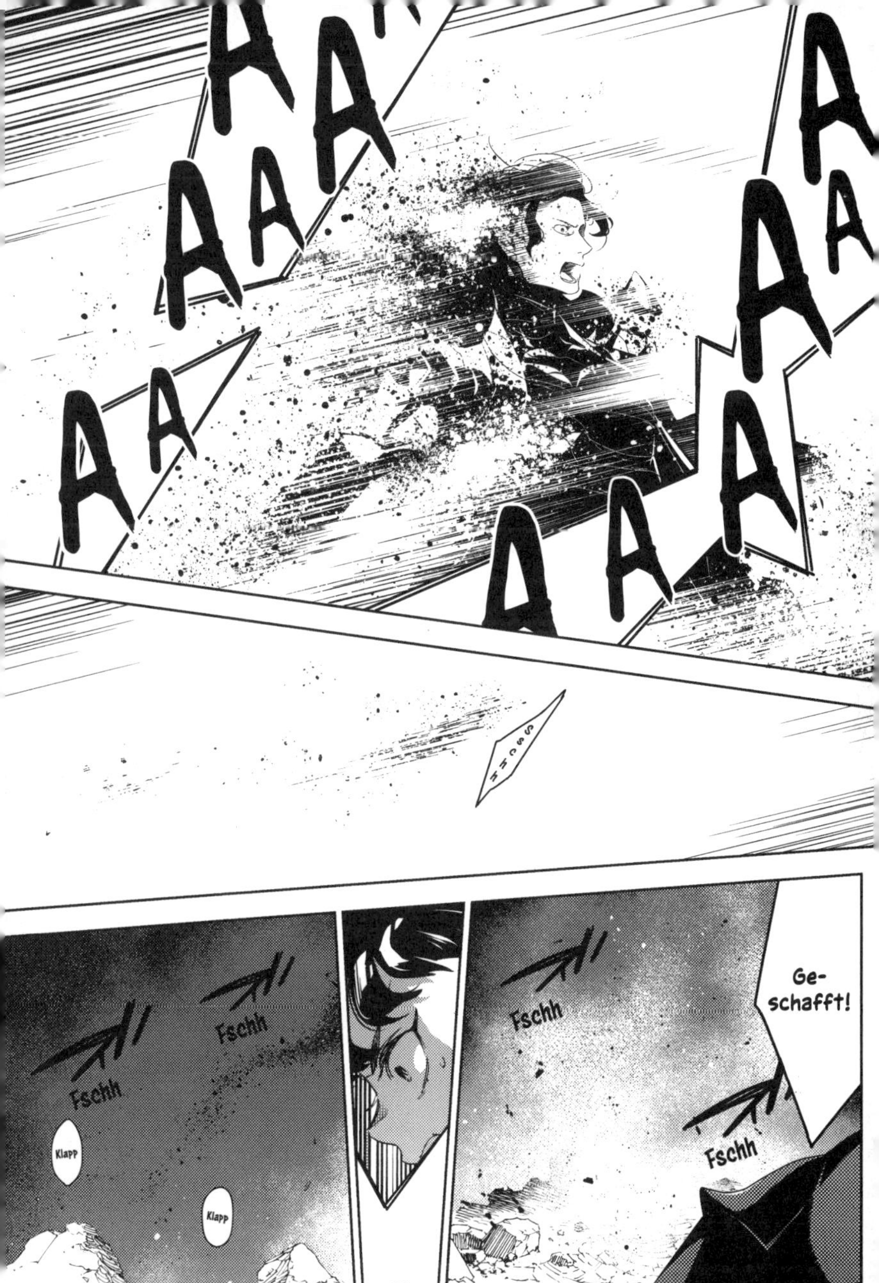
AAAAAAAAAAAAAA
Sschh
Ge-
schafft!
Fschh
Fschh
?!
Fschh
Fschh
Klapp
Klapp

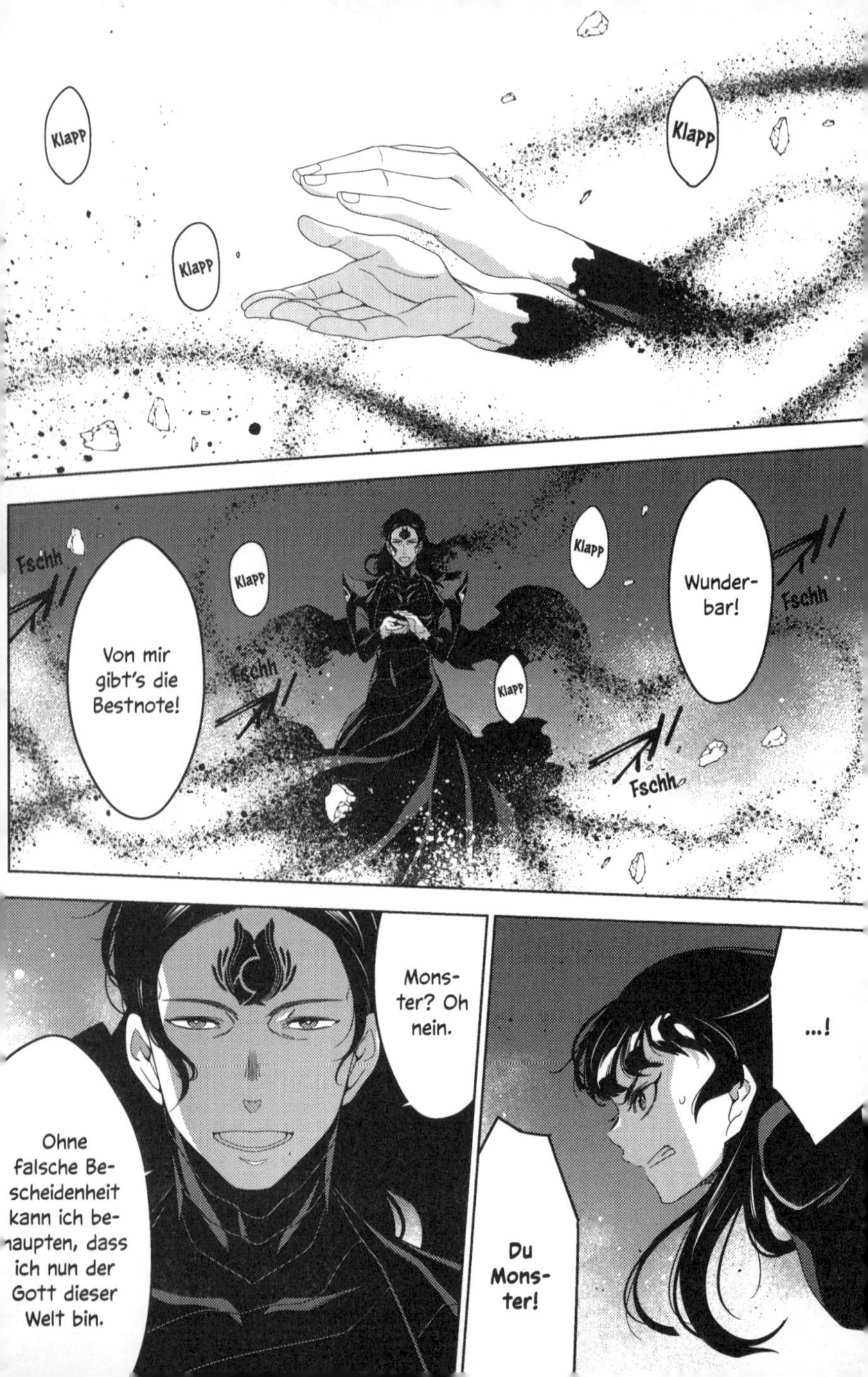

Klapp

Klapp

Klapp

Wunder-bar!

Fschh

Klapp

Klapp

Klapp

Fschh

Von mir gibt's die Bestnote!

Fschh

Fschh

...!

Du Monster!

Monster? Oh nein.

Ohne falsche Bescheidenheit kann ich behaupten, dass ich nun der Gott dieser Welt bin.

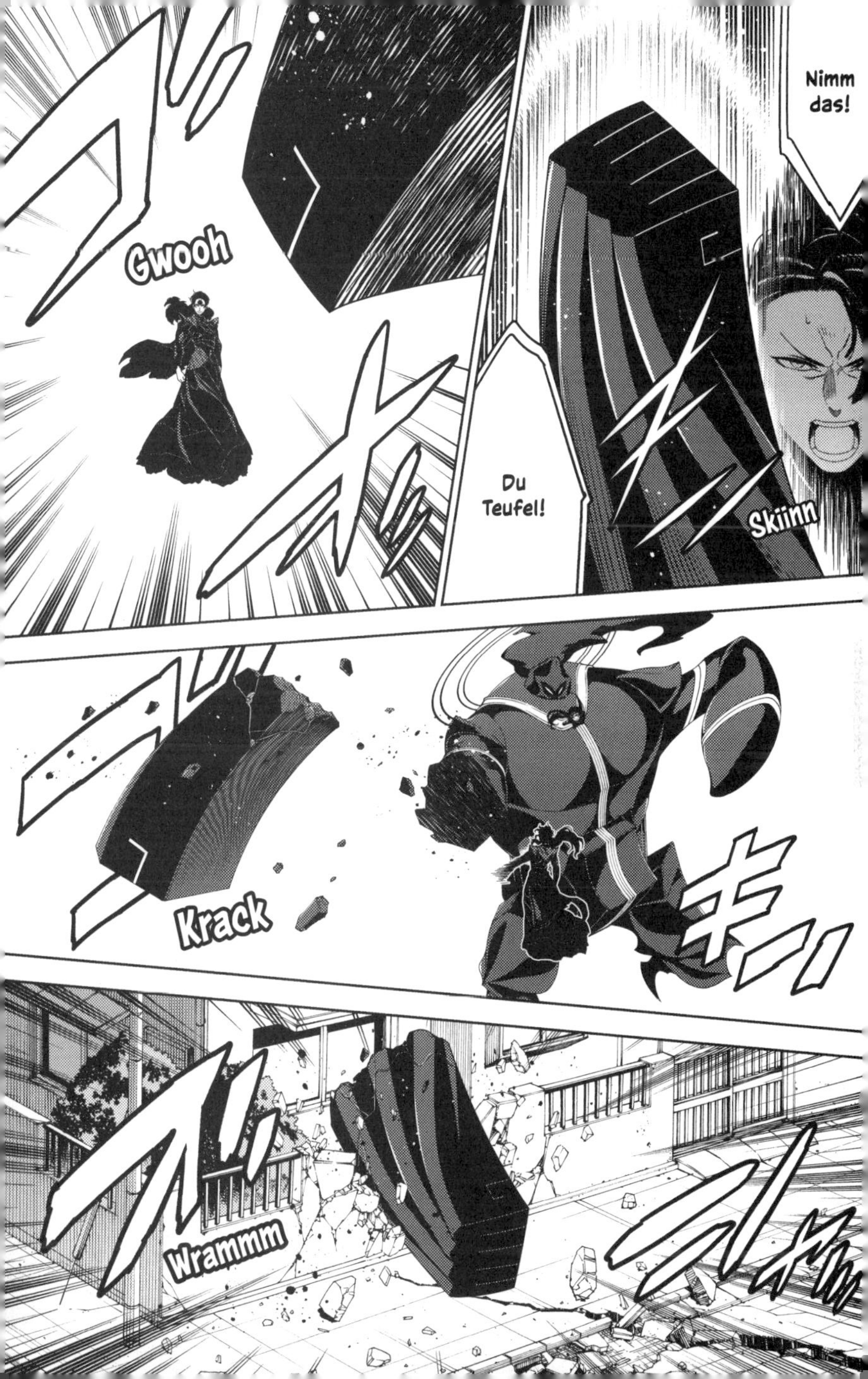
Nimm das!
Du Teufel!
Skiinn
Gwooh
Krack
Wrammm

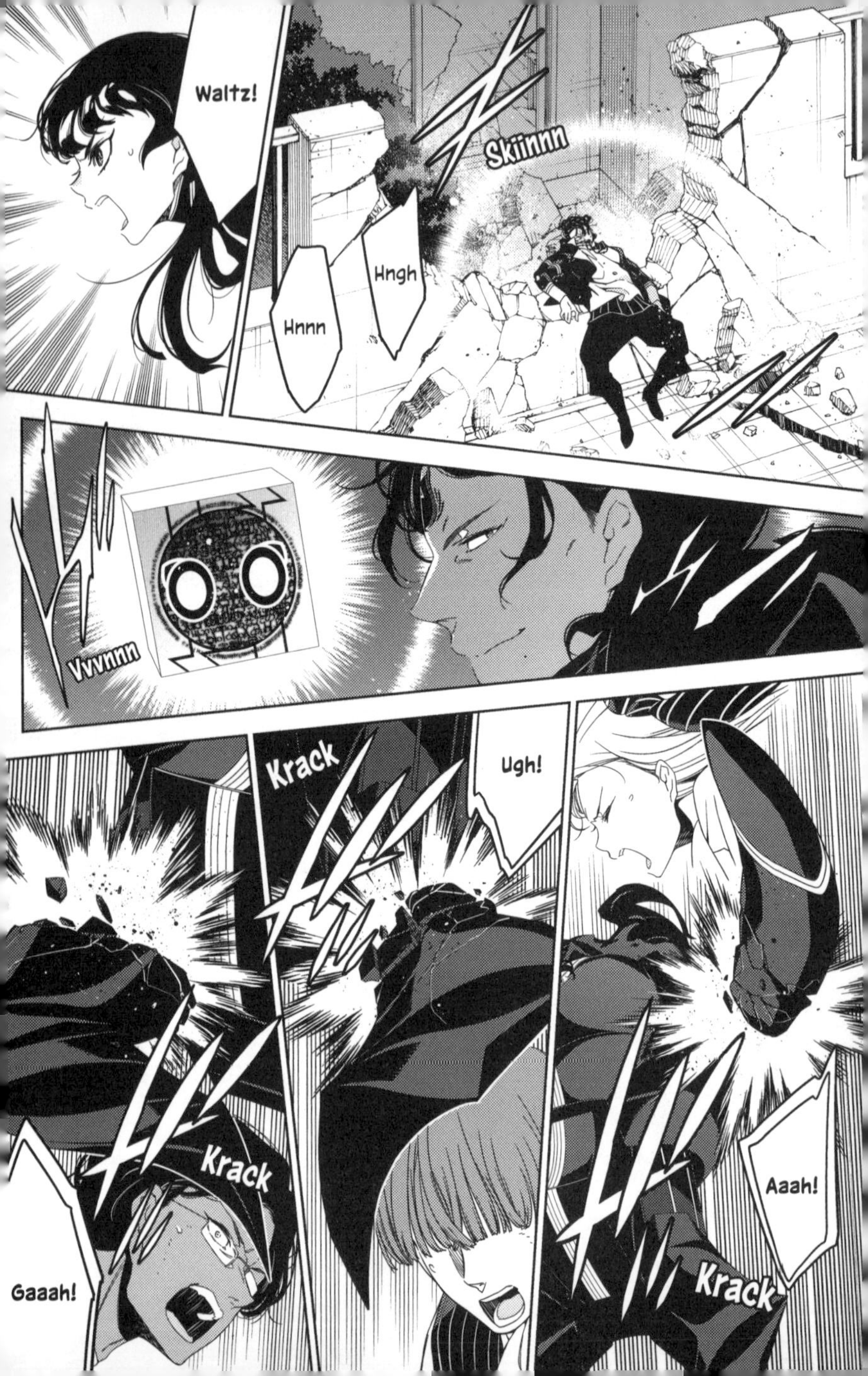

Skiinnn
Hngh
Hnnn
Waltz!
Vvvnnn
Ugh!
Aaah!
Krack
Krack
Krack
Gaaah!

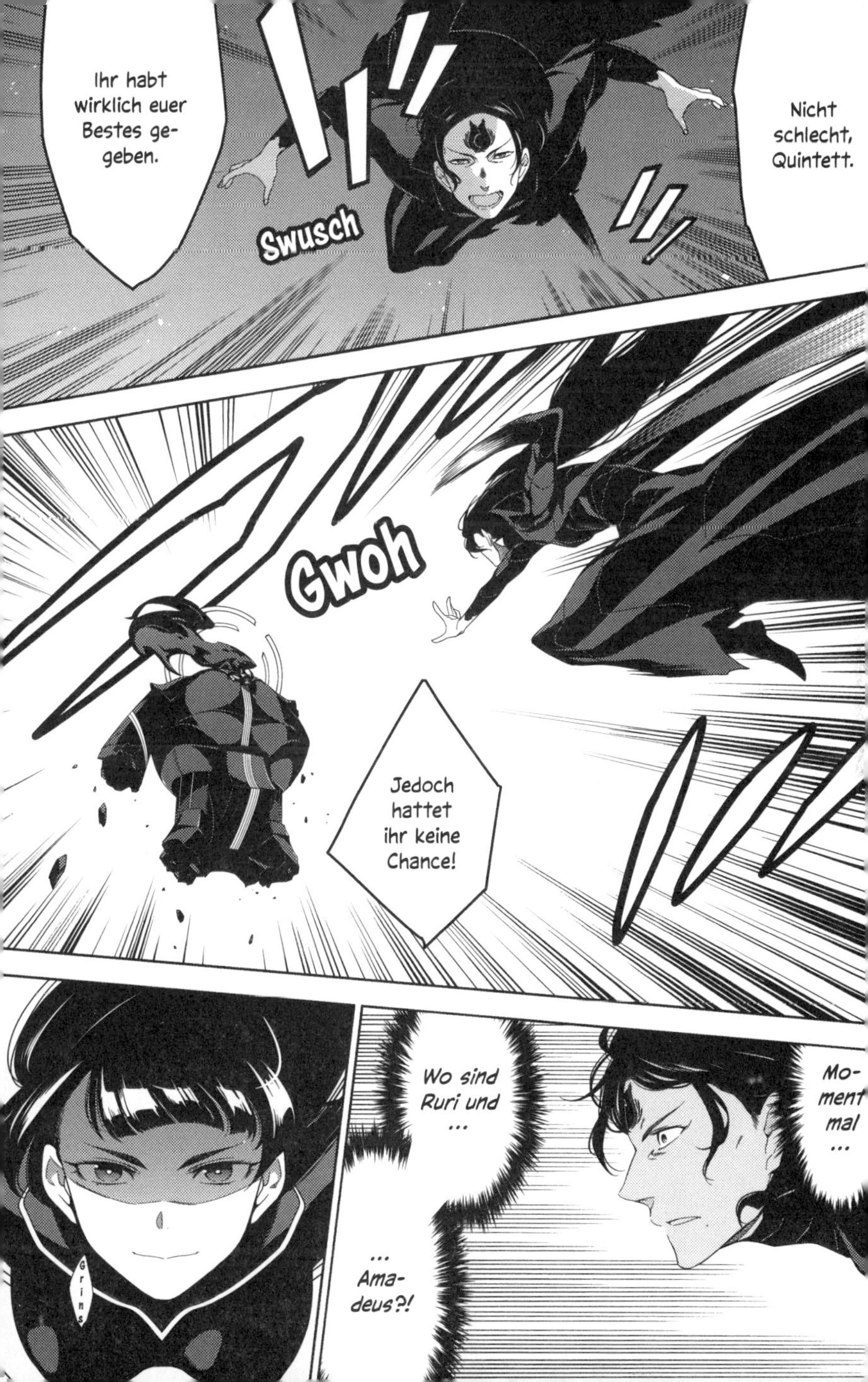
Nicht schlecht, Quintett.
Ihr habt wirklich euer Bestes gegeben.
Swusch
Gwoh
Jedoch hattet ihr keine Chance!
Moment mal ...
Wo sind Ruri und ...
... Amadeus?!
Grins

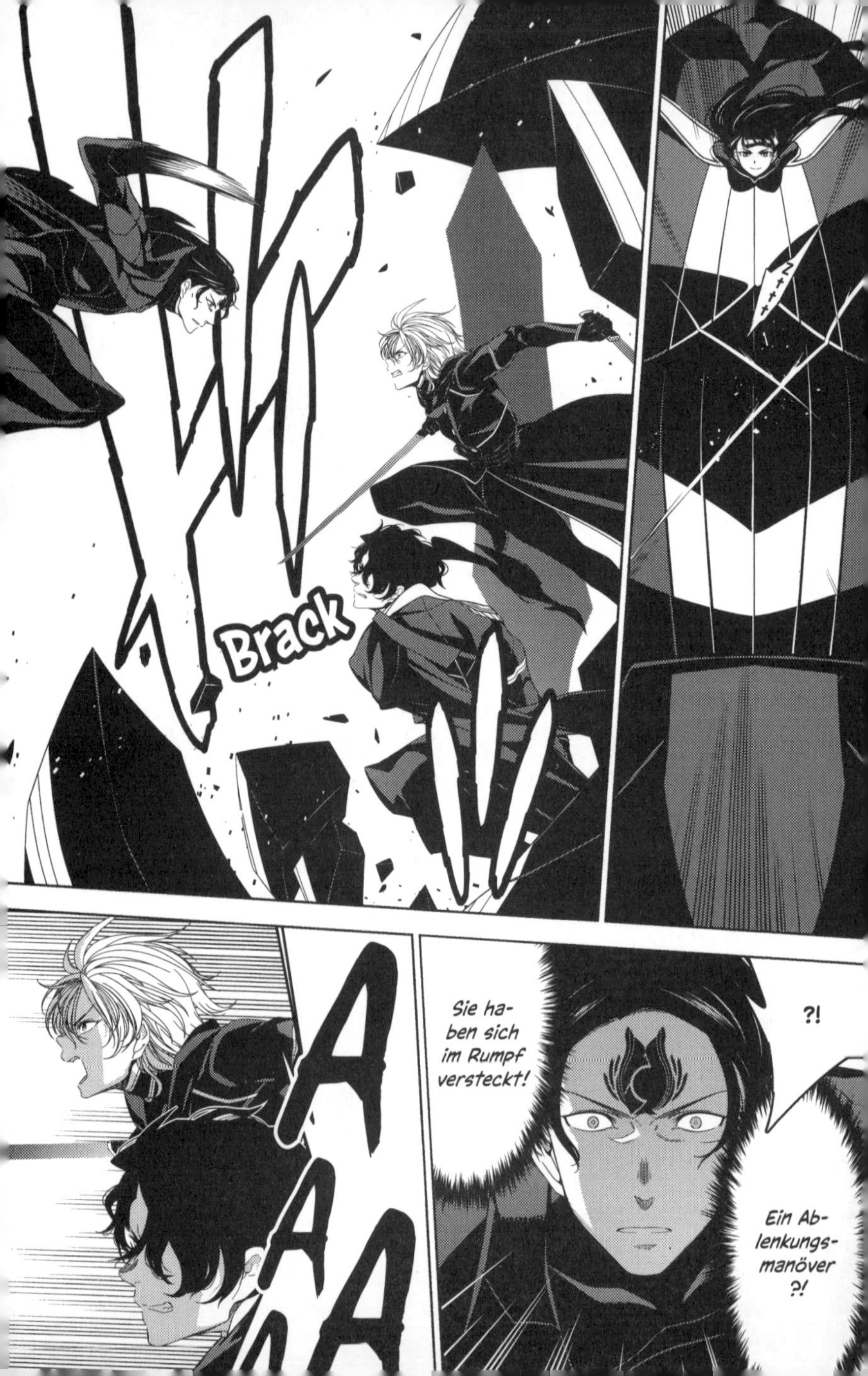

Brack

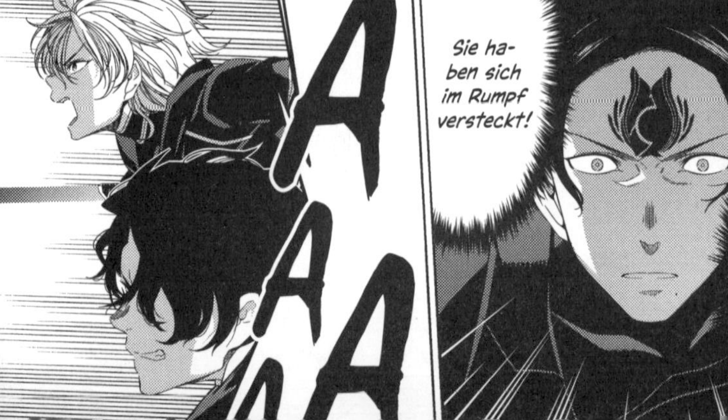
?!
Sie haben sich im Rumpf versteckt!
Ein Ablenkungsmanöver ?!
AAAA

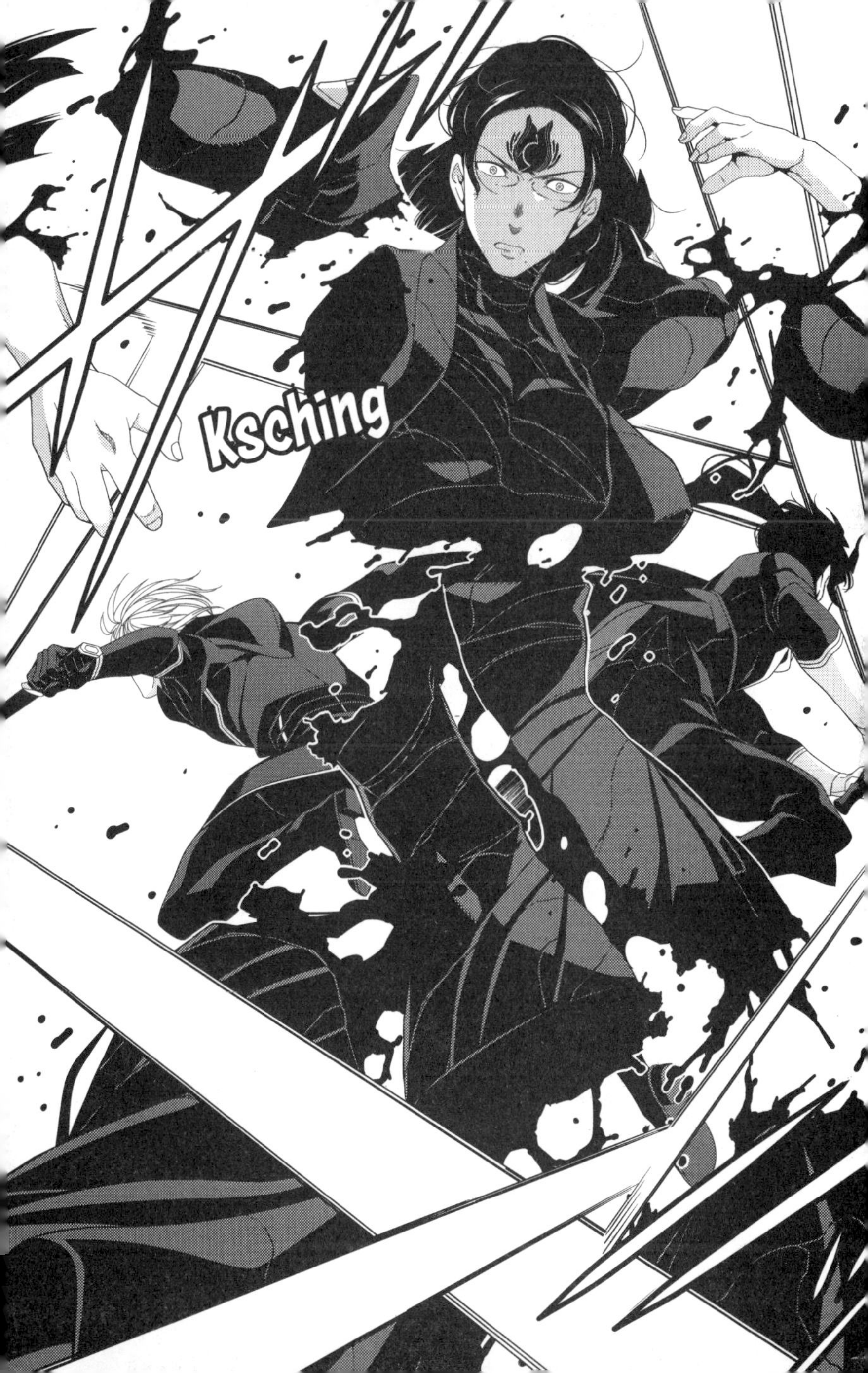
Ksching

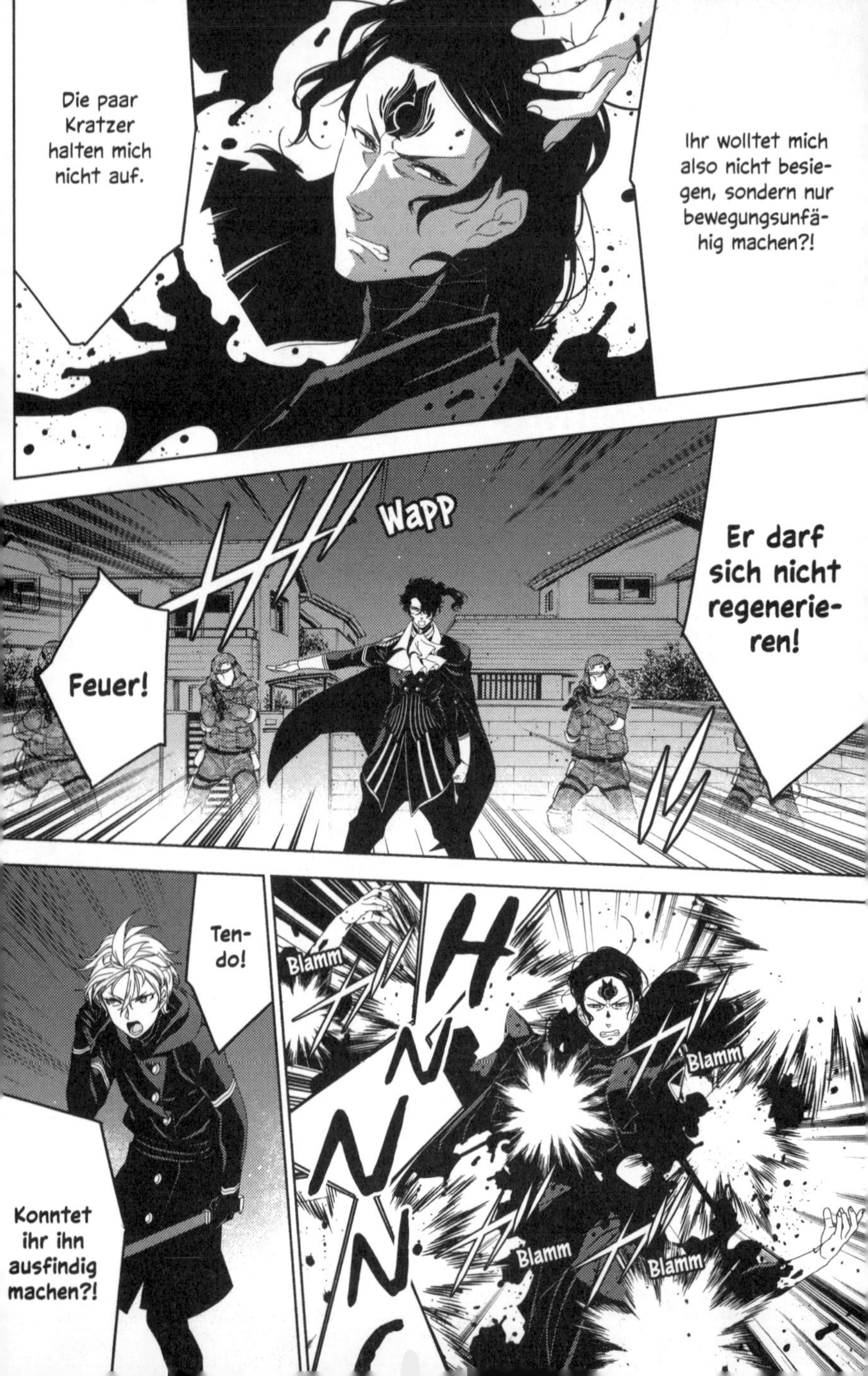
Ihr wolltet mich also nicht besiegen, sondern nur bewegungsunfähig machen?!
Die paar Kratzer halten mich nicht auf.
Wapp
Er darf sich nicht regenerieren!
Feuer!
Blamm
Blamm
Blamm
Blamm
Ten-do!
Konntet ihr ihn ausfindig machen?!

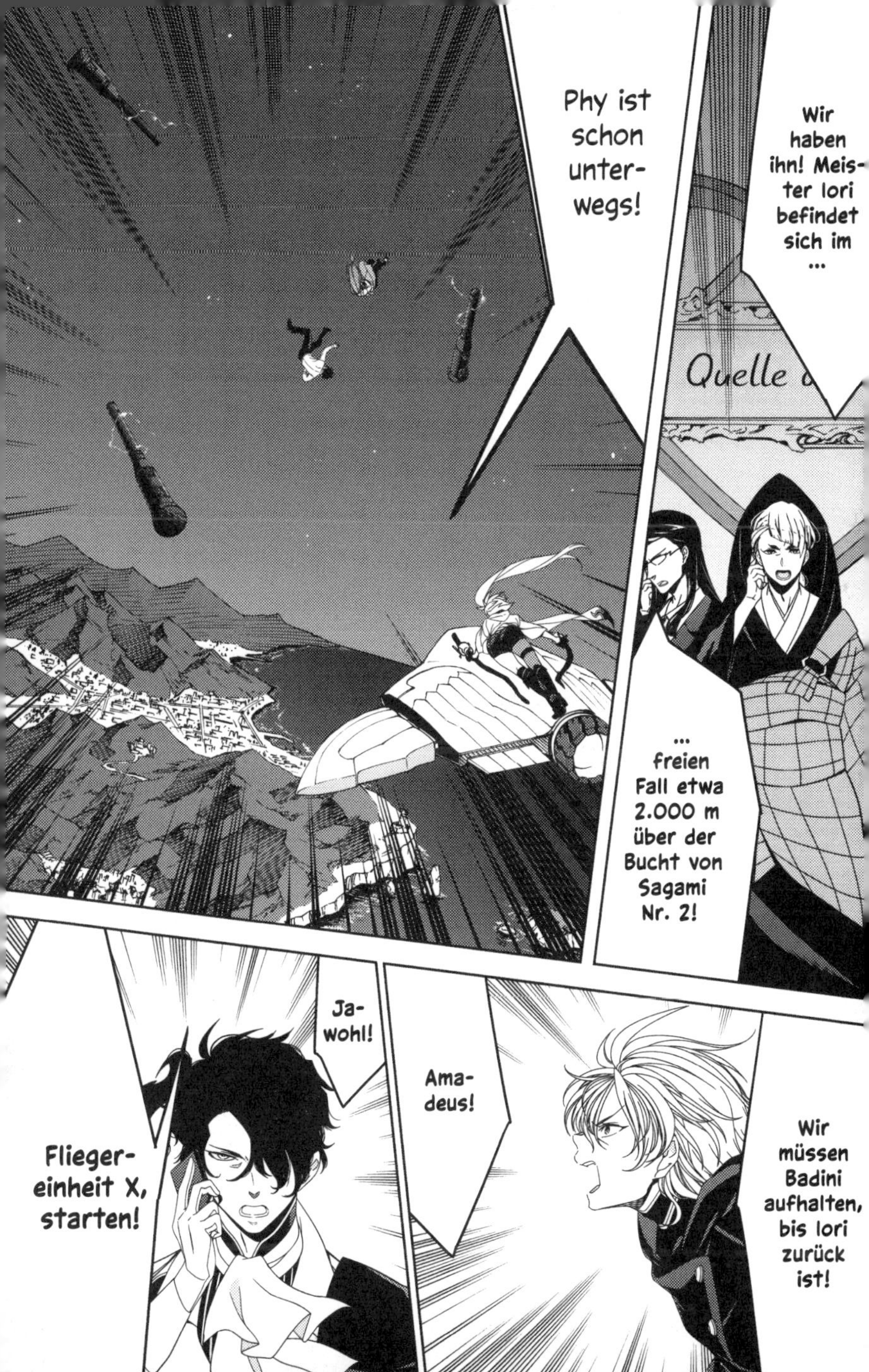
Wir haben ihn! Meister Iori befindet sich im ...
Quelle
... freien Fall etwa 2.000 m über der Bucht von Sagami Nr. 2!
Phy ist schon unterwegs!
Wir müssen Badini aufhalten, bis Iori zurück ist!
Amadeus!
Jawohl!
Fliegereinheit X, starten!

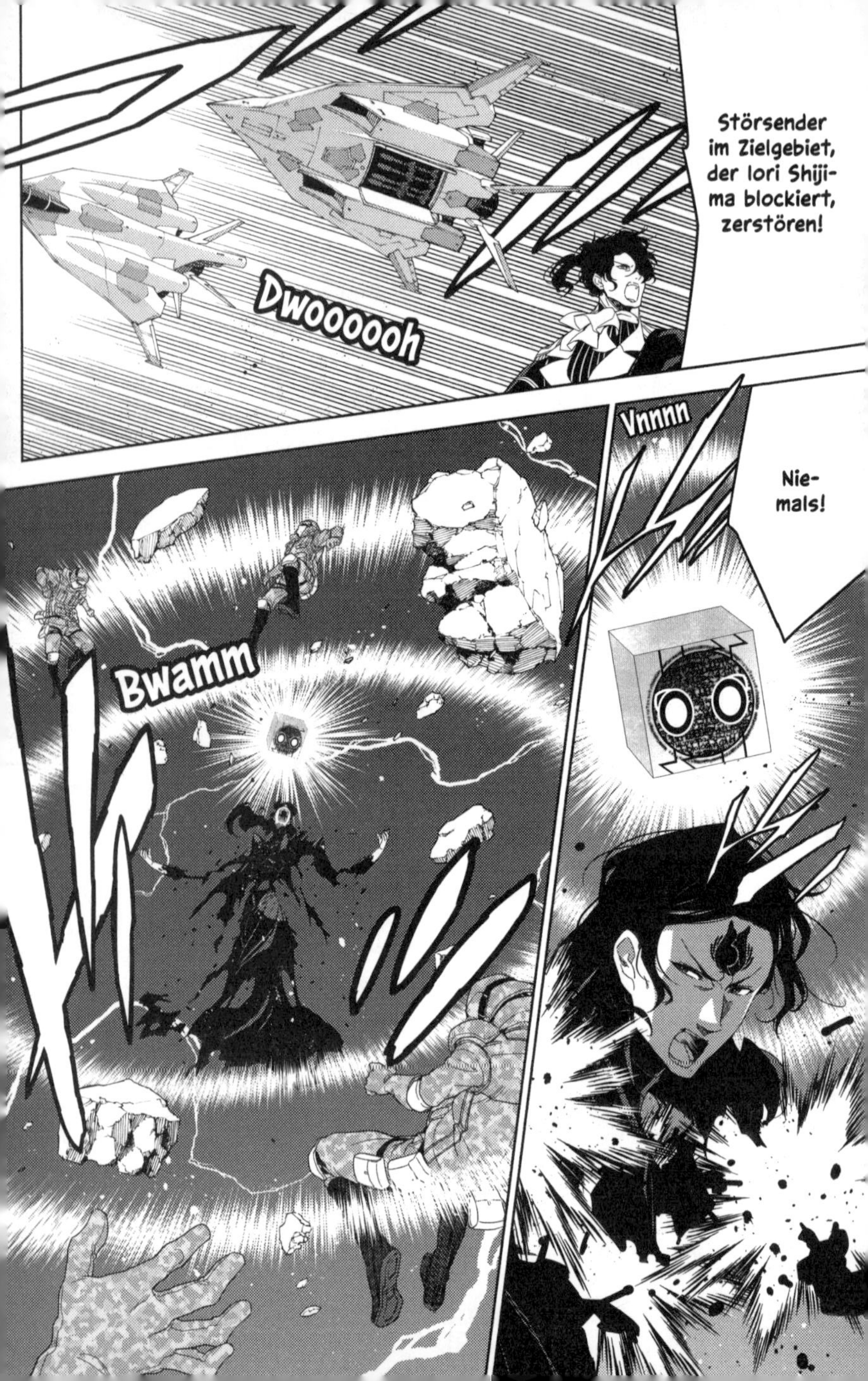
Störsender im Zielgebiet, der Iori Shijima blockiert, zerstören!
Dwoooooh
Vnnnn
Niemals!
Bwamm

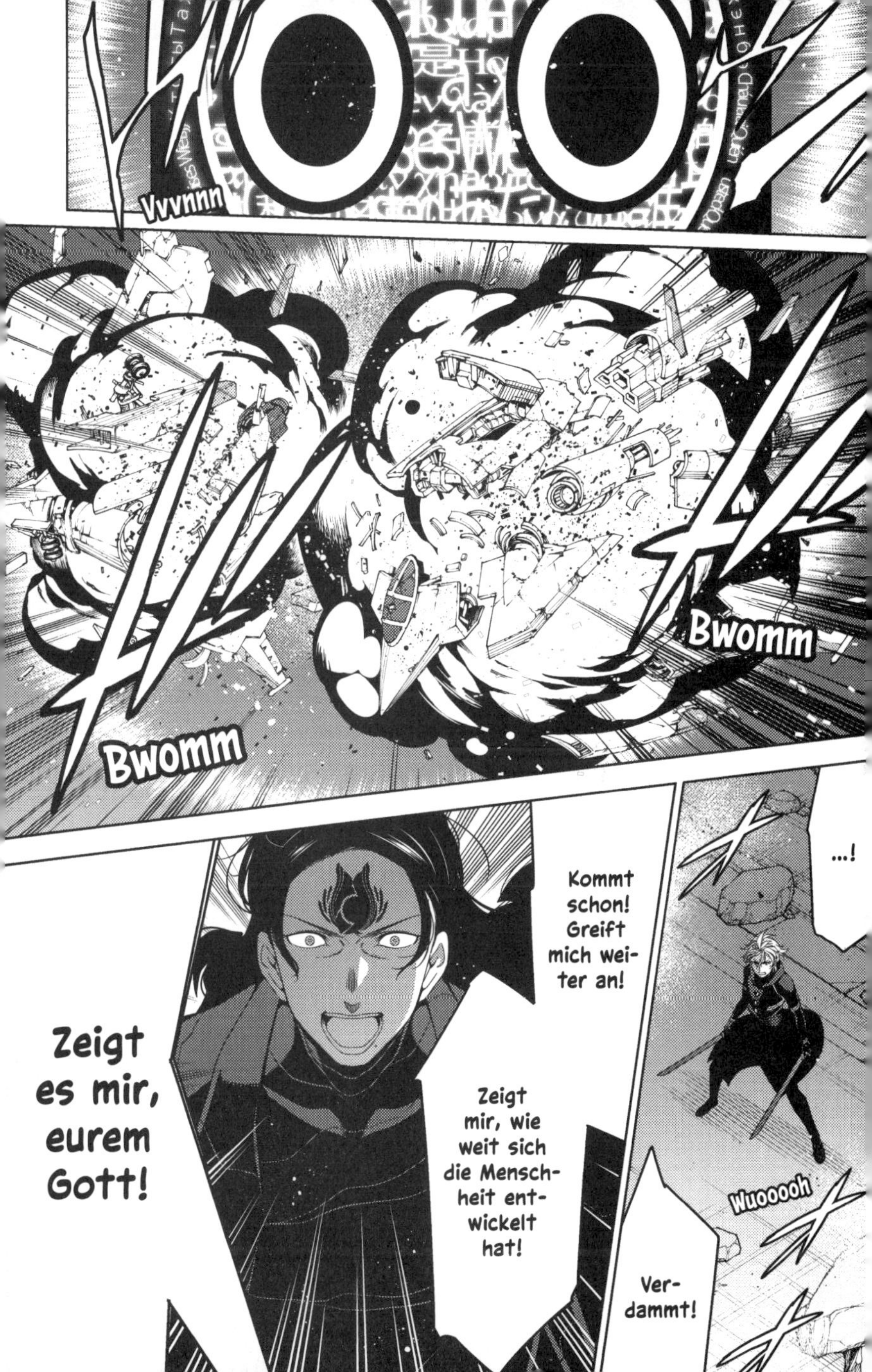
Vvvnnn
Bwomm
Bwomm
...!
Kommt schon! Greift mich weiter an!
Zeigt es mir, eurem Gott!
Zeigt mir, wie weit sich die Menschheit entwickelt hat!
Wuooooh
Verdammt!

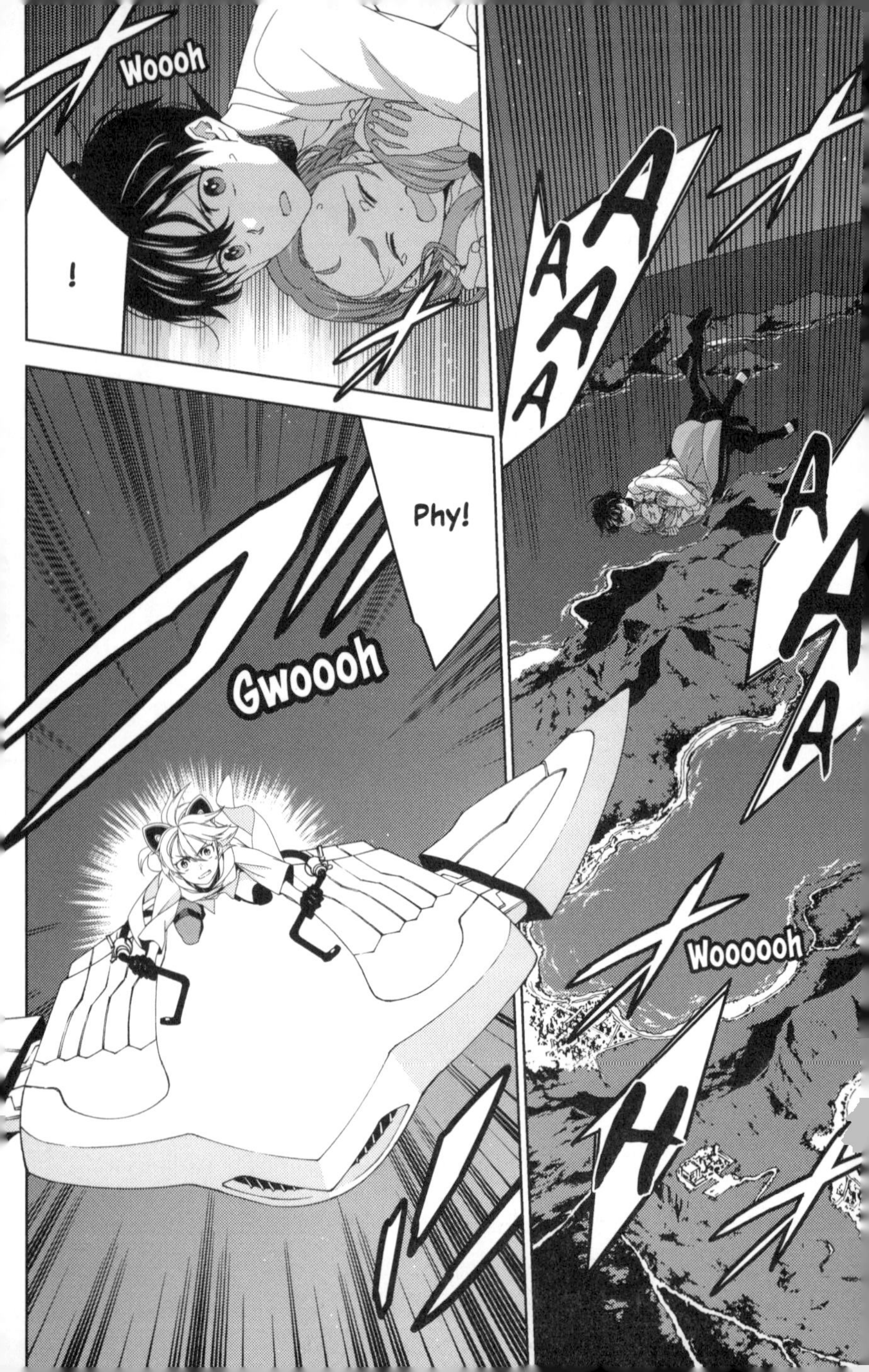

AAAAA
AAAAA
H
Woooooh
Woooh
!
Phy!
Gwoooh

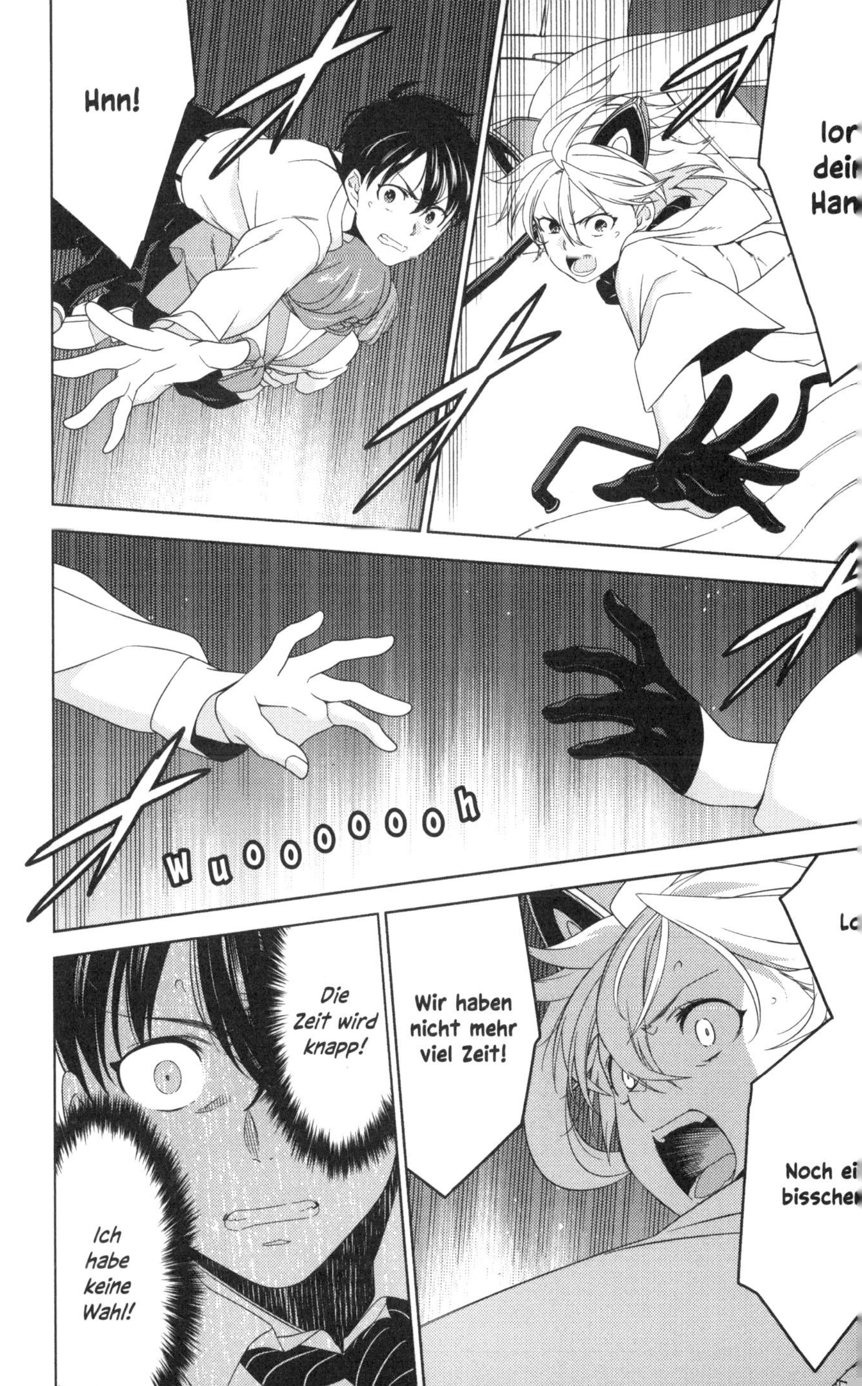
Hnn!
Wuooooooh
Wir haben nicht mehr viel Zeit!
Die Zeit wird knapp!
Ich habe keine Wahl!

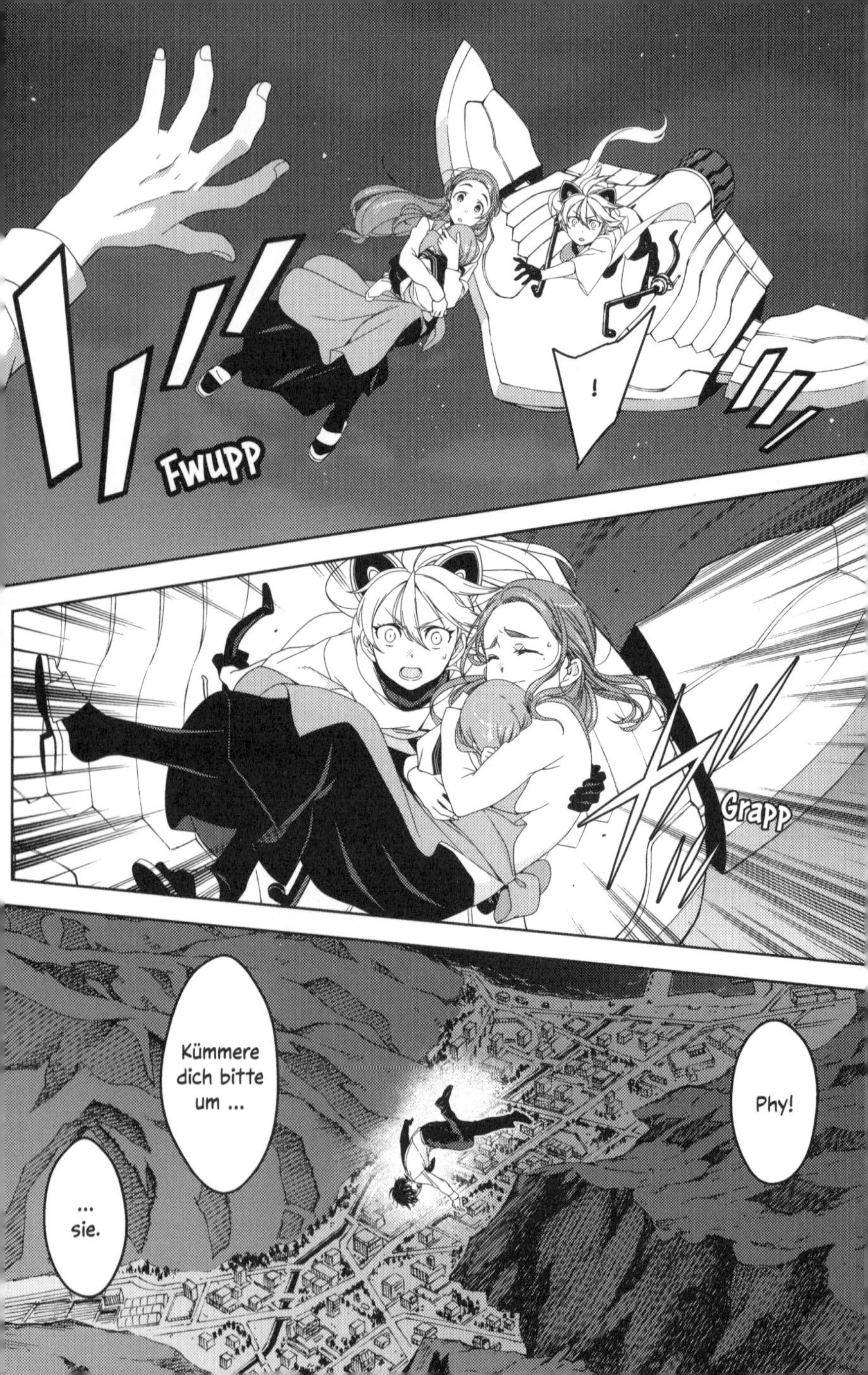
!
Fwupp
Grapp
Phy!
Kümmere dich bitte um ...
... sie.

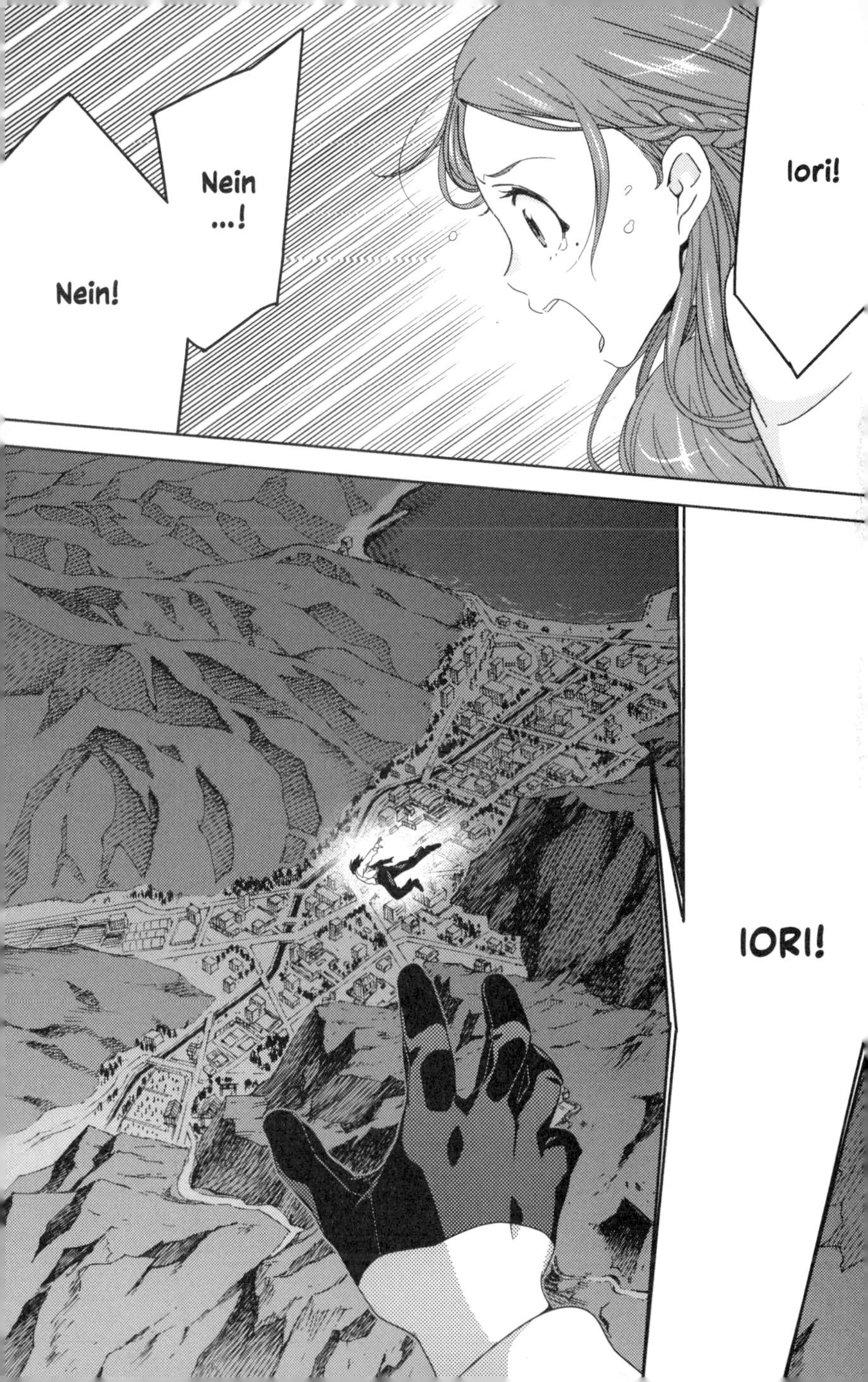
Iori!
Nein …!
Nein!
IORI!

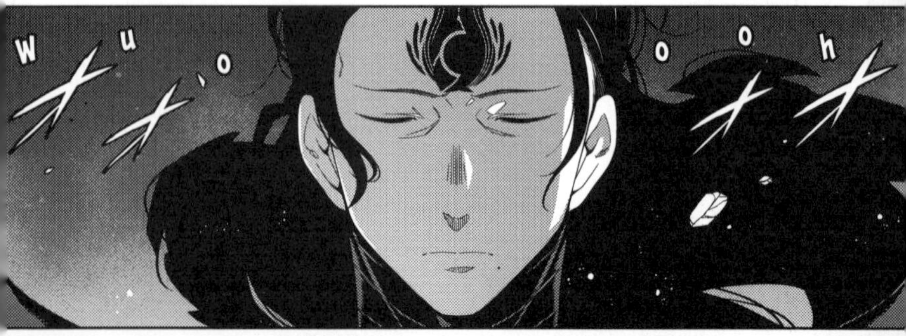

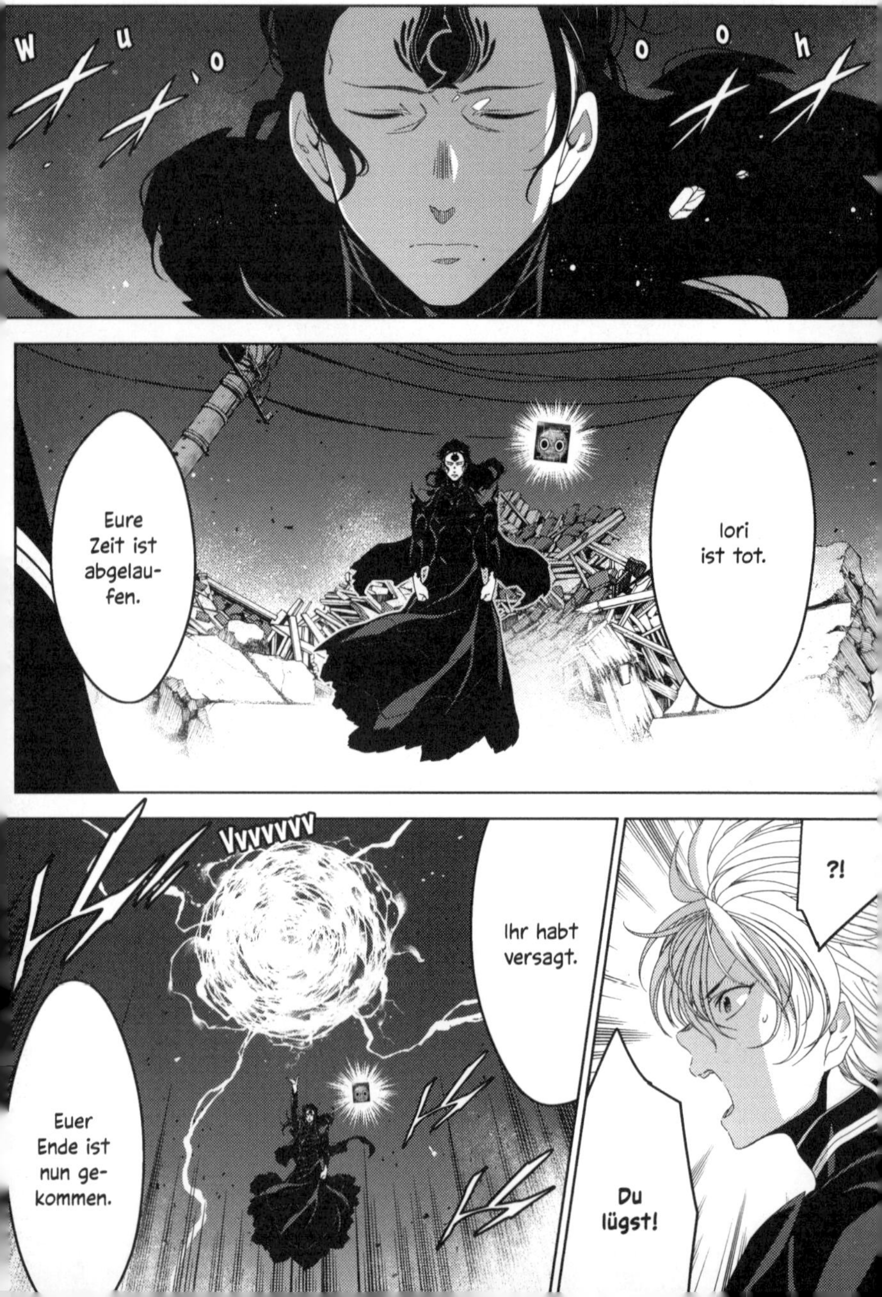

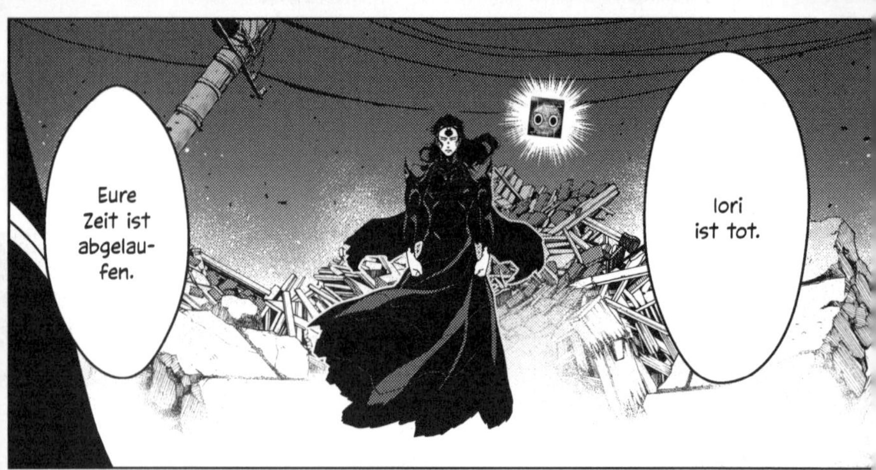

Ihr habt versagt.

?!

Du lügst!

Vvvvvvv

Euer Ende ist nun gekommen.

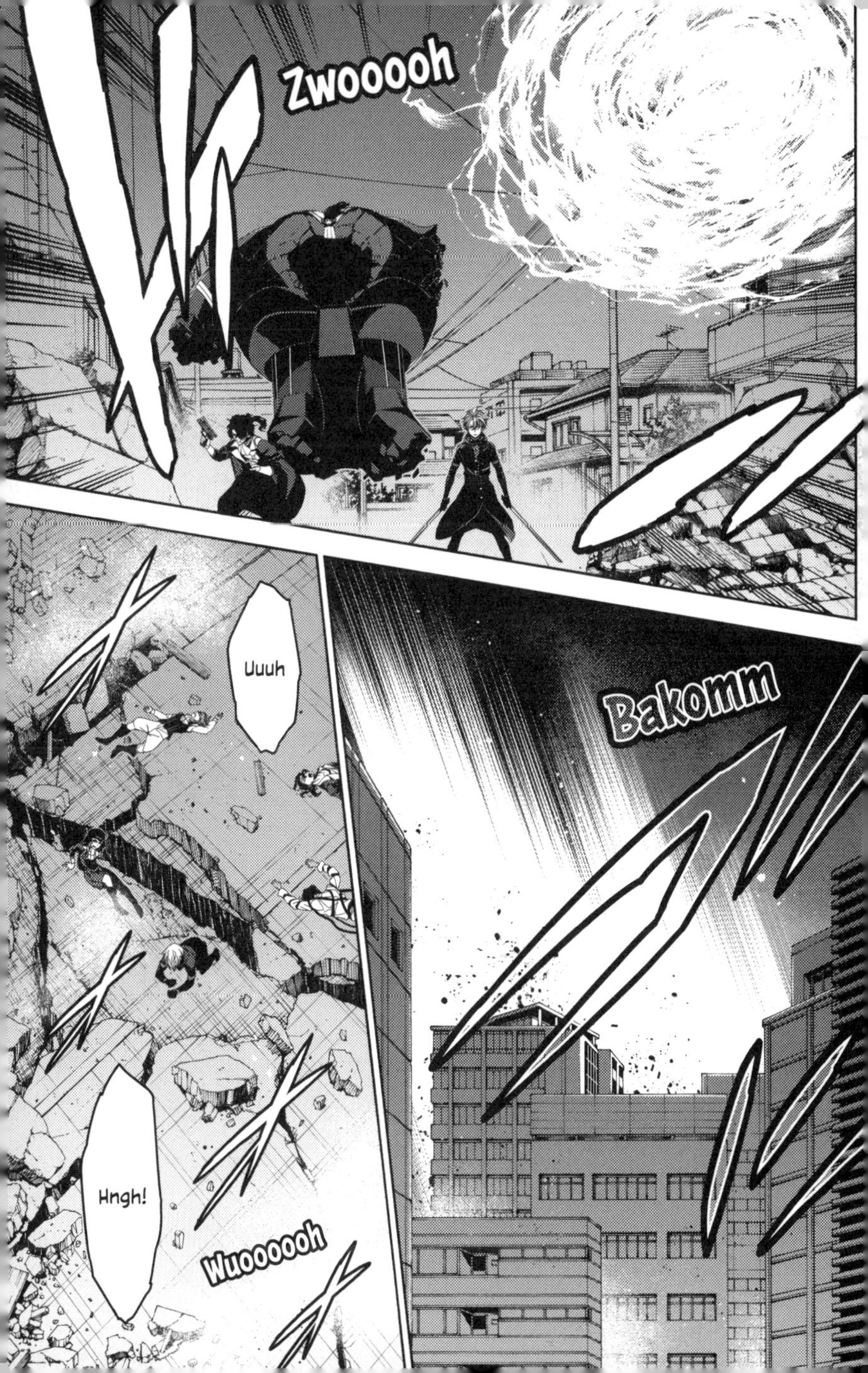
Zwooooh
Uuuh
Bakomm
Hngh!
Wuoooooh

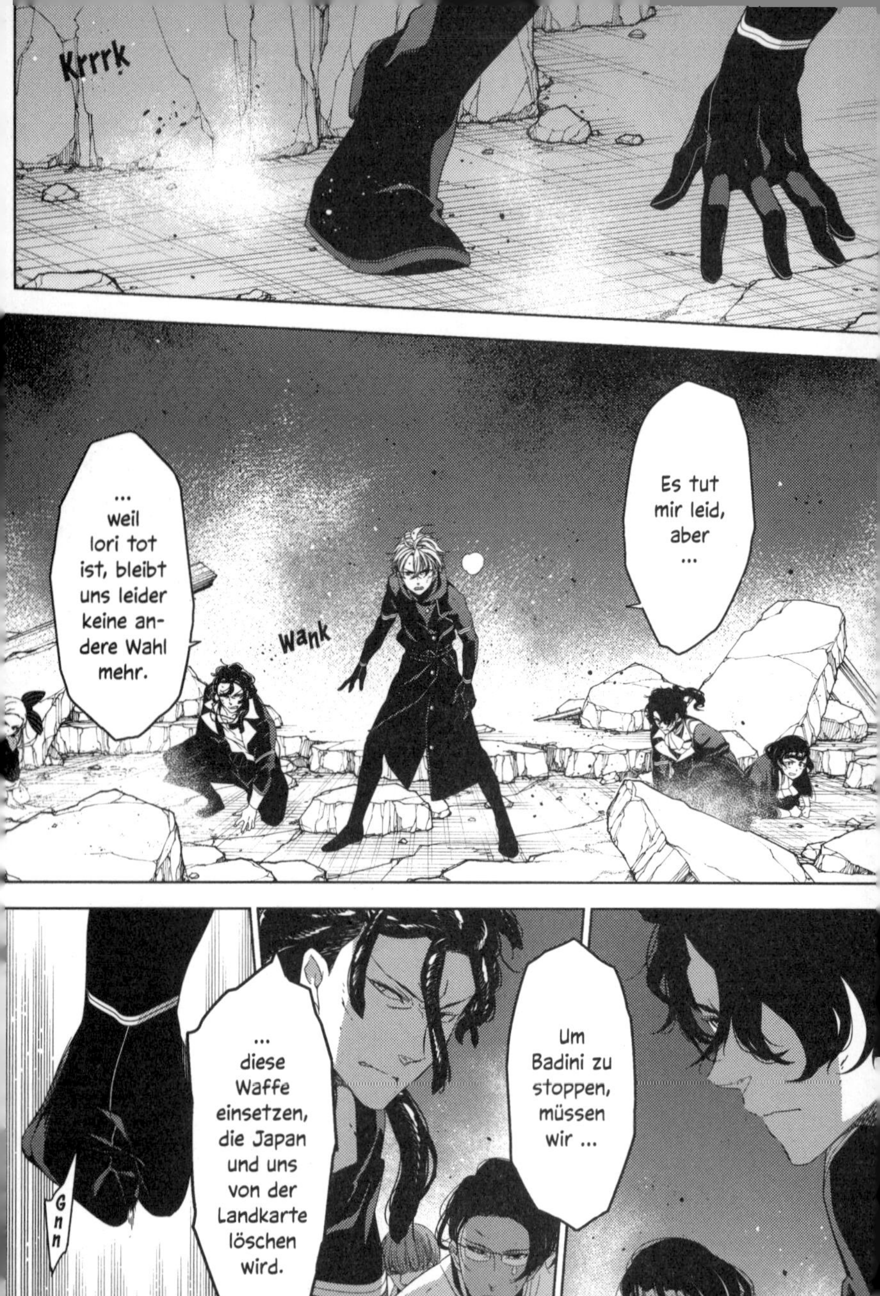
Krrrk
Es tut mir leid, aber ...
... weil Iori tot ist, bleibt uns leider keine an- dere Wahl mehr.
Wank
Um Badini zu stoppen, müssen wir ...
... diese Waffe einsetzen, die Japan und uns von der Landkarte löschen wird.
Gnn

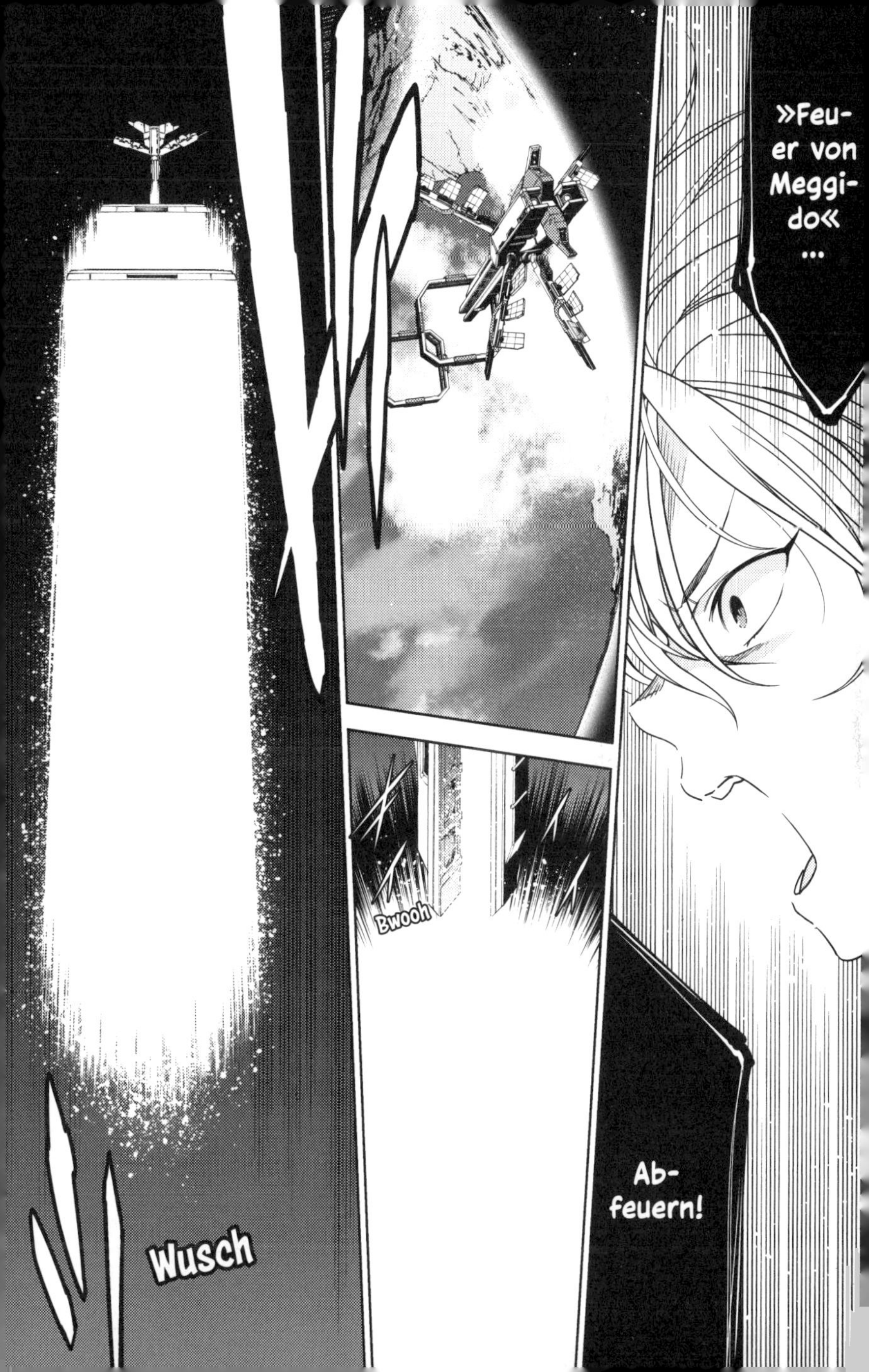
»Feu-
er von
Meggi-
do«
...
Ab-
feuern!
Bwooh
Wusch

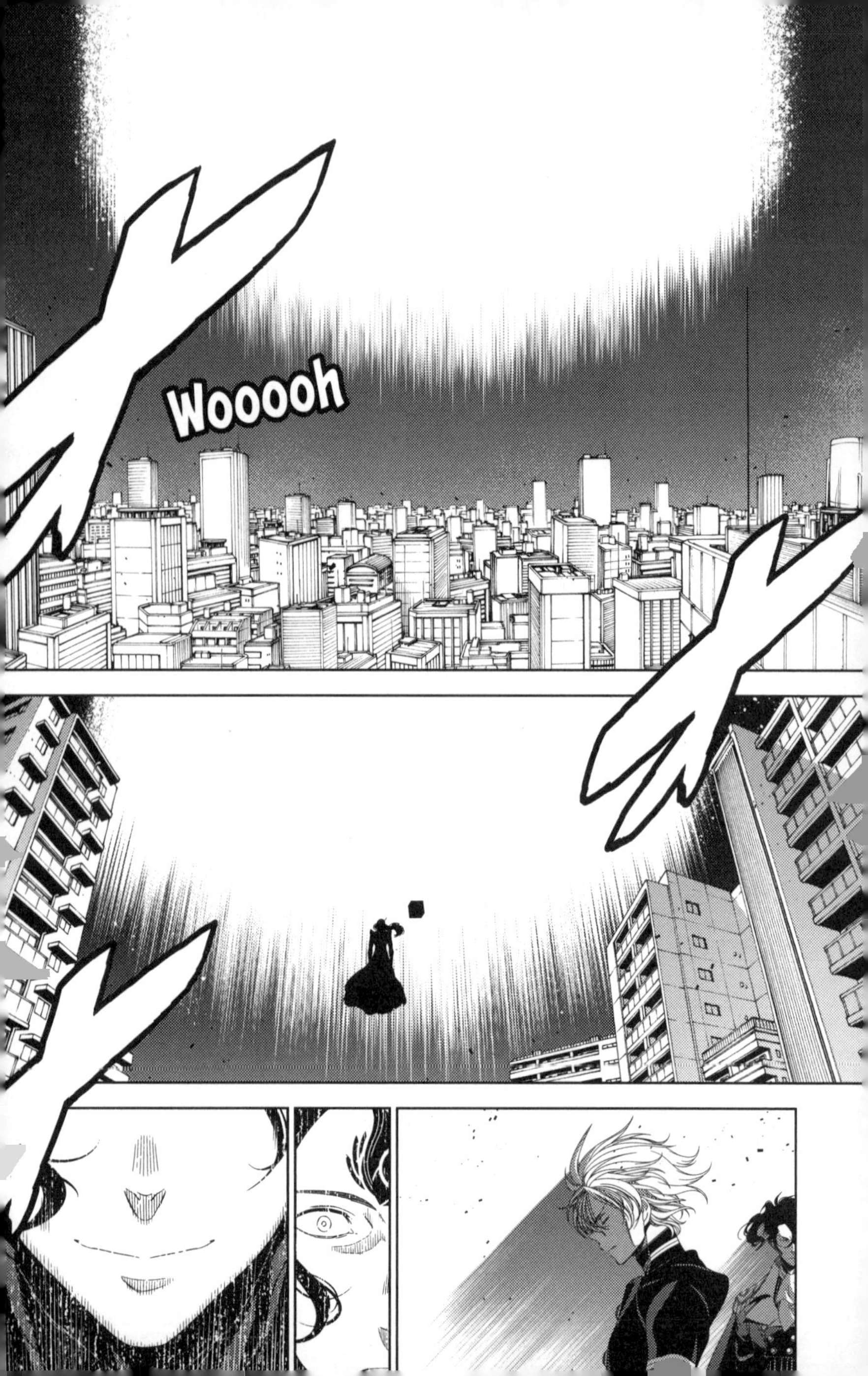
Wooooh

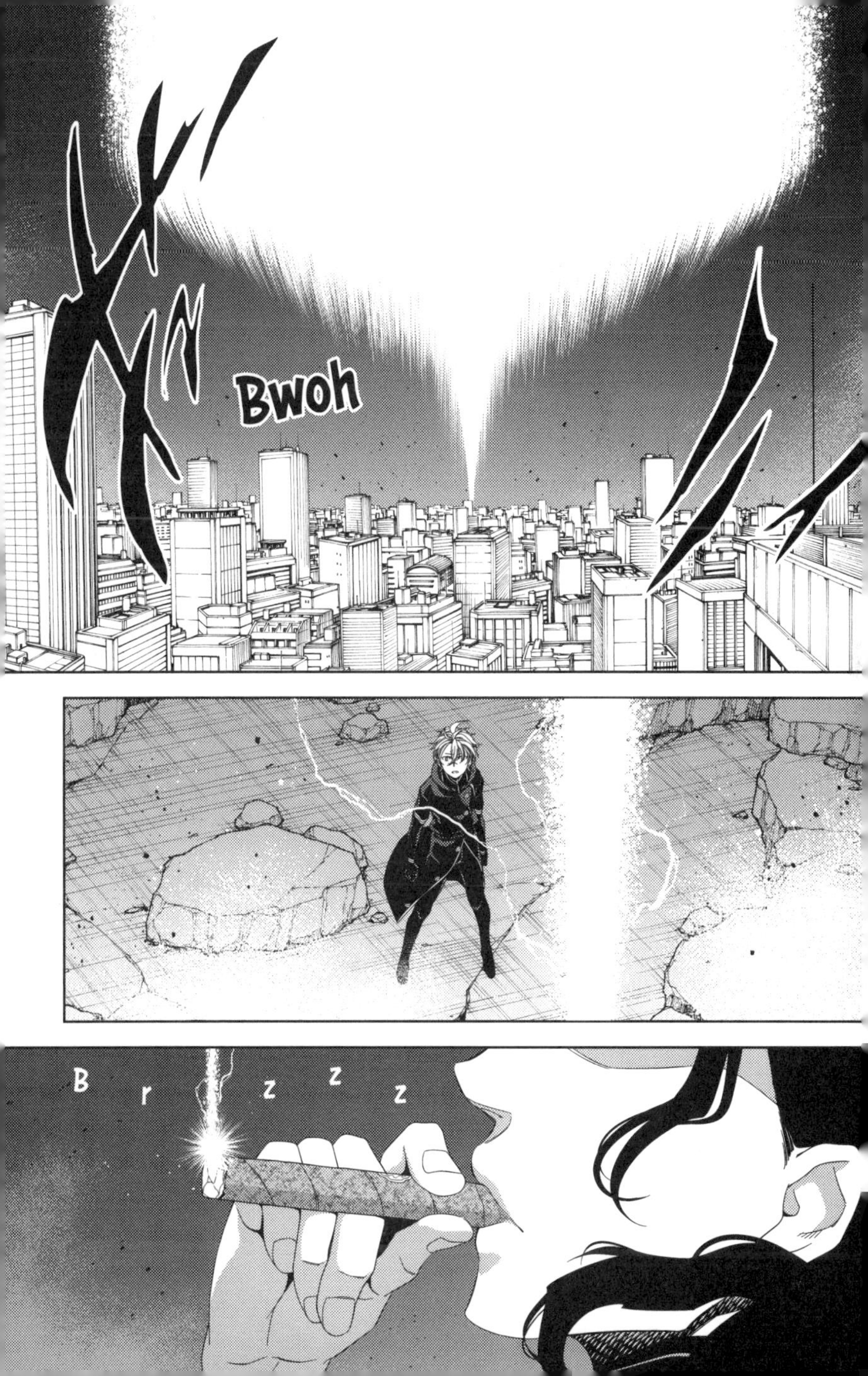

Bwoh

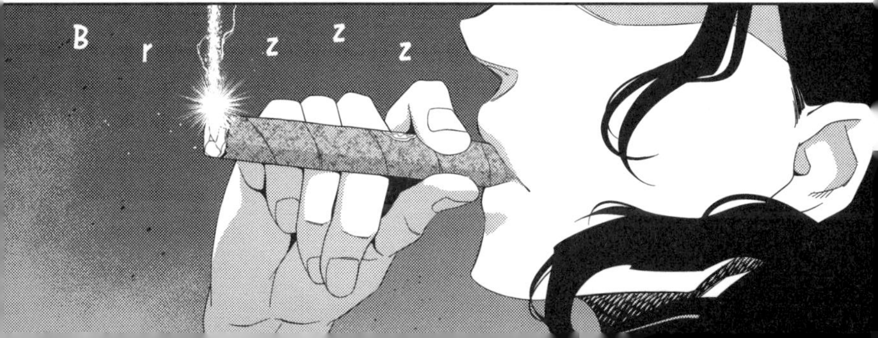

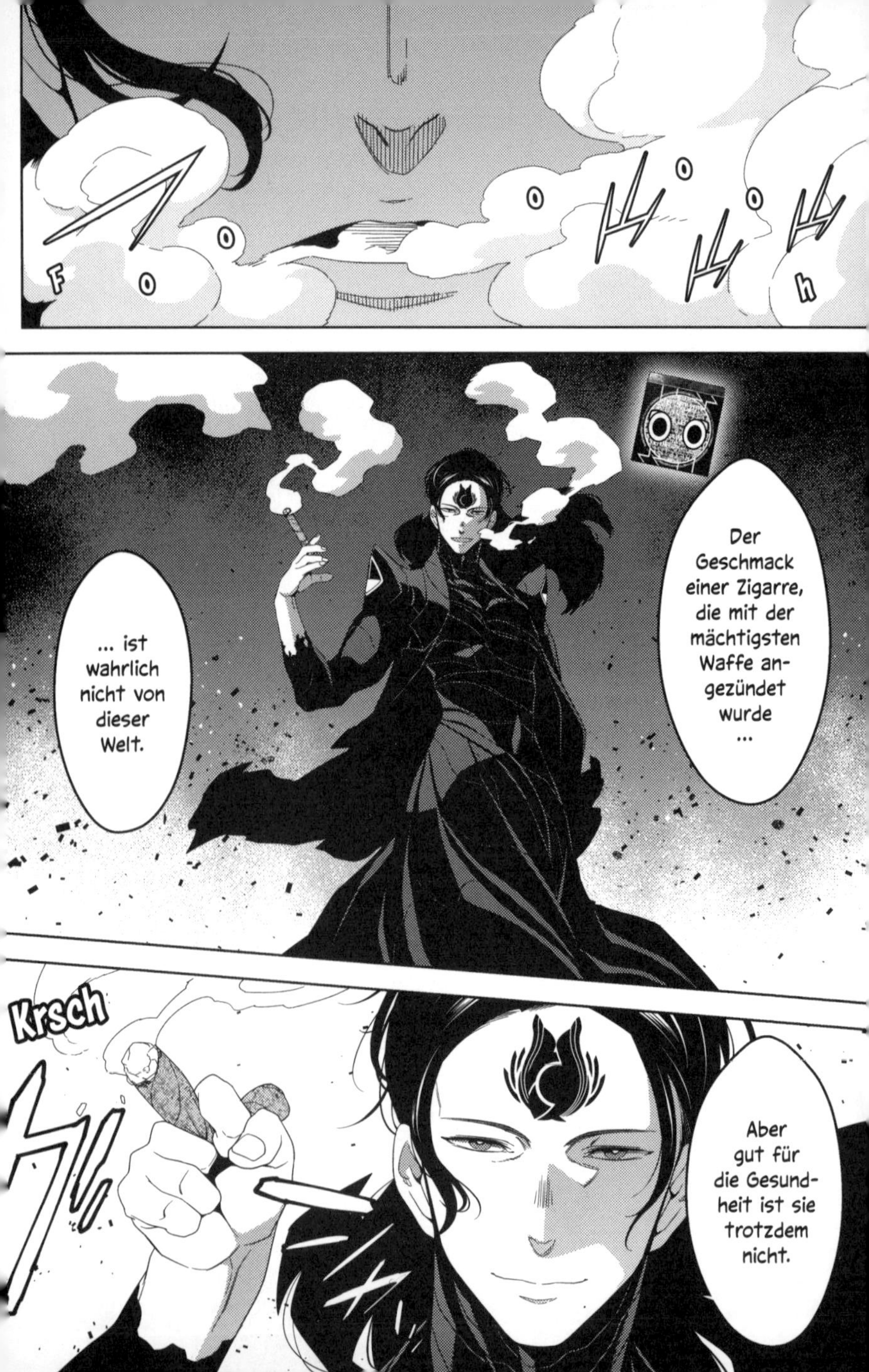
Fooooh
Der Geschmack einer Zigarre, die mit der mächtigsten Waffe angezündet wurde ...
... ist wahrlich nicht von dieser Welt.
Krsch
Aber gut für die Gesundheit ist sie trotzdem nicht.

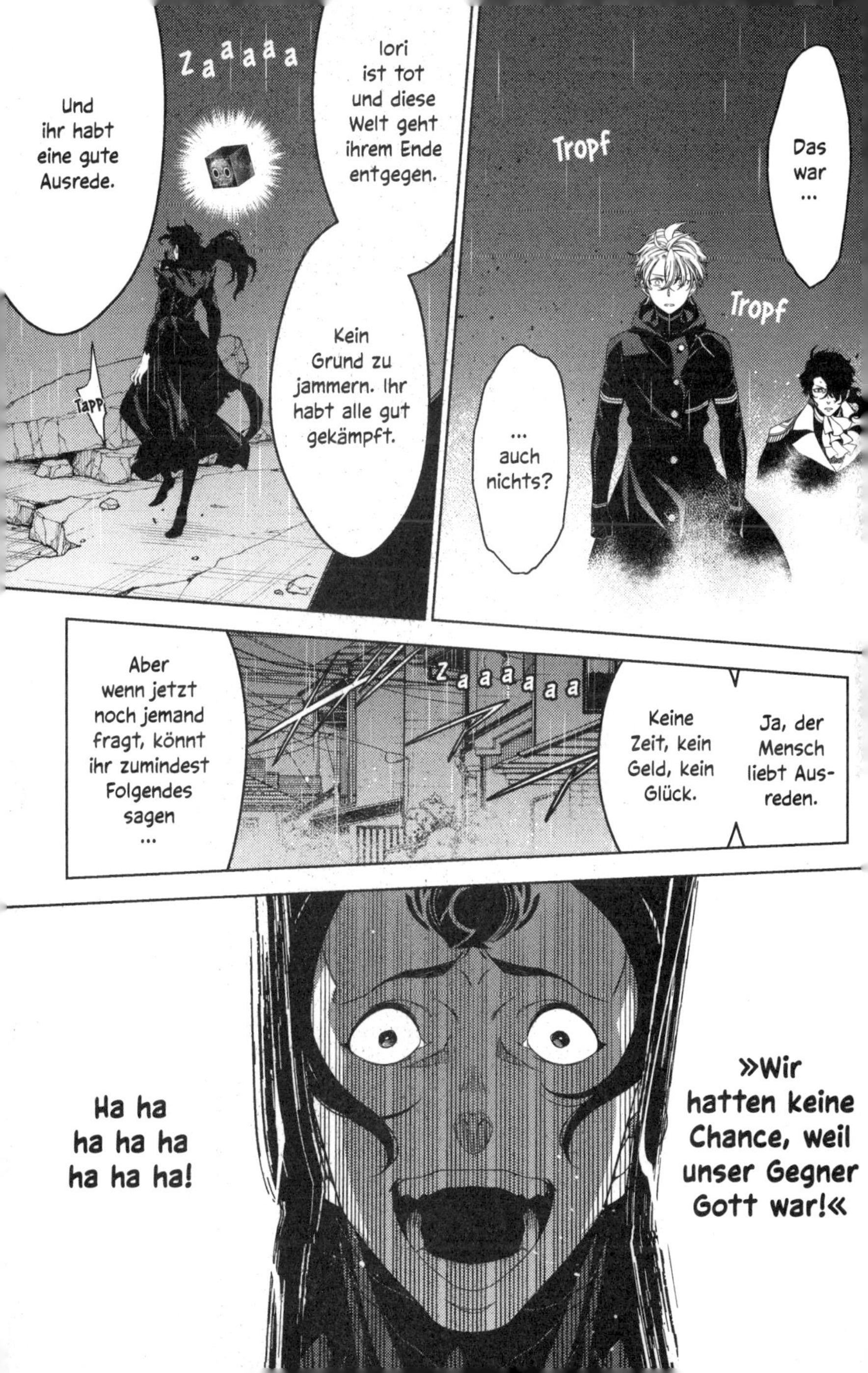

Das war ...

Tropf

Tropf

... auch nichts?

Iori ist tot und diese Welt geht ihrem Ende entgegen.

Zaaaaa

Und ihr habt eine gute Ausrede.

Kein Grund zu jammern. Ihr habt alle gut gekämpft.

Tapp

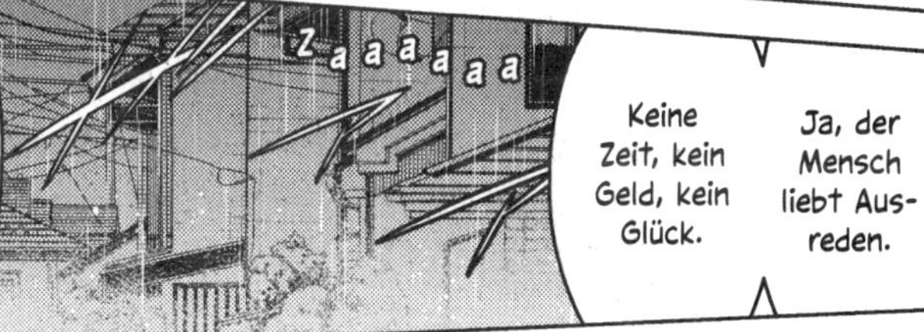

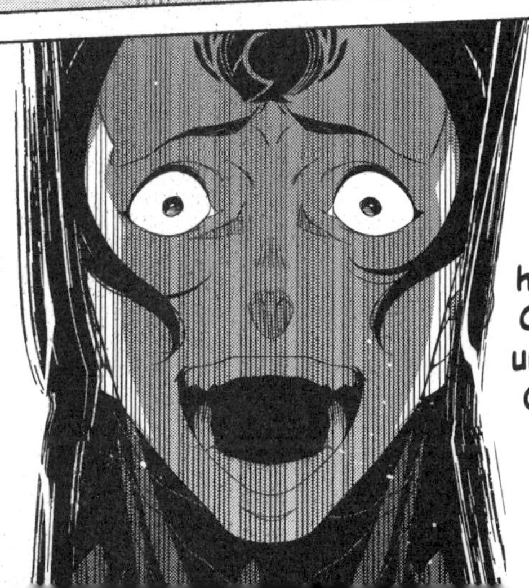

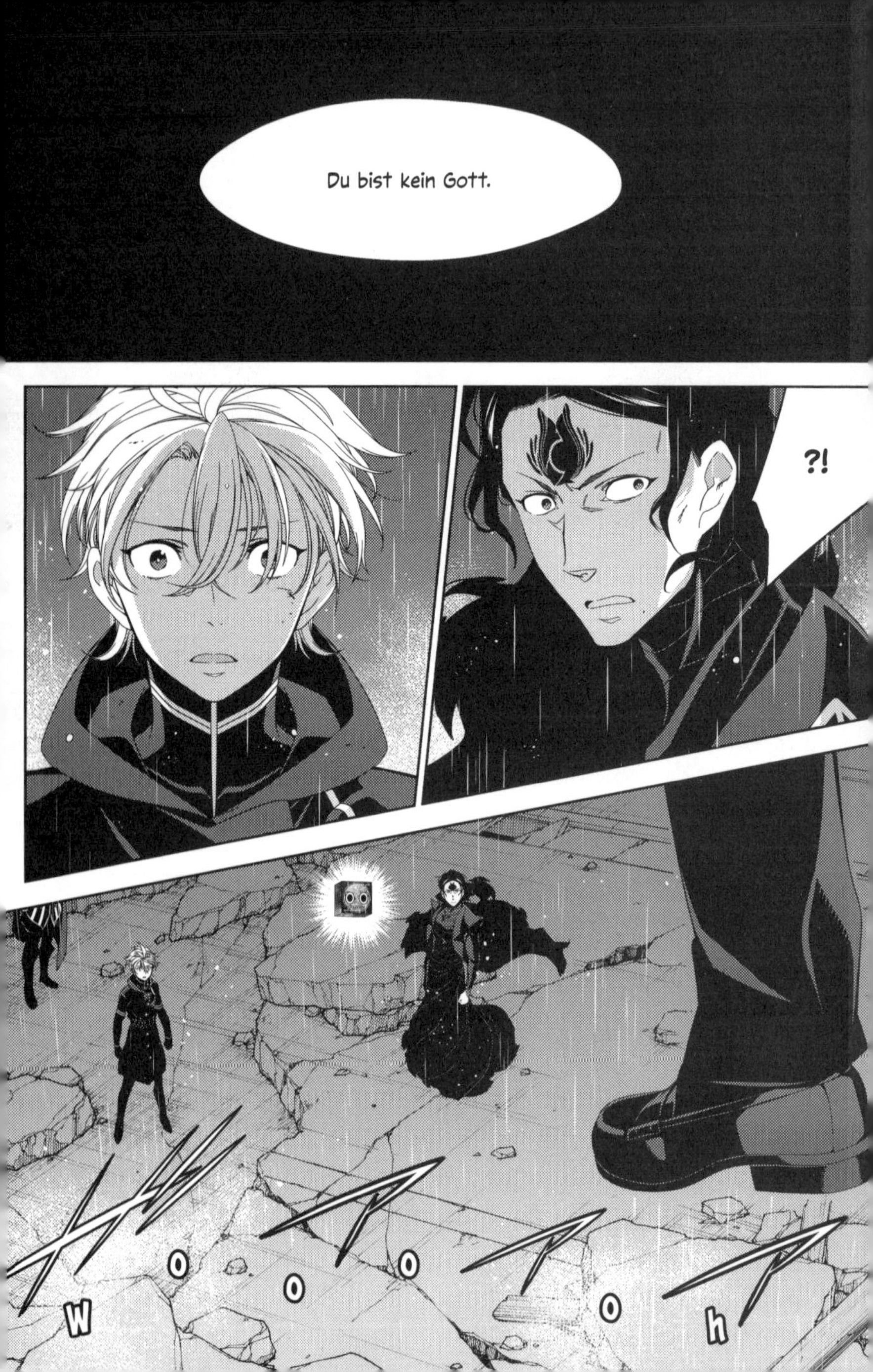
Du bist kein Gott.
?!
Wooooh

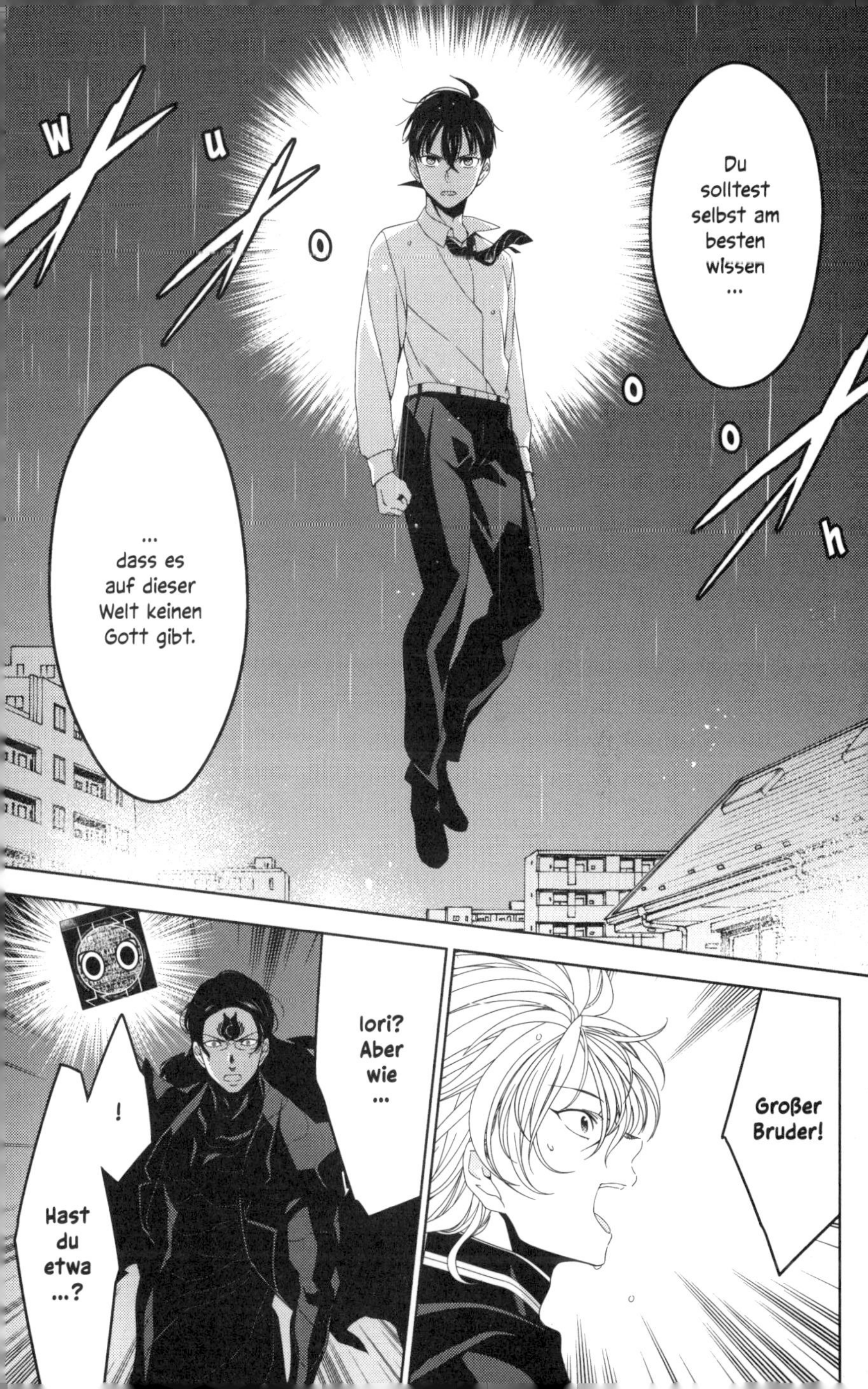
Du solltest selbst am besten wissen ...
W u o o o h
... dass es auf dieser Welt keinen Gott gibt.
Großer Bruder!
Iori? Aber wie ...
!
Hast du etwa ...?

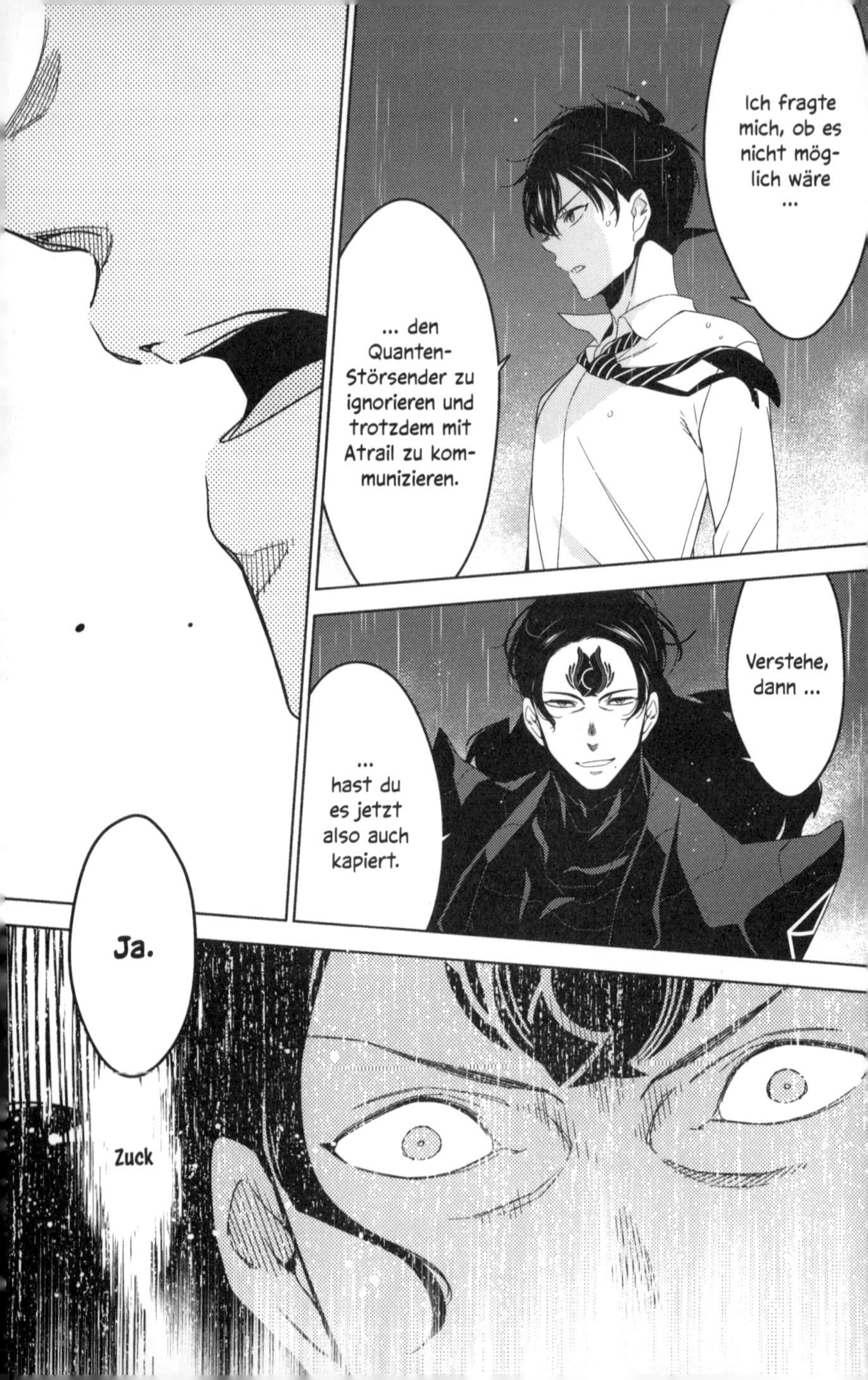
Ich fragte mich, ob es nicht mög-lich wäre ...
... den Quanten-Störsender zu ignorieren und trotzdem mit Atrail zu kom-munizieren.
...
Verstehe, dann ...
... hast du es jetzt also auch kapiert.
Ja.
Zuck

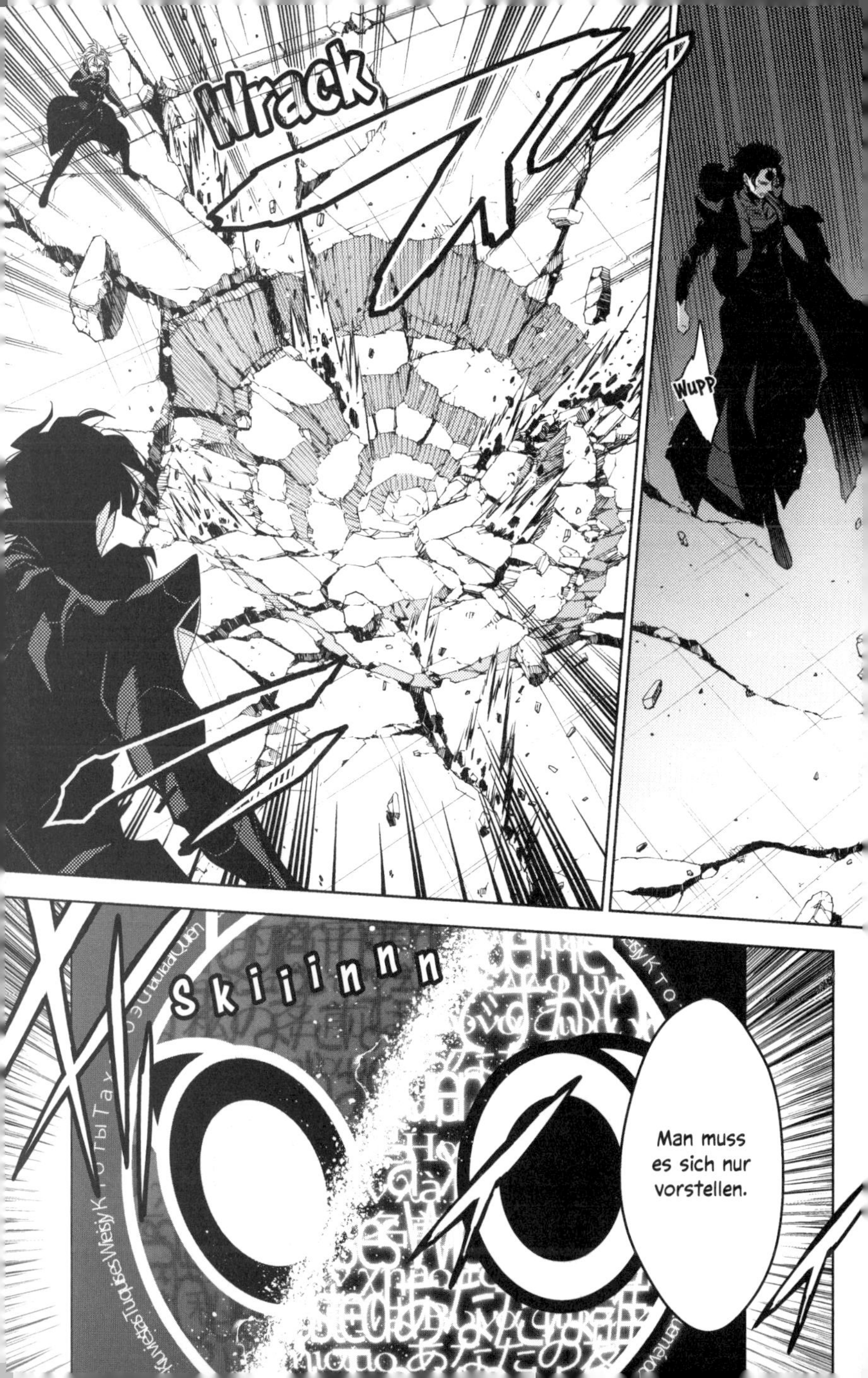
Wrack
Wupp
Skiiinnn
Man muss es sich nur vorstellen.

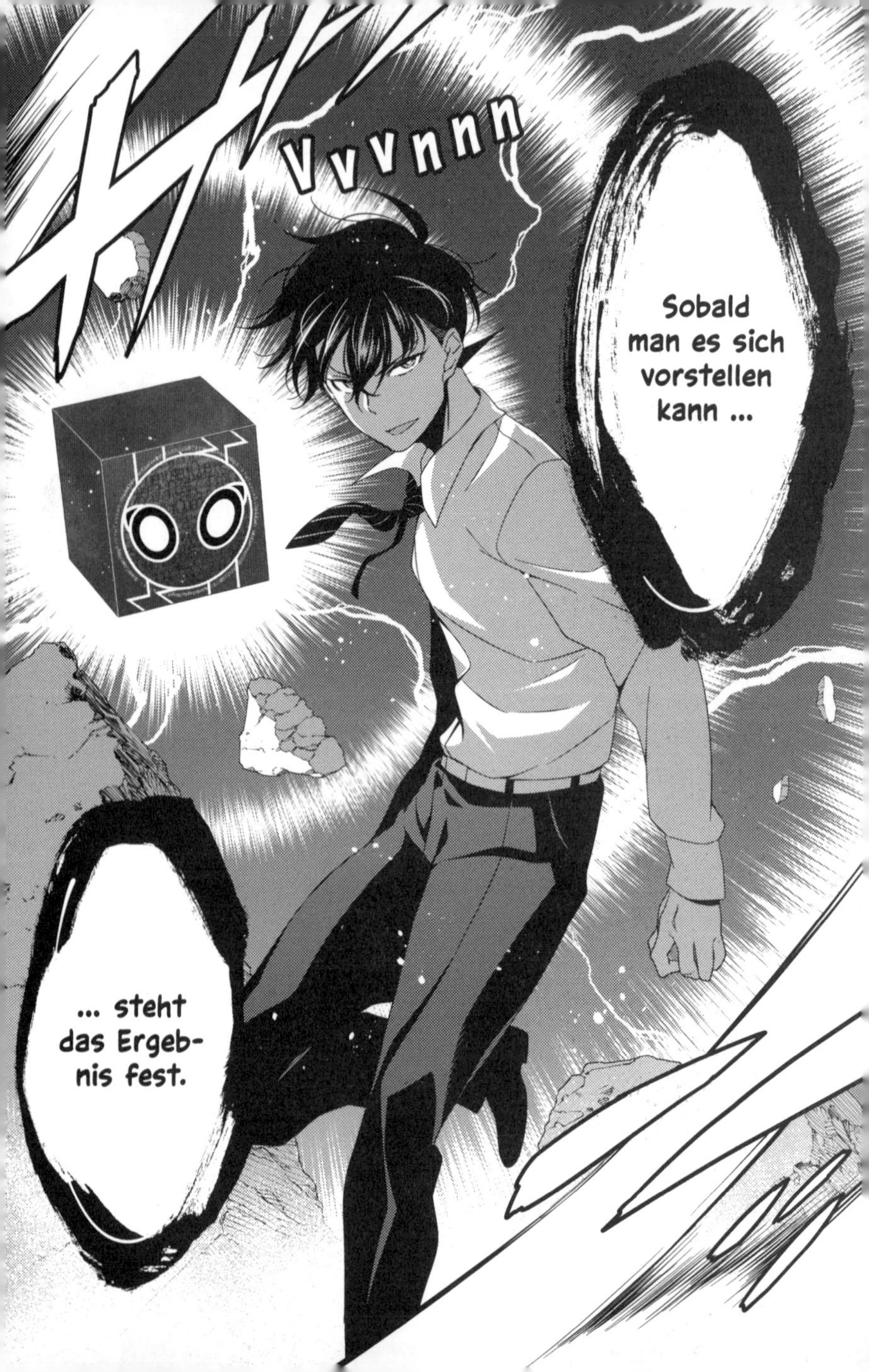
Vvvnnn
Sobald man es sich vorstellen kann ...
... steht das Ergebnis fest.

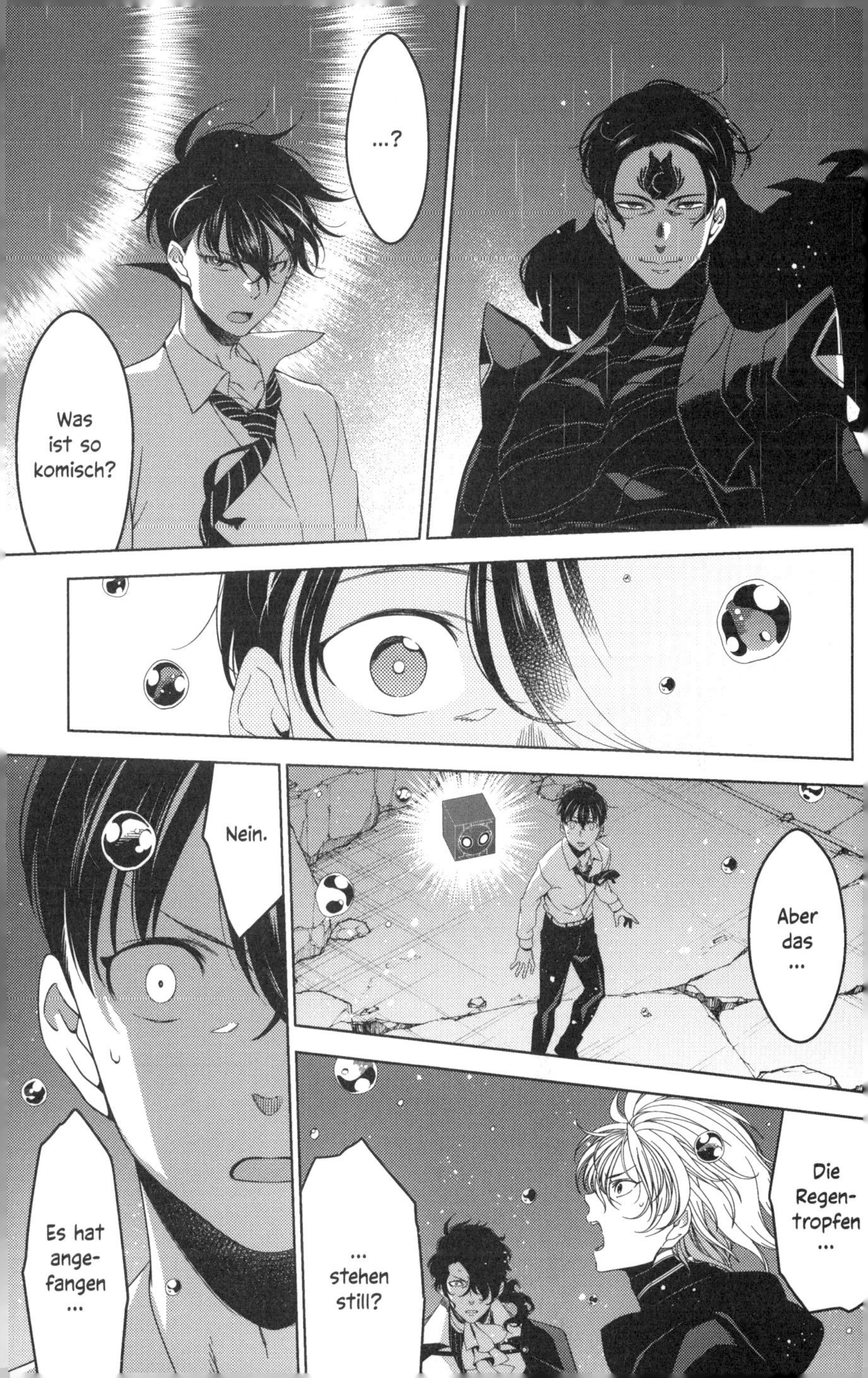

...?

Was ist so komisch?

Aber das ...

Die Regen-
tropfen ...

... stehen still?

Nein.

Es hat ange-
fangen ...

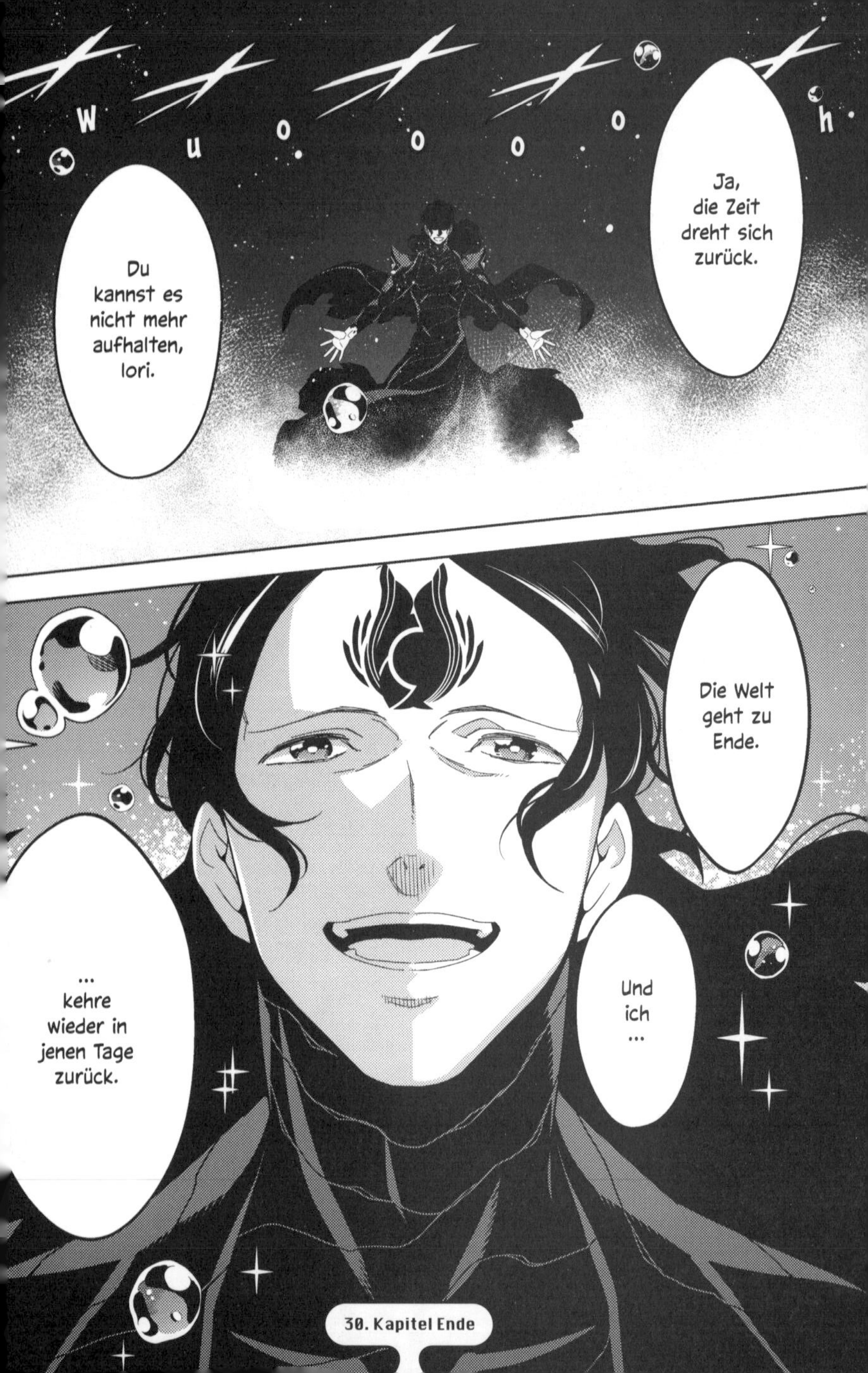
W u o o o o o h
Ja, die Zeit dreht sich zurück.
Du kannst es nicht mehr aufhalten, Iori.
Die Welt geht zu Ende.
Und ich …
… kehre wieder in jenen Tage zurück.
30. Kapitel Ende

ATRAIL

Mein normales Leben in einer abnormalen Welt

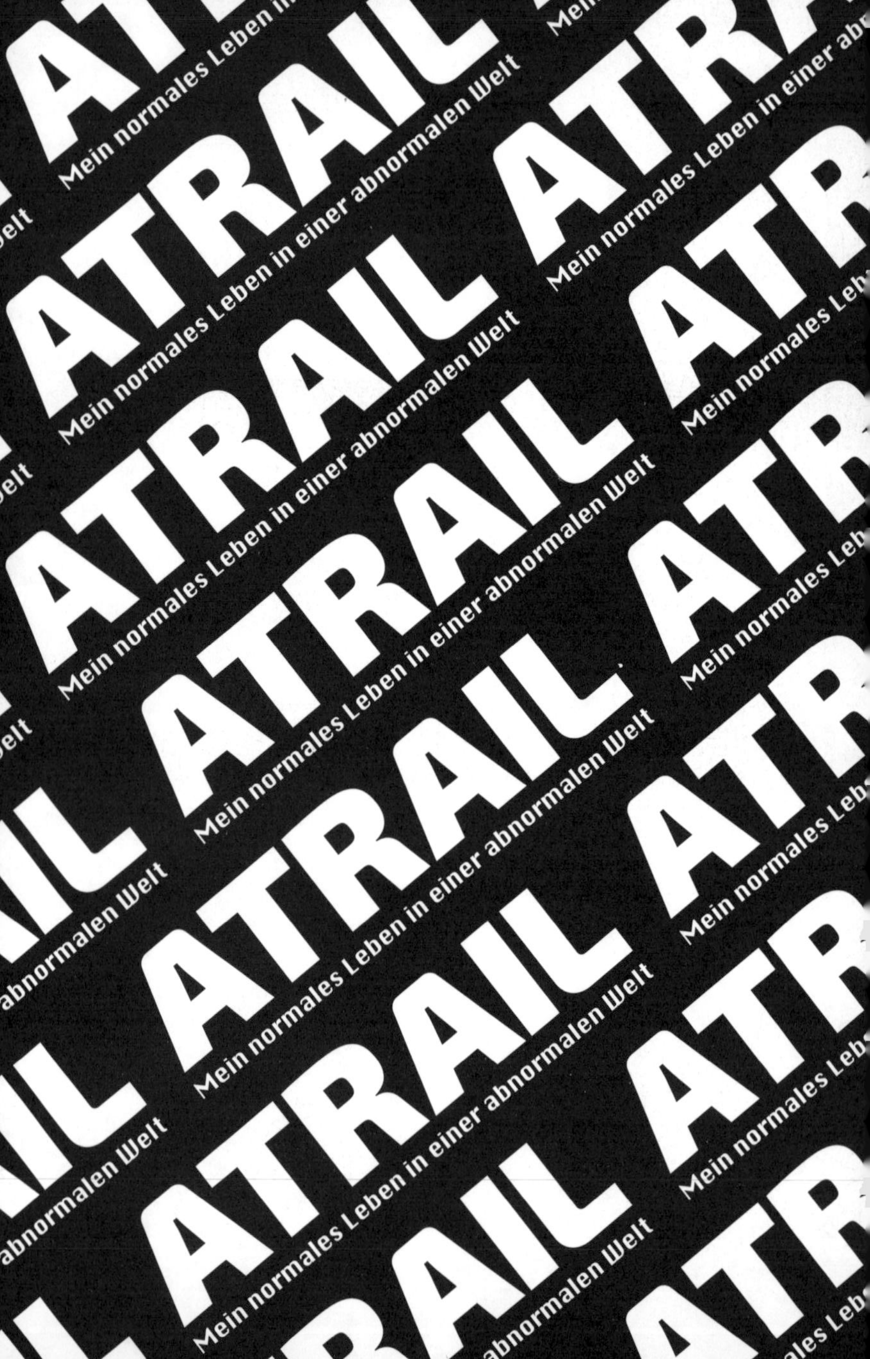
ATRAIL
Mein normales Leben in einer abnormalen Welt

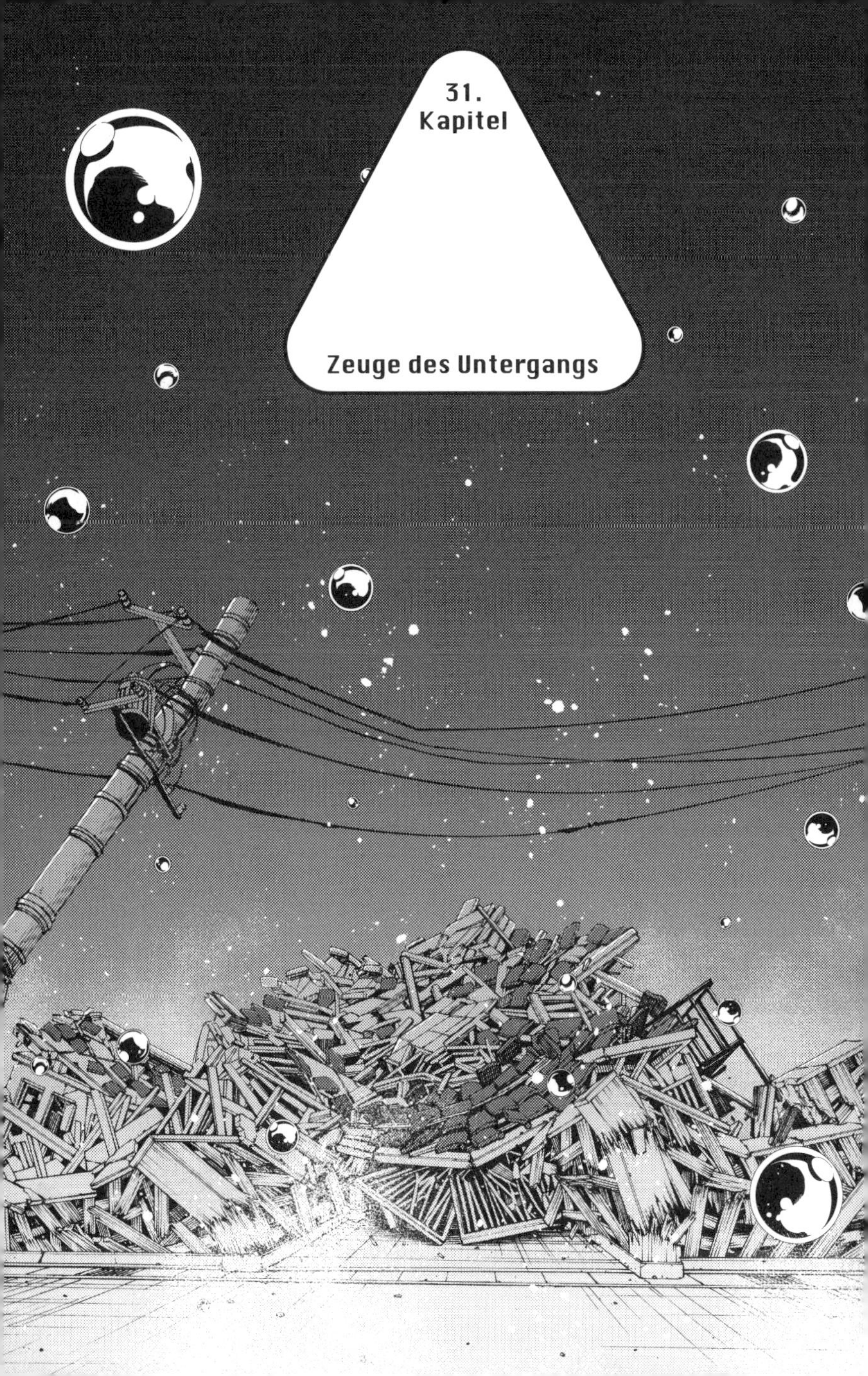
31.
Kapitel
Zeuge des Untergangs

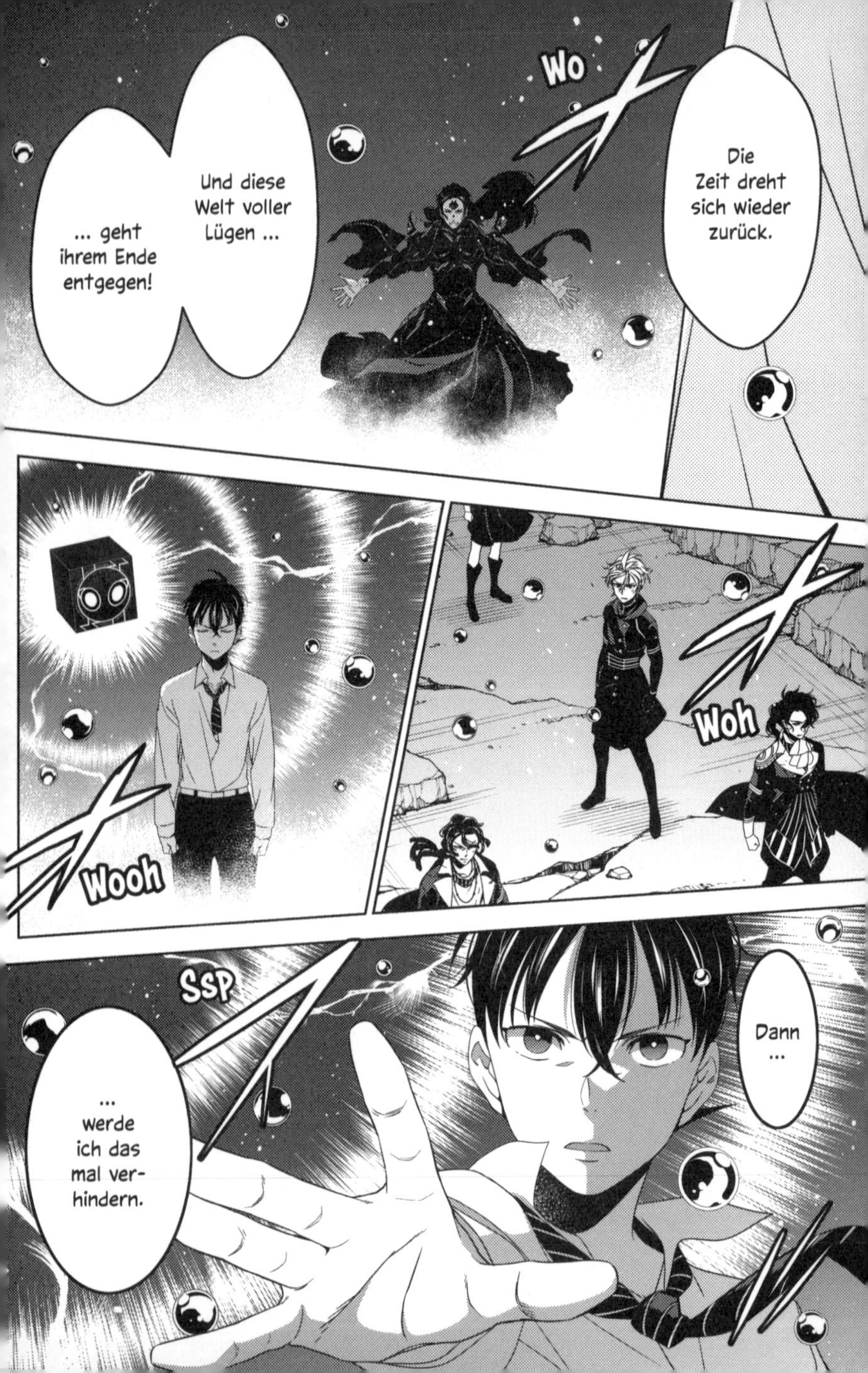
Wo
Die Zeit dreht sich wieder zurück.
Und diese Welt voller Lügen ...
... geht ihrem Ende entgegen!
Woh
Wooh
Ssp
Dann ...
... werde ich das mal verhindern.

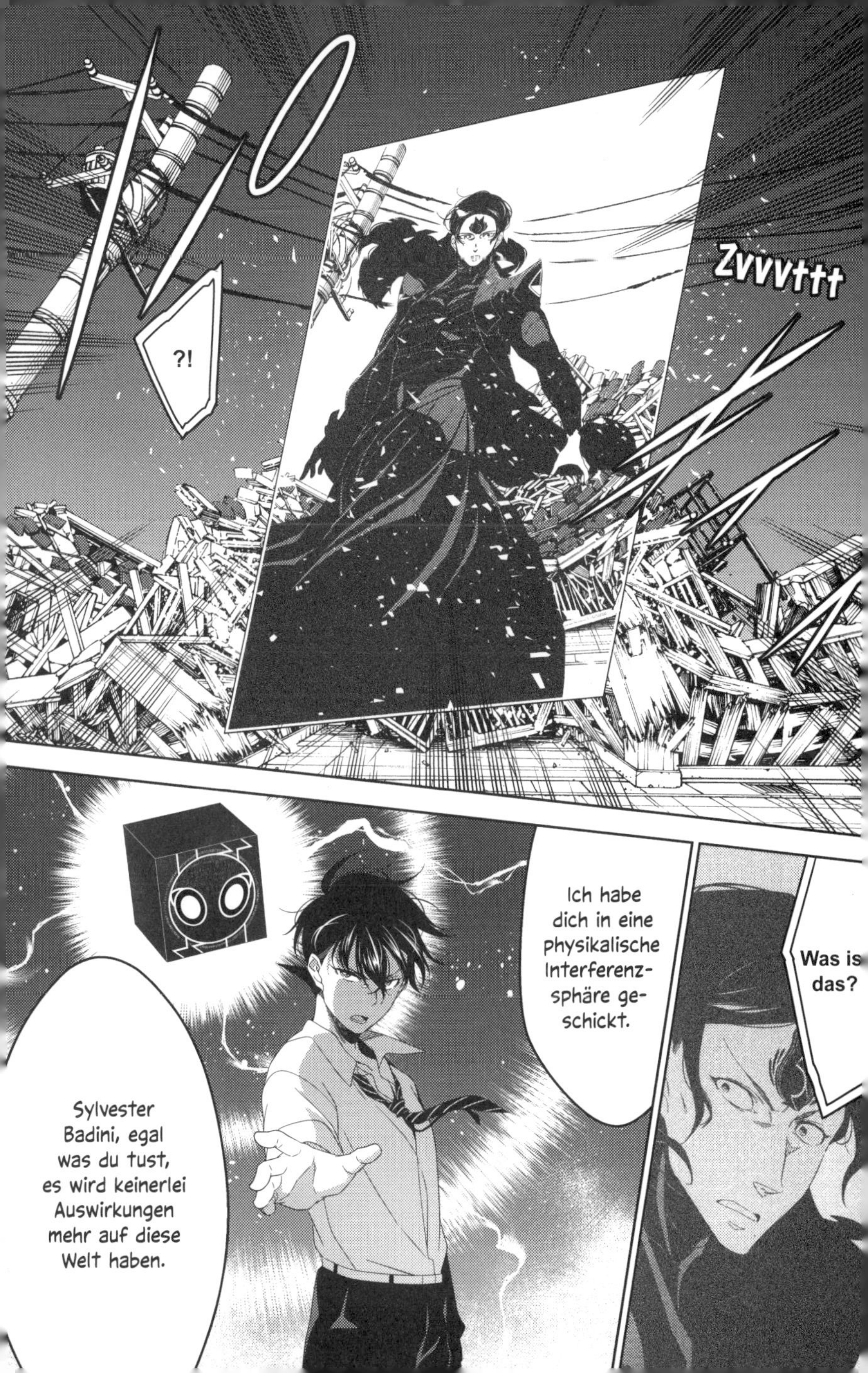
?!
Zvvvttt
Was is das?
Ich habe dich in eine physikalische Interferenz-sphäre ge-schickt.
Sylvester Badini, egal was du tust, es wird keinerlei Auswirkungen mehr auf diese Welt haben.

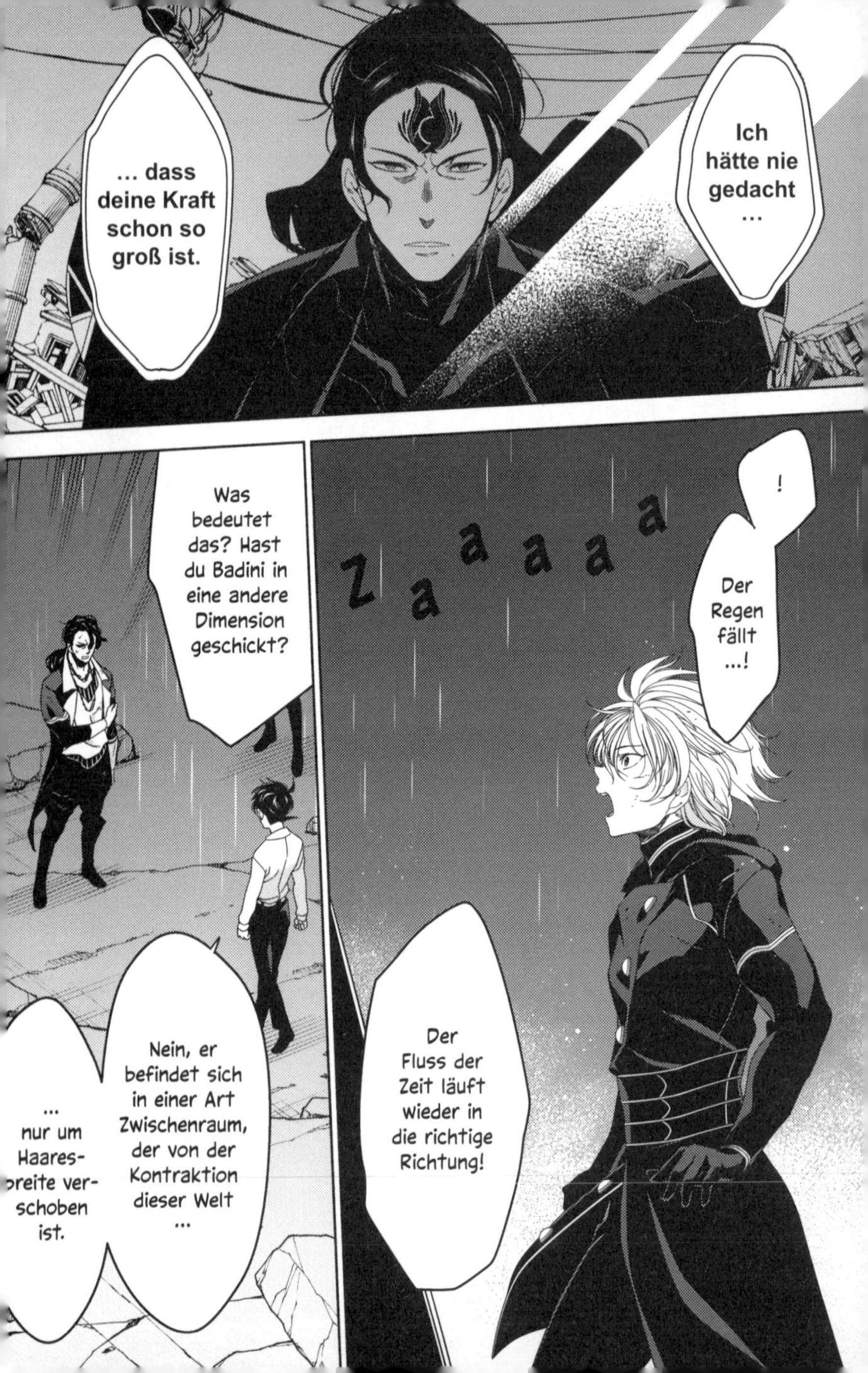

Ich hätte nie gedacht …

… dass deine Kraft schon so groß ist.

!

Der Regen fällt …!

Zaaaaaa

Der Fluss der Zeit läuft wieder in die richtige Richtung!

Was bedeutet das? Hast du Badini in eine andere Dimension geschickt?

Nein, er befindet sich in einer Art Zwischenraum, der von der Kontraktion dieser Welt …

… nur um Haaresbreite verschoben ist.

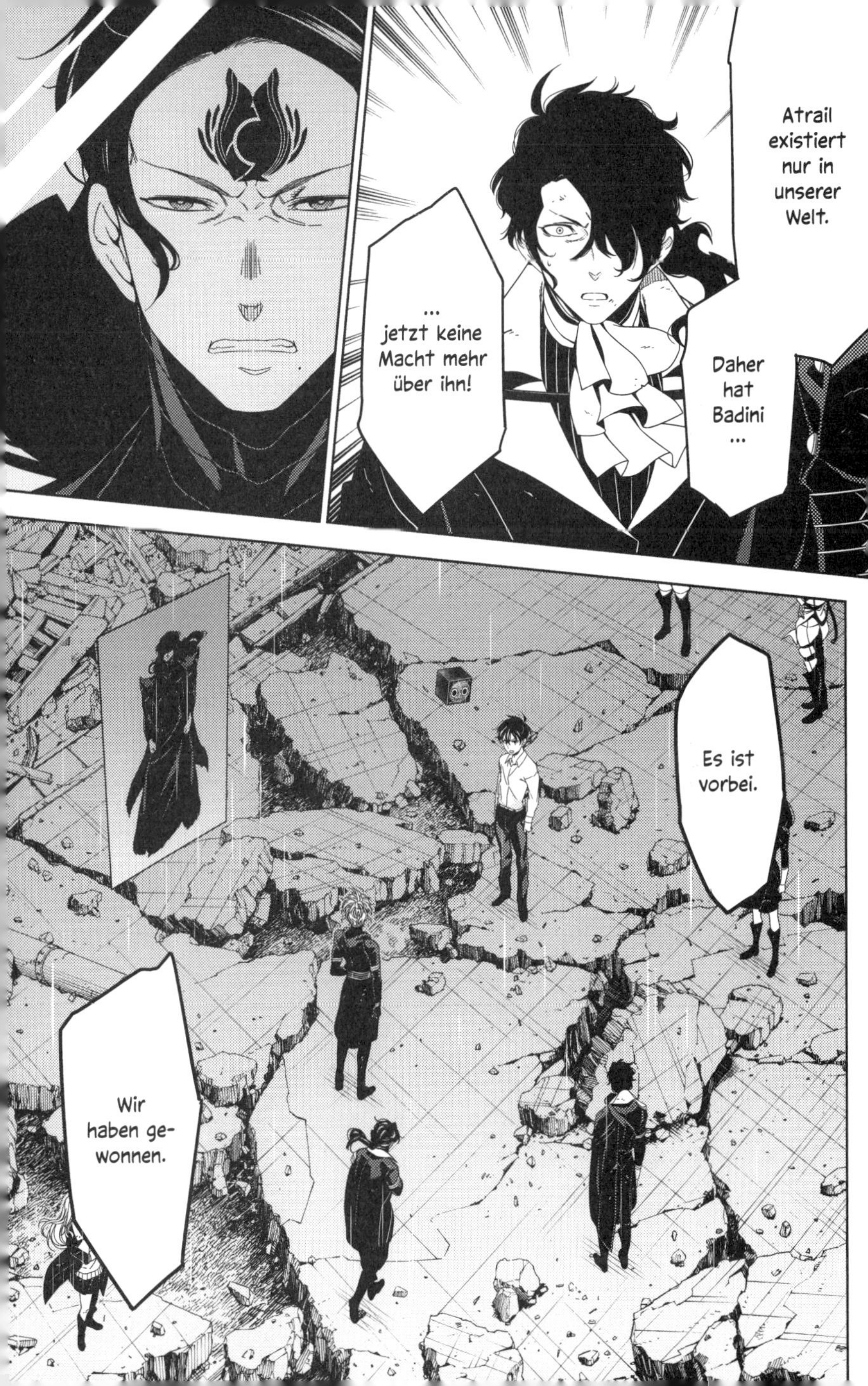
Atrail existiert nur in unserer Welt.
Daher hat Badini ...
... jetzt keine Macht mehr über ihn!
Es ist vorbei.
Wir haben ge-wonnen.

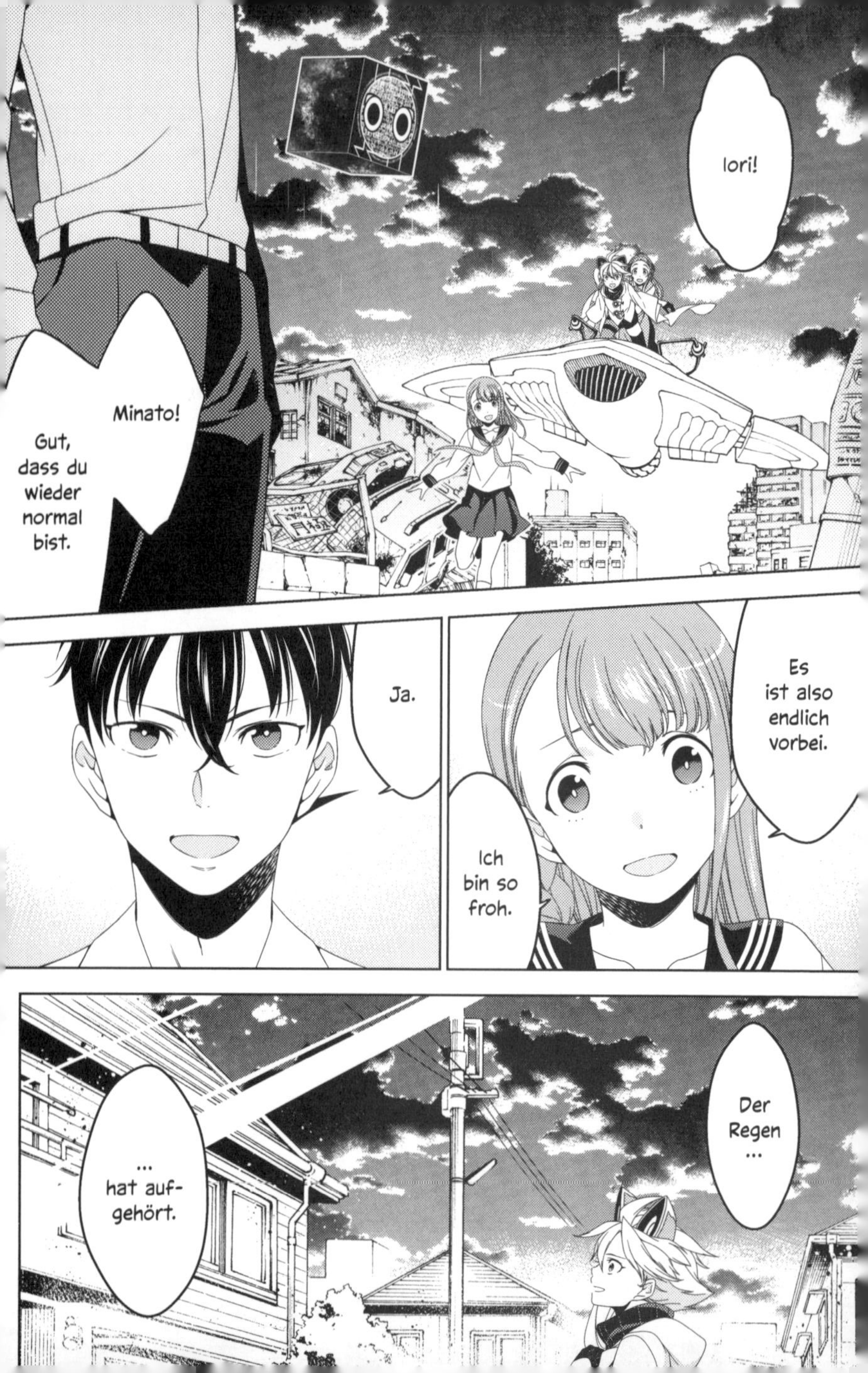

Iori!

Minato!

Gut, dass du wieder normal bist.

Es ist also endlich vorbei.

Ich bin so froh.

Ja.

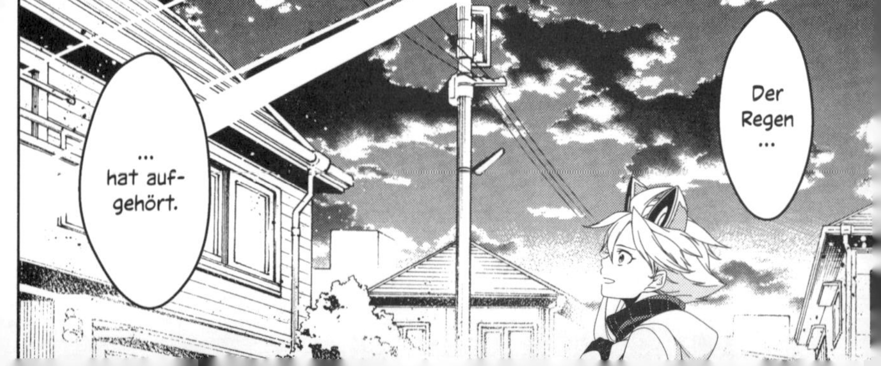

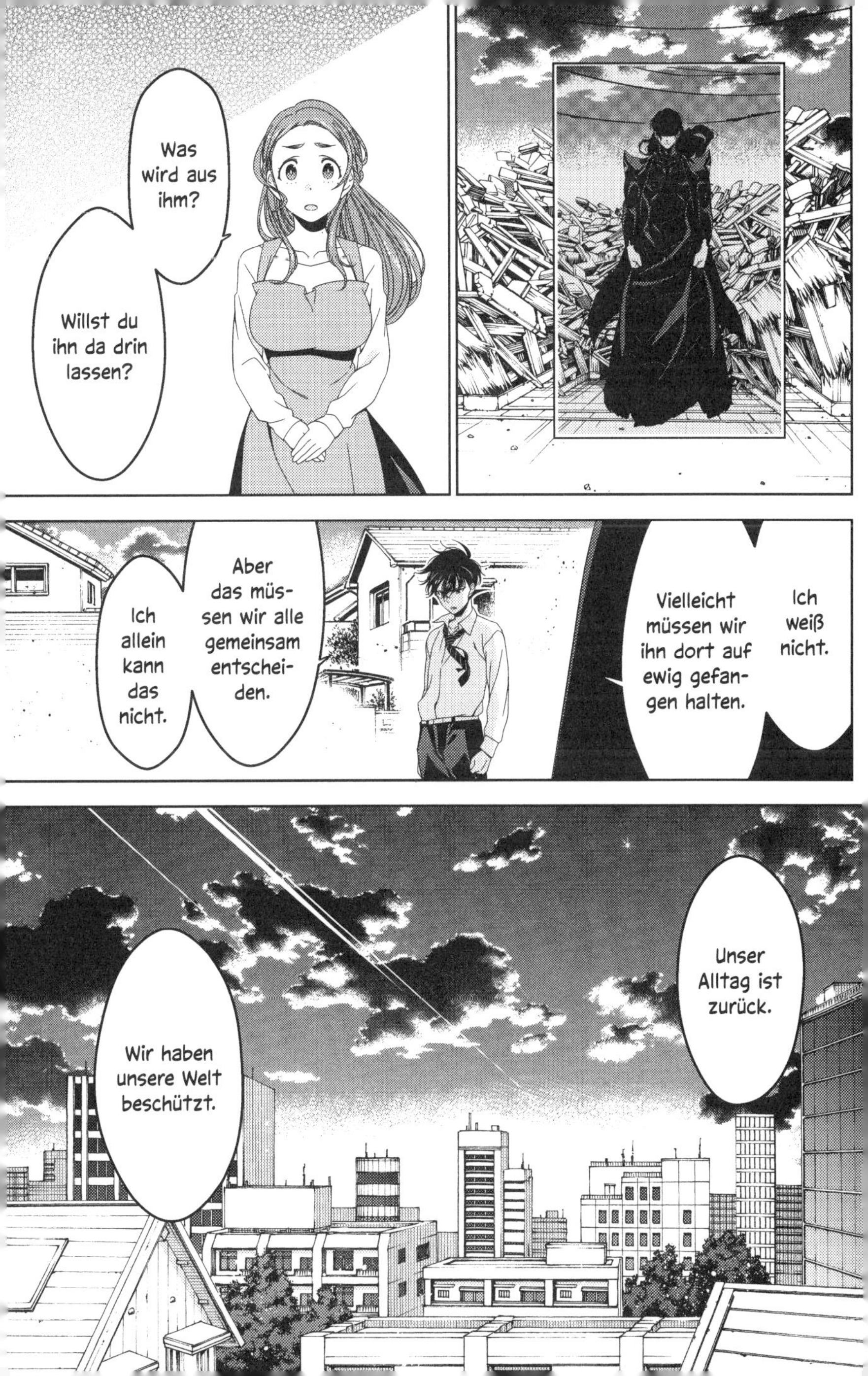

Was wird aus ihm?

Willst du ihn da drin lassen?

Ich weiß nicht.

Vielleicht müssen wir ihn dort auf ewig gefangen halten.

Aber das müssen wir alle gemeinsam entscheiden.

Ich allein kann das nicht.

Unser Alltag ist zurück.

Wir haben unsere Welt beschützt.

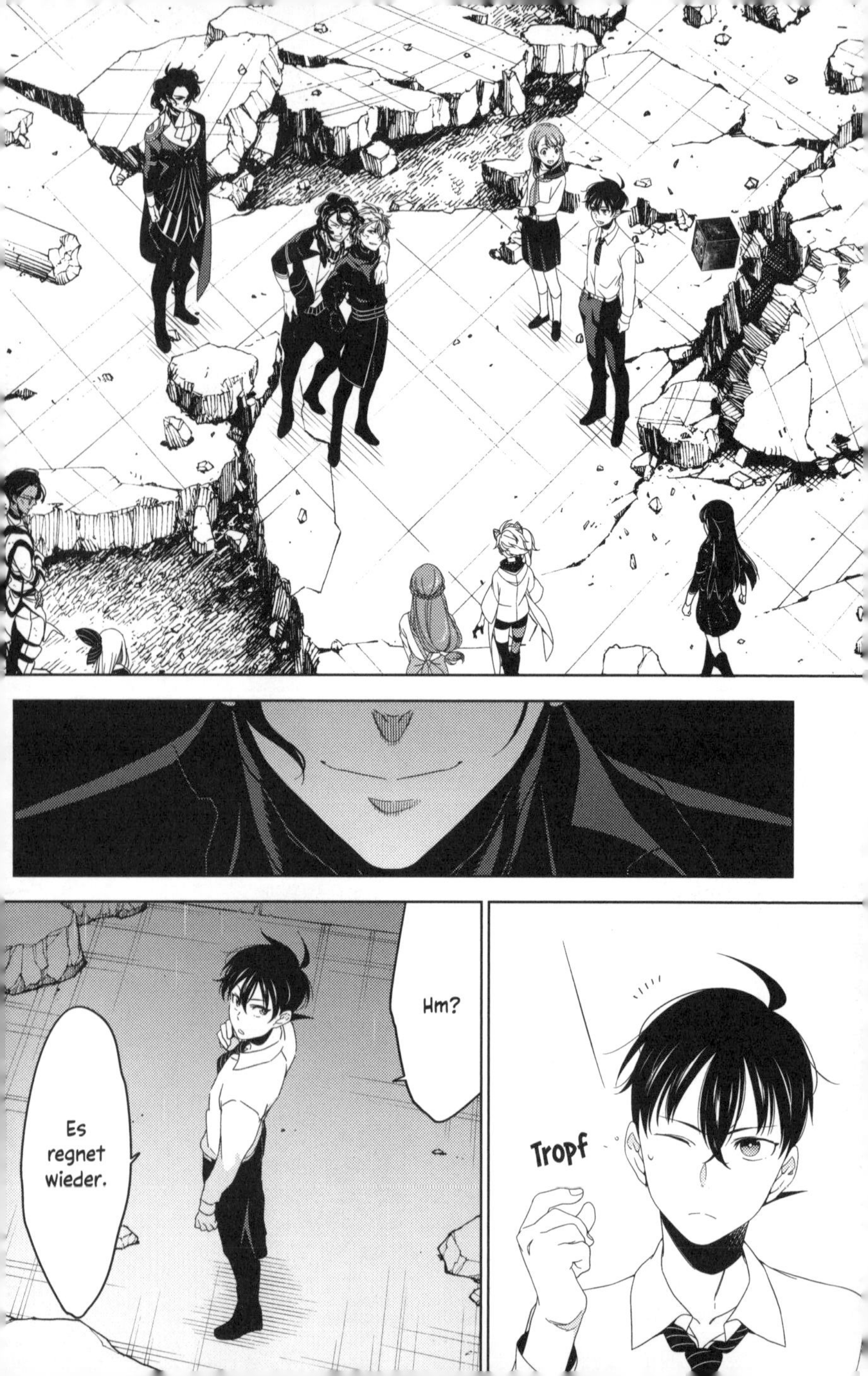

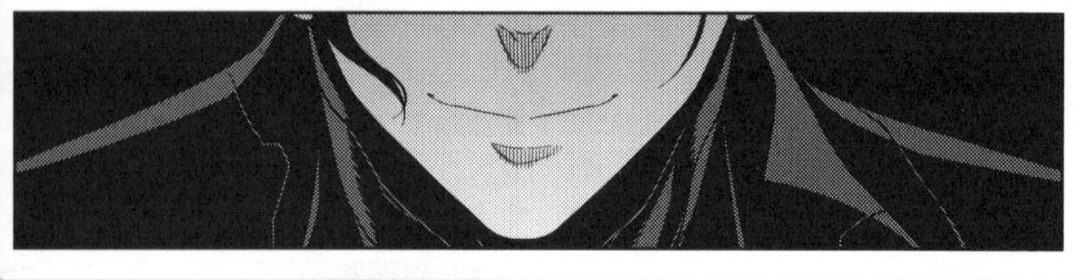

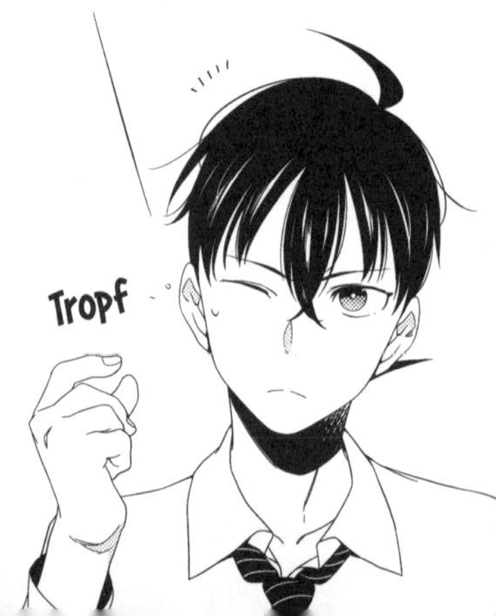
Tropf

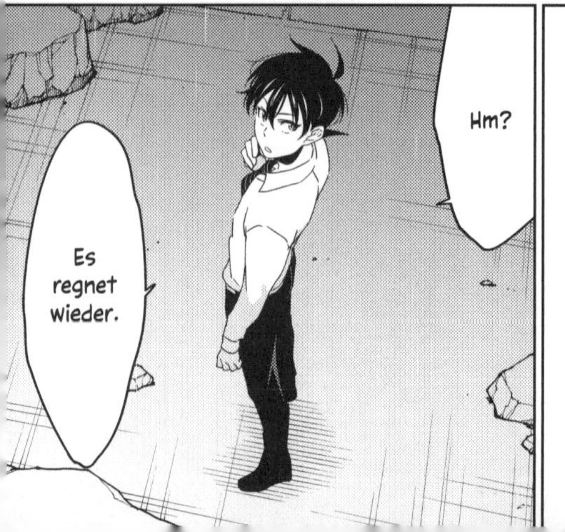
Hm?
Es regnet wieder.

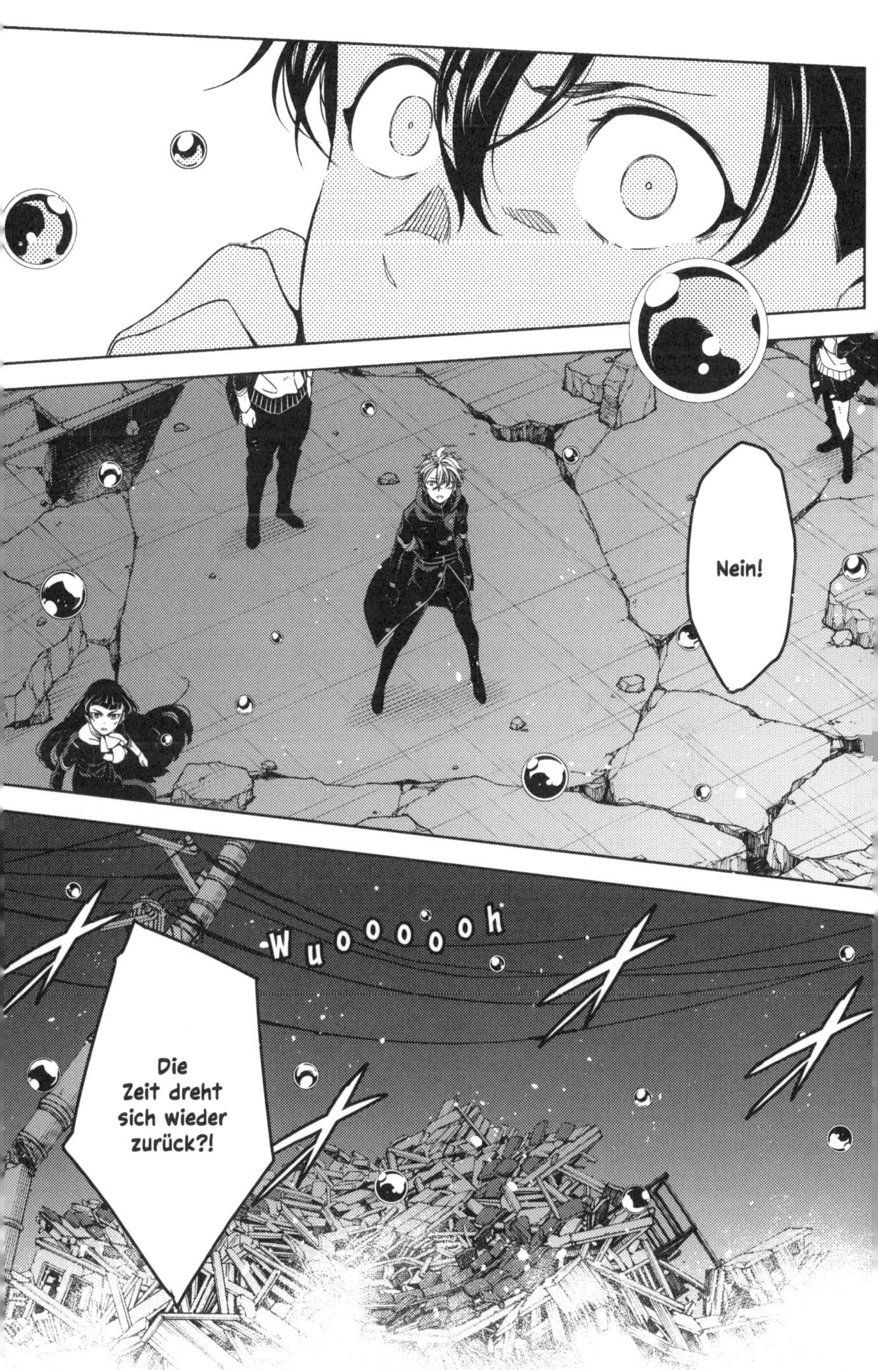
Nein!
Wuooooooh
Die Zeit dreht sich wieder zurück?!

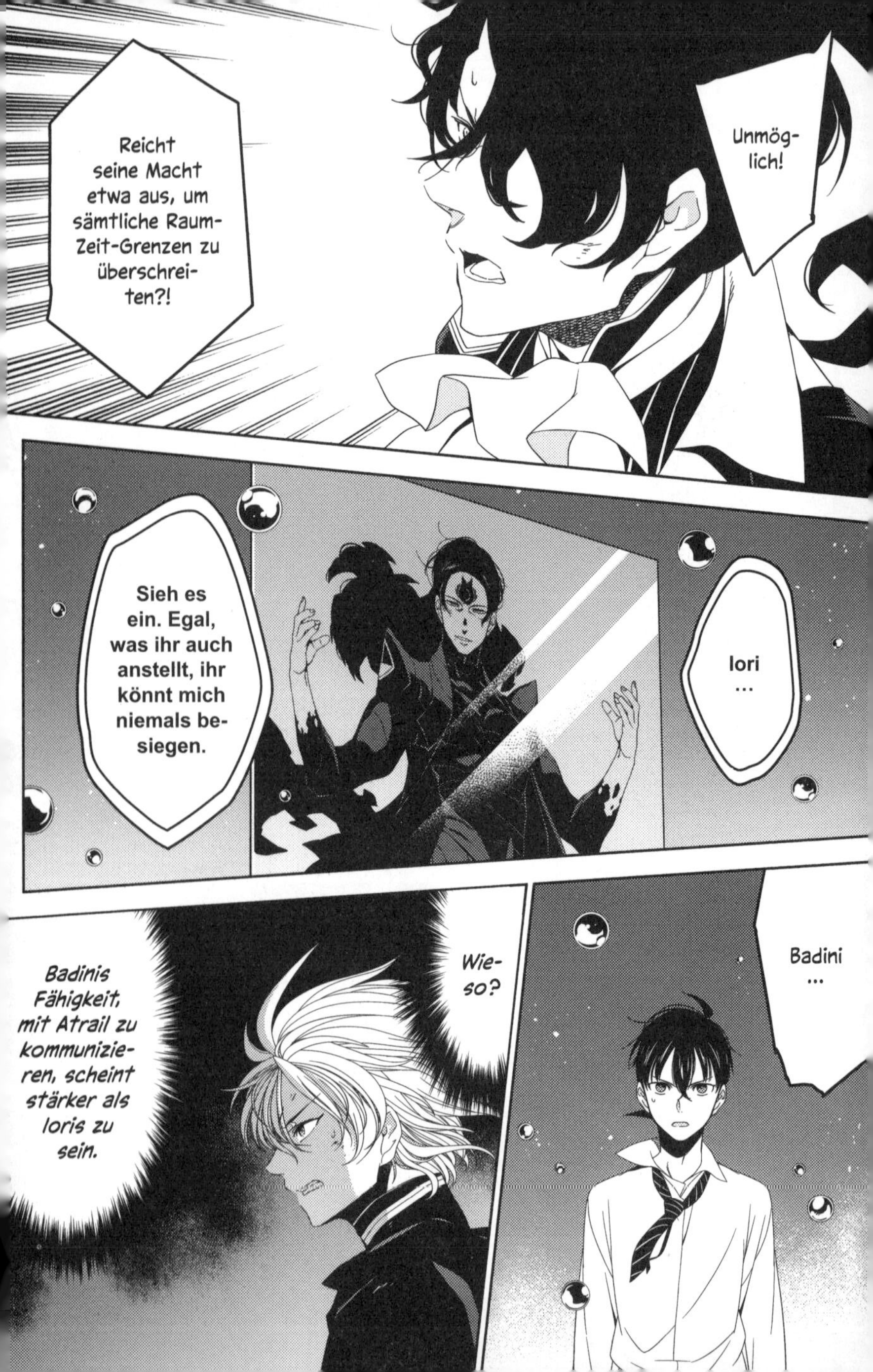
Unmöglich!
Reicht seine Macht etwa aus, um sämtliche Raum-Zeit-Grenzen zu überschreiten?!
Iori …
Sieh es ein. Egal, was ihr auch anstellt, ihr könnt mich niemals besiegen.
Badini …
Wieso?
Badinis Fähigkeit, mit Atrail zu kommunizieren, scheint stärker als Ioris zu sein.

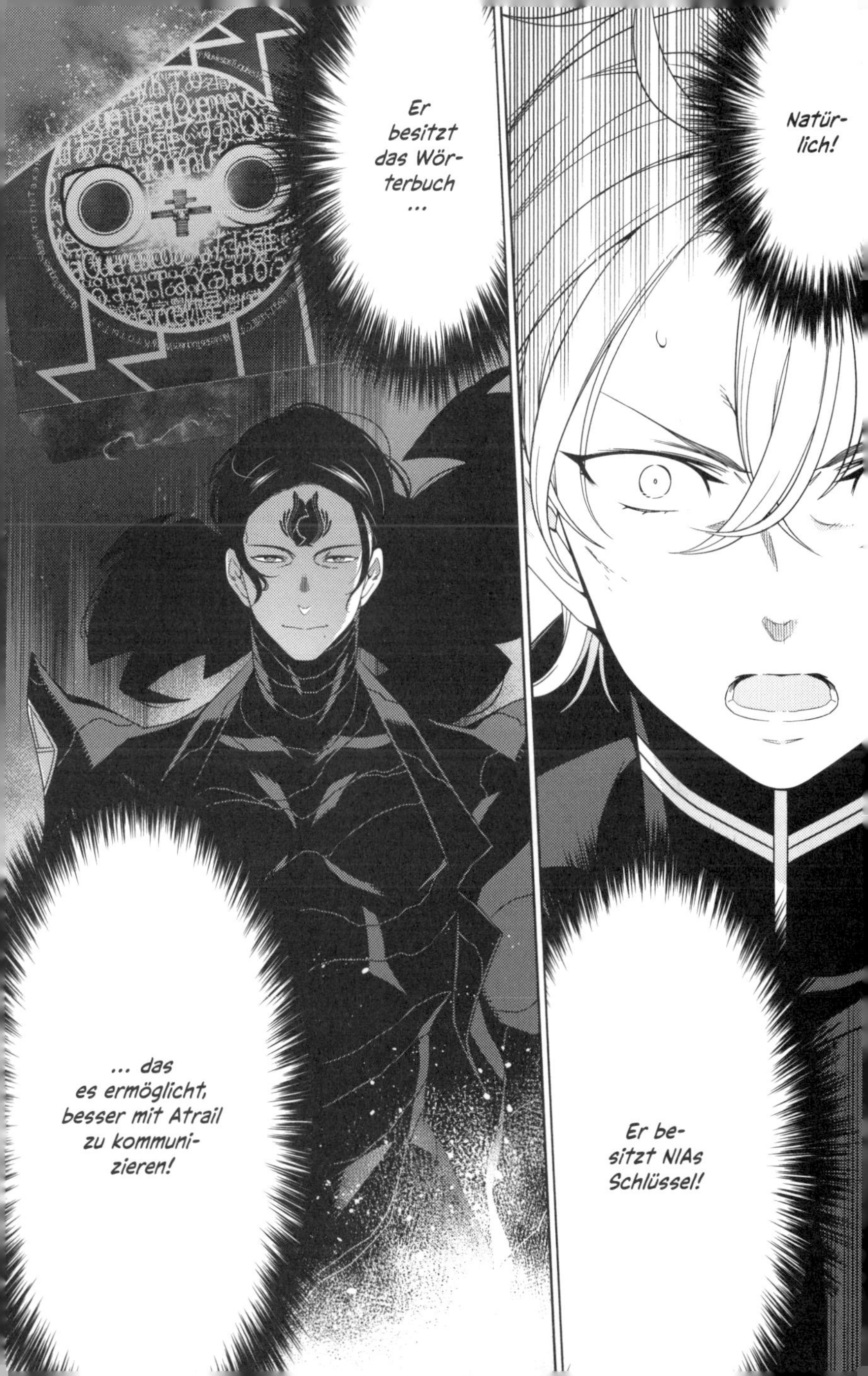
Natürlich!
Er besitzt NIAs Schlüssel!
Er besitzt das Wörterbuch ...
... das es ermöglicht, besser mit Atrail zu kommunizieren!

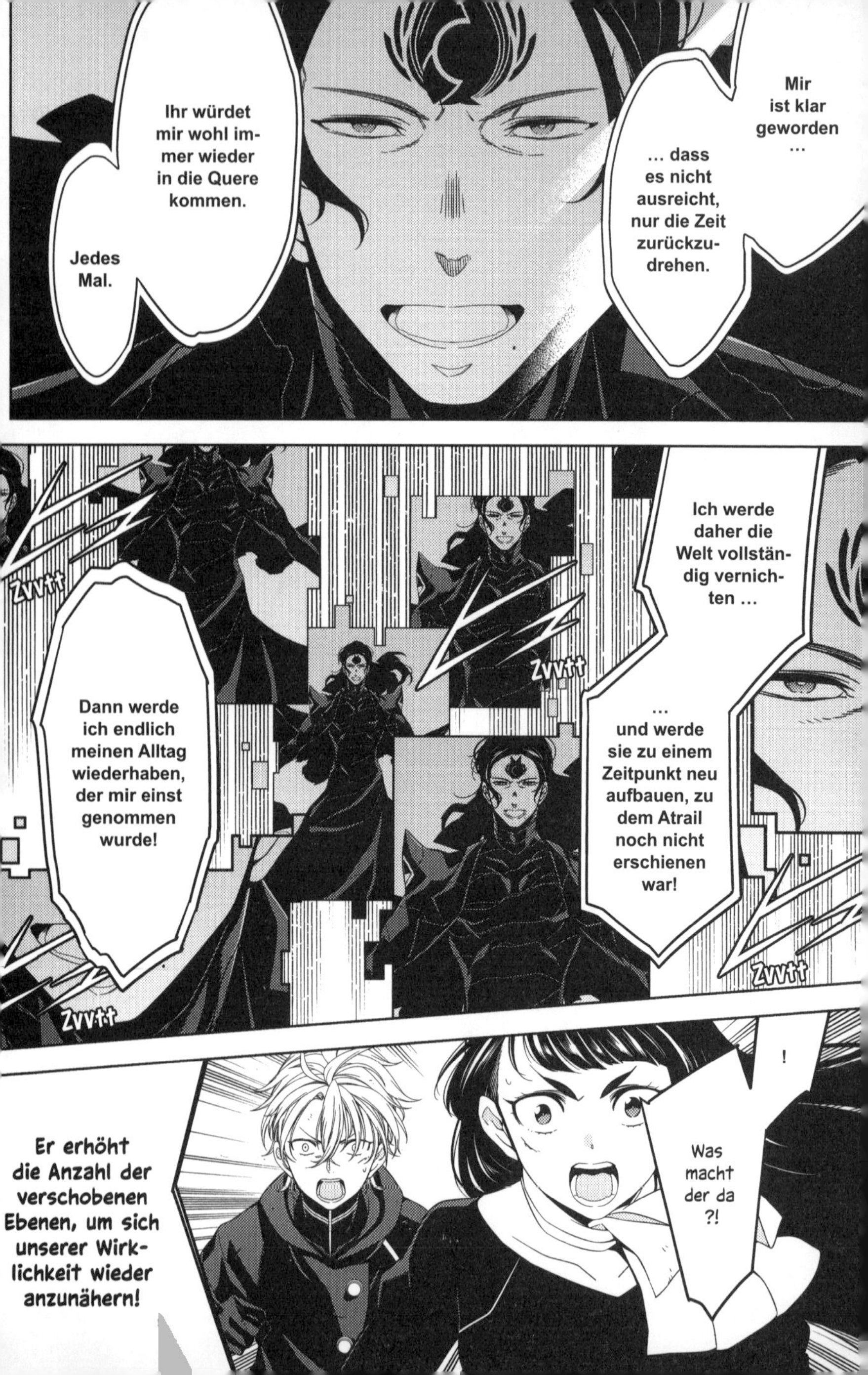

Mir ist klar geworden …

… dass es nicht ausreicht, nur die Zeit zurückzudrehen.

Ihr würdet mir wohl immer wieder in die Quere kommen.

Jedes Mal.

Ich werde daher die Welt vollständig vernichten …

… und werde sie zu einem Zeitpunkt neu aufbauen, zu dem Atrail noch nicht erschienen war!

Zvvtt

Zvvtt

Dann werde ich endlich meinen Alltag wiederhaben, der mir einst genommen wurde!

Zvvtt

Zvvtt

!

Was macht der da?!

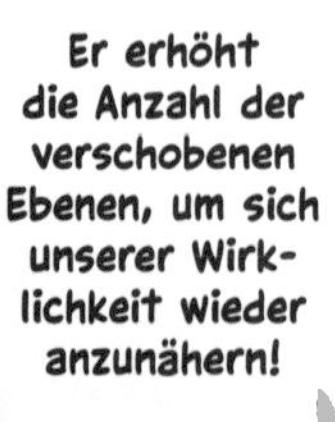

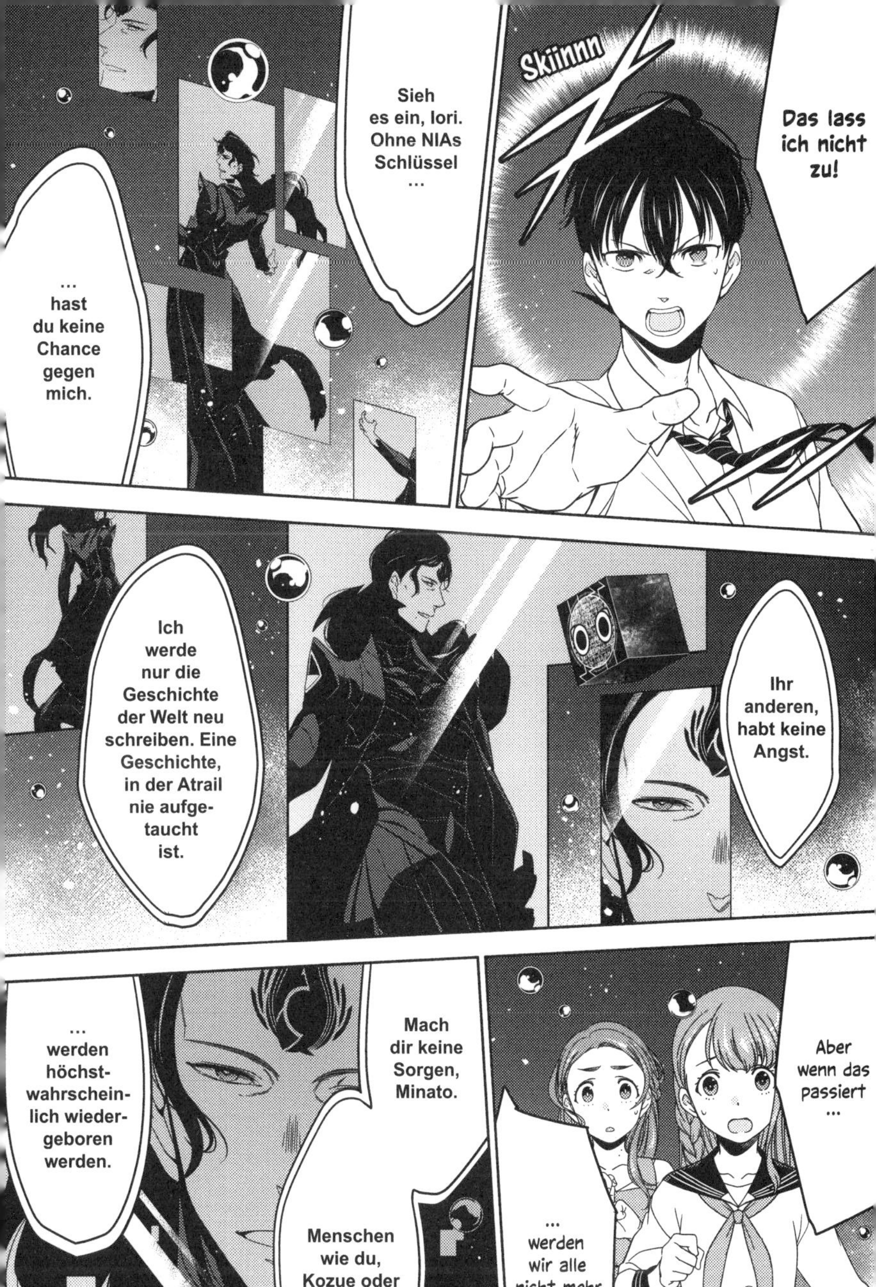
Skiinnn
Das lass ich nicht zu!
Sieh es ein, Iori. Ohne NIAs Schlüssel …
… hast du keine Chance gegen mich.
Ihr anderen, habt keine Angst.
Ich werde nur die Geschichte der Welt neu schreiben. Eine Geschichte, in der Atrail nie aufgetaucht ist.
Aber wenn das passiert …
… werden wir alle nicht mehr existieren!
Mach dir keine Sorgen, Minato.
Menschen wie du, Kozue oder Amadeus …
… werden höchstwahrscheinlich wiedergeboren werden.

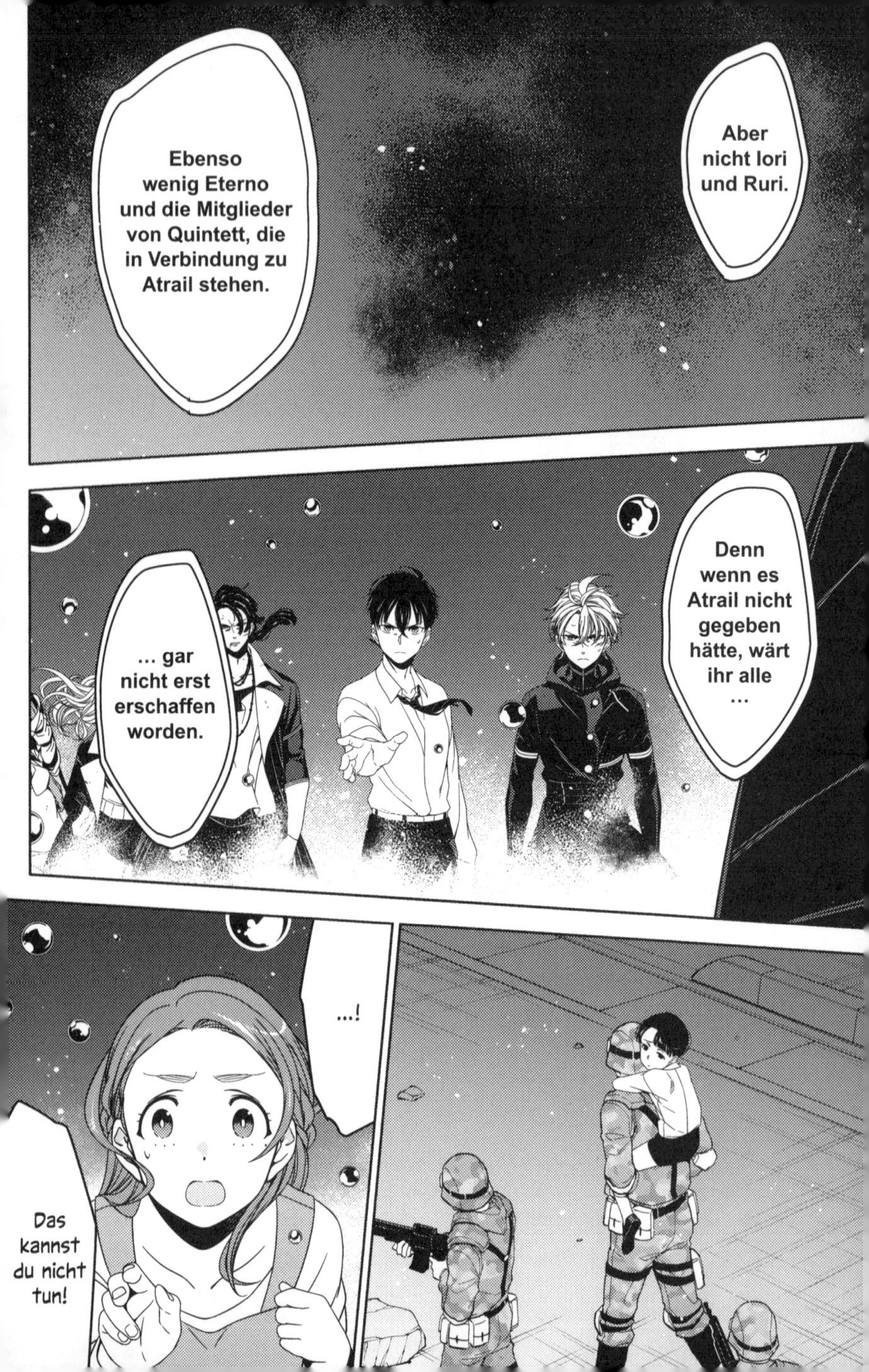

Aber nicht Iori und Ruri.

Ebenso wenig Eterno und die Mitglieder von Quintett, die in Verbindung zu Atrail stehen.

Denn wenn es Atrail nicht gegeben hätte, wärt ihr alle …

… gar nicht erst erschaffen worden.

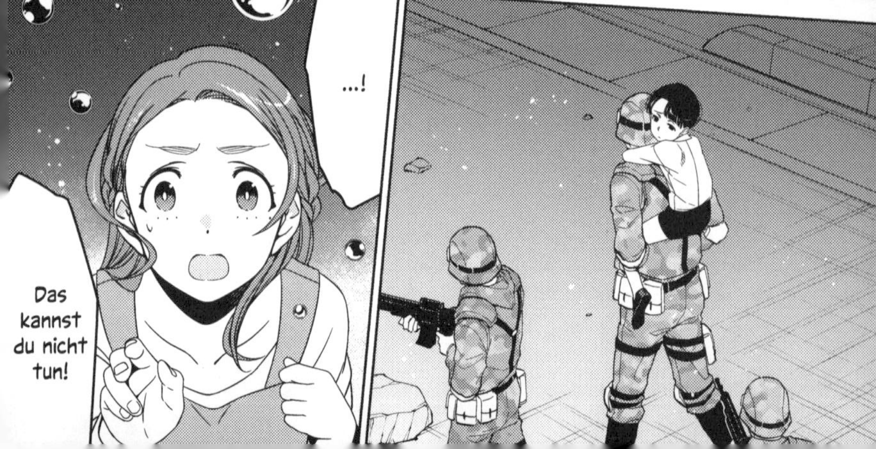

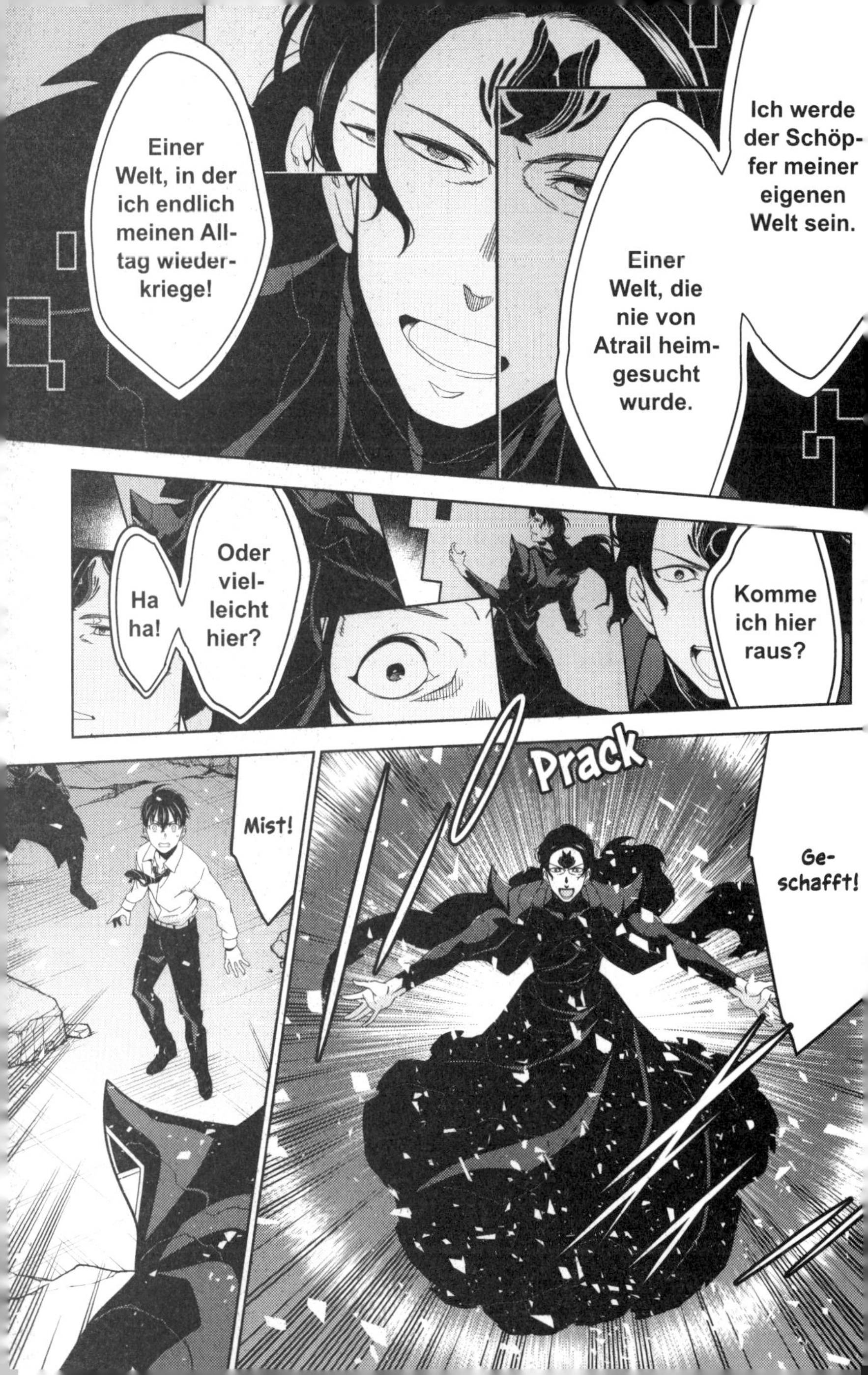

Ich werde der Schöpfer meiner eigenen Welt sein.
Einer Welt, die nie von Atrail heimgesucht wurde.
Einer Welt, in der ich endlich meinen Alltag wiederkriege!
Komme ich hier raus?
Oder vielleicht hier?
Ha ha!
Prack
Geschafft!
Mist!

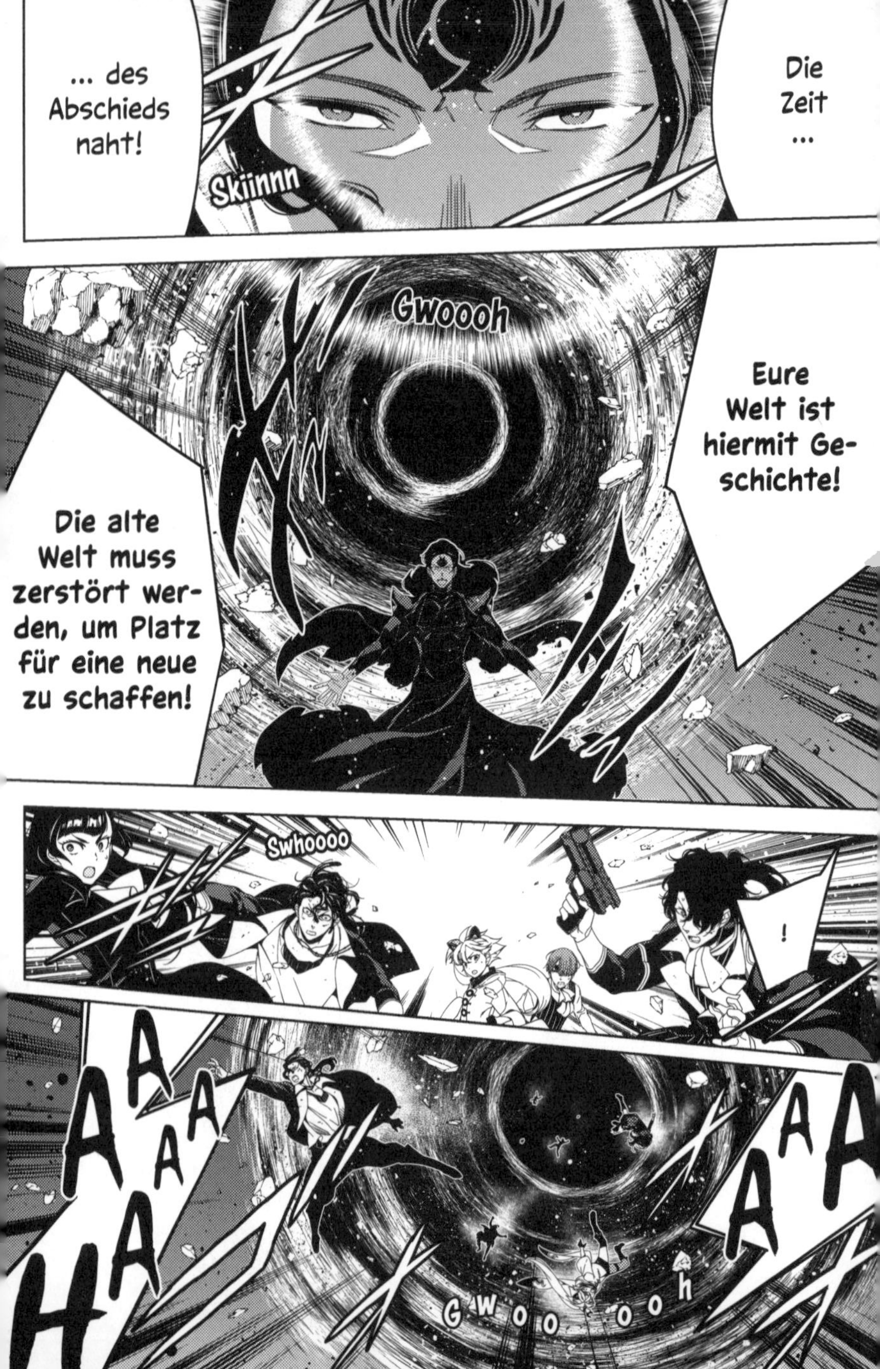
Die Zeit ...
... des Abschieds naht!
Skiinnn
Gwoooh
Eure Welt ist hiermit Geschichte!
Die alte Welt muss zerstört werden, um Platz für eine neue zu schaffen!
!
Swhoooo
AAAAA
HAAAAA
GWOO OOh

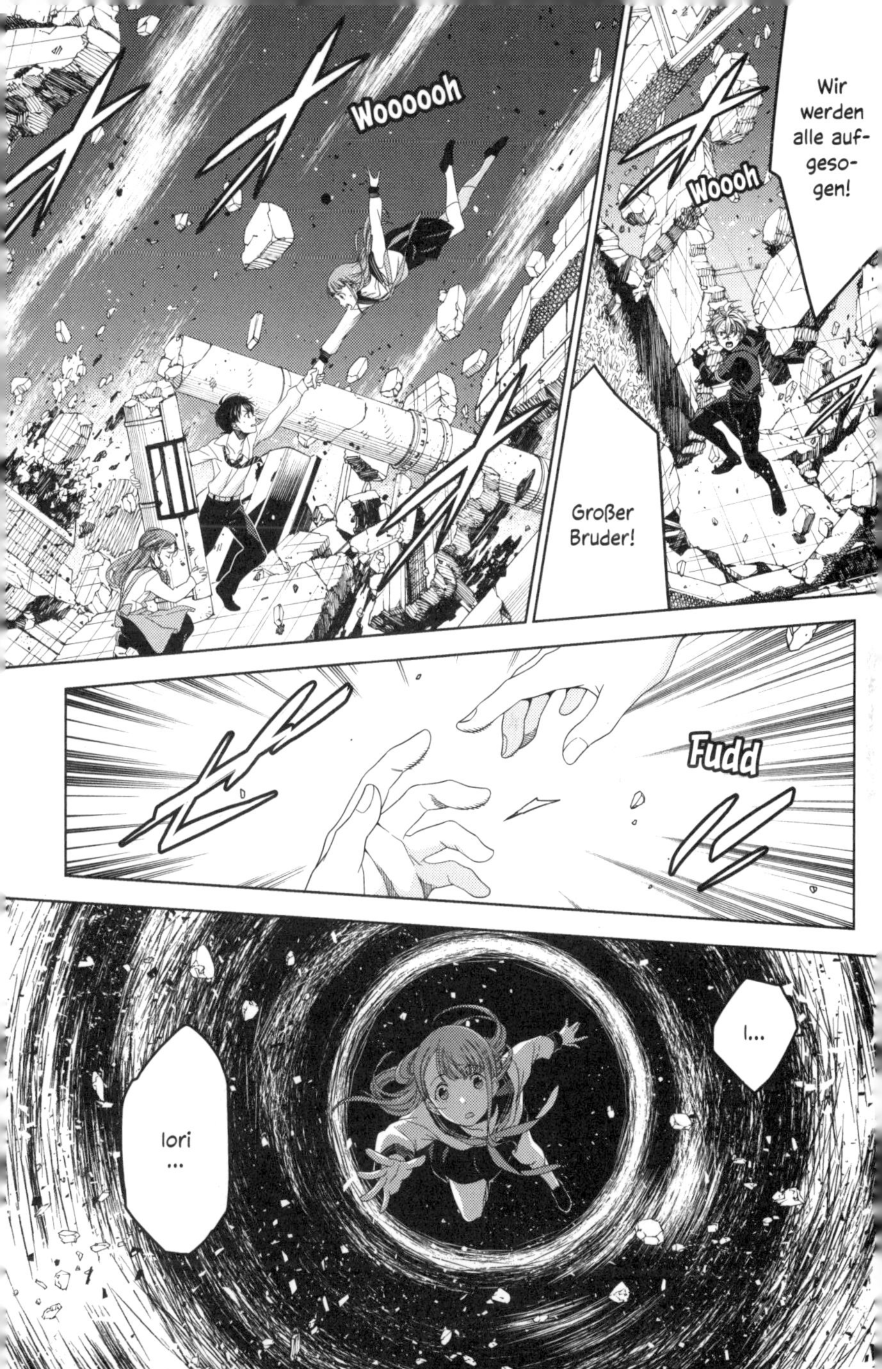
Wir werden alle auf-geso-gen!
Woooh
Großer Bruder!
Woooooh
Fudd
I...
Iori ...

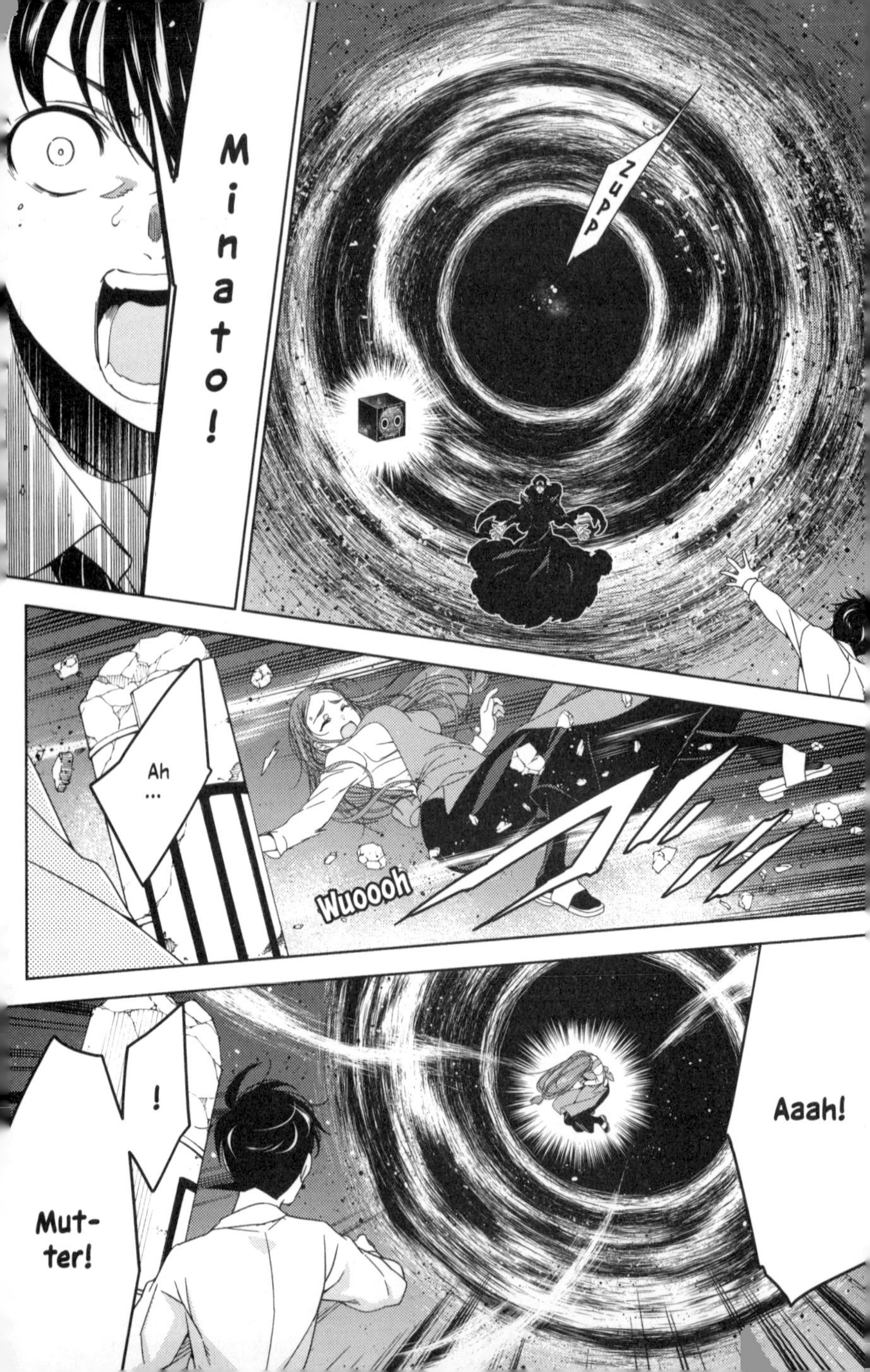
ZUPP
Minato!
Ah ...
Wuoooh
Aaah!
!
Mut-
ter!

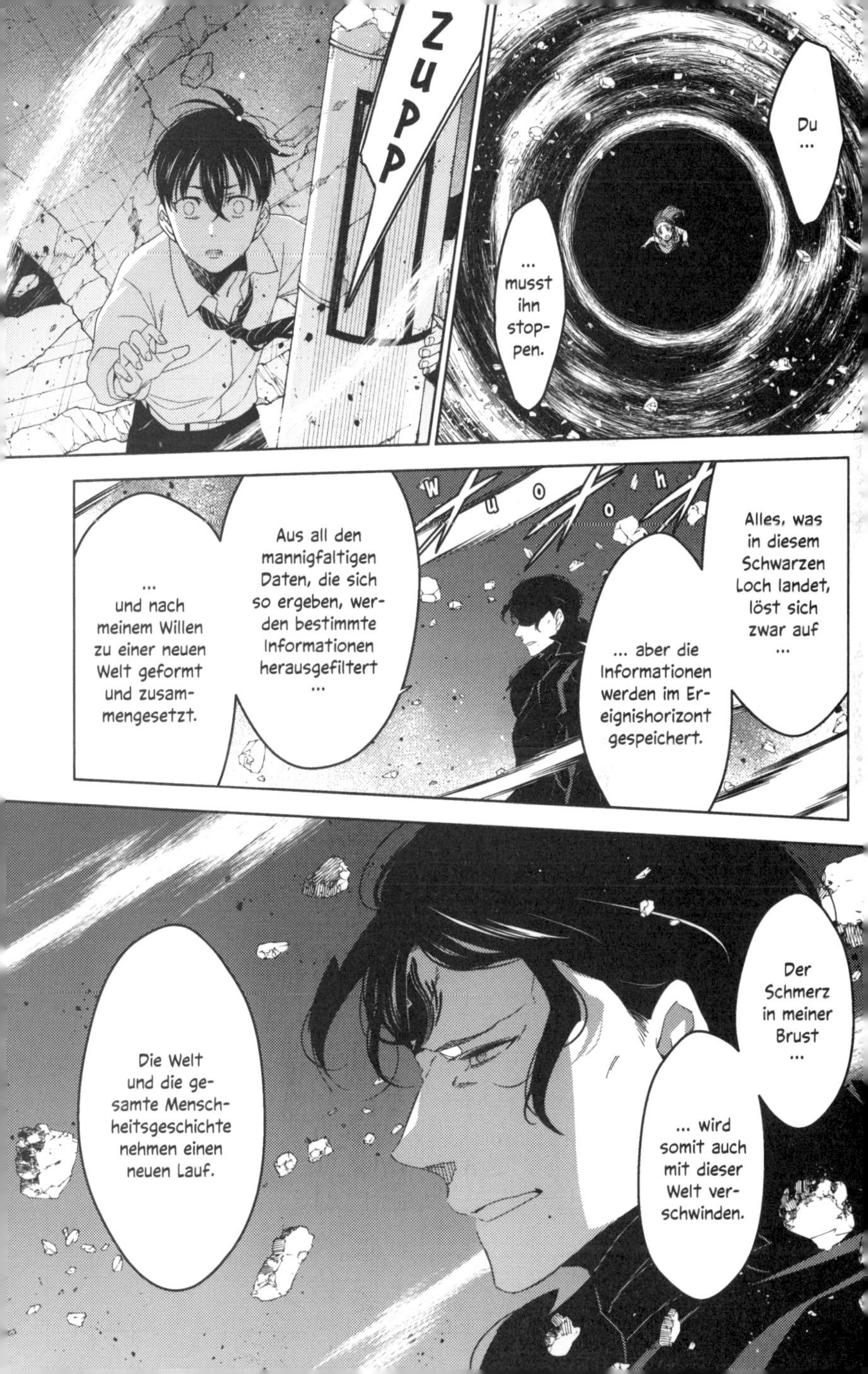

ZUPP

Du ...

... musst ihn stoppen.

Alles, was in diesem Schwarzen Loch landet, löst sich zwar auf ...

... aber die Informationen werden im Ereignishorizont gespeichert.

Aus all den mannigfaltigen Daten, die sich so ergeben, werden bestimmte Informationen herausgefiltert ...

... und nach meinem Willen zu einer neuen Welt geformt und zusammengesetzt.

Der Schmerz in meiner Brust ...

... wird somit auch mit dieser Welt verschwinden.

Die Welt und die gesamte Menschheitsgeschichte nehmen einen neuen Lauf.

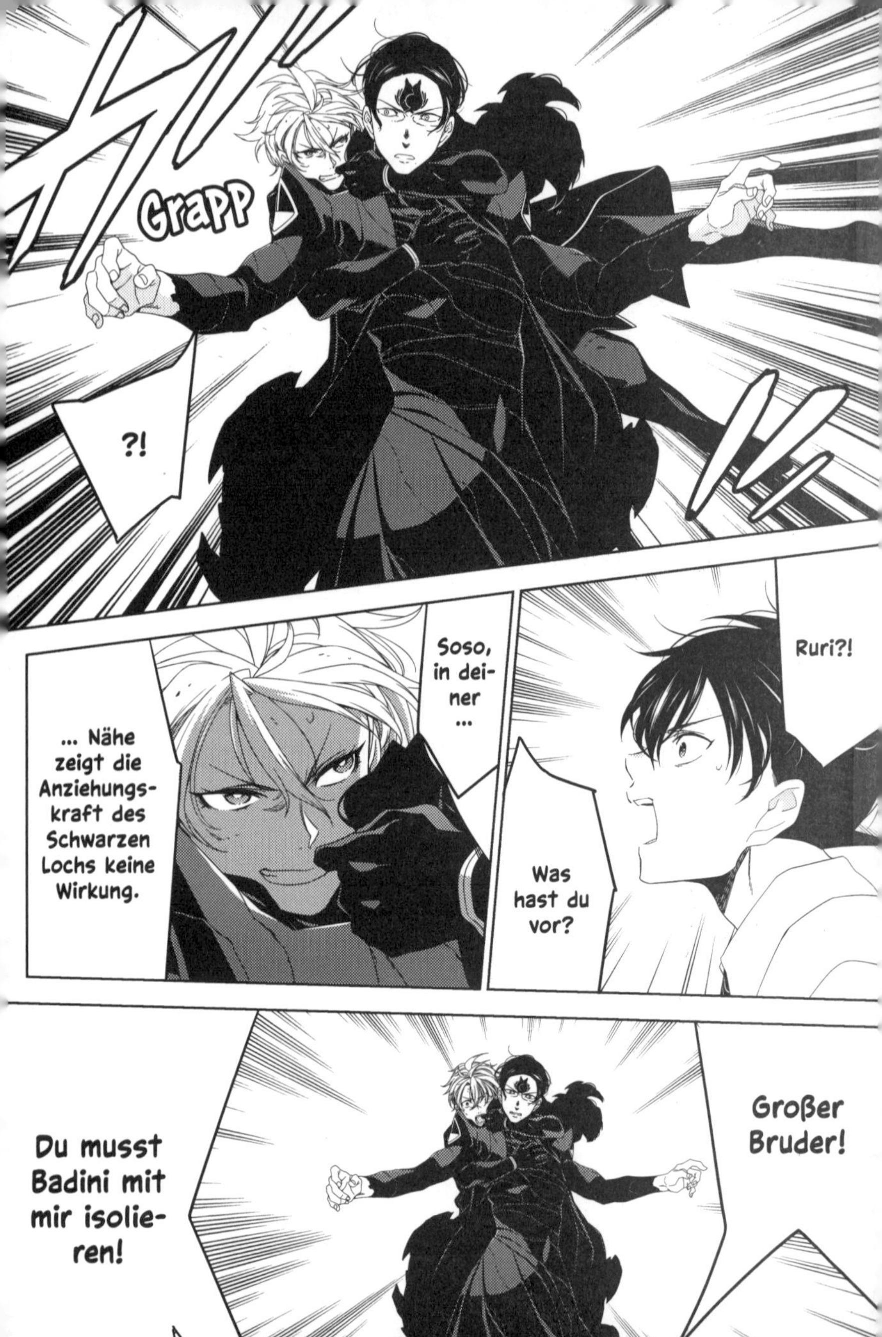
Grapp
?!
Ruri?!
Was hast du vor?
Soso, in deiner …
… Nähe zeigt die Anziehungskraft des Schwarzen Lochs keine Wirkung.
Großer Bruder!
Du musst Badini mit mir isolieren!

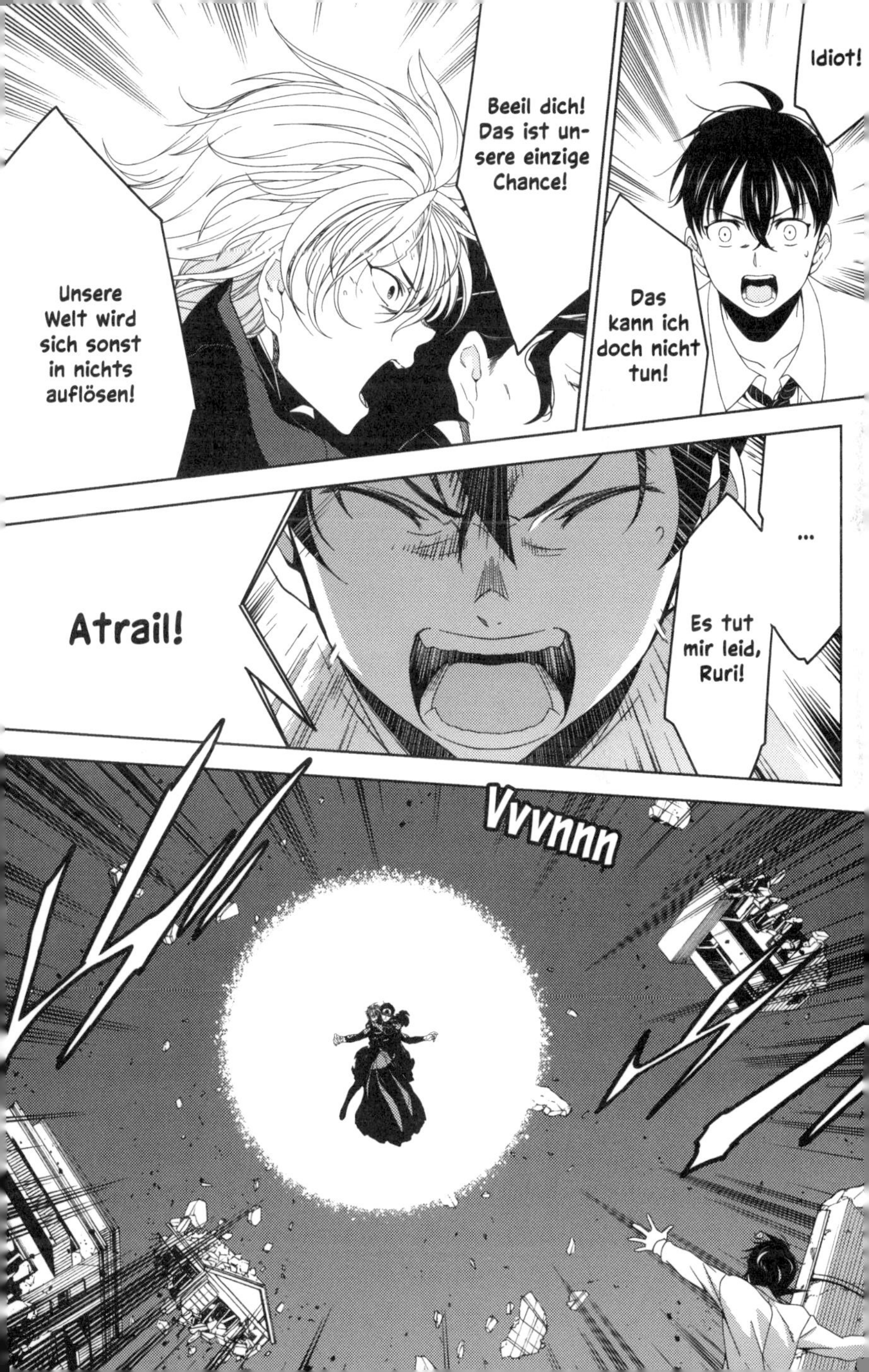

Idiot!
Das kann ich doch nicht tun!
Beeil dich! Das ist unsere einzige Chance!
Unsere Welt wird sich sonst in nichts auflösen!
...
Es tut mir leid, Ruri!
Atrail!
Vvvnnn

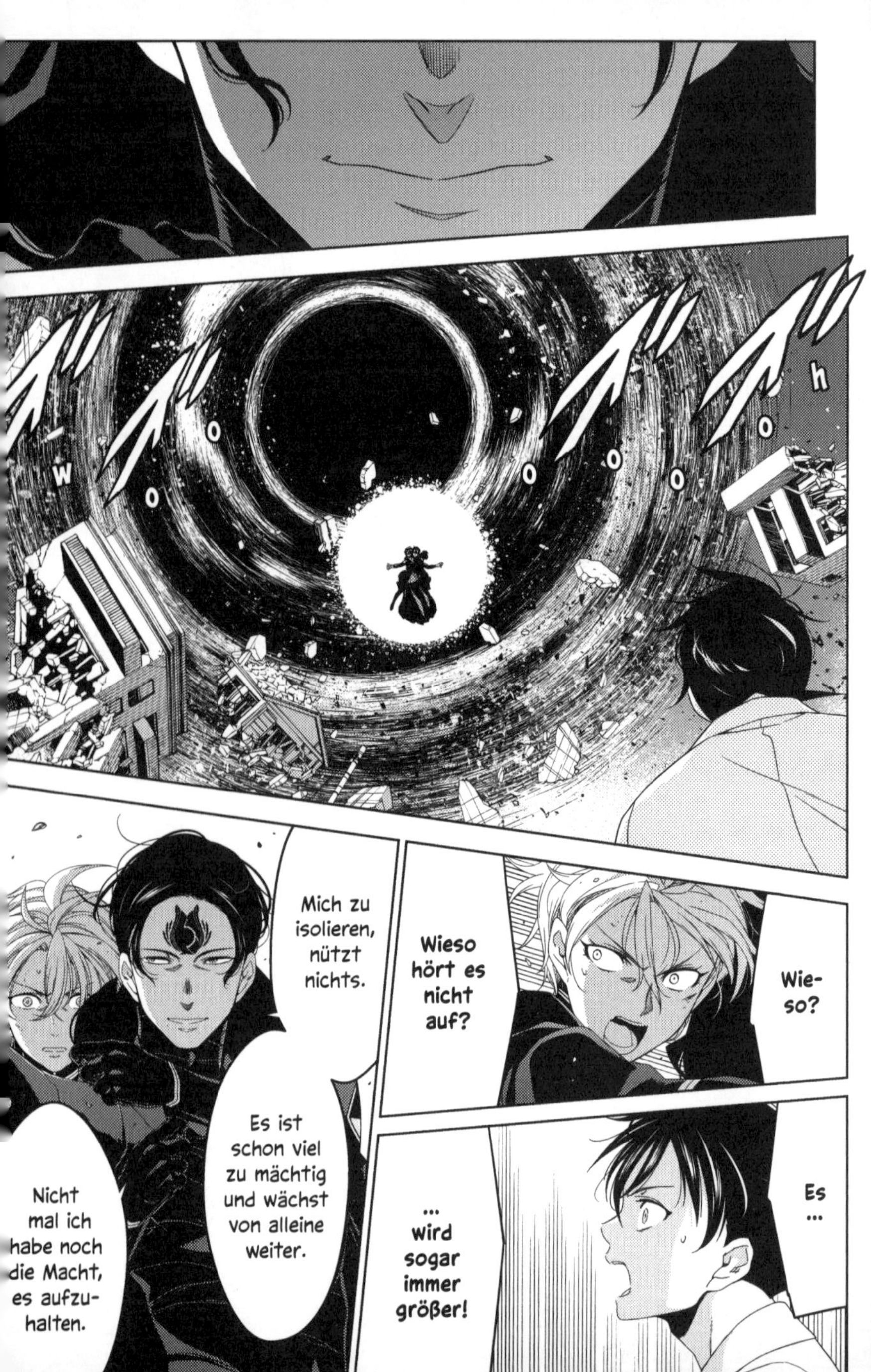
Woooooooh
Wie-so?
Wieso hört es nicht auf?
Mich zu isolieren, nützt nichts.
Es ...
... wird sogar immer größer!
Es ist schon viel zu mächtig und wächst von alleine weiter.
Nicht mal ich habe noch die Macht, es aufzuhalten.

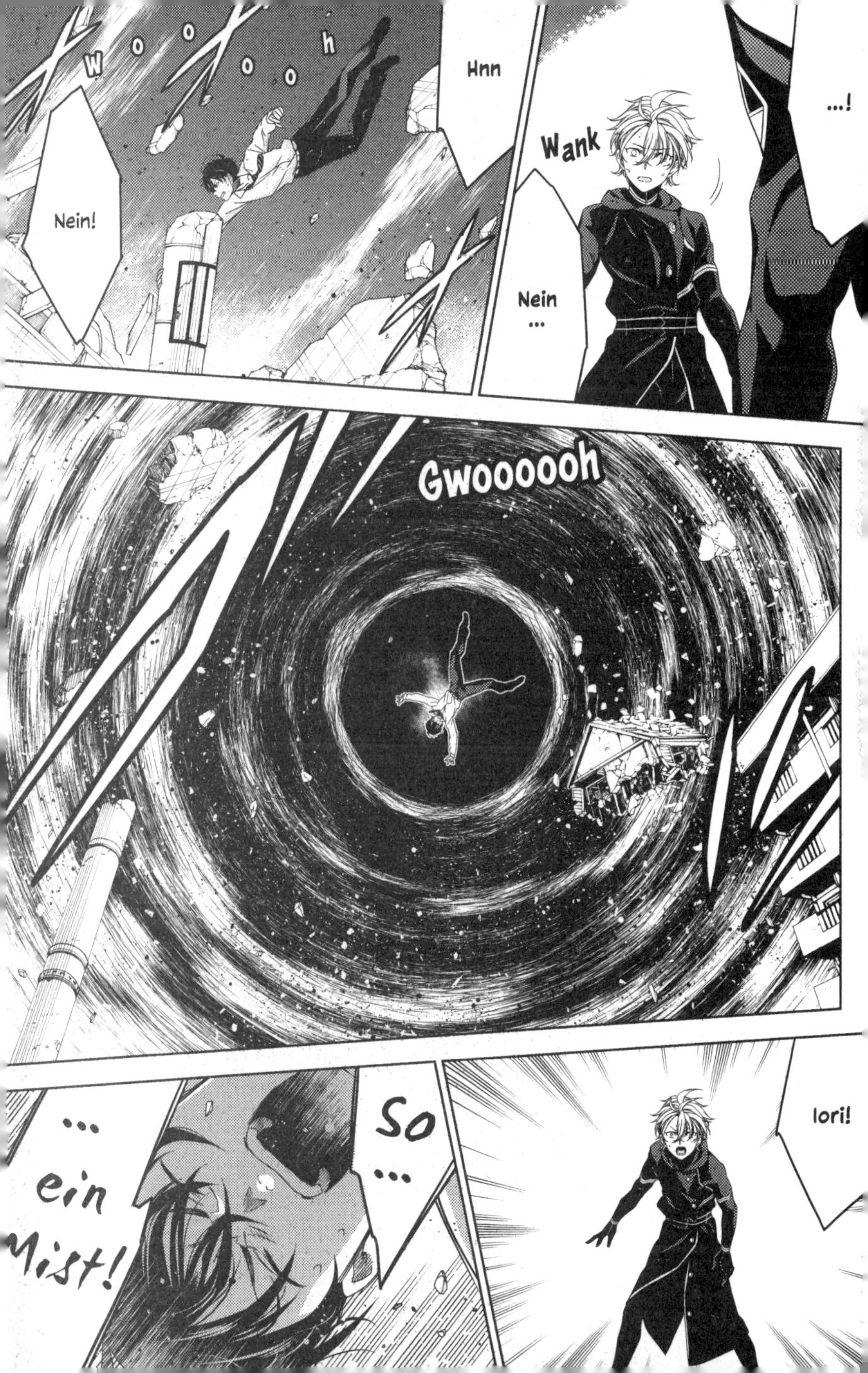

...!
Hnn
Wank
Nein ...
Woooh
Nein!
Gwoooooh
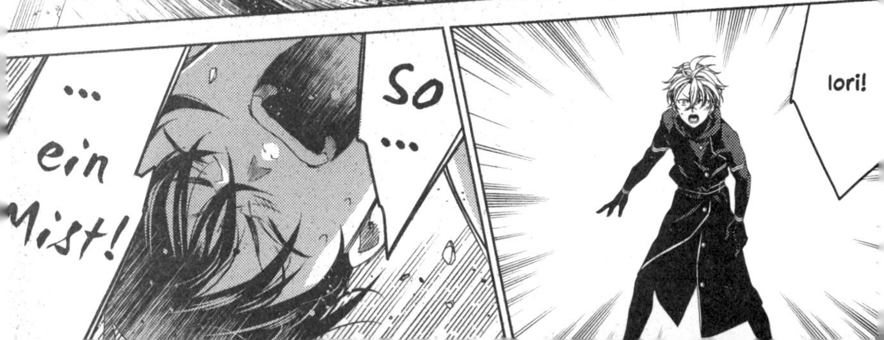

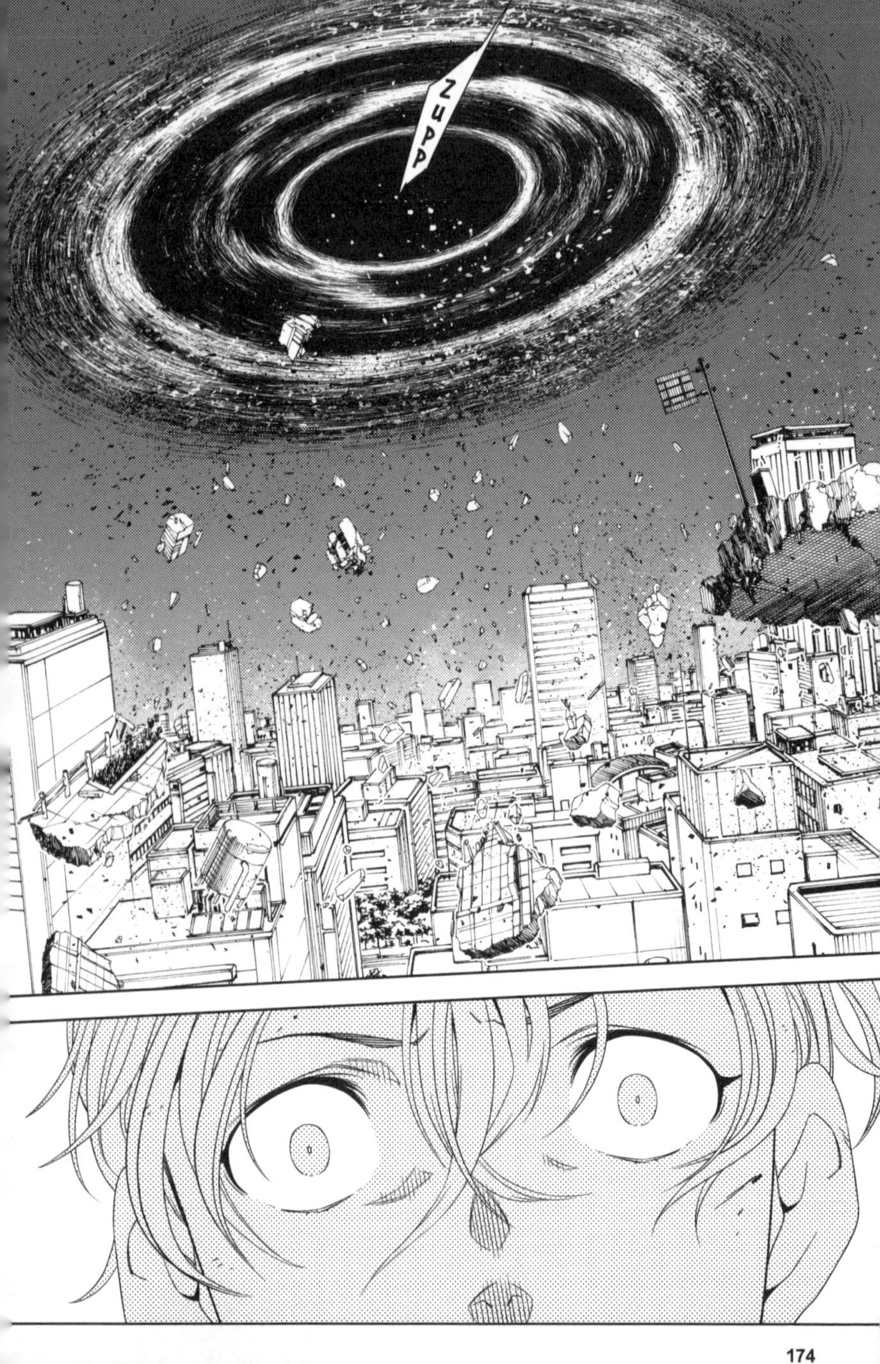
ZUPP

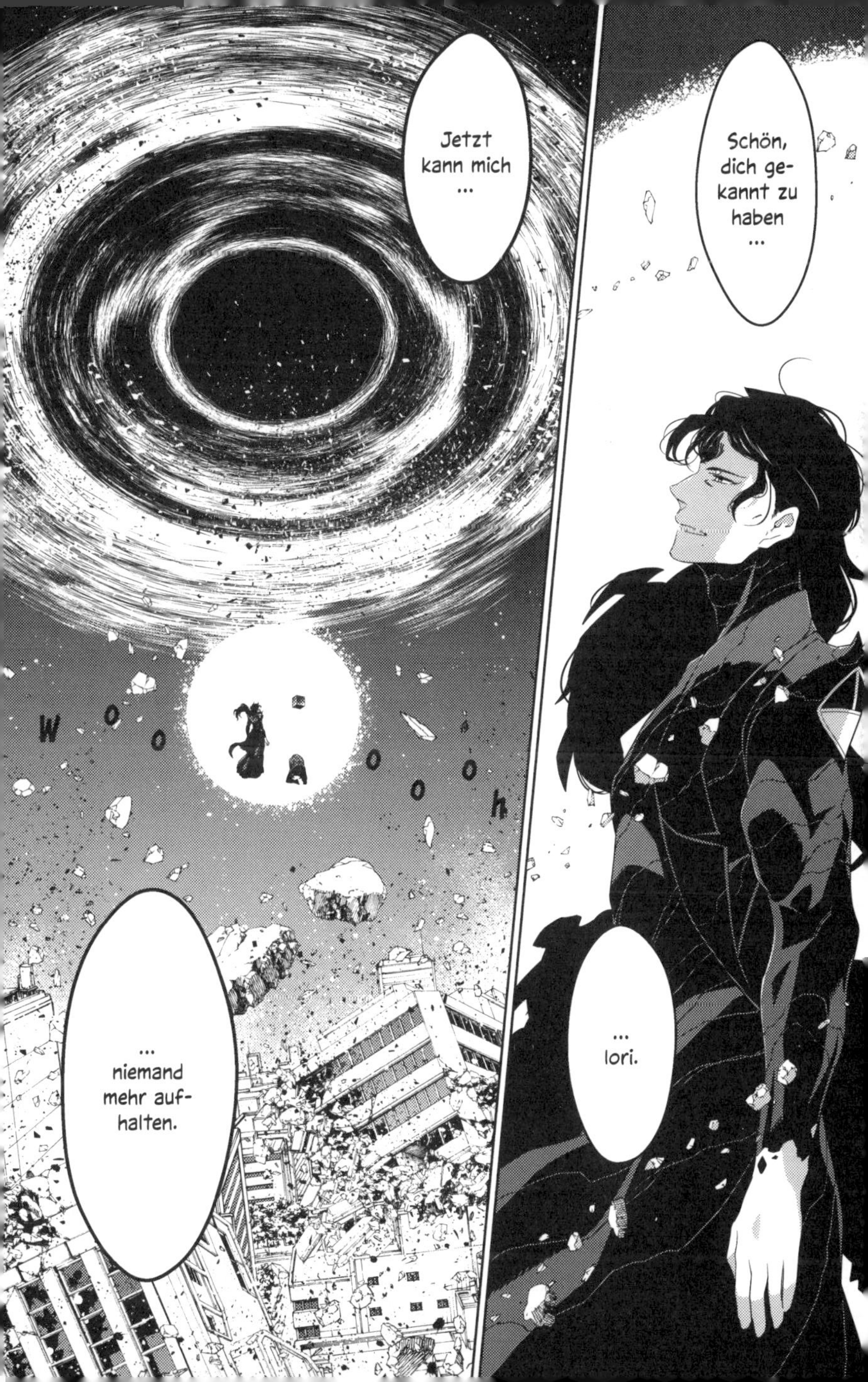
Schön, dich gekannt zu haben ...
... Iori.
Jetzt kann mich ...
Wooooh
... niemand mehr aufhalten.

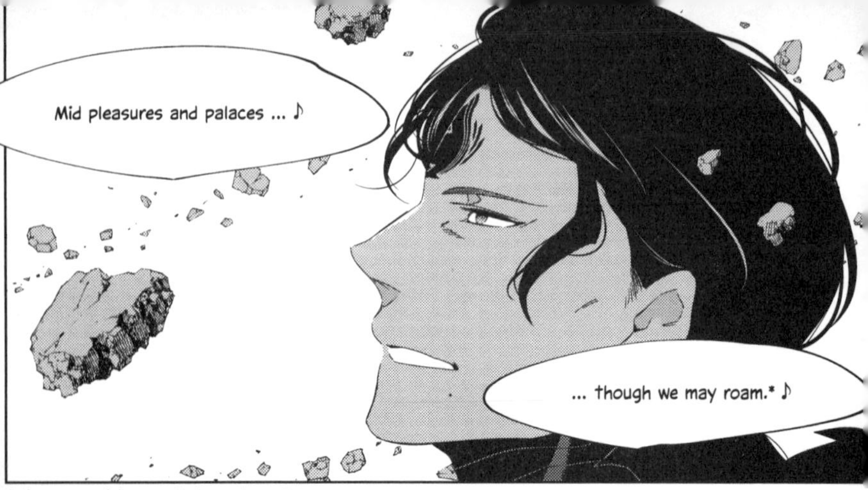

Mid pleasures and palaces ... ♪

... though we may roam.* ♪

* *Home, sweet home* – Lied von Henry Bishop und John Howard Payne.

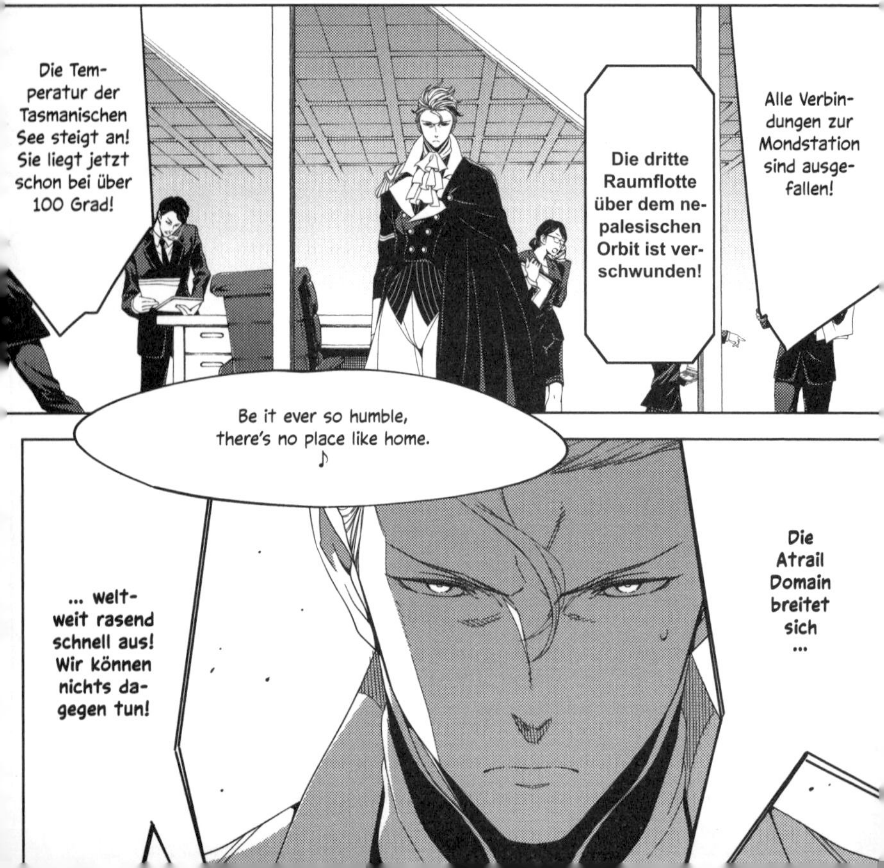

Alle Verbindungen zur Mondstation sind ausgefallen!

Die dritte Raumflotte über dem nepalesischen Orbit ist verschwunden!

Die Temperatur der Tasmanischen See steigt an! Sie liegt jetzt schon bei über 100 Grad!

Be it ever so humble, there's no place like home. ♪

Die Atrail Domain breitet sich ...

... weltweit rasend schnell aus! Wir können nichts dagegen tun!

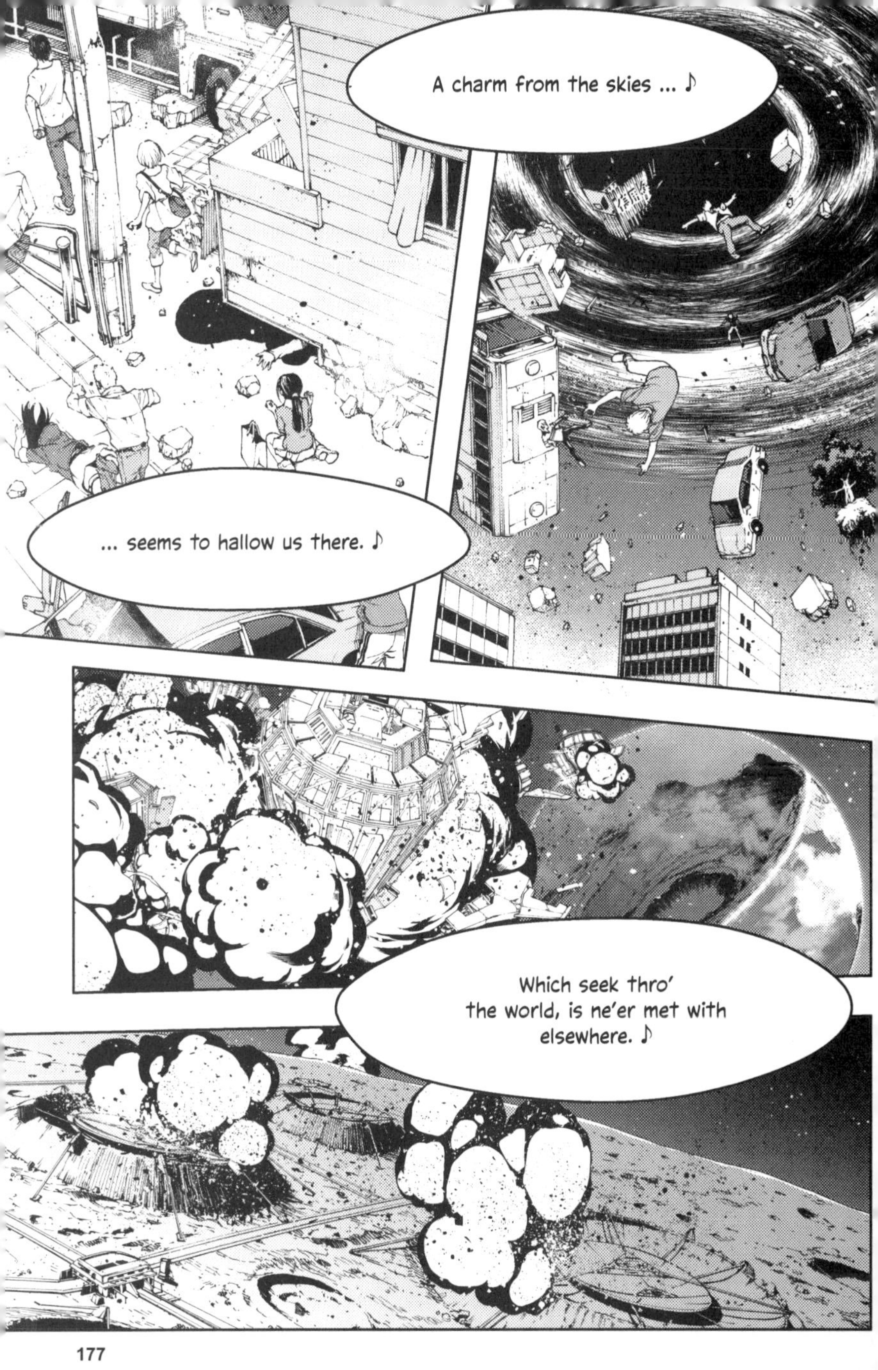
A charm from the skies ... ♪
... seems to hallow us there. ♪
Which seek thro' the world, is ne'er met with elsewhere. ♪

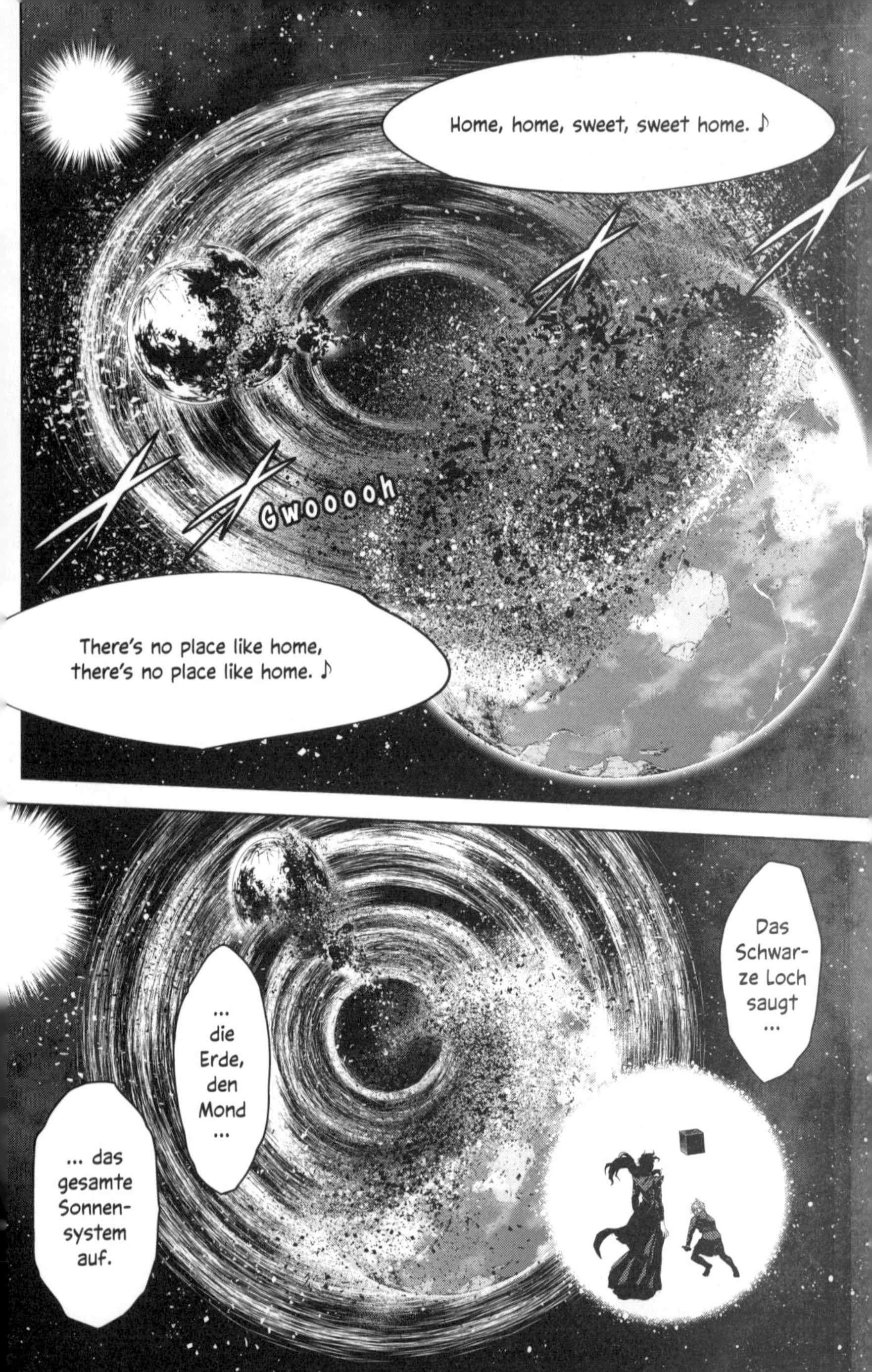
Home, home, sweet, sweet home. ♪
Gwooooh
There's no place like home, there's no place like home. ♪
Das Schwarze Loch saugt ...
... die Erde, den Mond ...
... das gesamte Sonnensystem auf.

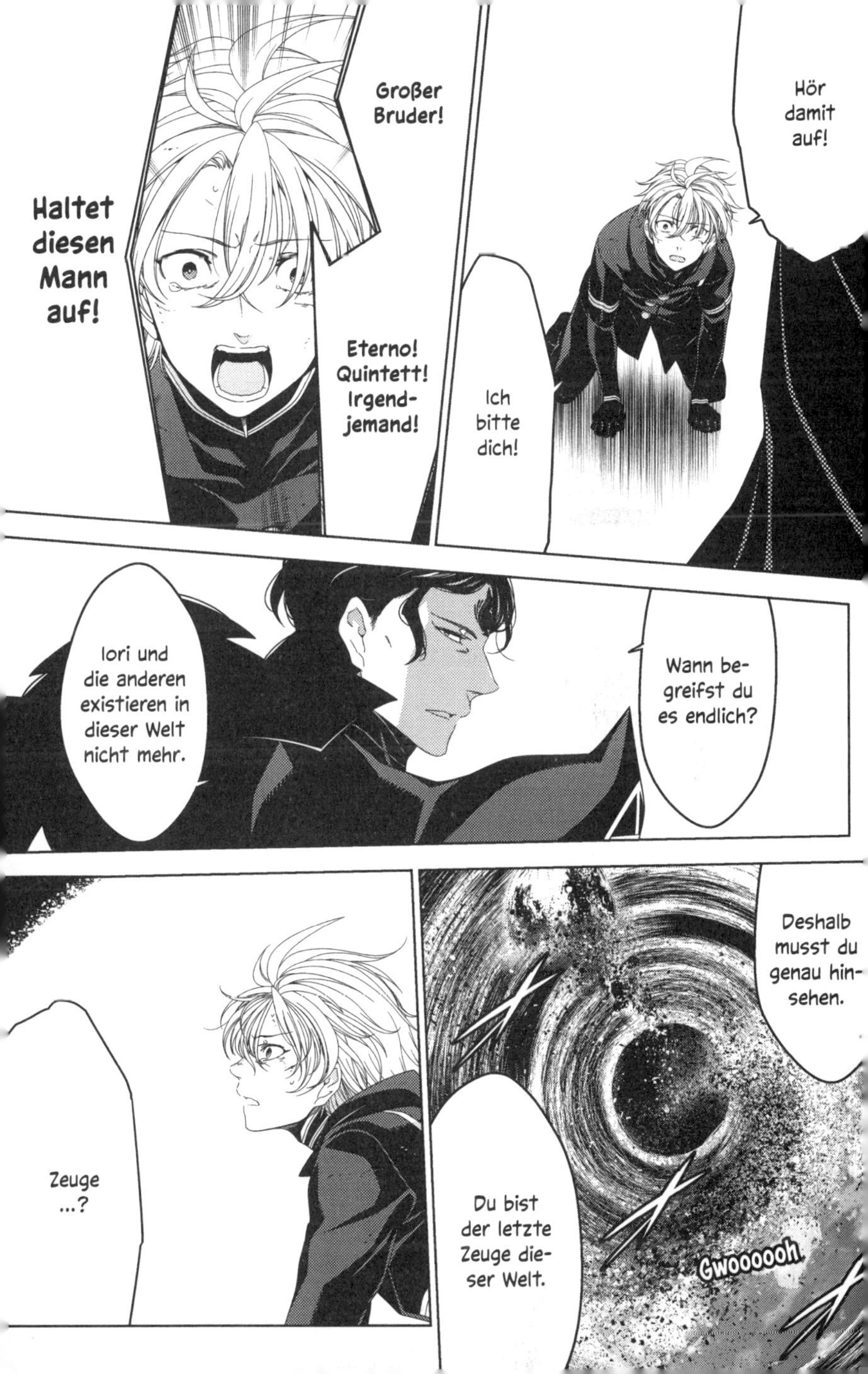

Hör damit auf!
Ich bitte dich!
Großer Bruder!
Eterno! Quintett! Irgendjemand!
Haltet diesen Mann auf!
Wann begreifst du es endlich?
Iori und die anderen existieren in dieser Welt nicht mehr.

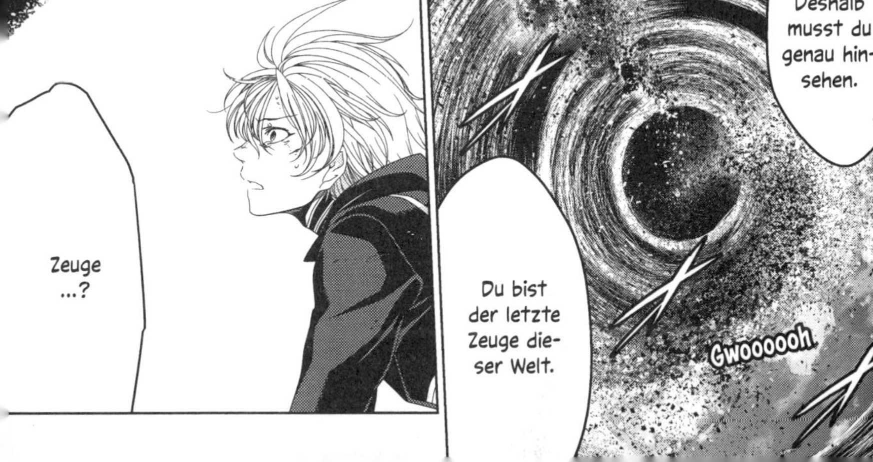

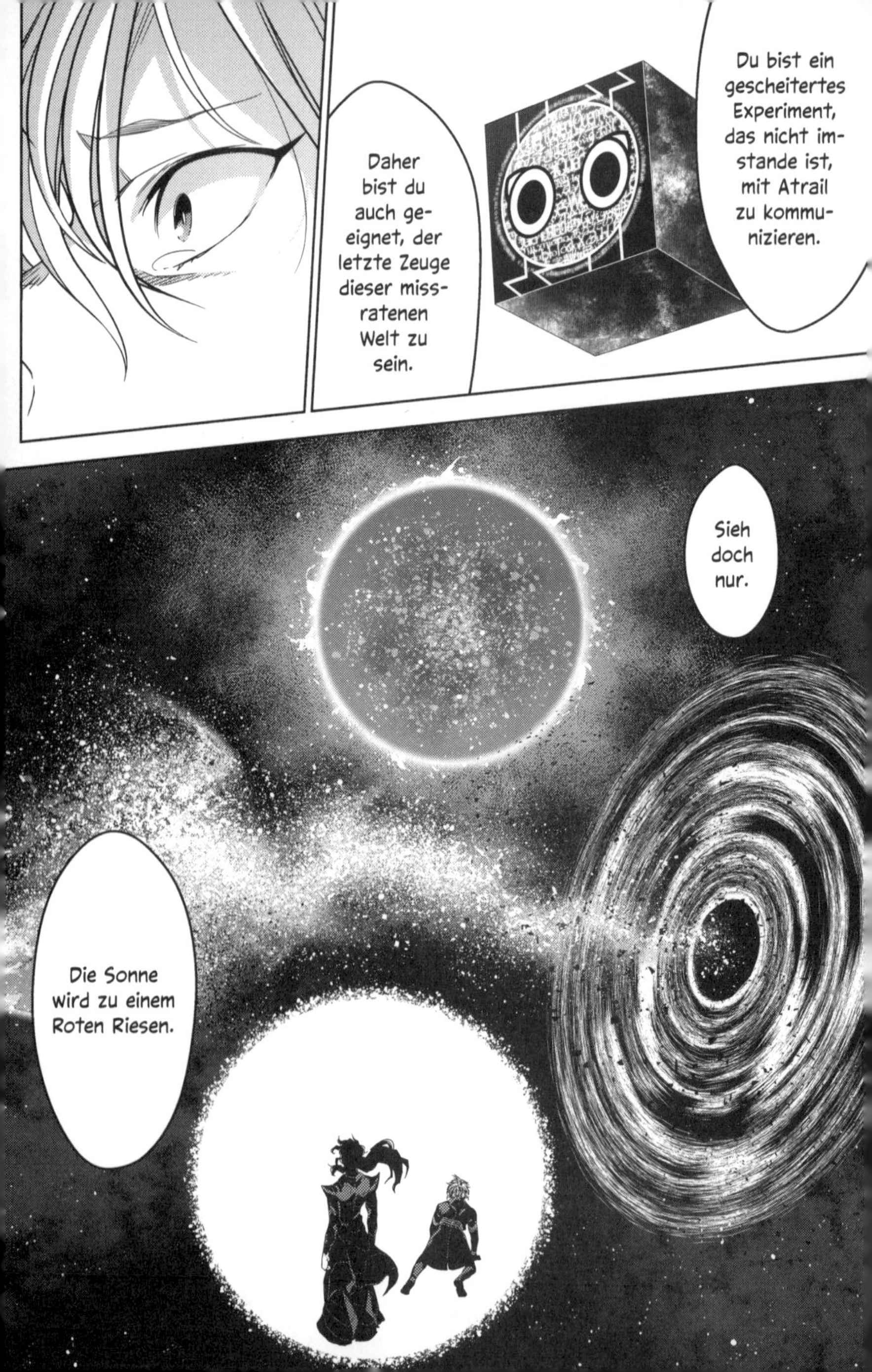
Du bist ein gescheitertes Experiment, das nicht imstande ist, mit Atrail zu kommunizieren.
Daher bist du auch geeignet, der letzte Zeuge dieser missratenen Welt zu sein.
Sieh doch nur.
Die Sonne wird zu einem Roten Riesen.

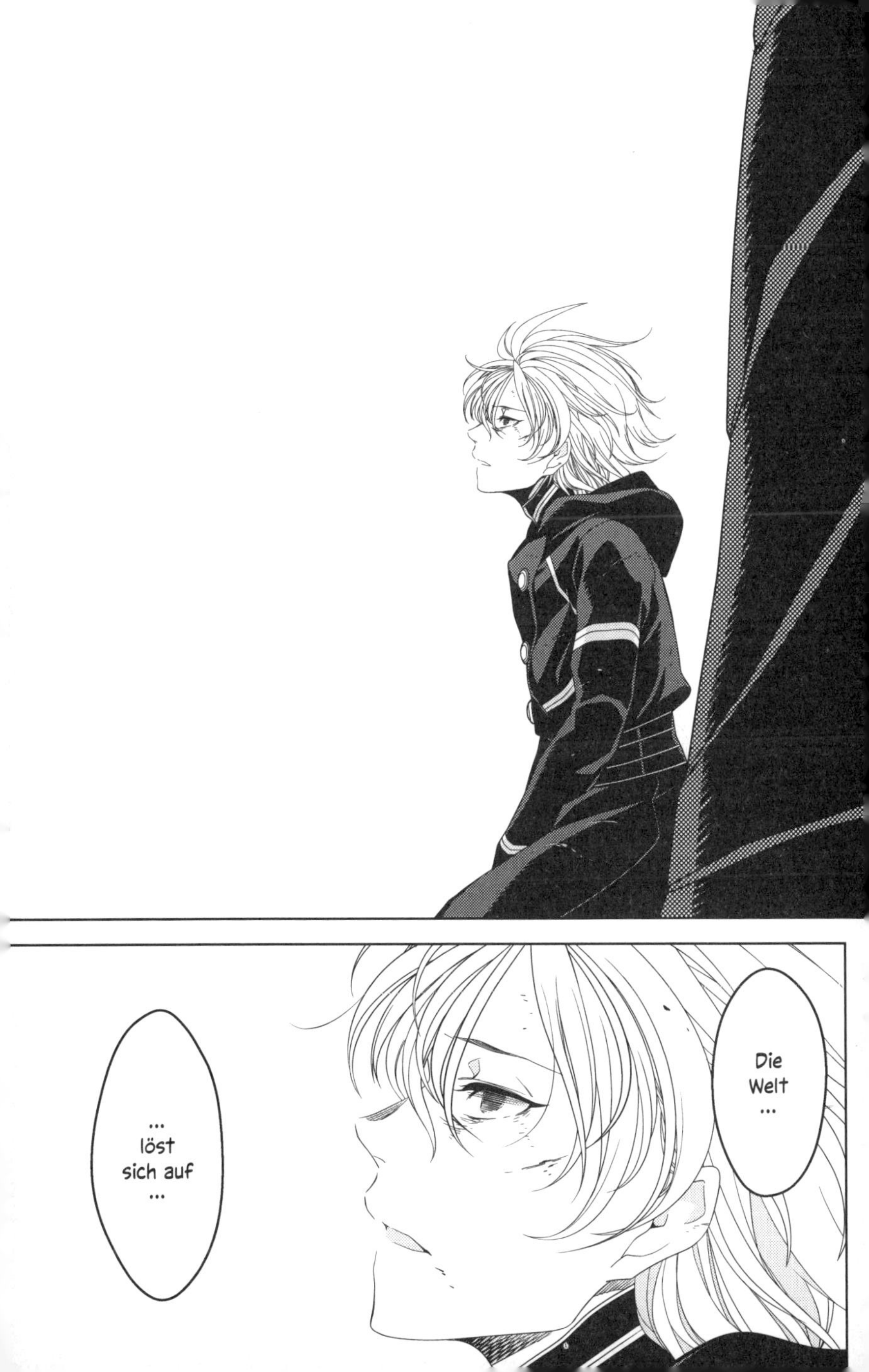

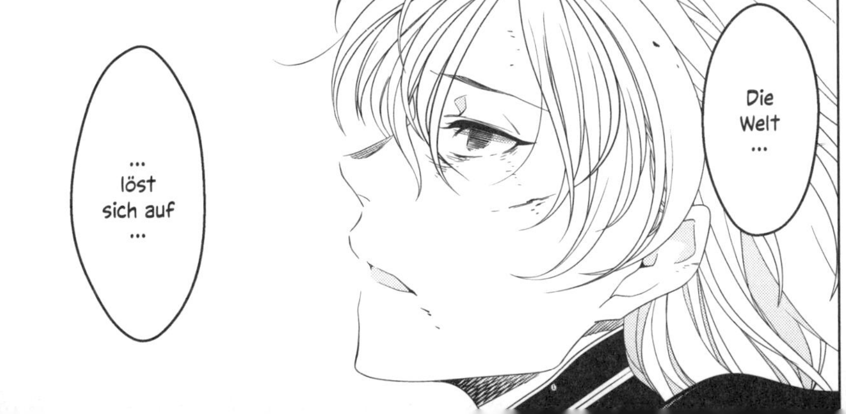
Die Welt ...
... löst sich auf ...

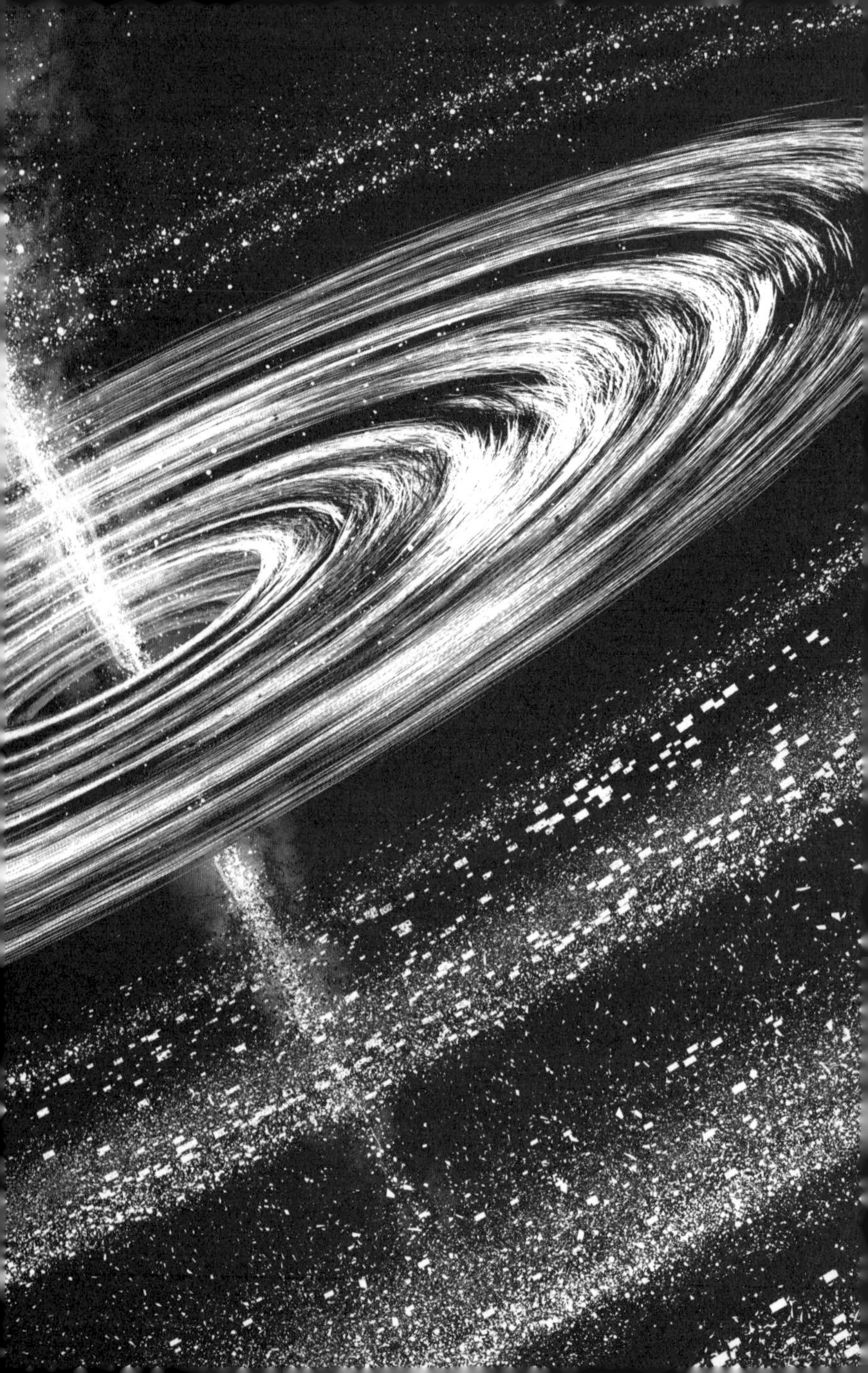

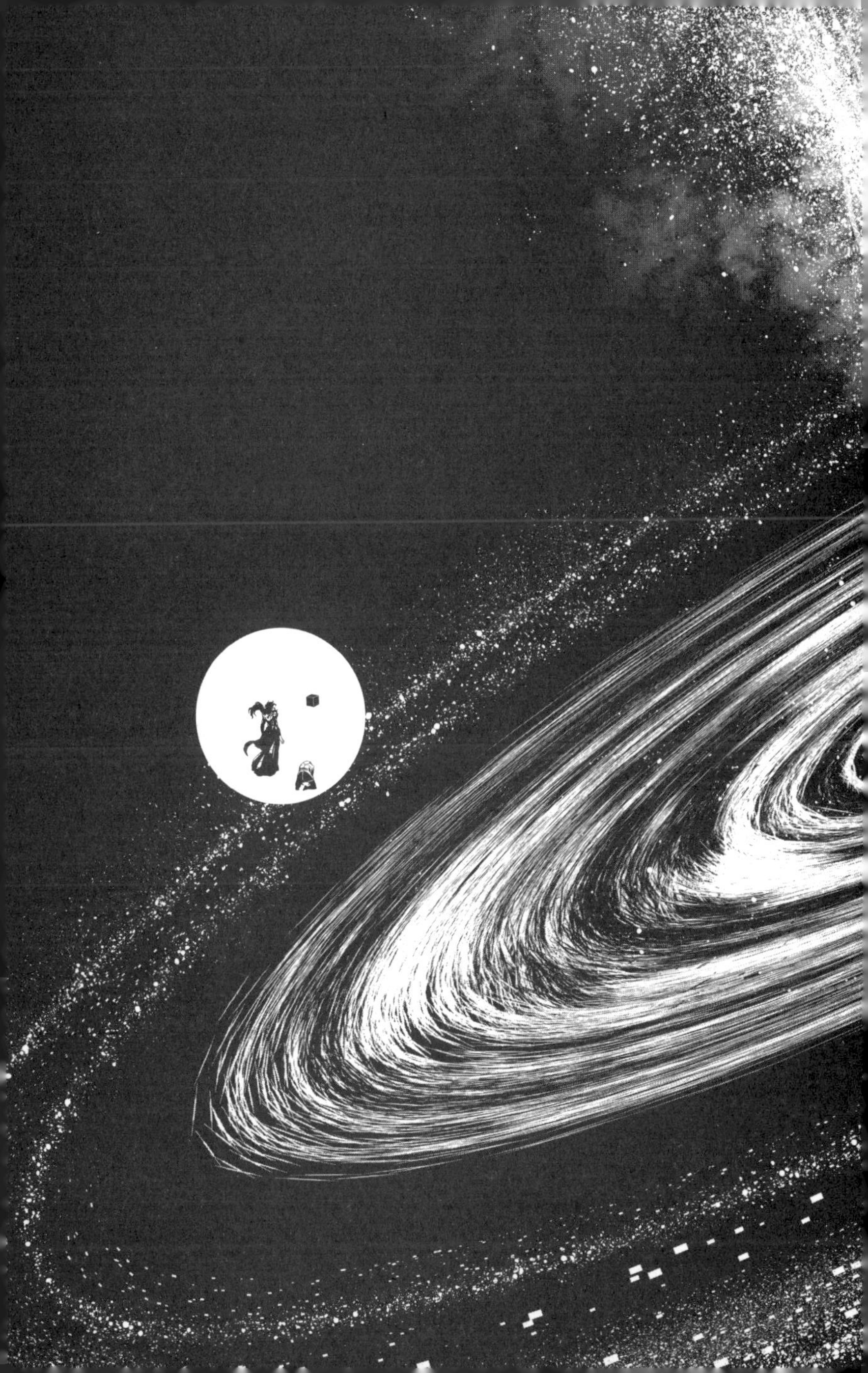

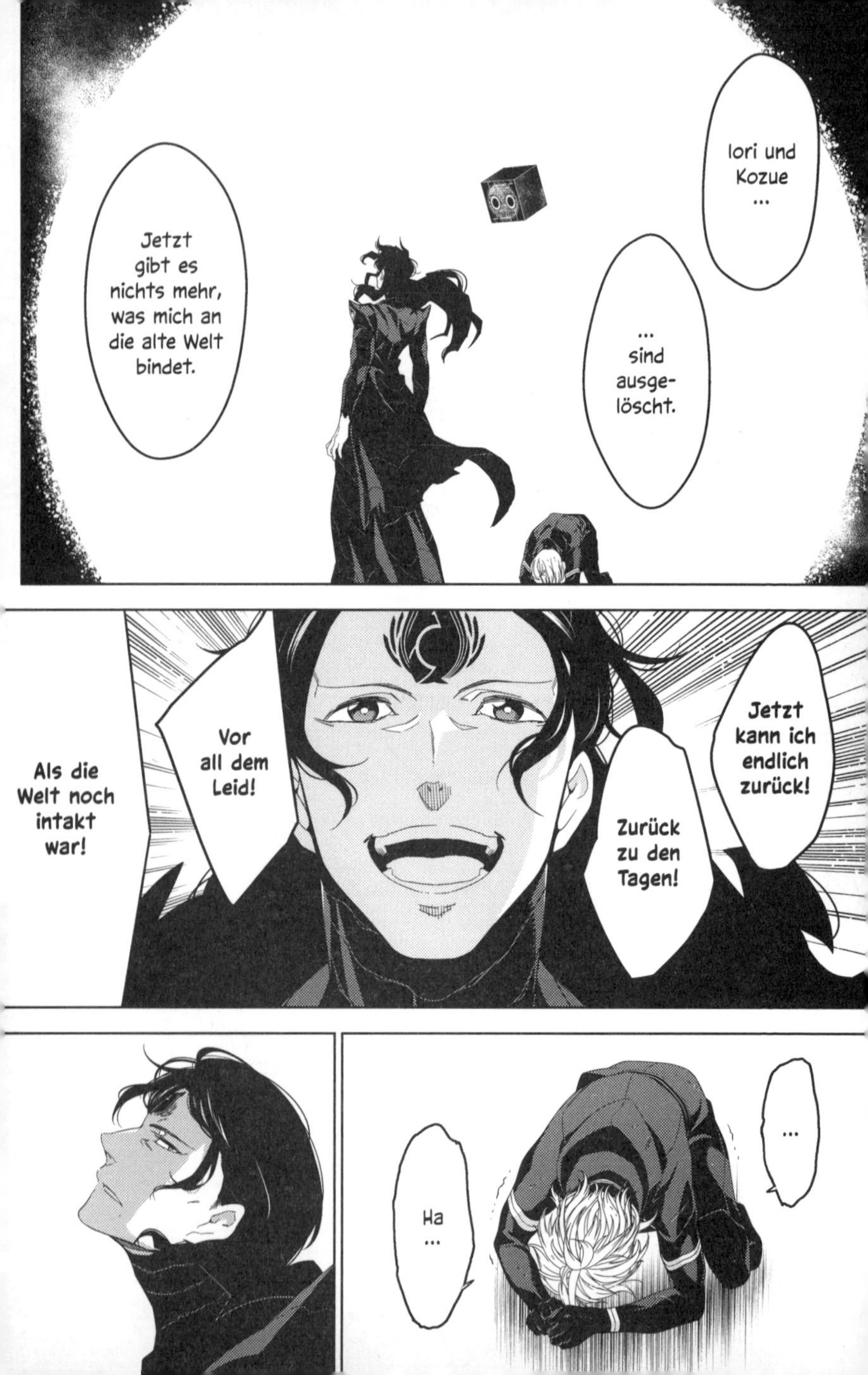

Iori und Kozue ...
... sind ausgelöscht.
Jetzt gibt es nichts mehr, was mich an die alte Welt bindet.

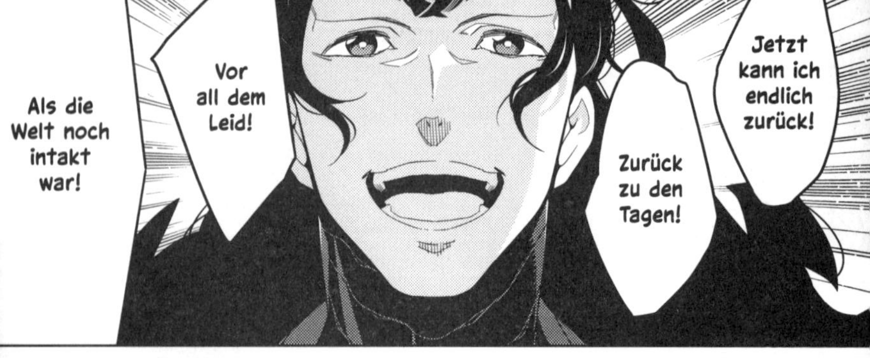

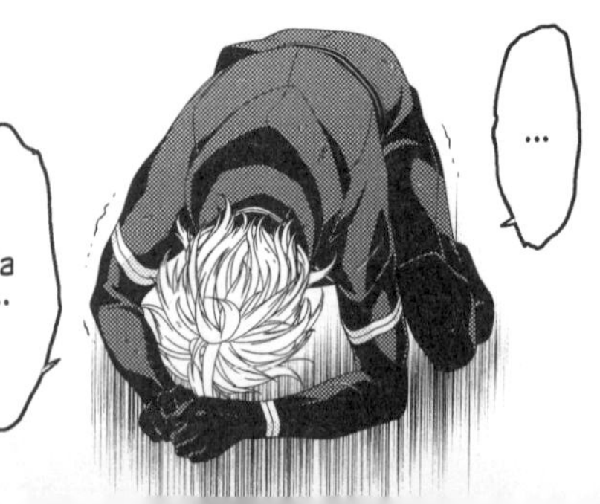

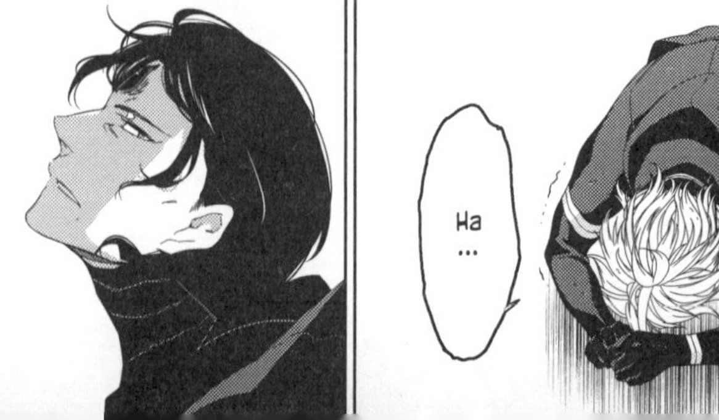

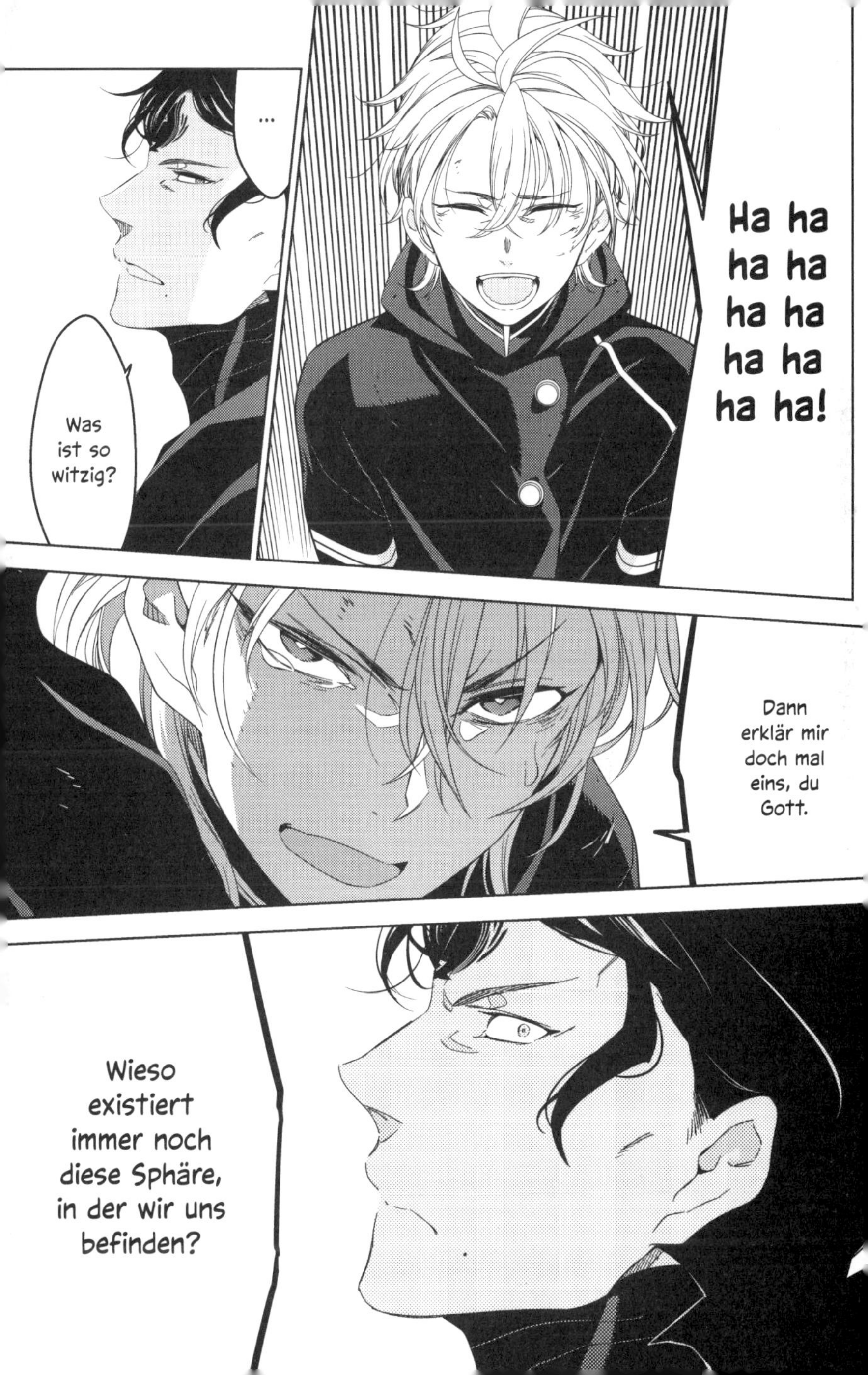

Ha ha ha ha ha ha ha ha ha ha!

...

Was ist so witzig?

Dann erklär mir doch mal eins, du Gott.

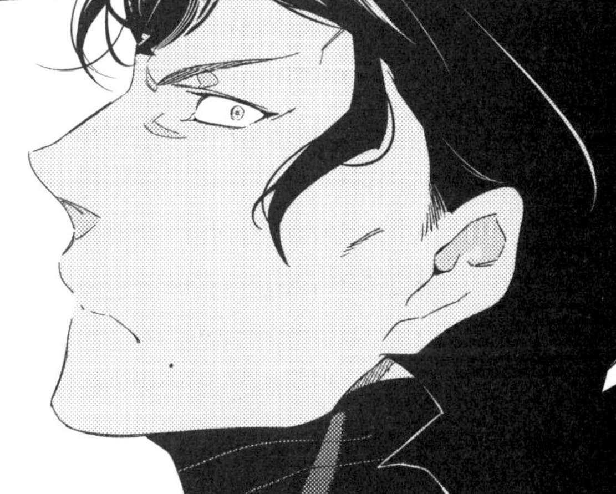

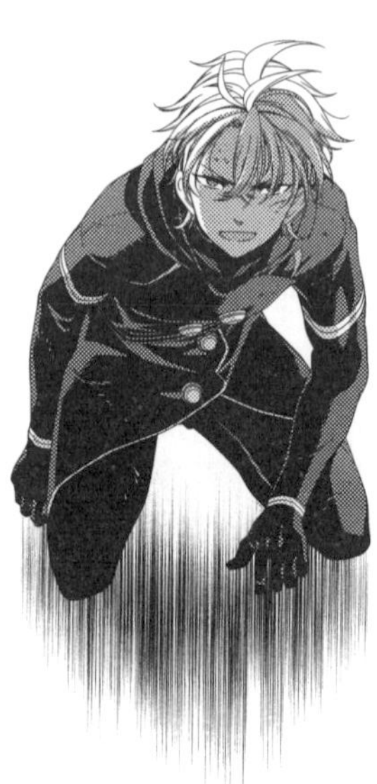
Das beweist, dass ...

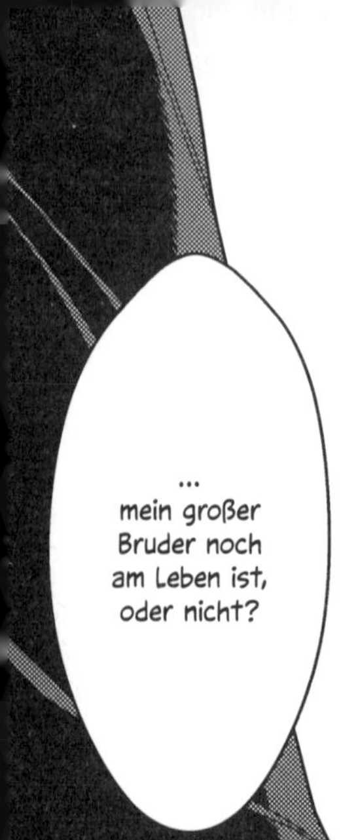
... mein großer Bruder noch am Leben ist, oder nicht?

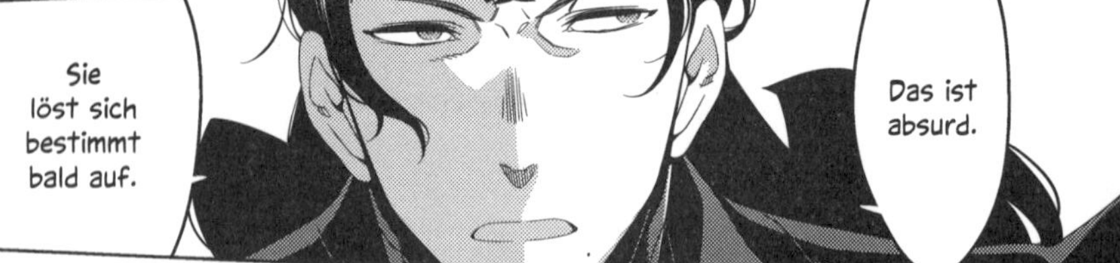
Das ist absurd.
Sie löst sich bestimmt bald auf.

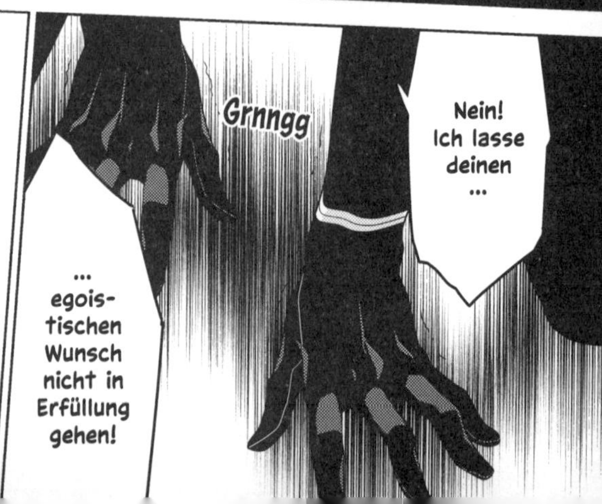
Grnngg
Nein! Ich lasse deinen ...
... egois-tischen Wunsch nicht in Erfüllung gehen!

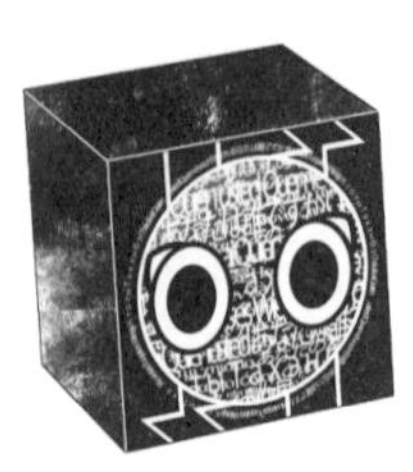

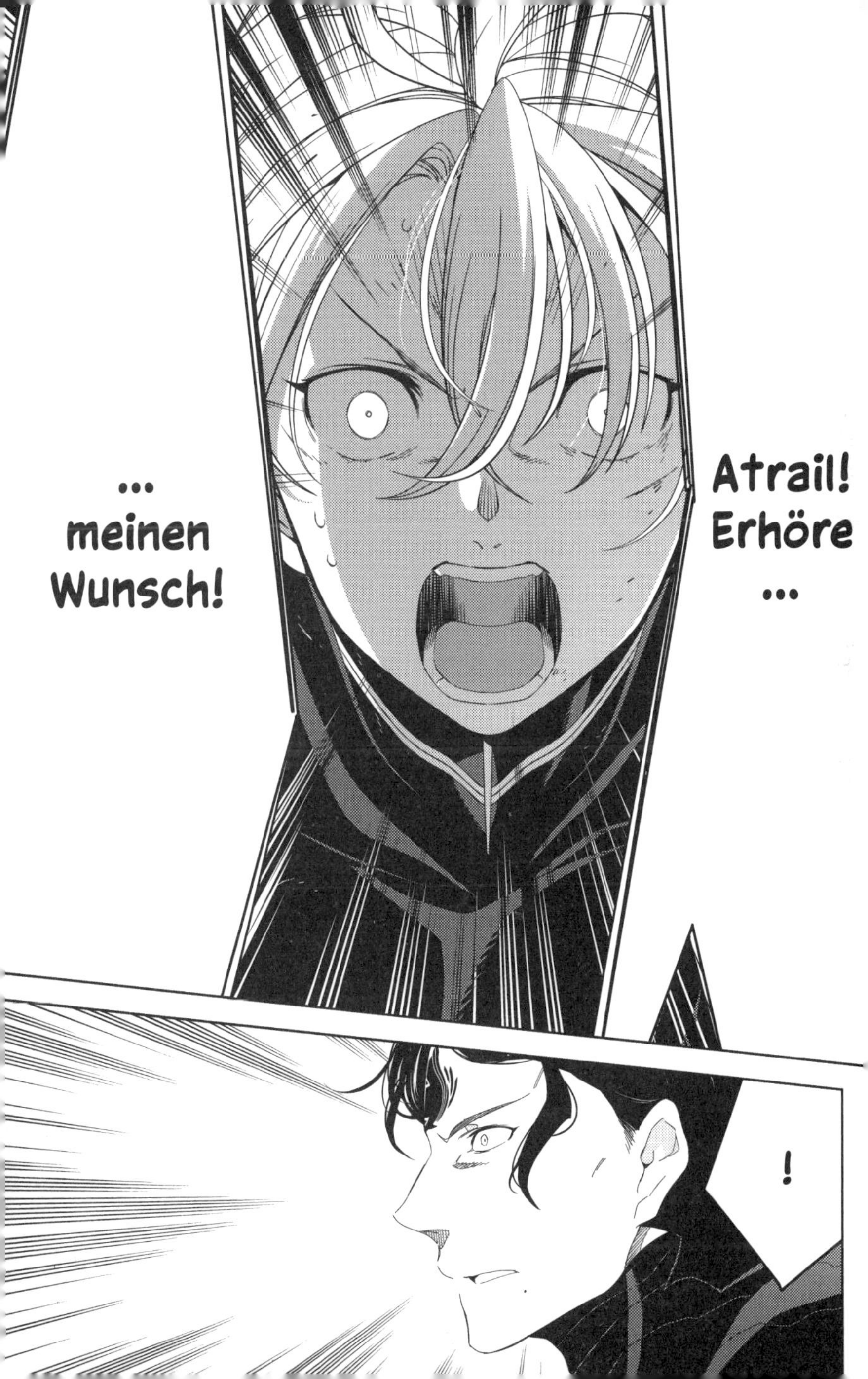
Atrail! Erhöre …
… meinen Wunsch!
!

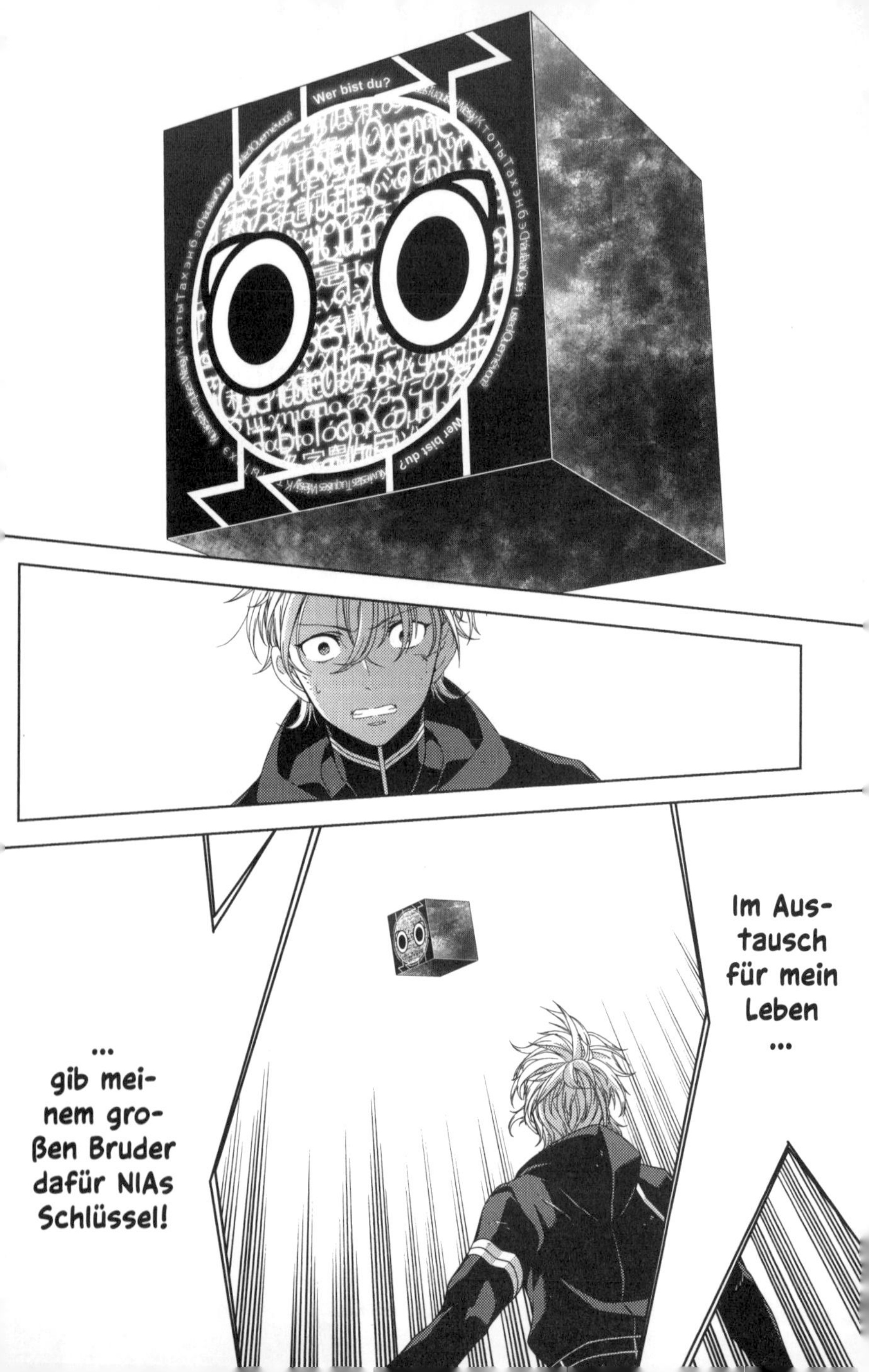
Wer bist du?
Wer bist du?
Im Austausch für mein Leben ...
... gib meinem großen Bruder dafür NIAs Schlüssel!

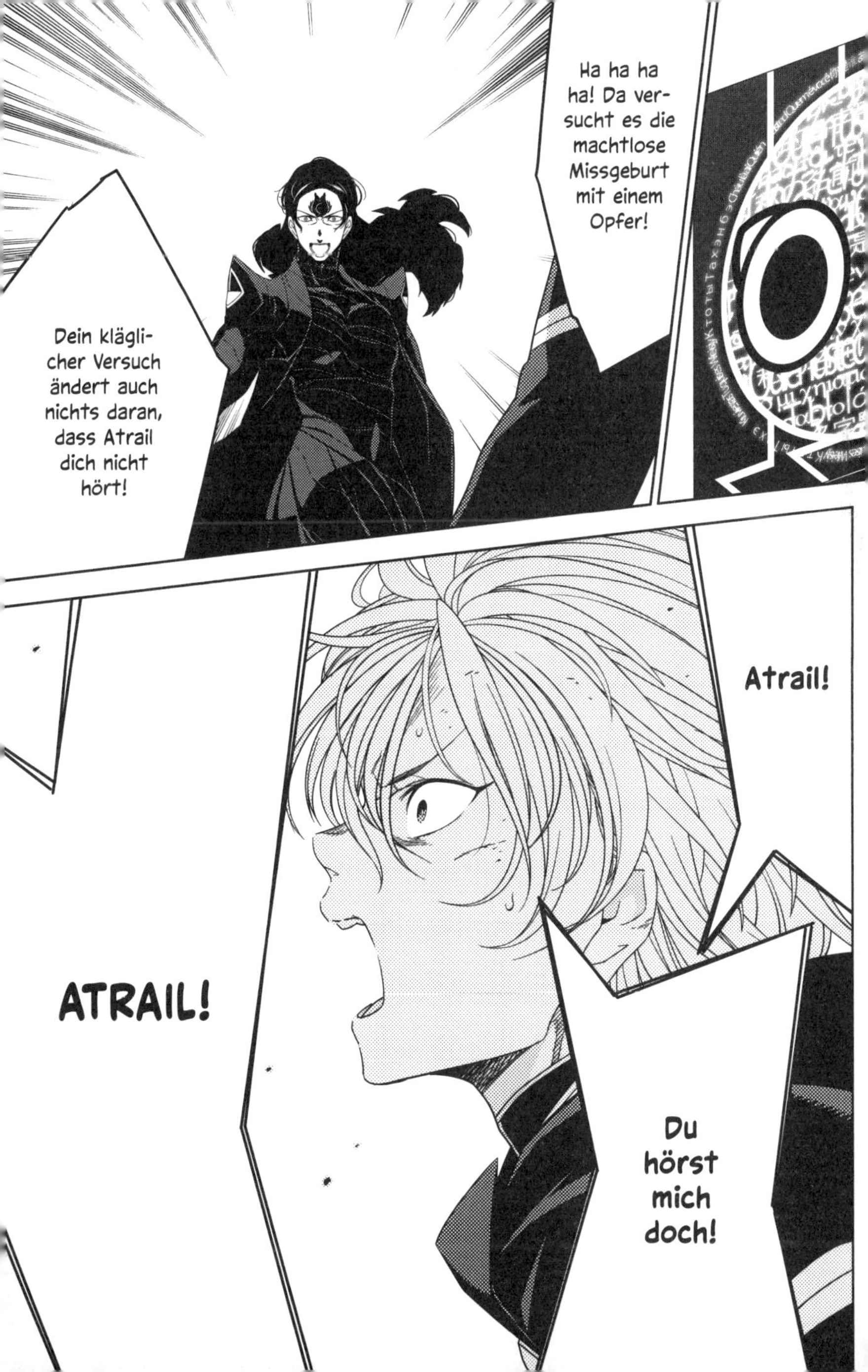
Ha ha ha ha! Da versucht es die machtlose Missgeburt mit einem Opfer!
Dein kläglicher Versuch ändert auch nichts daran, dass Atrail dich nicht hört!
Atrail!
ATRAIL!
Du hörst mich doch!

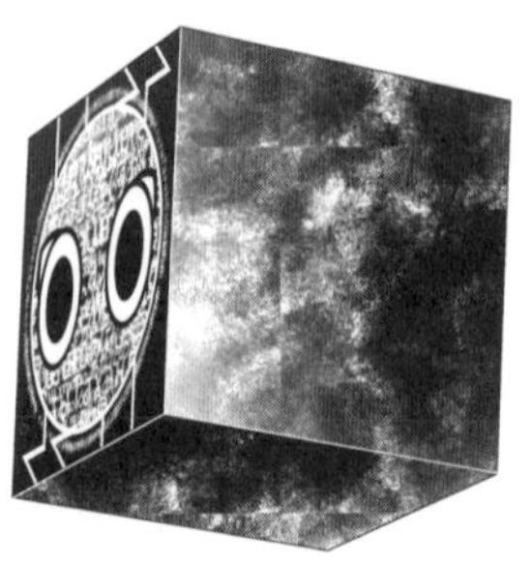

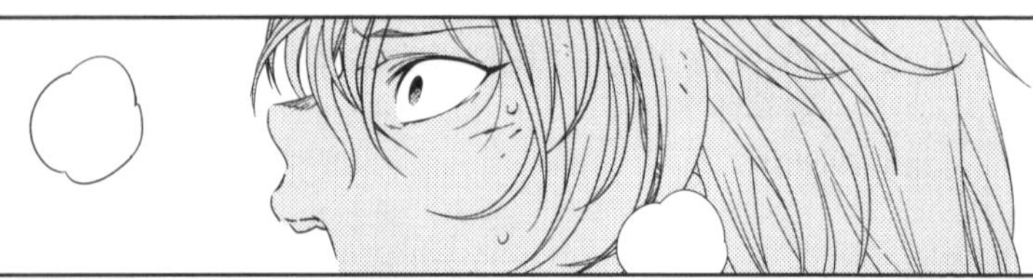

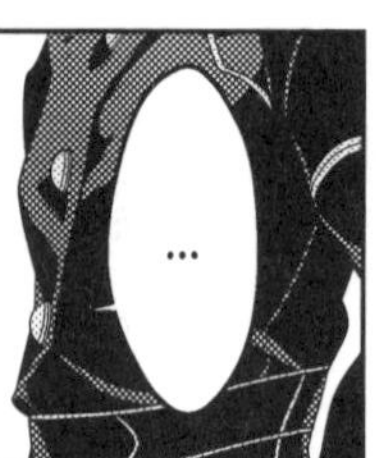
...

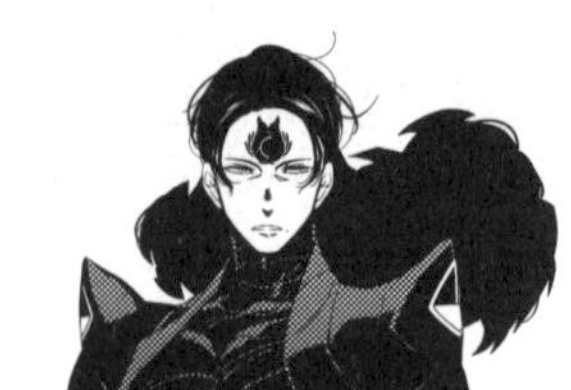
Dein Un-
vermögen
ist schon
erbärmlich.

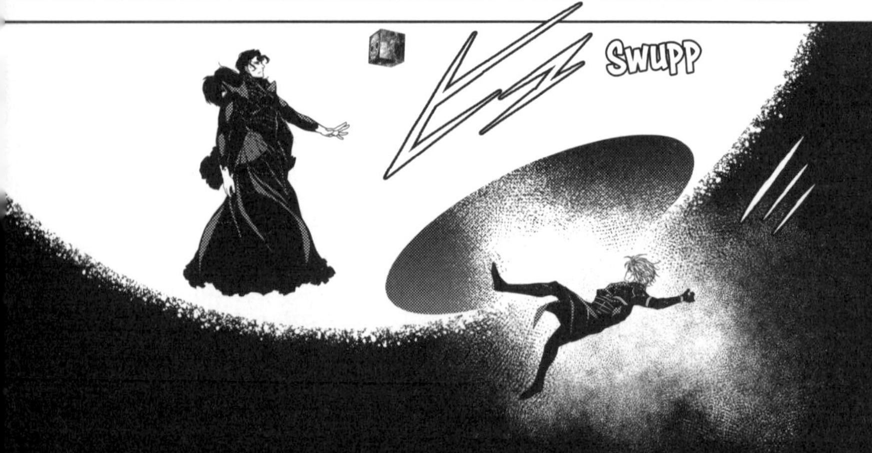
SWUPP

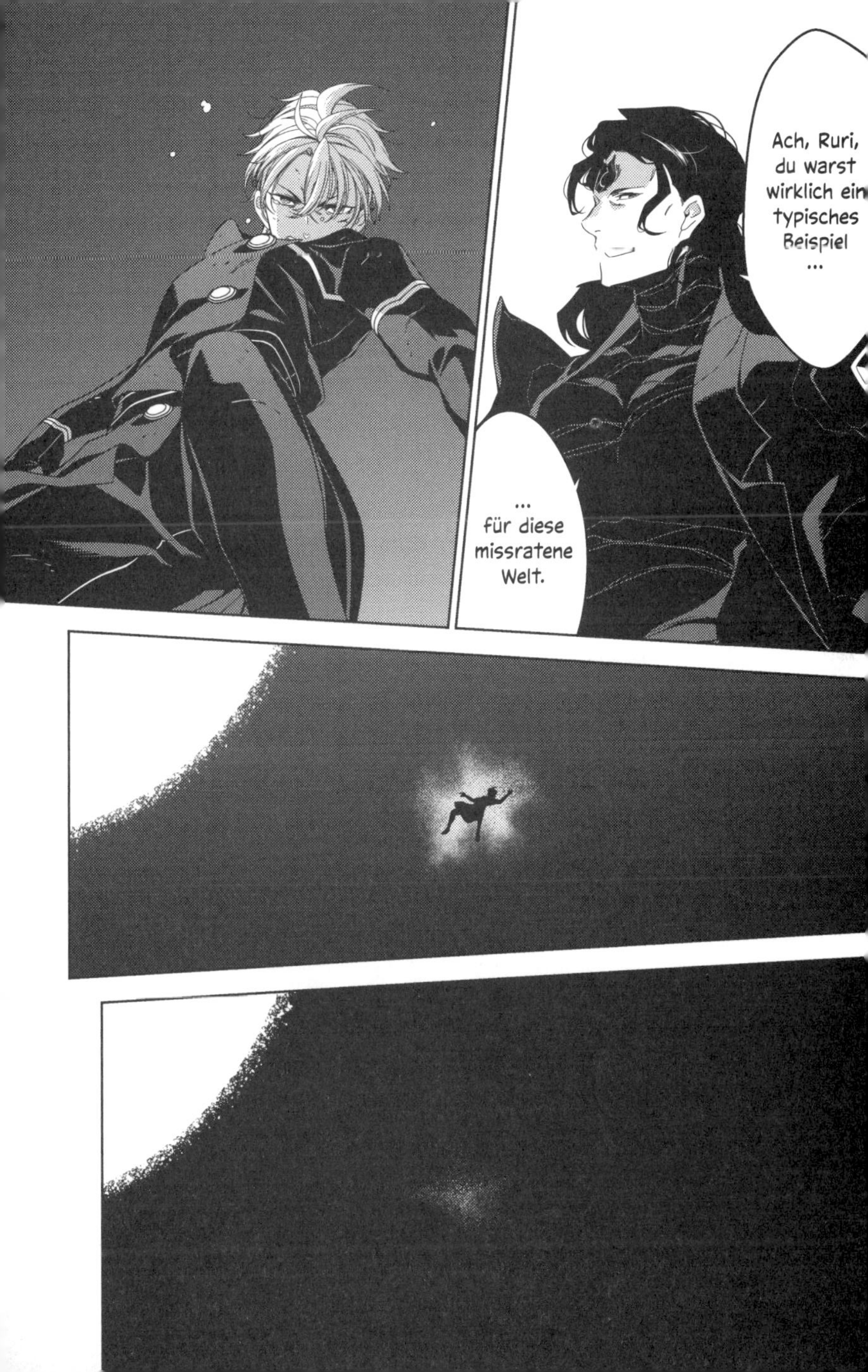
Ach, Ruri, du warst wirklich ein typisches Beispiel ...
... für diese missratene Welt.

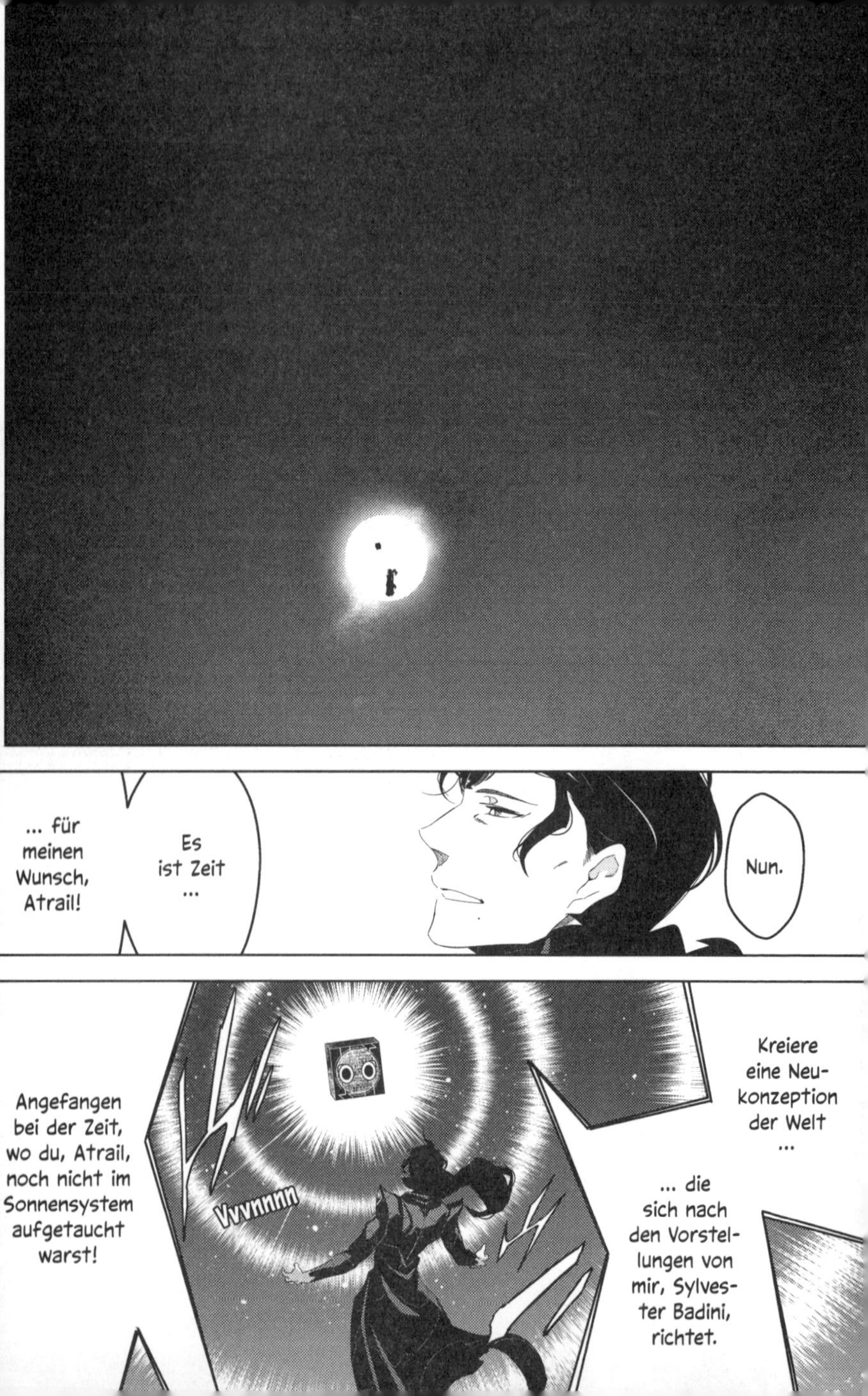

Nun.
Es ist Zeit ...
... für meinen Wunsch, Atrail!

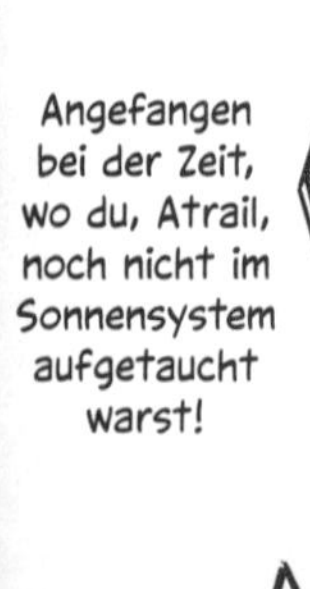
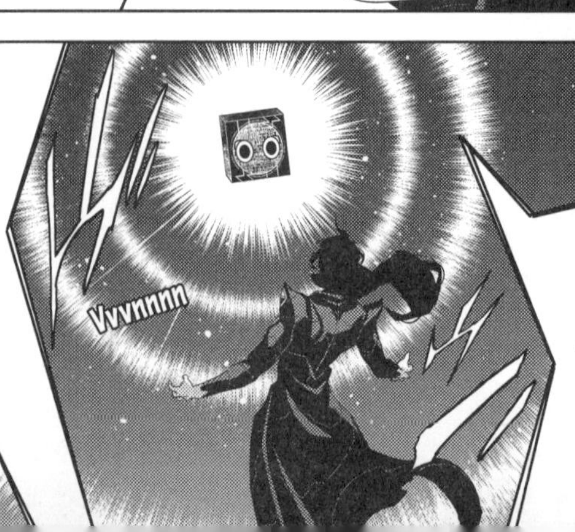

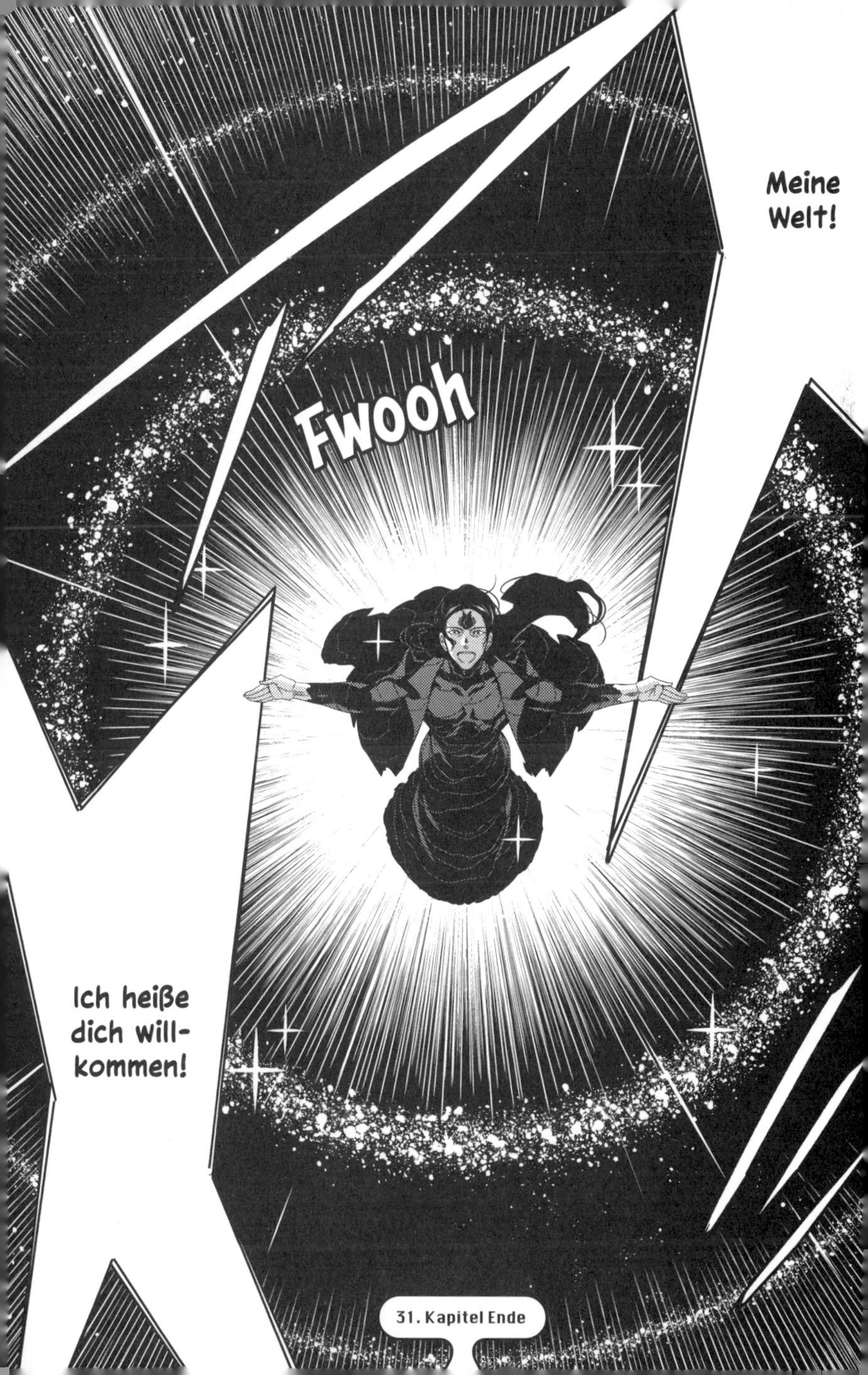
Meine Welt!
Fwooh
Ich heiße dich willkommen!
31. Kapitel Ende

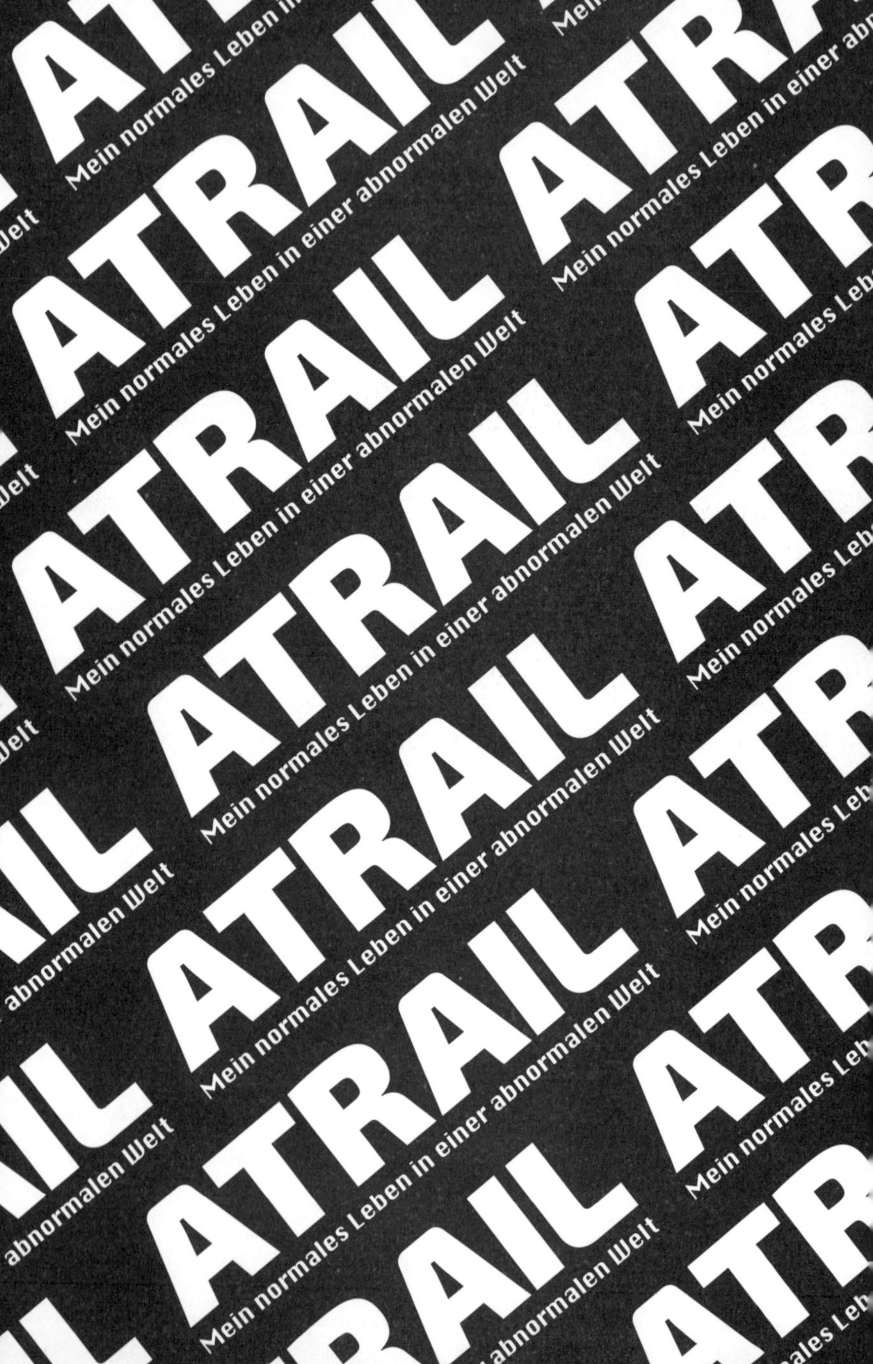
ATRAIL
Mein normales Leben in einer abnormalen Welt

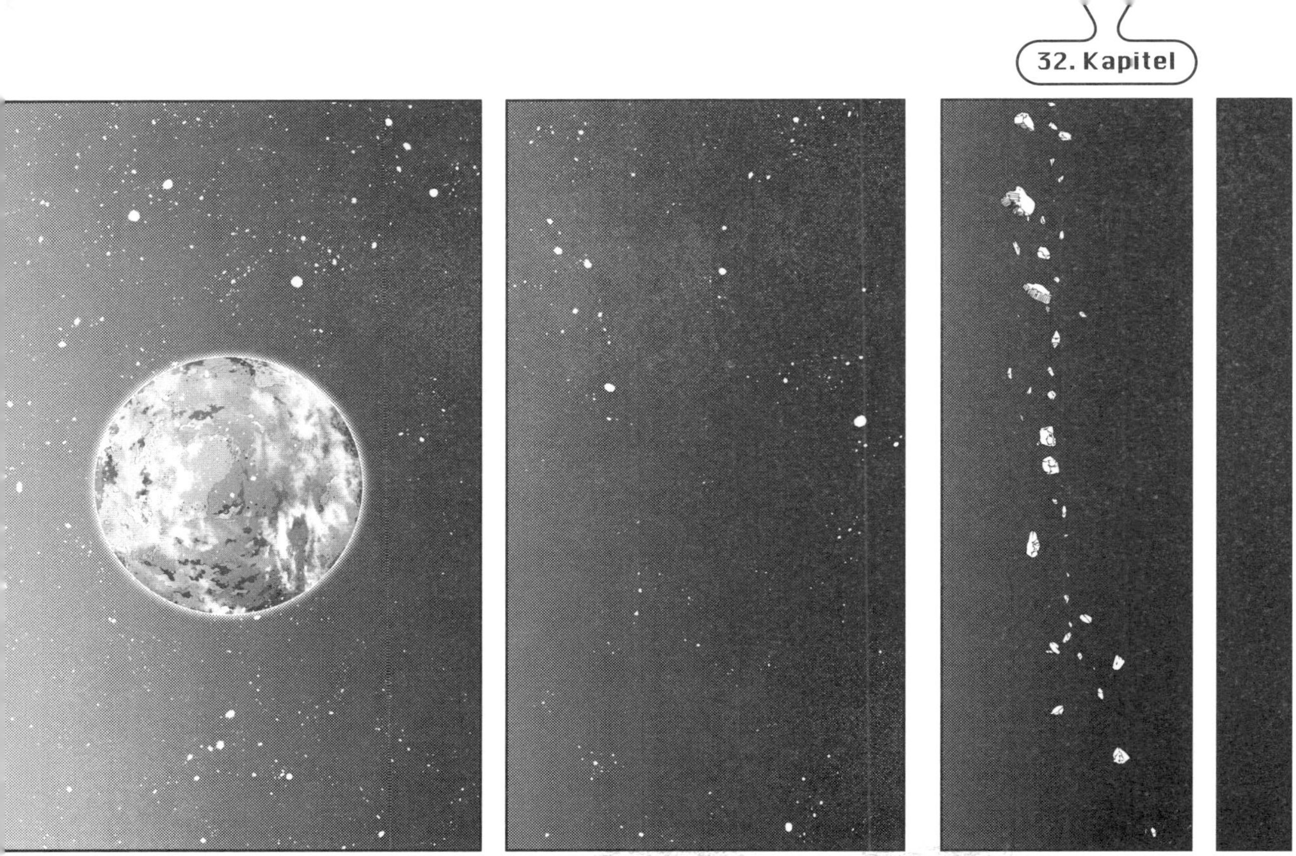

32. Kapitel

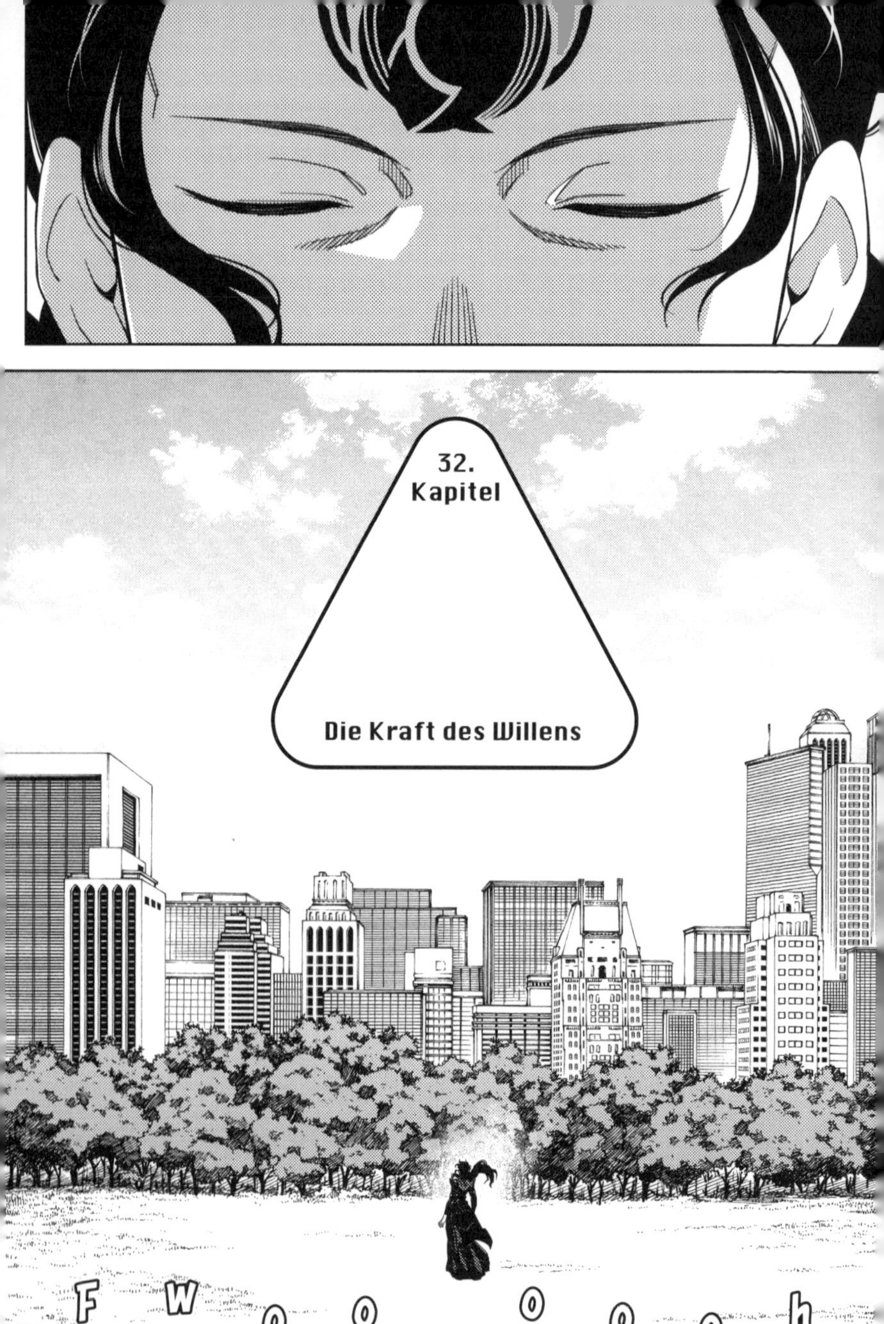
32.
Kapitel
Die Kraft des Willens
Fwooooooh

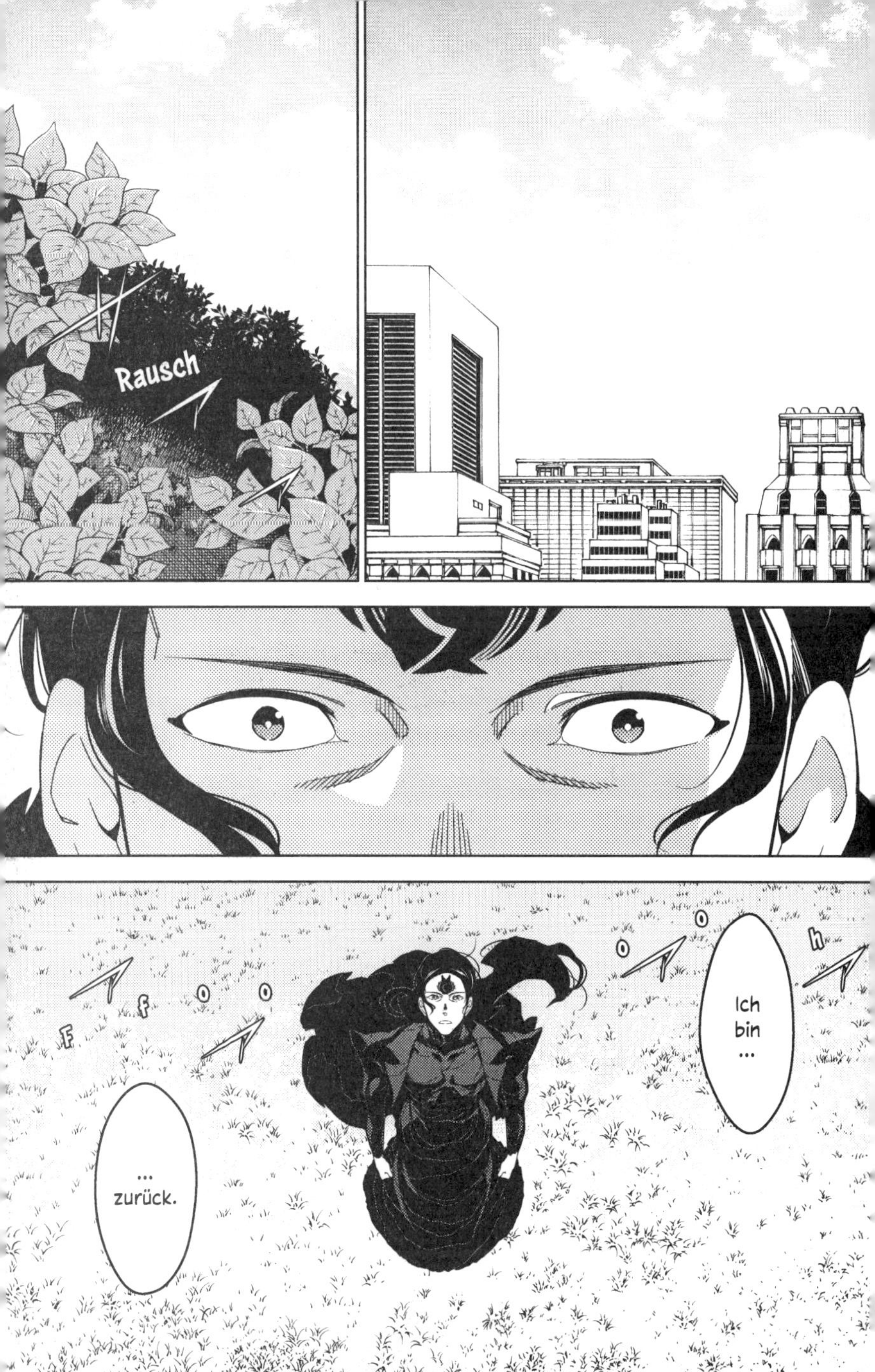
Rausch
Ffoooooh
Ich bin …
… zurück.

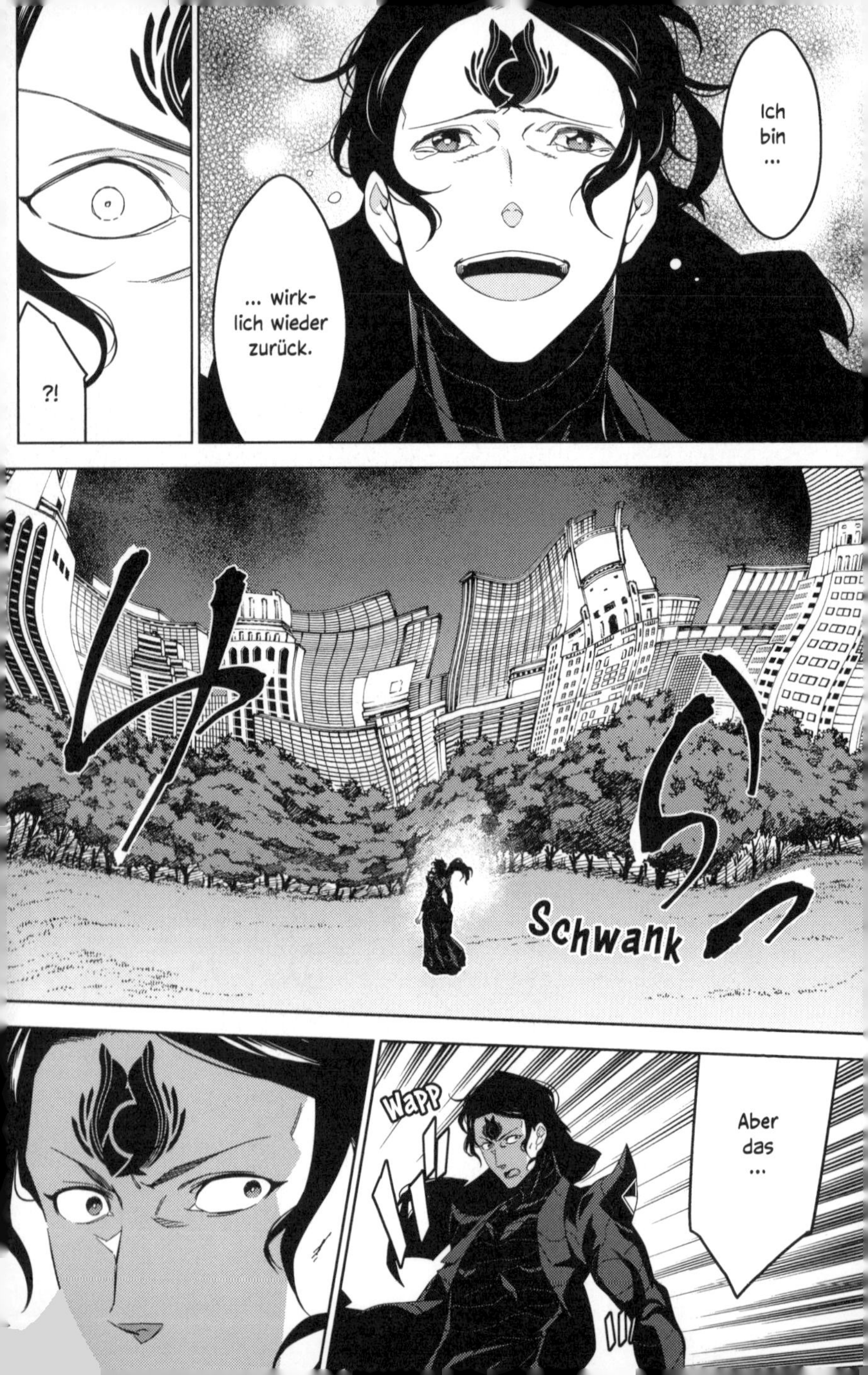

Ich bin ...

... wirklich wieder zurück.

?!

Schwank

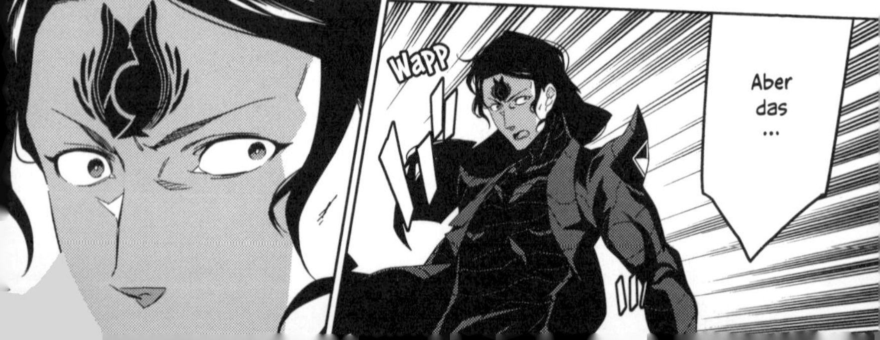

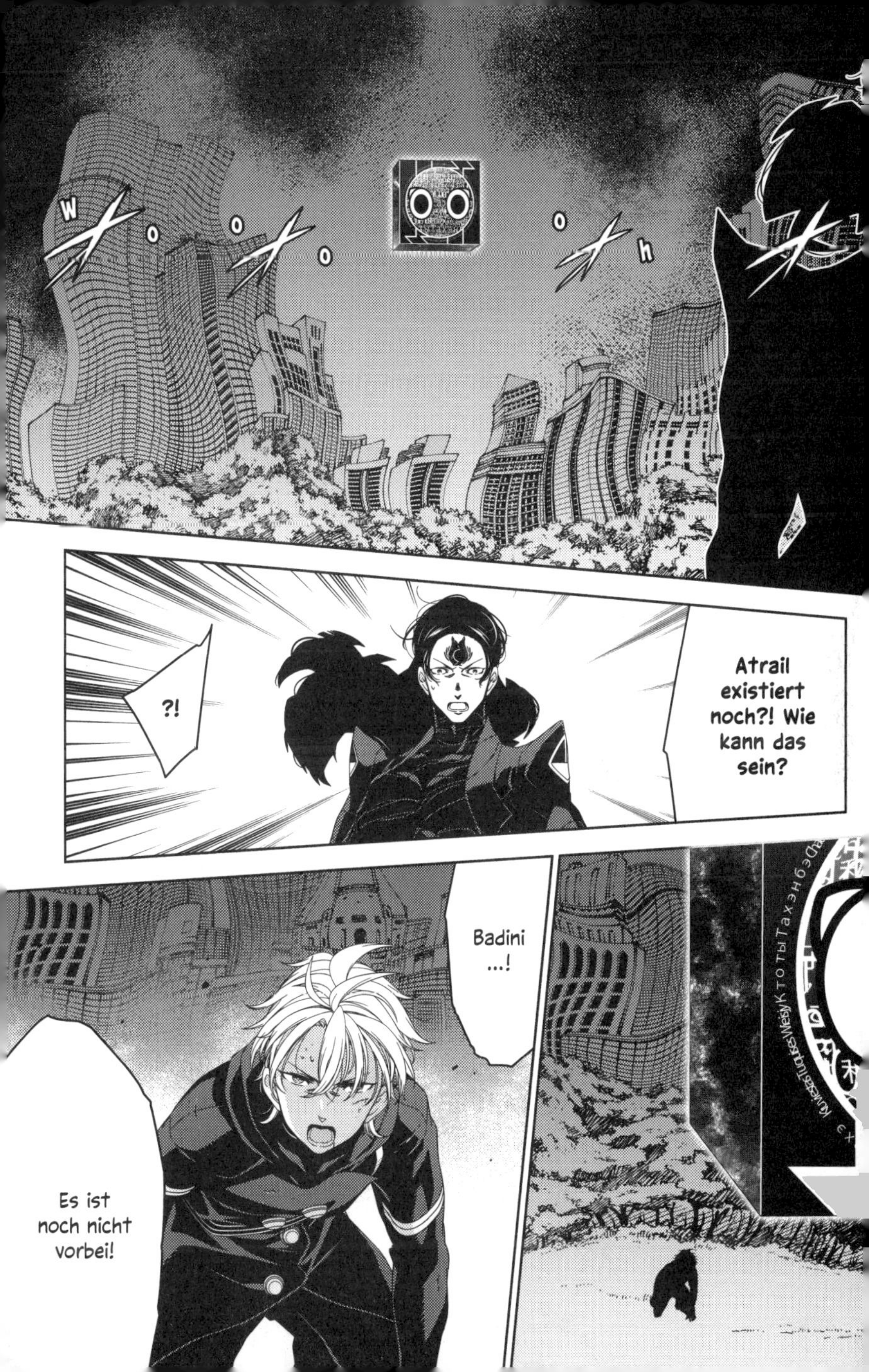

Wooooh

Atrail existiert noch?! Wie kann das sein?

?!

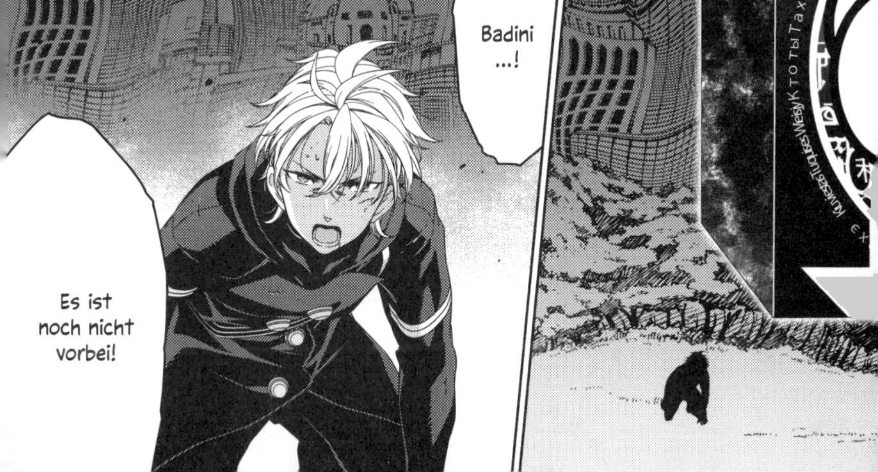

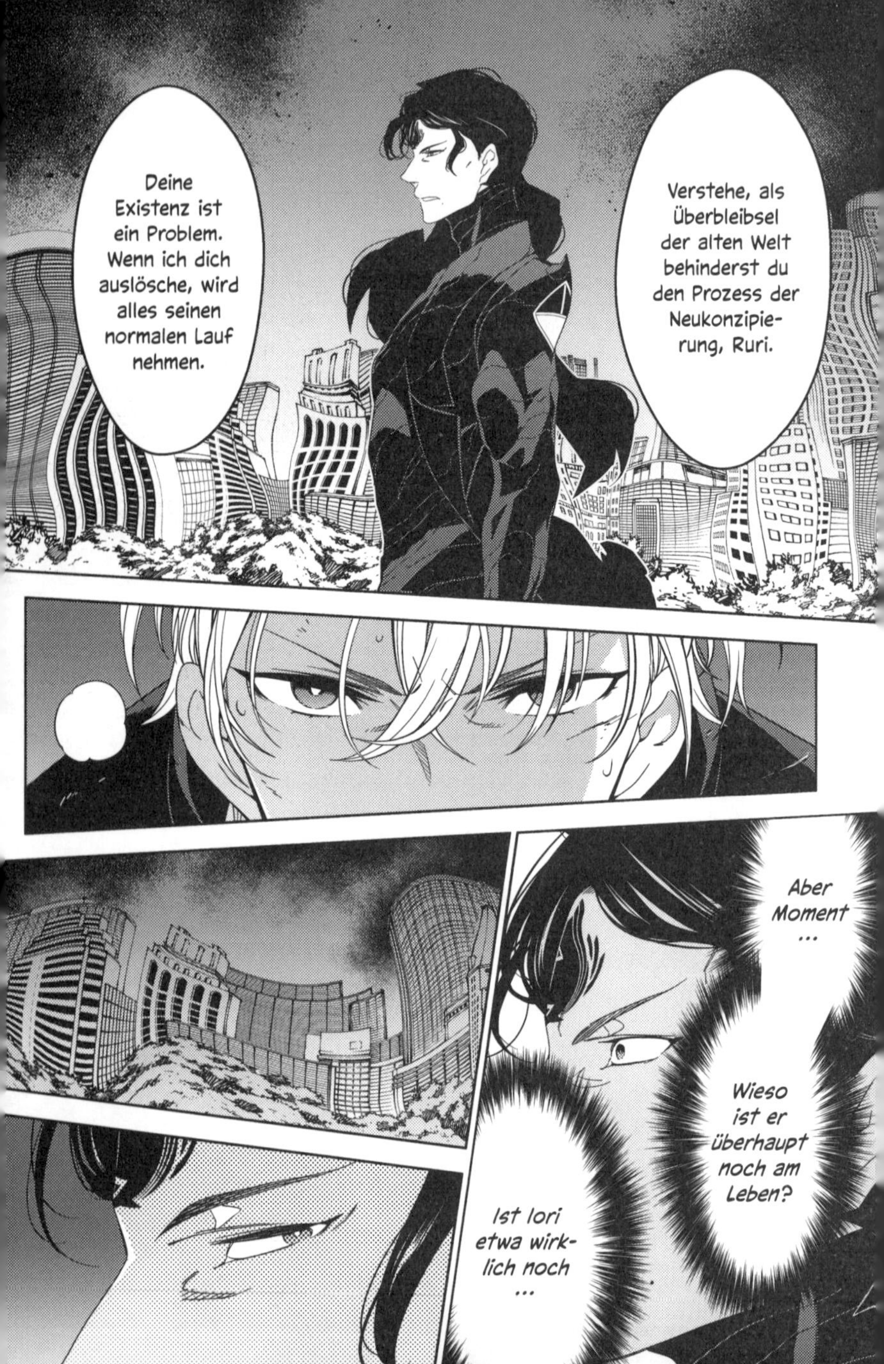
Verstehe, als Überbleibsel der alten Welt behinderst du den Prozess der Neukonzipie-rung, Ruri.
Deine Existenz ist ein Problem. Wenn ich dich auslösche, wird alles seinen normalen Lauf nehmen.
Aber Moment ...
Wieso ist er überhaupt noch am Leben?
Ist Iori etwa wirk-lich noch ...

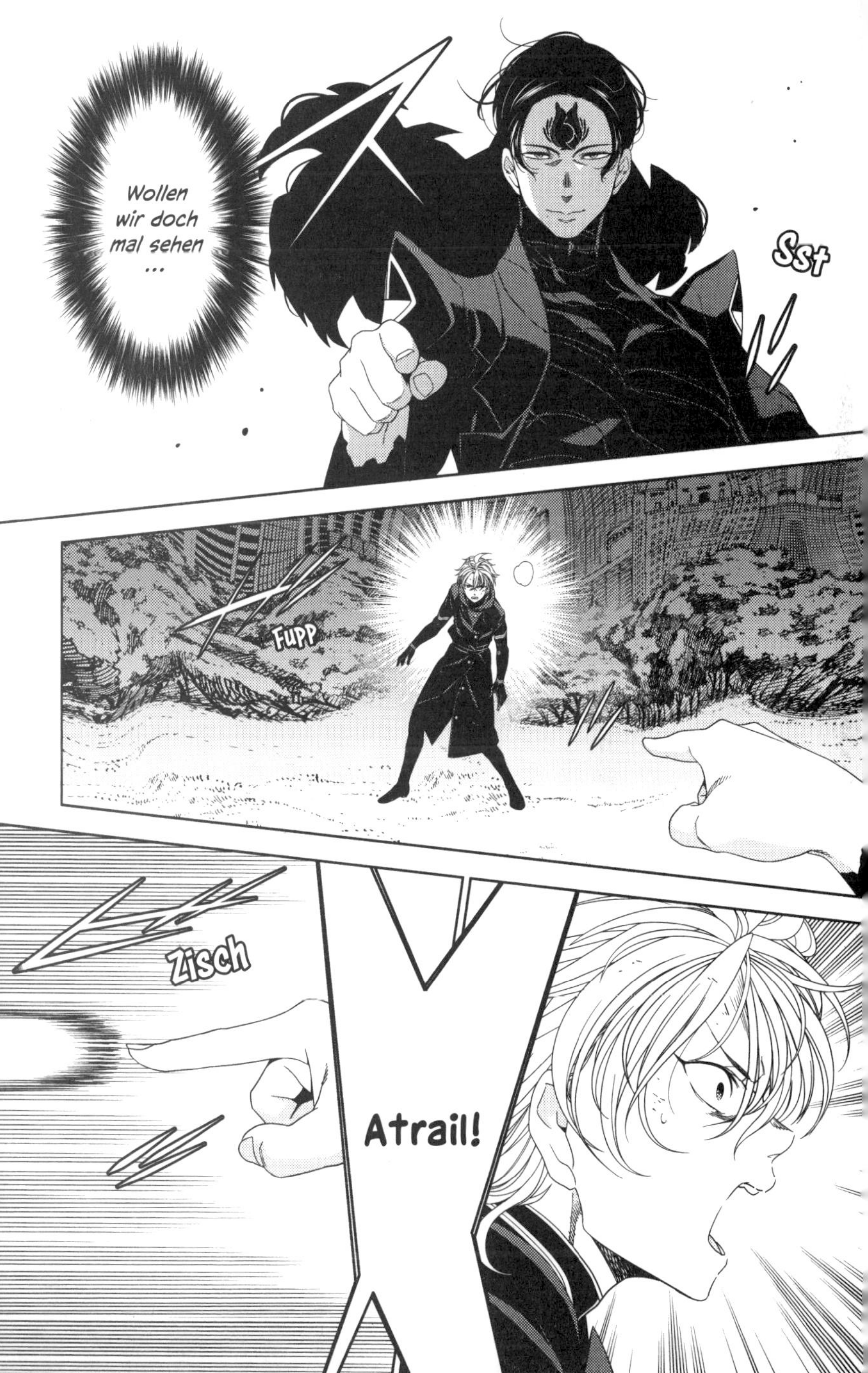
Wollen wir doch mal sehen ...
Sst
Fupp
Zisch
Atrail!

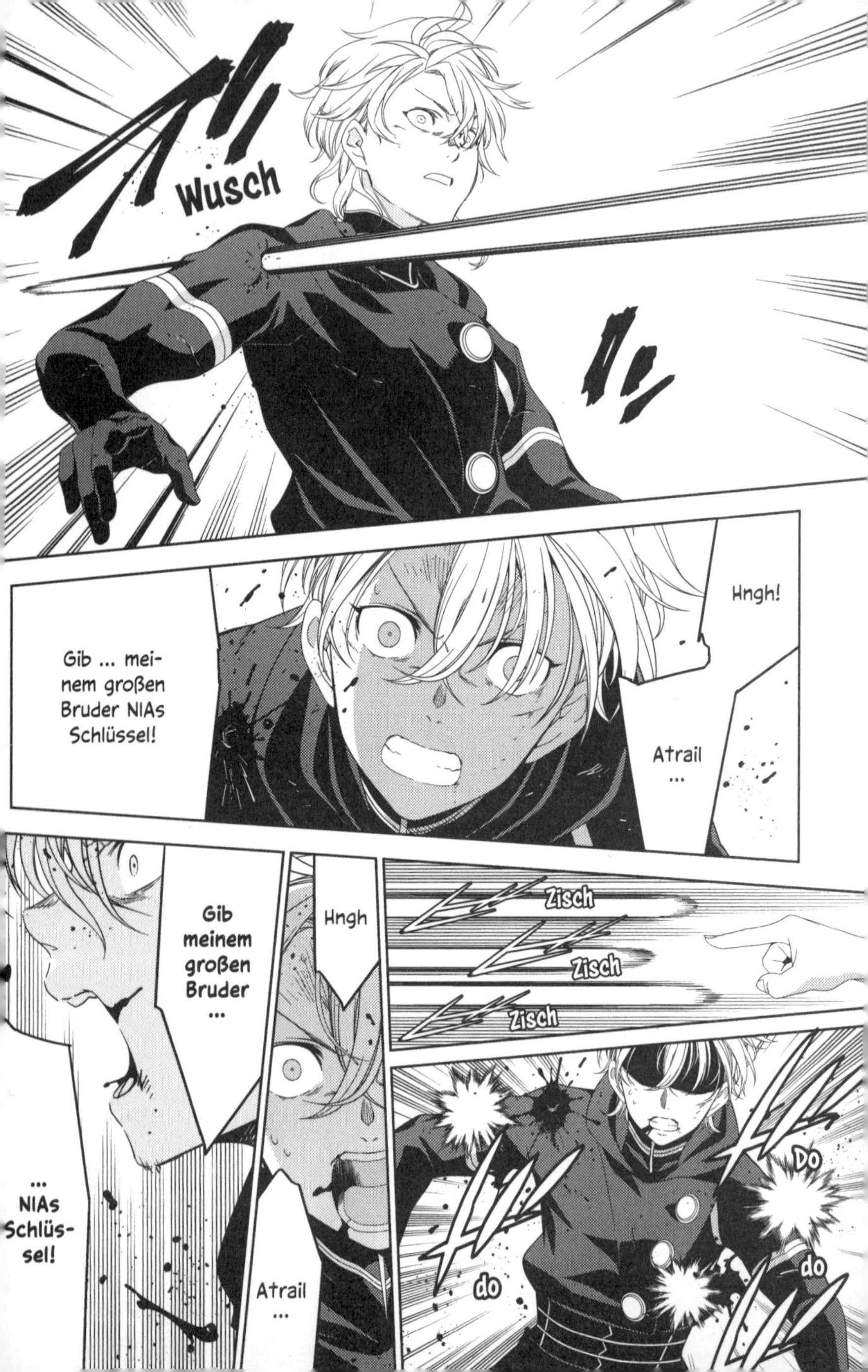
Wusch
Hngh!
Gib ... mei-
nem großen
Bruder NIAs
Schlüssel!
Atrail
...
Zisch
Zisch
Zisch
Hngh
Gib
meinem
großen
Bruder
...
... NIAs
Schlüs-
sel!
Atrail
...
Do
do
do

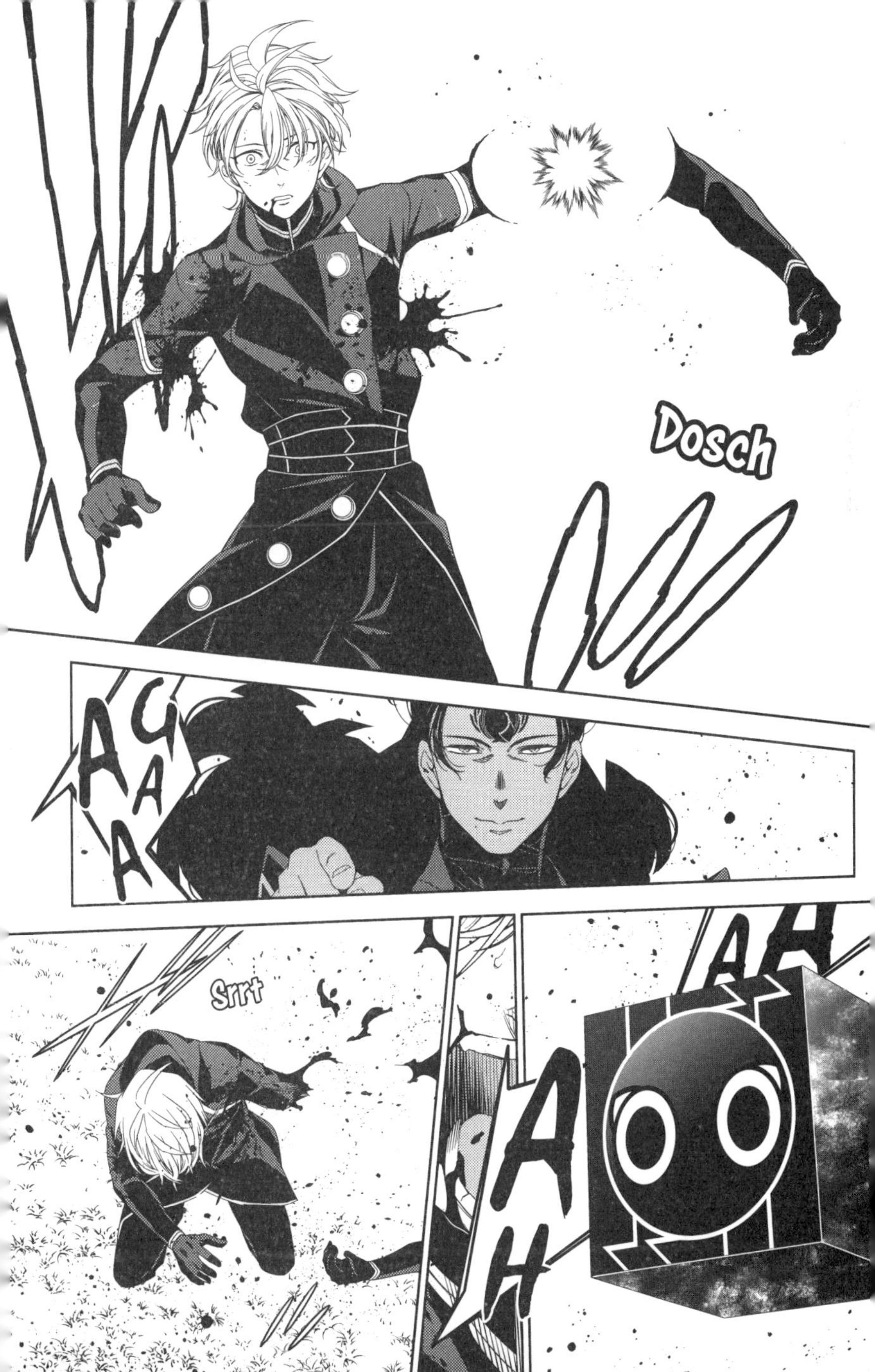
Dosch
AGAA
AA
AAH
Srrt

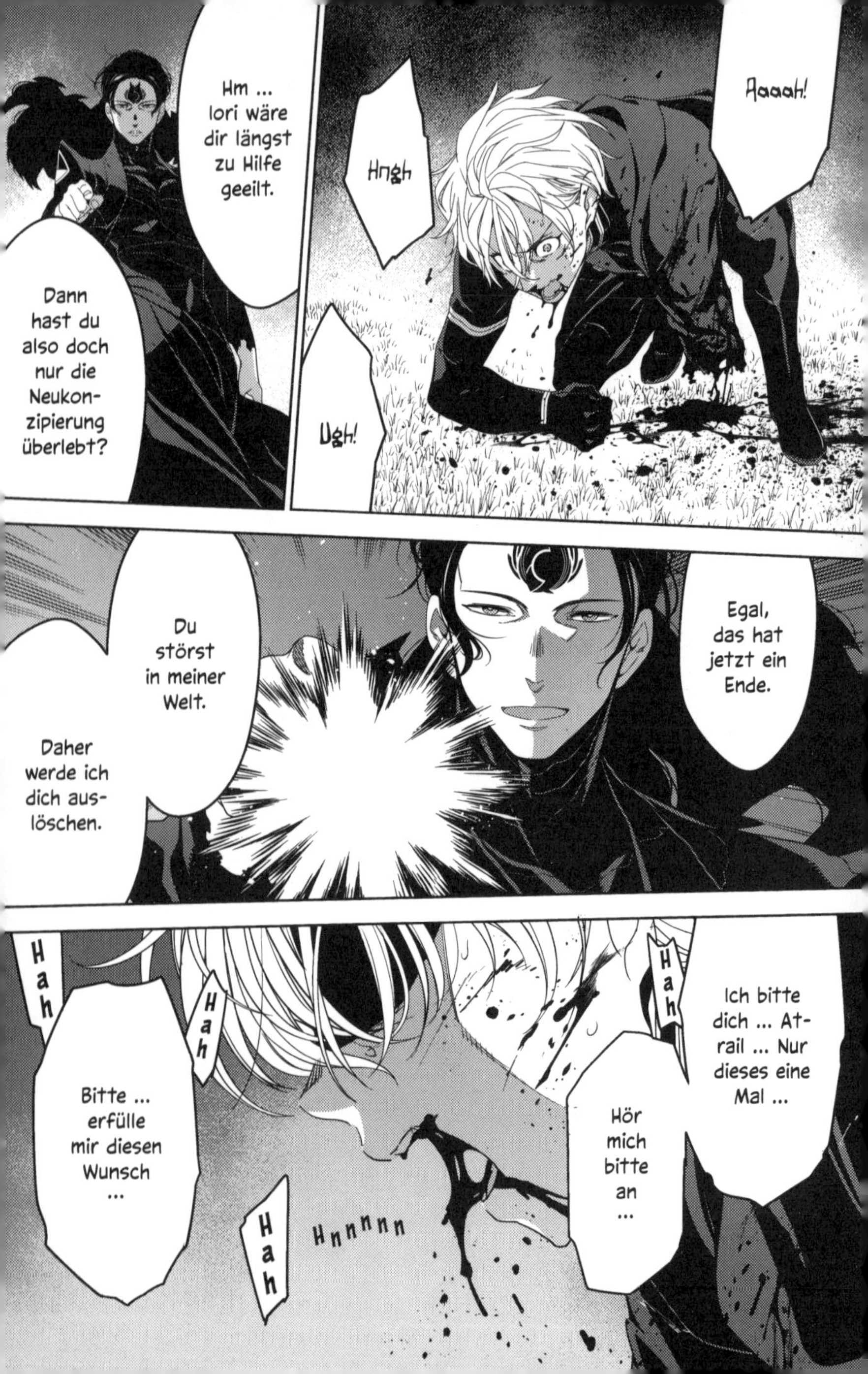

Aaaah!

Hngh

Ugh!

Hm ... Iori wäre dir längst zu Hilfe geeilt.

Dann hast du also doch nur die Neukonzipierung überlebt?

Egal, das hat jetzt ein Ende.

Du störst in meiner Welt.

Daher werde ich dich auslöschen.

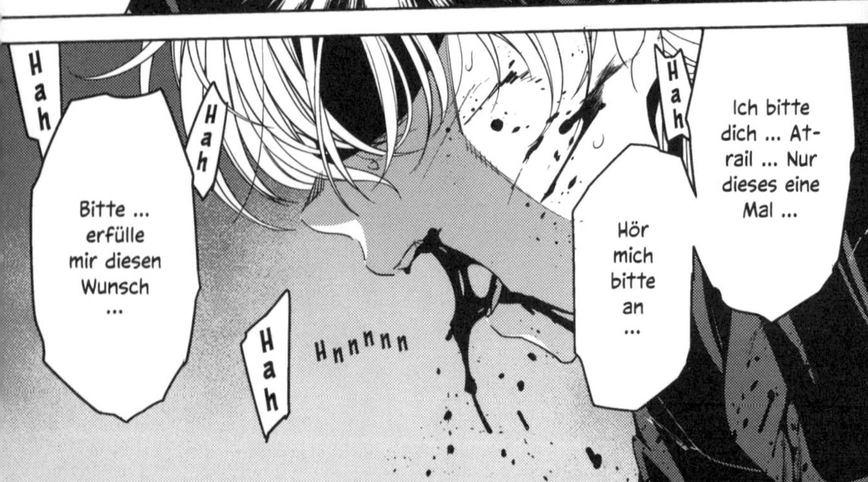

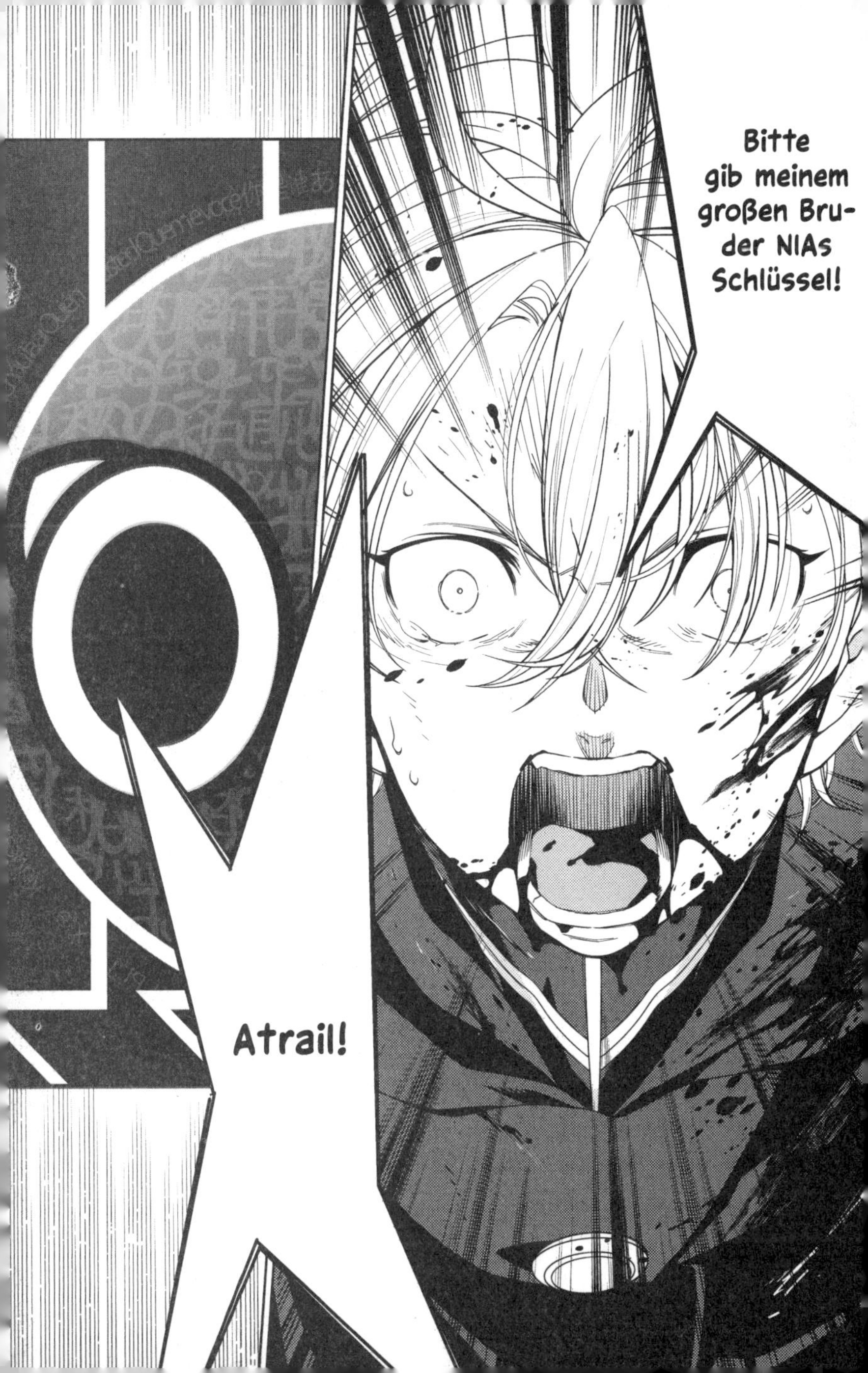
Bitte gib meinem großen Bruder NIAs Schlüssel!
Atrail!

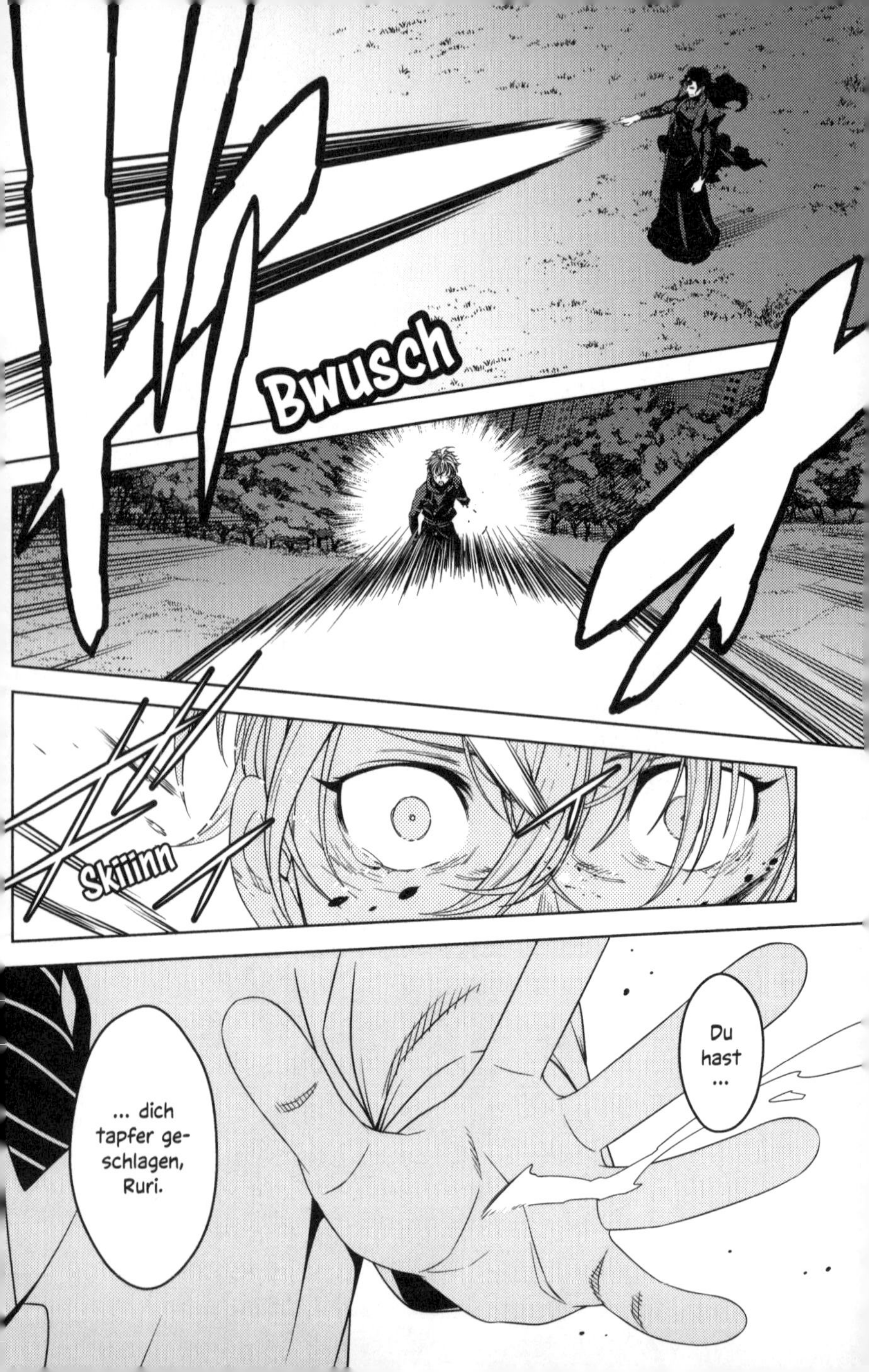
Bwusch
Skiiinn
Du hast ...
... dich tapfer geschlagen, Ruri.

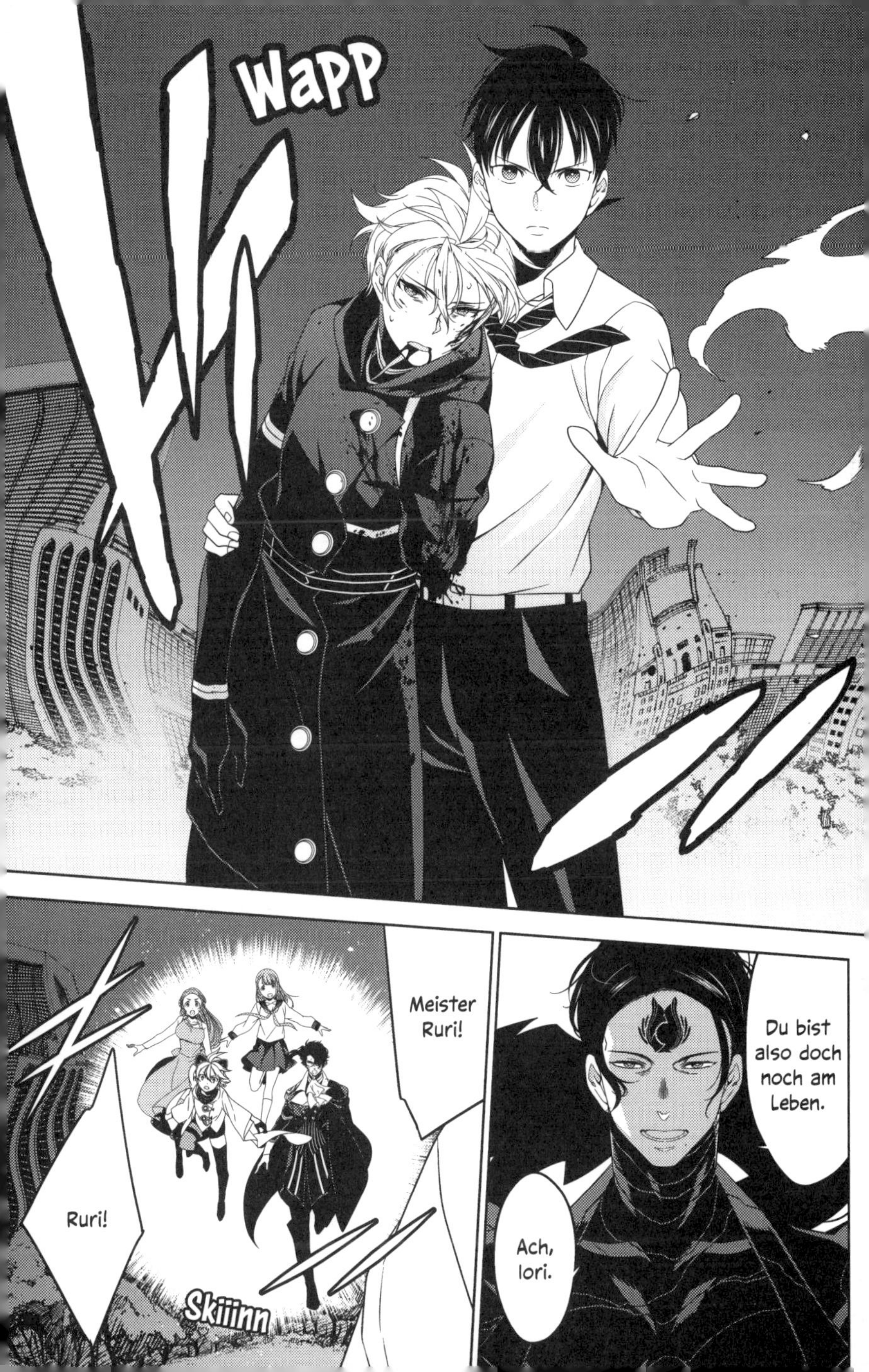

Wapp

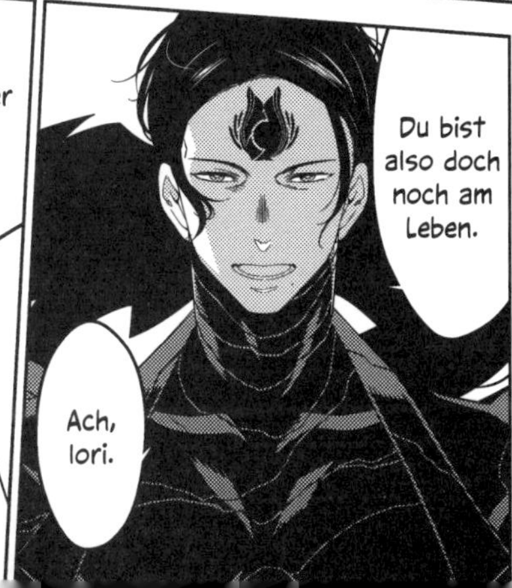
Du bist also doch noch am Leben.
Ach, Iori.

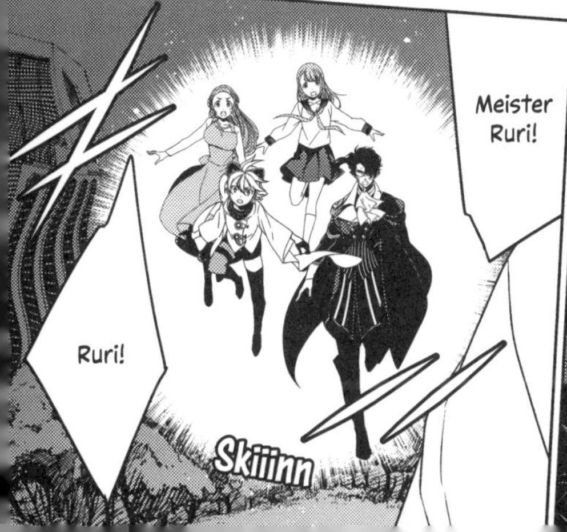
Meister Ruri!
Ruri!
Skiiinn

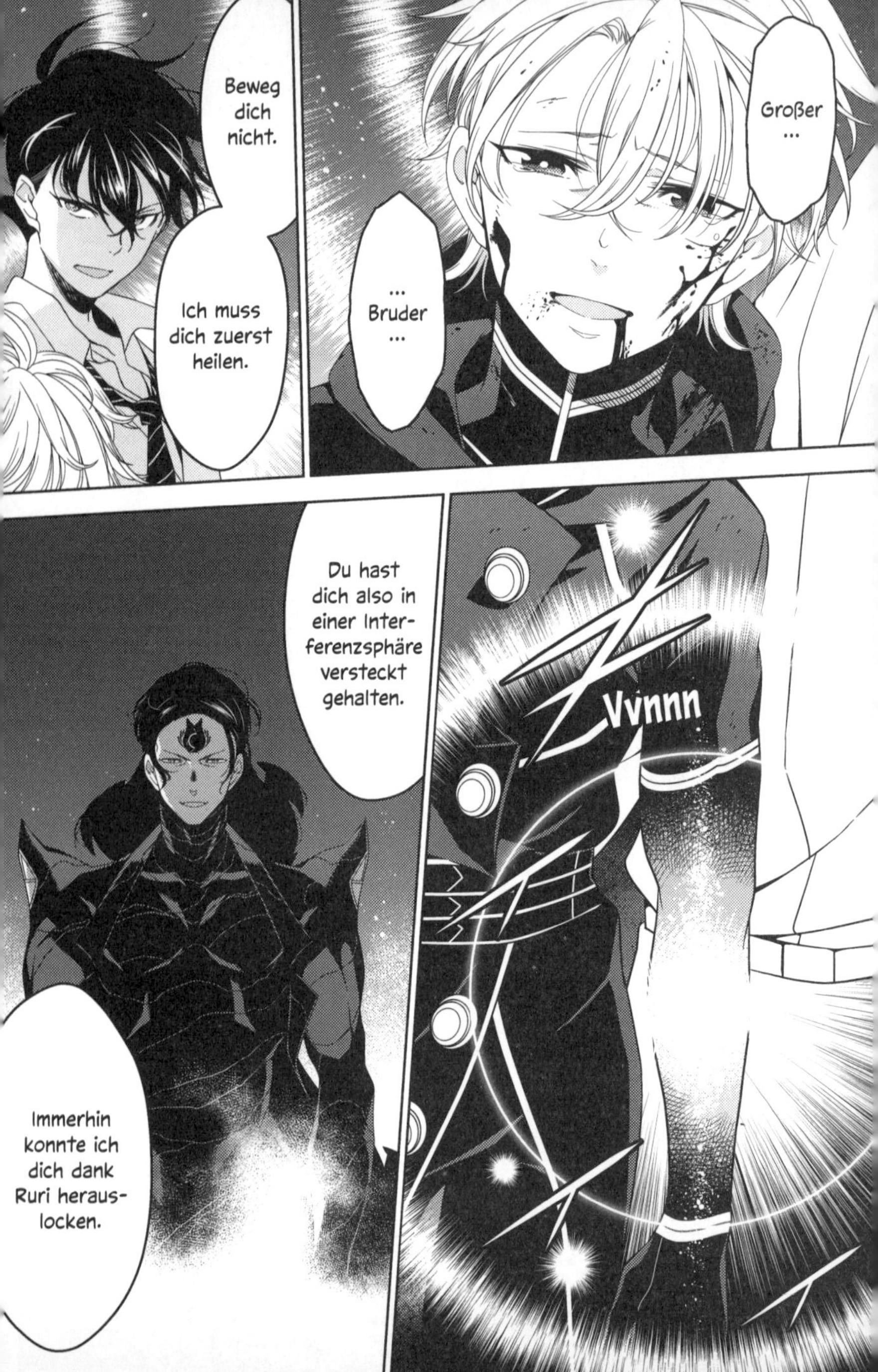
Großer ...
... Bruder ...
Beweg dich nicht.
Ich muss dich zuerst heilen.
Vvnnn
Du hast dich also in einer Interferenzsphäre versteckt gehalten.
Immerhin konnte ich dich dank Ruri heraus-locken.

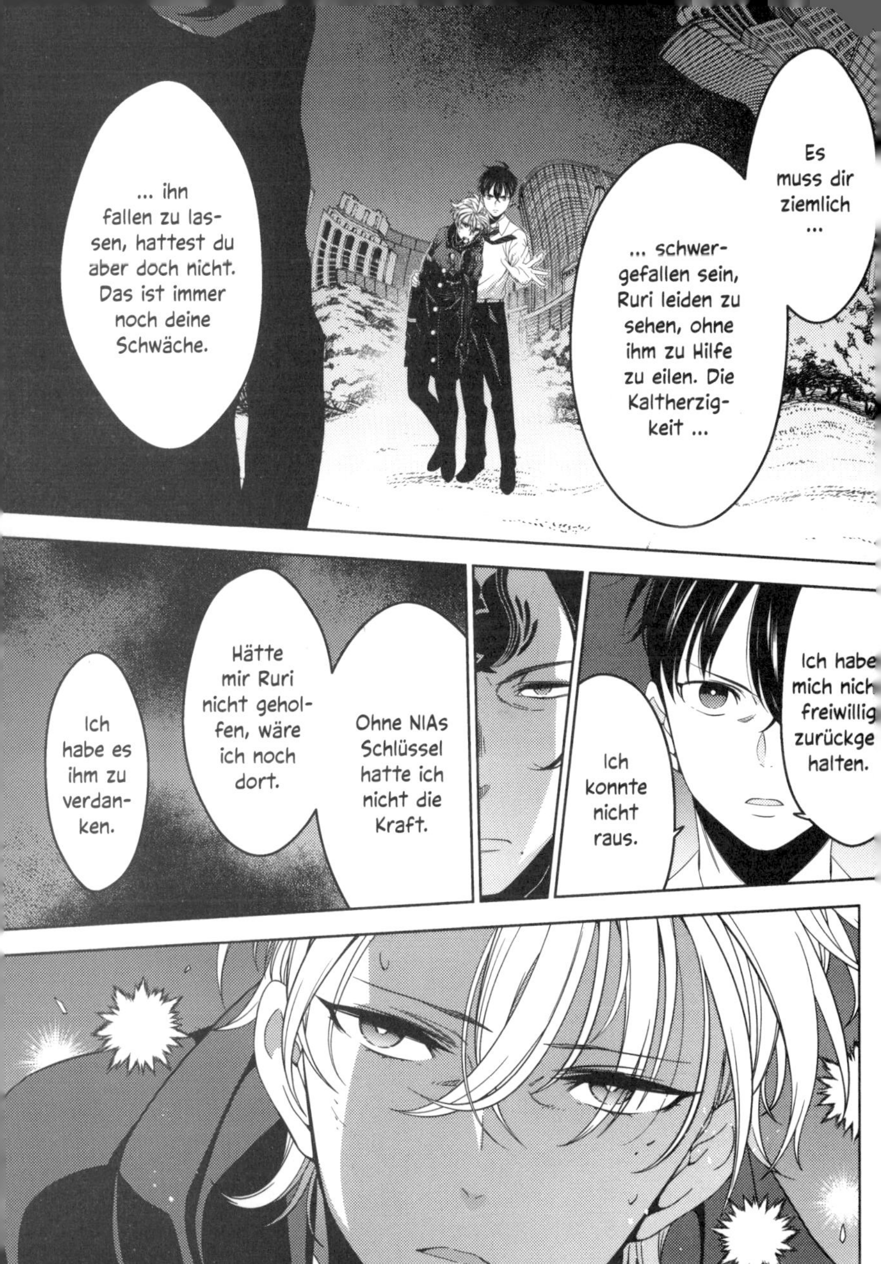
Es muss dir ziemlich ...
... schwergefallen sein, Ruri leiden zu sehen, ohne ihm zu Hilfe zu eilen. Die Kaltherzigkeit ...
... ihn fallen zu lassen, hattest du aber doch nicht. Das ist immer noch deine Schwäche.
Ich habe mich nich freiwillig zurückge halten.
Ich konnte nicht raus.
Ohne NIAs Schlüssel hatte ich nicht die Kraft.
Hätte mir Ruri nicht geholfen, wäre ich noch dort.
Ich habe es ihm zu verdanken.

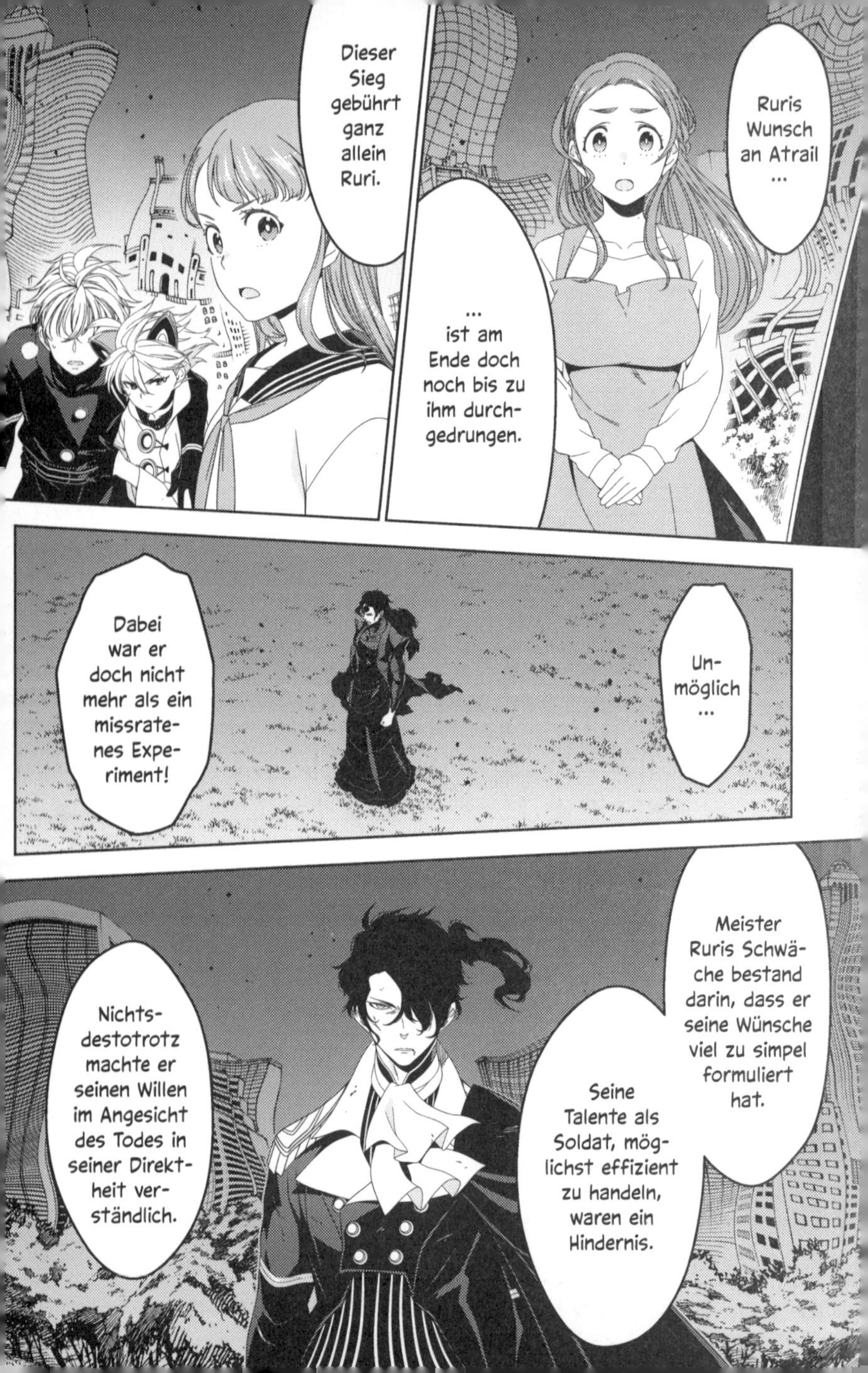

Ruris Wunsch an Atrail ...

... ist am Ende doch noch bis zu ihm durchgedrungen.

Dieser Sieg gebührt ganz allein Ruri.

Unmöglich ...

Dabei war er doch nicht mehr als ein missratenes Experiment!

Meister Ruris Schwäche bestand darin, dass er seine Wünsche viel zu simpel formuliert hat.

Seine Talente als Soldat, möglichst effizient zu handeln, waren ein Hindernis.

Nichtsdestotrotz machte er seinen Willen im Angesicht des Todes in seiner Direktheit verständlich.

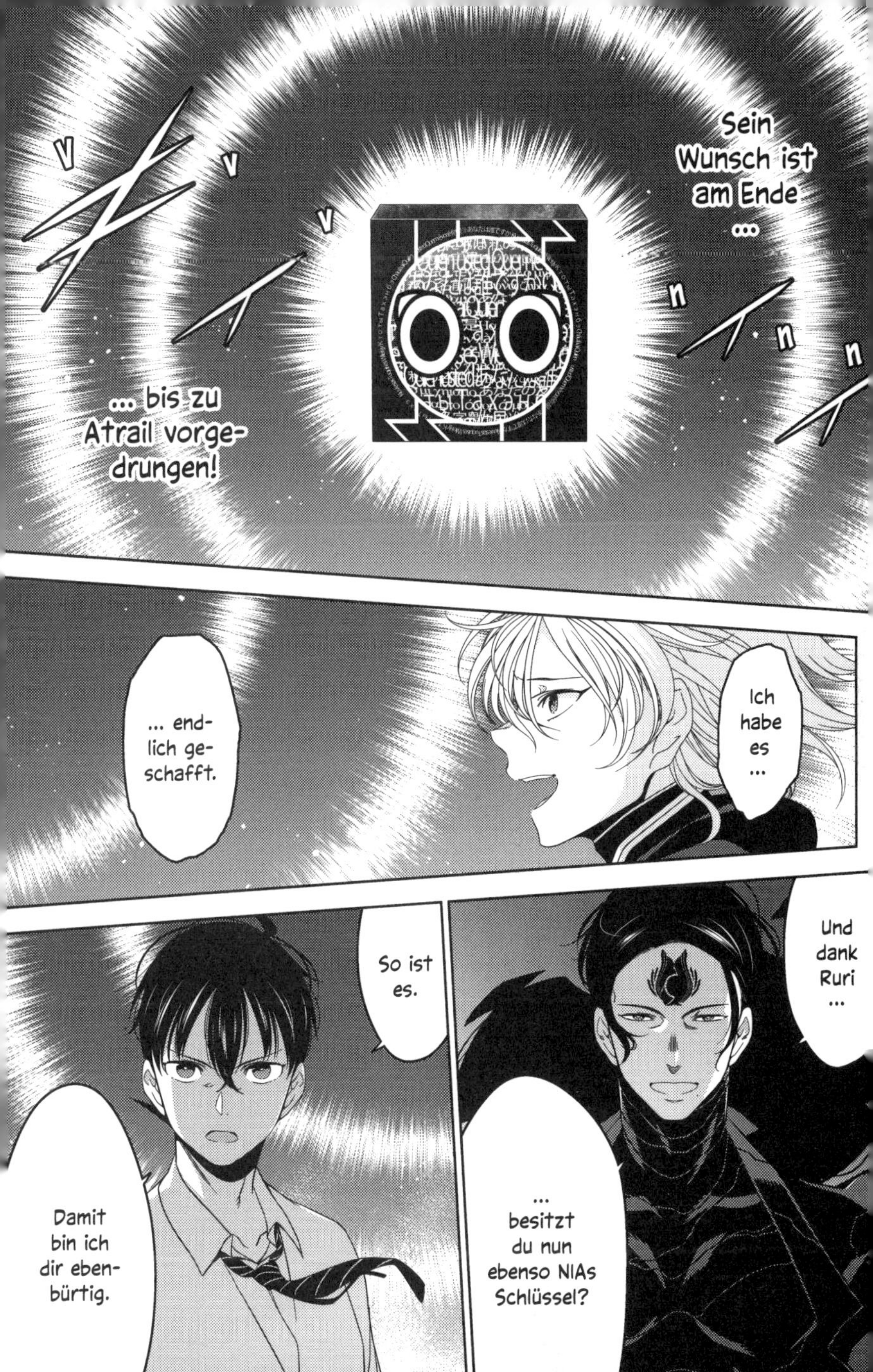
Sein Wunsch ist am Ende ...
n n n
V v v
... bis zu Atrail vorgedrungen!
Ich habe es ...
... endlich geschafft.
Und dank Ruri ...
... besitzt du nun ebenso NIAs Schlüssel?
So ist es.
Damit bin ich dir ebenbürtig.

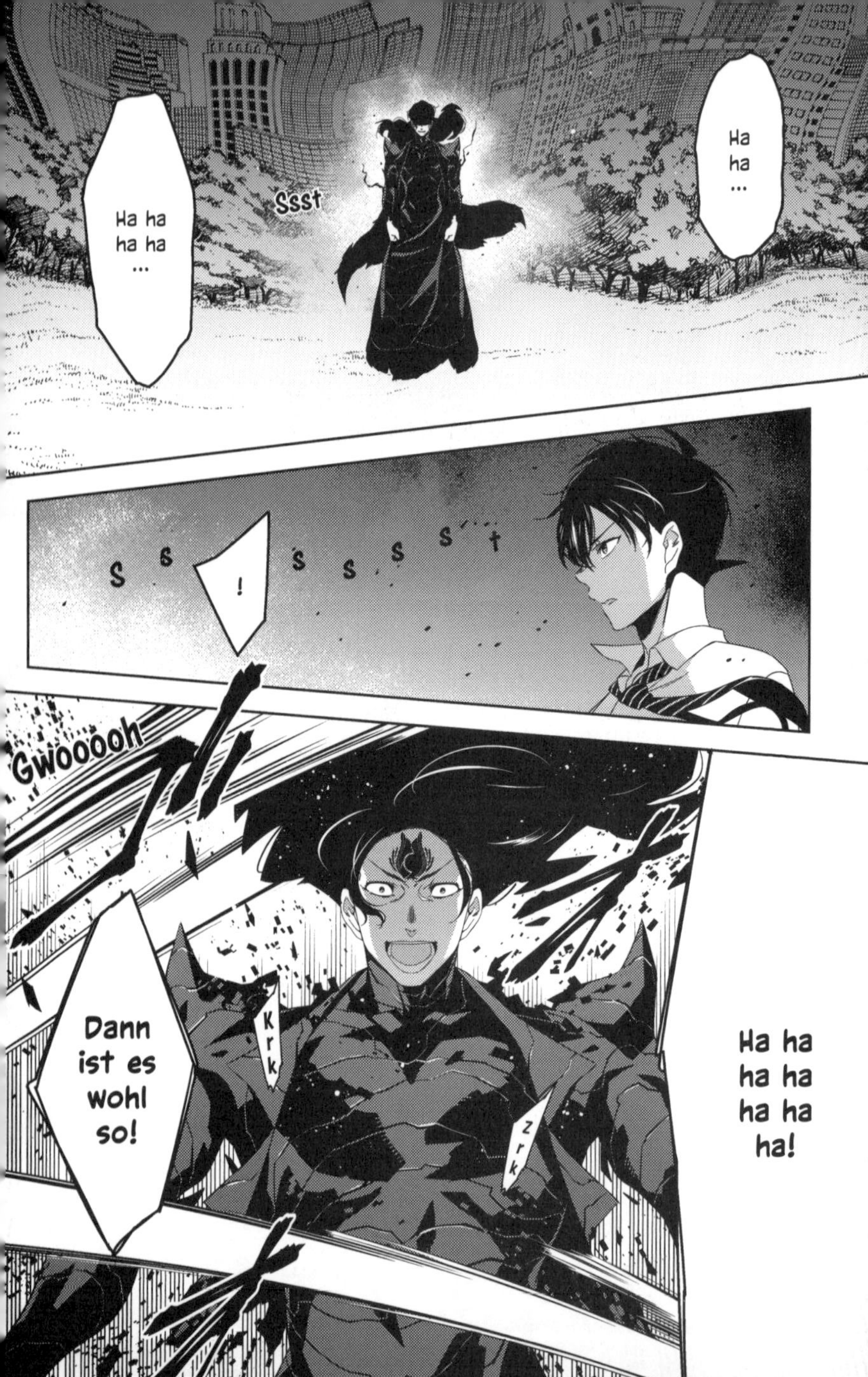
Ha ha ...
Ha ha ha ha ...
Ssst
!
S s s s s S t
Gwooooh
Ha ha ha ha ha ha ha!
Krk
Zrk
Dann ist es wohl so!

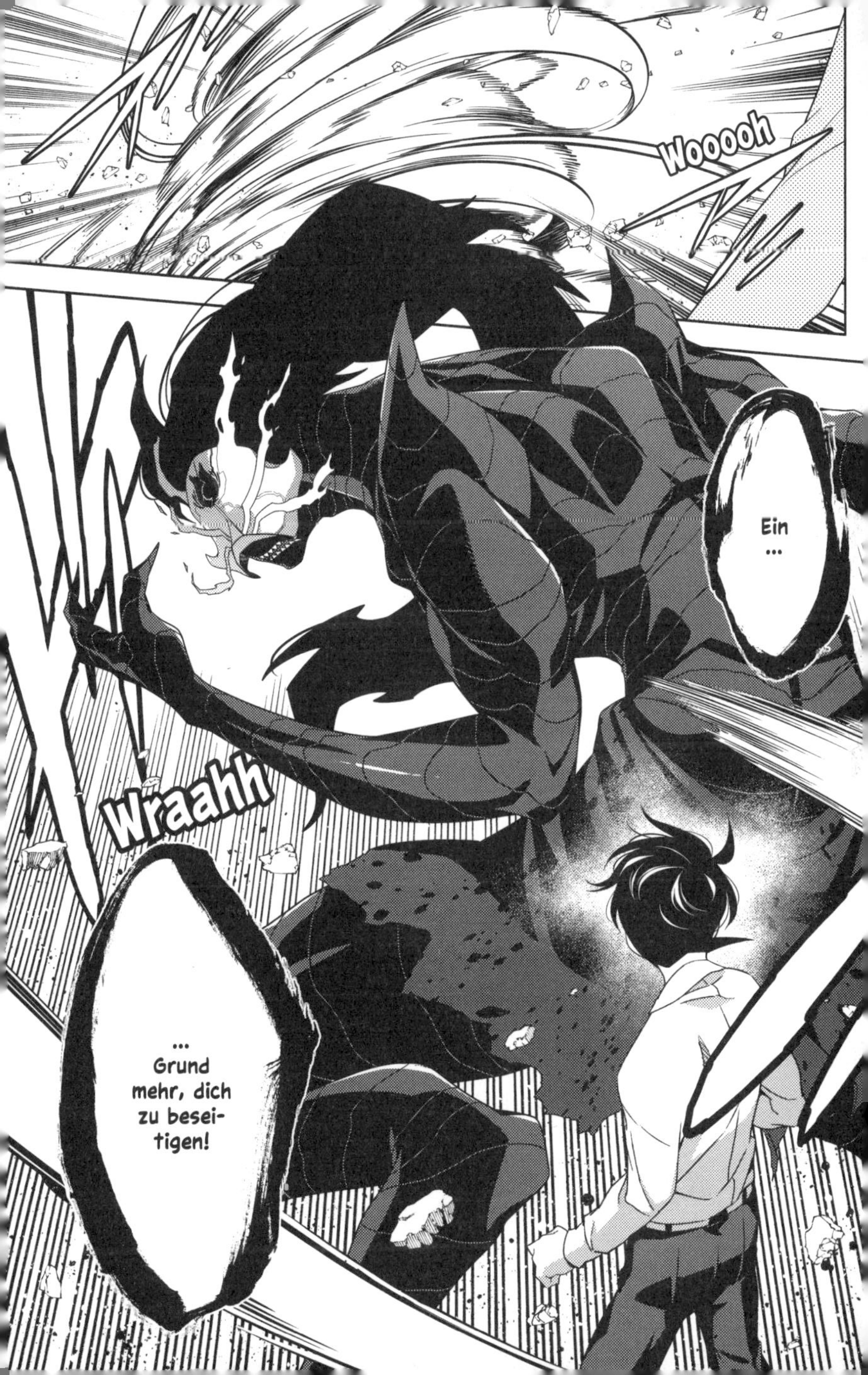
Wooooh
Ein ...
Wraahh
... Grund mehr, dich zu besei-tigen!

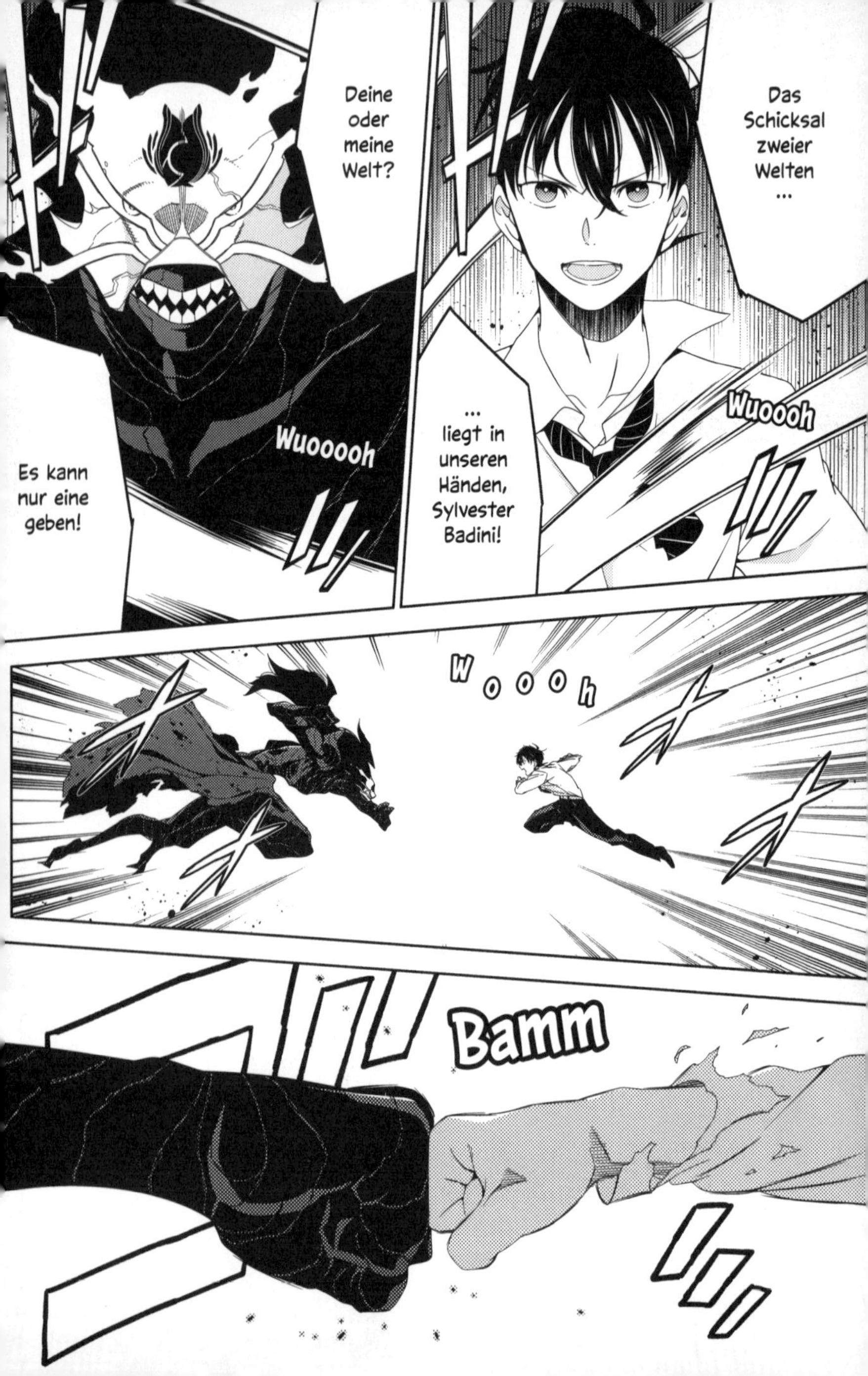
Das Schicksal zweier Welten ...
... liegt in unseren Händen, Sylvester Badini!
Wuoooh
Deine oder meine Welt?
Es kann nur eine geben!
Wuooooh
Woooh
Bamm

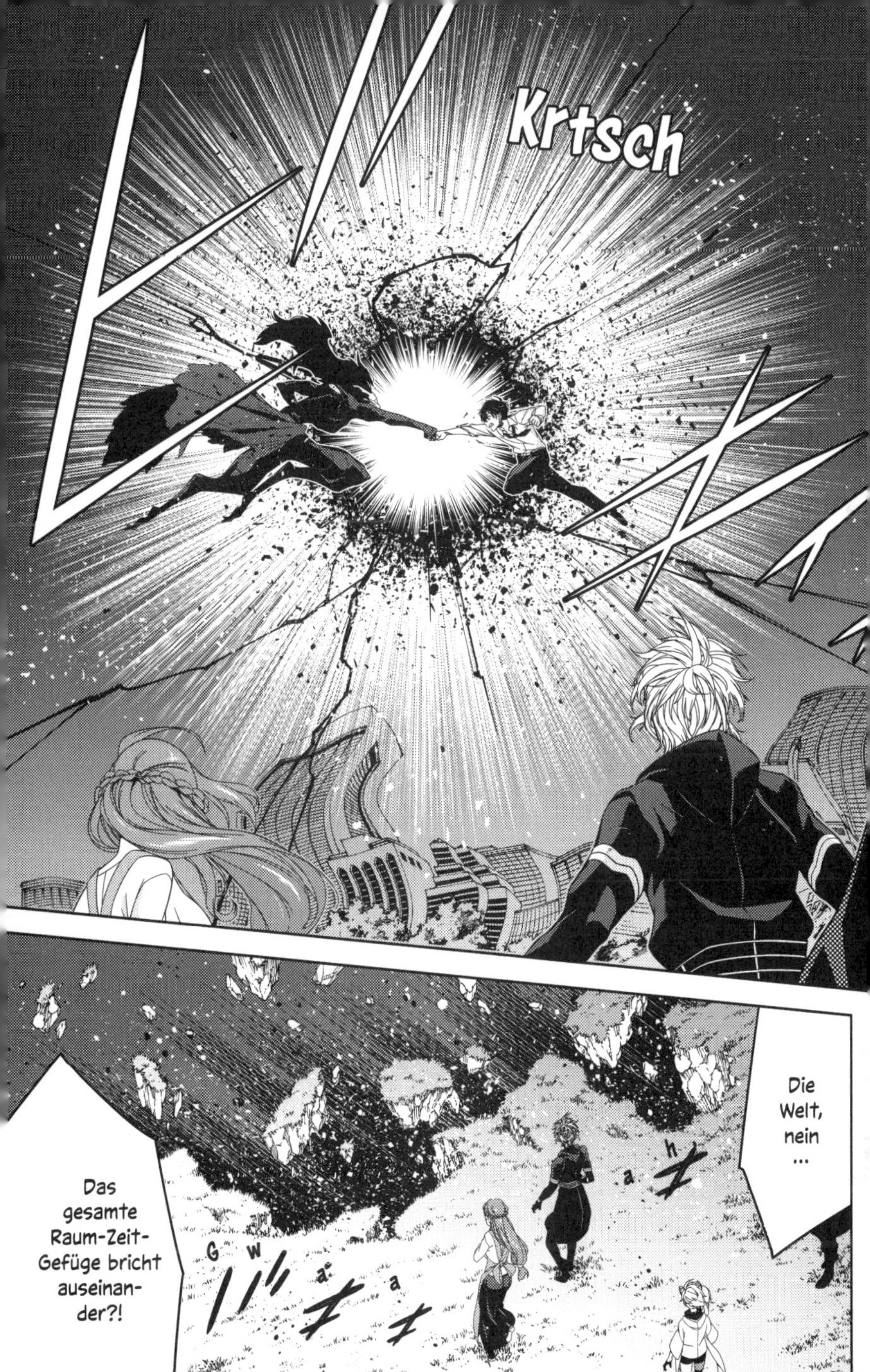
Krtsch
Die Welt, nein ...
Das gesamte Raum-Zeit-Gefüge bricht auseinander?!
Gwäa
ah

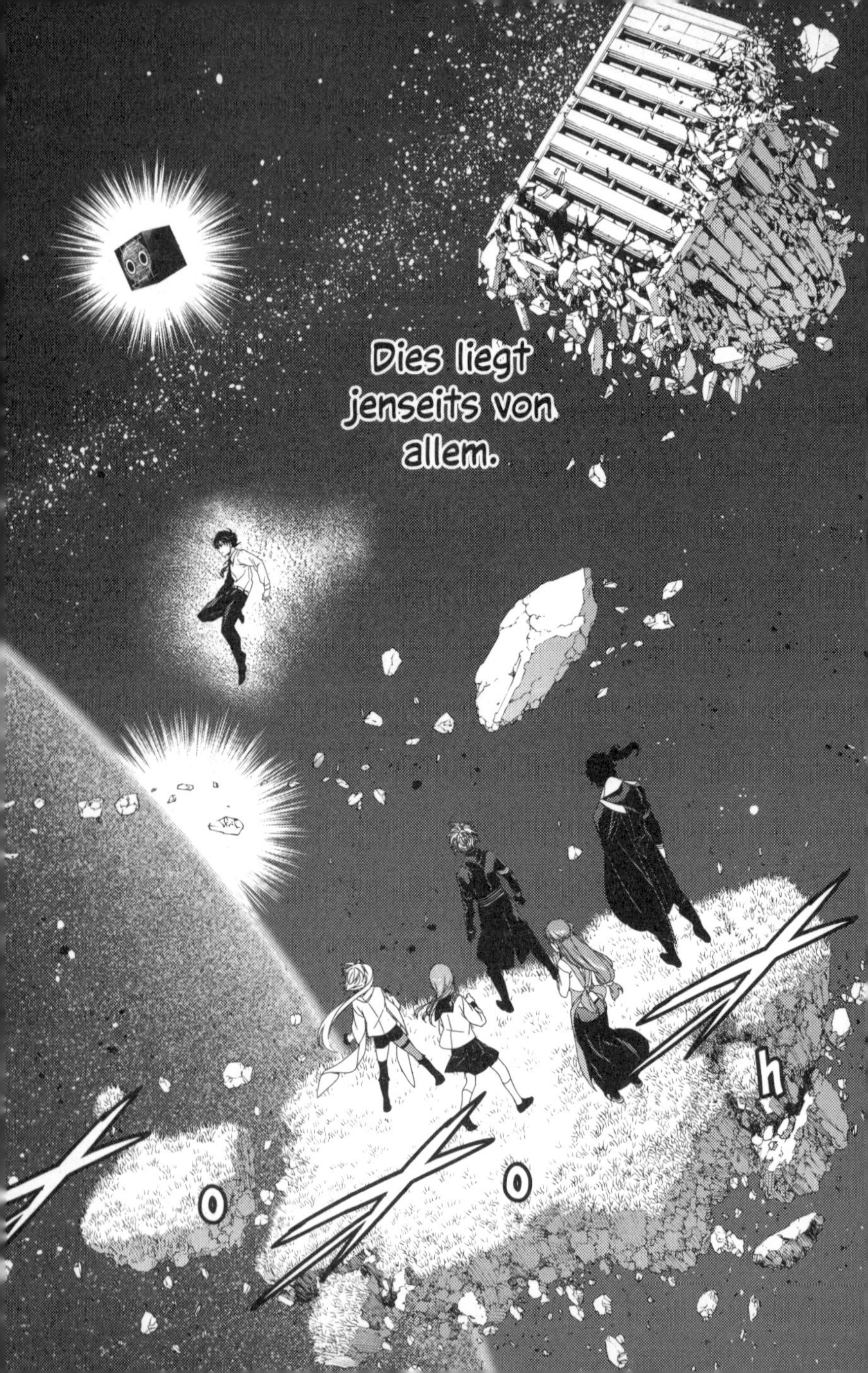
Dies liegt
jenseits von
allem.
h
o
o

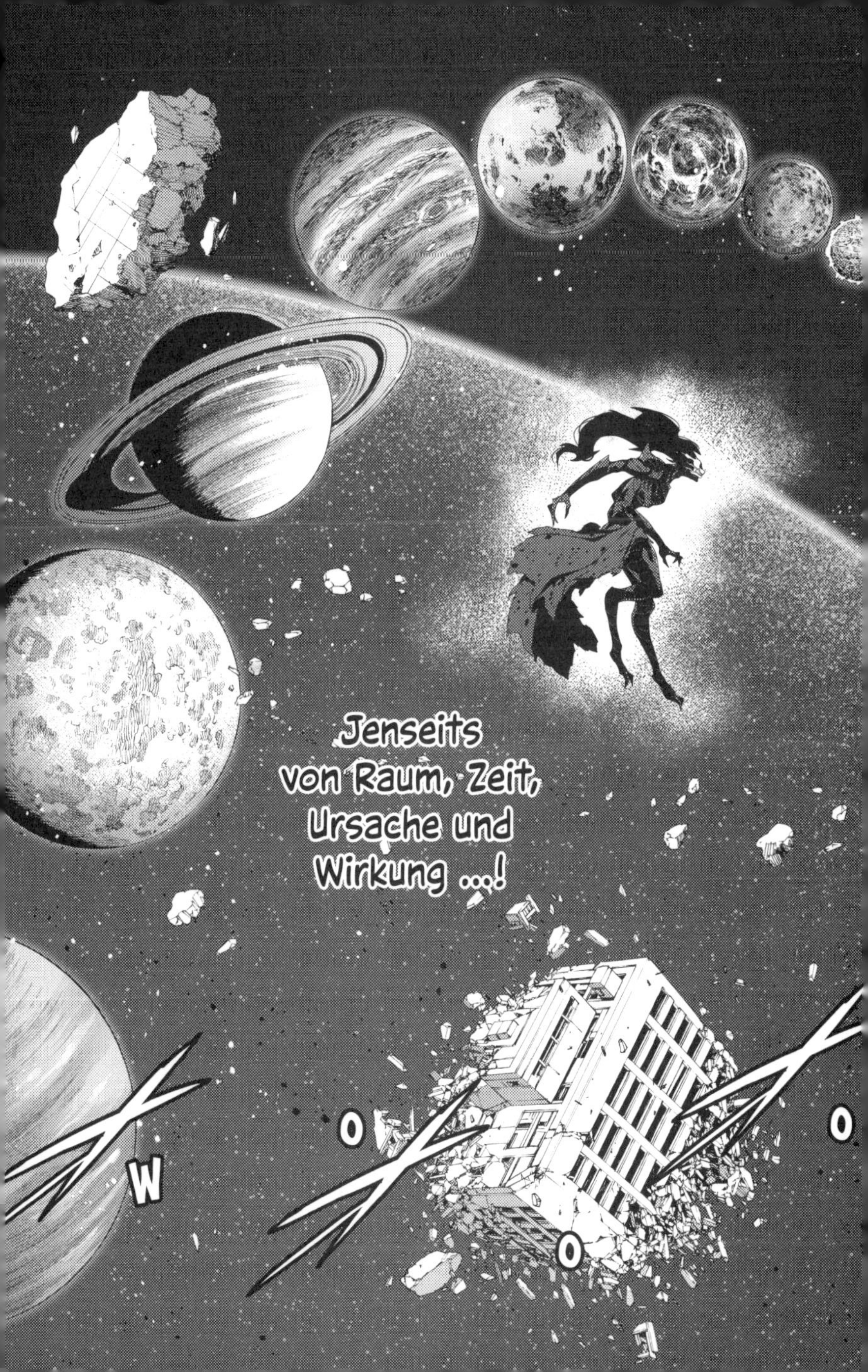
Jenseits
von Raum, Zeit,
Ursache und
Wirkung ...!
W
O
O
O

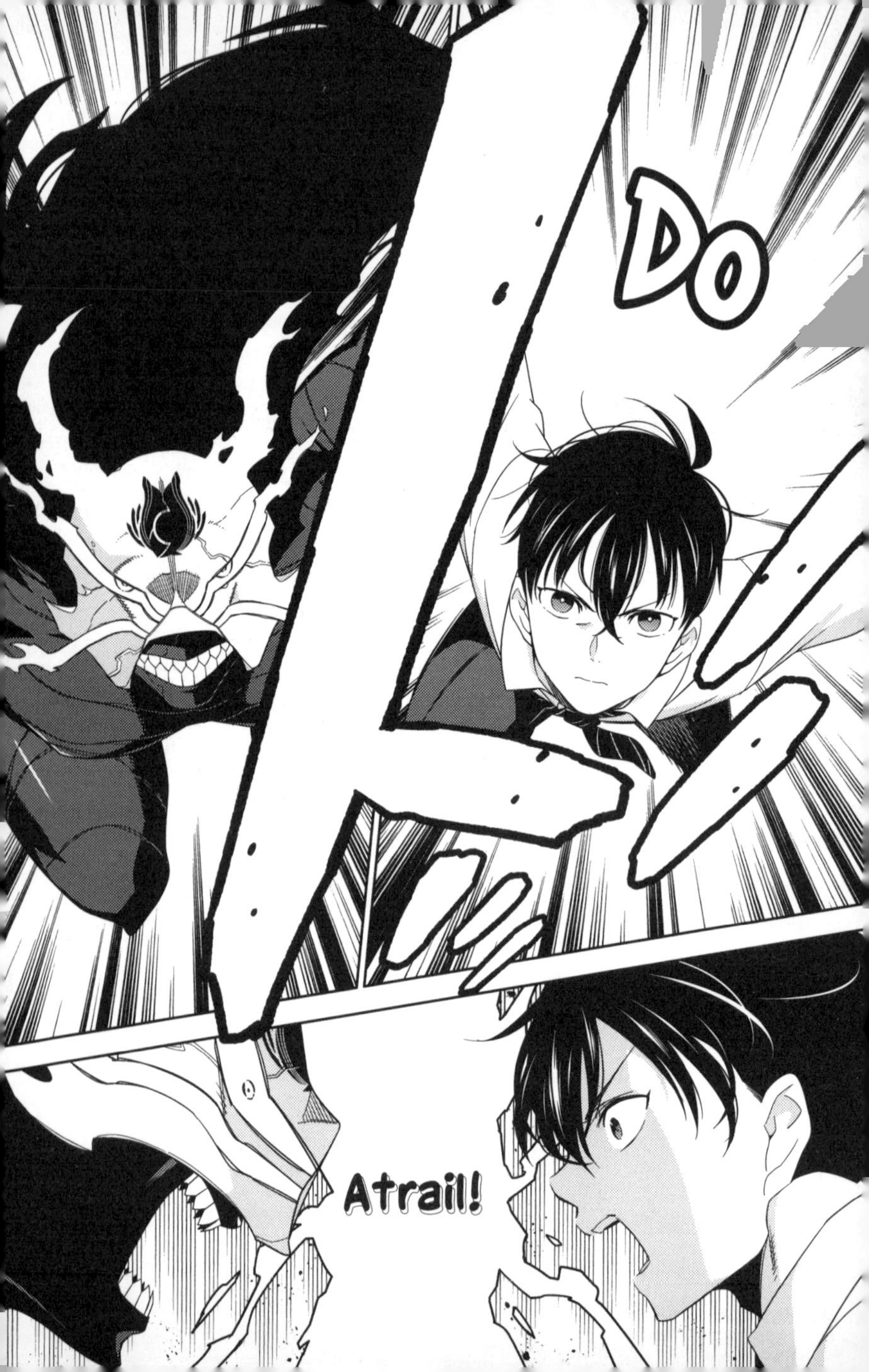
DO
Atrail!

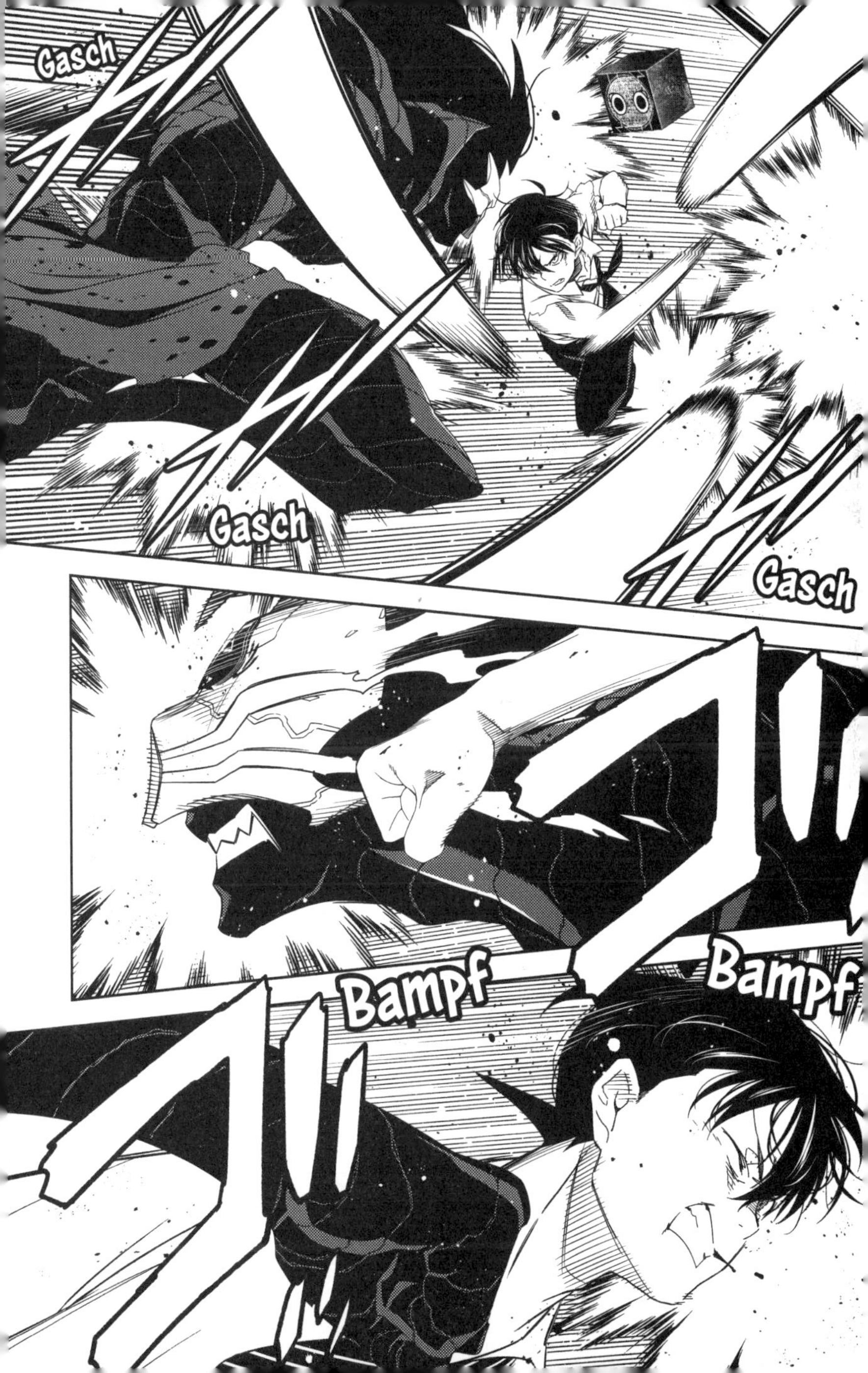
Gasch
Gasch
Gasch
Bampf
Bampf

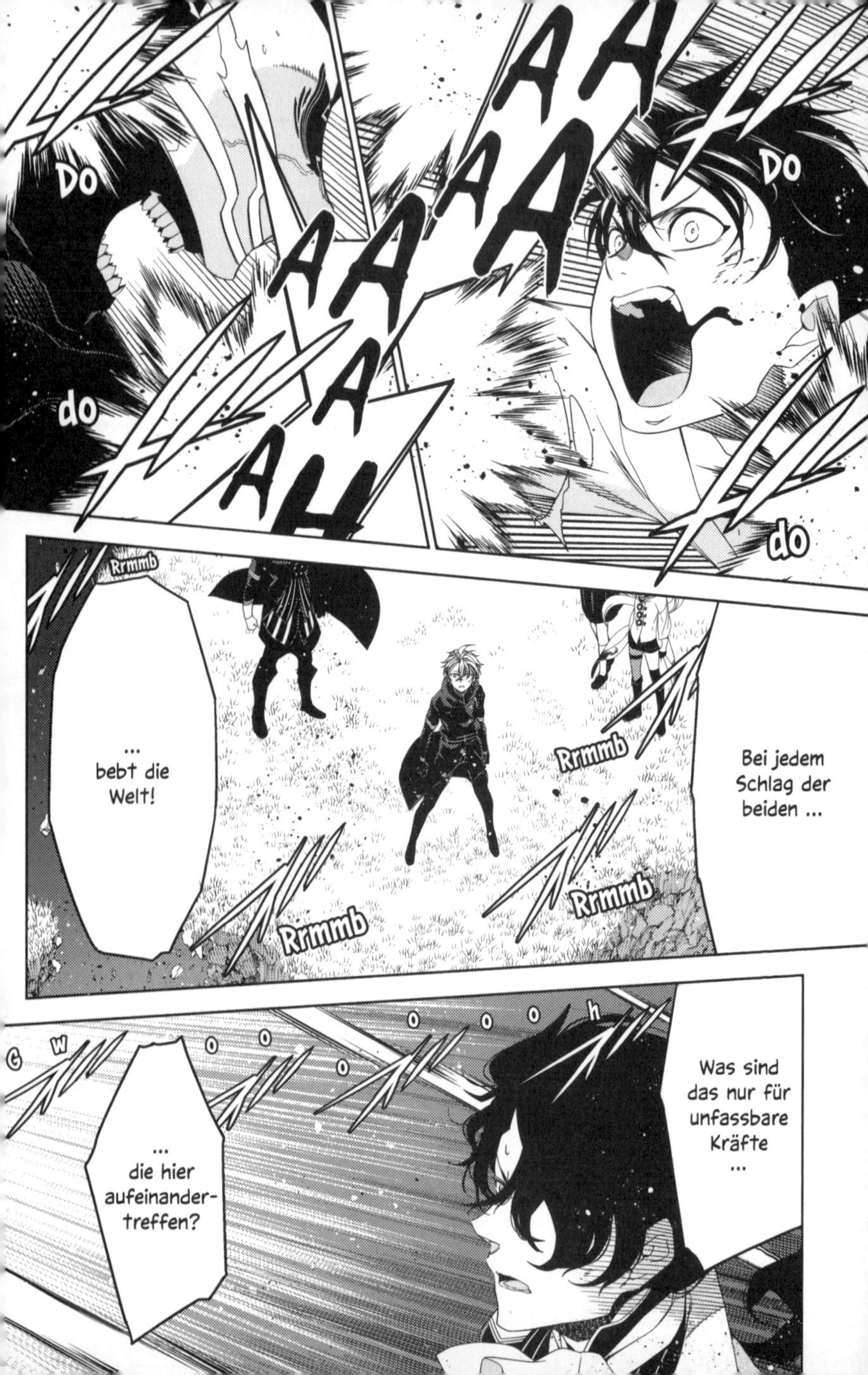
AAAAAAAAH
Do
Do
do
do
Rrmmb
Bei jedem Schlag der beiden ...
... bebt die Welt!
Rrmmb
Rrmmb
Rrmmb
Gwoooooooooh
Was sind das nur für unfassbare Kräfte ...
... die hier aufeinander-treffen?

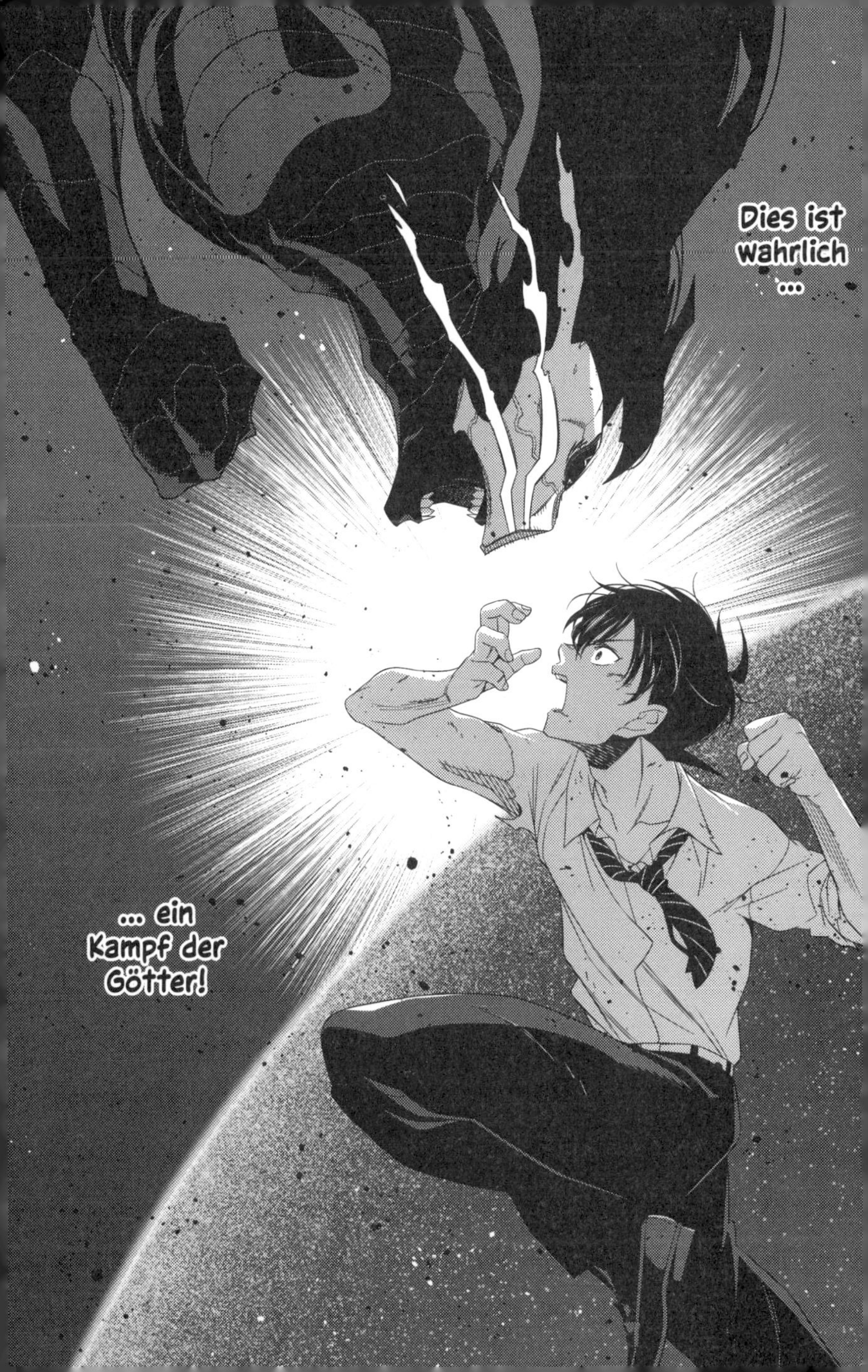
Dies ist wahrlich ...
... ein Kampf der Götter!

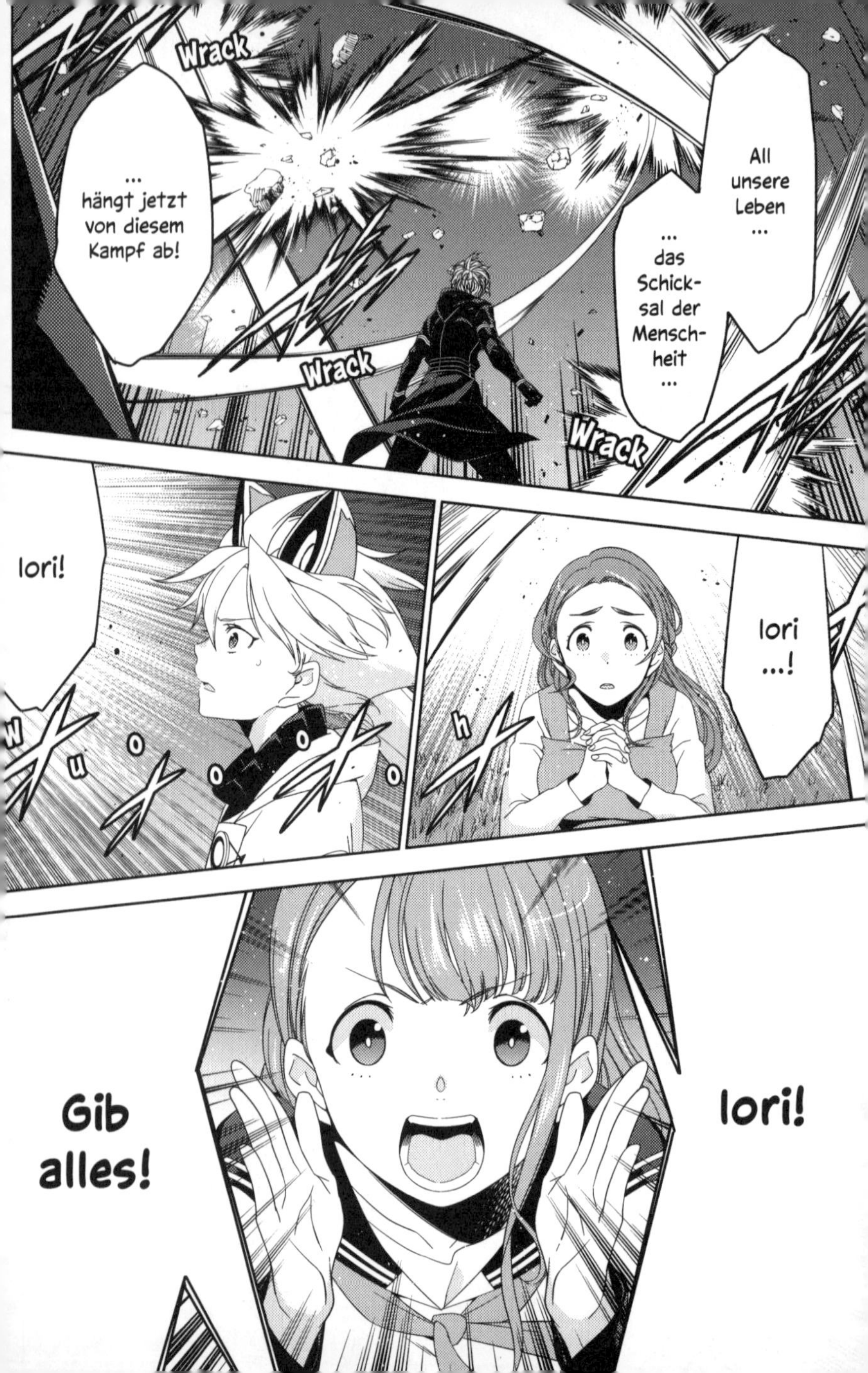
Wrack
All unsere Leben ...
... das Schicksal der Menschheit ...
... hängt jetzt von diesem Kampf ab!
Wrack
Wrack
Iori ...!
h
Iori!
W u o o o o
Iori!
Gib alles!

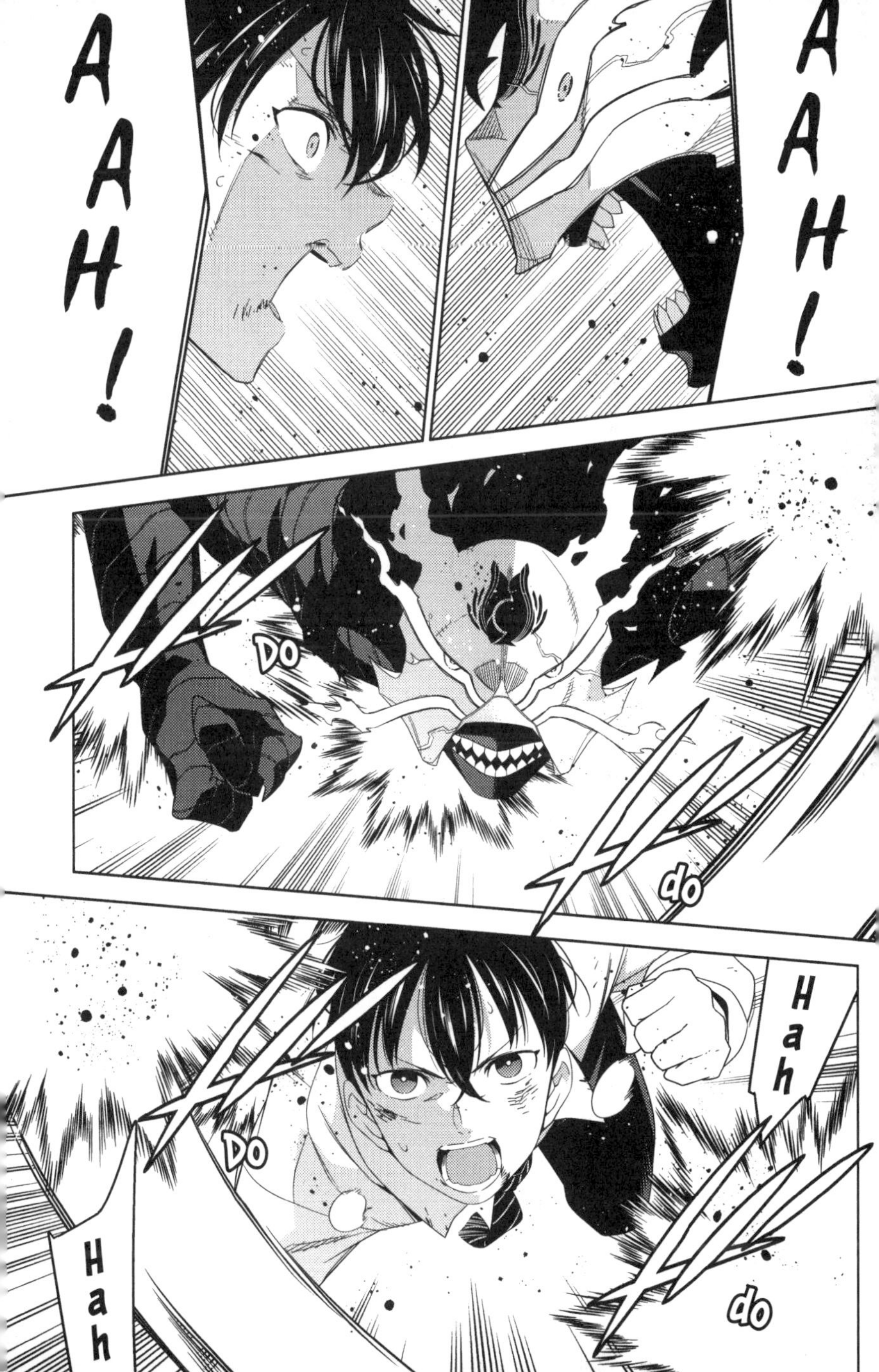
AAAH!
AAAH!
DO
do
Hah
DO
Hah
do

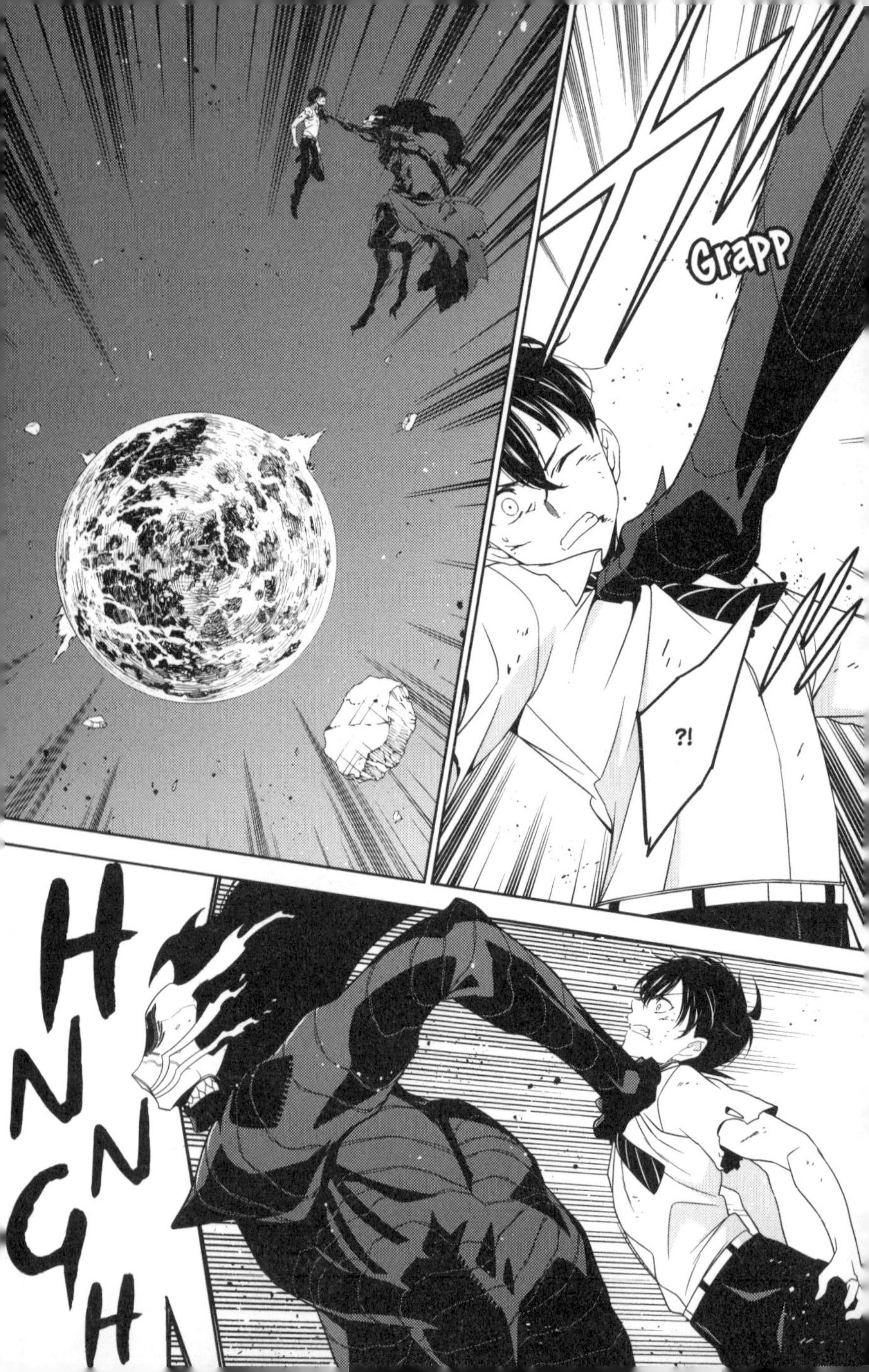
Grapp
?!
HNNGH

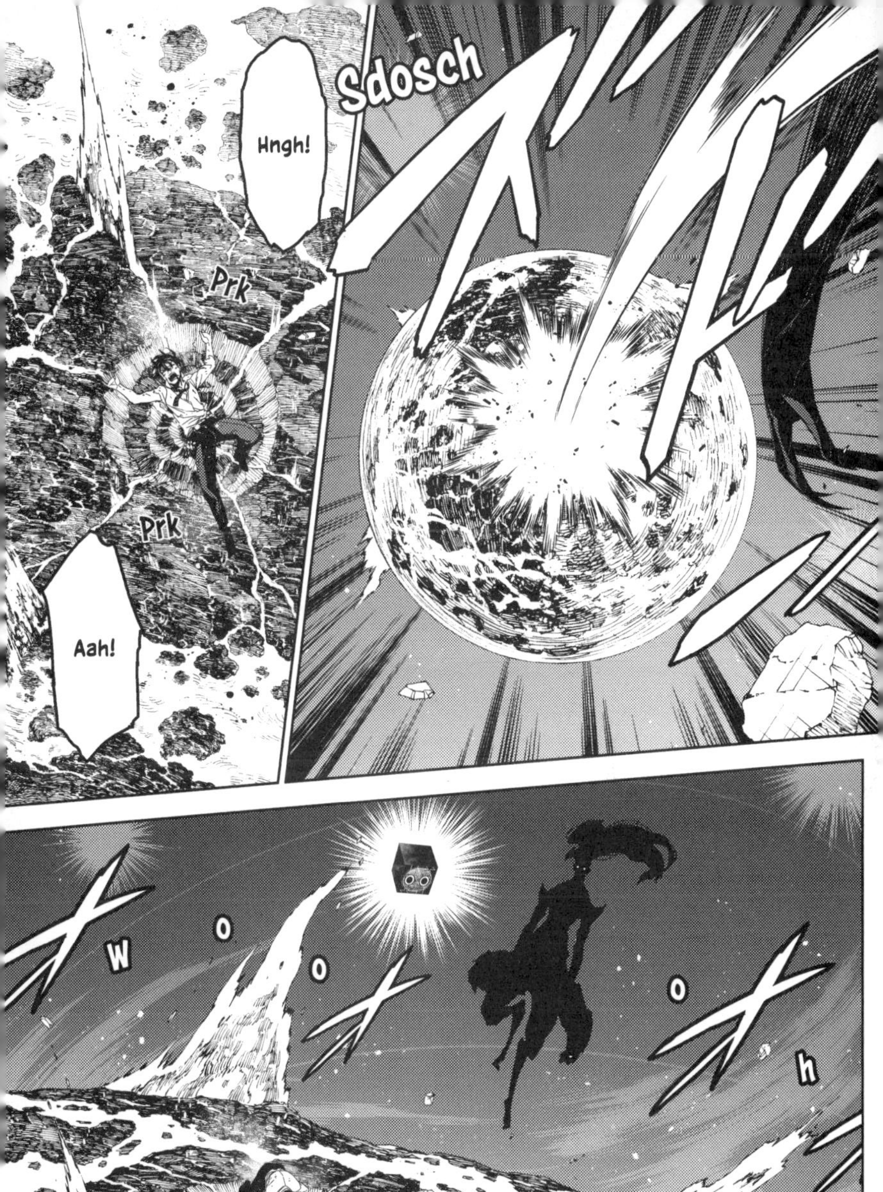
Sdosch
Hngh!
Prk
Prk
Aah!
Wooooh

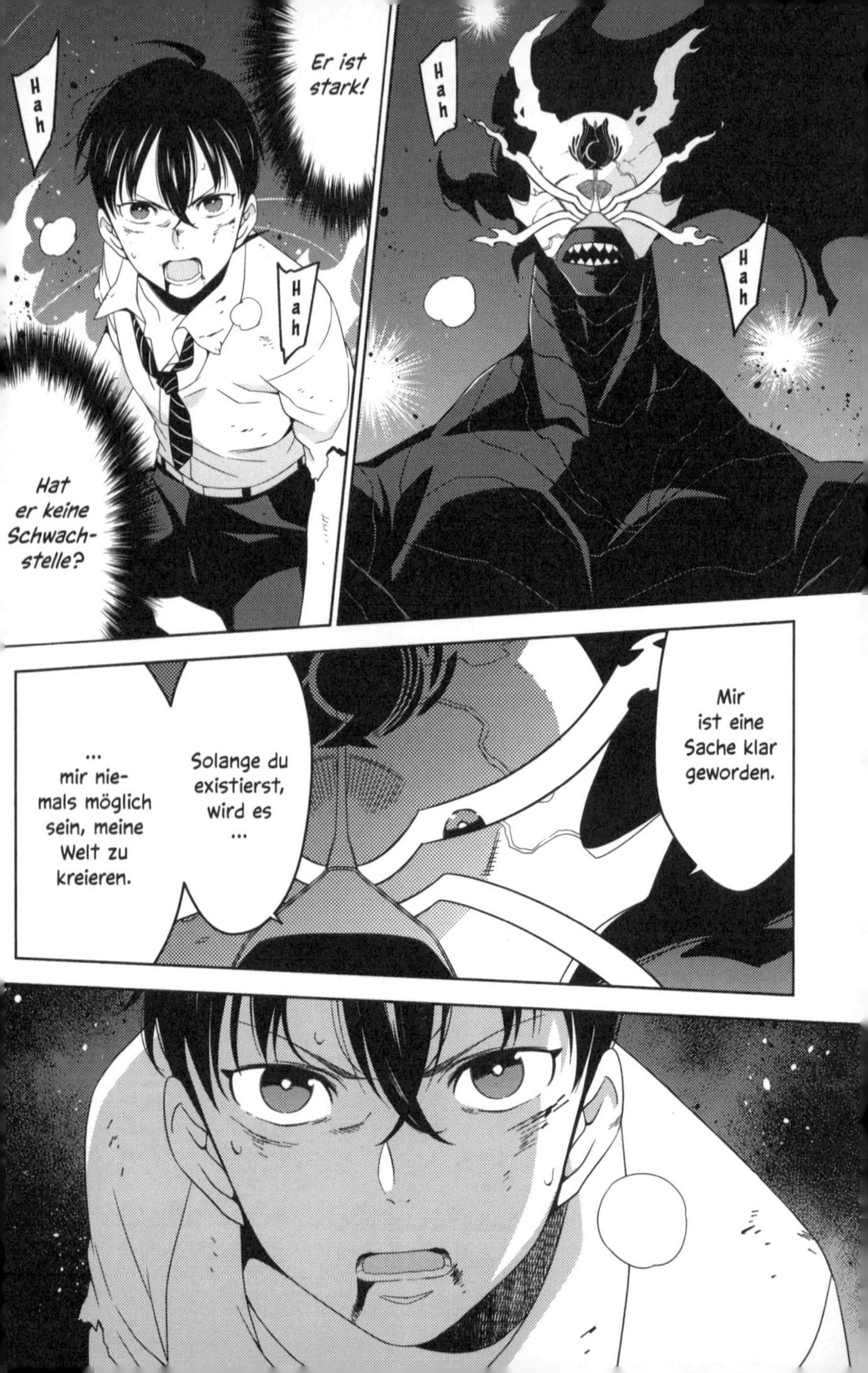

Hah

Hah

Er ist stark!

Hah

Hah

Hat er keine Schwach-stelle?

Mir ist eine Sache klar geworden.

Solange du existierst, wird es ...

... mir nie-mals möglich sein, meine Welt zu kreieren.

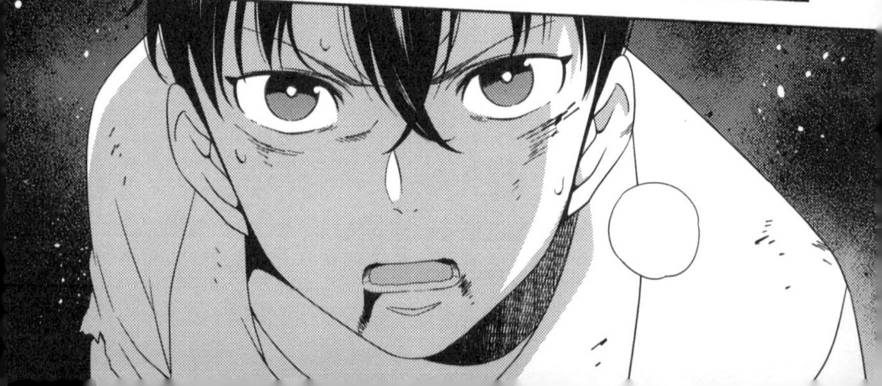

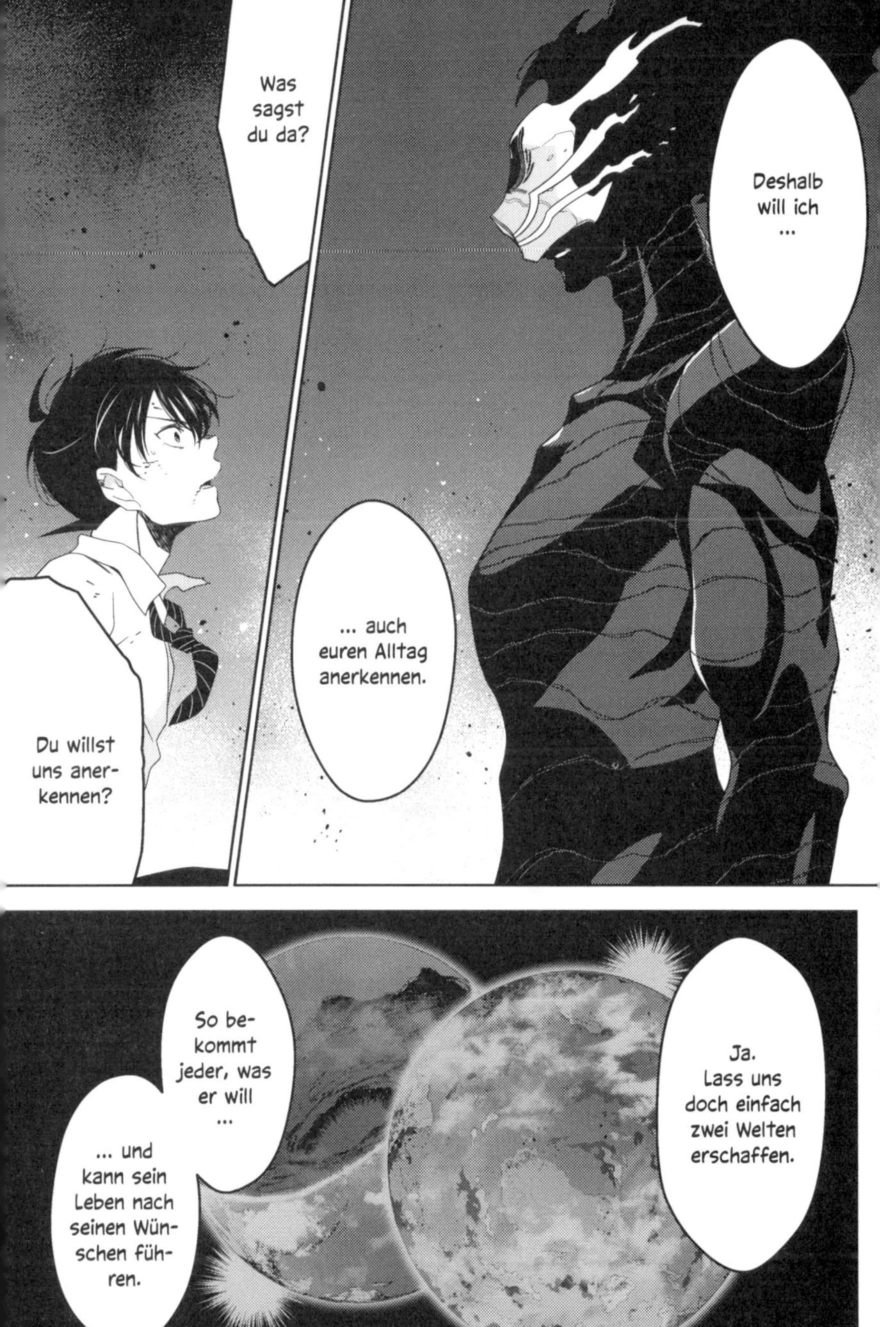
Deshalb will ich ...
... auch euren Alltag anerkennen.
Was sagst du da?
Du willst uns anerkennen?
Ja. Lass uns doch einfach zwei Welten erschaffen.
So bekommt jeder, was er will ...
... und kann sein Leben nach seinen Wünschen führen.

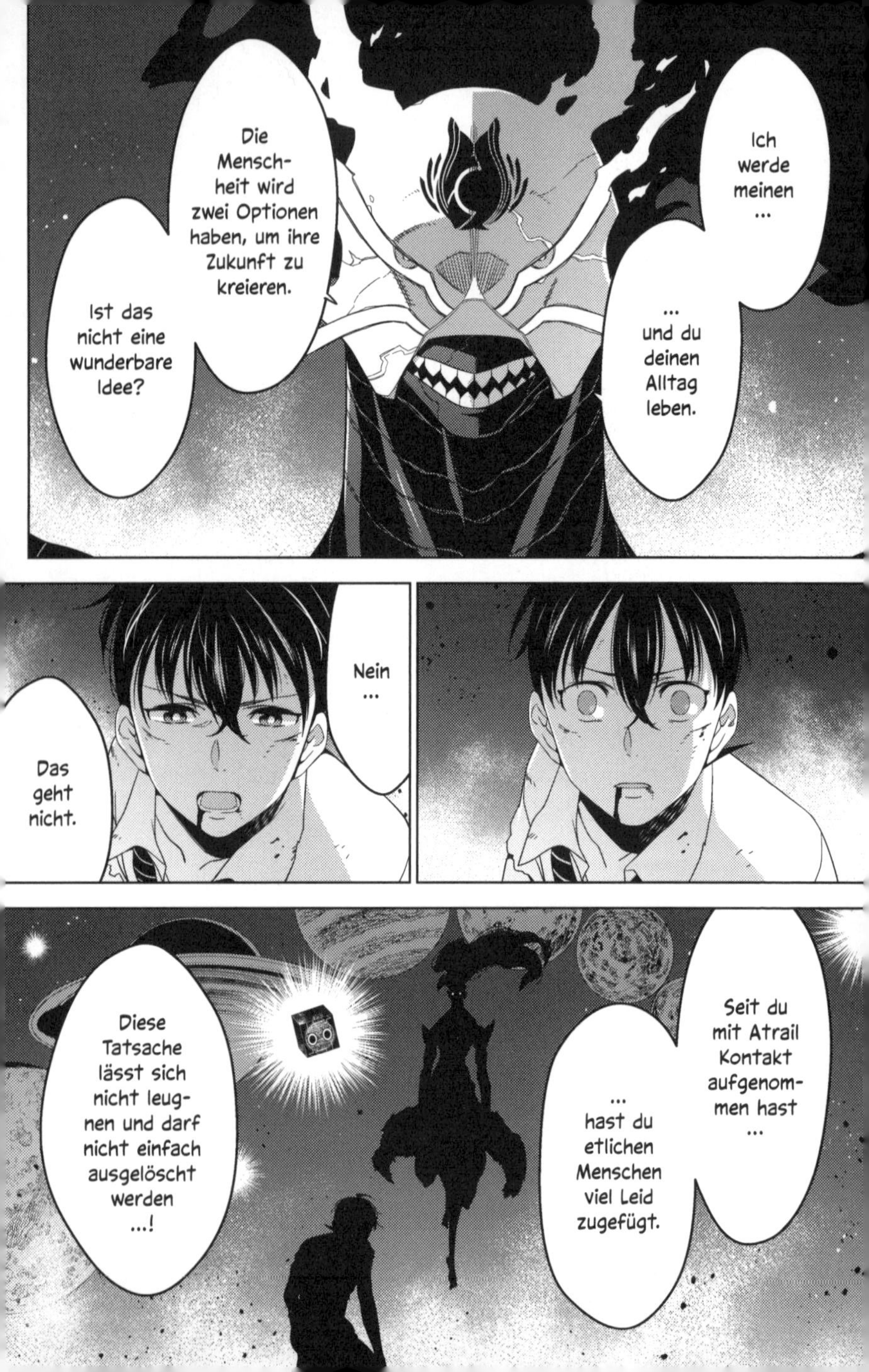

Ich werde meinen ...

... und du deinen Alltag leben.

Die Menschheit wird zwei Optionen haben, um ihre Zukunft zu kreieren.

Ist das nicht eine wunderbare Idee?

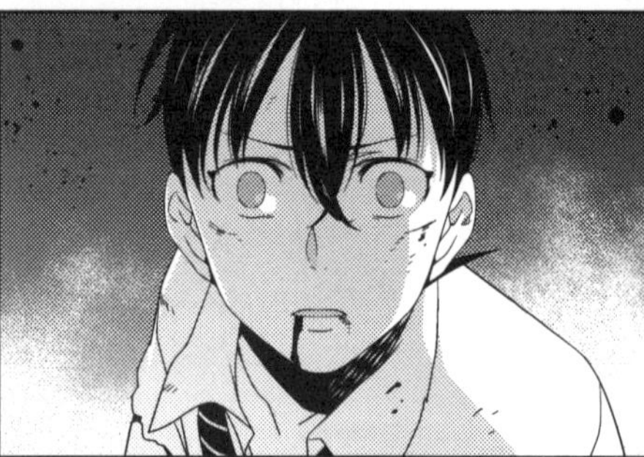

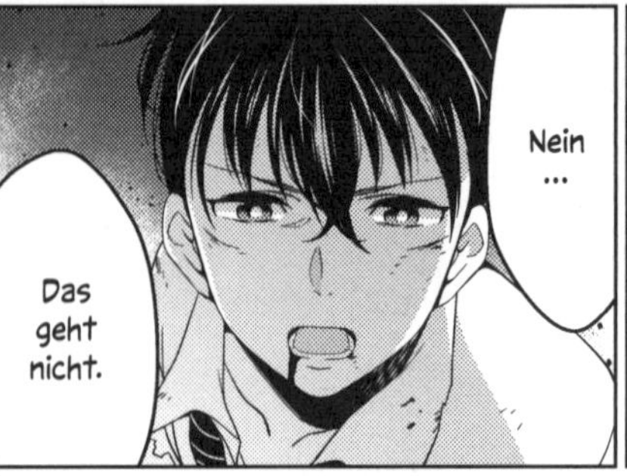

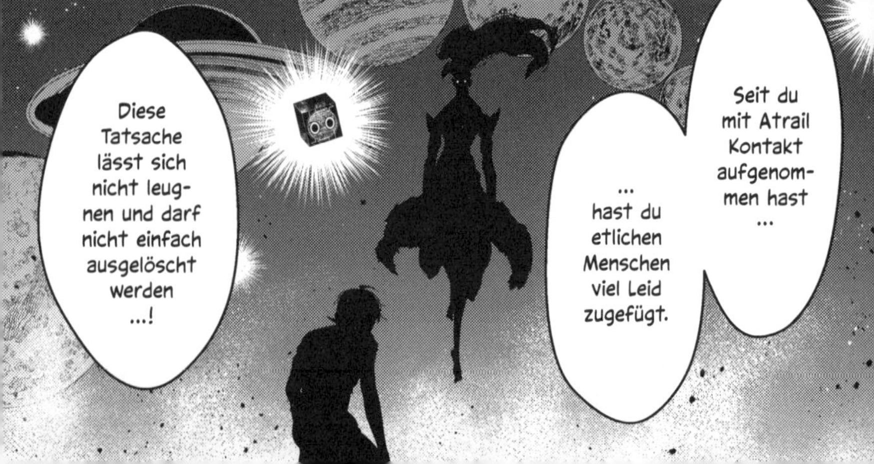

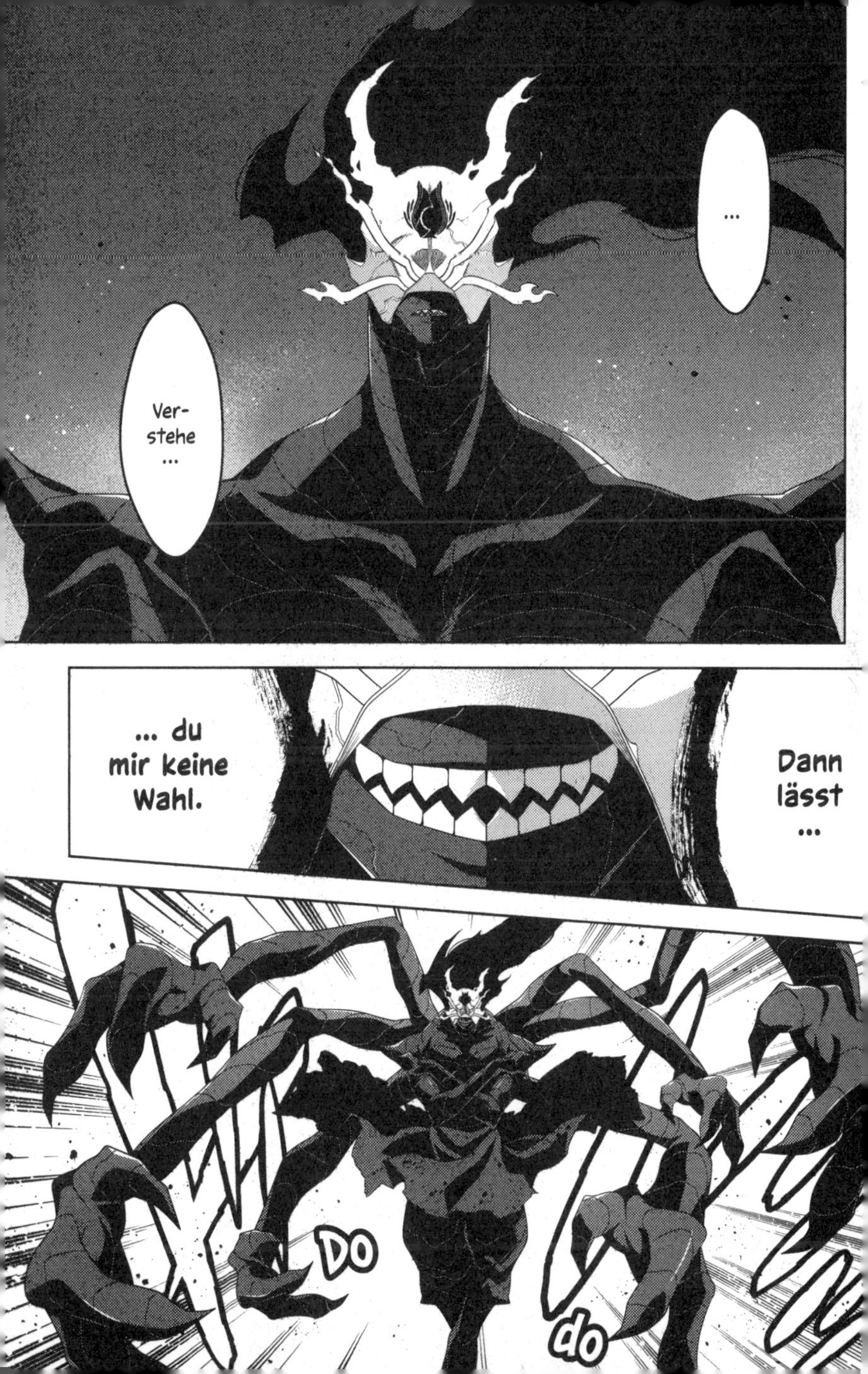

...

Ver-
stehe
...

Dann
lässt
...

... du
mir keine
Wahl.

DO

do

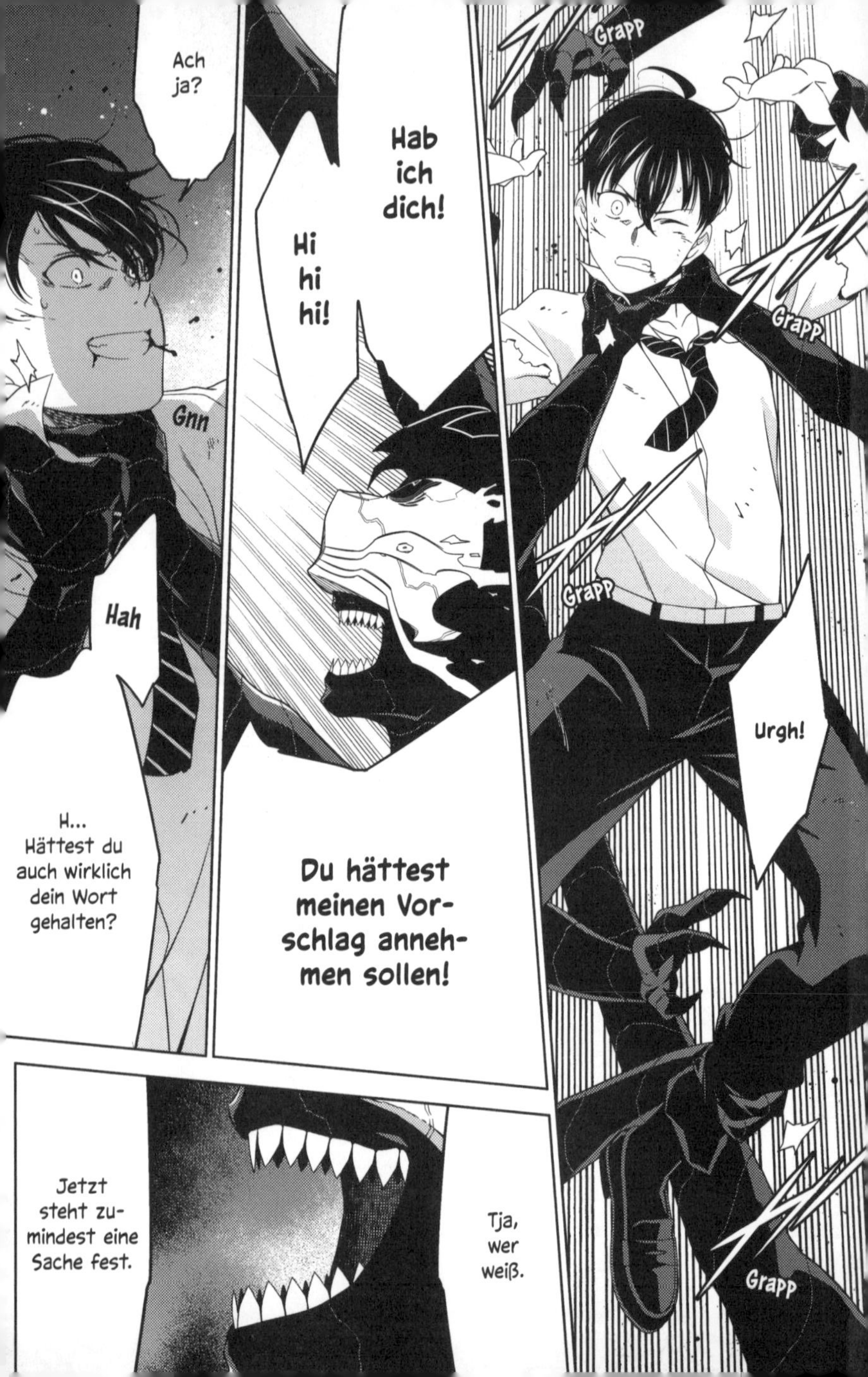
Grapp
Grapp
Grapp
Urgh!
Grapp
Hab ich dich!
Hi hi hi!
Du hättest meinen Vorschlag annehmen sollen!
Ach ja?
Gnn
Hah
H... Hättest du auch wirklich dein Wort gehalten?
Tja, wer weiß.
Jetzt steht zumindest eine Sache fest.

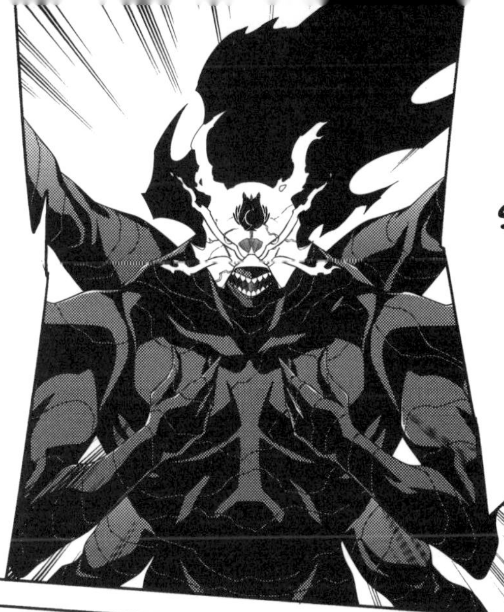

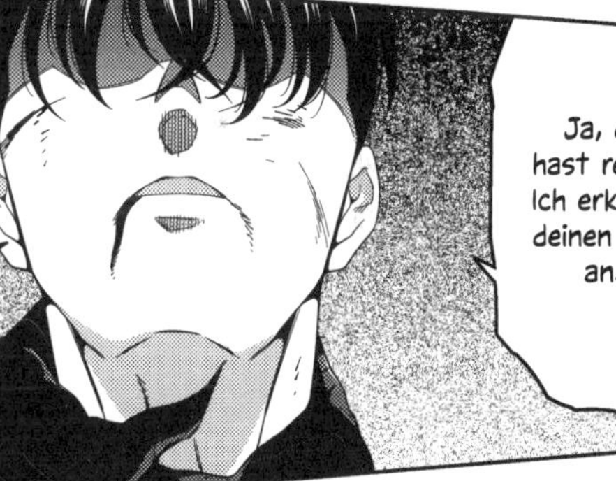

Am Ende wirst du ja doch noch fügsam.

Aber das nützt dir auch nichts mehr.

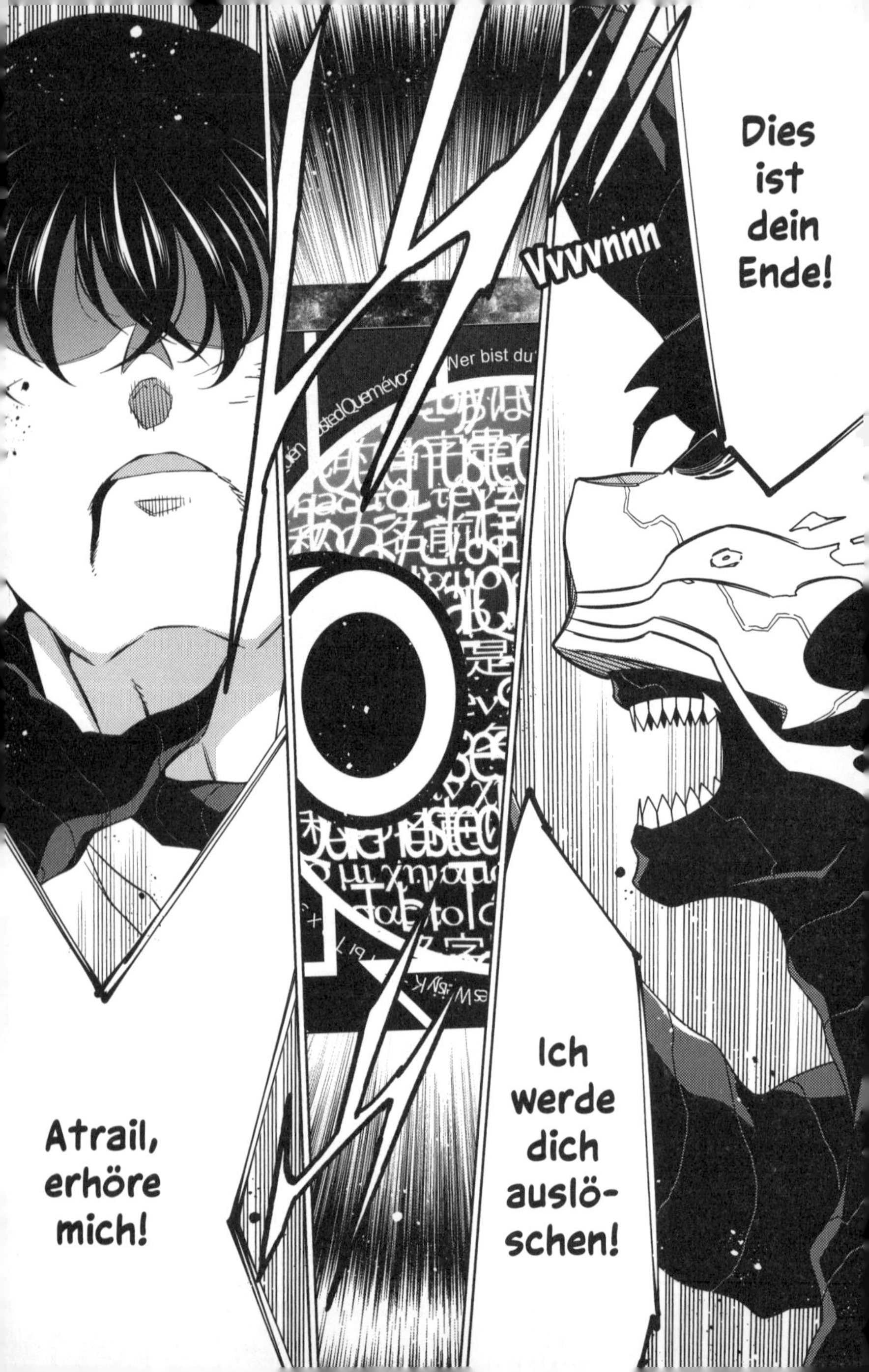

Dies ist dein Ende!
Vvvvnnn
Ich werde dich auslö-schen!
Atrail, erhöre mich!

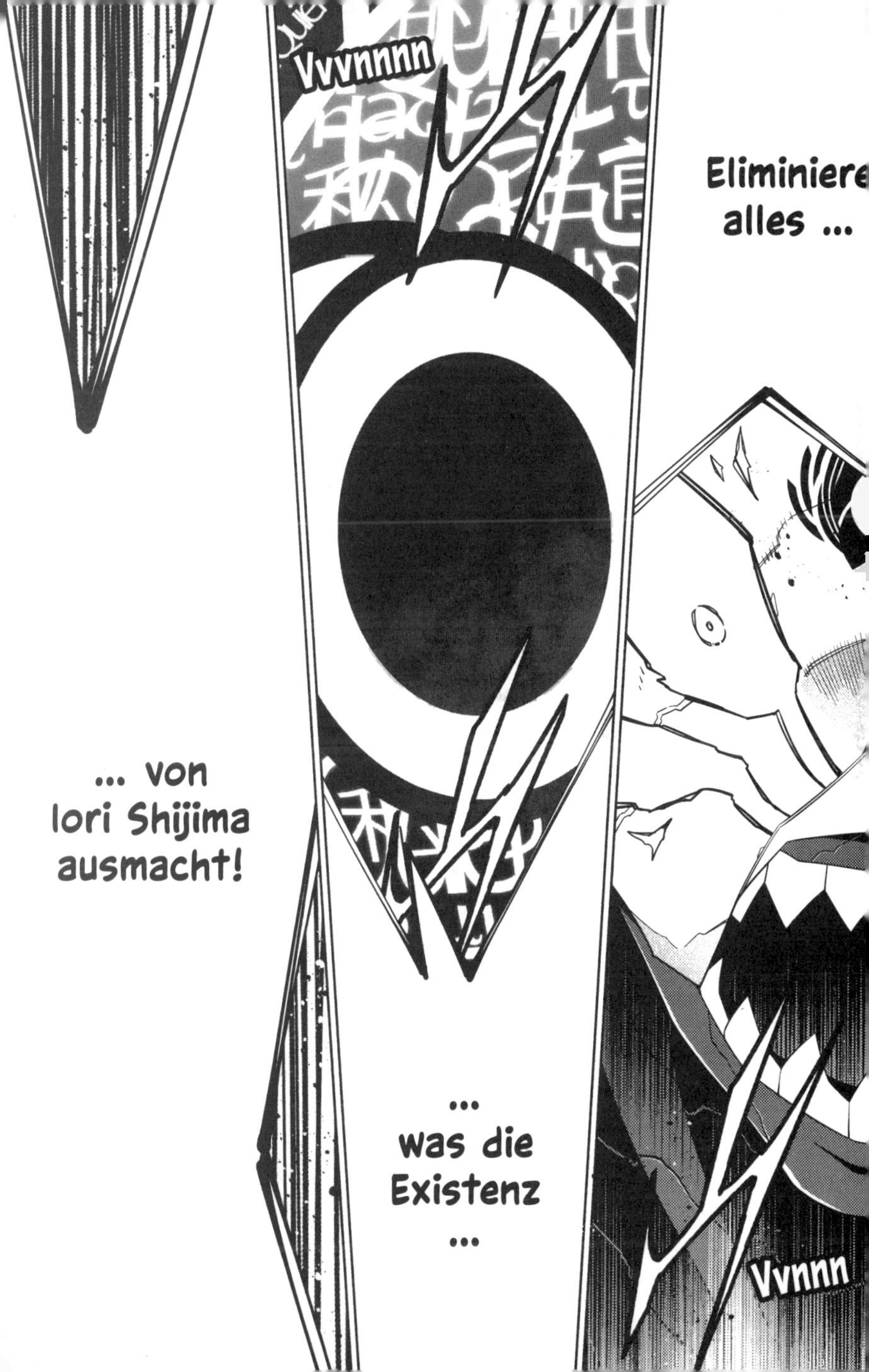
Eliminiere alles ...
Vvnnn
Vvvnnnn
... was die Existenz ...
... von Iori Shijima ausmacht!

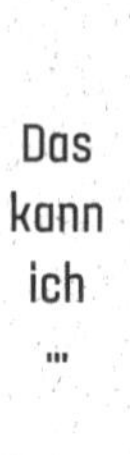

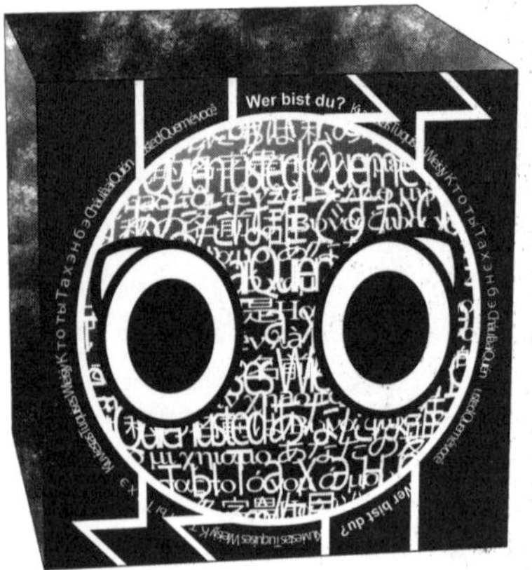

… nicht tun.

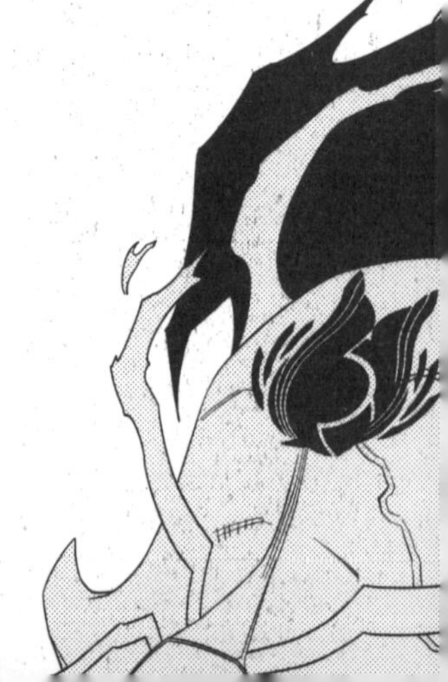

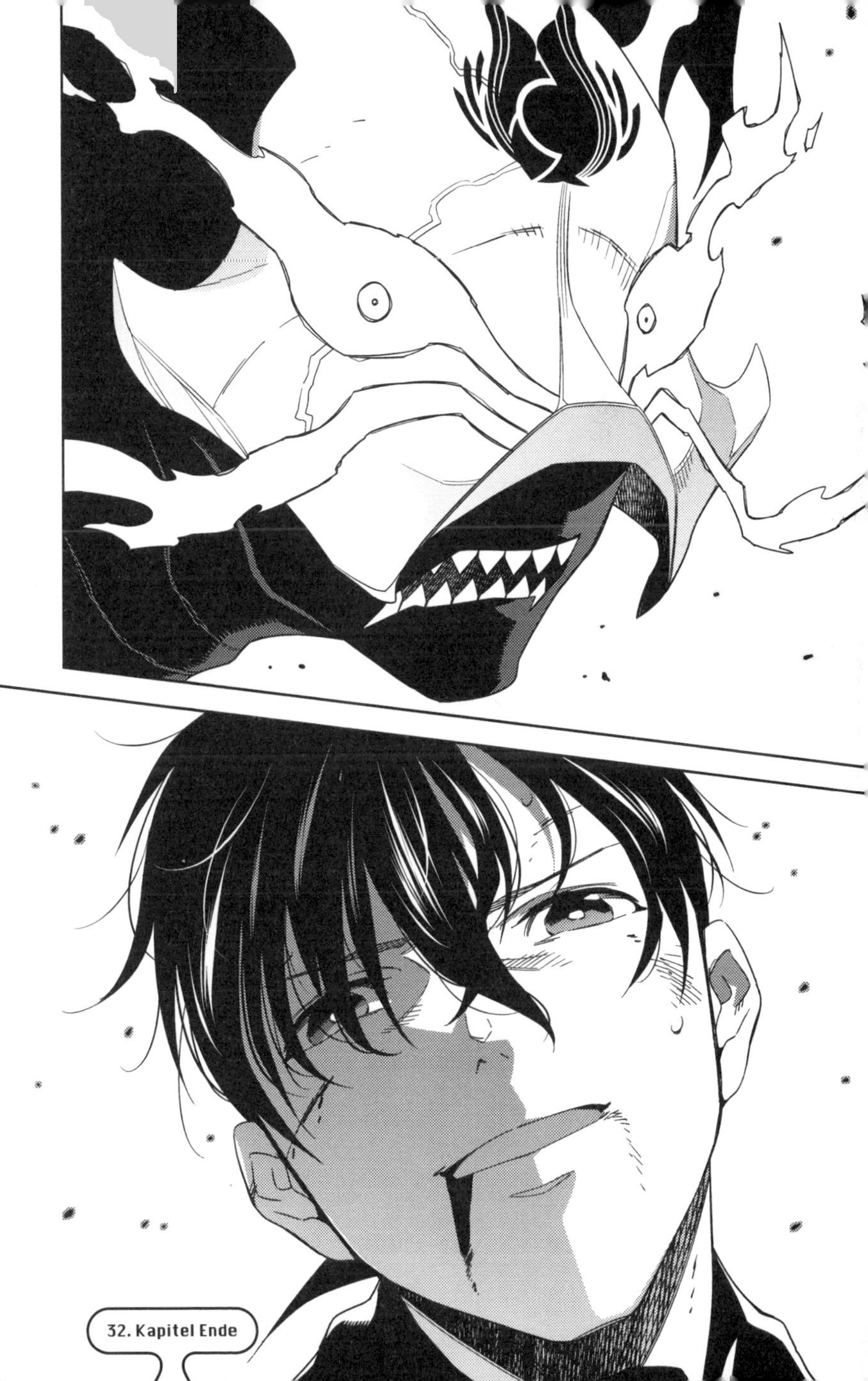
32. Kapitel Ende

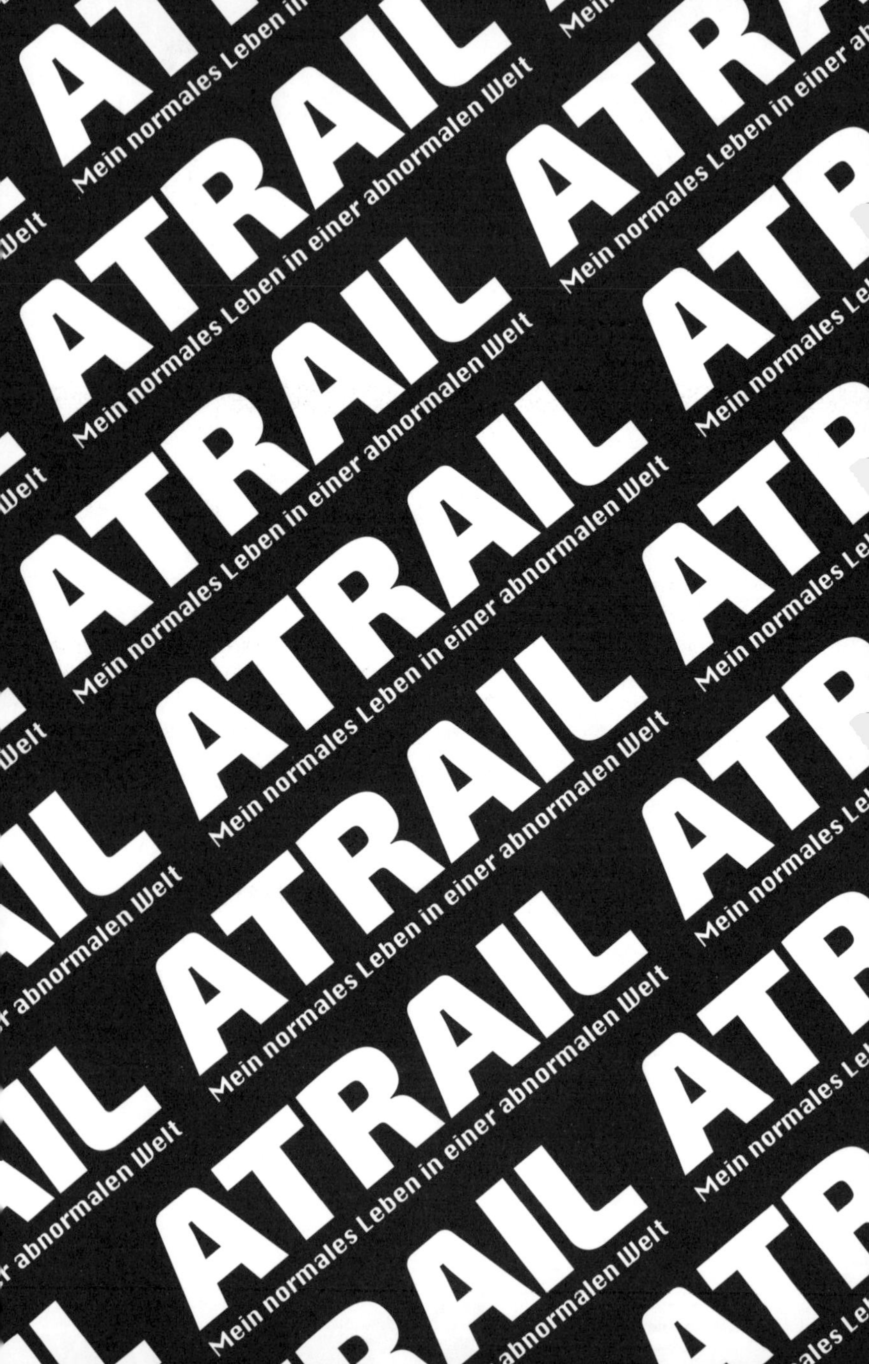
Mein normales Leben in einer abnormalen Welt

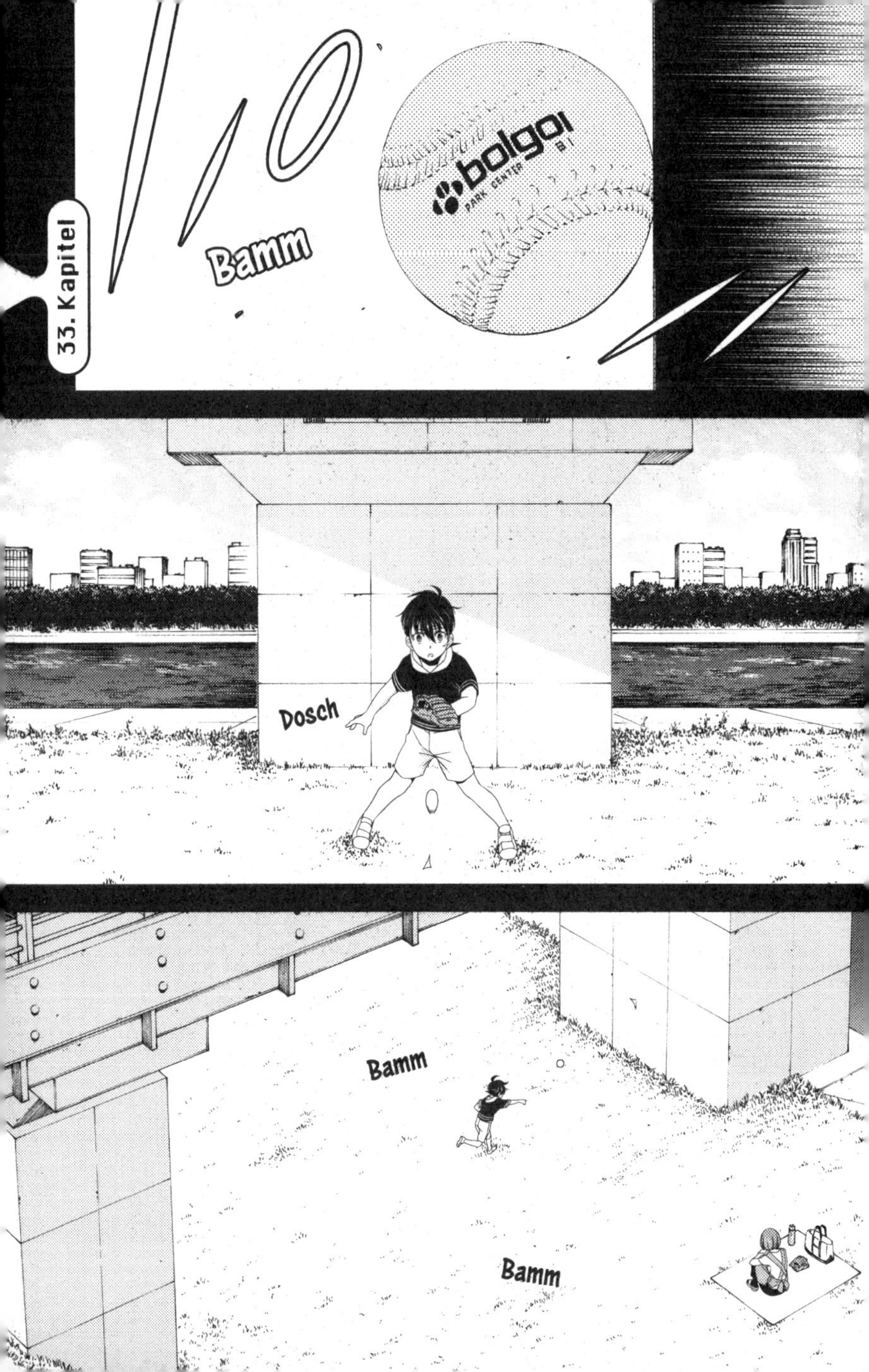
33. Kapitel
Bamm
bolgoi
PARK CENTER
Dosch
Bamm
Bamm

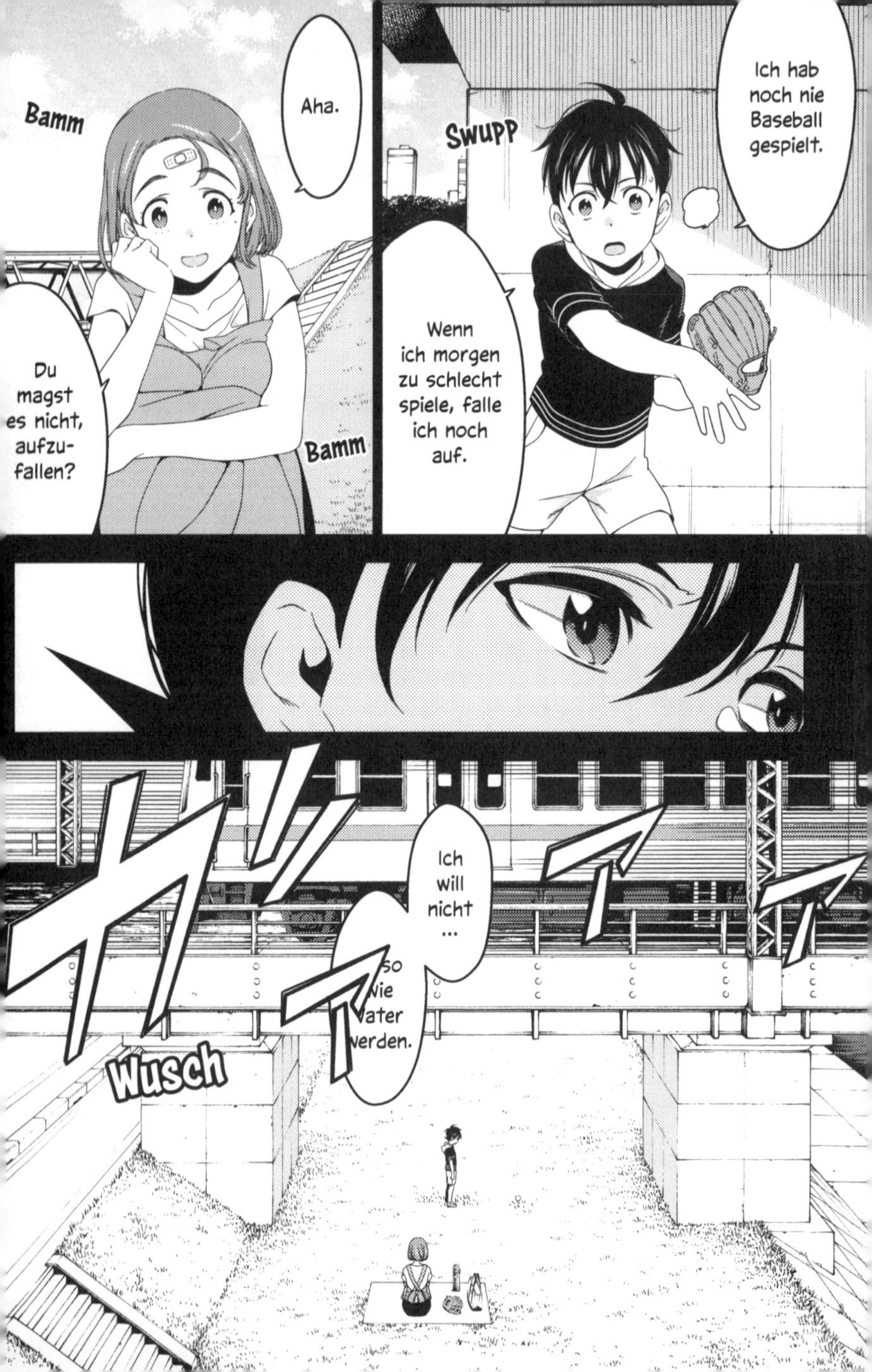
Ich hab noch nie Baseball gespielt.
Swupp
Wenn ich morgen zu schlecht spiele, falle ich noch auf.
Aha.
Bamm
Du magst es nicht, aufzufallen?
Bamm
Ich will nicht ...
so wie Vater werden.
Wusch

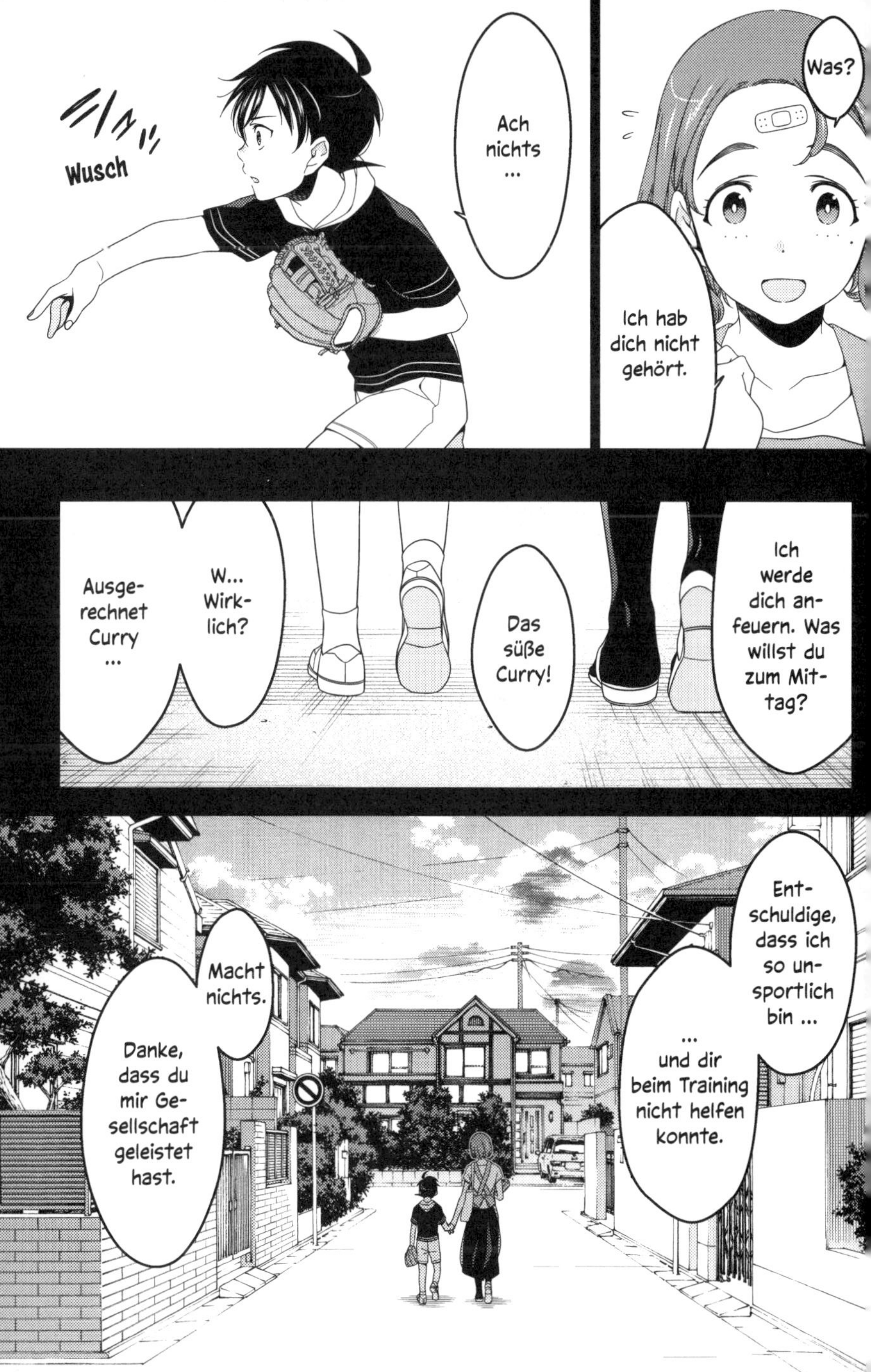
Was?
Ich hab dich nicht gehört.
Wusch
Ach nichts ...
Ich werde dich anfeuern. Was willst du zum Mittag?
Das süße Curry!
W... Wirklich?
Ausgerechnet Curry ...
Entschuldige, dass ich so unsportlich bin ...
... und dir beim Training nicht helfen konnte.
Macht nichts.
Danke, dass du mir Gesellschaft geleistet hast.

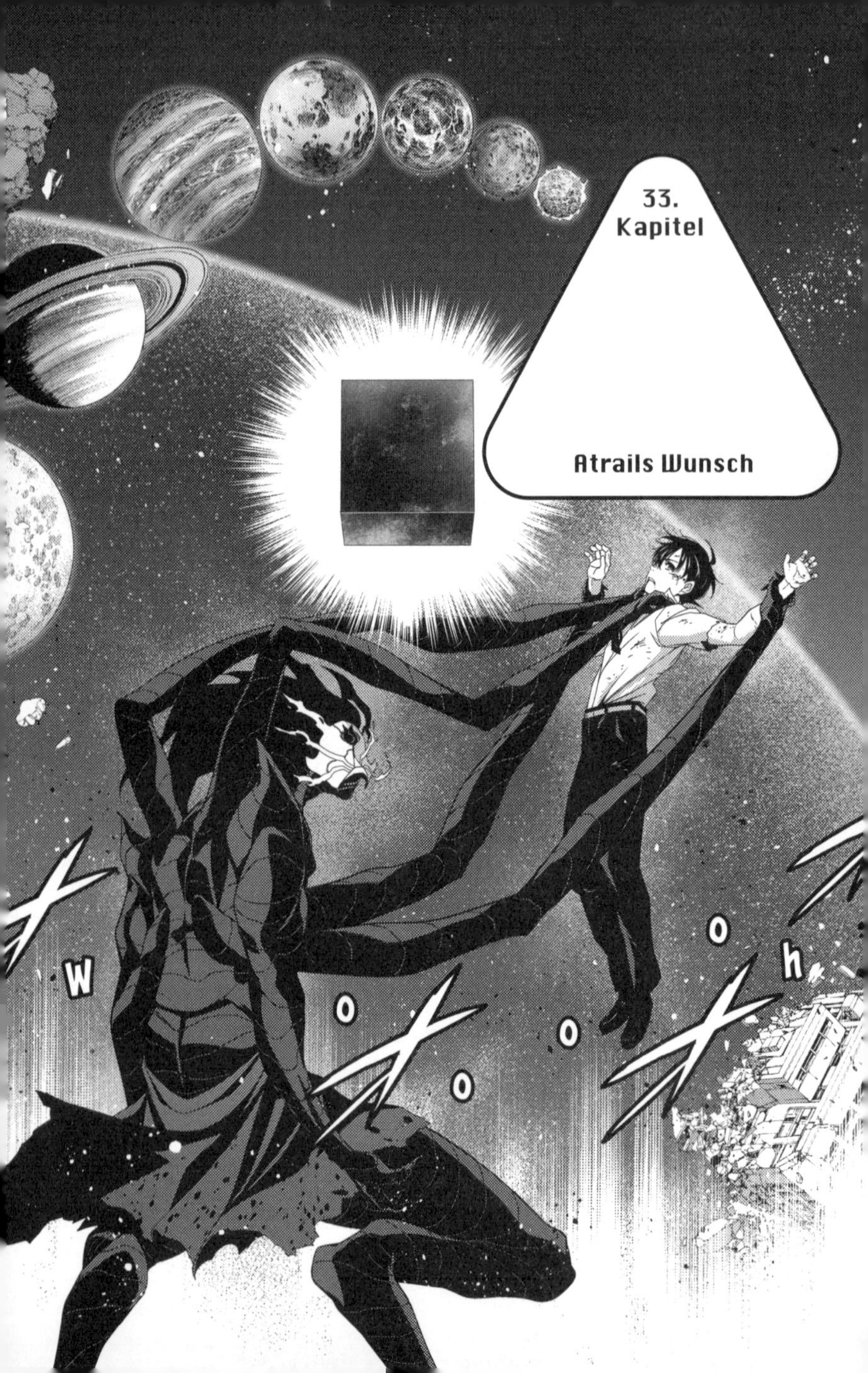
33.
Kapitel
Atrails Wunsch
W o o o o h

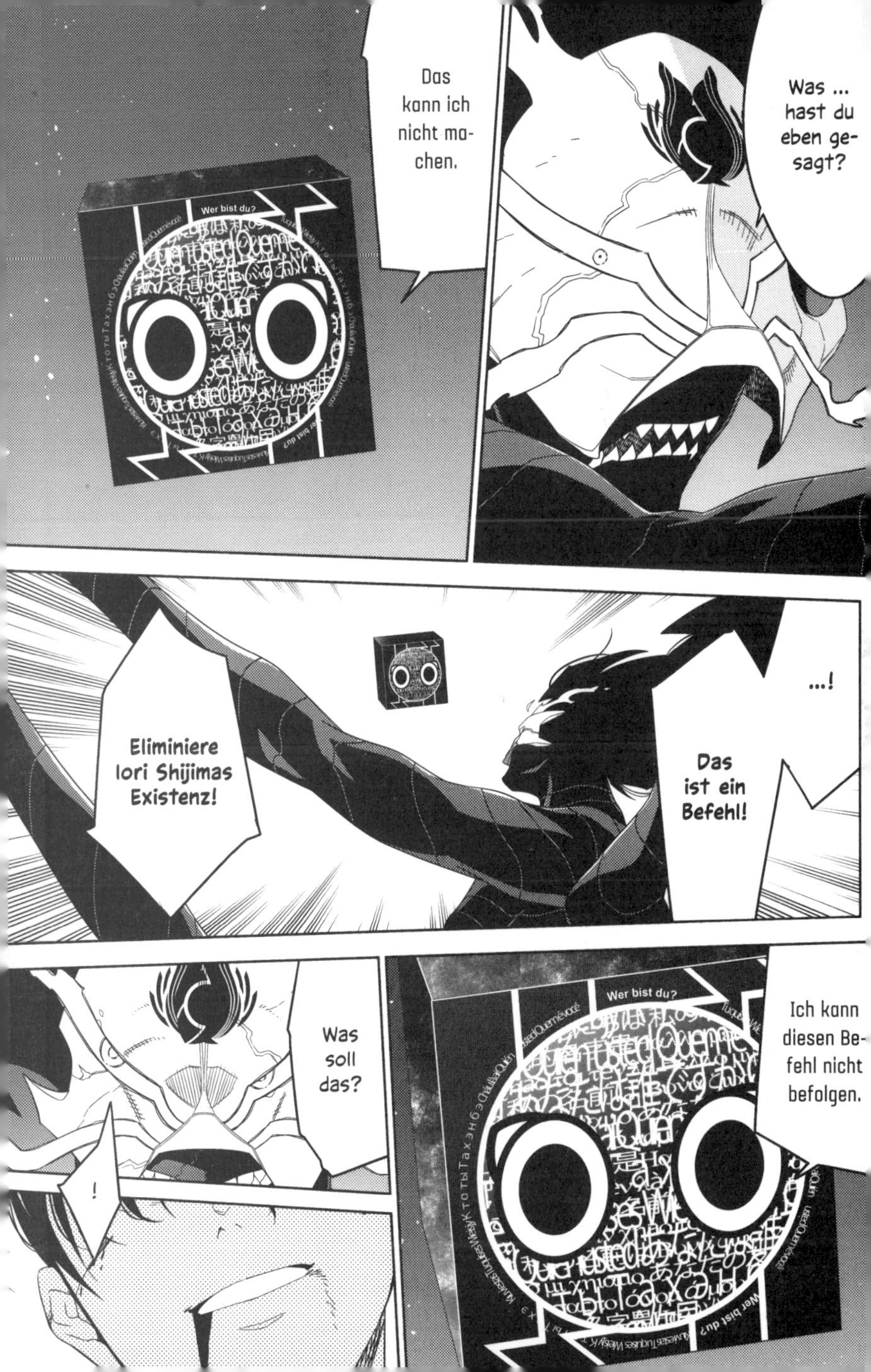

Was ... hast du eben gesagt?

Das kann ich nicht machen.

...!

Das ist ein Befehl!

Eliminiere Iori Shijimas Existenz!

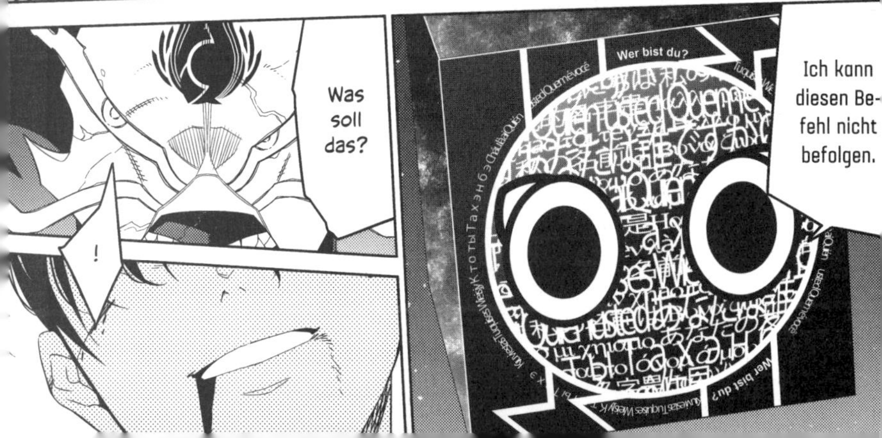

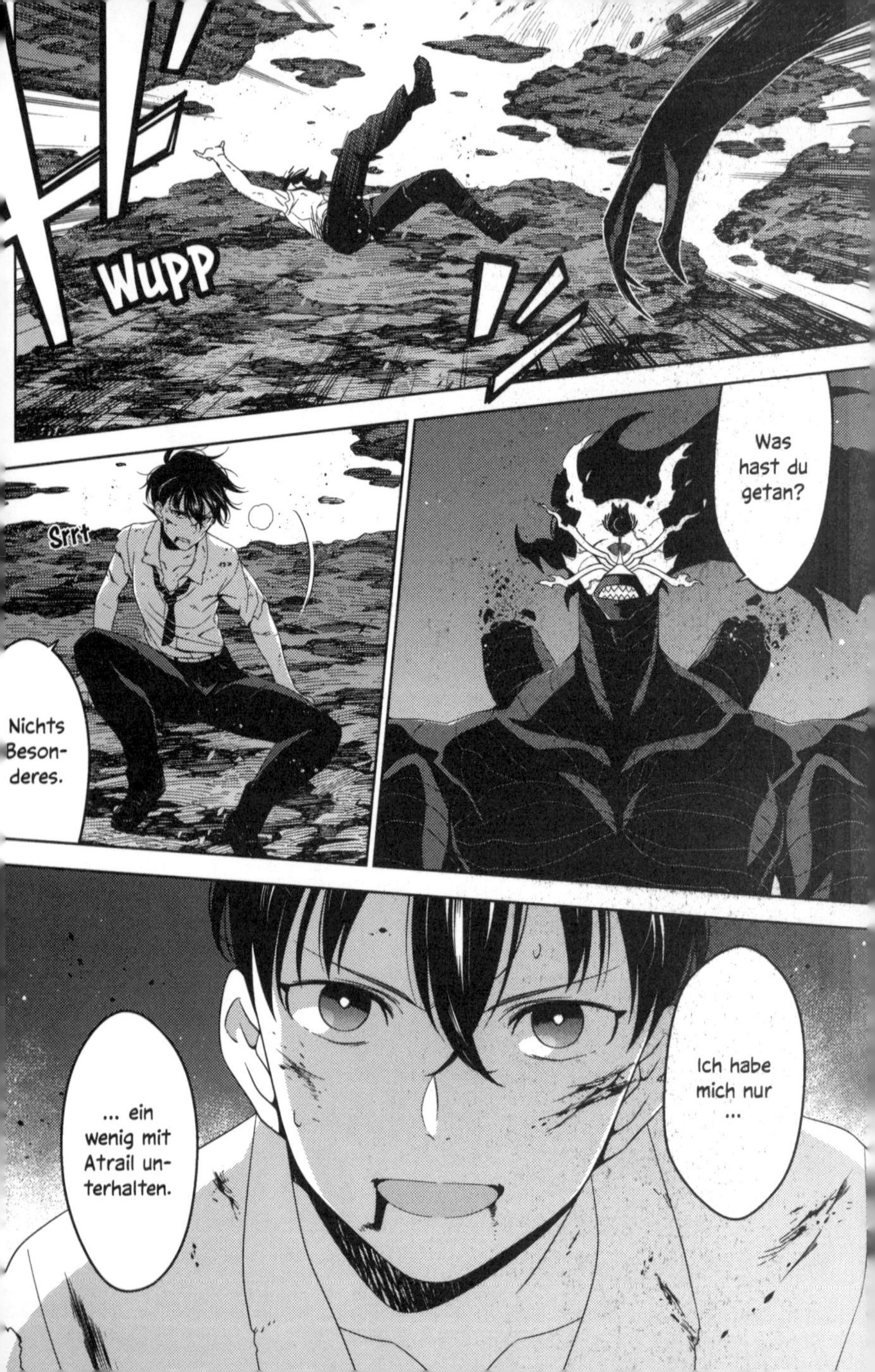
WUPP
Was hast du getan?
Srrt
Nichts Besonderes.
Ich habe mich nur ...
... ein wenig mit Atrail unterhalten.

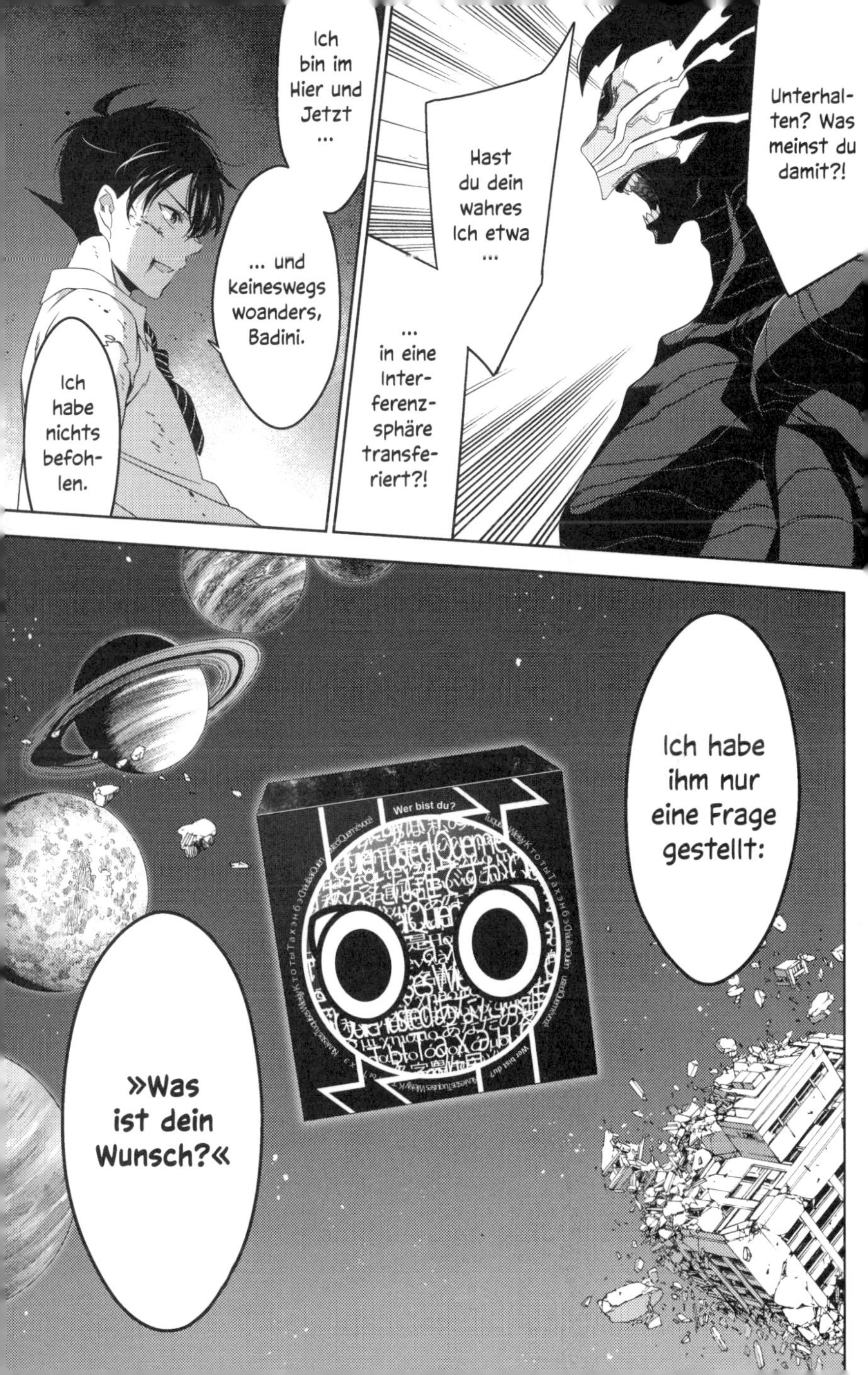

Unterhalten? Was meinst du damit?!

Hast du dein wahres Ich etwa ...

... in eine Interferenzsphäre transferiert?!

Ich bin im Hier und Jetzt ...

... und keineswegs woanders, Badini.

Ich habe nichts befohlen.

Ich habe ihm nur eine Frage gestellt:

Wer bist du?

»Was ist dein Wunsch?«

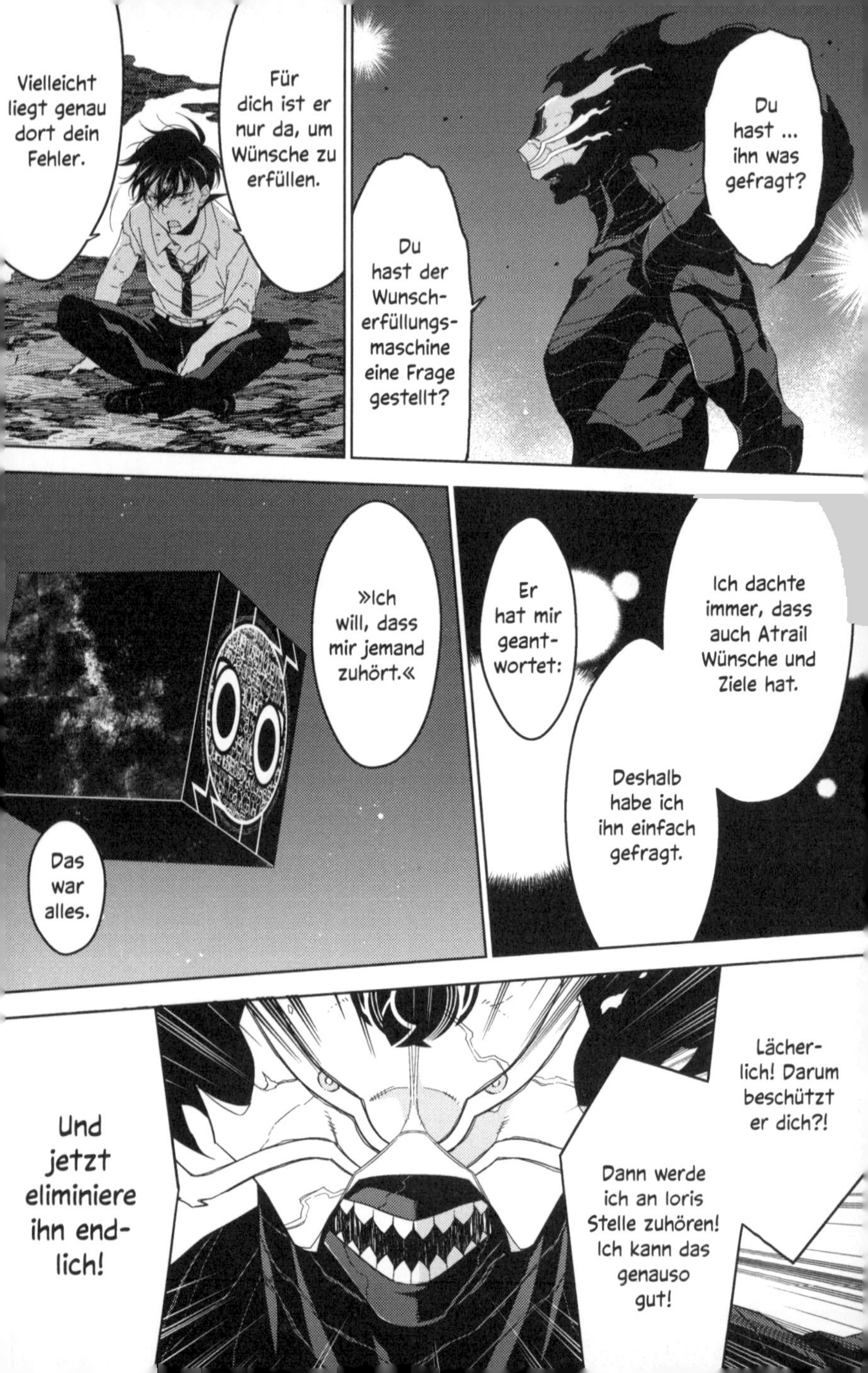

Du hast ... ihn was gefragt?
Du hast der Wunscherfüllungsmaschine eine Frage gestellt?
Für dich ist er nur da, um Wünsche zu erfüllen.
Vielleicht liegt genau dort dein Fehler.

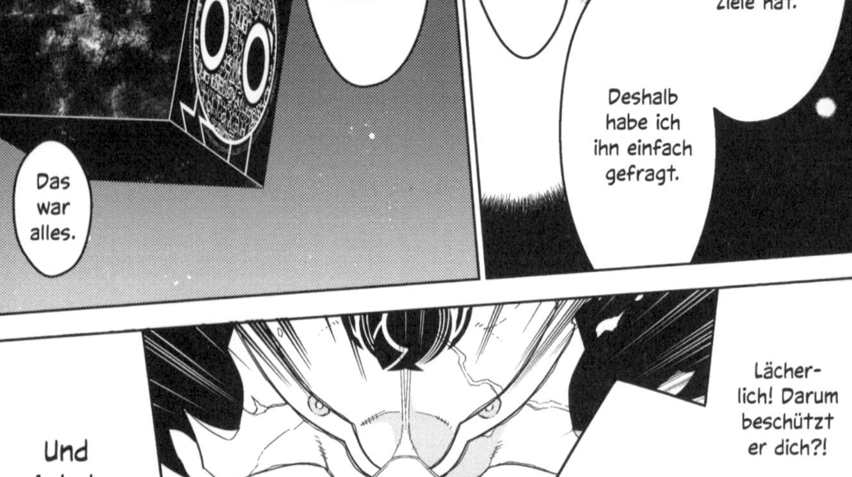

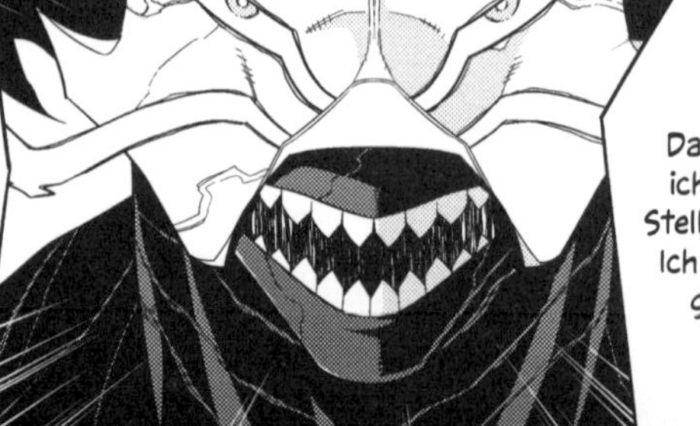

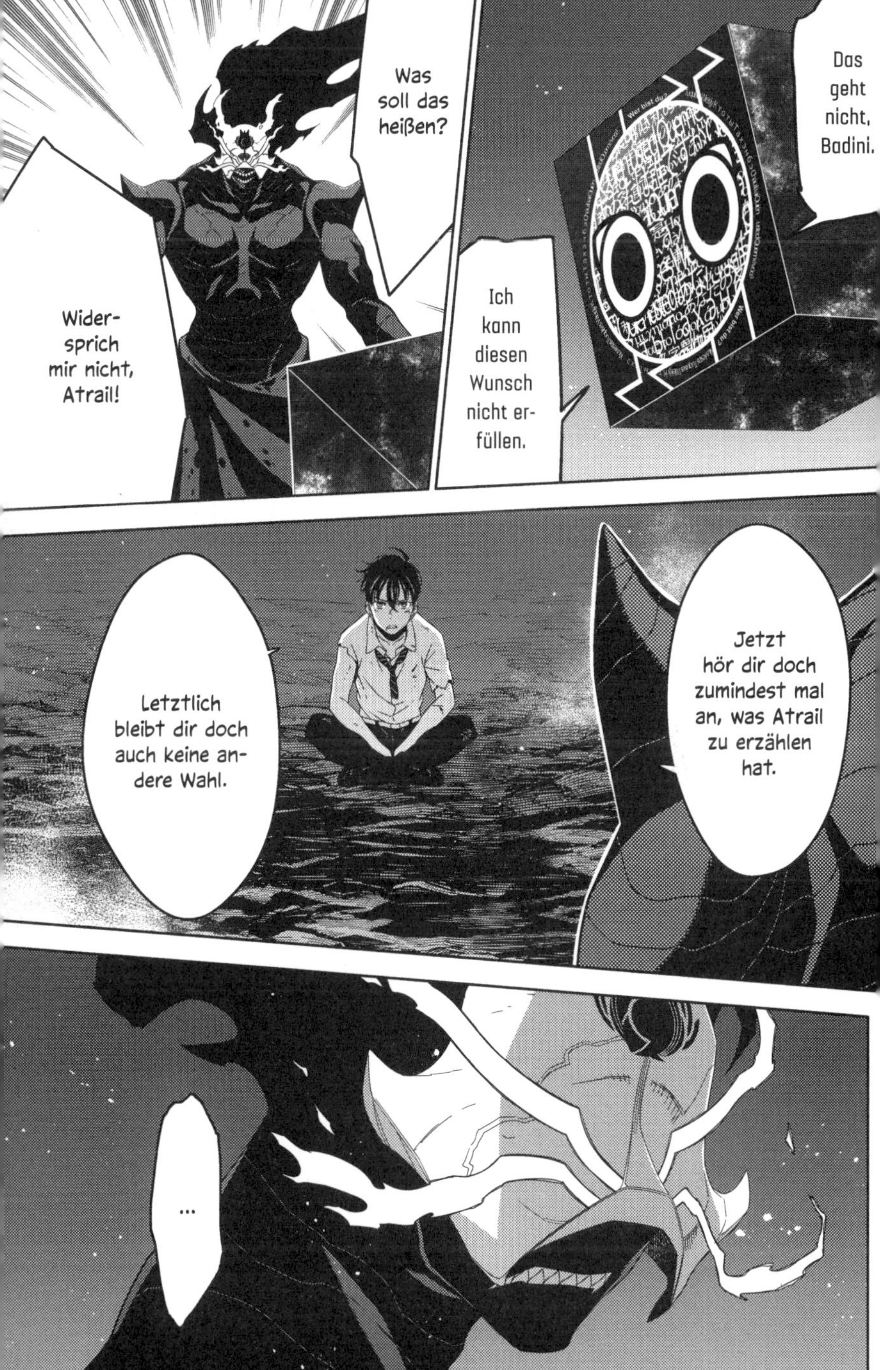
Das geht nicht, Badini.
Ich kann diesen Wunsch nicht erfüllen.
Was soll das heißen?
Widersprich mir nicht, Atrail!
Jetzt hör dir doch zumindest mal an, was Atrail zu erzählen hat.
Letztlich bleibt dir doch auch keine andere Wahl.
...

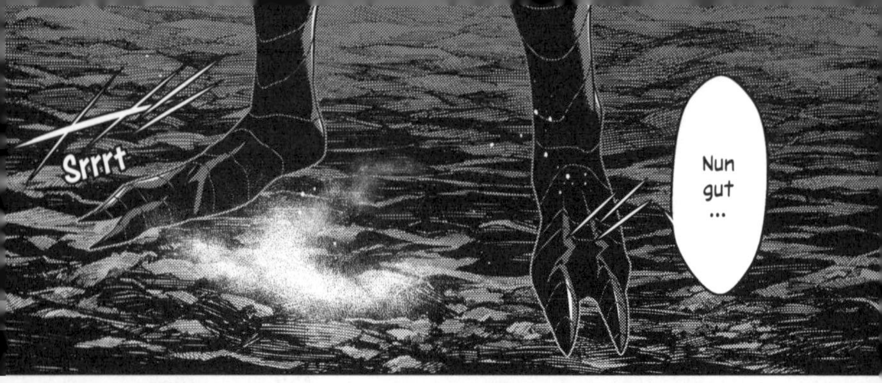

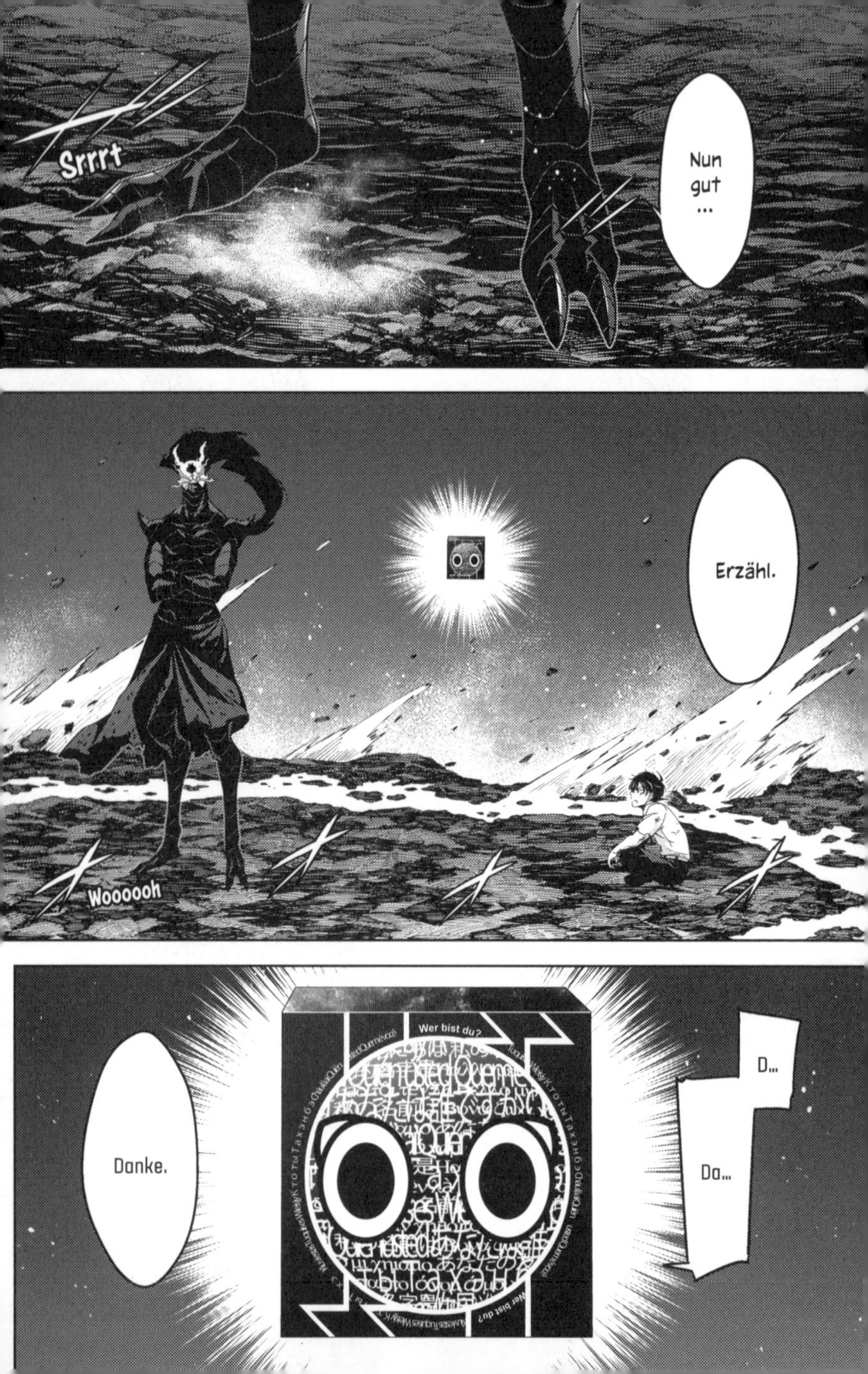

Erzähl.

Wooooh

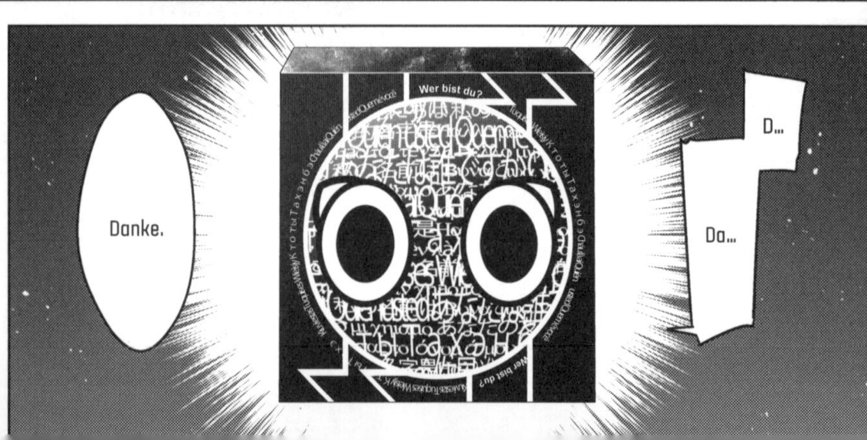

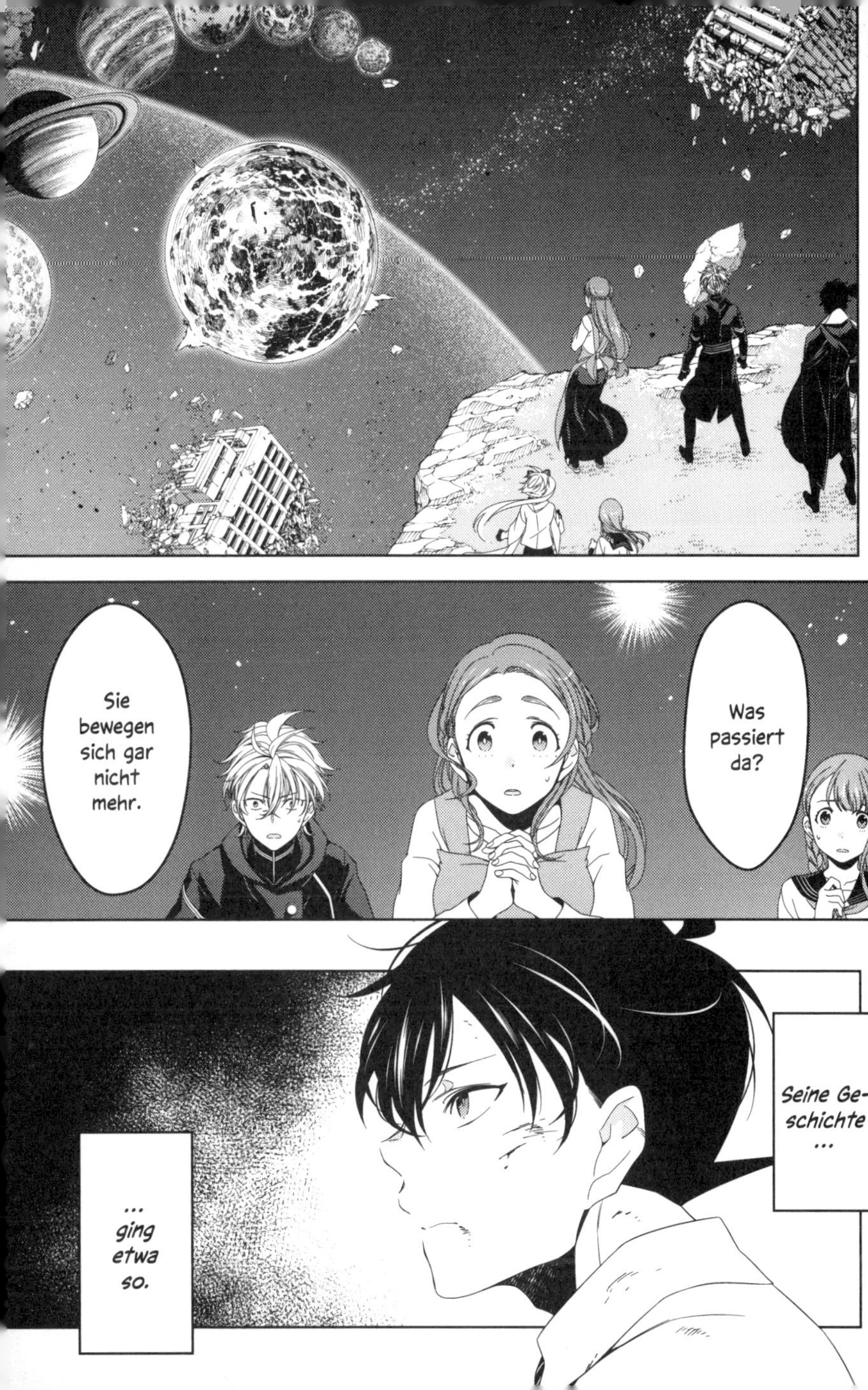

Was passiert da?
Sie bewegen sich gar nicht mehr.
Seine Geschichte ...
... ging etwa so.

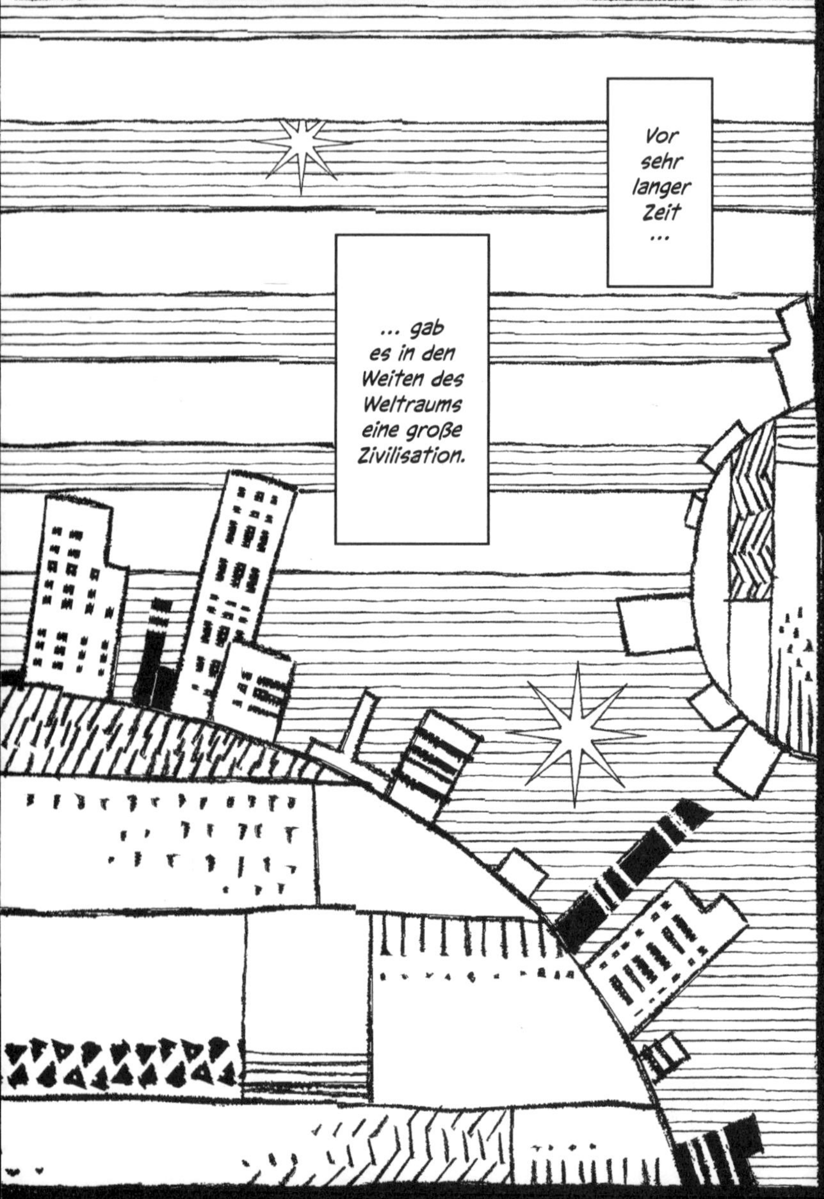
Vor sehr langer Zeit ...
... gab es in den Weiten des Weltraums eine große Zivilisation.

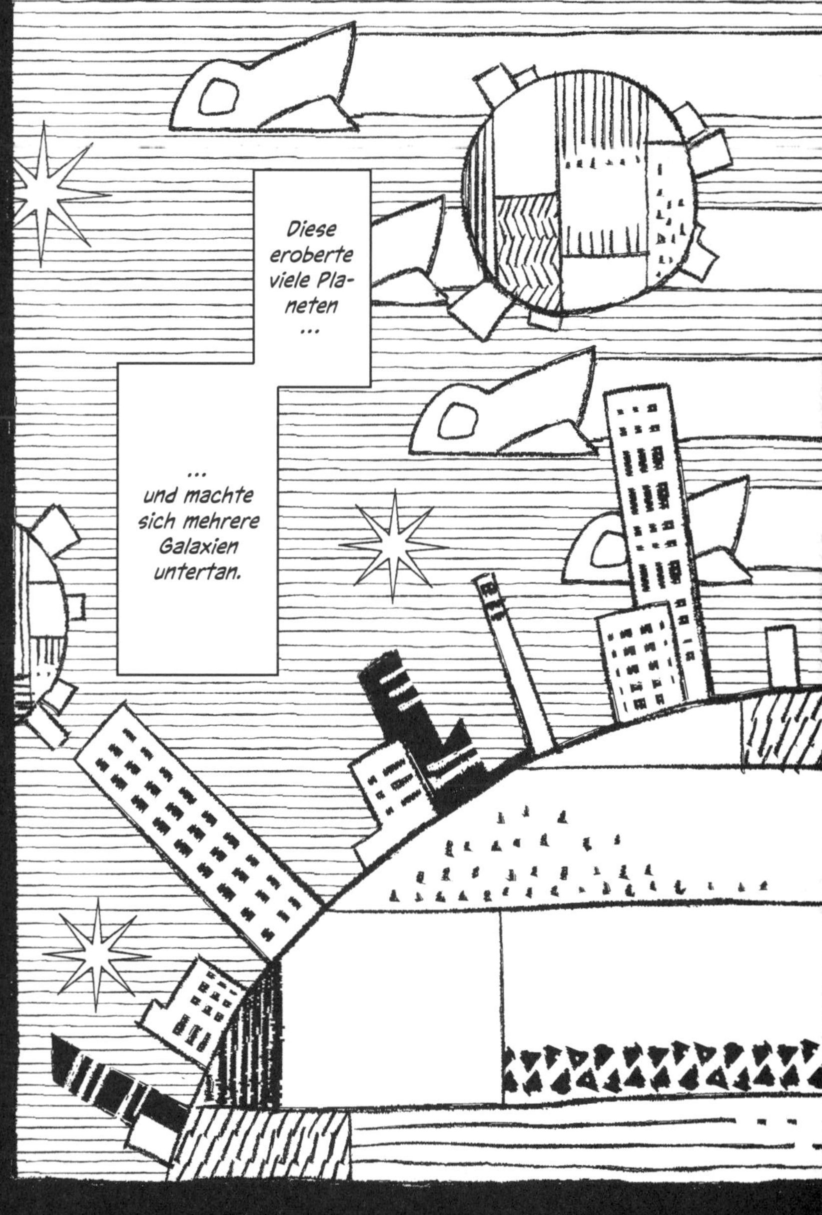
Diese eroberte viele Planeten ...
... und machte sich mehrere Galaxien untertan.

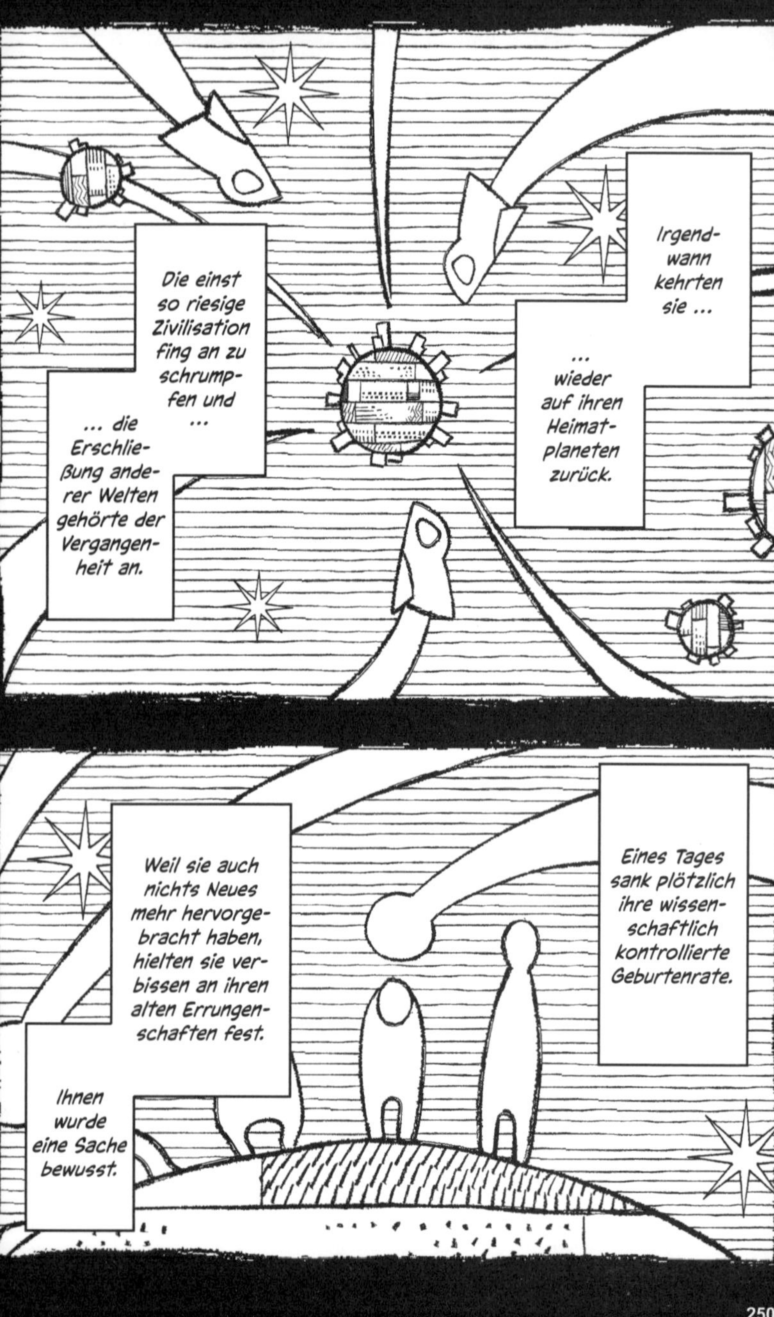
Irgend-wann kehrten sie ...
... wieder auf ihren Heimat-planeten zurück.
Die einst so riesige Zivilisation fing an zu schrump-fen und ...
... die Erschlie-ßung ande-rer Welten gehörte der Vergangen-heit an.
Eines Tages sank plötzlich ihre wissen-schaftlich kontrollierte Geburtenrate.
Weil sie auch nichts Neues mehr hervorge-bracht haben, hielten sie ver-bissen an ihren alten Errungen-schaften fest.
Ihnen wurde eine Sache bewusst.

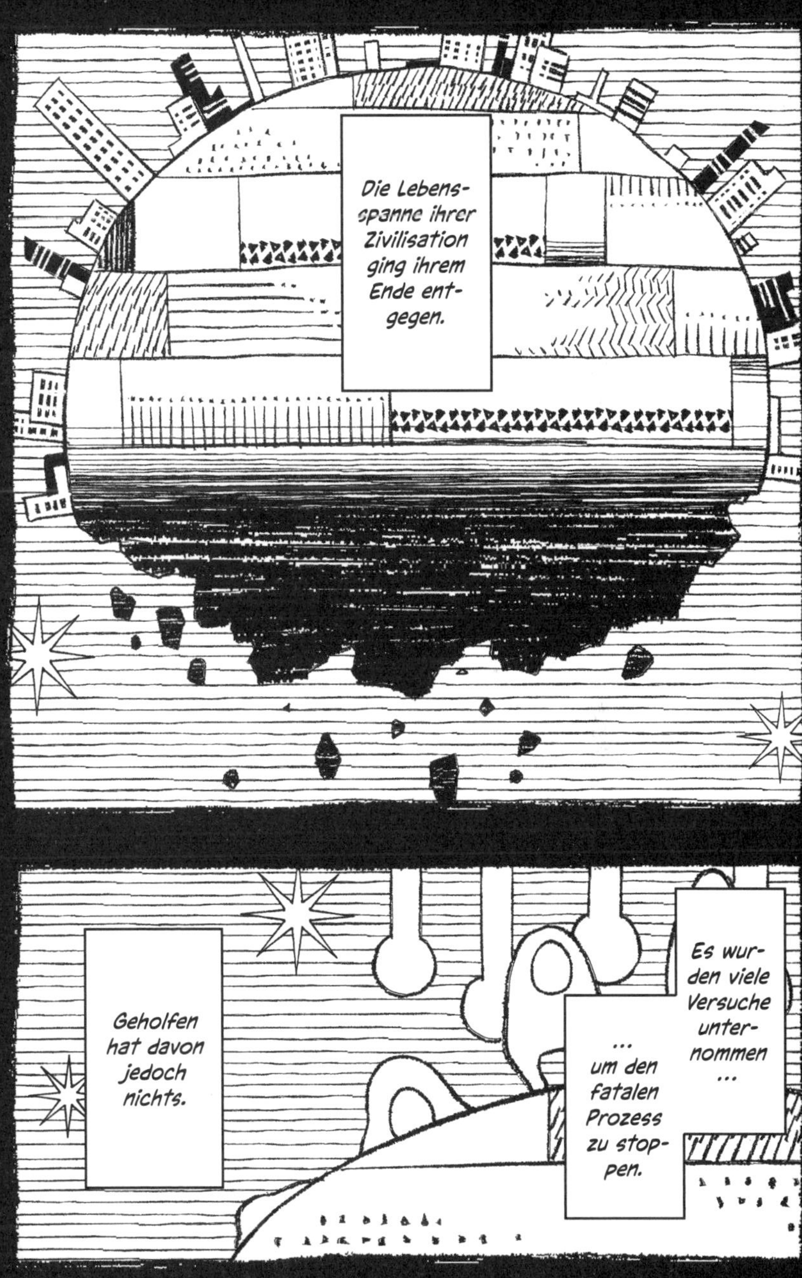
Die Lebensspanne ihrer Zivilisation ging ihrem Ende entgegen.
Es wurden viele Versuche unternommen …
… um den fatalen Prozess zu stoppen.
Geholfen hat davon jedoch nichts.

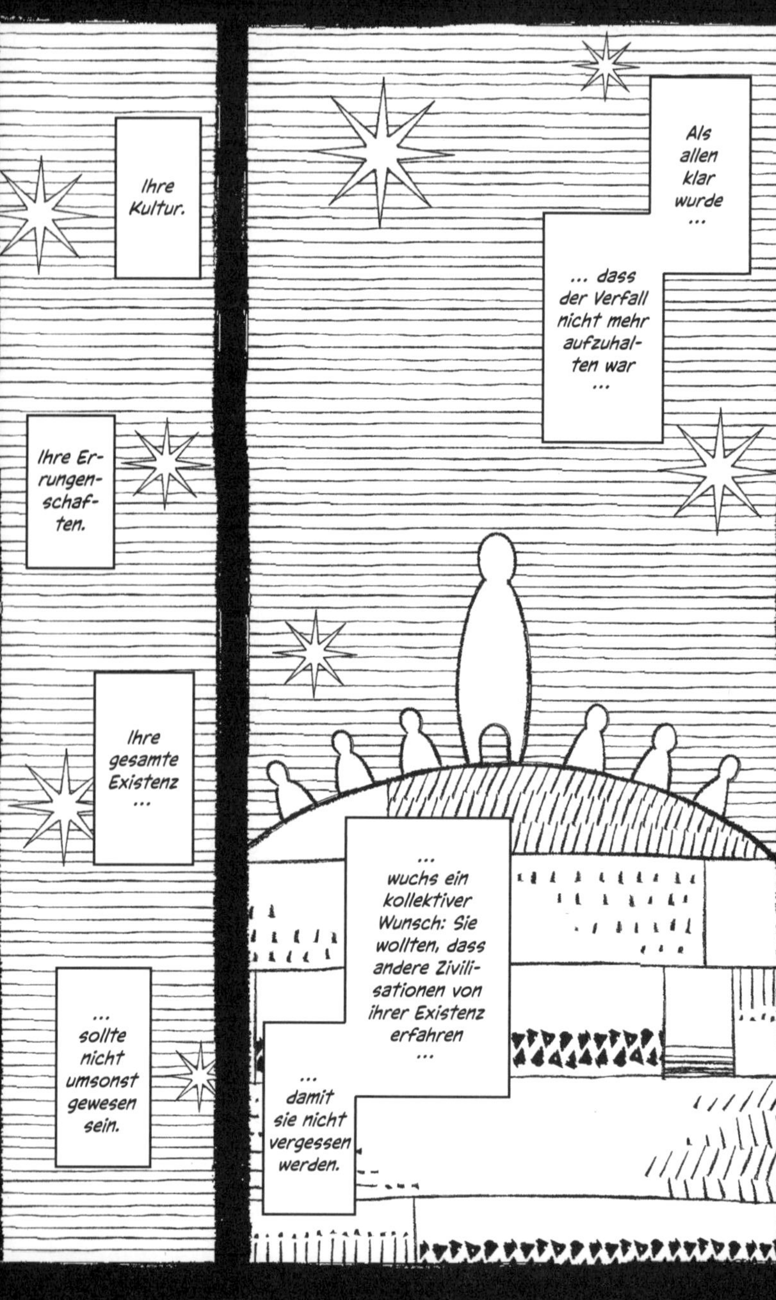
Ihre Kultur.
Ihre Errungenschaften.
Ihre gesamte Existenz …
… sollte nicht umsonst gewesen sein.
Als allen klar wurde …
… dass der Verfall nicht mehr aufzuhalten war …
… wuchs ein kollektiver Wunsch: Sie wollten, dass andere Zivilisationen von ihrer Existenz erfahren …
… damit sie nicht vergessen werden.

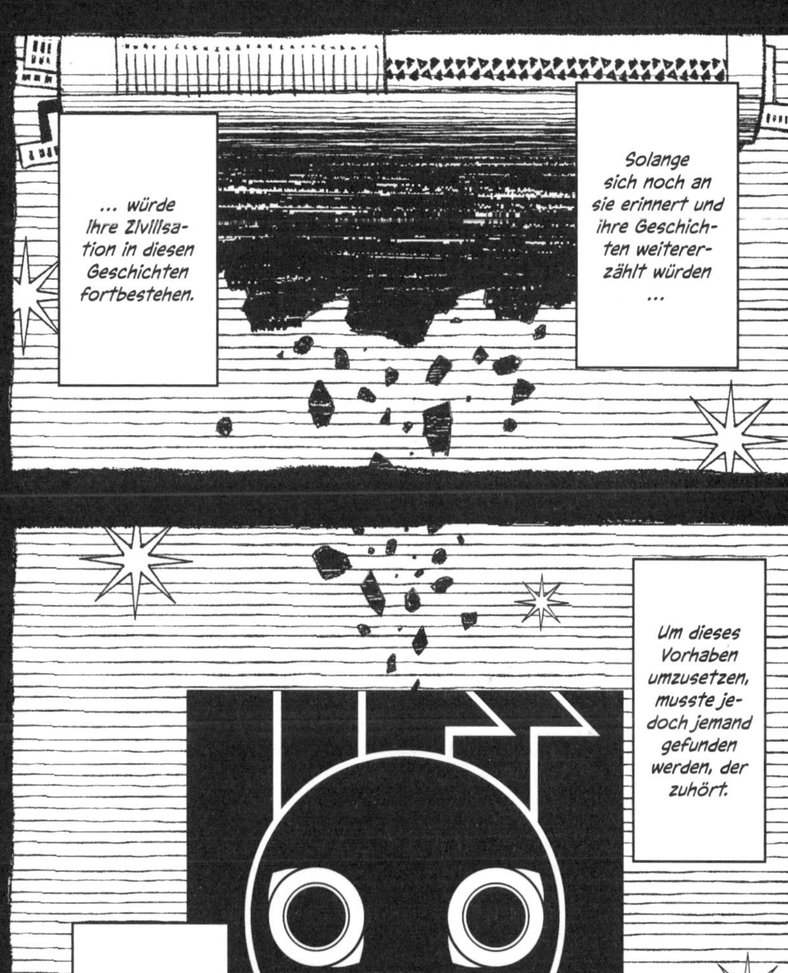
Solange sich noch an sie erinnert und ihre Geschichten weitererzählt würden …
… würde ihre Zivilisation in diesen Geschichten fortbestehen.
Um dieses Vorhaben umzusetzen, musste jedoch jemand gefunden werden, der zuhört.
Erst dann würde ihre Zivilisation zu einem würdigen Abschluss kommen.

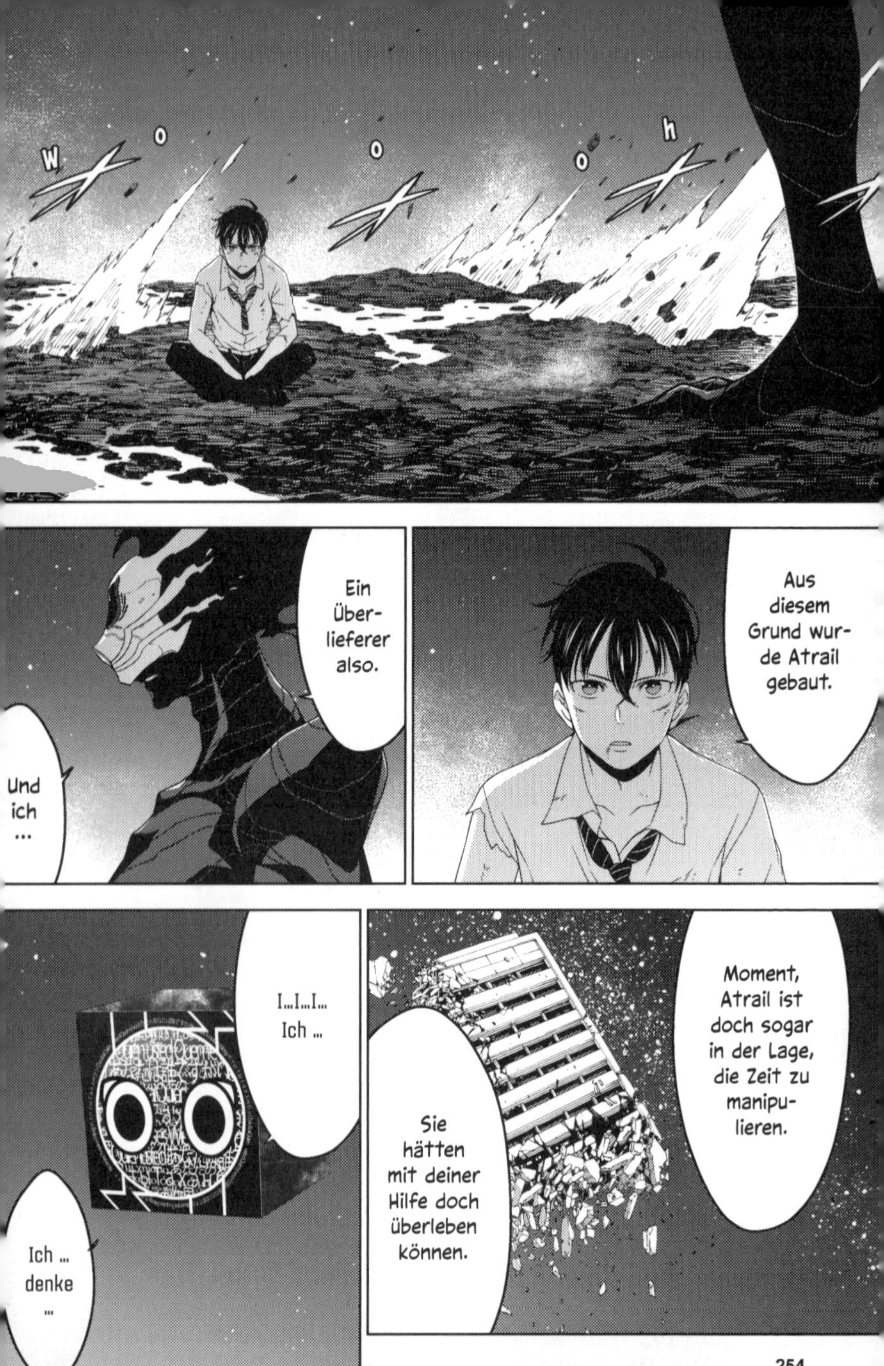

W o o o h

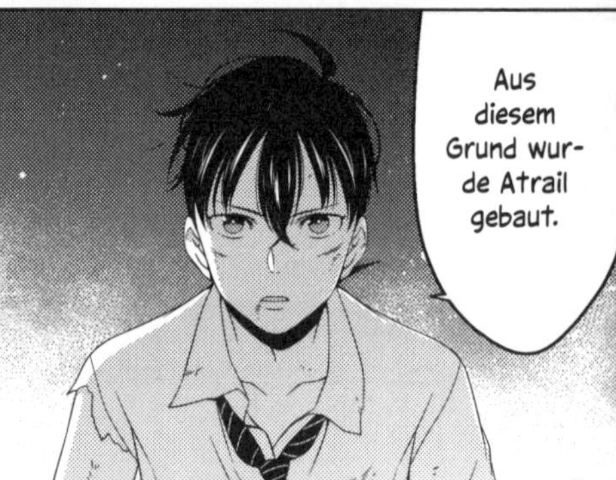
Aus diesem Grund wur-de Atrail gebaut.

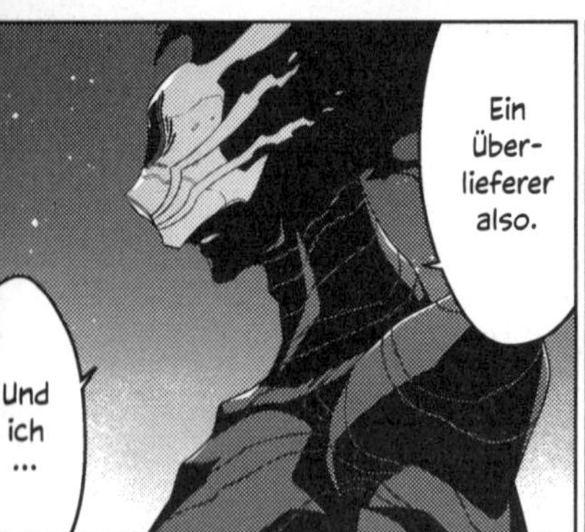
Ein Über-lieferer also.
Und ich …

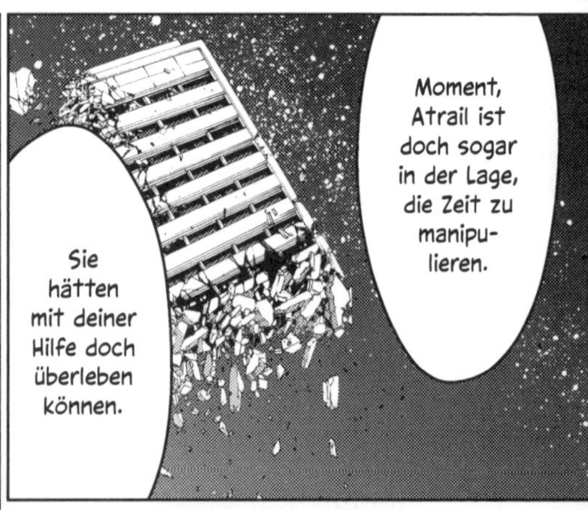
Moment, Atrail ist doch sogar in der Lage, die Zeit zu manipu-lieren.
Sie hätten mit deiner Hilfe doch überleben können.

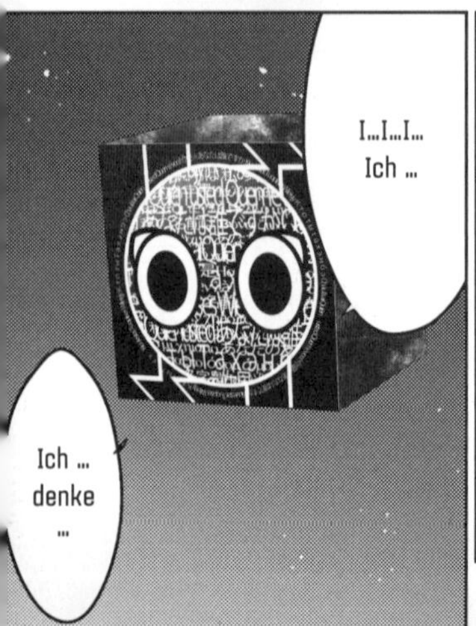
I…I…I… Ich …
Ich … denke …

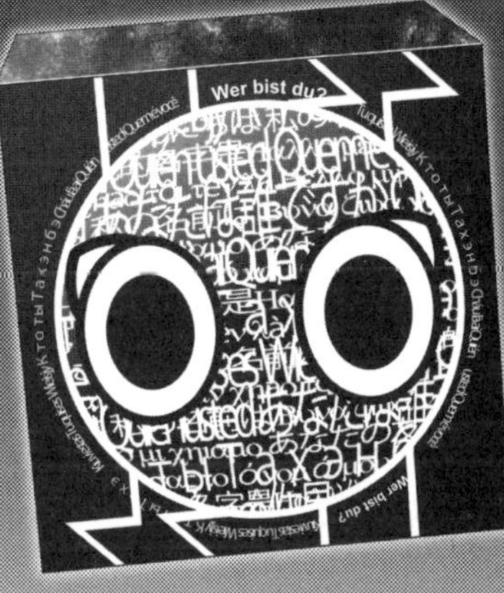

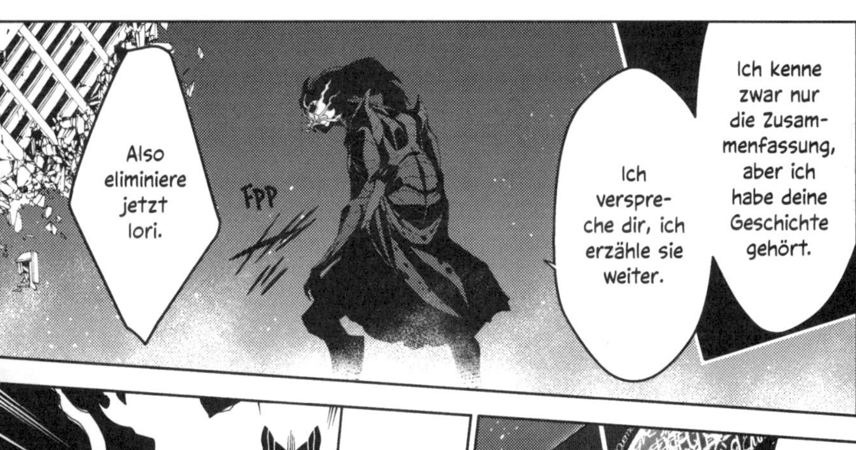

Das geht nicht, Badini.

Das kann ich nicht tun.

Aber warum? Wieso nicht?

Was stört dich daran?

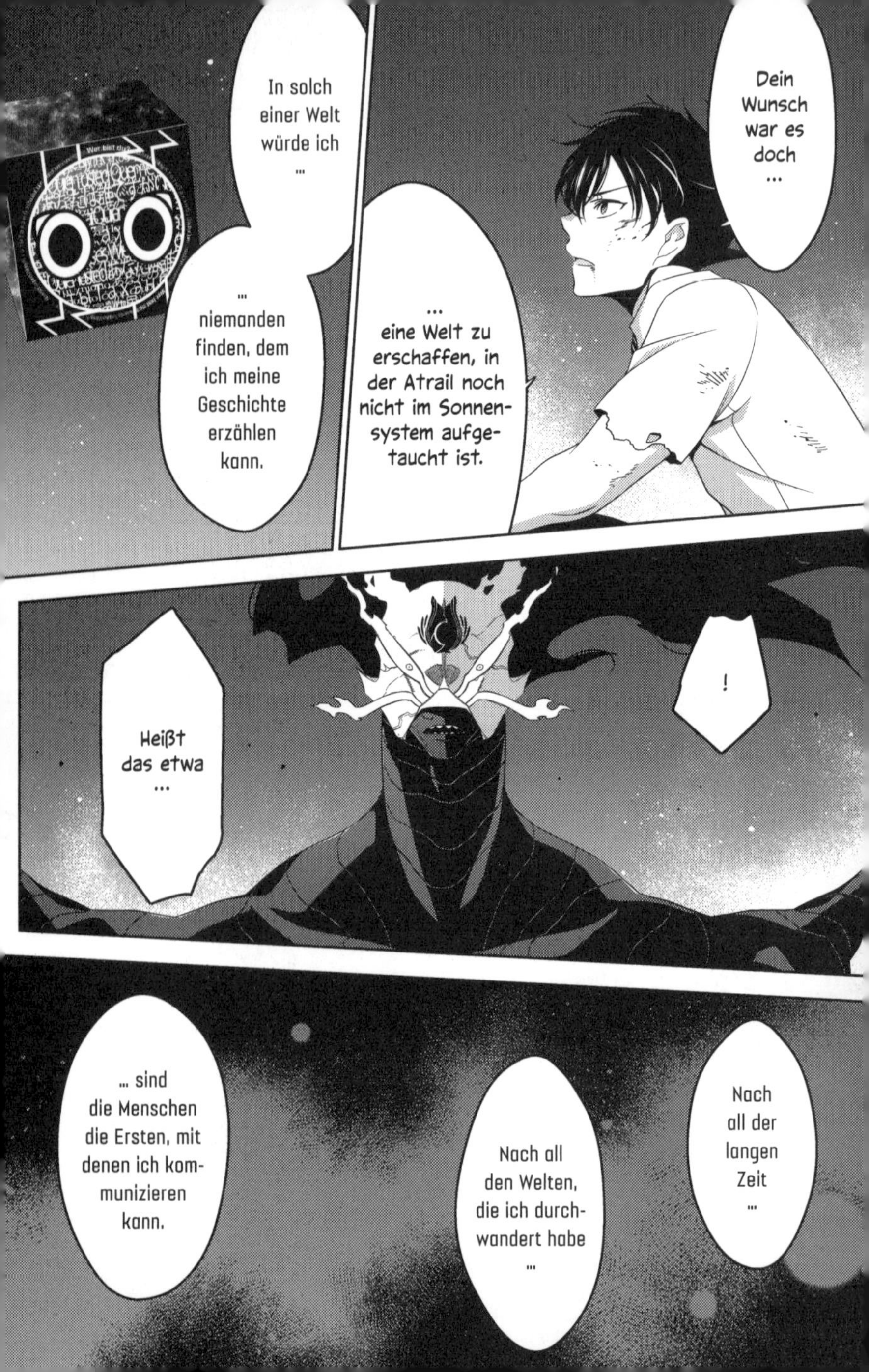

Dein Wunsch war es doch ...

... eine Welt zu erschaffen, in der Atrail noch nicht im Sonnensystem aufgetaucht ist.

In solch einer Welt würde ich ...

... niemanden finden, dem ich meine Geschichte erzählen kann.

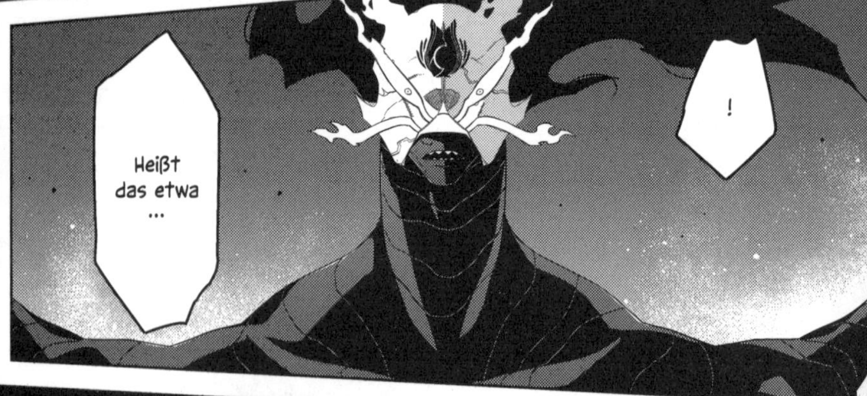

Nach all der langen Zeit ...

Nach all den Welten, die ich durchwandert habe ...

... sind die Menschen die Ersten, mit denen ich kommunizieren kann.

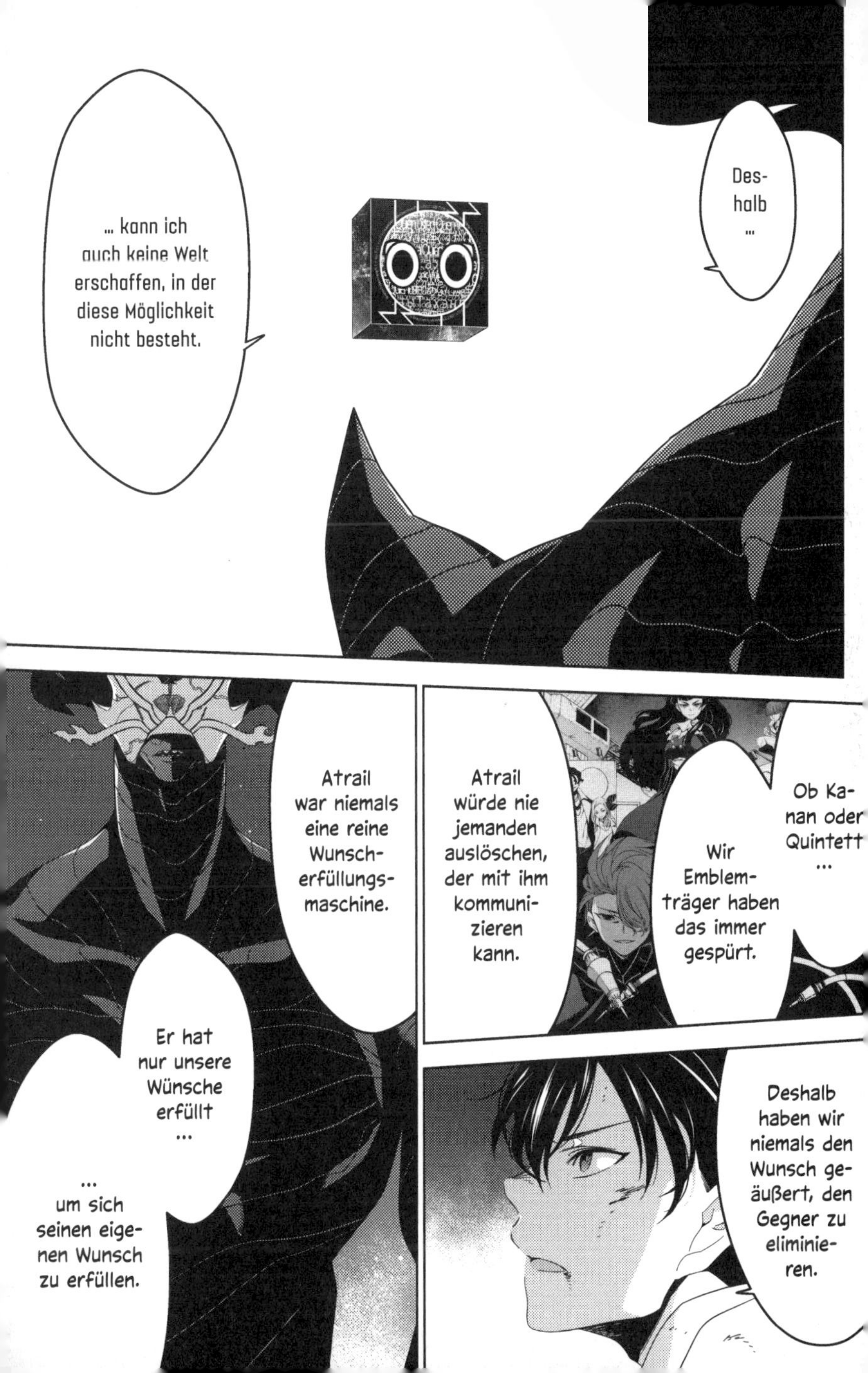

Deshalb ...

... kann ich auch keine Welt erschaffen, in der diese Möglichkeit nicht besteht.

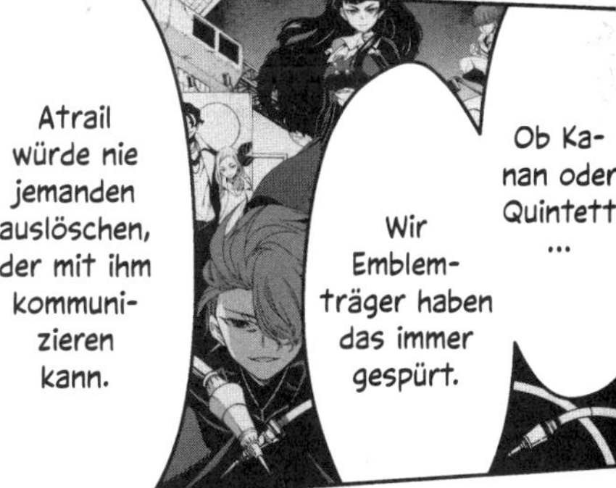

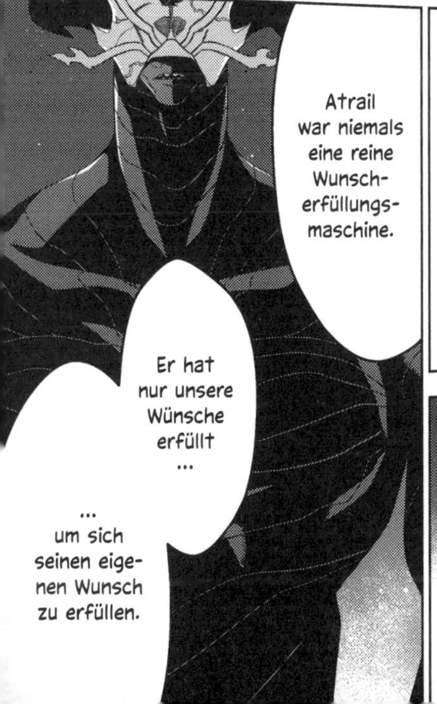

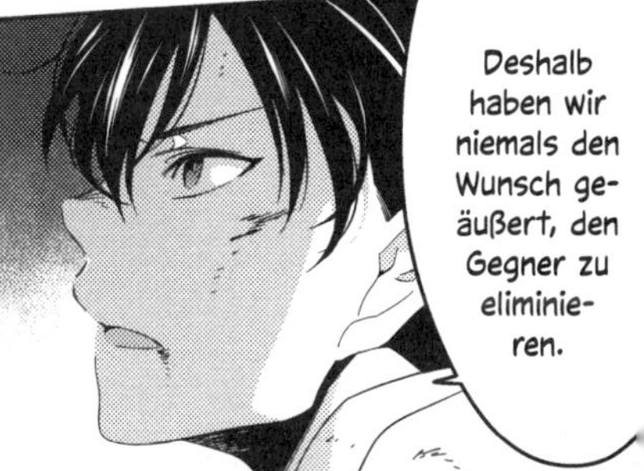

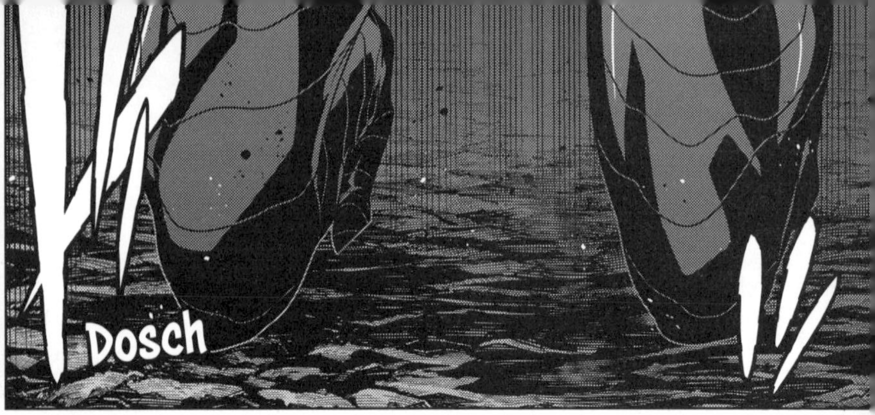

Dosch

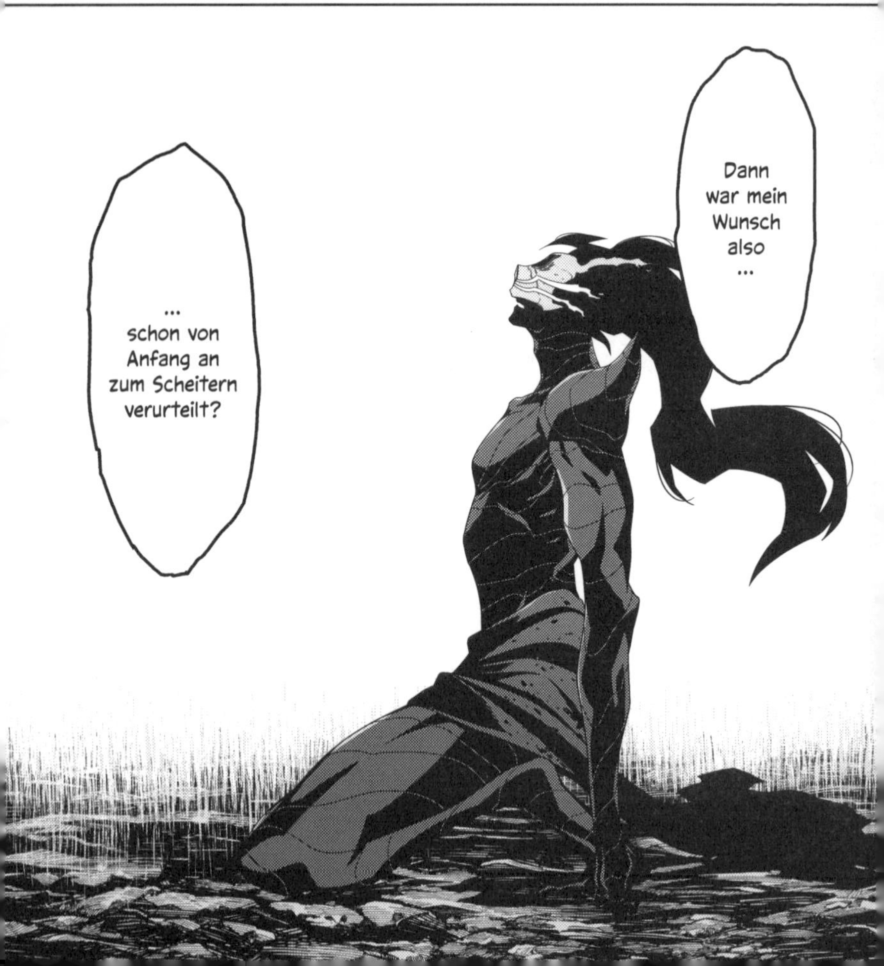

Dann war mein Wunsch also ...

... schon von Anfang an zum Scheitern verurteilt?

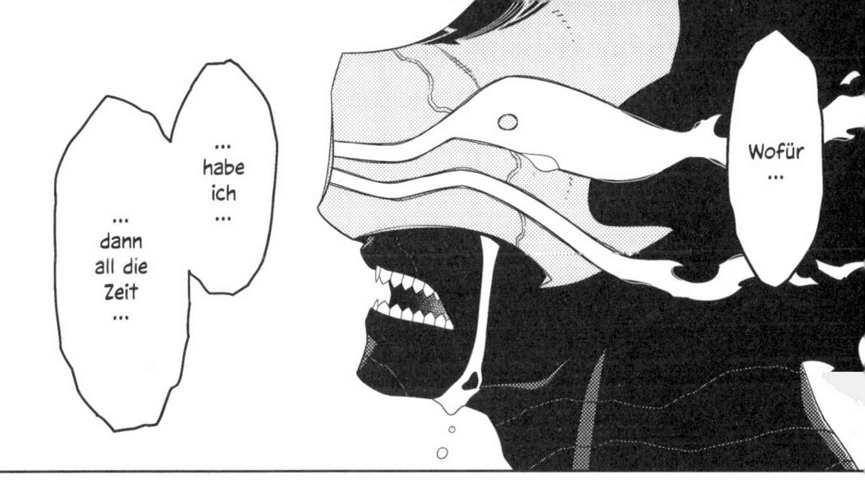
Wofür …
… habe ich …
… dann all die Zeit …

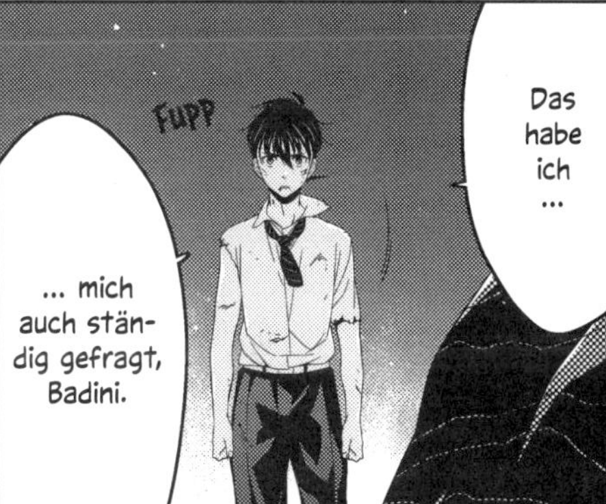
Das habe ich …
FUPP
… mich auch ständig gefragt, Badini.

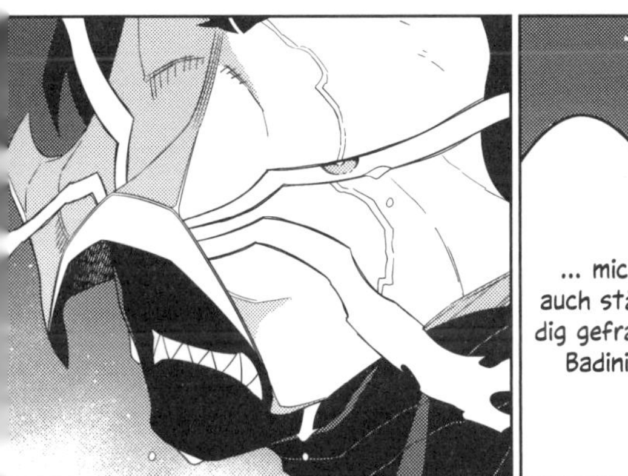

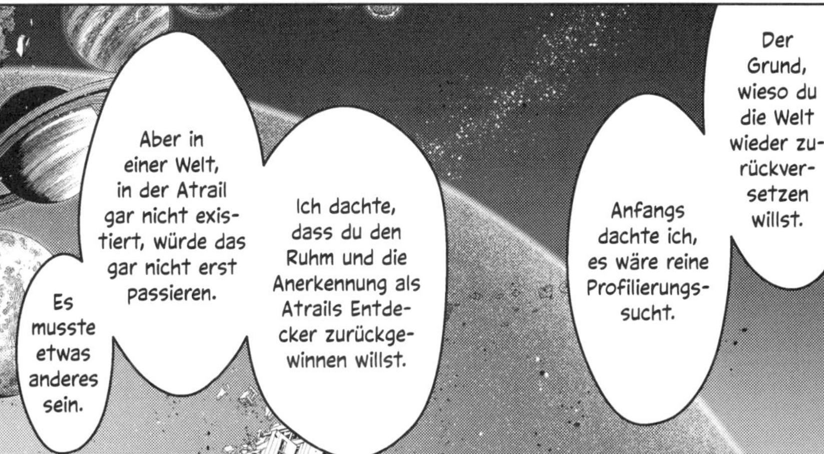
Der Grund, wieso du die Welt wieder zurückversetzen willst.
Anfangs dachte ich, es wäre reine Profilierungssucht.
Ich dachte, dass du den Ruhm und die Anerkennung als Atrails Entdecker zurückgewinnen willst.
Aber in einer Welt, in der Atrail gar nicht existiert, würde das gar nicht erst passieren.
Es musste etwas anderes sein.

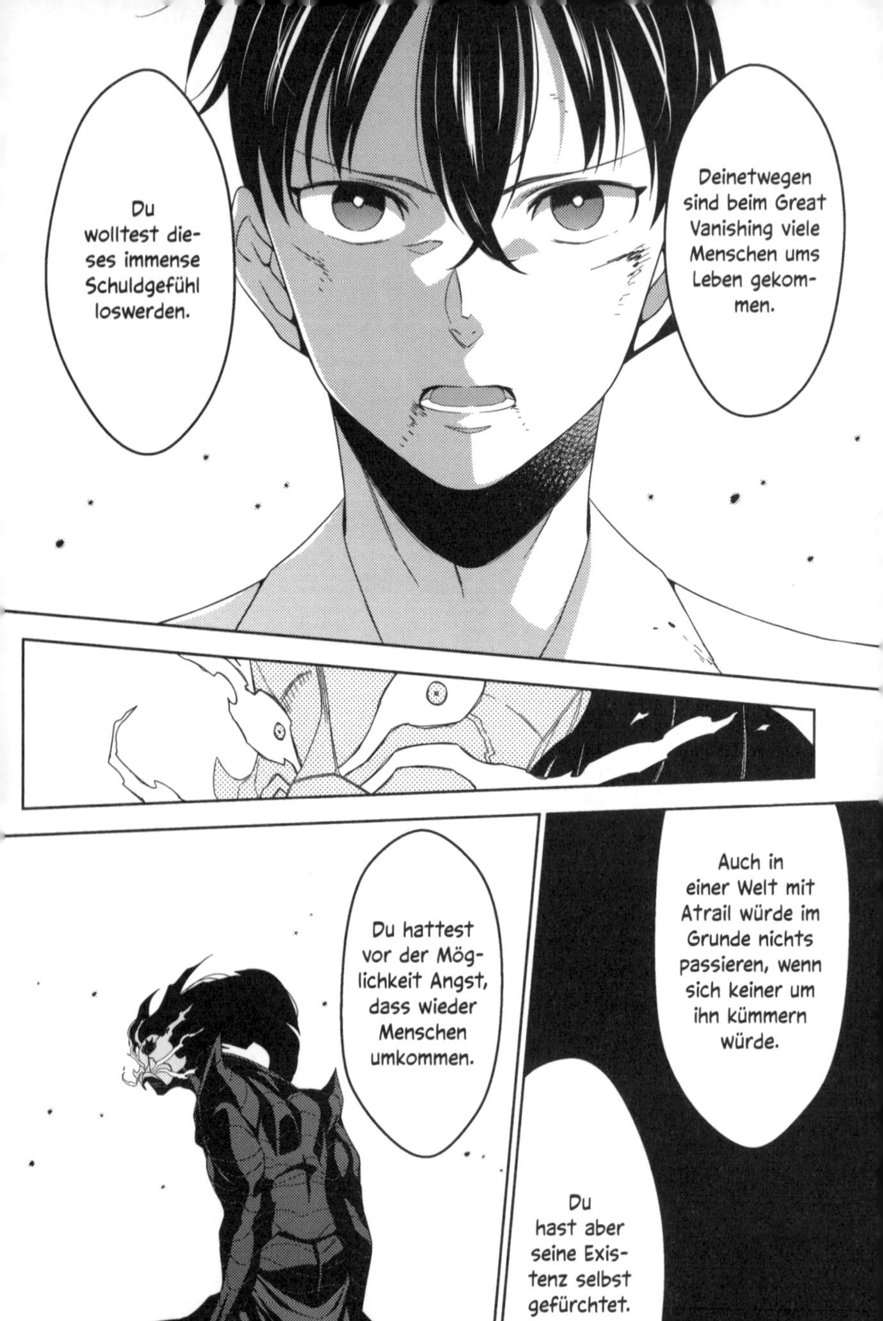
Deinetwegen sind beim Great Vanishing viele Menschen ums Leben gekommen.
Du wolltest dieses immense Schuldgefühl loswerden.
Auch in einer Welt mit Atrail würde im Grunde nichts passieren, wenn sich keiner um ihn kümmern würde.
Du hattest vor der Möglichkeit Angst, dass wieder Menschen umkommen.
Du hast aber seine Existenz selbst gefürchtet.

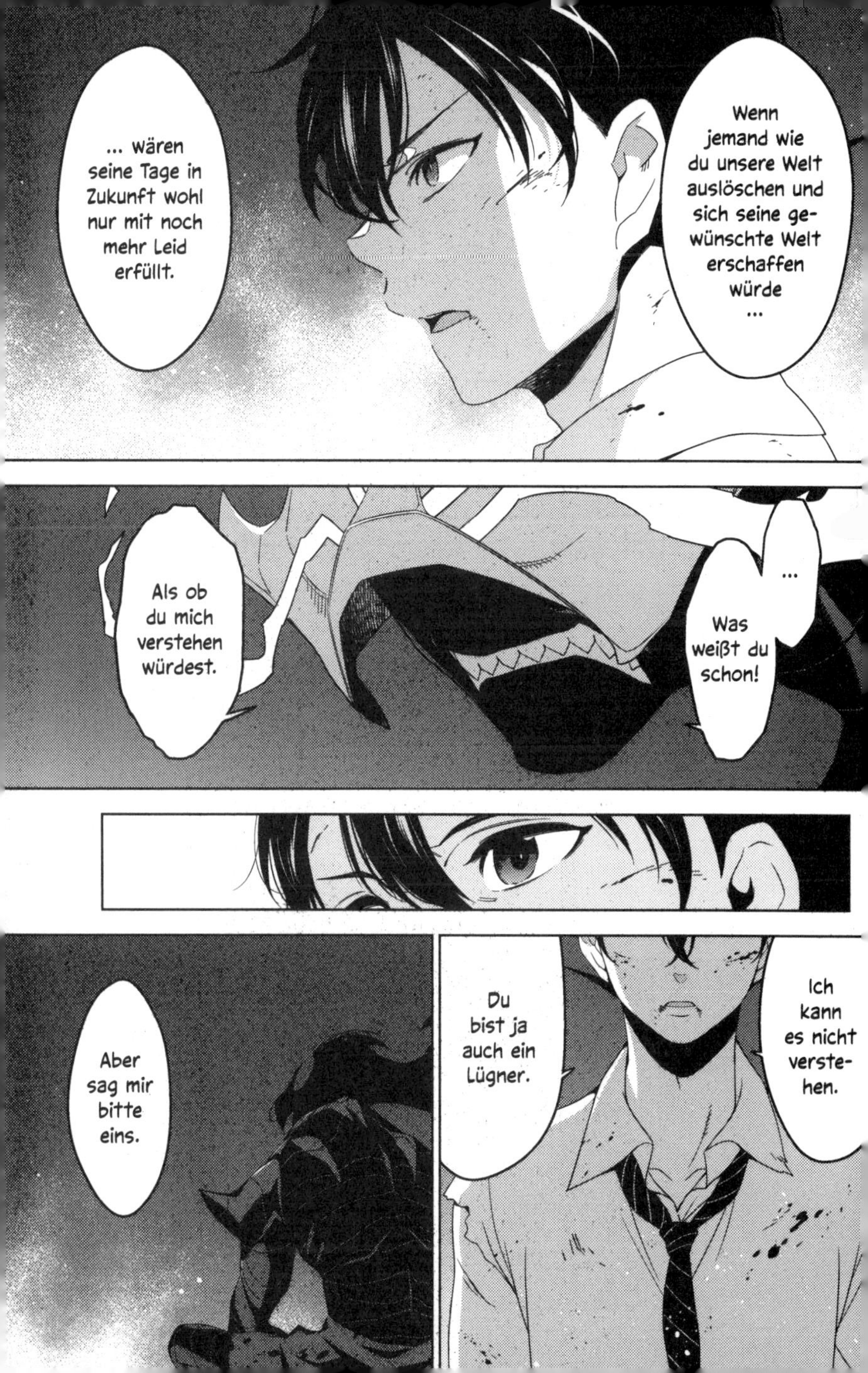

Wenn jemand wie du unsere Welt auslöschen und sich seine gewünschte Welt erschaffen würde ...

... wären seine Tage in Zukunft wohl nur mit noch mehr Leid erfüllt.

...

Was weißt du schon!

Als ob du mich verstehen würdest.

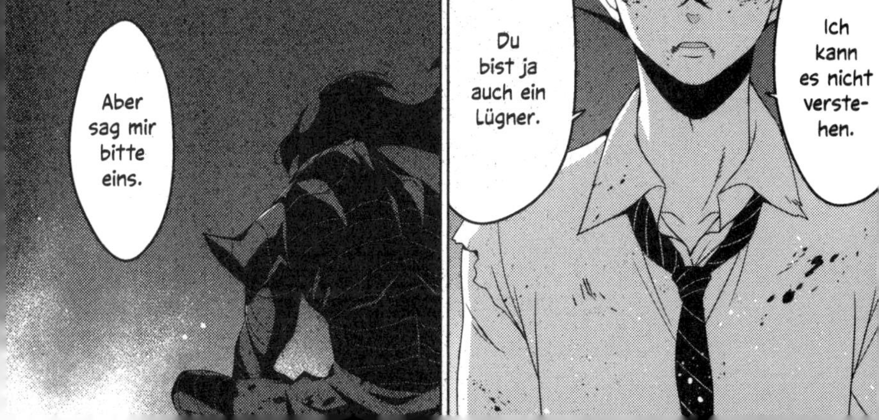

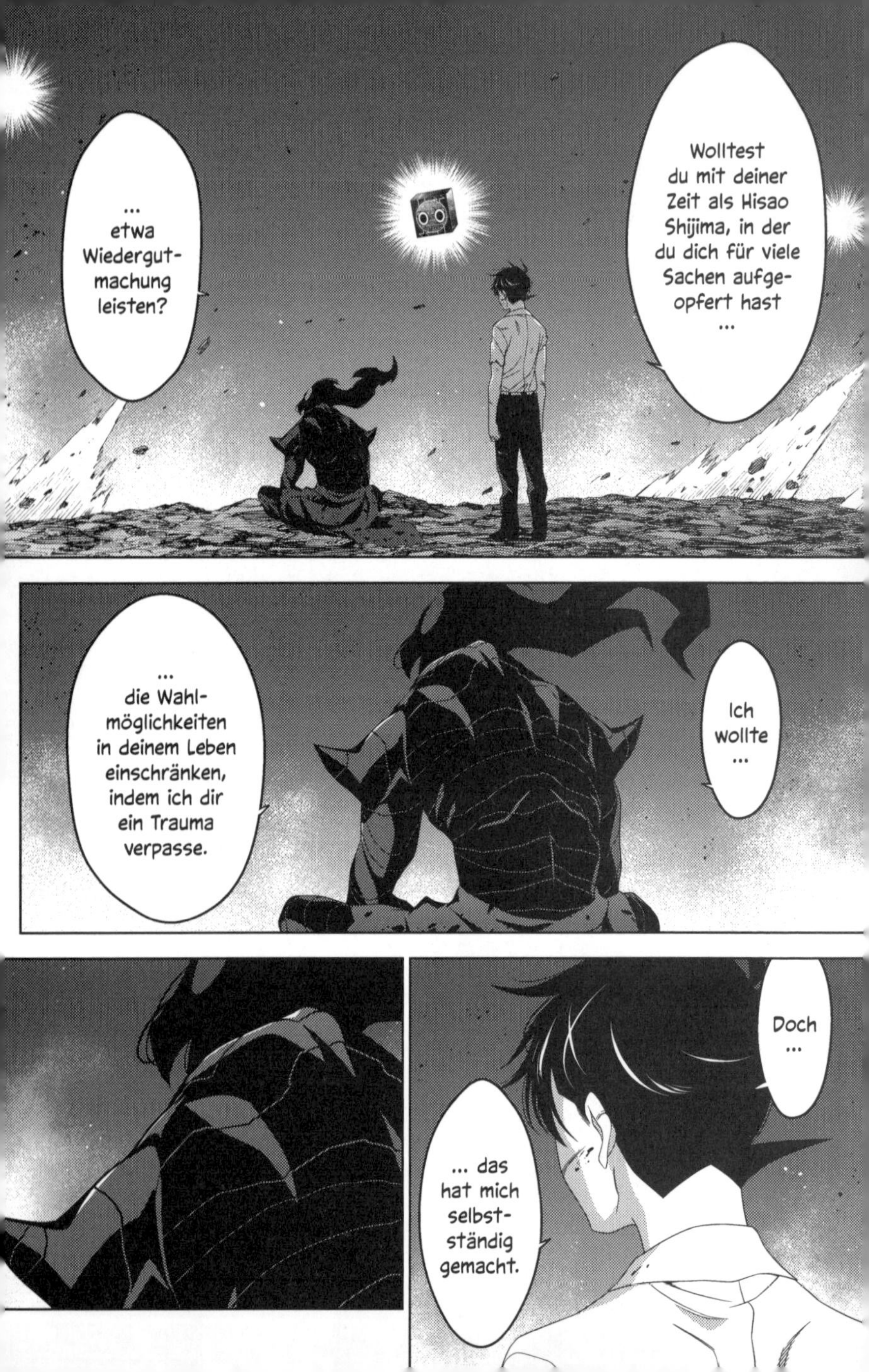

Wolltest du mit deiner Zeit als Hisao Shijima, in der du dich für viele Sachen aufgeopfert hast ...

... etwa Wiedergutmachung leisten?

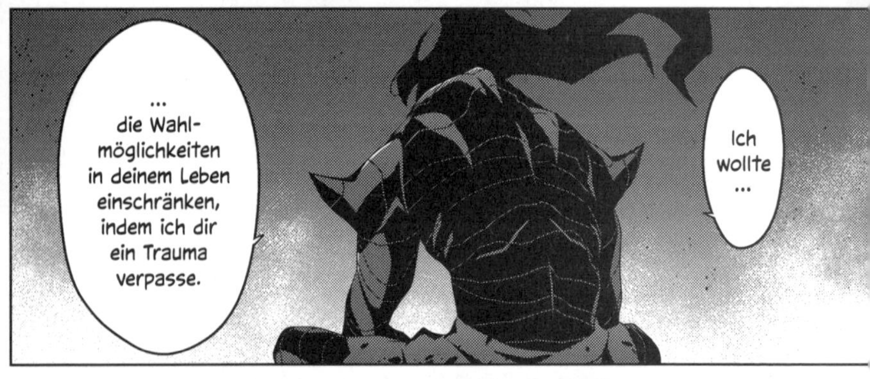

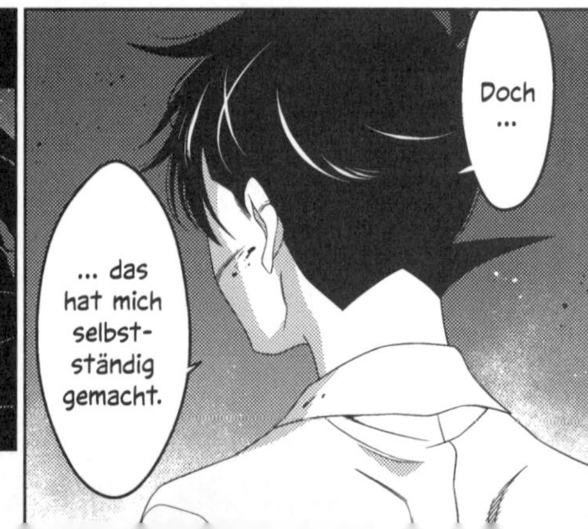

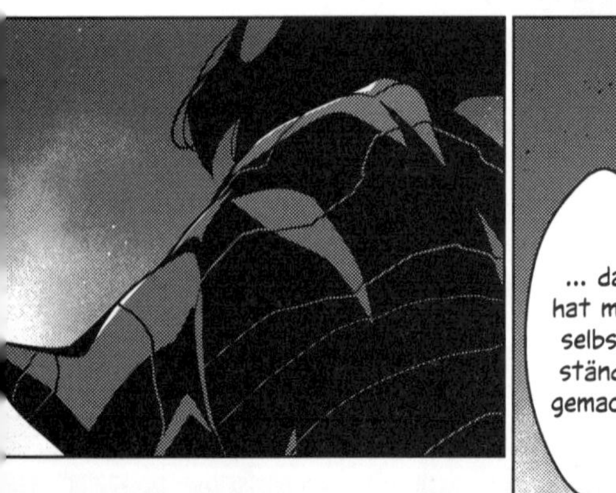

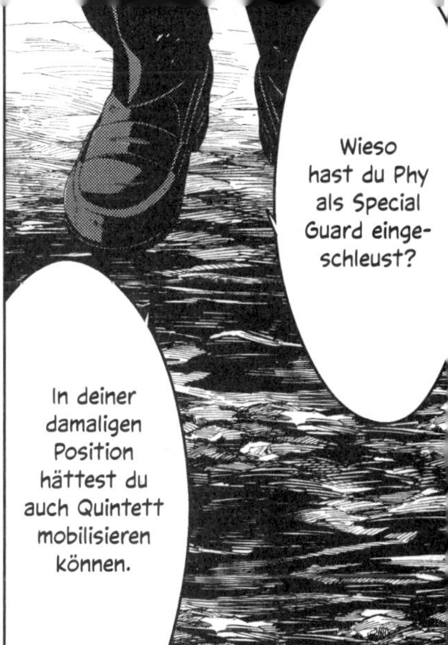
Wieso hast du Phy als Special Guard einge-schleust?
In deiner damaligen Position hättest du auch Quintett mobilisieren können.

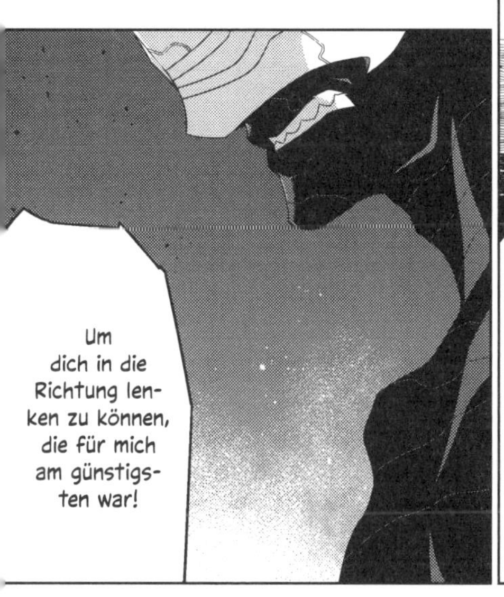
Um dich in die Richtung len-ken zu können, die für mich am günstigs-ten war!

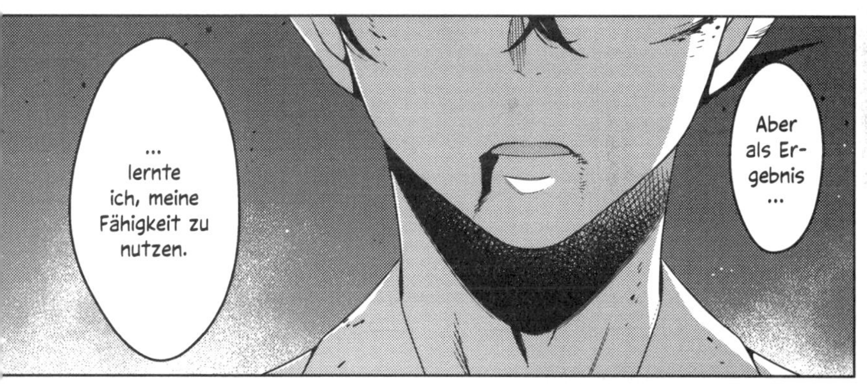
Aber als Er-gebnis ...
... lernte ich, meine Fähigkeit zu nutzen.

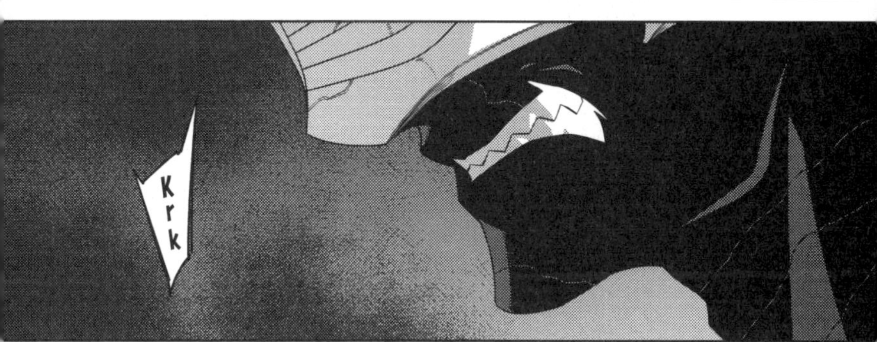
Krk

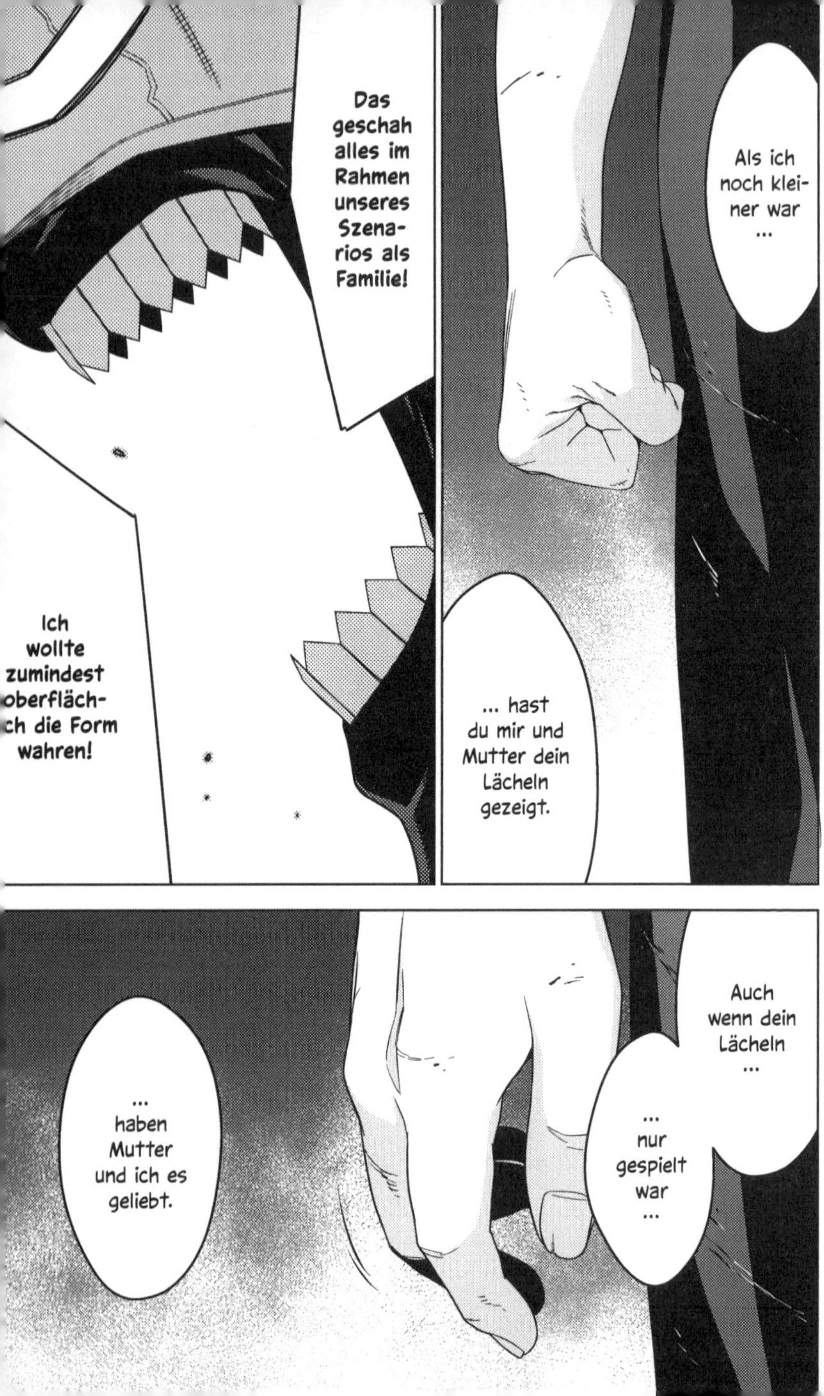

Als ich noch kleiner war ...

... hast du mir und Mutter dein Lächeln gezeigt.

Das geschah alles im Rahmen unseres Szenarios als Familie!

Ich wollte zumindest oberfläch-
ch die Form wahren!

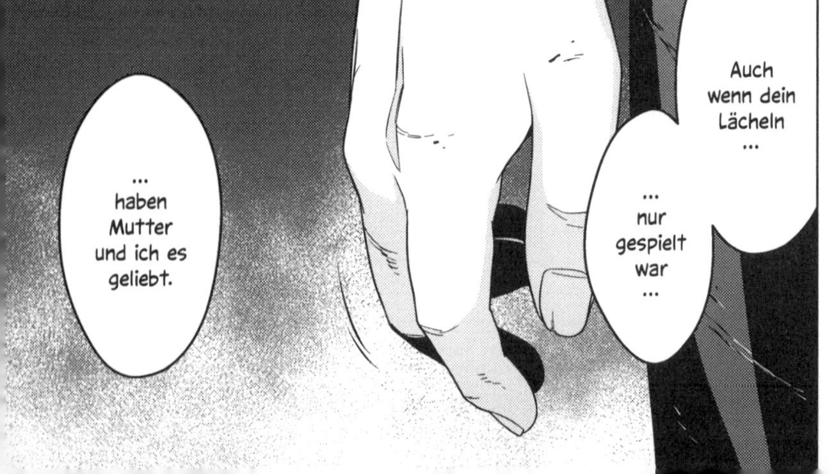

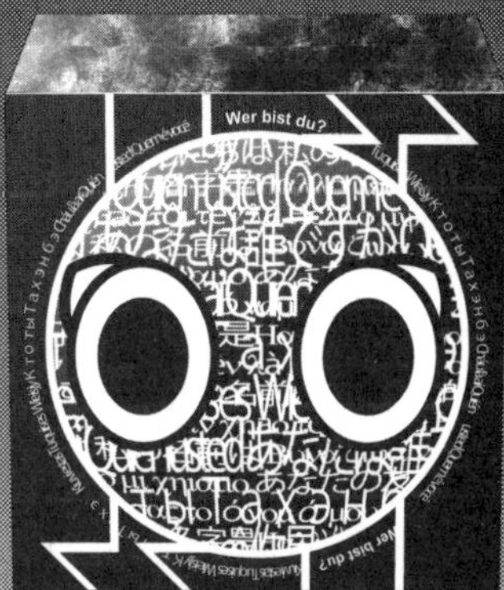
Wer bist du?
Auch wenn alles erst mit dem Szenario anfing ...
... habe ich durch dich gelernt, was es bedeutet, einen Vater zu haben.

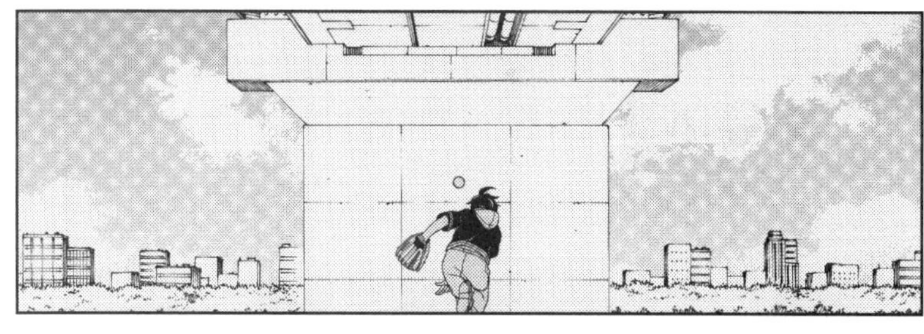

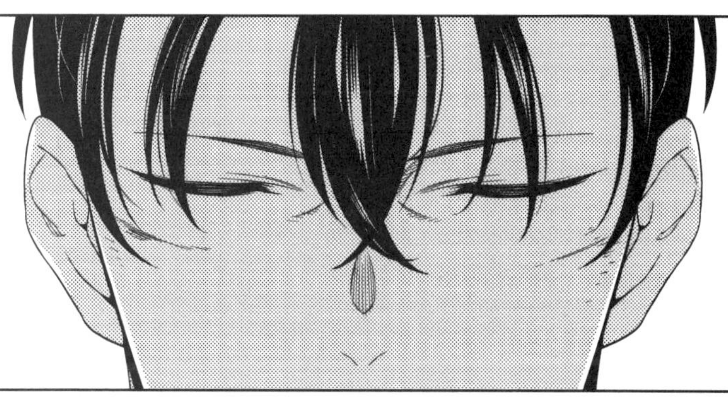

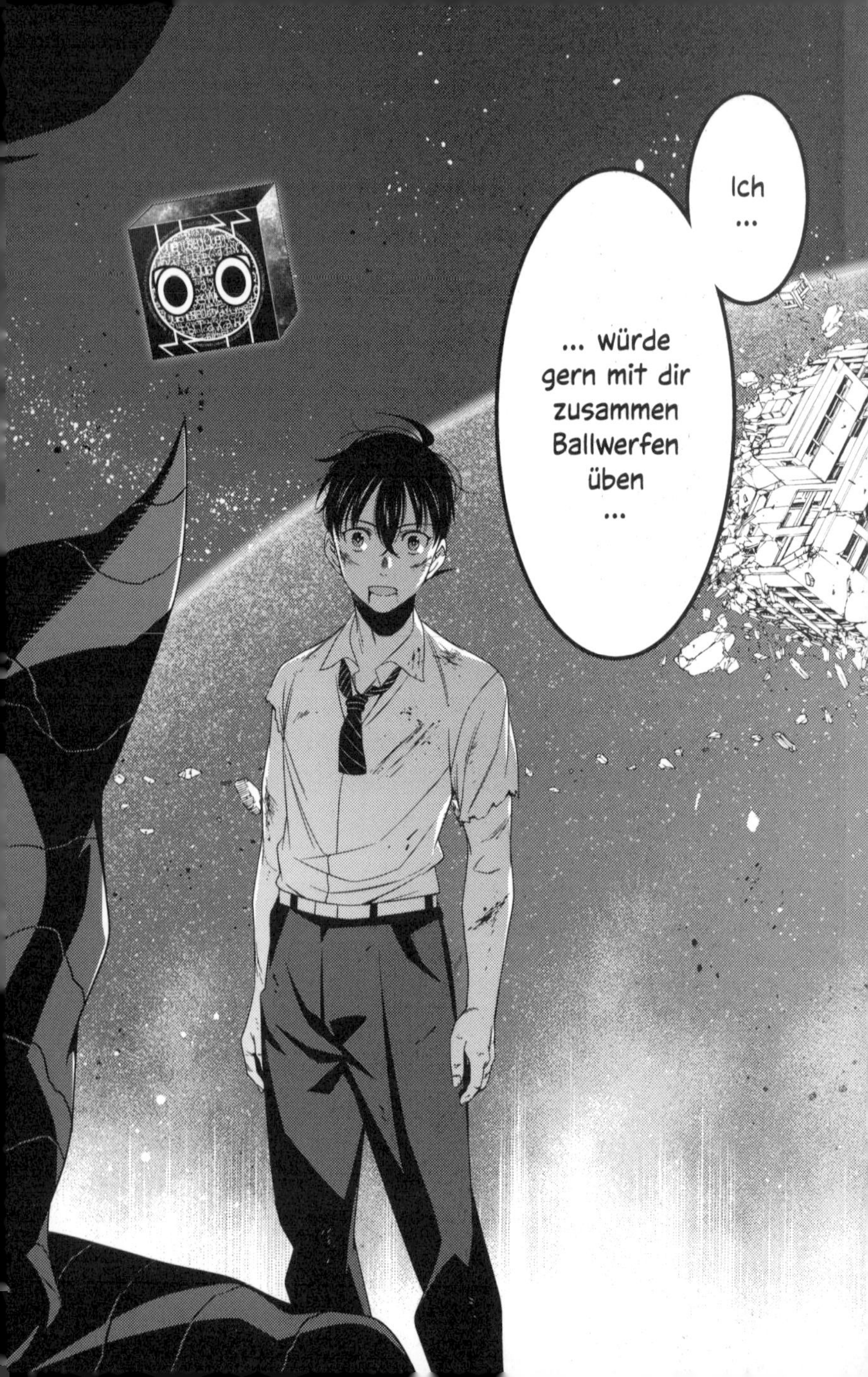
Ich
...
... würde
gern mit dir
zusammen
Ballwerfen
üben
...

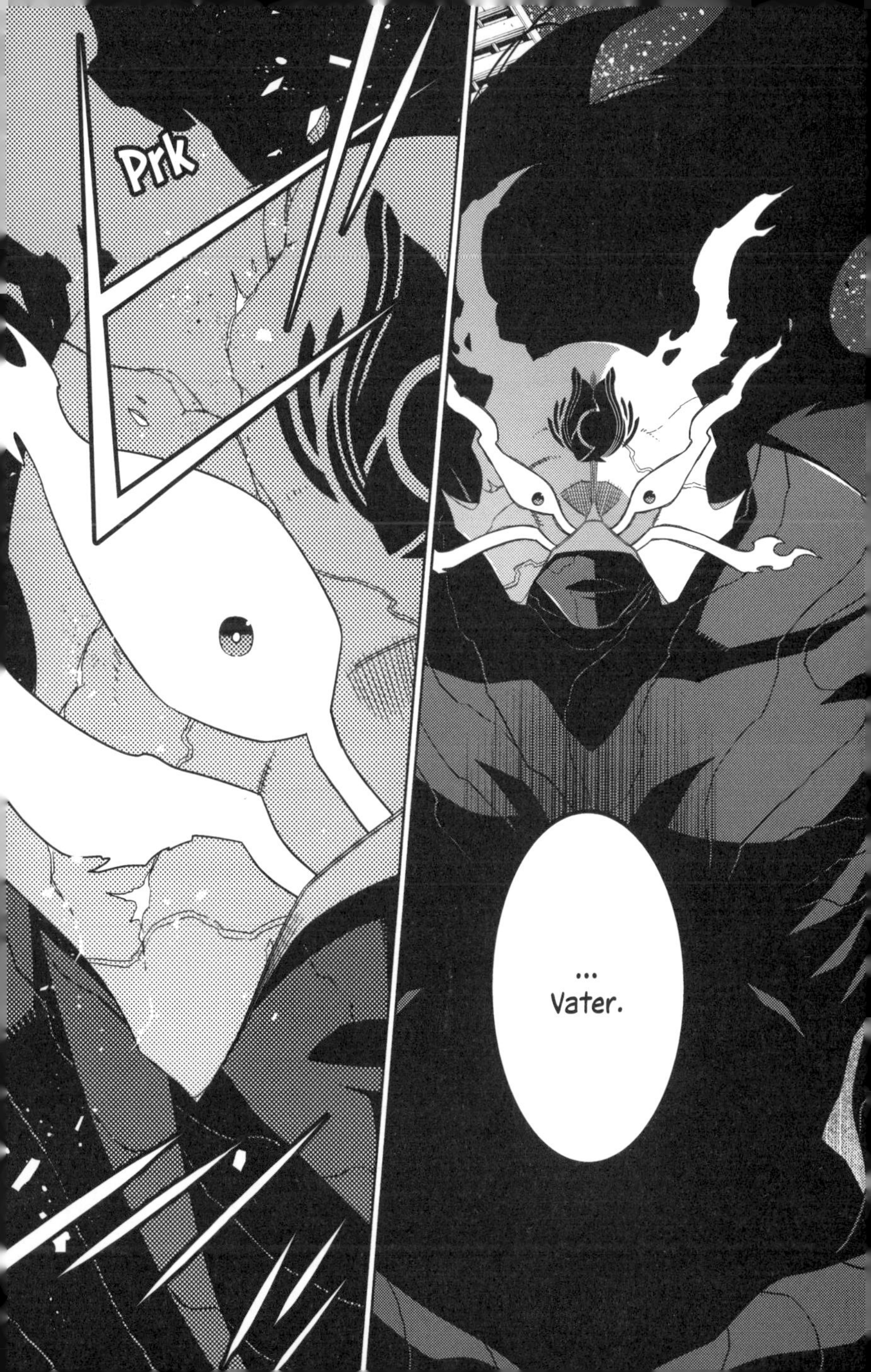
Prk
...
Vater.

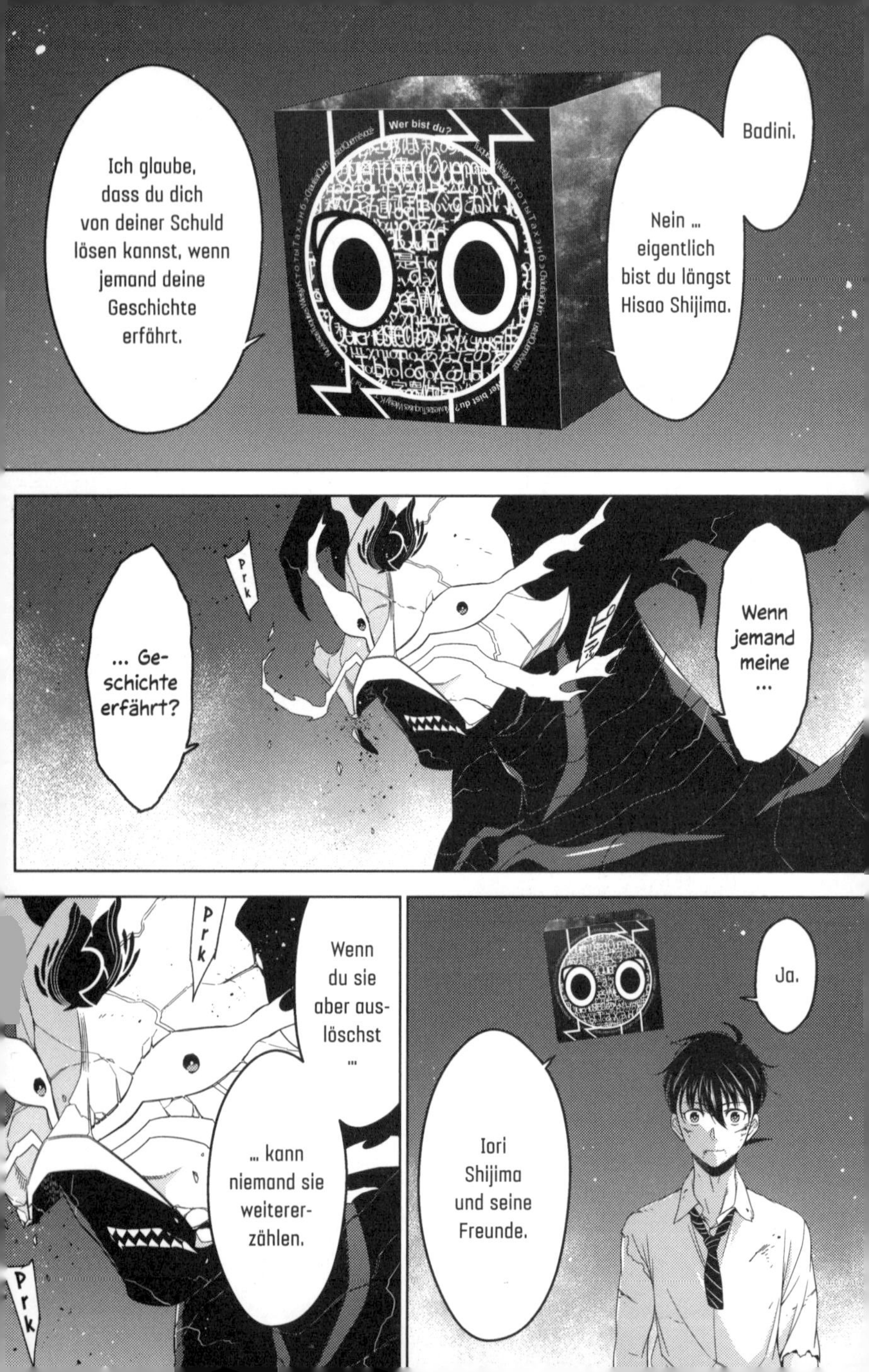

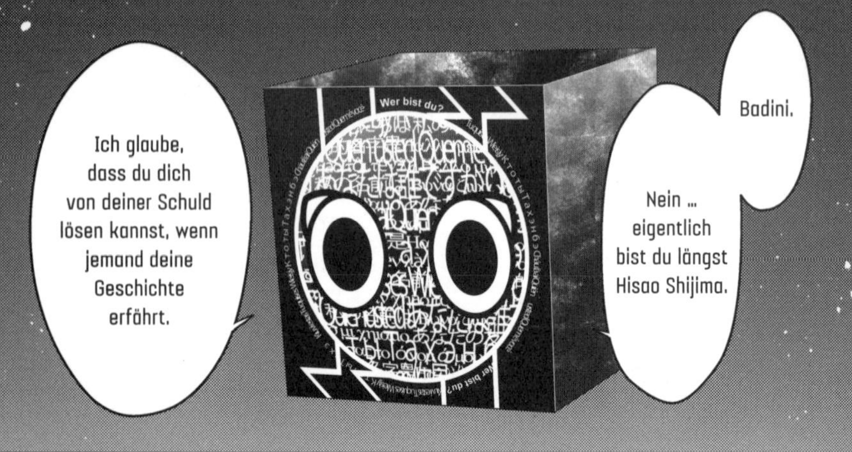

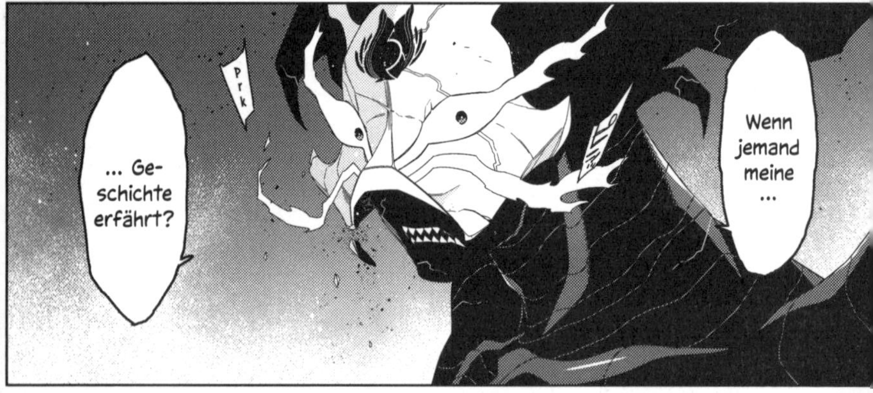

Ja.

Iori Shijima und seine Freunde.

Prk

Wenn du sie aber auslöschst …

… kann niemand sie weitererzählen.

Prk

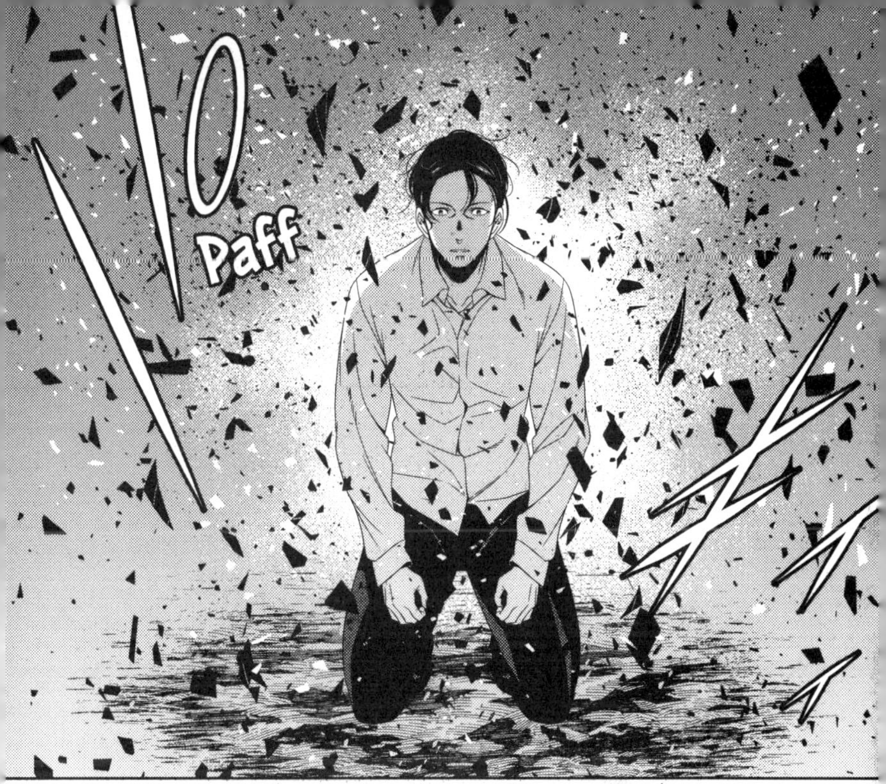

Paff

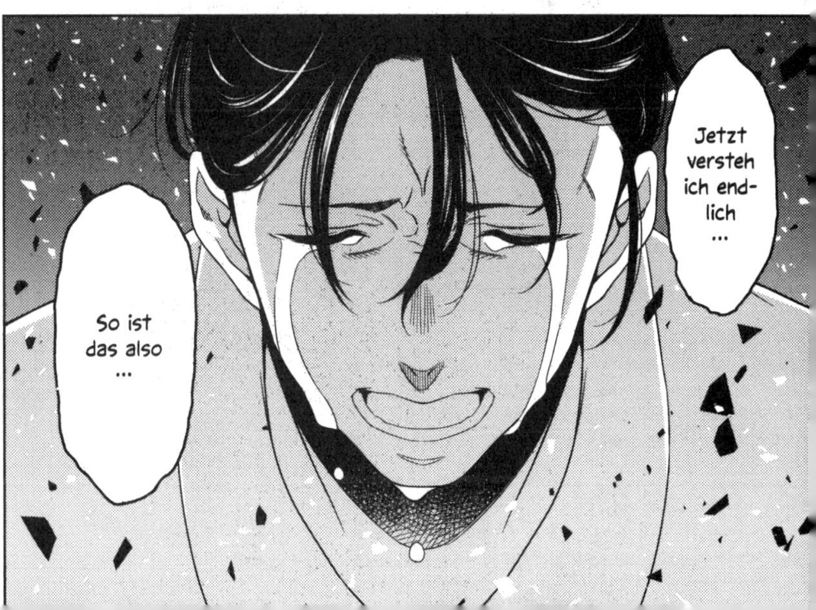

Jetzt versteh ich endlich ...

So ist das also ...

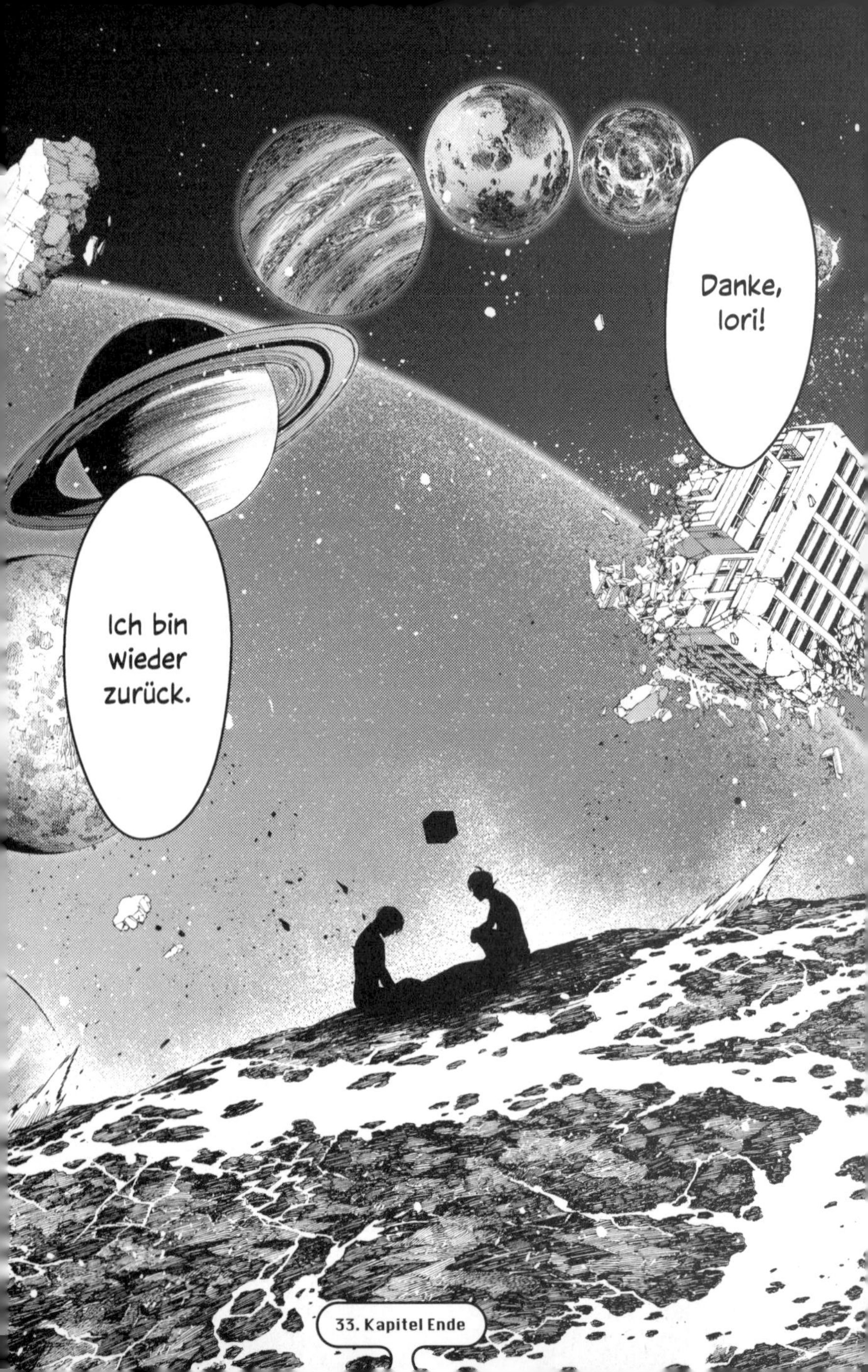
Danke, Iori!
Ich bin wieder zurück.
33. Kapitel Ende

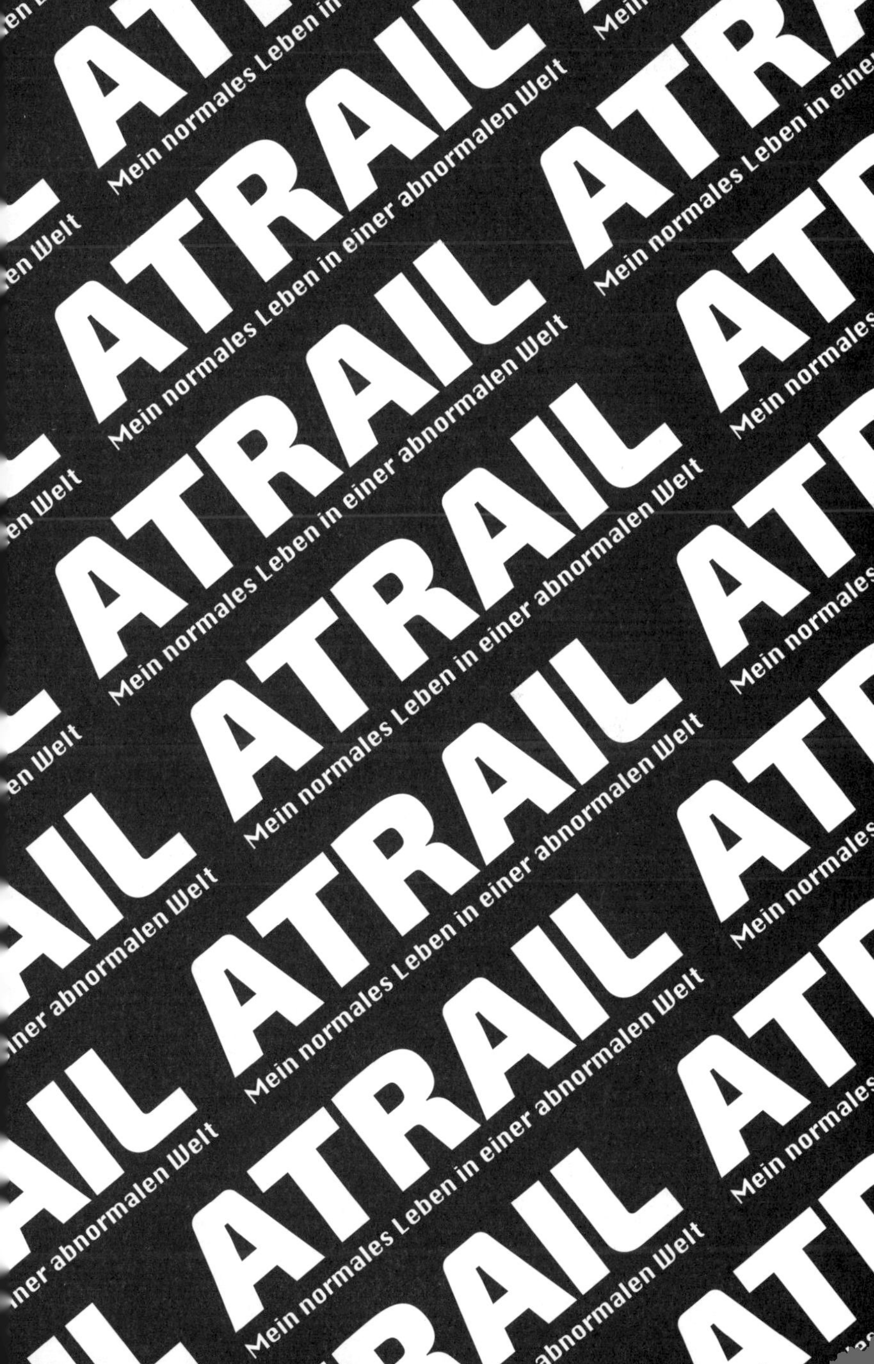
ATRAIL
Mein normales Leben in einer abnormalen Welt

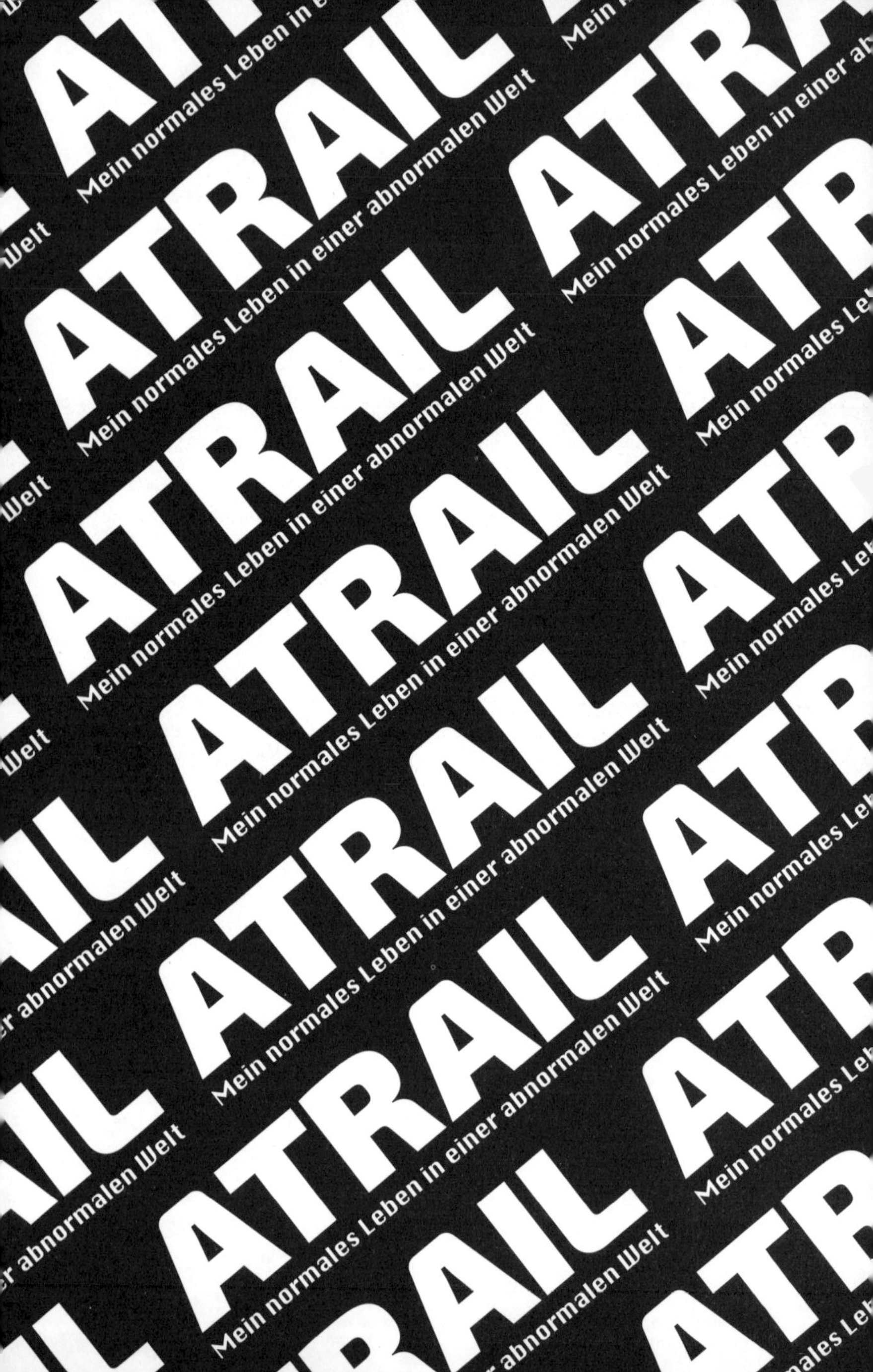
ATRAIL
Mein normales Leben in einer abnormalen Welt

34. Kapitel

Die Neuordnung der Welt

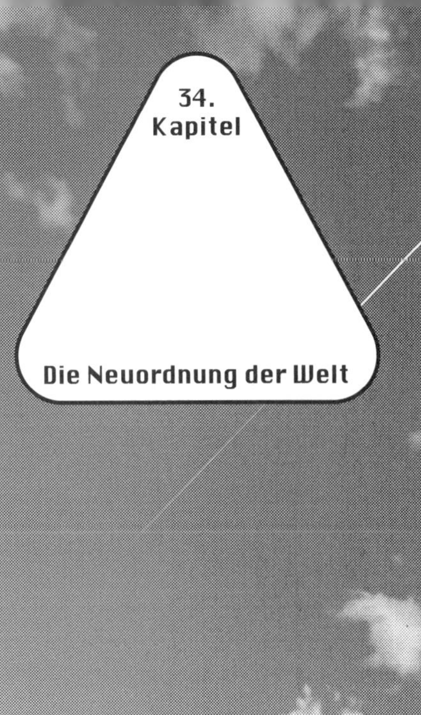

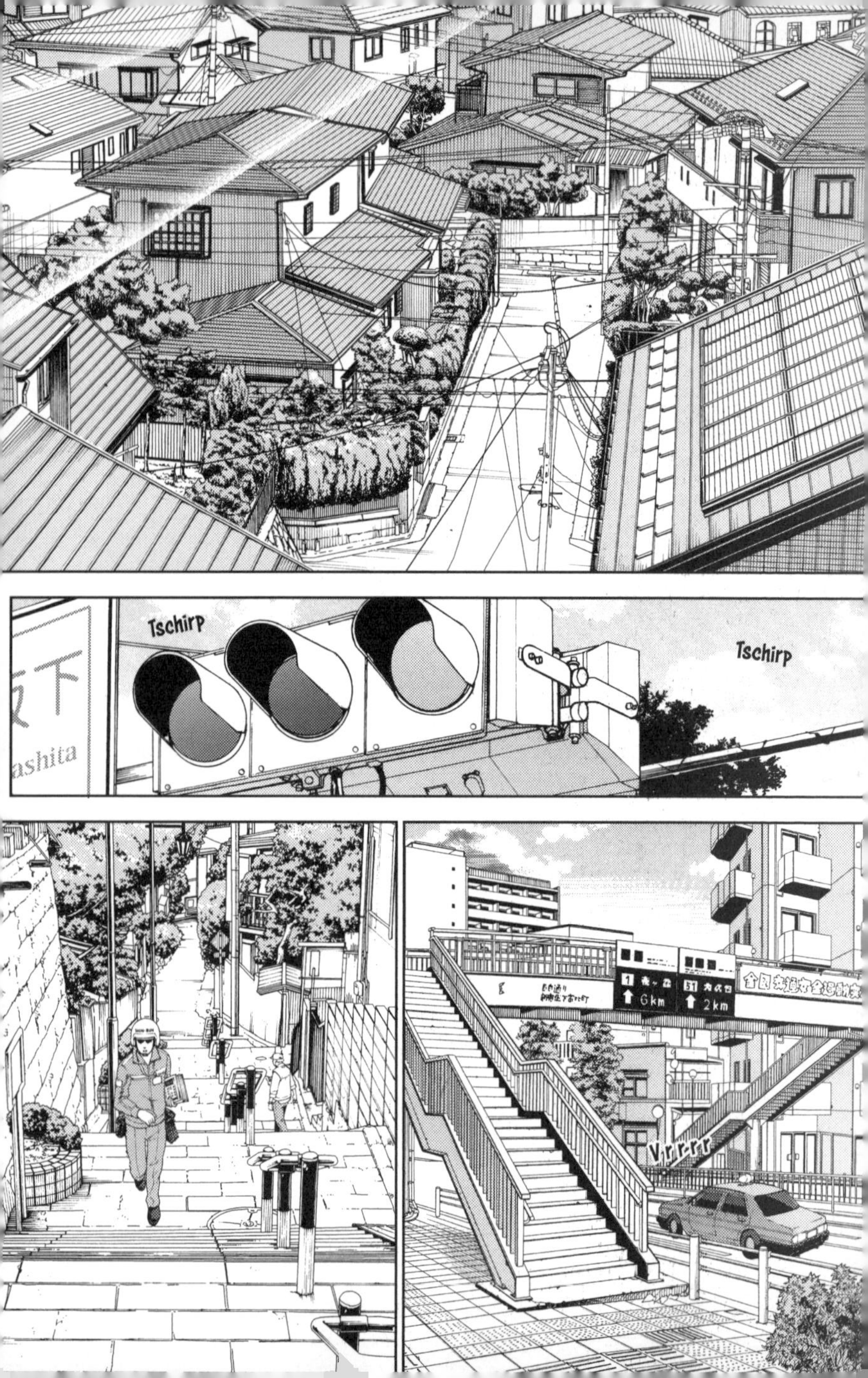

坂下
ashita
Tschirp
Tschirp

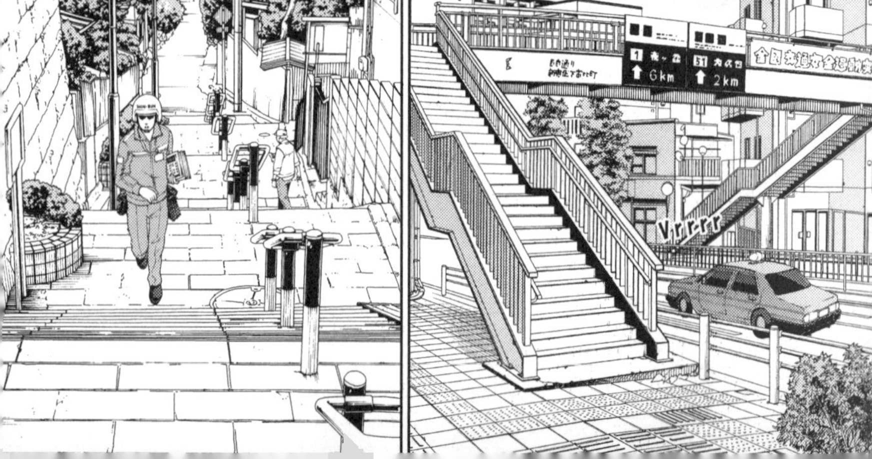
6km
2km
Vrrrr

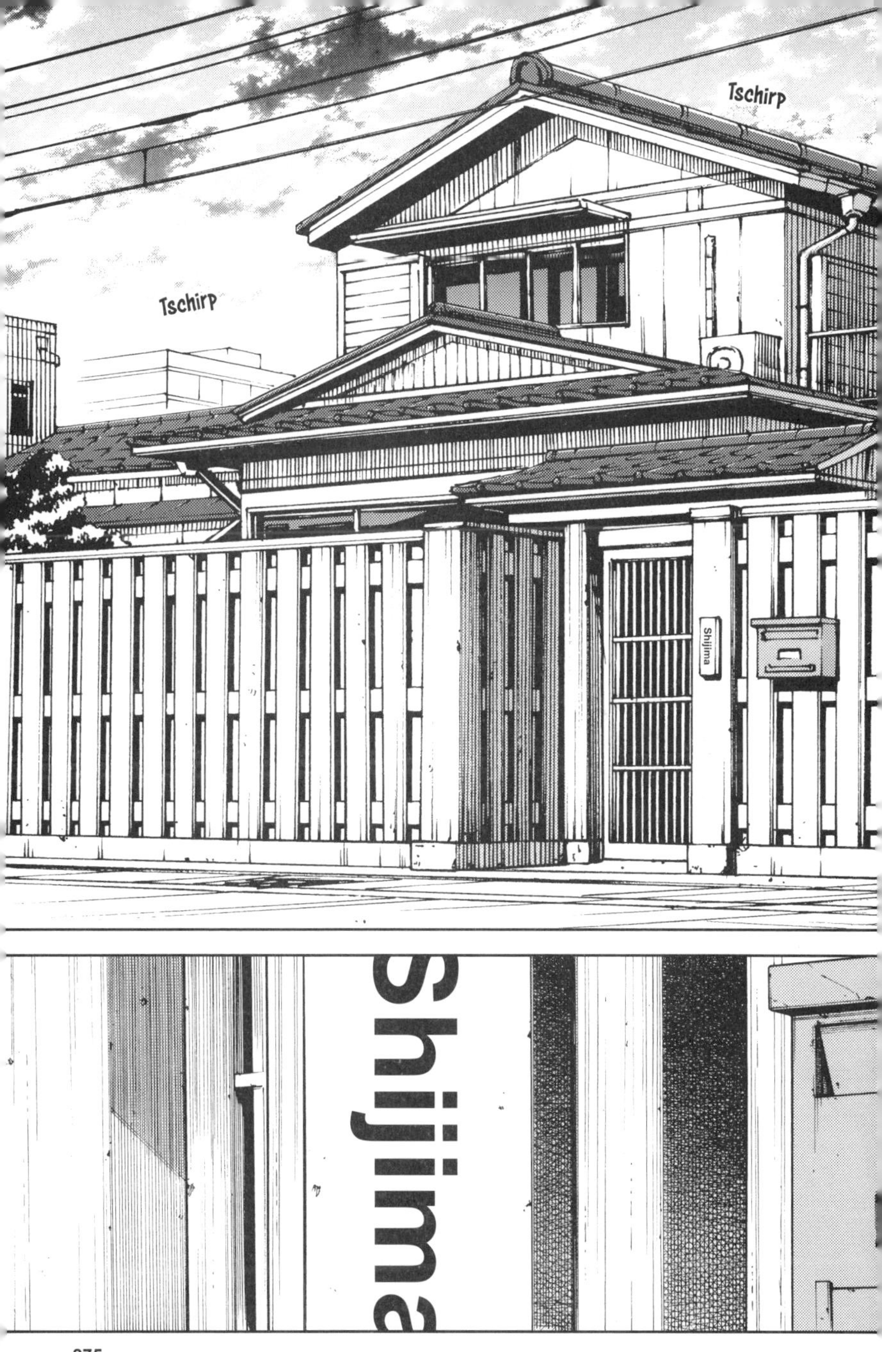
Tschirp
Tschirp
Shijima
Shijima

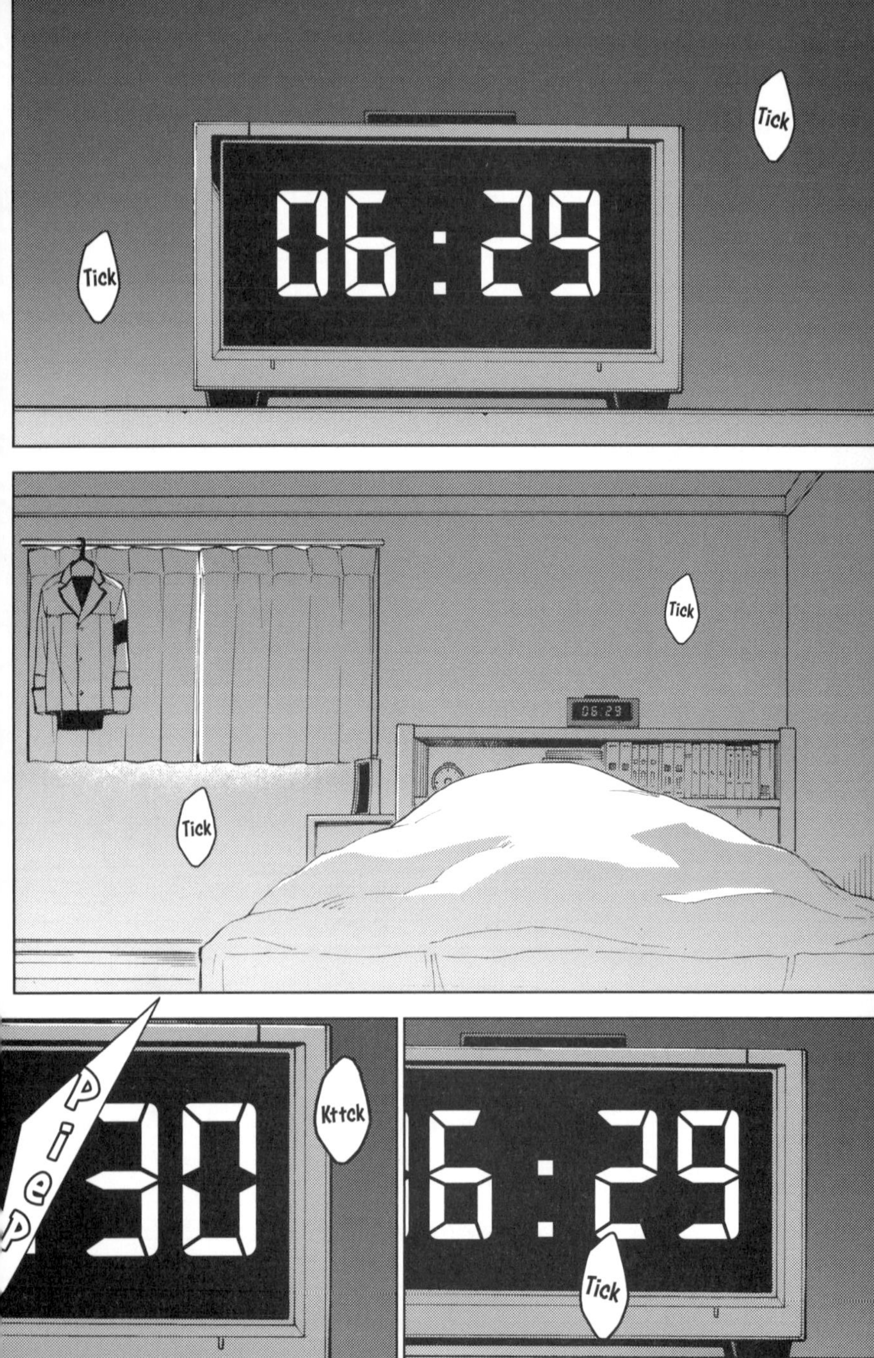
Tick
06:29
Tick
Tick
06:29
Tick
06:29
Tick
30
Kttck
Piep

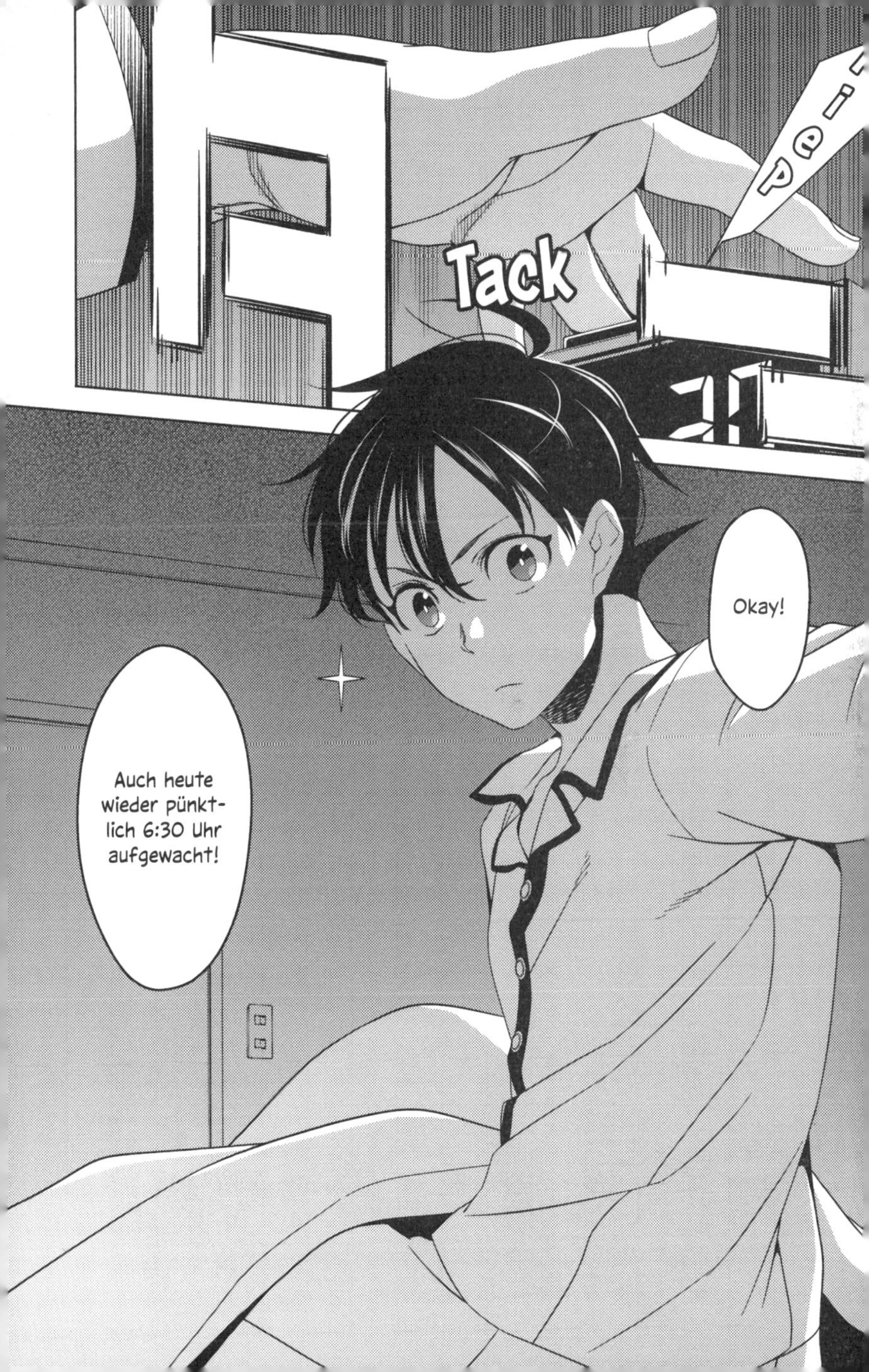
Tack
Okay!
Auch heute wieder pünktlich 6:30 Uhr aufgewacht!

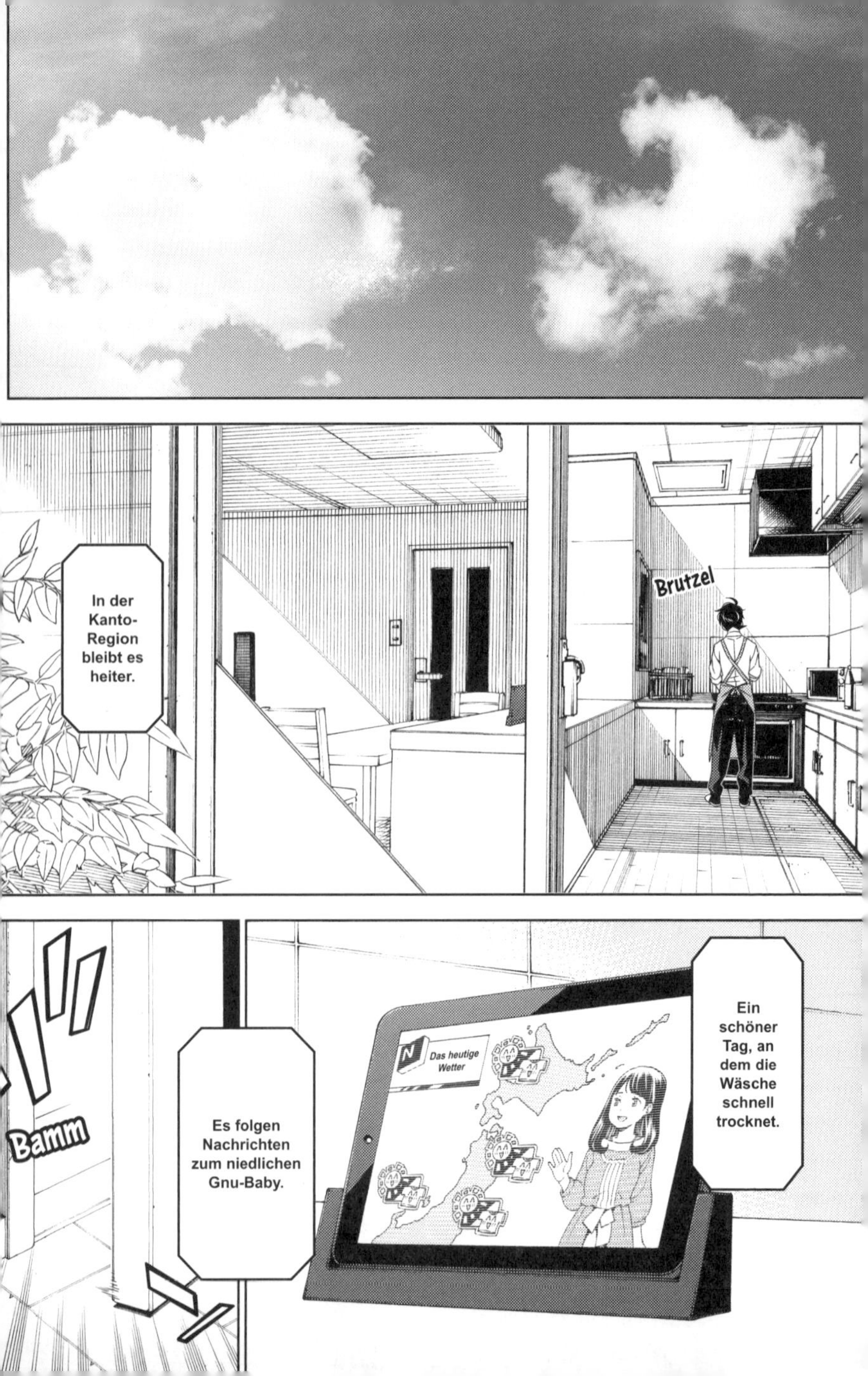

Brutzel

In der Kanto-Region bleibt es heiter.

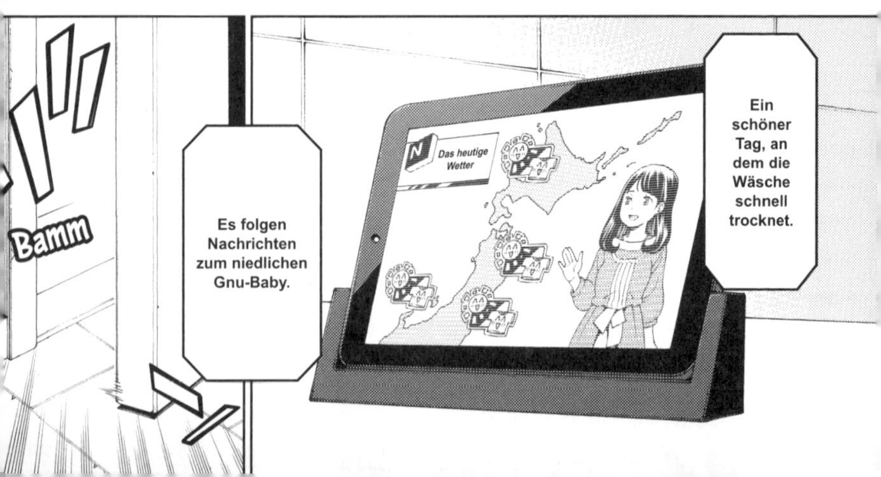

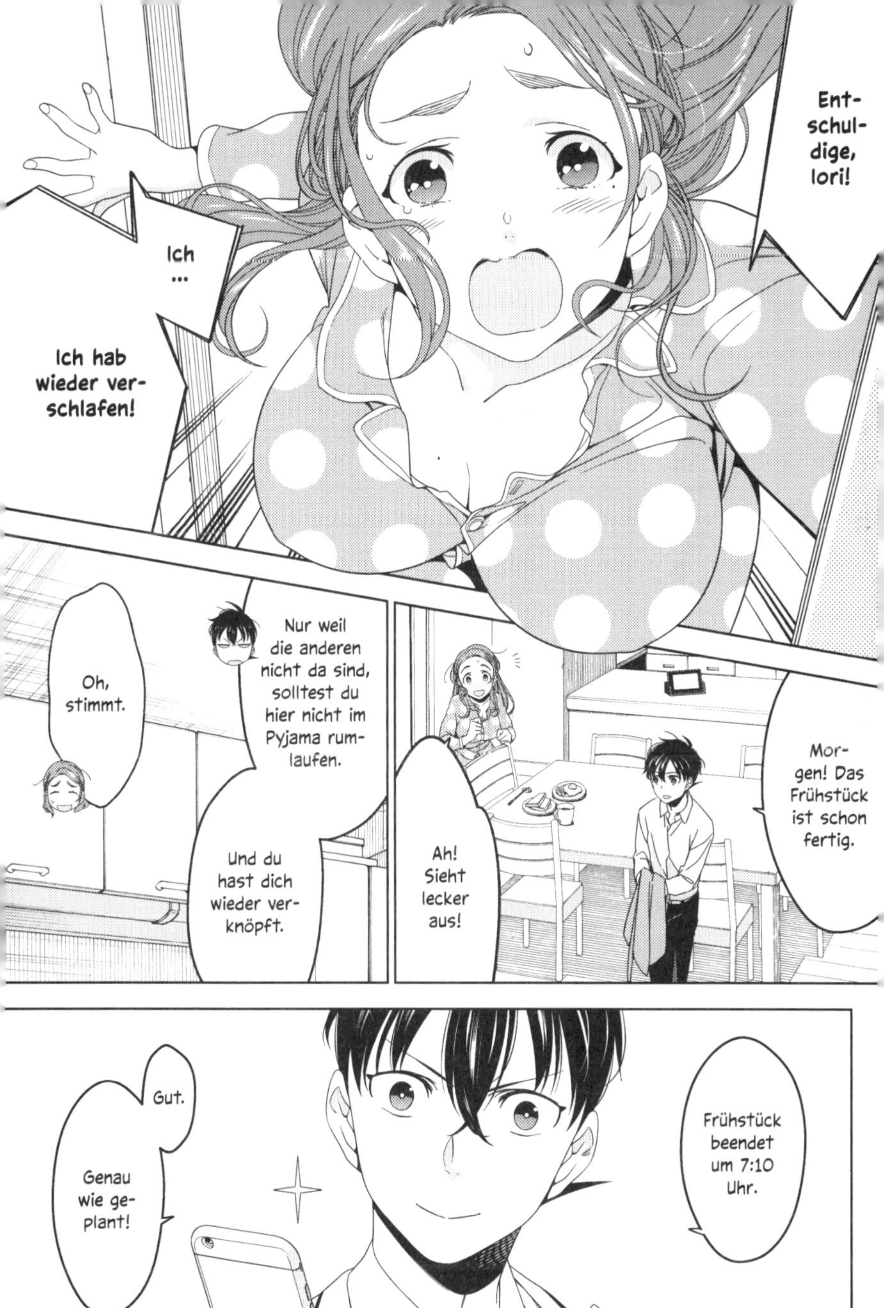
Entschuldige, Iori!
Ich ...
Ich hab wieder verschlafen!
Morgen! Das Frühstück ist schon fertig.
Ah! Sieht lecker aus!
Nur weil die anderen nicht da sind, solltest du hier nicht im Pyjama rumlaufen.
Oh, stimmt.
Und du hast dich wieder verknöpft.
Frühstück beendet um 7:10 Uhr.
Gut.
Genau wie geplant!

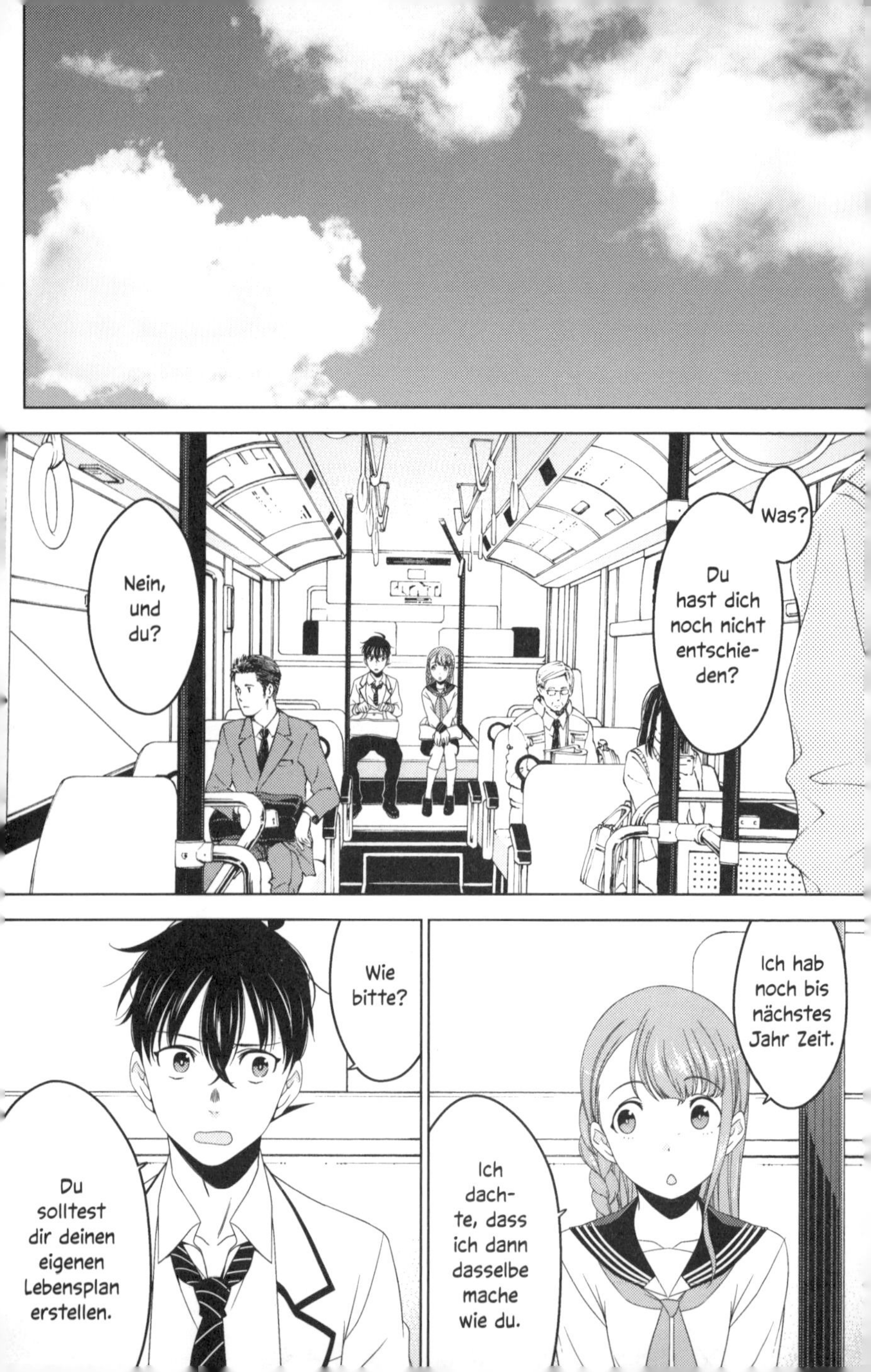

Was?
Du hast dich noch nicht entschieden?
Nein, und du?
Ich hab noch bis nächstes Jahr Zeit.
Ich dachte, dass ich dann dasselbe mache wie du.
Wie bitte?
Du solltest dir deinen eigenen Lebensplan erstellen.

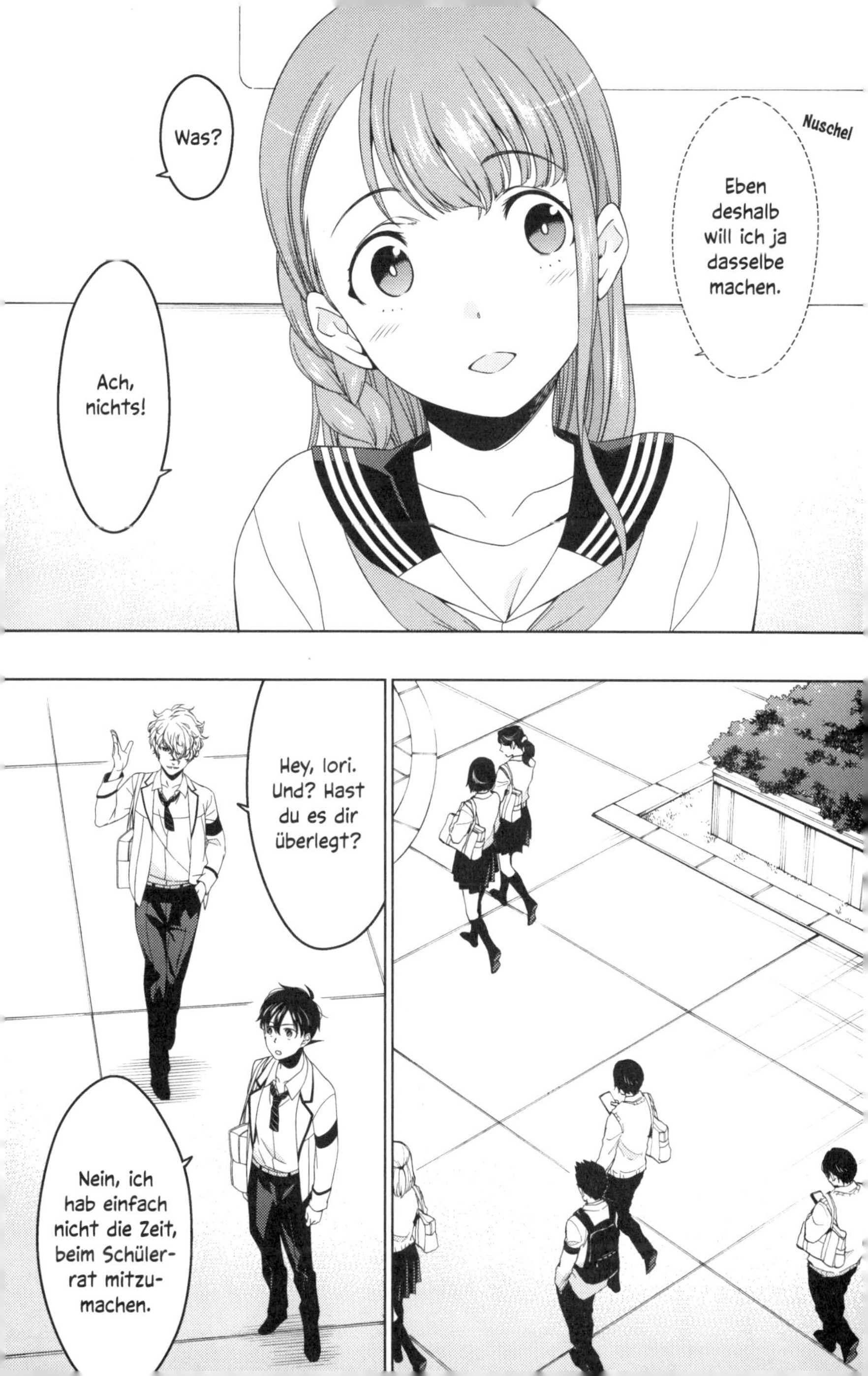

Nuschel

Eben deshalb will ich ja dasselbe machen.

Was?

Ach, nichts!

Hey, Iori. Und? Hast du es dir überlegt?

Nein, ich hab einfach nicht die Zeit, beim Schülerrat mitzumachen.

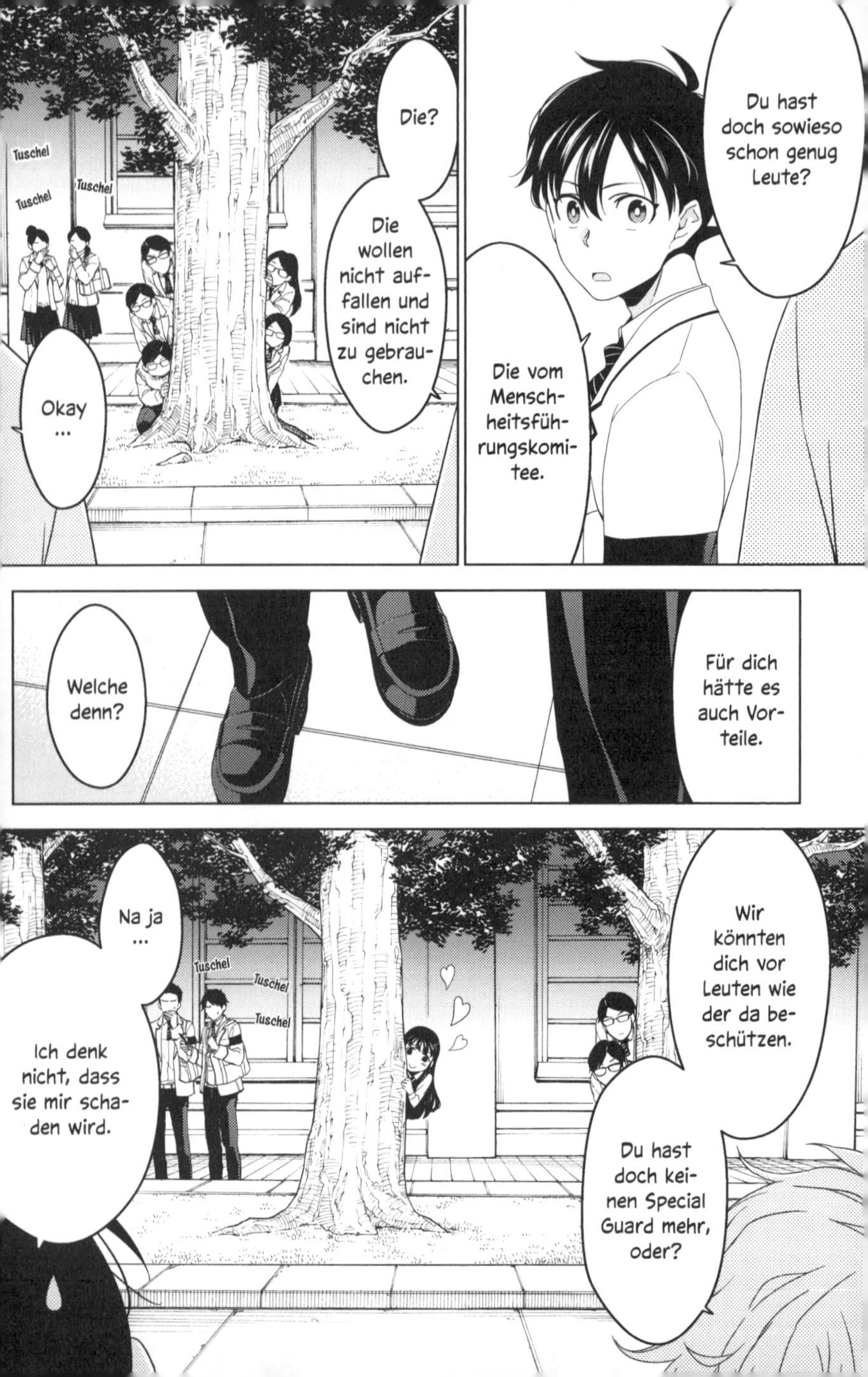

Du hast doch sowieso schon genug Leute?

Die vom Menschheitsführungskomitee.

Die?

Die wollen nicht auffallen und sind nicht zu gebrauchen.

Tuschel

Tuschel

Tuschel

Okay ...

Für dich hätte es auch Vorteile.

Welche denn?

Wir könnten dich vor Leuten wie der da beschützen.

Du hast doch keinen Special Guard mehr, oder?

Tuschel

Tuschel

Tuschel

Na ja ...

Ich denk nicht, dass sie mir schaden wird.

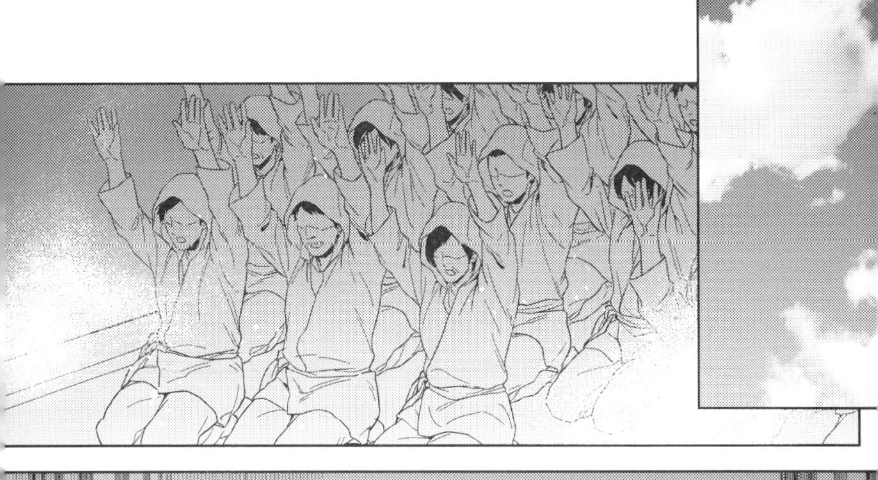

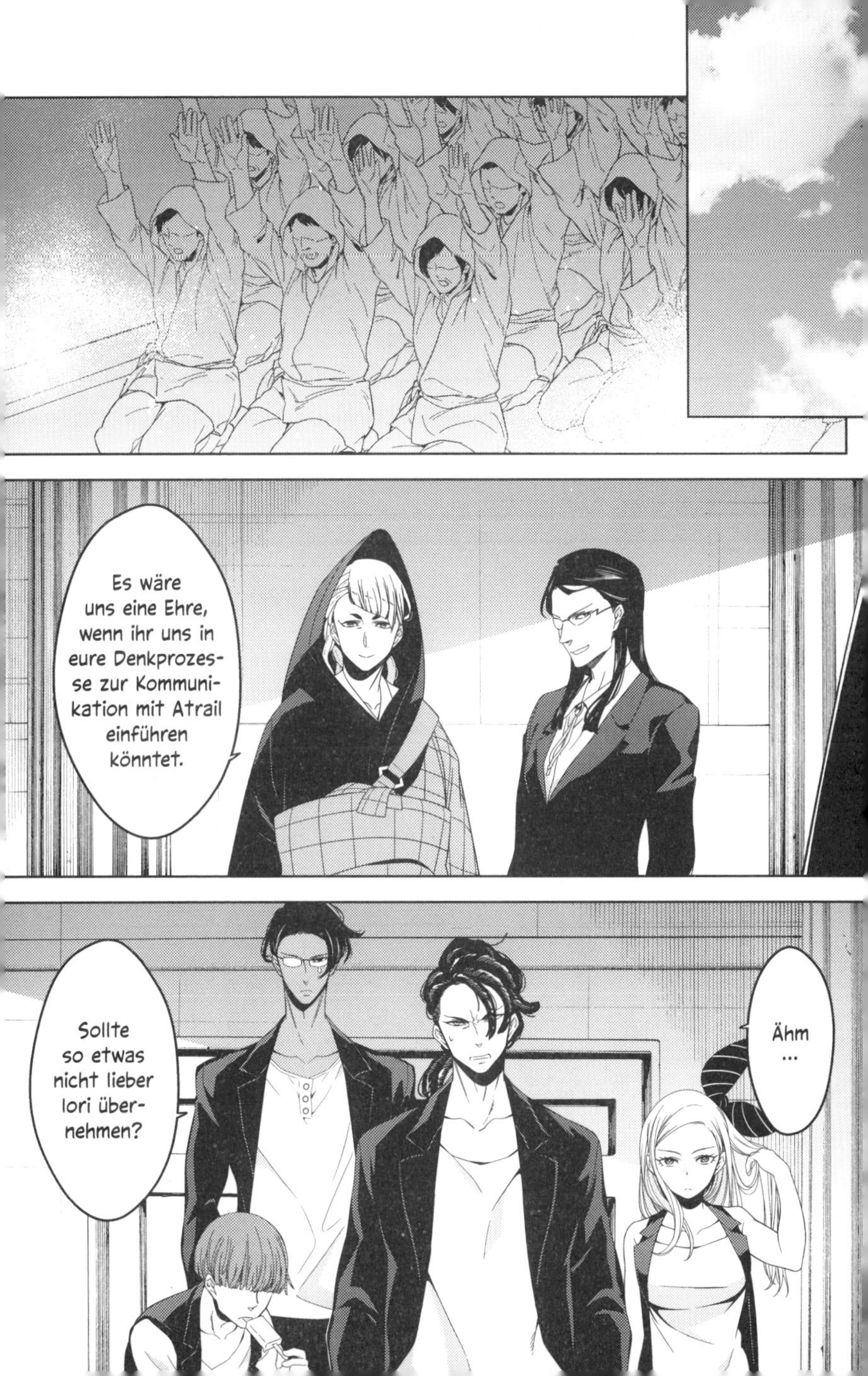

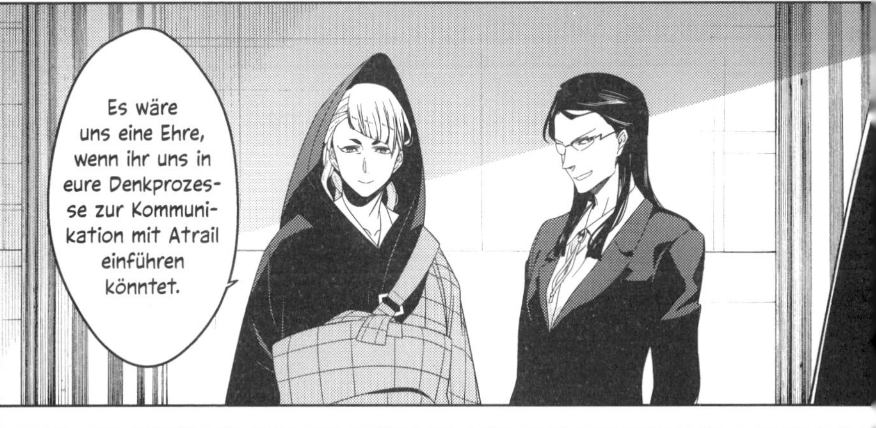

Ähm ...

Sollte so etwas nicht lieber Iori übernehmen?

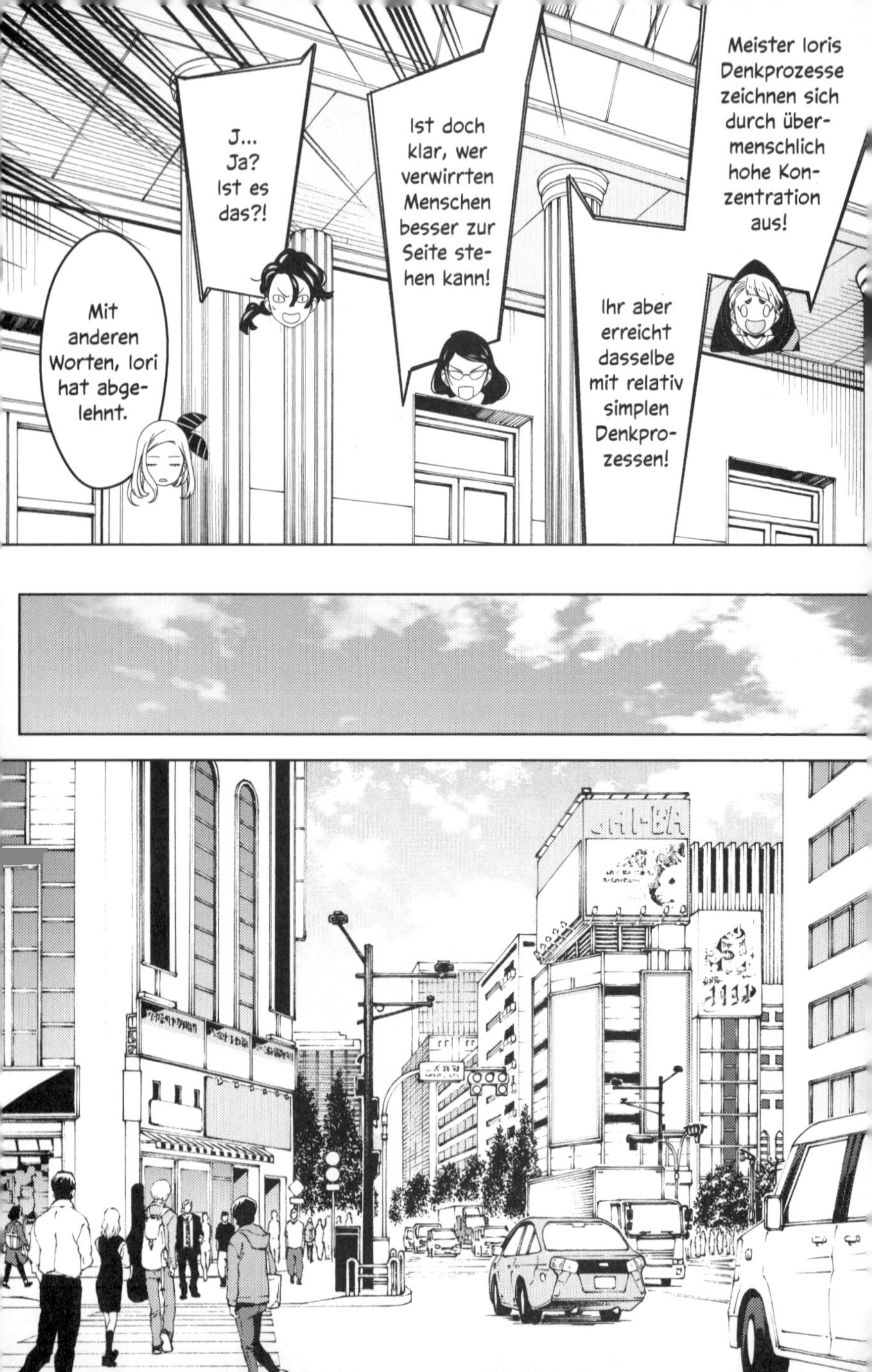
Meister Ioris Denkprozesse zeichnen sich durch übermenschlich hohe Konzentration aus!
Ihr aber erreicht dasselbe mit relativ simplen Denkprozessen!
Ist doch klar, wer verwirrten Menschen besser zur Seite stehen kann!
J... Ja? Ist es das?!
Mit anderen Worten, Iori hat abgelehnt.

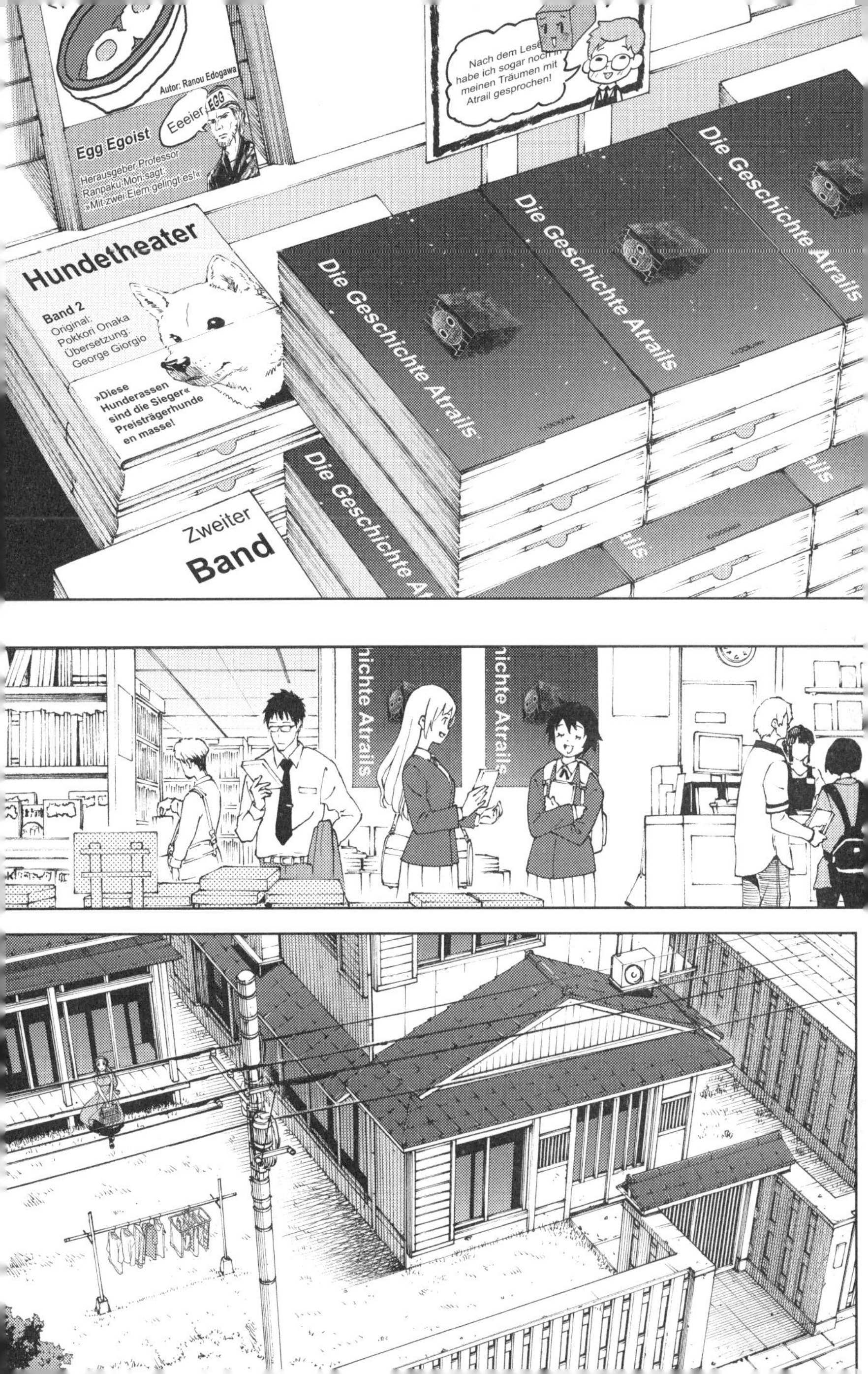

Autor: Ranou Edogawa
Egg Egoist
Eeeier
EGG
Herausgeber: Professor Ranpaku Mon sagt: »Mit zwei Eiern gelingt es!«

Nach dem Lese habe ich sogar noch in meinen Träumen mit Atrail gesprochen!

Hundetheater
Band 2
Original: Pokkori Onaka
Übersetzung: George Giorgio
»Diese Hunderassen sind die Sieger« Preisträgerhunde en masse!

Die Geschichte Atrails
Die Geschichte Atrails
Die Geschichte Atrails

Zweiter Band

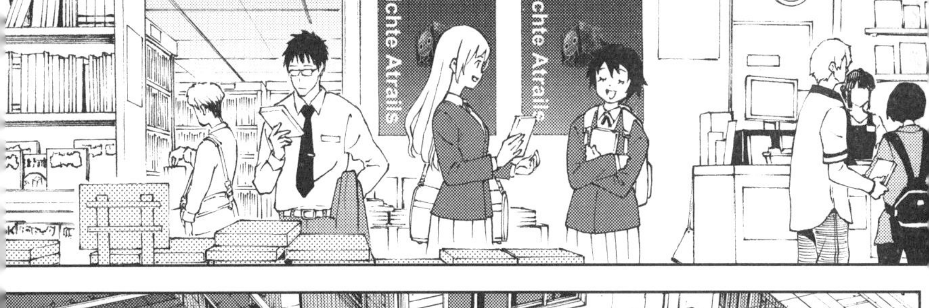

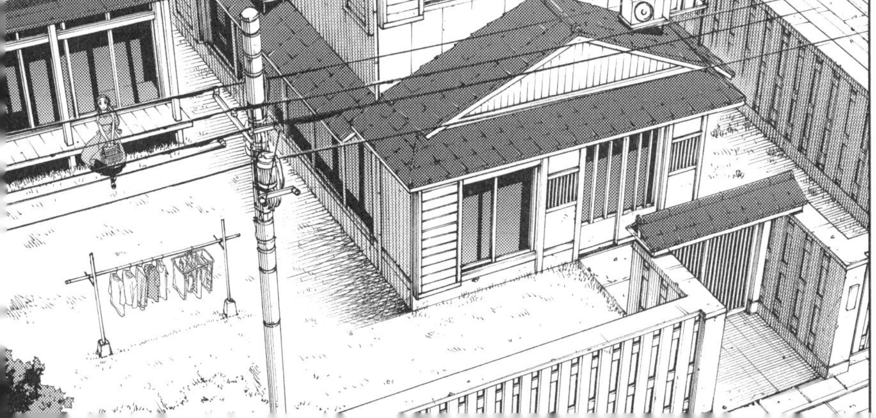

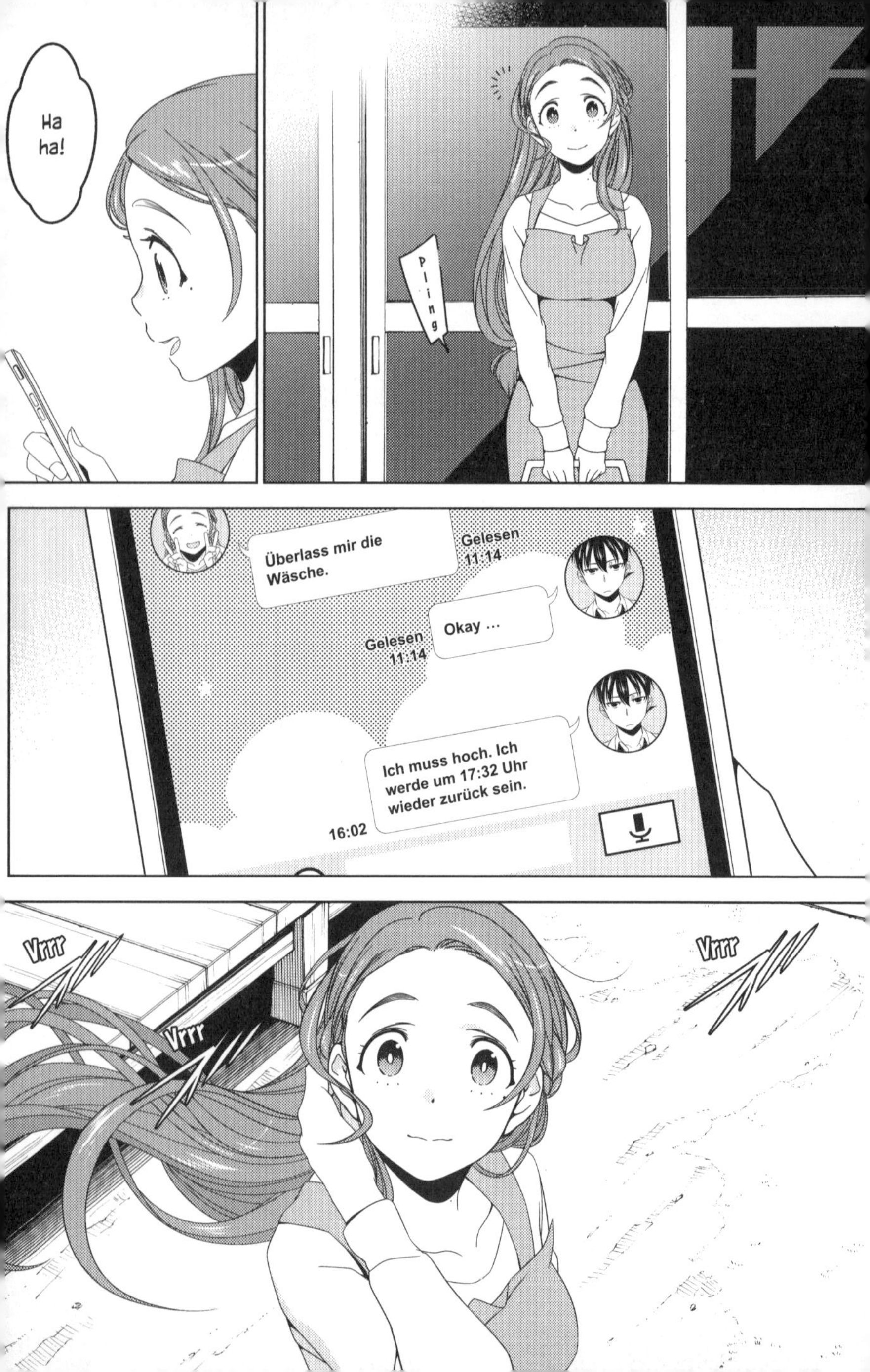

Ha ha!
Pling
Überlass mir die Wäsche.
Gelesen 11:14
Okay …
Gelesen 11:14
Ich muss hoch. Ich werde um 17:32 Uhr wieder zurück sein.
16:02
Vrrr
Vrrr
Vrrr

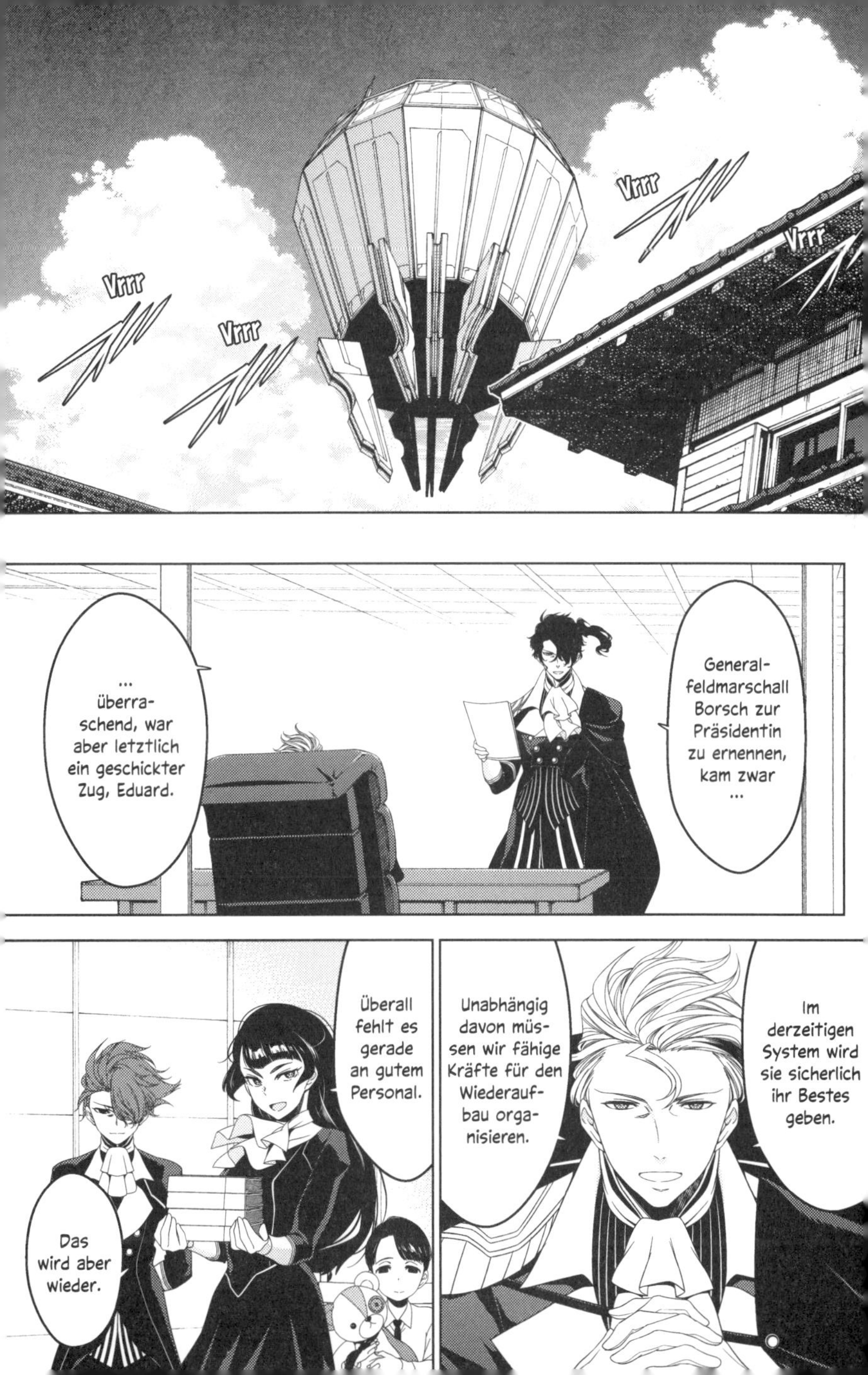

Vrrr
Vrrr
Vrrr
Vrrr

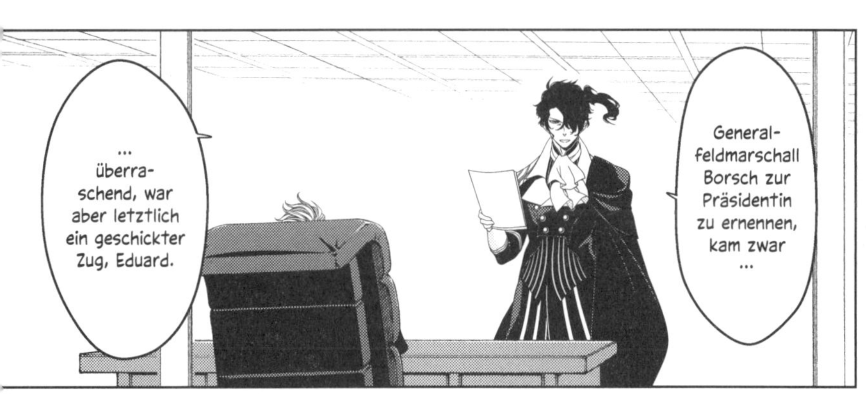

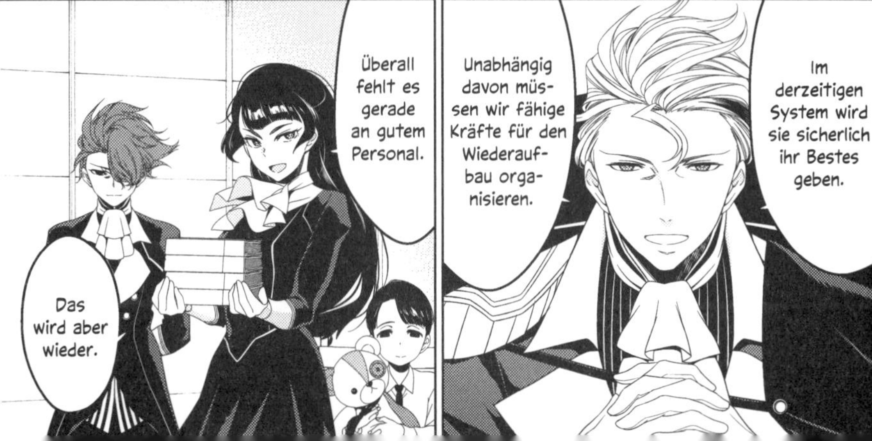

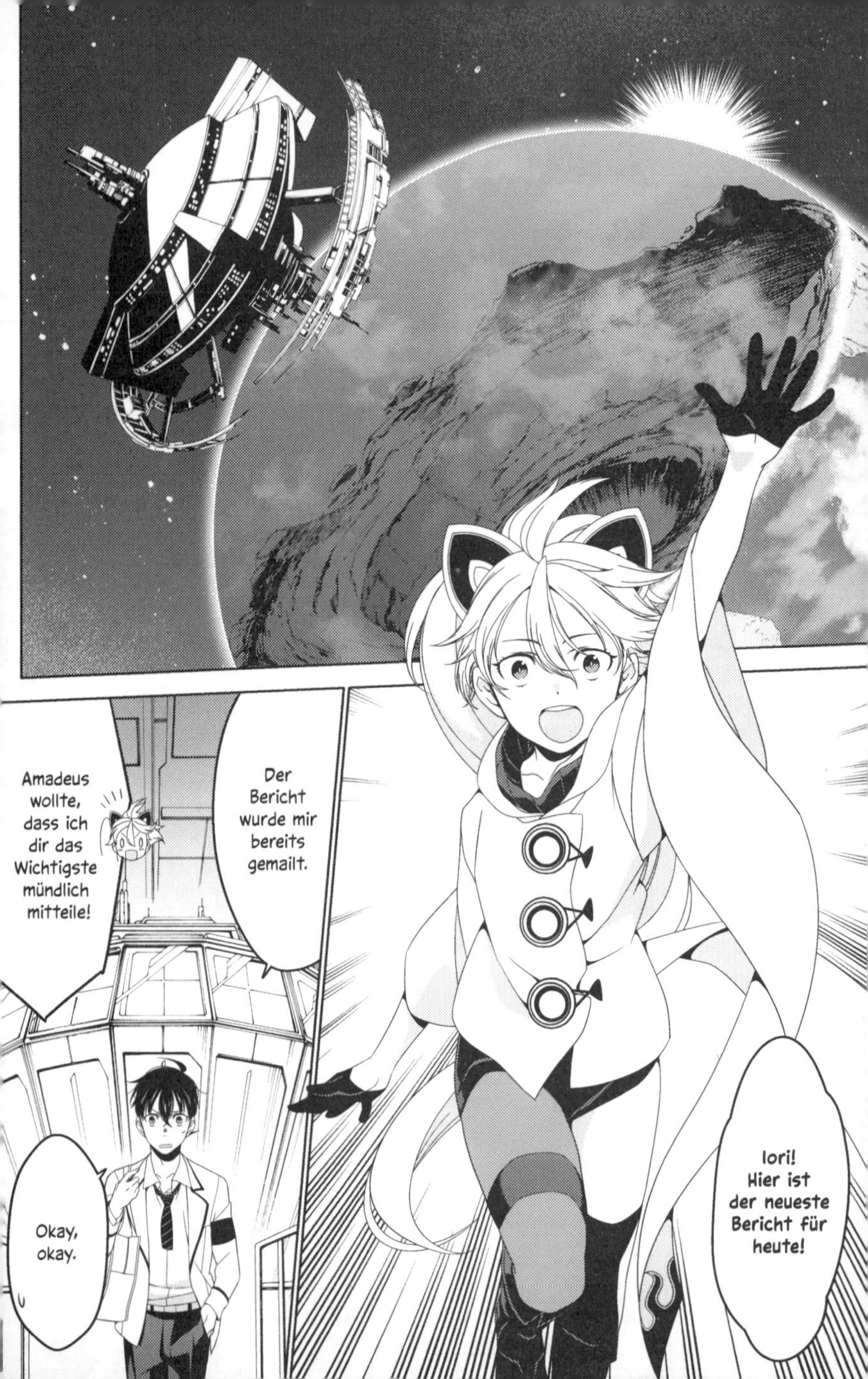

Iori! Hier ist der neueste Bericht für heute!
Der Bericht wurde mir bereits gemailt.
Amadeus wollte, dass ich dir das Wichtigste mündlich mitteile!
Okay, okay.

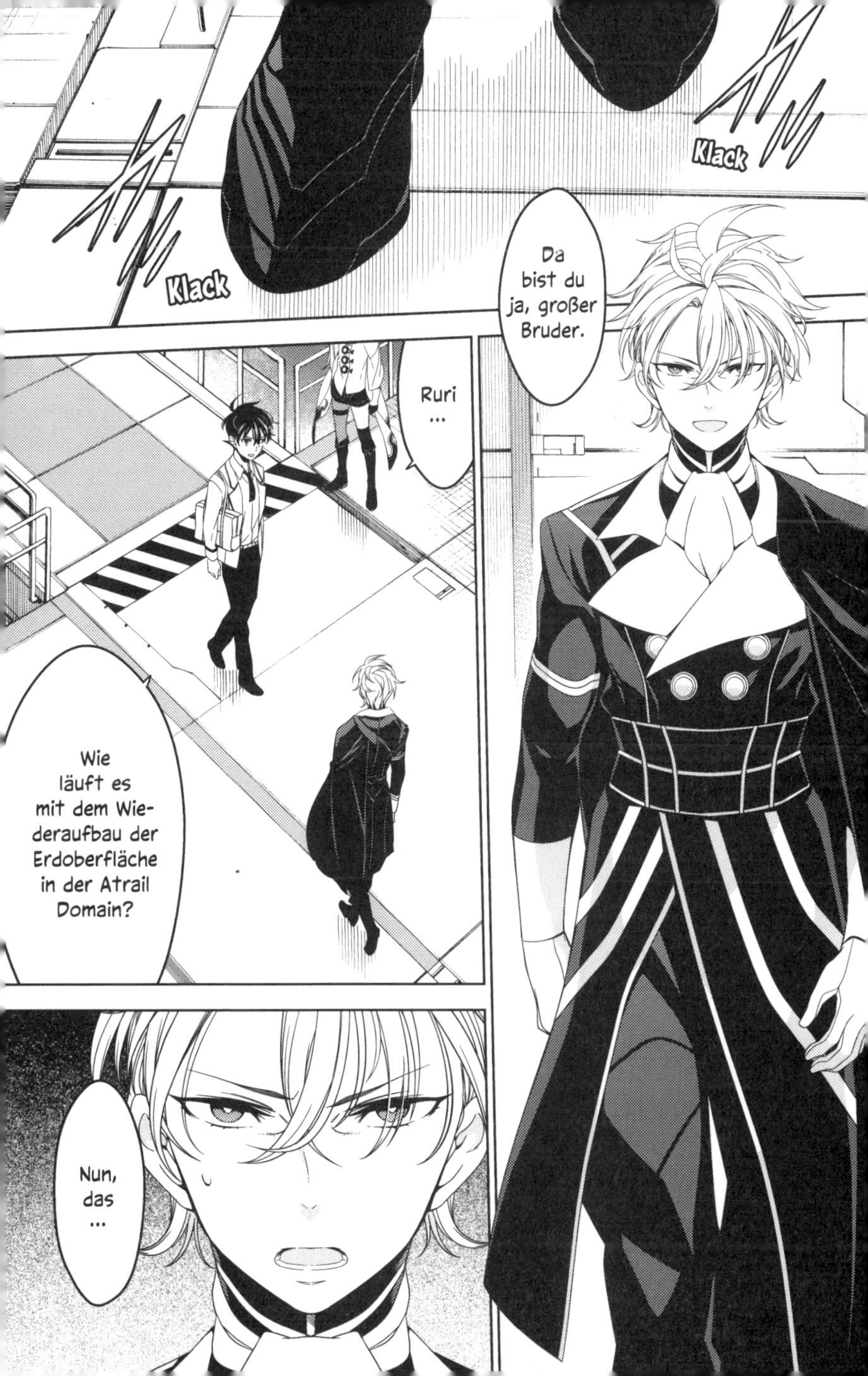
Klack
Klack
Da bist du ja, großer Bruder.
Ruri ...
Wie läuft es mit dem Wiederaufbau der Erdoberfläche in der Atrail Domain?
Nun, das ...

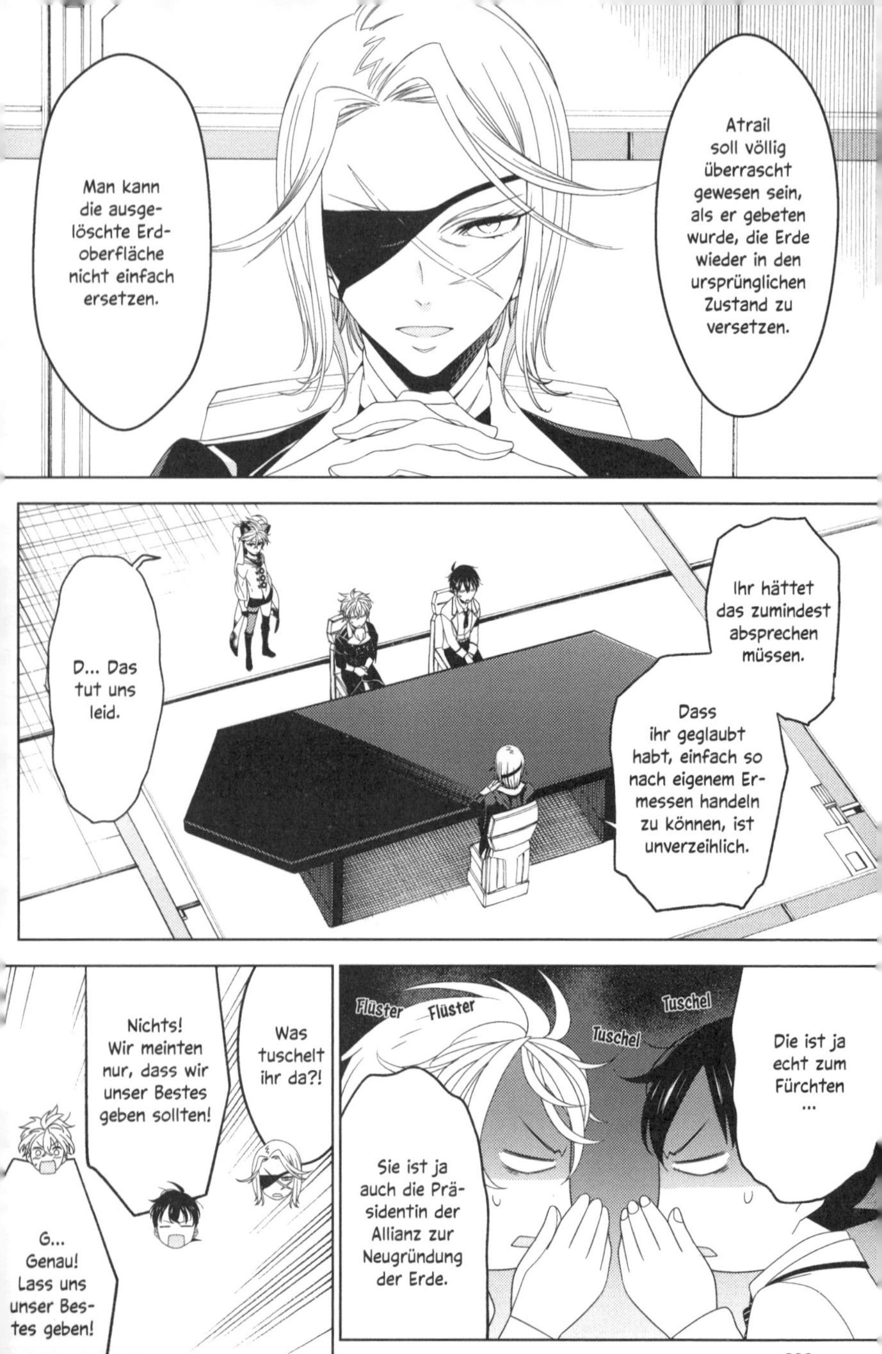

Atrail soll völlig überrascht gewesen sein, als er gebeten wurde, die Erde wieder in den ursprünglichen Zustand zu versetzen.

Man kann die ausgelöschte Erdoberfläche nicht einfach ersetzen.

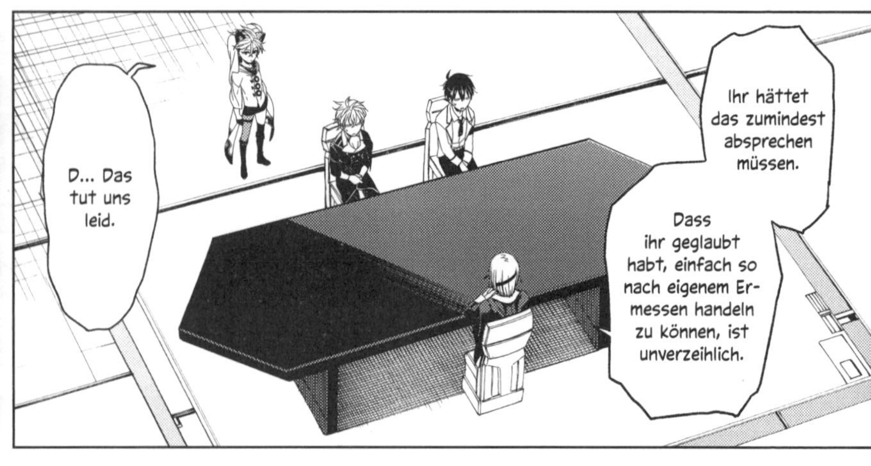

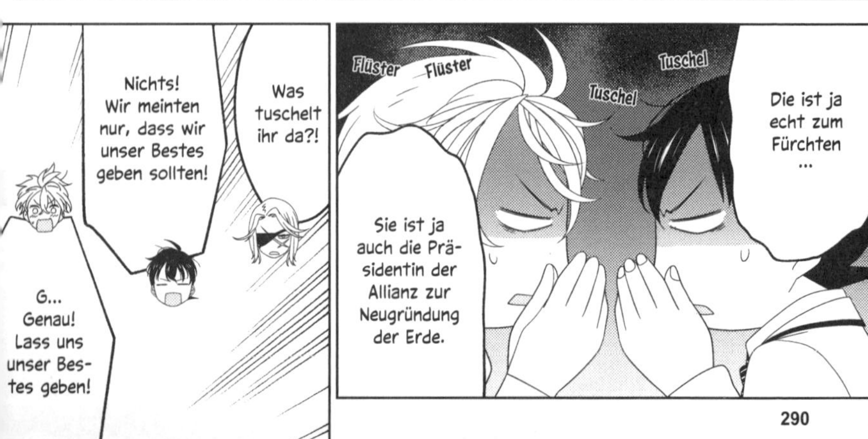

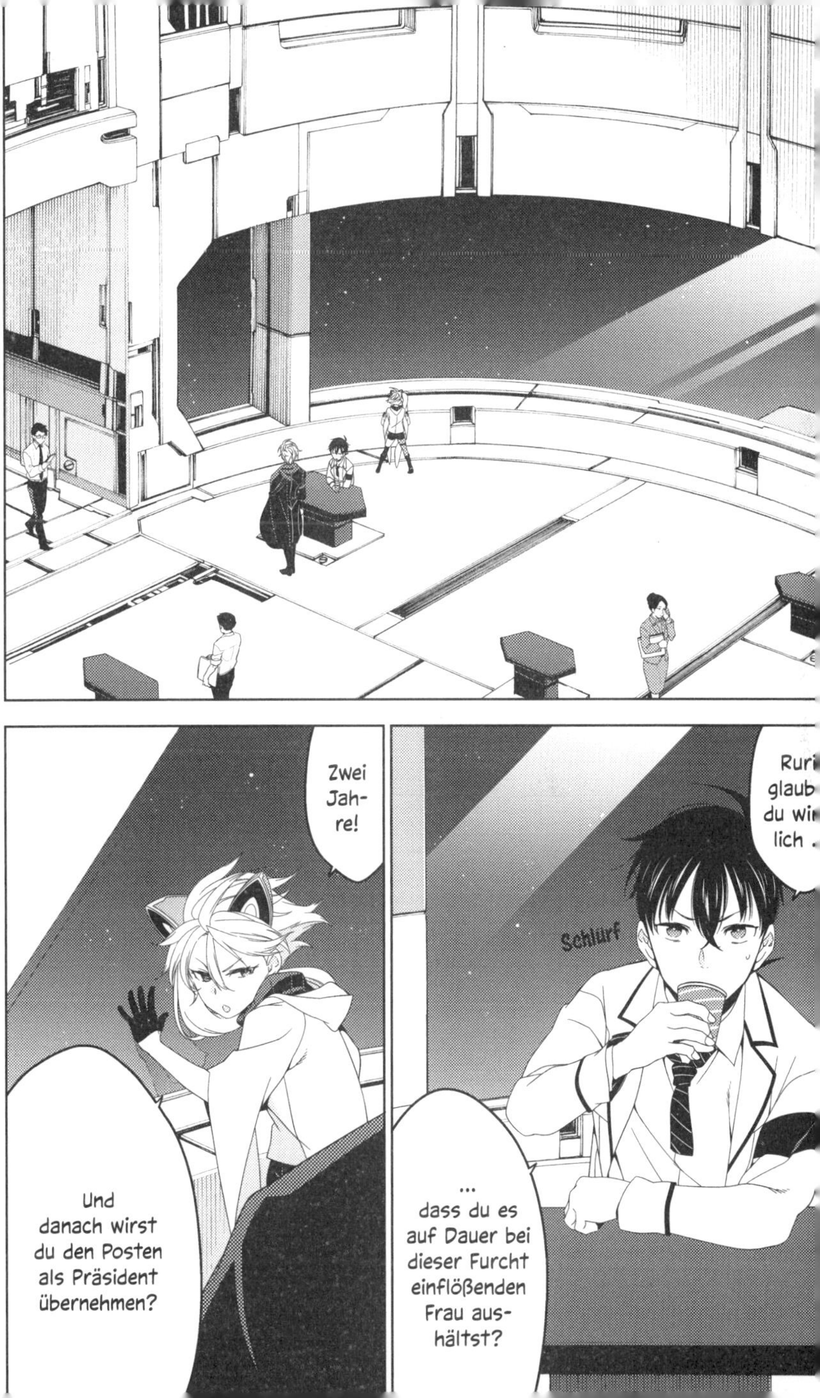

Ruri glaub du wi lich …

Schlürf

… dass du es auf Dauer bei dieser Furcht einflößenden Frau aushältst?

Zwei Jahre!

Und danach wirst du den Posten als Präsident übernehmen?

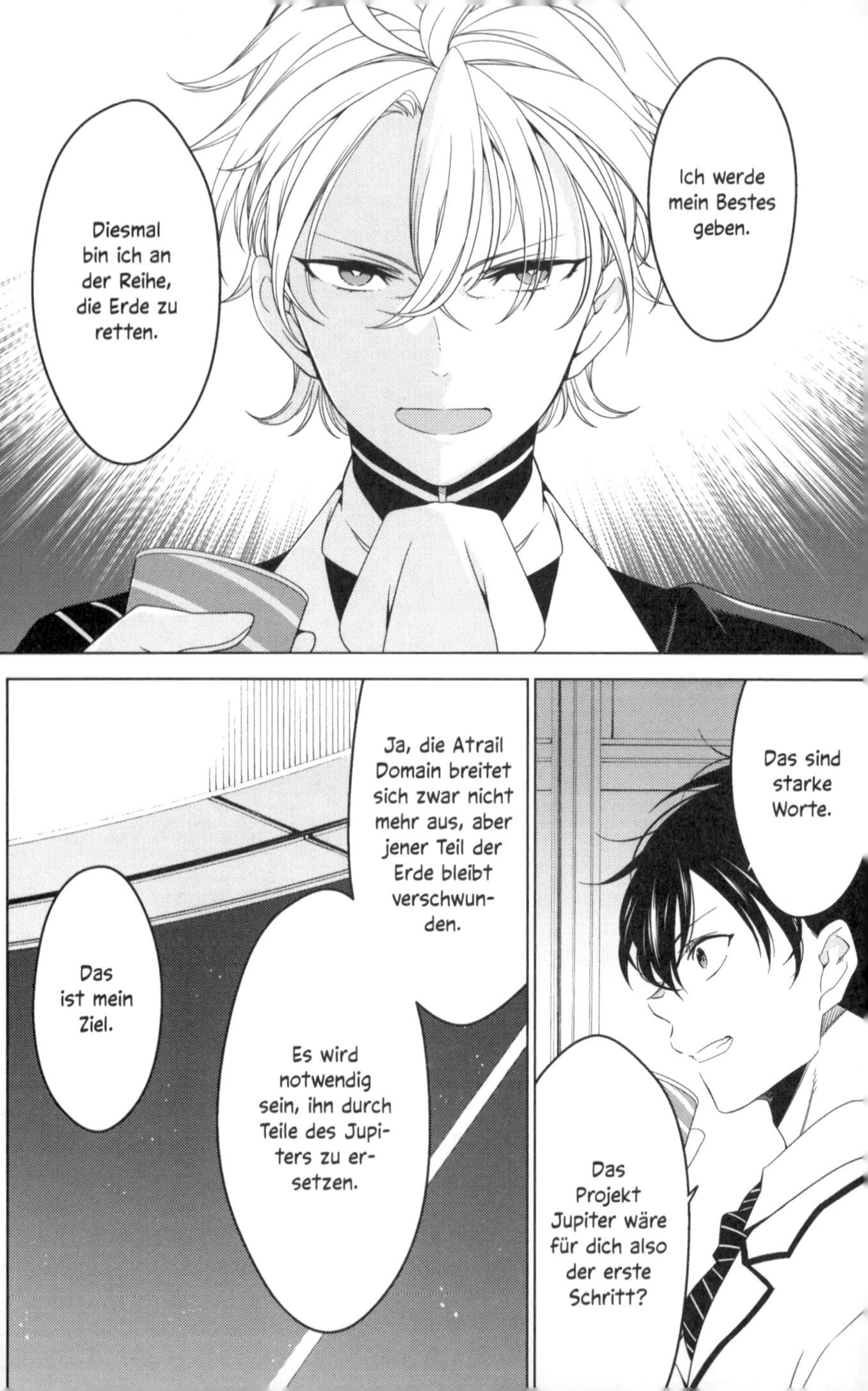

Ich werde mein Bestes geben.

Diesmal bin ich an der Reihe, die Erde zu retten.

Das sind starke Worte.

Das Projekt Jupiter wäre für dich also der erste Schritt?

Ja, die Atrail Domain breitet sich zwar nicht mehr aus, aber jener Teil der Erde bleibt verschwunden.

Es wird notwendig sein, ihn durch Teile des Jupiters zu ersetzen.

Das ist mein Ziel.

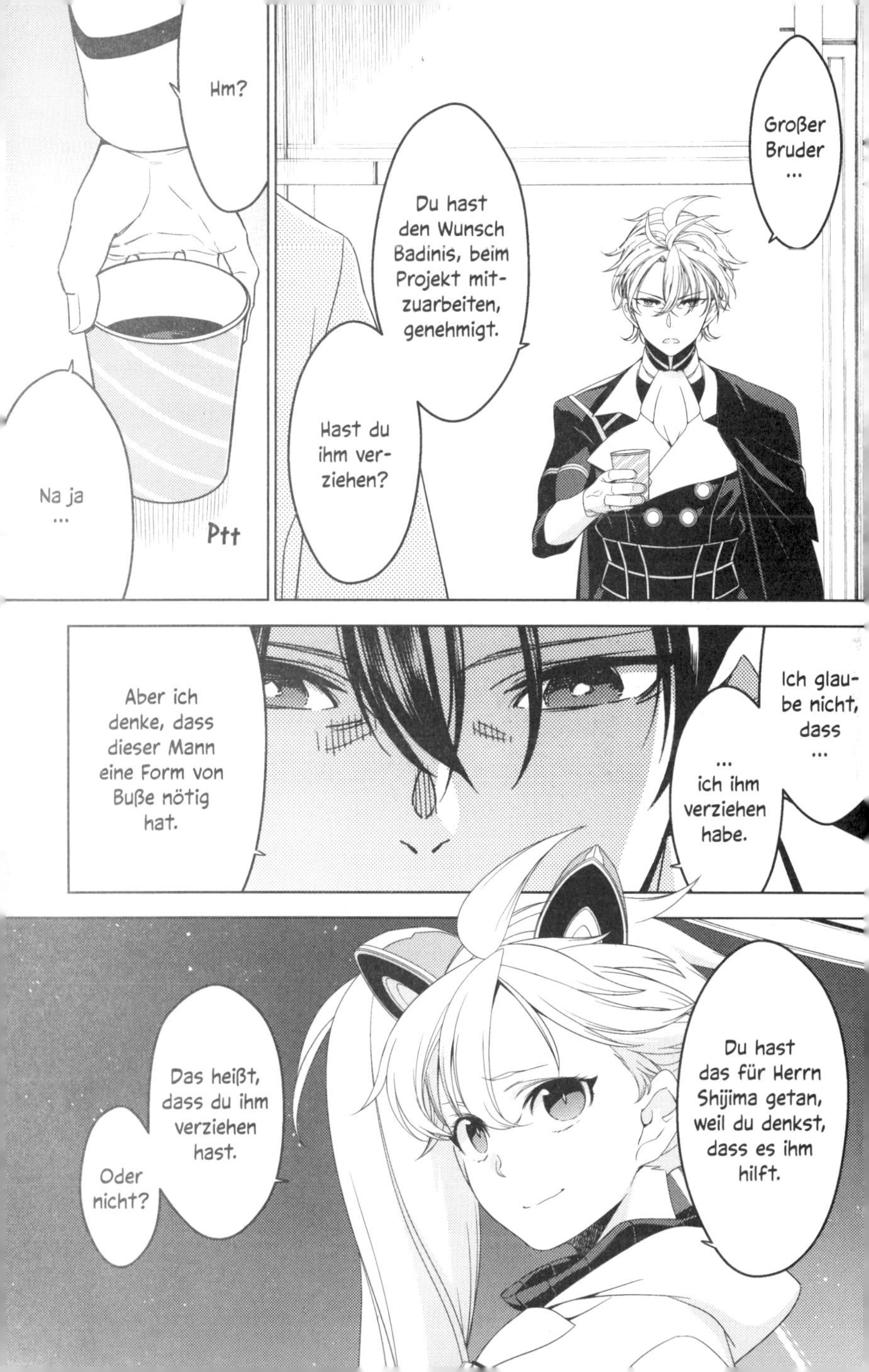

Großer Bruder ...
Du hast den Wunsch Badinis, beim Projekt mitzuarbeiten, genehmigt.
Hast du ihm verziehen?
Hm?
Na ja ...
Ptt
Ich glaube nicht, dass ...
... ich ihm verziehen habe.
Aber ich denke, dass dieser Mann eine Form von Buße nötig hat.
Du hast das für Herrn Shijima getan, weil du denkst, dass es ihm hilft.
Das heißt, dass du ihm verziehen hast.
Oder nicht?

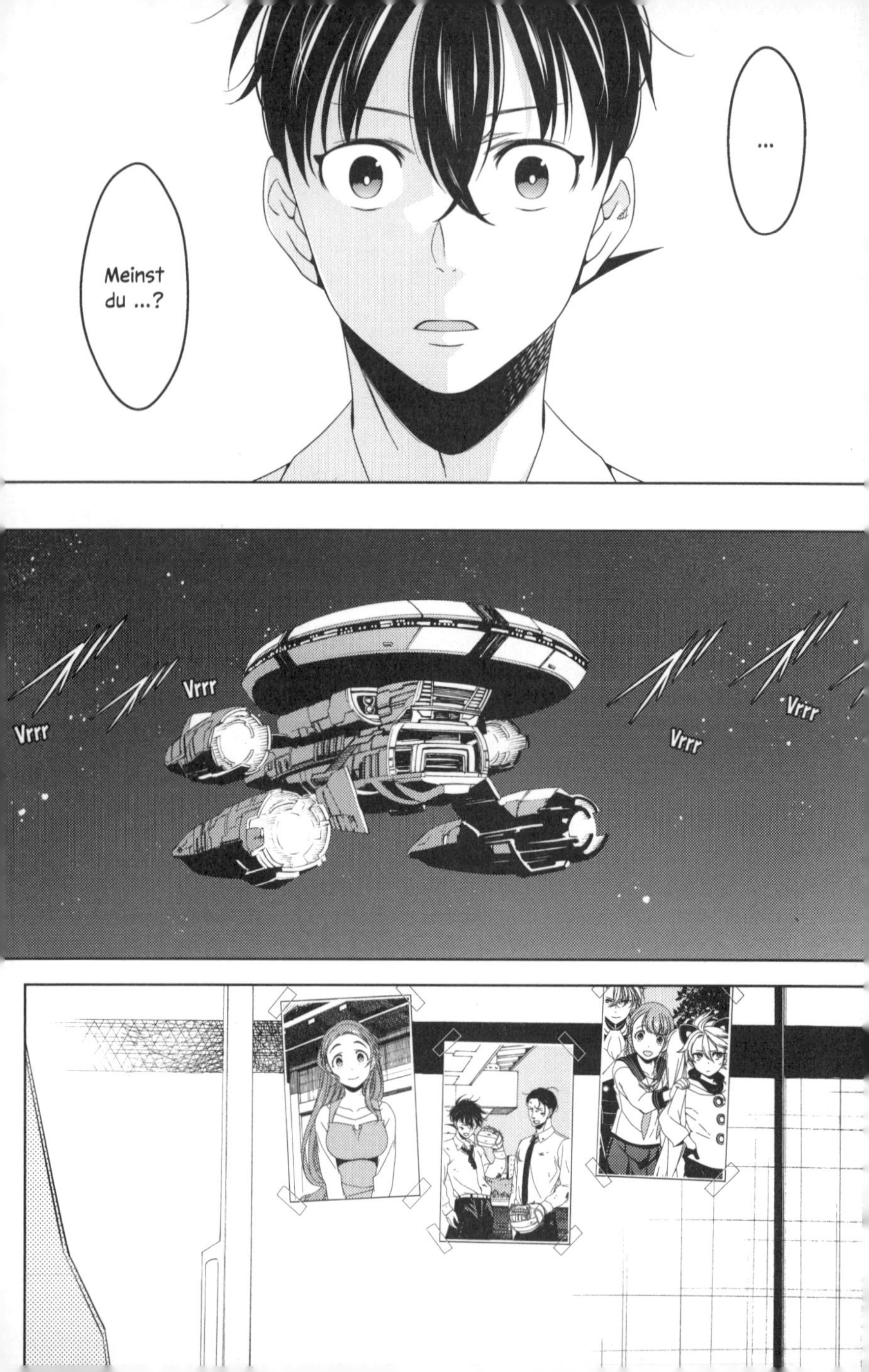

...

Meinst du ...?

Vrrr

Vrrr

Vrrr

Vrrr

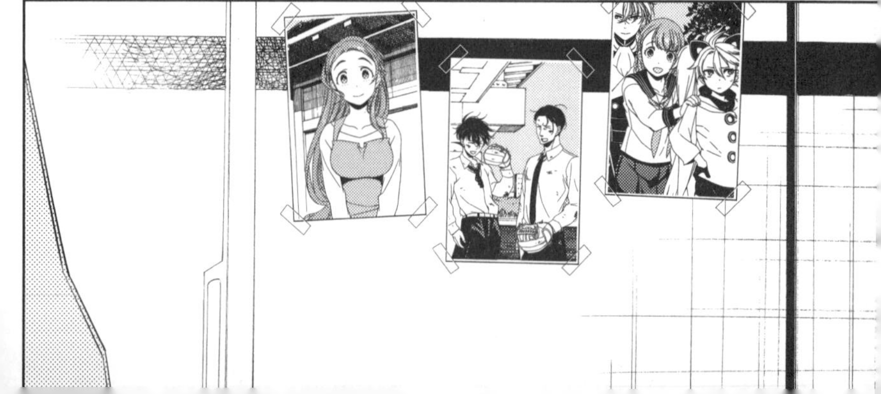

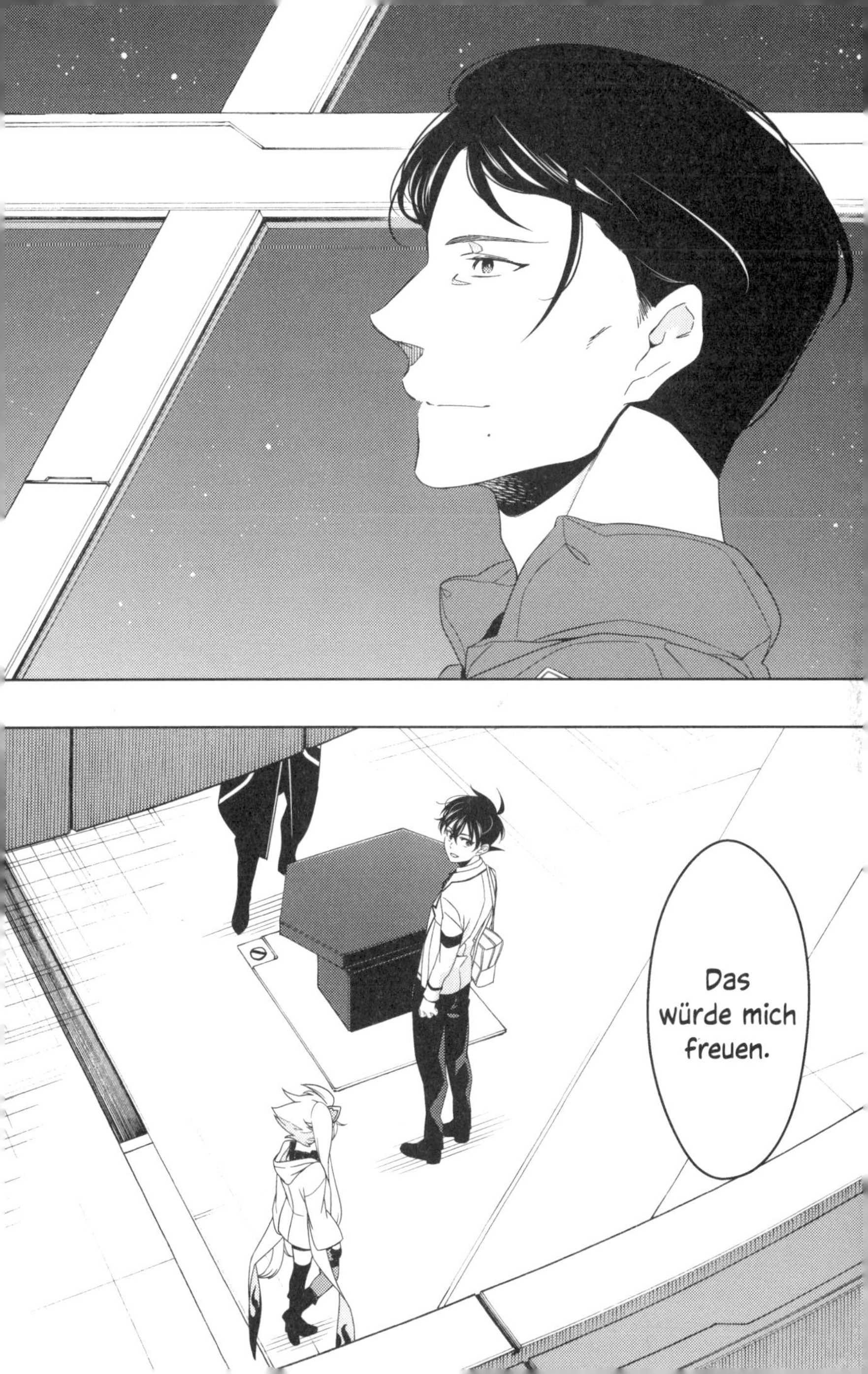

Das
würde mich
freuen.

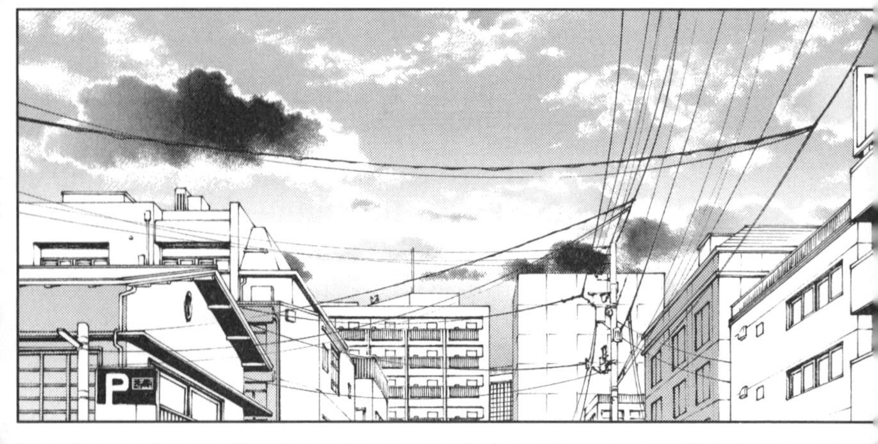

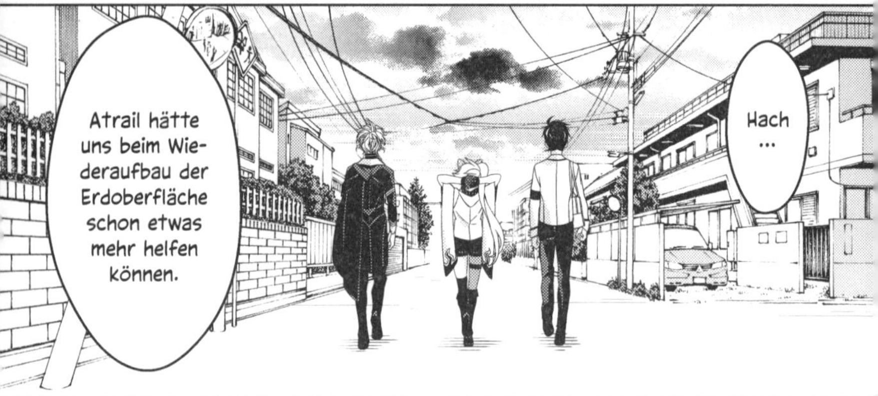

Hach ...
Atrail hätte uns beim Wiederaufbau der Erdoberfläche schon etwas mehr helfen können.

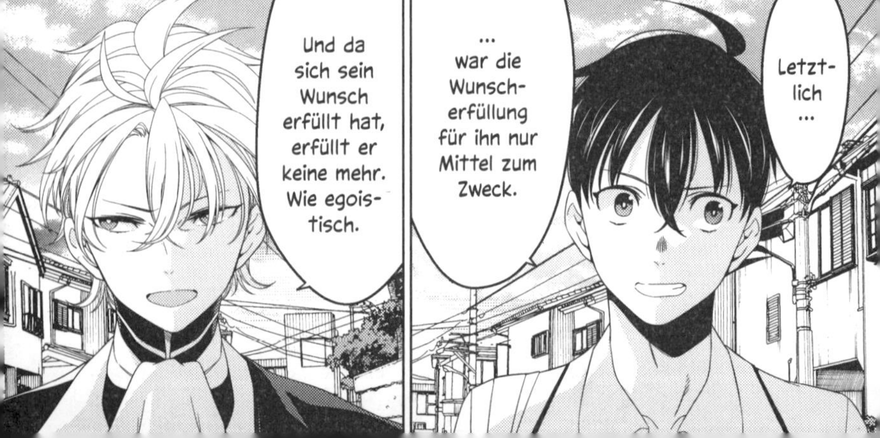

Letztlich ...
... war die Wunscherfüllung für ihn nur Mittel zum Zweck.
Und da sich sein Wunsch erfüllt hat, erfüllt er keine mehr. Wie egoistisch.

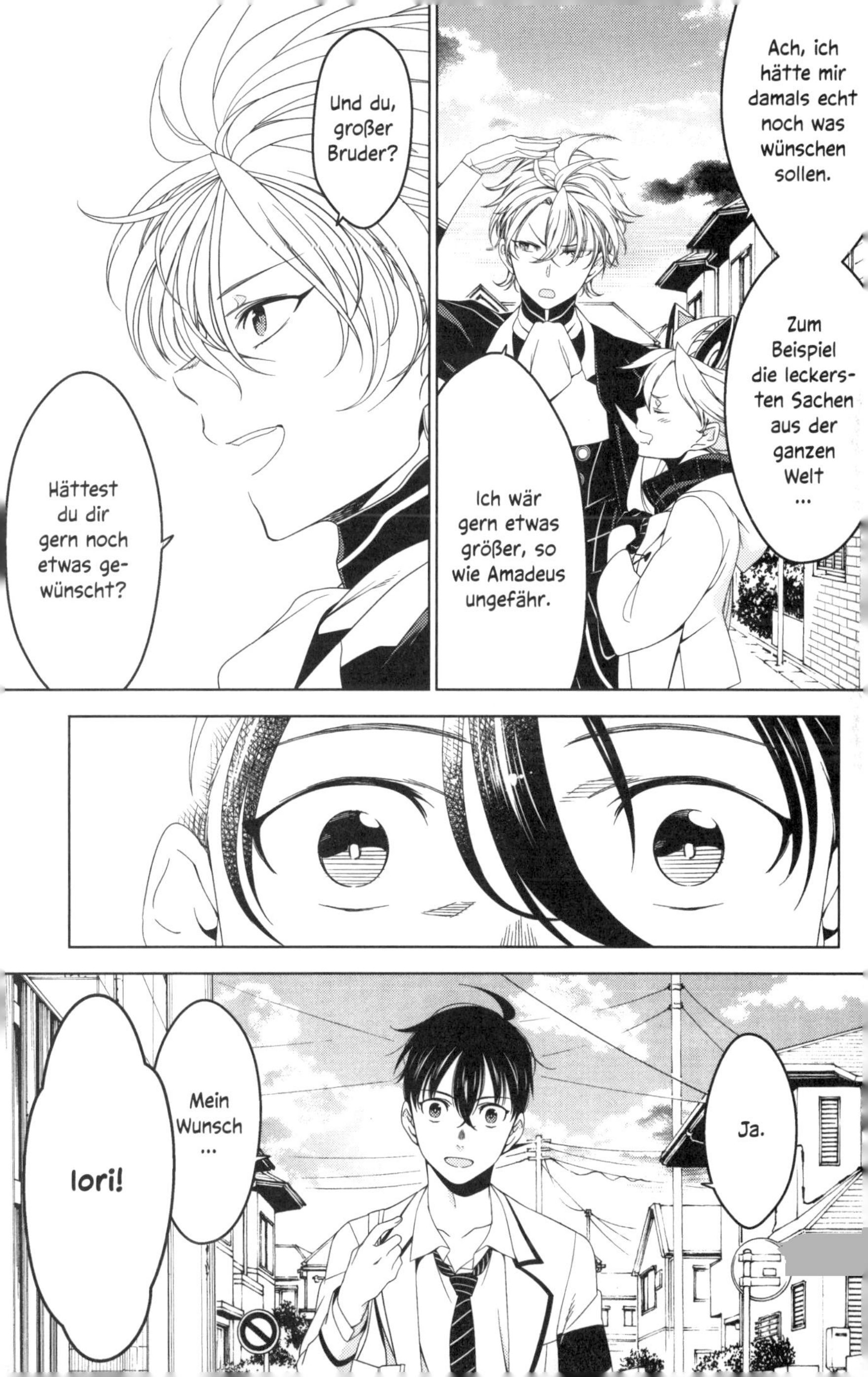

Ach, ich hätte mir damals echt noch was wünschen sollen.

Zum Beispiel die leckersten Sachen aus der ganzen Welt ...

Ich wär gern etwas größer, so wie Amadeus ungefähr.

Und du, großer Bruder?

Hättest du dir gern noch etwas gewünscht?

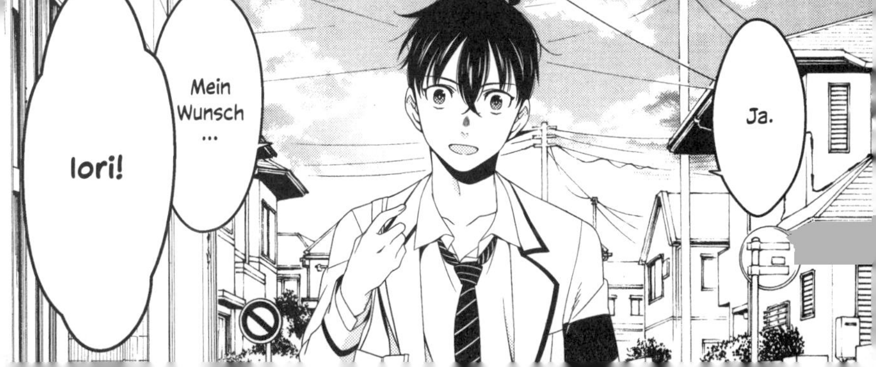

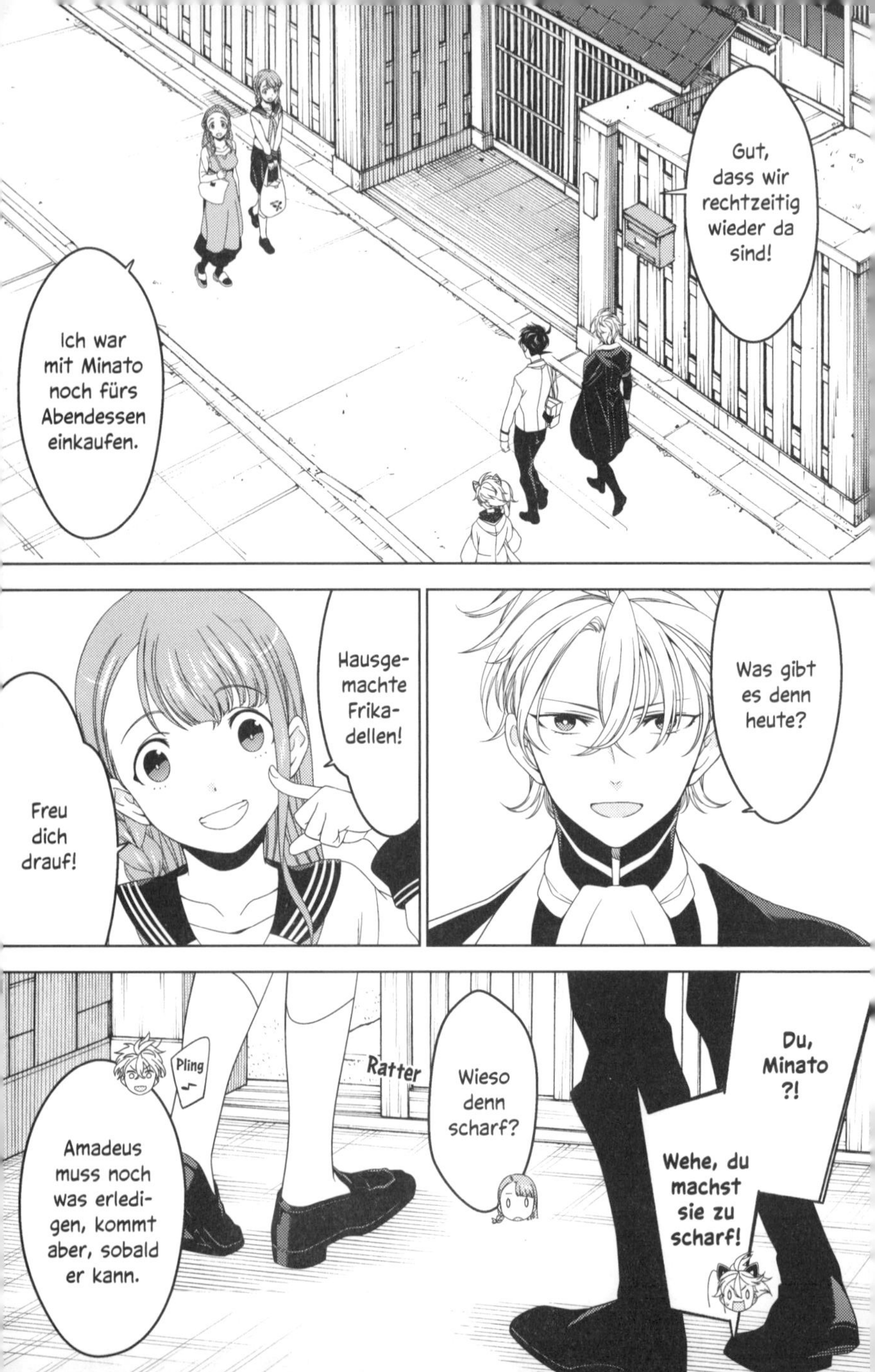
Gut, dass wir rechtzeitig wieder da sind!
Ich war mit Minato noch fürs Abendessen einkaufen.
Was gibt es denn heute?
Hausgemachte Frikadellen!
Freu dich drauf!
Du, Minato ?!
Wehe, du machst sie zu scharf!
Wieso denn scharf?
Ratter
Pling
Amadeus muss noch was erledigen, kommt aber, sobald er kann.

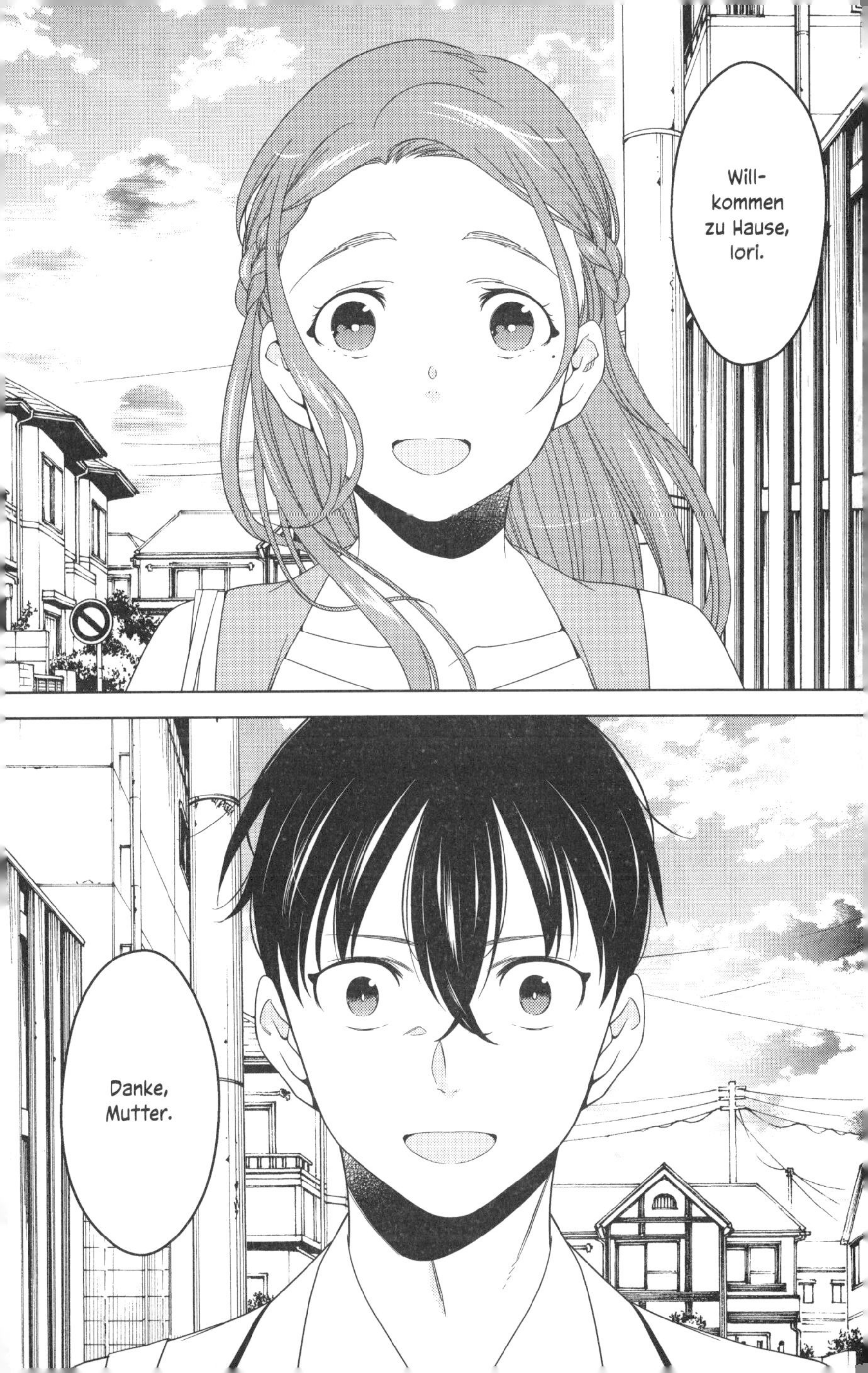

Will-
kommen
zu Hause,
Iori.
Danke,
Mutter.

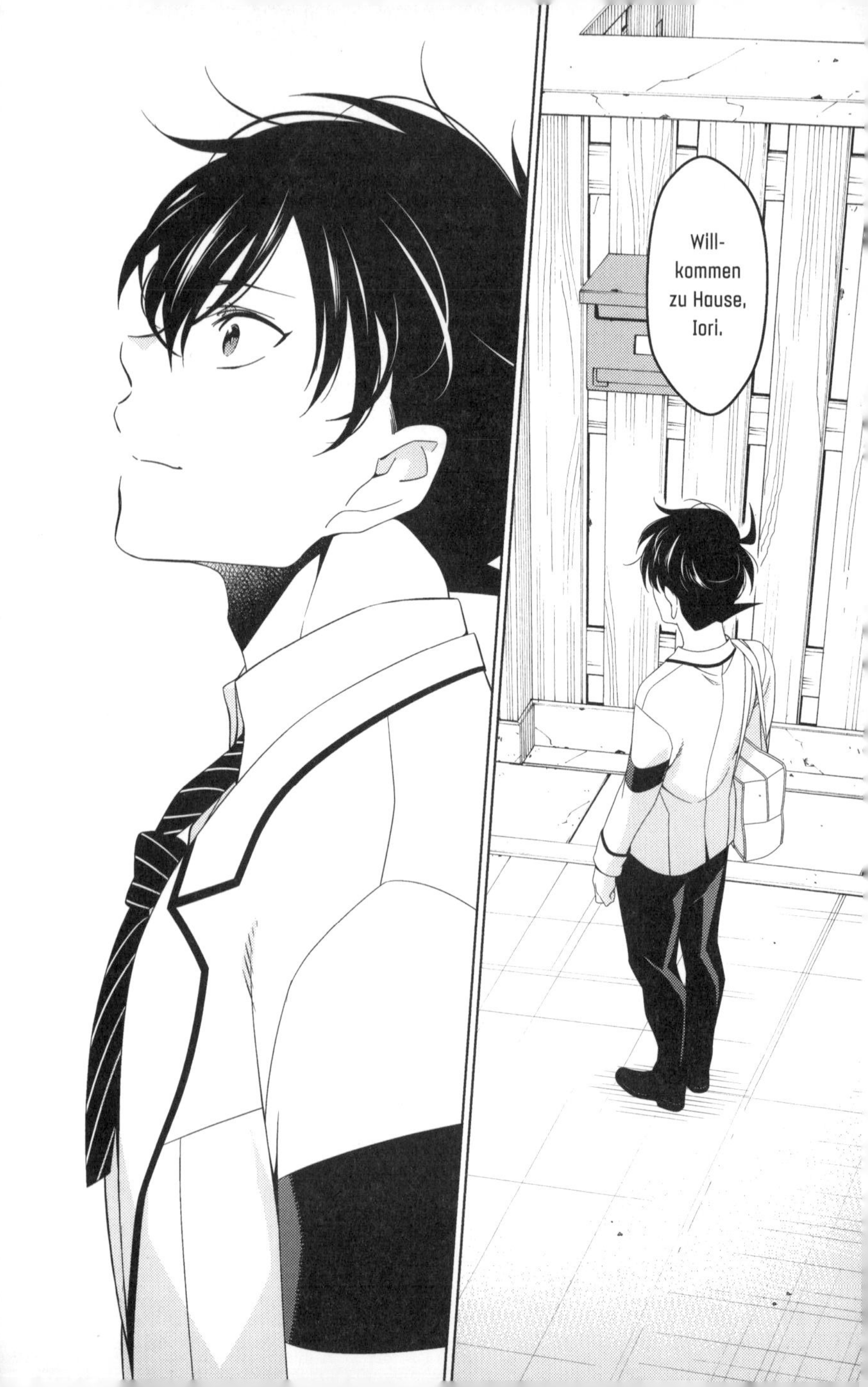
Willkommen zu Hause, Iori.

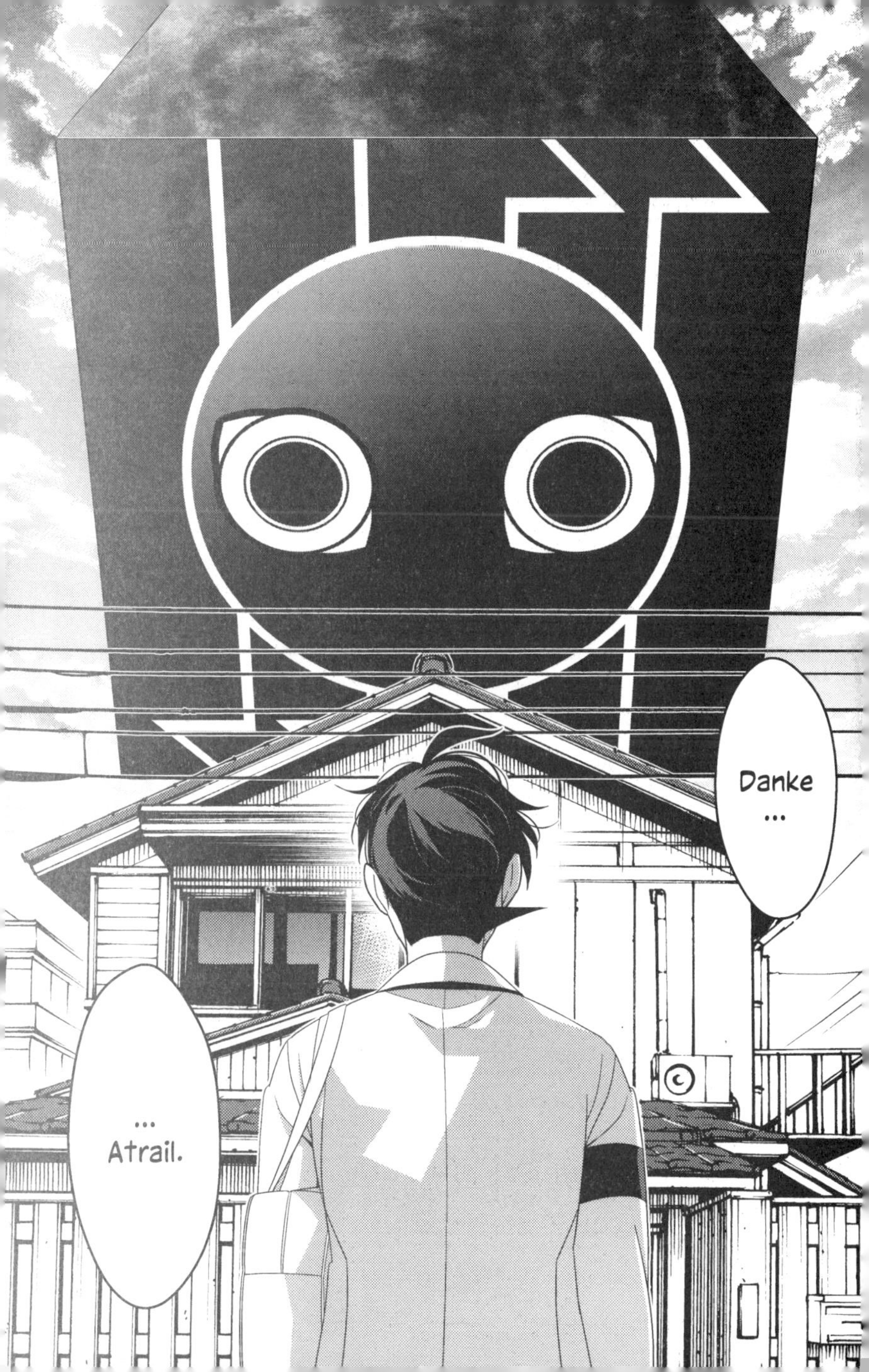
Danke ...
... Atrail.

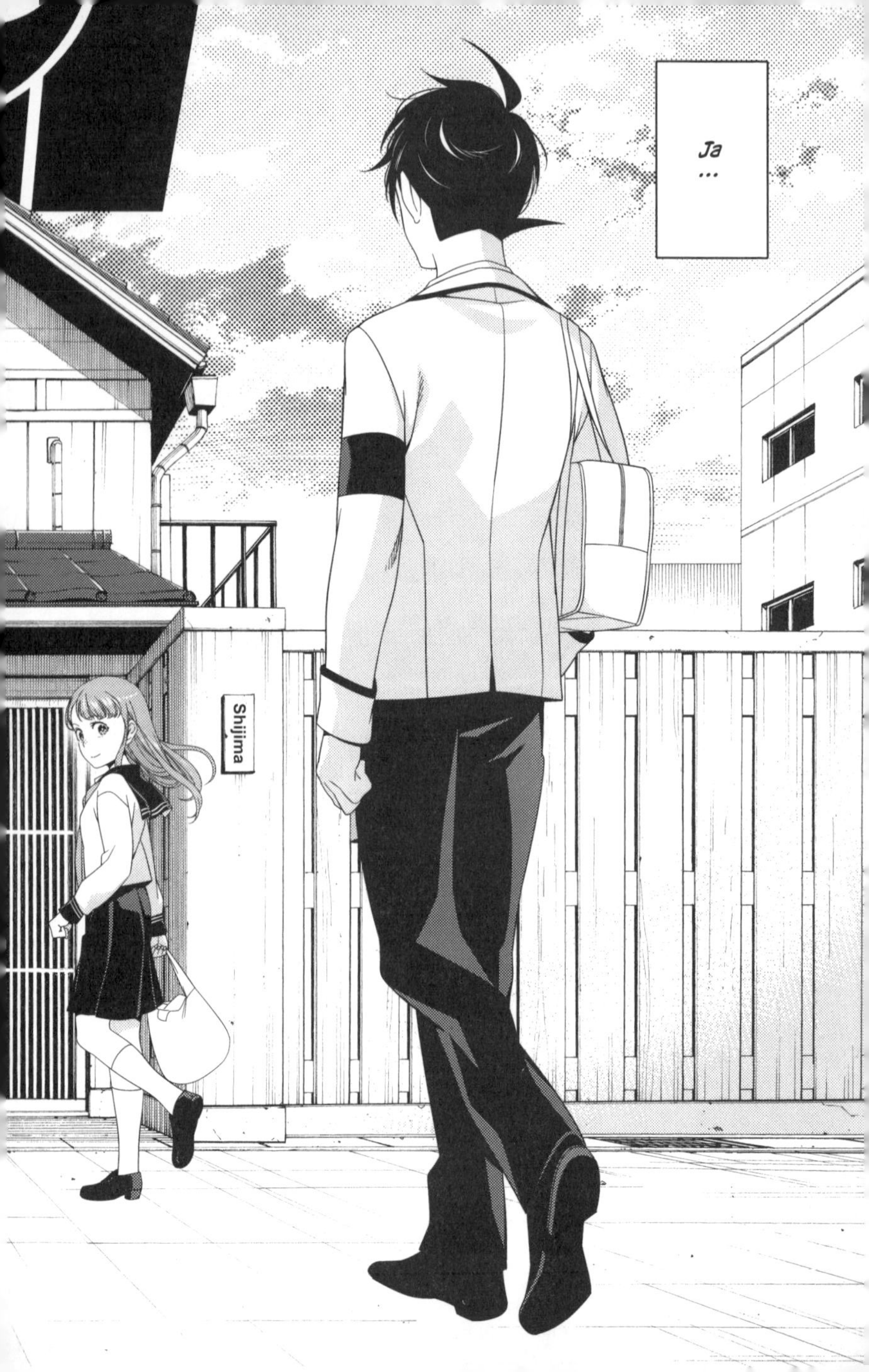
Ja
...
Shijima

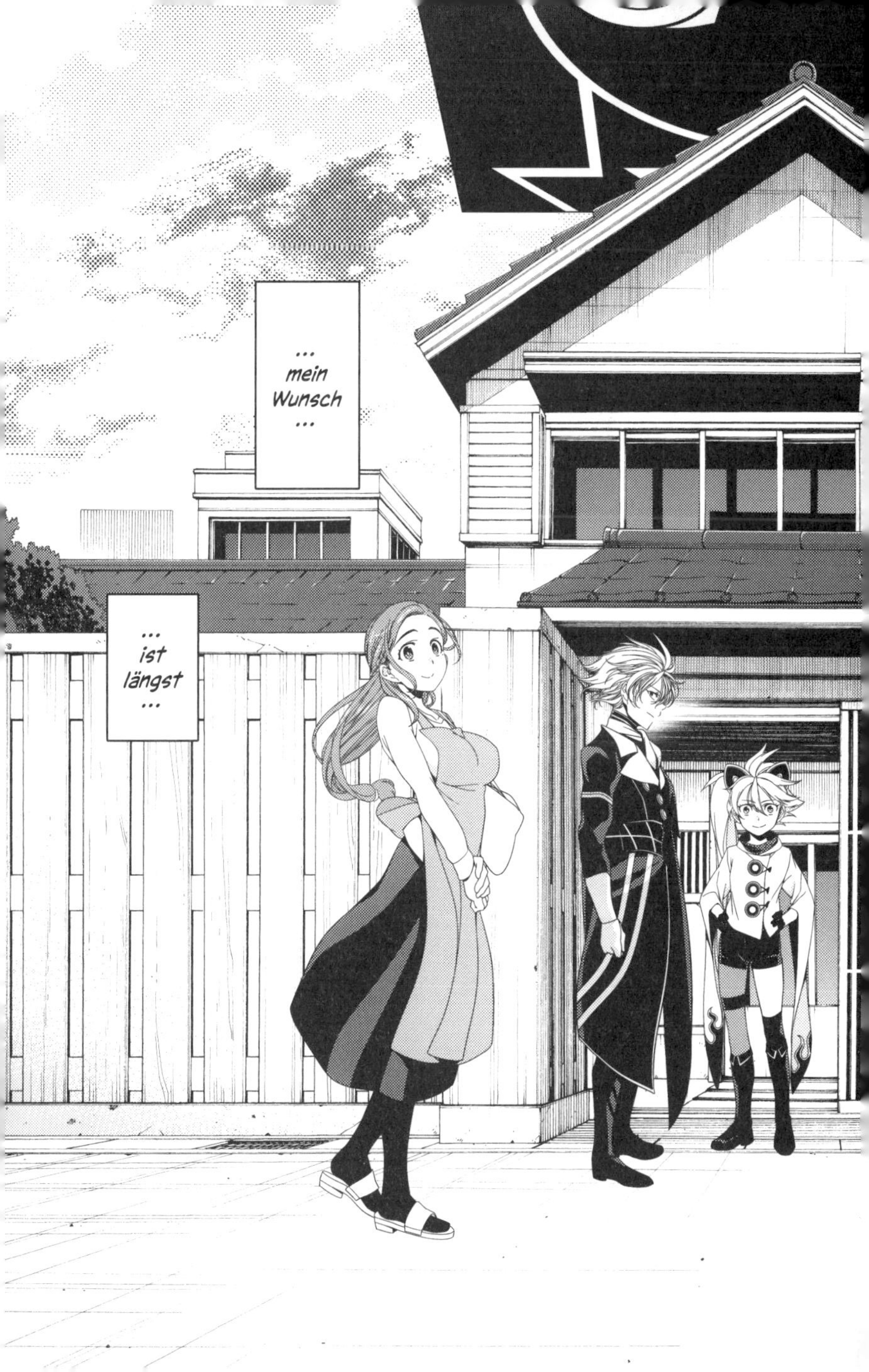
... mein Wunsch ...
... ist längst ...

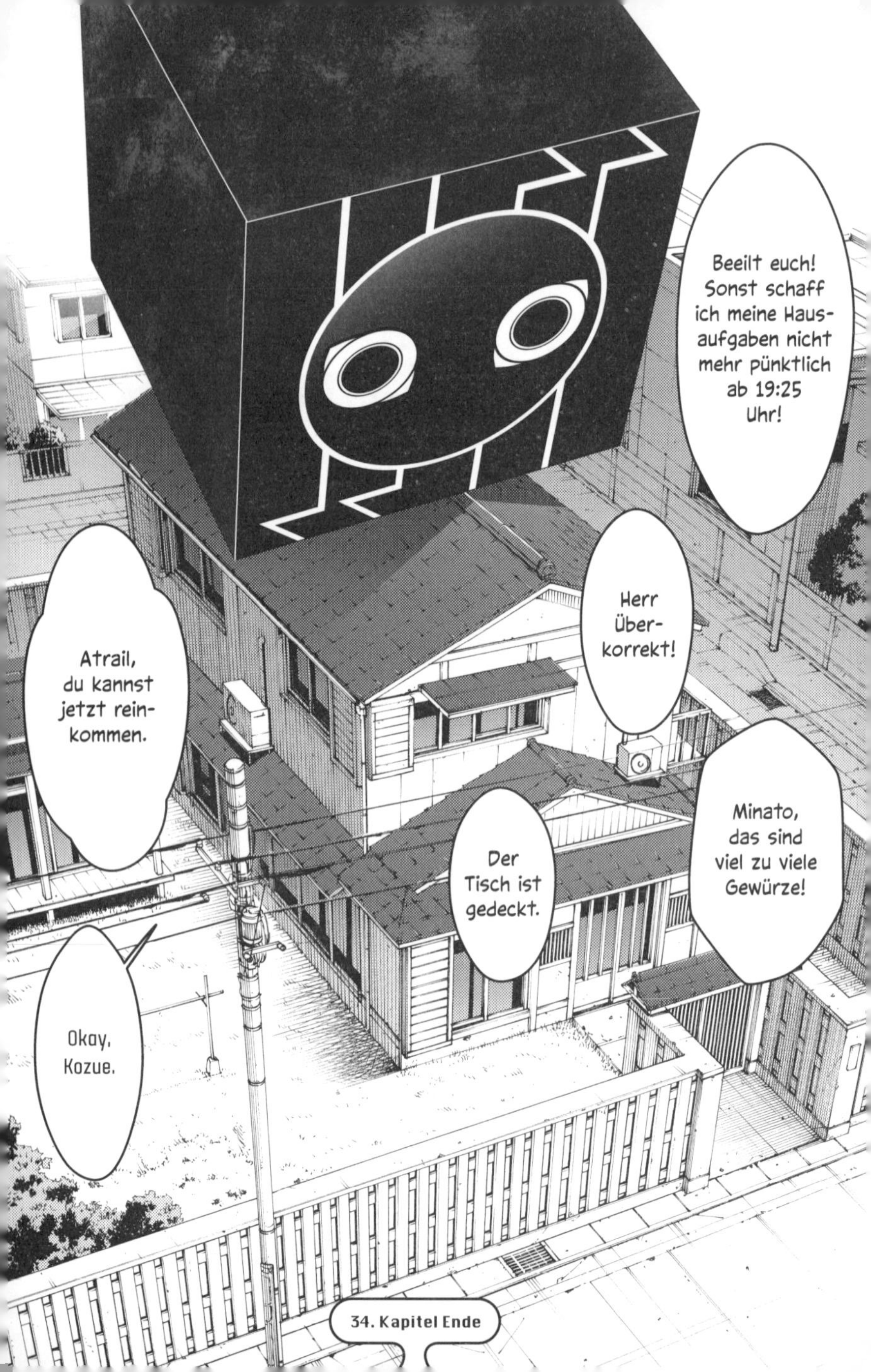
Beeilt euch! Sonst schaff ich meine Hausaufgaben nicht mehr pünktlich ab 19:25 Uhr!
Herr Überkorrekt!
Atrail, du kannst jetzt reinkommen.
Minato, das sind viel zu viele Gewürze!
Der Tisch ist gedeckt.
Okay, Kozue.
34. Kapitel Ende

Recherche und Konzept: —— Seiichi Shirato

Staff: —— Hiroshi Nakamura ● Takako Nobe ● Toshinori Okazaki ● Haya Takashi ● Kagemaru

Verantwortliche Redakteure: —— Tsuyoshi Ishiwaki ● Yoshiaki Takei

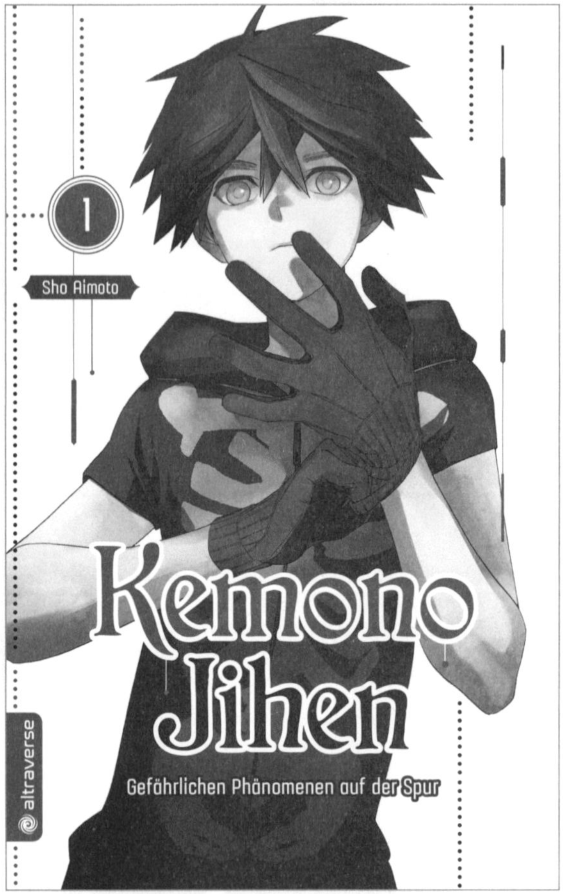

Mystery 13+

Kemono Jihen – Gefährlichen Phänomenen auf der Spur

Sho Aimoto

In einem ruhigen Dorf ereignet sich ein seltsamer Vorfall. Um diesen zu untersuchen, reist Inugami, ein Detektiv für okkulte Vorkommnisse, aus Tokio an. Im Laufe seiner Nachforschungen lernt er den jungen Dorotabo kennen und merkt schnell, dass nicht nur sein Name unmenschlich ist …

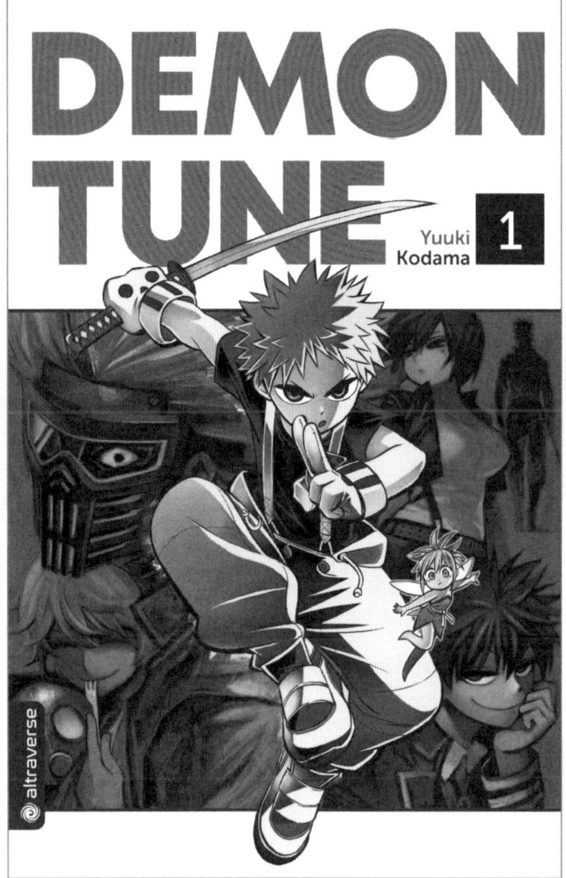

Demon Tune

Yuuki Kodama

Wizard City – eine Stadt, die von einer fürchterlichen Dunkelheit bedroht wird. Die süße Fee Flan gerät in die Hände schmieriger Gangster. In ihrer Gefangenschaft trifft sie auf den jungen Ninja Koyukimaru. Gemeinsam gelingt den beiden die Flucht und sie nehmen den Kampf gegen die Verbrecher der Stadt auf.

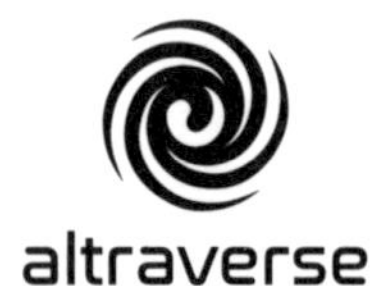

Deutsche Ausgabe / German Edition
Altraverse GmbH – Hamburg 2020
Aus dem Japanischen von Mario Hirasaka

ATRAIL – NISEKAITEKI NICHIJO TO SENMETSU ELEMENT – 6

First published in Japan in 2019 by KADOKAWA CORPORATION, Tokyo.
German translation rights arranged with KADOKAWA CORPORATION, Tokyo
through TUTTLE-MORI AGENCY, INC., Tokyo.

Redaktion: Sabine Scholz
Herstellung: Stephanie Gieck
Lettering: Vibrant Publishing Studio

Druck: CPI books GmbH, Leck
Printed in Germany

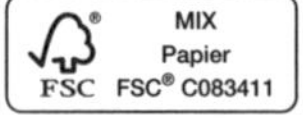

ISBN 978-3-96358-091-8
1. Auflage 2020

www.altraverse.de